NHK出版

からだのための

食材大全

監修

池上文雄　加藤光敏

河野 博　三浦理代　山本謙治

はじめに

日本人にとっての「医食同源」は、昔から食べてきた「日本の食材」と「和食の調理法」によるものです。そのおかげで、日本人は平均寿命を世界最高水準まで延ばしました。

近年は「健康寿命」という言葉がよく使われますが、健康で暮らすためには、生活習慣、とりわけ毎日の食事に気を配ることが大切です。食材の栄養価も大切ですが、まずは食事を楽しみ、おいしく食べることが重要です。栄養についても、簡単な基礎知識を知っているだけで、バランスのよい食事を摂ることができるでしょう。本書を、現代の医食同源を実践するための手引き書としてください。

果物

収穫時期が限られる果物は、旬を感じる食材です。

栄養価も高いので、果物を食べることを習慣にしましょう。

野菜

野菜を食べることは、健康の要。近年、植物が持つ多くの機能性成分が、人間の体にも役立つことが科学的に解明されてきています。

施設栽培技術の進歩で、多くの野菜が周年栽培されています。

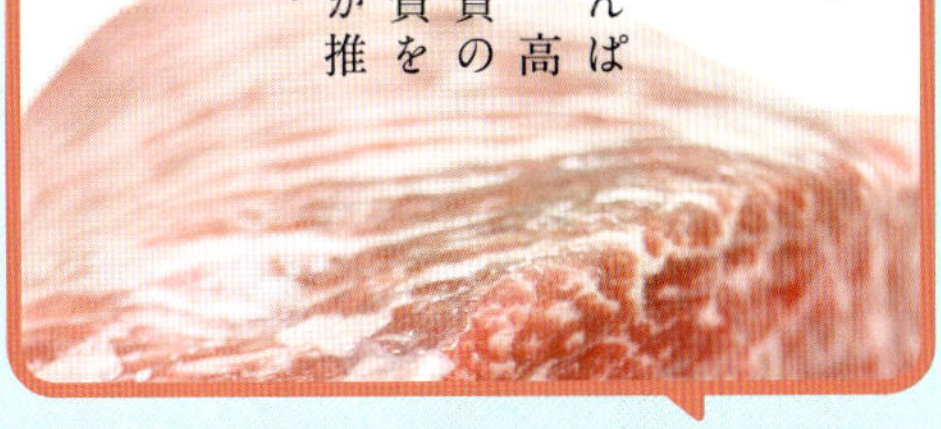

肉・卵・乳製品

体を作るたんぱく質が豊富です。高齢になっても質の良いたんぱく質を摂取することが推奨されています。

調味料

外食や加工食品には、自分では不要と思う食品添加物（保存料、着色料等）も入っています。あたりまえに使っている調味料のことを知っておきましょう。

魚介

近年の研究で、魚に含まれるさまざまな栄養素の効果・効能が見つかっています。

海に囲まれて暮らす日本人の食文化は、昔から魚を大切にしてきました。

穀物・豆

米は日本人の主食です。炭水化物主体の食事は、見直す時代になっていますが、体を動かす大切なエネルギー源です。

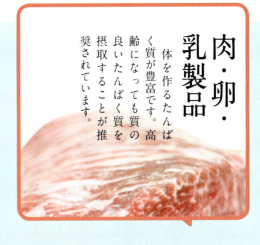

もくじ

野菜

果実野菜

葉野菜

根野菜

山菜

香菜

果物

調味料

＊本書では、「きのこ」は「野菜」の、「海藻」は「魚介」のカテゴリーに入れております。
また「いも類」は、「野菜」の中の「根野菜」の中に含めております。

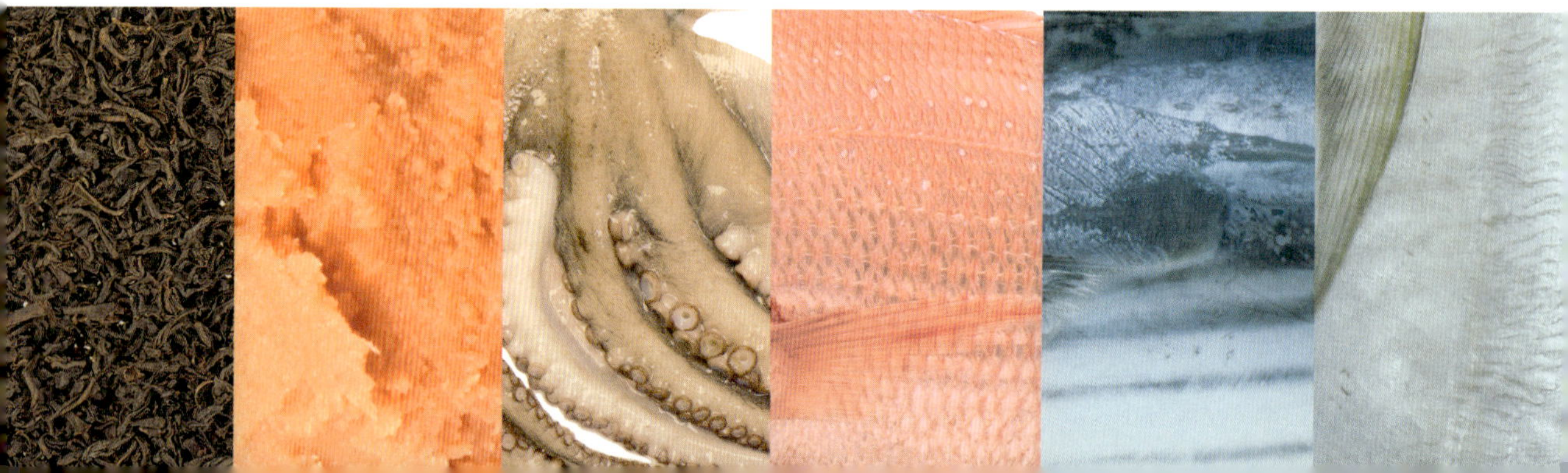

本書の使い方

食品成分表

可食部100gあたりの主な栄養成分を「日本食品標準成分表七訂（2015）」に基づいて記載してあります。（一部出典が異なるデータがあります）

おいしさの見分け方

購入する際に役立つ、おいしさのヒントになるポイントです。

栄養素ポイント

覚えておきたい栄養素のポイントを短く一言で。

皮の苦味で血行促進

みかん

みかんは柑橘類の中でも皮がやわらかく簡単にむける品種で、その代表的な品種が温州みかんです。

ビタミンCを多く含むので、風邪の予防や美肌効果があることはよく知られています。果肉の黄色は色素のβ-クリプトキサンチンで、カロテノイドの一種。骨代謝の働きを助け、骨の健康に役立ち、そして、体内でビタミンAに変わります。この2つのビタミンの相乗効果で、高い抗酸化力を発揮します。また、白い筋や薄皮には毛細血管を強くするフラボノイドのヘスペリジンなどを含むことにも注目です。袋の部分には水溶性食物繊維のペクチンが多く、便通を整えるだけでなく、血糖値の上昇やコレステロールの吸収を抑える働きもあります。皮の香りには精油成分が含まれ、胃を健やかにする作用も。

温州みかんは、中国から日本に伝わった柑橘類の仲間を親として、日本で独自に生まれました。全国的に栽培されるようになったのは明治時代になってから。寒さに弱く、雪が降らない温暖な地域で広く育てられています。

食品成分表
（温州みかん 可食部100gあたり）

たんぱく質		0.7g
脂質		0.1g
炭水化物		12.0g
無機質	カルシウム	21mg
	鉄	0.2mg
ビタミン	A β-カロテン当量	1000 μg
	B1	0.10mg
	B2	0.03mg
	C	32mg

保存法
直射日光が当たらない、風通しがよいところで。

きれいな円形でヘタが中心にある

皮に小さな粒々がある

皮の下にすき間がない

温州みかん

1個あたり：100g
正味：80g／37kcal

手軽で確実にビタミンCを補給できる

英名 Mandarin
和名・別名 蜜柑
エネルギー（100g中）46kcal
糖質量（100g中）11.0g

五味 甘・酸
五性 涼
帰経 脾・肺・肝

冷凍みかんと缶詰みかんの栄養

冷凍みかんは専門の機械で果皮ごと瞬時に冷凍するので、栄養成分の損失はほとんどない。缶詰のみかんは、果皮をはぎ、筋や袋を溶液処理によって取り除くので、その段階で失われる成分がある。果肉のビタミンCは8割ほど残るが、糖度の高いシロップ漬けになっていることも理解しておこう。

薬効が高い陳皮《ちんぴ》

漢方ではみかんの皮を干したものを陳皮といい、食欲不振、吐き気、風邪の発熱、咳、痰などの改善目的で利用される。粉末にした陳皮は七味とうがらしにも使われる。

黄色い部分がみかんの皮

健康みかん風呂

みかんの皮を風呂に入れると、香り成分が血行を促進し、体を芯から温めるとともに、保湿作用もある。みかんの実を薄切りにしたものを浮かべても、同じような効果が。干した皮を煮出した液を入れれば、さらに効果的。

みかん酒で冷え知らず

みかんを丸ごとよく洗い、輪切りにする。広口ビンにみかんと砂糖を入れ、ホワイトリカーを注いで密閉。1ヶ月ほど置くとみかん酒ができる。血行促進作用があるみかん酒を就寝前に飲めば、体がぽかぽかしてぐっすり眠れる。

流通カレンダー
1 2 3 4 5 6 7 8 9 10 11 12

ヘスペリジン・ナリンギン

みかんの果皮や薄皮には有効成分が

ヘスペリジンやナリンギンは、温州みかんやはっさく、だいだいなどの果皮や薄皮に含まれる苦み成分で、ポリフェノールの一種。毛細血管を強くし、血管から異物が侵入するのを抑制する作用があるため、抗アレルギー効果があるほか、抗炎症作用も知られています。ビタミンと似た作用があることから、ビタミンPとも呼ばれています。

みかん β-クリプトキサンチン ＋ アスパラガス ビタミンC

風邪予防

142

名称

野菜・果実の名称は、独立行政法人農畜産業振興機構が使用しているものにほぼ準じています。カタカナ表記のものは、主に明治以上に導入された品種ですが、魚介類は全てカタカナ表記です。

解説

栄養成分や機能性成分、効果・効能、歴史など食材の特徴を解説しています。なお、効果や効能は、普段の食生活で摂取する量を対象としたものです。

データ

英名、和名・別名、エネルギー量、糖質量などについての記載です。

食材特性

古くから使われている食の知恵、「薬膳」の考え方をもとにし、食品の性質をあらわす「五味（ごみ）・五性（ごせい）・帰経（きけい）」を併記しました。

種類別アイコン

内容によって種類分けし、ひと目でわかるアイコンがついています。

- 栄養・成分
- 民間療法
- 料理
- 品種・種類
- 漢方
- 伝統

アイコンがないものは、上記以外の内容です。

栄養成分解説

主要な栄養素から、近年話題の栄養成分まで、分かりやすく解説してあります。

流通カレンダー

主な品種の収穫時期、及び市場に流通する時期を基準に表記しています。現在は栽培方法が多様化し、貯蔵方法も進歩しているため、通年流通している食材も多くあります。

食べ合わせ

体調に合わせた、栄養を効率よく体に吸収できる食材の組み合わせです。献立のヒントになります。

＊食材は、薬や医療の代わりになるものではありません。病気予防等の効果にも、個人差があります。
気になる症状がある方は必要に応じて、医師や専門家にご相談ください。

食物に含まれる「五大栄養素」

私たちが健康に生活していくためには、活動に使うエネルギーを得たり、体を構成している筋肉や臓器、骨などの組織を作り出すための栄養素が不可欠です。

栄養素は、その性質や働きによって、たんぱく質、糖質、脂質、ビタミン、ミネラルの5つに分類され、これを「五大栄養素」と呼びます。

たんぱく質や糖質、脂質は体を動かしたり体温を保つなどの「エネルギーになる」役割を、たんぱく質やミネラルは筋肉や骨などの「体を作る」働きを、またビタミンとミネラルは「体の調子を整える」役割をしています。

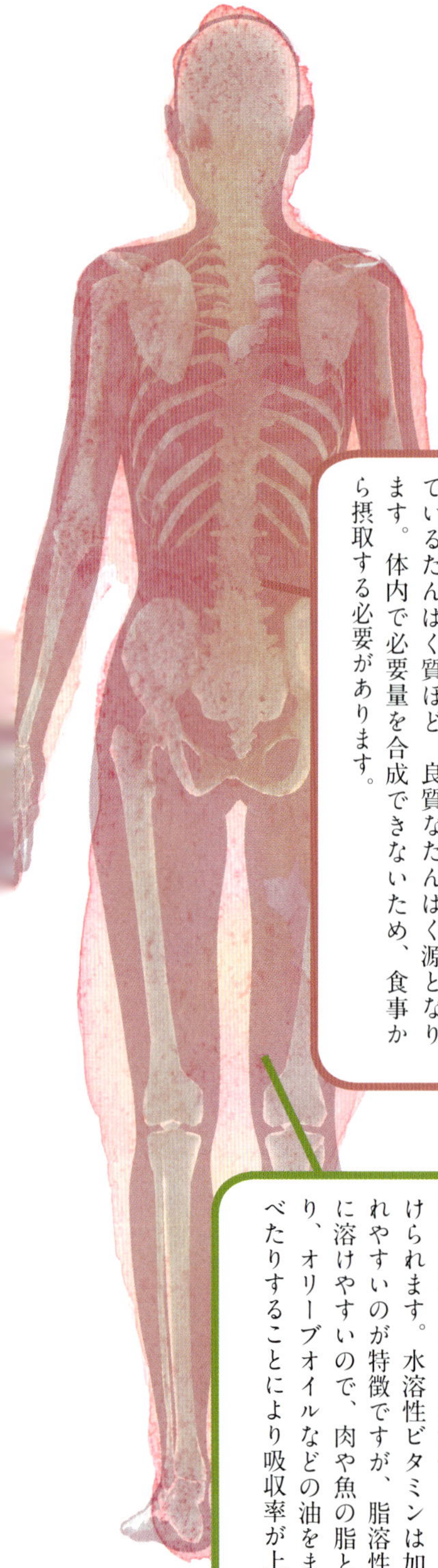

体を作り
エネルギーになる

たんぱく質

筋肉や内臓、骨や血液、皮膚や髪の毛などの材料になるもので、酵素やホルモン、免疫物質などを作る役割もあります。

たんぱく質を構成しているのは20種類のアミノ酸です。そのうち、バリン（レバー、プロセスチーズなど）、ロイシン（牛肉、牛乳など）、イソロイシン（鶏肉、牛乳など）、スレオニン（卵、脱脂粉乳など）、メチオニン（牛乳、全粒小麦など）、リジン（魚、卵など）、フェニルアラニン（肉、大豆など）、トリプトファン（牛乳、バナナなど）、ヒスチジン（鶏肉、ハムなど）の9種類は必須アミノ酸が量的に多く、これらがバランスよく含まれているたんぱく質ほど、良質なたんぱく源となります。体内で必要量を合成できないため、食事から摂取する必要があります。

体の調子を
整える

ビタミン

ビタミンは糖質や脂質、たんぱく質などの栄養素がうまく働くための潤滑油のような働きをし、体の機能を正常に保つ作用があります。ビタミンには13種類あり、それぞれ必要量は少量ですが、体の中でほとんど作ることができないため、食べ物から摂る必要があります。ただし、サプリメントや健康食品などで過剰に摂取することで、かえって体に害が生じることもあるので、十分注意を払いましょう。

ビタミンは水に溶けて尿などから体外へ排出されやすい水溶性ビタミンと、油脂に溶けて体内に蓄積しやすい脂溶性ビタミンとの2つに分けられます。水溶性ビタミンは加熱調理で失われやすいのが特徴ですが、脂溶性ビタミンは油に溶けやすいので、肉や魚の脂と一緒に炒めたり、オリーブオイルなどの油をまわしかけて食べたりすることにより吸収率が上がります。

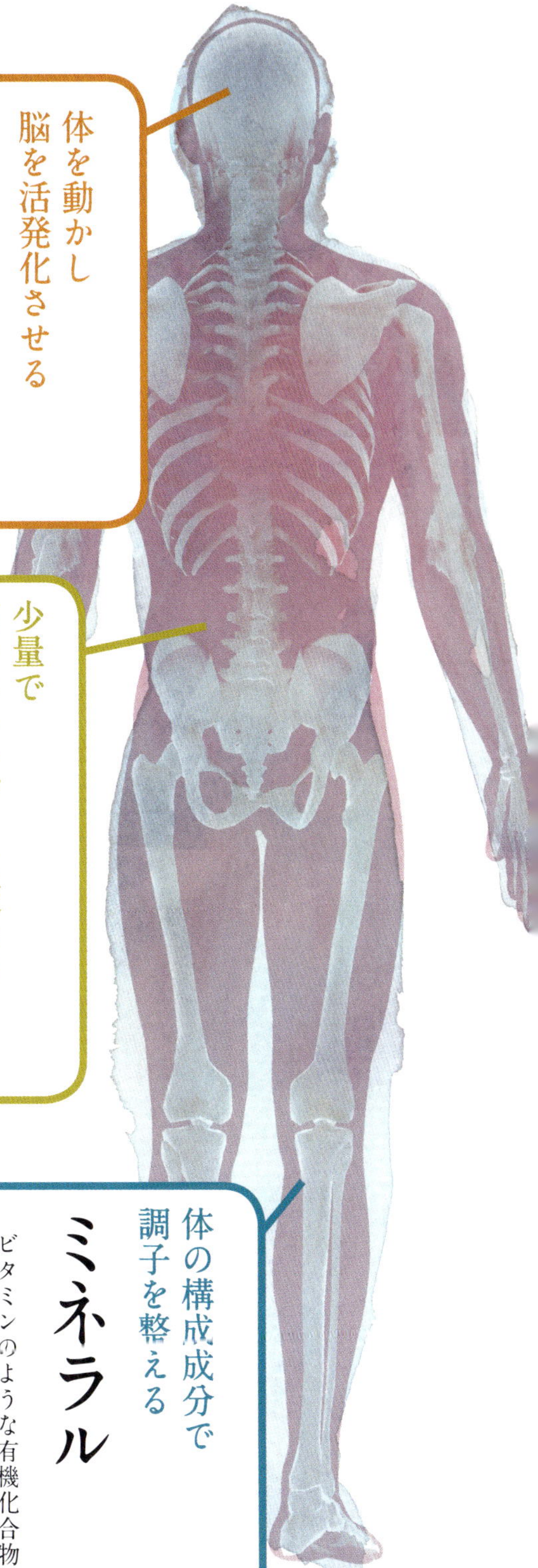

糖質

体を動かし
脳を活発化させる

糖質は、米や小麦などの穀物や果物に多く含まれていて、体内でブドウ糖や果糖に分解されてエネルギーになります。ブドウ糖は脳の唯一のエネルギー源で、不足すると働きが悪くなり集中力が欠けることも。ブドウ糖は脳に蓄えておくことはできないので、常に補給が必要です。筋肉はエネルギー源を蓄えておくことができますが、食べ過ぎると体の中で脂質に変わり、体脂肪となって蓄積されるため注意が必要です。

糖質をエネルギーに換えるには、ビタミンB_1が必要なので、多く含む豚肉や玄米などと一緒に食べるとよいでしょう。

脂質

少量で
高いエネルギーに変わる

1gの糖質が4kcalのエネルギーを生み出すのに対して、脂質は1gで9kcalのエネルギーを作ることができる、優れたエネルギー源です。また、血液や細胞膜、ビタミンやホルモンを作る働きをしたり、脂溶性ビタミンの吸収を促す役割を担っています。

脂質を構成する主な脂肪酸には飽和脂肪酸と不飽和脂肪酸があります。バターや豚の脂などの肉類に多く含まれる飽和脂肪酸は、肥満やコレステロール増加の原因になるので摂りすぎに注意しましょう。一方、不飽和脂肪酸は、魚や植物油脂に多く含まれていて、中性脂肪やコレステロールを低減させる作用があります。特にリノール酸、α-リノレン酸、アラキドン酸は必須脂肪酸と呼ばれ、体内で作り出すことができないため、積極的に摂取しましょう。

ミネラル

体の構成成分で
調子を整える

ビタミンのような有機化合物以外で、体の調子を整える働きを持つものをミネラル（無機質）と呼びます。体に必要なミネラルは16種類あり、体内で作ることができないため、食べ物から摂る必要があります。不足しても過剰になっても不調をきたすので、バランスのよい摂取量を心がけましょう。

注目の有効成分

食物繊維

排便を促したり、血糖値の上昇を抑えたり、発がん性物質の排出などの働きをします。第六の栄養素と呼ばれることもありますが、まだ栄養素の仲間に入っていません。

フィトケミカル

植物が独自に作り出す化学成分で、色素や苦み、渋み、香りなどの形で現れます。ポリフェノールや、リコピンなどのカロテノイド、硫黄化合物などがよく知られています。

ビタミン

ビタミンA
脂溶性

がん予防／風邪予防／肌荒れの改善／髪の健康維持／疲れ目の予防／感染症予防 など

皮膚や粘膜の健康維持や発育促進の働きがあり、不足すると視覚の暗順応の働きが鈍くなる。

レバー・うなぎ・にんじん・バター など

ビタミンB_1
水溶性

疲労回復／夏バテ予防／糖質代謝促進 など

糖質をエネルギーに換えたり、疲労物質を作りにくくする働きがある。硫化アリルと一緒に摂ると働きが高まる。

豚肉・玄米・うなぎ など

ビタミンB_2
水溶性

風邪予防／肌荒れ改善／髪の健康維持／脂質代謝 など

脂質を分解してエネルギーを作ったり、皮膚や髪の毛、爪などの健康維持に役立つ。不足は口内炎や肌荒れの原因に。

納豆・レバー・乳製品 など

ビタミンC
水溶性

風邪予防／美肌／免疫力強化／抗ストレス など

免疫力を高め、コラーゲンの生成を助ける。水に溶けやすく熱に弱い。尿や汗で体外に排出されやすいので、小まめに摂取することがポイント。

レモン・キャベツ・みかん など

ビタミンD
脂溶性

骨や歯の健康維持／筋力維持／骨粗しょう症予防 など

丈夫な骨や歯を作り、筋力を維持する。人間が日光に当たることでも体内でビタミンDが作られる。

しいたけ・魚・卵 など

ビタミンE
脂溶性

動脈硬化予防／老化予防／更年期症状の改善 など

体内の脂質の酸化を防ぎ、コレステロールを低減させたり動脈硬化の予防をする。ビタミンCと一緒に摂ると、抗酸化効果が高まる。

かぼちゃ・アーモンド・植物油 など

ビタミンB_{12}
水溶性

貧血予防 など

葉酸と協力して赤血球中のヘモグロビンを増やしたり、遺伝物質であるDNAの生成を助ける働きがある。酸化しやすい。

二枚貝・牛レバー・乳製品 など

葉酸
水溶性

貧血予防／口内炎予防 など

ビタミンB群の一種。赤血球の細胞の形成を助けるほか、細胞分裂が活発な胎児の正常な発育に関わるため、妊娠中の女性は普段の2倍量の摂取を。

えだまめ・ブロッコリー・レバー など

ビタミンK
脂溶性

骨の再石灰化／血液凝固作用 など

止血や血管を健康に保つ働きがある。また、骨にあるたんぱく質を活性化させて形成を促すため、骨粗しょう症の治療薬としても利用。

納豆・こまつな・ほうれんそう など

ナイアシン
水溶性

美肌／血行促進 など

ビタミンB群の一種。エネルギーの代謝に関与するビタミンで、皮膚や粘膜の健康維持に役立つ。

肉類・魚介類 など

ビタミンB_6
水溶性

脂肪肝の予防／月経前症候群予防 など

たんぱく質からエネルギーを産生するのに使われ、皮膚や粘膜の健康維持に役立つ。

魚介類・レバー・バナナ など

パントテン酸
水溶性

免疫力向上／抗ストレス など

ビタミンB群の一種。糖質、脂質、たんぱく質の代謝やエネルギー産生を補助する働きがある。

レバー・魚介類・納豆 など

ビオチン
水溶性

皮膚や髪の健康維持 など

ビタミンB群の一種。糖質、脂質、たんぱく質の代謝に関与し、皮膚や筋肉を健康に保つほか、白髪や脱毛などを防ぐ働きをする。

レバー・卵黄・魚介類 など

ミネラル

Ca カルシウム

骨や歯の形成／抗ストレス

リン酸と結合して骨や歯などを作るほか、細胞の分裂や、神経興奮の抑制などにも関わる。ビタミンDやカゼイン、クエン酸などと一緒に摂ると吸収率アップ。

牛乳・ヨーグルト・小魚・海藻 など

Na ナトリウム

血圧調整

カリウムとともに細胞の浸透圧のバランスを保つ働きをする。過剰に摂取すると血圧の上昇やむくみが生じる。摂りすぎに注意。

調味料（塩・しょうゆ・みそなど）・加工品（ハムや練り製品など）など

K カリウム

血圧調整

ナトリウムとともに細胞の浸透圧のバランスを保つ。腎臓でのナトリウムの再吸収を抑制し、尿中への排泄を促進するため、血圧を下げる効果がある。腎臓の機能が低下している場合は、高カリウム血症になることがあるので摂取量に配慮する。

さといも・大豆・すいか など

Fe 鉄

貧血予防

血液中のヘモグロビン構成成分。不足すると貧血を起こす。動物性食品に含まれるヘム鉄と、野菜などに含まれる非ヘム鉄がある。非ヘム鉄の場合はビタミンCと一緒に摂るようにするとよい。

肉・魚・レバー など（ヘム鉄）・野菜・海藻類・大豆 など（非ヘム鉄）

Zn 亜鉛

新陳代謝促進

たんぱく質の合成や遺伝子情報を伝えるDNAの転写に関わる。不足すると味覚障害が引き起こされることも。

カキ・タラコ・ウナギ など

Cl 塩素

胃液の主成分

消化時のペプシン酵素を活性化し、胃の調子を整え、膵液の分泌を促す。不足すると、食欲不振や消化不良を起こす。

食塩 など

P リン

骨や歯の形成

カルシウムやマグネシウムとともに骨や歯を作る成分になるほか、エネルギーを作り出す役割も。過剰摂取すると骨量や骨密度が減る場合がある。

魚介類・乳製品・添加物や清涼飲料水 など

Mg マグネシウム

エネルギー生成／血圧維持

骨や歯の形成、エネルギー産生、神経伝達、血圧の調整に関わる酵素の働きを助ける。長期間不足すると、骨粗しょう症や糖尿病などを引き起こす可能性が。

アーモンド・魚介類・海藻 など

Cu 銅

赤血球の生成

骨の形成を助けたり、ヘモグロビンを作るために必要な鉄を運ぶ。

カキ・するめ・レバー・ナッツ類 など

Mn マンガン

成長や生殖に関係

さまざまな酵素を活性化させる成分。抗酸化作用のほか、骨の成長や生殖器機能を補助。

全粒穀物・ナッツ類・豆類 など

I ヨウ素

甲状腺ホルモンの主成分

発育を促してエネルギーの産生を高める。不足や過剰の場合、甲状腺腫や成長障害を発症することも。

コンブ・ワカメ・魚介類 など

Se セレン

抗酸化作用

抗酸化作用があり、ビタミンEと一緒に摂取すると感染予防作用も。

魚介類・卵・ねぎ など

Cr クロム

糖質代謝を改善

インスリンの働きを助ける必須微量ミネラル。

あおさ・のり・黒砂糖 など

Mo モリブデン

鉄の利用効率アップ

尿酸や鉄の代謝を促進。不足すると貧血や痛風などを起こすことが。

乳製品・豆類・レバー・穀物 など

S 硫黄

美容に不可欠

アミノ酸の一種であるシスチンに含まれていて、皮膚や髪、爪などを美しく保つ。

たんぱく質が豊富な食品（魚・肉・牛乳 など）

Co コバルト

赤血球の生成に関与

ビタミンB_{12}の構成成分で、赤血球やヘモグロビンが生成されるときに鉄の吸収を促進する。

ビタミンB_{12}を含む動物性食品・もやし・納豆 など

生活習慣の蓄積が
多くの症状を引き起こす

「生活習慣病」

生活習慣病とは？

食習慣や運動習慣、睡眠や休養、喫煙、飲酒、ストレスなど、毎日の生活習慣の蓄積が原因となって発症または進行する病気を総称して「生活習慣病」と呼びます。かつては、加齢が主因であると考えられていたため、「成人病」と呼ばれていましたが、大人だけでなく未成年にも同じような症状が増えてきたことから、生活習慣病という名称になりました。

現在、日本人のかなりの割合が生活習慣病に直接または間接的に関係した病気で亡くなっているといわれます。では、生活習慣病にはどんな病気があるのでしょうか？

代表的なものは、「肥満症」「糖尿病」「高血圧症」「脂質異常症」の４つ。さらに、動脈硬化や虚血性心疾患、脳血管疾患、高尿酸血症、骨粗しょう症、がん、と多くの病気の原因が、遺伝的な要因をもとにした、生活習慣の蓄積にあるのです。

高齢化社会となった現代。日々の暮らしぶりを見直して、健康寿命を延ばす取り組みが各地で盛んに行われています。自分でできる生活習慣の改善にはどんなことがあるでしょうか？

予防と改善方法

栄養・食生活

私たちの体を作るのは、私たちが食べたものです。食生活に興味を持ち、質と量の両方のバランスをとりながら、１日３食規則正しく食べましょう。

● 「主食（ご飯類）」「主菜（魚、大豆、卵、肉など）」「副菜（野菜など）」のバランスのとれた食事を、「適量」摂りましょう。

● 「塩分はなるべく控えめ」に。

● ビタミンやミネラル、食物繊維を多く含む「野菜や果物」を積極的に摂りましょう。

● できるだけ「孤食」は避け、家族や友人と「共食」する機会を増やしましょう。

● 市販の食品や外食の際は「栄養成分表示をチェック」するのをお忘れなく。

身体活動や運動

意識的に体を動かすように心がけましょう。「いつもより10分多く」という＋10（プラステン）を目指します。決して無理をせず、徐々に体を慣らしていくことが長続きの秘訣です。

● 18～64歳は1日に計60分以上を目標に、元気に体を動かします。このような「運動習慣」が身につくとさらによいでしょう。

● 65歳以上は1日に40分の家事をするなど、体を動かすことが大切。できれば、筋肉をしっかり使ったレジスタンス運動がおすすめです。

飲酒とタバコ

適量のお酒には血行促進やストレスからの解放といった効果がありますが、しかし飲み過ぎが重なると、肝臓障害や脂質異常、高血圧症、糖尿病といった生活習慣病を引き起こす原因となります。また低血糖をきたしやすい種類の糖尿病の治療薬を服用している場合、深酒は一時的に低血糖の引き金になることがあります。

タバコの煙にはニコチンやタールなど少なくとも２００種類以上の発がん物質が含まれています。一酸化炭素も含まれ、高血圧症、脂質異常症、糖尿病、動脈硬化など、さまざまな症状を引き起こします。さらに、ニコチンには依存性があること、副流煙受動喫煙により周囲の人々の健康も害する可能性があることを理解し、禁煙に努めましょう。

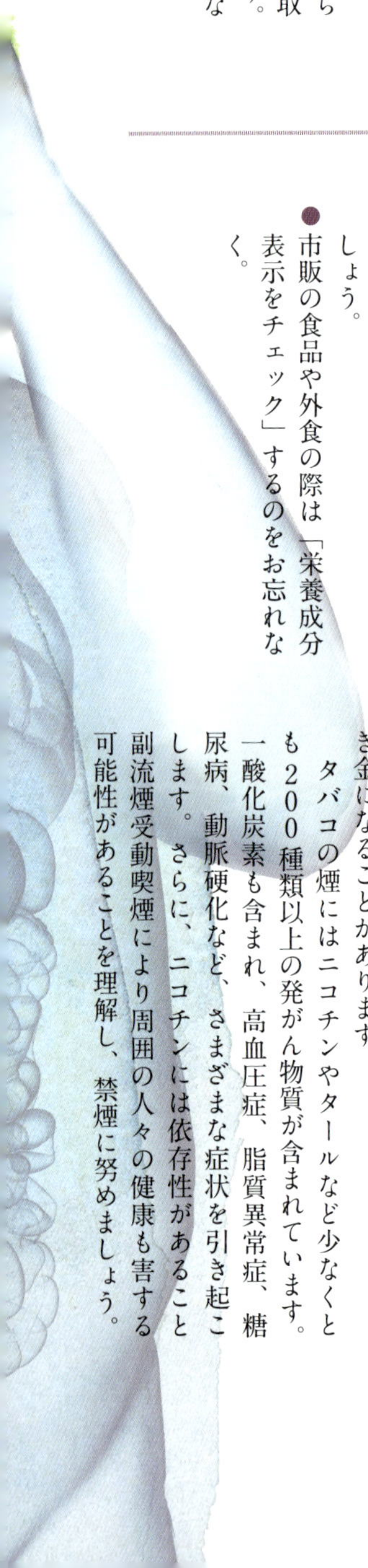

肥満・メタボリックシンドローム

肥満とメタボの違い

肥満とは体内に過剰な脂肪が蓄積した状態をいいます。BMI（Body Mass Index＝体格指数）と腹囲（お腹回り）の数値が肥満かどうかを判定する目安となります。

BMI＝
体重(kg)÷(身長(m)×身長(m))

肥満の判定

BMI

18.5 未満	**低体重**（やせ型）
18.5 ～25 未満	**普通体重**（日本人は 22 あたりが標準）
25 以上	**肥満**
35 以上	**高度肥満**

腹囲

男性 **85cm以上**	**要注意**
女性 **90cm以上**	**要注意**

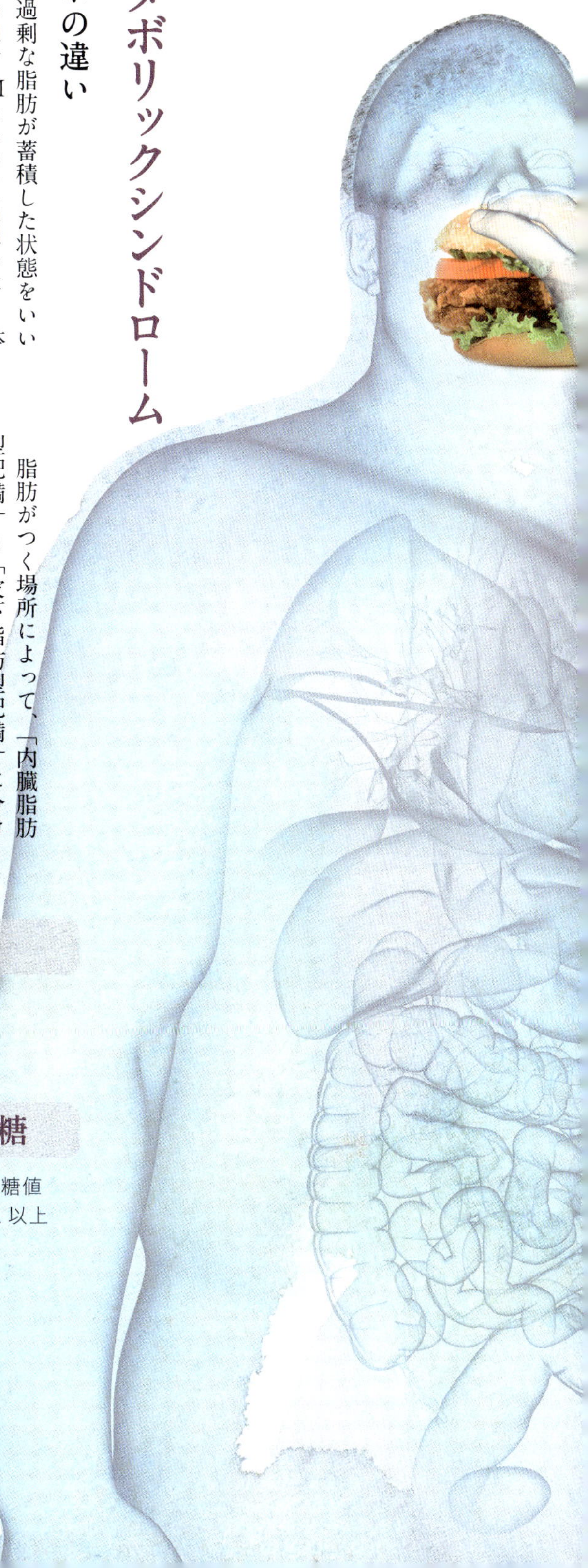

脂肪がつく場所によって、「内臓脂肪型肥満」と「皮下脂肪型肥満」に分けられます。内臓脂肪型肥満はインスリンの効きを悪くする物質などが肥大した脂肪細胞から出てくるため、生活習慣病に直結し、より深刻です。よく耳にする「メタボリックシンドローム（通称メタボ）」は内臓に脂肪がついているため、肥満だけでなく、高血圧、脂質異常、高血糖などの症状が複合している状態のことをさします。

内臓脂肪の蓄積に加え、（1）高血圧（130／85mmHg以上）、（2）脂質異常（中性脂肪150mg／dL以上／HDLコレステロール40mg／dL未満）、（3）高血糖（空腹時血糖値110mg／dL以上）の3つのうち、どれか2つ以上に当てはまる場合をメタボといいます。

日本のメタボリックシンドローム診断の基準

内臓脂肪の蓄積

腹囲　男性：85cm以上／女性：90cm以上

＋

つぎのうち、どれか2つ以上に当てはまる場合

高血圧	脂質異常	高血糖
収縮期血圧 130mmHg 以上 または 拡張期血圧 85mmHg 以上	中性脂肪 150mg/dL 以上 または HDL コレステロール 40mg/dL 未満	空腹時血糖値 110mg/dL 以上

↓

メタボリックシンドローム

どうして肥満になってしまうの？

食事として摂取したエネルギーより、日常生活で使用するエネルギーのほうが少ないと、余ったエレルギーは内臓脂肪や皮下脂肪として蓄えられます。食べ過ぎや運動不足で、熱を作り肥満を防いでくれる骨格筋が減り、基礎代謝が低下することも原因だと考えられます。年齢や活動のスタイルに応じて、食べ方も変えていく必要があるのです。また、生まれつき基礎代謝が低い肥満遺伝子を受け継いでいる場合もあります。しかし、そのような遺伝子を持つ人でも、食事や運動面で適切な生活を継続していれば肥満になりにくいこともわかっています。

メタボリックシンドロームの危険

メタボリックシンドロームはほとんど自覚症状がないので、つい放置してしまいがちです。しかし、そのままにしておくと動脈硬化が進み、重なり合った症状の悪循環で、近い将来脳卒中や心疾患、糖尿病などを発症しやすくなります。

予防と改善方法

食生活の改善が欠かせません。専門家のアドバイスを受けながら、食事の量や内容を見直しましょう。

1 いわゆる**「糖質の重ね食い」**はやめましょう。

2 同じだけの糖質でも、**野菜を先に食べたりたんぱく質を一緒に食べる**などすると、血糖の跳ね上がり（血糖値スパイク）は小さくなります。

3 **ゆっくり食べましょう。**一口食べるごとに箸を置き、20回以上**ゆっくり嚙んで**食べるのがおすすめです。こうすると満腹中枢が刺激され、少量で満足できるのです。

4 食事を抜いたり、一度にまとめ食いをするのは禁物です。**1日3食をきちんと食べ、間食はできるだけ減らしましょう。**

5 無意識で食べてしまう**「ながら食い」は食べ過ぎの元。**手が届きやすいところにお菓子類を置いておくのもやめ、食べる量を専門家と相談したり、自分できちんと決めましょう。

野菜

カロテンが豊富で抗酸化作用がある「緑黄色野菜」

緑黄色野菜の定義

緑黄色野菜というと、にんじんやかぼちゃのように色が濃い野菜のイメージがあります。厚生労働省の定めによると、原則として可食部100gあたりカロテン（β-カロテン当量）を600μg以上含む野菜を緑黄色野菜と呼びます。トマトやさやいんげん、ピーマンなどは、β-カロテンを基準値以下しか含みませんが、一度に食べる量や頻度が多いため、カロテンの補給源となりうることから、緑黄色野菜に分類されています。β-カロテンには抗酸化作用があり、生活習慣病の予防やさまざまな不調の改善に有効であることから、大変注目されています。

一方、β-カロテンの含有量が少ない、緑黄色野菜以外の野菜は、淡色野菜と呼ばれます。見た目の色の淡さではなく、あくまでβ-カロテンの量を基準にしています。β-カロテンは少なくても、ビタミン

淡色野菜
淡緑
100gあたりに含まれるβ-カロテン当量（μg）
レタス 240μg
かぶ（根） 0μg
カリフラワー 18μg
らっきょう 0μg
はくさい 99μg
れんこん 3μg
たまねぎ 1μg
さつまいも 40μg
きゅうり 330μg
セロリ 44μg
だいこん（根） 0μg
キャベツ 50μg
ブロッコリー 810μg
あさつき 750μg
グリーンアスパラガス 380μg
とんぶり 800μg
さやいんげん 590μg
たらのめ 570μg
オクラ 670μg
にんにくの芽 710μg
かいわれだいこん 1900μg
青ピーマン 400μg
ししとうがらし 530μg
芽キャベツ 710μg
パプリカ 1100μg
グリーンピース 420μg
さやえんどう 560μg
みずな 1300μg
トマト 540μg

Cやミネラル類、食物繊維などを多く含んでおり、さまざまな栄養素による健康効果が期待されます。

また、部位によって多く含まれる栄養成分が大きく異なる野菜もあります。たとえばだいこんは、葉は緑黄色野菜ですが、根の部分は淡色野菜として分類されます。

β-カロテンは植物に含まれる黄~オレンジ~赤色の色素成分で、カロテノイドの一種です。体内で必要に応じてビタミンAに変換されるため、プロビタミンAとも呼ばれます。ビタミンAに変換されなかったβ-カロテンは抗酸化物質として働き、生活習慣病や老化の予防に役立ちます。

トマト

食品成分表（可食部100gあたり）

たんぱく質		0.7g
脂質		0.1g
炭水化物		4.7g
無機質	カルシウム	7mg
	鉄	0.2mg
ビタミン	A　β-カロテン当量	540 μg
	B1	0.05mg
	B2	0.02mg
	C	15mg

保存法

完熟トマトはポリ袋に入れて冷蔵庫の野菜室に。未熟なものは常温で保存して追熟させます。

ガクが反り返り、ヘタがへこんでいる

1個あたり
正味：190g／36kcal

重みがあり赤みにムラがない

お尻に星の形や白い筋があるものは、熟している証。

五味　甘・酸
五性　涼
帰経　肝・脾・胃

漢方では酸っぱいトマトがよい

漢方において、トマトは暑さや熱による渇きを癒やし、胃腸を丈夫にして食欲を増進させる食べ物と考えられている。酸味が強いもののほうが薬効が高いとされる。

ミニトマト1個あたり
正味　10～15g／3kcal

赤い色はリコピンの色

英名 Tomato
和名・別名 唐柿（トウシ）、赤茄子（アカナス）、蕃茄（バンカ）、小金瓜（コガネウリ）、珊瑚樹茄子（サンゴジュナス）
エネルギー（100g中）19kcal、29kcal（ミニトマト）
糖質量（100g中）3.7g

トマトには抗酸化力の高いリコピンやビタミンC、β-カロテン、体内の余分な塩分を排出してくれるカリウム、便秘解消やコレステロールを抑える効果のある水溶性食物繊維も含まれていて、大変栄養価の高い野菜です。

トマトは世界に8000もの品種があると言われています。日本でも昭和時代から盛んに品種改良が行われ、現在でも新しい品種が生まれて市場に出回っています。

スーパーなどで常時売られている主流のトマトは、皮が薄く生食向きのピンク系。「桃太郎」は大玉ピンク系トマトの代表品種です。また、ピンク系を特殊な方法で栽培した「フルーツトマト」は糖度が高く、メロン並みの糖度10を超えるものもあり人気があります。

海外で多く生産されているトマトは、「サンマルツァーノ」などの赤系品種で、加熱料理に使われています。ピンク系品種に比べて、赤系品種のほうが旨み成分のグルタミン酸やアスパラギン酸が多く含まれているため、西洋では「トマトの時期には下手な料理はない」ということわざがあるほど。味が濃く、料理のベースにトマトペーストとして使われます。

色によって栄養に違いがある？

トマトの色は、含まれる色素成分であるカロテノイドやポリフェノールの違いによって、赤、緑、黄色、黒色とカラフルに変化。カロテノイドの一種リコピンが豊富だと赤色に、リコピンにβ-カロテンがプラスされると黄色いトマトに、リコピン＋表皮にアントシアニンが含まれていると黒色に。

緑色トマトにはリコピンは含まれないが、トマチン、トマチジンという成分が含まれる。トマチジンは筋細胞を発達させ筋持久力をアップさせる効果があるが、トマチンから腸で生成されるため、ともに毒性があるので、食べ過ぎには注意。

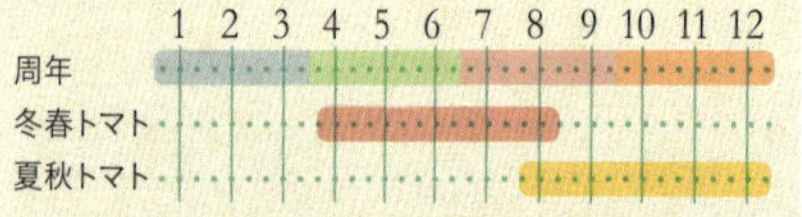
流通カレンダー
1 2 3 4 5 6 7 8 9 10 11 12
周年
冬春トマト
夏秋トマト

盛夏は高温で味が落ちるため、高地や北海道産が人気。

じつは毒成分を含んでいる

トマチンはトマトに含まれるアルカロイド系の毒成分。生育途中で虫に食べられないよう、備え持っている成分で、花、葉、茎、未熟果に含まれるが、微量なので人間が中毒を起こすことはほとんどない。トマチンは栽培品種よりも野生種により多く含まれる。

リコピン

強い抗酸化力でがんを予防

赤い色素成分のリコピンには、体内で発生する有害な活性酸素を抑える強い抗酸化力があります。そのため動脈硬化や高血圧、糖尿病といった生活習慣病やがんなどを予防する効果があるといわれています。また、シミやそばかす、くすみやシワを改善する美肌効果も期待されます。リコピンは熱に強く、加熱しても栄養効果に問題はありません。また、脂溶性なので、相性のよいオリーブオイルなどと一緒に食べると吸収率がアップします。体内で生成することができないので、積極的に摂取したい成分です。

100g中のリコピン量

1位	トマトジュース	19.0mg	▶P.21
2位	ミニトマト	8.1mg	▶P.20
3位	スイカ	3.2mg	▶P.151
4位	ピンクグレープフルーツ	3.2mg	
5位	トマト	3.0mg	▶P.20
6位	柿	0.7mg	▶P.153

1日摂取目標 15mg

リコピンを効率よく吸収
トマト
リコピン
オリーブオイル
脂質
免疫力アップ
トマト
リコピン
モロヘイヤ
β-カロテン
アンチエイジング
トマト
リコピン
なす
ナスニン

昔のトマト、今のトマト

栄養成分を比べてみると、20年前のトマトよりわずかに増えた成分は、カロテンとナイアシン、リン。ビタミンC、ナトリウム、カリウム、カルシウム、鉄などは含有量が減っている。ひとつの株から収穫する量が、昔に比べて格段に増えた分、今のトマトは味が薄くなったといえる。確かに昔のトマトは味が濃かったのだ。

トマトのだし

トマトに多く含まれる旨み成分のグルタミン酸。これはコンブの旨みと同じ成分で、日本人にはなじみの味。ミキサーにかけたトマトをろ過して残った透明な液体が、「トマトのだし」そのもの。

トマトは朝食べるのが○

トマトに含まれるリコピン。この血中濃度は、昼や夜より朝食べたほうが長時間高い状態をキープできる。寝ている間、胃袋に何も入っていないことと関係している。

ジュースにすると吸収率アップ

リコピンはトマトの強固な細胞壁の内側にあり、吸収率を高めるためには壁を壊す必要がある。加熱して細胞壁をやわらかくしたり、すりつぶすことで、生で食べるよりも3～4倍も吸収率が上がる。市販のトマトジュースは加熱してあるので効果的。リコピンは脂溶性なのでオリーブ油などを使うとさらによい。

市販のトマトジュースや野菜ジュースは加熱したもので、「トマトスープ」ともいえる。

英国式朝食では、トマトソテーが定番の品。

トマト缶の中身は中国産かも

イタリアやEUの食品表示制度では、原料そのものの産地表示義務はない。トマト缶の加工地がイタリアならイタリア産と表示される。トマト生産量世界1位は中国。価格も圧倒的に安く、イタリア産の表示でも中国産のトマトが使われている可能性が十分にある。

なす

なすの成分の90％は水分で、エネルギーは100gあたり22kcalと低カロリーの野菜です。なす自体のカロリーが少ないことから、ダイエット食に利用することもできます。ほかの野菜と比べると、ビタミンやミネラルなどの栄養素は少ないのですが、皮にはポリフェノールの一種であるナスニンが含まれています。

また、果肉には抗酸化力の強いクロロゲン酸も含まれていて、生活習慣病の予防やダイエットなどに効果があると注目されています。そのほか、カリウムを多く含むため、体の熱を逃がし、夏バテ解消効果などもあります。

現在はビニールハウスなどで一年中栽培されて流通していますが、インド原産の夏野菜で、強い日光が当たったほうが発色がよくなります。日本には中国を経由して伝わり、奈良時代にはすでに栽培されていたようです。栽培の歴史も長いため、地域によって長なす、大長なす、丸なす、卵形なす、小丸なす、米なすなどさまざまな地方品種が生まれています。

どの品種も味にクセがなく果肉がスポンジのような構造なので、ほかの食材の旨みやだしを吸収しやすく、味が染み込みやすい特徴があります。

暑気払い効果のある夏野菜

英名 Eggplant
和名・別名 茄子、ナスビ
エネルギー（100g中）22kcal
糖質量（100g中）2.9g

五味 甘
五性 涼
帰経 心

トゲが鋭く、ガクが反り返っていない
ガクと実の間が白、薄紫色、紫と色が変化している
ツヤがあり色が均一なもの
1本あたり：80g
正味：70g／15kcal

保存法

ポリ袋に入れて冷蔵庫の野菜室に。低温に弱いので、長期間冷やしすぎると固くなります。

アクが多い時期はいつ？

最近のなすは品種改良されてアクが少なくなっているが、時期によってはアクが強くなる。6月頃に出回るものは苦みもアクも少ないが、8～9月にかけてはアクが多少感じられることも。ちなみに、水なすはアクが少ないので生食も可能。

アクの正体はクロロゲン酸

なすのアクの正体は、ポリフェノールの一種であるクロロゲン酸で、えぐみを感じる。抗酸化作用があり美肌効果や老化予防効果などがあるので水にさらす時間はなるべく短めに。

コリンが消化を助けて食欲不振を解消

なすに含まれるコリンという水溶性ビタミン様物質には、血圧やコレステロールを下げ動脈硬化を防ぐ働きが。また、胃液を分泌して消化を助ける働きもあるので、夏バテのときの回復食としても役立つ。

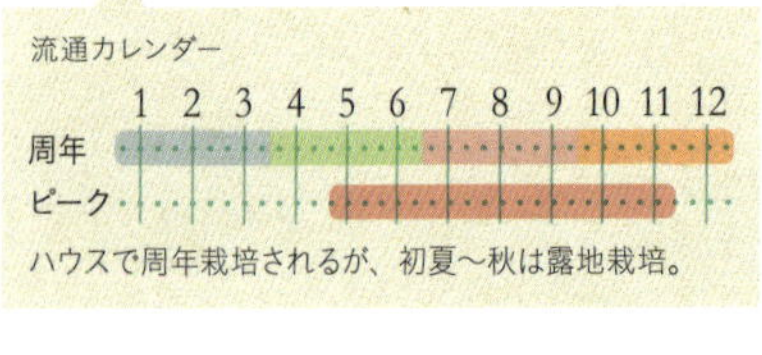
流通カレンダー
1 2 3 4 5 6 7 8 9 10 11 12
周年
ピーク
ハウスで周年栽培されるが、初夏～秋は露地栽培。

ナスニン

血管のトラブルを予防する

青紫色の色素成分のナスニンは、ポリフェノールの一種アントシアニンで、なすの皮に含まれています。ナスニンは、コレステロール値を低下させる効能が認められています。そのため高血圧や脂質異常症、血管のトラブル予防に効果が期待されています。

なす
ナスニン
＋
パプリカ
β-カロテン
抗酸化力UP

なす
カルシウム
＋
とうがん
カリウム
高血圧予防

食品成分表(可食部100gあたり)

たんぱく質		1.1g
脂質		0.1g
炭水化物		5.1g
無機質	**カルシウム**	**18mg**
	鉄	0.3mg
ビタミン	A β-カロテン当量	100 μg
	B_1	0.05mg
	B_2	0.05mg
	C	4mg

黒い斑点や変色は食べられる？

新鮮ななすの切り口は全体的に白く種も目立たない。古くなってきたものは種が黒く見え、種の食感が気になるかもしれないが、腐っているわけではないので、食べられる。

また果肉が茶色くふやけたものは、低温障害を起こしたもの。原産地がインドの野菜なので、冷蔵庫の中で長期間保存されるとこのような状態になることも。歯切れが悪く、苦みも強くなっているので、その部分は取り除いて早めに食べるように。

鮮やかな紫色に調理する

皮のアントシアニンは、水溶性のため長時間加熱すると色素が抜けてしまう。発色をよくするためには、短時間で加熱するか、油で皮をコーティングすることがコツ。皮に筋目を入れ、油をまぶして、皮目から焼く。実から焼くと、実からの水分が皮を通して蒸発し色が抜けてしまう。

油で熱が伝わりやすくなり、旨みやコクもアップ。

ヘタには解毒作用

アクを多く含むヘタの部分を使った民間療法は、昔から知られている。黒くなるまでよく焼いたものを粉末にし、腹痛や食あたりには内服し、歯槽膿漏の予防には歯茎にすり込んで利用する。また、煮出し汁でうがいをすると口中の炎症によいとされる。

ぬか漬けのなすはなぜおいしいの？

発酵したぬか床にはビタミンB群やカルシウム、鉄、乳酸菌や酵母がもつ酵素、食物繊維、塩（ナトリウム）などが含まれる。そこに野菜を漬けると、塩の浸透圧により野菜の水分が抜け、その代わりにぬか床の栄養成分が染み込む。なすの果肉はスポンジ状になっており、多くの成分を吸収するため、よりおいしい、というわけ。ただし、塩分も多いので、高血圧の人は要注意。

いろいろななすの品種

青なす

各地で作られている固定種で「緑なす」「白なす」「翡翠なす」などとも呼ばれる。皮がかたいので、加熱調理向き。煮込むと溶けて崩れやすくなる。

長なす

20cm前後の細長い形で、肉質がやわらかく煮物や焼きなす向き。西日本や東北地方で主に栽培されている。大阪府の「大阪長茄子」、宮崎県の「佐土原長茄子」、秋田県の「河辺長茄子」や岩手県の「南部長茄子」などの品種がある。

白なす

紫色の色素であるナスニンを持たない品種。加熱すると果肉はトロトロに。

ゼブラなす

皮の模様がシマウマのように美しい、イタリアで人気の品種。

米なす

大型で丸みのある西洋なすのひとつ。アメリカ産のブラックビューティーという品種を改良したもの。肉質が締まっていて縦に繊維が走っているため、輪切りにして加熱調理が向いている。

かぼちゃ

英名 Pumpkin
和名・別名 南瓜
エネルギー（100g中）
91kcal
糖質量（100g中）
17.1g

1個あたり：1.2kg
1/4個：300g
正味：270g／246kcal

五味 甘
五性 温
帰経 脾・心

冷凍保存

種とワタを取り除き、使うサイズにスライスしてから冷凍する。使うときは、解凍せずに凍ったまま調理すると、水分が出て崩れることもなく煮崩れが防げる。

ヘタが乾燥していて
その周りの実がへこんでいる
種が膨らんでいるのが
熟している証拠
皮がかたく、ずっしりと
重みのあるもの
果肉の色の
オレンジ色が濃いもの

保存法

カットしたものは、中のワタ部分が傷みやすいので、種とワタを取り除いてからラップで包んで冷蔵庫の野菜室へ。

病気知らずの体を作る

かぼちゃには抗酸化力の高いビタミンC、Eのほか、β-カロテンやα-カロテンが豊富に含まれていて大変栄養価の高い野菜です。β-カロテンやαカロテンは体内でビタミンAに変換され、皮膚や粘膜を正常に保ち、免疫力を上げる働きがあります。

かぼちゃは「西洋かぼちゃ」と「日本かぼちゃ」のほかズッキーニなどが含まれる「ペポかぼちゃ」の3種類に分けられます。市場に多く流通している種類は西洋かぼちゃで、栗かぼちゃと呼ばれる系統が人気。甘みが強く粉質でホクホクした味わいで、炒め物、天ぷら、スープ、スイーツなどに向いています。日本かぼちゃは、味は淡白でねっとりした果肉のため、だしが染み込みやすく煮物向きです。

カットされたかぼちゃを買う際は、果肉の色が濃く、中のワタがみずみずしいものを選びましょう。種子の厚みが薄いものは未熟なうちに収穫されたものであるため、甘みが足りないことも。種子がふっくらとしたものが良質です。

丸ごとなら、皮の表面にツヤがあり、左右対称に丸くなっている形を選びます。ヘタは切り口が乾燥していて軸の周りがへこんでいるものがよいでしょう。かぼちゃは収穫後、追熟させることで甘みが増すため、鮮度がよいものがおいしいというわけではありません。

種子は動脈硬化の予防にも

かぼちゃの種子にはリノール酸やオレイン酸、ビタミンB_2、Eなどが含まれ、動脈硬化や高血圧の予防やアンチエイジング効果が期待できる。ポリフェノールのリグナンも含み、これが女性ホルモン様の働きをするため、骨粗しょう症予防効果も。漢方では「南瓜仁」と呼ばれる生薬で、虫下しにも使われた。

種子の調理方法

種子をよく洗い、ぬめりを落としたら1日天日干しにする。フライパンでよく炒り、焼き色がついたら、よく冷ましキッチンバサミで先端をカットして、中の緑色の部分を取り出す。1日10～15粒を目安に摂取。

流通カレンダー
1 2 3 4 5 6 7 8 9 10 11 12
周年
ピーク
周年栽培されるが、輸入ものも多い。

食品成分表
（西洋かぼちゃ 可食部100gあたり）

たんぱく質		1.9g
脂質		0.3g
炭水化物		20.6g
無機質	カルシウム	15mg
	鉄	0.5mg
ビタミン	A **β-カロテン当量**	**4000 μg**
	B_1	0.07mg
	B_2	0.09mg
	C	**43mg**

白皮栗（西洋系）

皮が白っぽい緑で、西洋かぼちゃ品種。果肉はホクホク感が強くスープやサラダに。

黒皮（東洋系）

古くからある日本かぼちゃの品種。果肉はしっとりしていて、甘さ控えめ。煮物向き。

皮&ワタは栄養の宝庫！

皮やワタには、実よりも多くβ-カロテンが含まれ、ワタの部分は甘みが一番強い。食物繊維もたっぷりで、便秘解消効果があるほか、ビタミンKが含まれているため、骨や血管の健康維持にも役立つ。

皮は細切りにしてきんぴら風に、ワタはミキサーにかけてポタージュなどにしたり、細かくカットしてホットケーキやスクランブルエッグなどに混ぜたりしてみては。

β-カロテン

抗酸化作用が高く免疫力をアップ

β-カロテンは体内でビタミンAに変換され、皮膚や粘膜を整えたり、光刺激反応に対して目を保護したり、細胞の増殖や分化をサポートする働きをします。ビタミンAに変換されなかった分は抗酸化や免疫賦活作用があることがわかっていて、アンチエイジングなどに役立ちます。β-カロテンは脂溶性のため油と一緒に摂ると体内に吸収されやすいので、マヨネーズを使ったかぼちゃのサラダなどはおすすめのメニューです。

ビタミンE

酸化から体を守り若さを保つ

「若返りのビタミン」とも呼ばれるビタミンEは、もともと私たちの細胞膜の中に存在し、血液や脂肪、筋肉、心臓、肝臓など多くの組織で蓄えられているビタミンです。体内の脂質やたんぱく質、DNAなどの酸化を防ぐ働きがあるため、動脈硬化や心臓病、認知症などの予防に効果があるといわれています。

また、血流をよくして生殖系のホルモン分泌などにも作用することから、不妊や流産防止効果なども期待されています。

風邪予防

かぼちゃ
β-カロテン、ビタミンC
豚肉
たんぱく質

吸収力UP

かぼちゃ
ビタミンA・E
チーズ
乳脂質

排尿障害にはペポかぼちゃの種子

過活動膀胱や頻尿、失禁、下腹部の痛みなどに有効とされ、ドイツでは薬局で処方されている。初期の前立腺肥大にも。ペポかぼちゃはハロウィンで使われるかぼちゃの品種。

Photo / Wikimedia Commons

西洋かぼちゃはダイエットには不向き

西洋かぼちゃの炭水化物量は、日本かぼちゃの2倍あり、カロリーが高め。脂溶性のβ-カロテンが多く含まれるため、油と調理すると栄養分の吸収率は高まるが、さらにカロリーがアップしてしまうため、注意が必要。ほかの料理に油分が含まれている場合、蒸したかぼちゃを一緒に食べるだけでも効果が。

冬至に食べる理由

風通しのよい涼しい場所に置いておけば、長く日持ちするため、昔は、夏に採れたかぼちゃを大切に保存して冬に食べていた。栄養豊富なので、風邪予防にもなることから、寒い季節を迎える冬至にかぼちゃを食べる風習が、江戸時代頃に生まれたようです。

きゅうり

きゅうりはほとんどが水分で、栄養価は高くありませんが、カリウムを多く含んでいるのが特徴です。体内の塩分を排出するため、利尿作用やむくみ改善効果が見られます。同時に体の熱を奪い体温を下げる効果があることや、パリッとしたみずみずしい食感が食欲のないときにでも食べやすいことから、暑気払い効果の高い野菜といわれてます。

きゅうりは「胡瓜」と表記しますが、江戸時代頃までは「黄瓜」と書き、完熟させて黄色になった状態で食べていました。しかし、熟したきゅうりは大きくて苦みがとても強かったため、人気がありませんでした。

幕末になり、品種改良が進んでいくなか、若い未熟なきゅうりは歯ごたえがよく、苦みがなくておいしいということがわかり、現在のような緑色のきゅうりが出回るようになりました。ちなみに現在の胡瓜の胡の字は、中国から見て西域を指し、胡麻（ごま）や胡桃（くるみ）などと同じく胡を経て中国に伝来したことに由来しています。

きゅうりを選ぶときは、表面のイボが尖っていて、触ると痛いくらいのものが新鮮といわれていますが、最近では、イボのない品種なども開発されています。

体熱を下げてむくみを改善

英名 Cucumber
和名・別名 胡瓜、唐瓜（カラウリ）
エネルギー（100g中）14kcal
糖質量（100g中）1.9g

五味 甘
五性 涼
帰経 膀胱・心

保存法
水気を拭き取り、ポリ袋に入れて冷蔵庫の野菜室へ。ヘタを上にして、立てて保存しましょう。

皮にピンとしたハリがある
イボがある品種は、イボが鋭いもの
1本あたり：100g

ヘタにも薬効が？！ククルビタシン

きゅうりのヘタにはククルビタシンというウリ科特有の苦み成分が微量に含まれている。激しい苦みを感じたときは、食中毒になる可能性があるので吐き出すように。しかし、このククルビタシンには、強力な抗酸化作用があり抗がん作用やリウマチの進行を抑える効果があることがわかっている。そのほかにも唾液や胃液の分泌を助ける働きもあるので、健康増進効果が期待できる。

ブルーム付きのきゅうりのほうがおいしい？！

昔のきゅうりは、皮の表面に白い粉状のロウ物質がついていた。これはブルームといい、水分の蒸散を防ぐために分泌されるもので、毒性はない。しかし、消費者からはカビや残留農薬と誤解されることが多かったためブルームのない品種が作られるように。表皮が薄いブルームきゅうりは、水分量が多くシャキシャキとした食感が特徴。最近では再び見直され始めている。

流通カレンダー

	1	2	3	4	5	6	7	8	9	10	11	12
周年	●	●	●	●	●	●	●	●	●	●	●	●
ピーク					●	●	●	●	●	●		

ハウスで周年栽培されるが、初夏～秋は露地栽培。

食品成分表（可食部100gあたり）

たんぱく質		1.0g
脂質		0.1g
炭水化物		3.0g
カリウム		**200mg**
無機質	カルシウム	26mg
	鉄	0.3mg
ビタミン	A　β-カロテン当量	330 μg
	B_1	0.03mg
	B_2	0.03mg
	C	14mg

炒めるとビタミンCを吸収できる

きゅうりに含まれている酵素アスコルビナーゼは、ビタミンCを壊してしまうデメリットがあるが、50℃以上に加熱することでアスコルビナーゼの作用を弱めることができるので、加熱して食べると効率的。

きゅうりの美容効果

水分たっぷりのきゅうりで、日焼け後の肌の手入れを。冷やした果実を薄切りにして患部にのせる。青臭い香り成分のピラジンには血行促進作用もあり、美肌や消炎効果が期待できる。きゅうりパックは軽い火傷にも有効。ただし、きゅうりには紫外線を吸収する性質があるため、行うのは夜にし、しっかり洗い流すことが重要。

カリウム

熱中症対策にも効果的

カリウムは体内の細胞内液に含まれていて、ナトリウムとともに体内の水分調整をし、細胞内の浸透圧を正常に保つ働きをします。ナトリウム（塩分）が多すぎると、カリウムが働いて、余分なナトリウムを体外へ排出します。このため、むくみの解消や、高血圧の予防または改善をする効果があります。

カリウムは植物性、動物性に関係なくさまざまな食品に含まれていて、にがうりやズッキーニ、メロンやすいかなどの夏果菜や果物に多く含まれています。

免疫力UP

きゅうり　ビタミンC

＋

豚肉　ビタミンB_1

ミニきゅうり

ミニきゅうりは長さ10cmほどで、ピクルスやサンドイッチ向き。イボもなくマイルドな食味。

半白きゅうり

首の近くが緑色で先にかけてグラデーションのように白くなっている。風味が強くパリッとした食感で、浅漬けやサラダ向き。

四葉きゅうり

中国華北系の品種で、普通のきゅうりの1.5倍くらいの大きさ。表面にシワがあり、トゲのようなイボがある。漬物や炒め物にも使用。

体を冷やす野菜

漢方では熱を除き、水分の代謝を整え、解毒作用がある野菜とされ、喉の激しい渇き、咽頭の腫れや痛み、目の充血や痛み、やけど、子どもの熱性下痢などに用いられる。特に暑い時期に体の火照りを抑える働きがある。

きゅうりの上澄み

きゅうりをすりおろしてしばらく置くと、水分が出てくる。その上澄みは軽い火傷やあせも、ひびやあかぎれ、しもやけによいとされる。

叩いて味を染み込ませる

きゅうりをすりこぎ棒などで叩き割ると、表面がでこぼこになって断面積が大きくなり、調味料が絡みやすくなる。たくさん食べたいときに。

ズッキーニ

ズッキーニに多く含まれる栄養素はカリウムで、体内の過剰なナトリウムを体外に排出して高血圧予防などに効果を発揮します。

ズッキーニの形はきゅうりに似ていますが、ペポかぼちゃの仲間です。ズッキーニという名前は「小さなかぼちゃ」を意味する通り、かぼちゃよりも少なめですが、β-カロテンやビタミンC、ビタミンEも含んでいます。

完熟してから収穫するかぼちゃとは違い、開花してから5～7日目の未熟な実を食べます。育ちすぎると種が大きくなり食感が落ち、加熱すると崩れてしまうので、20㎝くらいで収穫します。果肉部分を切ったときに粘つくことがありますが、これは実から出る水分内の糖度が高い証拠。油を使った料理との相性がよく、イタリア、南仏料理には欠かせない定番野菜です。

食品成分表（可食部100gあたり）

たんぱく質		1.3g
脂質		0.1g
炭水化物		2.8g
カリウム		**320mg**
無機質	カルシウム	24mg
	鉄	0.5mg
ビタミン	A β-カロテン当量	320 μg
	B1	0.05mg
	B2	0.05mg
	C	20mg

ビタミンKで骨強化

ズッキーニには比較的ビタミンKが多く含まれている。ビタミンKは血液を凝固させる成分で、止血する作用があるほか、吸収されたカルシウムを骨に取り込むのを助ける働きもある。育ち盛りの子どもの骨の成長や骨粗しょう症対策にも効果的。

見た目も楽しい品種あれこれ

日本では、きゅうりのような形をしたものが主流だが、ヨーロッパでは丸形や円盤形、花付きのものなどさまざまな形が出回っている。また、緑色だけでなく黄色や白色、柄の入ったようなものもあり、目にも楽しい食材。最近、日本のスーパーでも見かけるようになってきた。

丸ズッキーニ

ロマネスコ

UFOズッキーニ

花ズッキーニ

ゼルダオリーブ

流通カレンダー

	1	2	3	4	5	6	7	8	9	10	11	12
周年												
ピーク												

ハウスで周年栽培。

煮込んでも炒めても相性よし

英名 Zucchini
和名・別名 蔓無南瓜（ツルナシカボチャ）
エネルギー（100g中）14kcal
糖質量（100g中）1.5g

1本あたり：170g
正味：160g ／ 22kcal

五味 甘
五性 寒
帰経 肺・胃・脾

大きすぎない
切り口が乾燥していない
皮につやがあり傷がない

保存法

乾燥に弱いので、新聞紙に包みポリ袋に入れて冷蔵庫の野菜室に。低温障害を起こすのでなるべく早めに食べましょう。

オリーブオイルと相性◎

糖質含有量が少ない上、脂溶性ビタミンであるβ-カロテンやビタミンEが含まれているので、油調理で効率よく栄養を吸収できる。薄く切れば生でも食べられるので、油を使ったドレッシングで和えて、サラダなどにしてもよい。

日焼けによる肌や髪のダメージを回復

ズッキーニはビタミンCやβ-カロテン、新陳代謝を促して疲労回復を助けるビタミンB群を含む夏野菜。紫外線によってダメージを受けた肌や髪を健康にするほか、夏バテ解消などにも効果を発揮する。

抗酸化力UP

ズッキーニ ビタミンC ＋ ナッツ ビタミンE

ピラジンで血液サラサラ

ピーマン パプリカ

色とりどりで目にも楽しい

ピーマン、パプリカともにビタミンCやビタミンE、β‐カロテンなどが豊富ですが、ピーマンに比べるとパプリカのほうがより多く含まれています。ピーマンの種とワタに含まれる成分には、青臭さのもとになっているピラジンがあり、血液をサラサラにする効果があります。

とうがらしを改良して辛みを除き、独特の苦みと香りを残したピーマンは、未熟な緑色の状態で収穫します。現在流通しているピーマンは改良が進み、以前に比べるとピーマン特有の青臭さが減ったため、子どもでも食べやすくなっています。

同じく、とうがらしを改良し、甘みを持たせて生食できるようにしたのがパプリカで、こちらは完熟させてから収穫する品種です。品種によって、赤、オレンジ、黄、紫、茶、黒、白などさまざまなバリエーションがあります。

英名 Bell pepper
和名・別名 甘唐辛子
エネルギー（100g中）22kcal（ピーマン）、30kcal（パプリカ赤）、27kcal（パプリカ黄）
糖質量（100g中）2.8g（ピーマン）、5.6g（パプリカ赤）、5.3g（パプリカ黄）

五味 甘・辛
五性 温
帰経 肝・心・脾・腎

食品成分表
（青ピーマン 可食部100gあたり）

たんぱく質		0.9g
脂質		0.2g
炭水化物		5.1g
無機質	カルシウム	11mg
	鉄	0.4mg
ビタミン	A β‐カロテン当量	**400 μg**
	B_1	0.03mg
	B_2	0.03mg
	C	76mg

保存法
表面の水気を拭き取り、ポリ袋に入れて野菜室に。

ツヤがある
表面にシワがない
1個あたり：30g
正味：25g ／ 6kcal
ヘタの周りがへこみ、
肩が盛り上がっている
ヘタの切り口が
変色していない
小さめのほうが
やわらかい
パプリカ（黄）
1個あたり：150g
正味：135g ／ 36kcal
パプリカ（赤）
1個あたり：150g
正味：135g ／ 41kcal

縦切りと横切り

ピーマンの繊維はヘタからお尻に沿って走っているので、栄養を考えるなら成分の流出を抑えるため縦切りに、青臭さを嫌う子どもには輪切りにして繊維を断つと、臭いが飛んで食べやすい。

苦みの少ないピーマンは六角形？！

ピーマンのヘタを見たときに、五角形より六角形のほうが苦みが少ないとされている。これは、時間をかけてたっぷりと栄養を吸収したものは糖度が多く残りヘタの数も多くなるため。

ピラジン

青臭い成分で血液サラサラに

ピーマンのにおい成分であるピラジンには、血液をサラサラにする働きがあるため、心筋梗塞や脳梗塞の予防に役立つといわれています。ピーマンの種子にもピラジンは含まれているので、一緒に料理して食べてもよいでしょう。

緑、赤、黄、オレンジ、一番栄養価の高いものは？

緑色は未熟なもののため、ピーマンよりパプリカのほうが栄養価は上。赤色はカプサイシンやβ‐カロテンが多く、黄色はビタミンC、オレンジ色はβ‐カロテンやビタミンCをピーマンよりも多く含む。

渋みの正体はポリフェノールのクエルシトリン

ピーマン特有の苦みは、ポリフェノールのクエルシトリンの渋みと香り成分のピラジンが合わさって生じたもの。クエルシトリンはドクダミにも含まれている抗酸化成分で、血流を改善し、高血圧や血中中性脂肪の上昇を抑制する作用がある。

免疫力UP

ピーマン
パプリカ
β‐カロテン、ビタミンC
＋

白身魚
たんぱく質

血行促進

ピーマン
パプリカ
β‐カロテン
＋

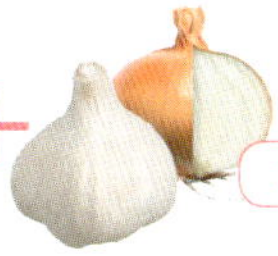

にんにく
たまねぎ
アリシン

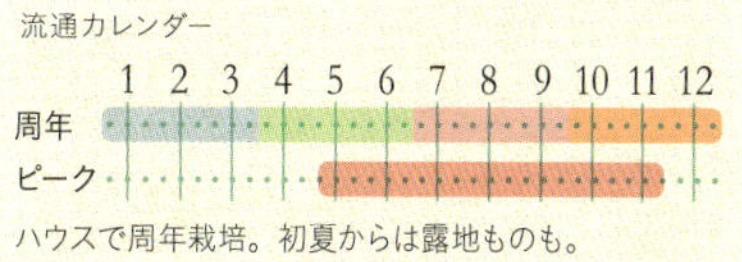

流通カレンダー
1 2 3 4 5 6 7 8 9 10 11 12
周年
ピーク

ハウスで周年栽培。初夏からは露地ものも。

カプシエイトも脂肪燃焼

とうがらし ししとうがらし

保存法
ポリ袋に入れて冷蔵庫の野菜室で保存します。

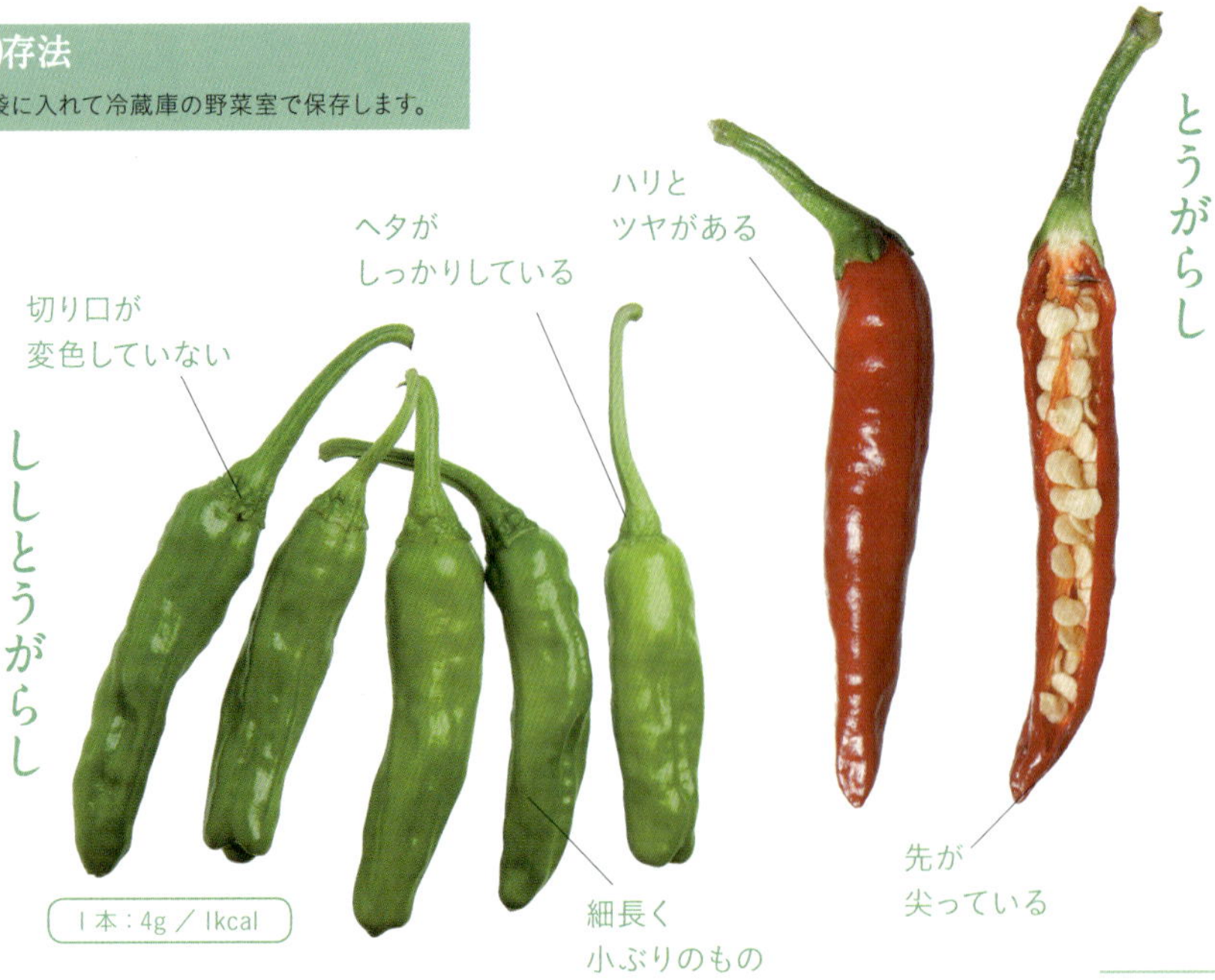

ししとうがらし
切り口が変色していない
ヘタがしっかりしている
ハリとツヤがある
とうがらし
細長く小ぶりのもの
先が尖っている

1本：4g／1kcal

英名 Chile pepper
和名・別名 唐辛子、蕃椒（バンショウ）
エネルギー（100g中）
96kcal（とうがらし）、27kcal（ししとうがらし）
糖質量（100g中）
1.5g（とうがらし）、2.1g（ししとうがらし）

五味 辛・苦
五性 熱
帰経 心・脾

とうがらしのスコヴィル値

スコヴィル値：とうがらしの辛味成分カプサイシンを数値化したもの。カプサイシンを全く含まないピーマンなどの甘味種をゼロとし、被験者が対象となるとうがらしの辛みを感じなくなるまで、どのくらいの砂糖水で希釈する必要があるかを数値に表した。現在は機械で測定されている。

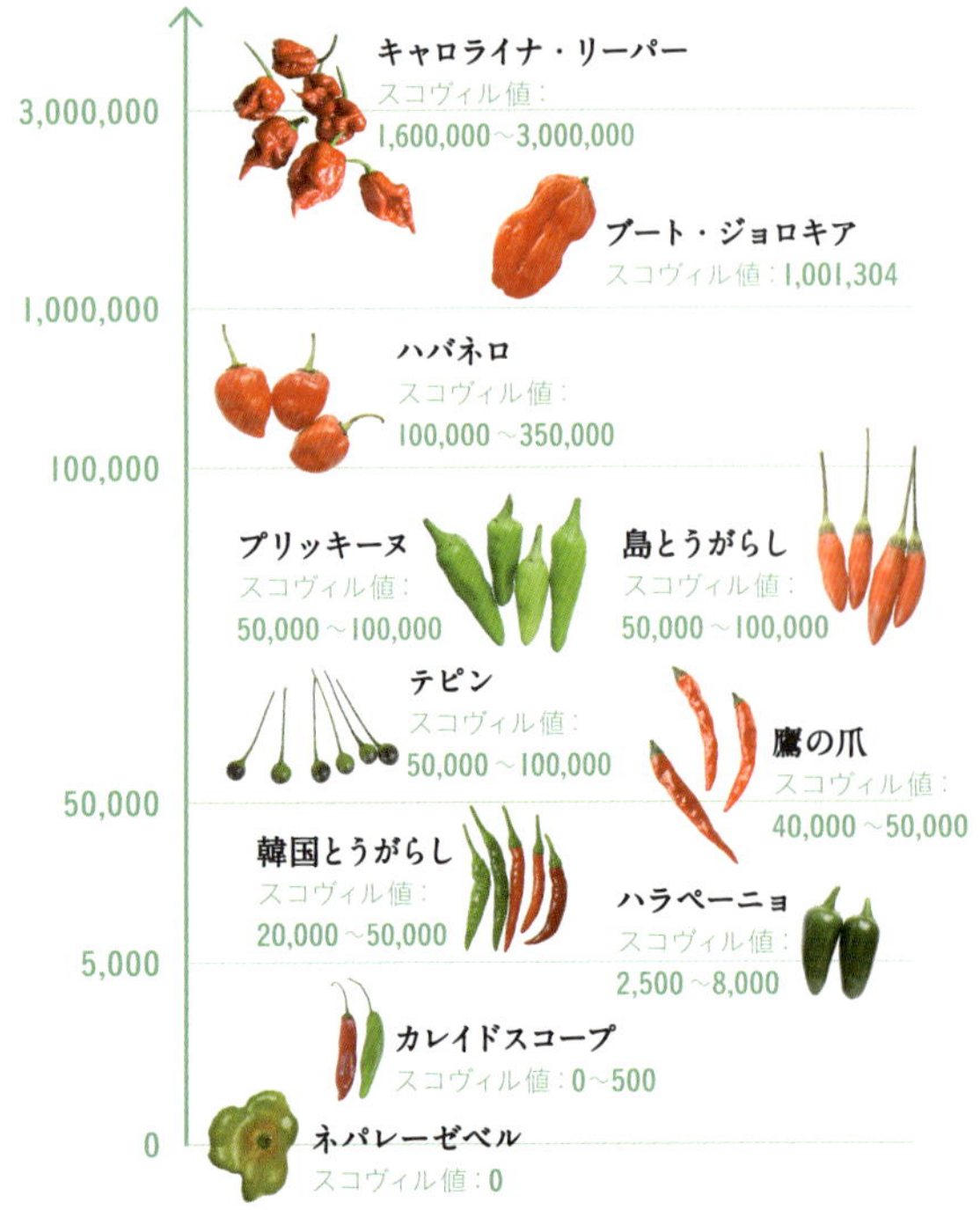

3,000,000
1,000,000
100,000
50,000
5,000
0
キャロライナ・リーパー
スコヴィル値：1,600,000～3,000,000
ブート・ジョロキア
スコヴィル値：1,001,304
ハバネロ
スコヴィル値：100,000～350,000
プリッキーヌ
スコヴィル値：50,000～100,000
島とうがらし
スコヴィル値：50,000～100,000
テピン
スコヴィル値：50,000～100,000
鷹の爪
スコヴィル値：40,000～50,000
韓国とうがらし
スコヴィル値：20,000～50,000
ハラペーニョ
スコヴィル値：2,500～8,000
カレイドスコープ
スコヴィル値：0～500
ネパレーゼベル
スコヴィル値：0

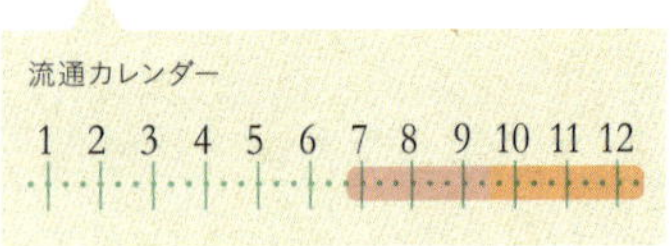

流通カレンダー
1 2 3 4 5 6 7 8 9 10 11 12

世界の辛いとうがらし

激辛ブームの影響で、日本でも海外原産のとうがらしが栽培されるようになった。色も形も、そして辛さもバラエティー豊か。新しい品種も次々と生まれ、世界一辛い品種のギネス記録はどんどん更新されている。

世界中で使われる香辛料

とうがらしで特に辛いのは、種子を支えている白いワタの部分で、胎座と呼ばれる箇所です。胎座には辛味成分であるカプサイシンが多く含まれています。種子や果肉自体は全く辛みがないわけではありませんが、それほどではありません。とうがらしを乾燥させると、胎座が崩れて周囲に飛び散り、染み込むために全体的に辛くなります。

ししとうは、ピーマンと同じで辛みのないとうがらしの品種ですが、高温や水不足などのストレスが加わると辛くなるものがあります。緑色のししとうは、熟れてくると赤くなり、甘みが増し、甘とうがらしとも呼ばれます。

食品成分表

（とうがらし 可食部100gあたり）		
たんぱく質		3.9g
脂質		3.4g
炭水化物		16.3g
無機質	カルシウム	20mg
	鉄	2.0mg
ビタミン	A β-カロテン当量	7700 μg
	B_1	0.14mg
	B_2	0.36mg
	C	120mg

（ししとうがらし 可食部100gあたり）		
たんぱく質		1.9g
脂質		0.3g
炭水化物		5.7g
無機質	カルシウム	11mg
	鉄	0.5mg
ビタミン	A β-カロテン当量	530 μg
	B_1	0.07mg
	B_2	0.07mg
	C	57mg

とうがらしで痩せる？！

とうがらしに含まれるカプサイシンには代謝を促進する効果はあるが、じつは食べただけではダイエットはできない。発汗作用があり、代謝機能が上がることを利用して、食べたあとに運動をすれば、効果がある。

食用以外の活用法

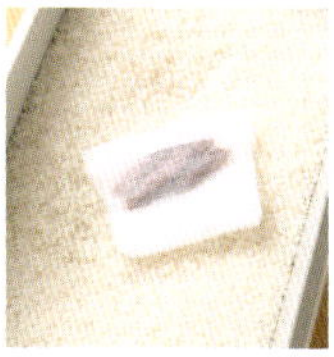

とうがらしの殺菌作用を利用して、米びつの中に入れて防虫したり、熱帯魚の白点病予防、防犯グッズの催涙スプレーなどにも使用される。また保温効果を狙って、靴下や腹巻の繊維に練り込んだり、入浴剤として利用されたりもしている。

カプサイシン

代謝がよくなり発汗作用がある

辛み成分であるカプサイシンは、体内に吸収されると脳に運ばれ、神経に作用して副腎からアドレナリンを分泌させる働きがあります。それによってエネルギー代謝が促進され、発汗したり血流がよくなったりします。代謝が上がった状態で、有酸素運動を行うと、ダイエット効果が高まります。

カプサイシンが皮膚や粘膜に触れると痛みを感じ、涙が出たり咳き込んだりするので注意しましょう。

カプシエイト

体に優しいとうがらし成分

カプシエイトは辛くないとうがらし「CH-19 甘」に含まれる新しい天然成分です。カプサイシンの辛さの約 1/1000 で胃腸への刺激は少ないのですが、カプサイシンと同様に交感神経を活発化させる働きがあるため、代謝促進や体温上昇、脂肪燃焼などの効果が得られます。

ダイエット効果

とうがらし
カプサイシン
＋

セロリ
食物繊維

動脈硬化予防

ししとうがらし
β-カロテン、ビタミンC
＋

鶏肉
たんぱく質

とうがらしの活用法

とうがらしを、油や酢、酒、しょうゆなどに漬け込むことで保存性が増す。ただし、とうがらしを扱った手で目の周りをこすったり触ったりしないよう、十分注意して。どれもとても辛いので使用する量は慎重に。

とうがらしオイル

サラダ油やオリーブオイルに乾燥とうがらしを漬けたもの。炒め物やトッピングに。

とうがらし酢

刻んだ青とうがらしを米酢に漬け込んだもの。和え物や酢の物の風味づけに。

とうがらししょうゆ

刻んだ青とうがらしをしょうゆに漬け込んだもの。肉や魚によく合う。

とうがらしリカー

乾燥とうがらしをホワイトリカーに漬け込んだもの。薄めて湿布や防虫などに利用。

辛みは水では消えない

とうがらしの辛みの元であるカプサイシンは脂溶性で、水には溶けにくい性質を持っている。辛みを和らげようとして水を飲むと、辛みを口中に広げてしまう。牛乳は、胃への刺激を和らげるが、辛み自体を打ち消すわけではない。コーヒーには辛みを分解するポリフェノールがあり、飲むと辛みが和らぐ可能性もある。生レモンのスライスをかじると、酸味の刺激で痛み（辛み）を打ち消す効果があるともいわれている。

にがうり

苦み成分で夏を乗り切る

英名 Bitter melon
和名・別名
苦瓜、蔓茘枝（ツルレイシ）
エネルギー（100g中）
17kcal
糖質量（100g中）
1.3g

五味　苦
五性　寒
帰経　心 肺

苦み成分はモモルデシン

にがうり1本には、レモン約3個分以上のビタミンCが含まれています。ビタミンCには紫外線による肌の老化やダメージによるメラニン色素の沈着などを防いだり、コラーゲンを生成したりする働きがあります。夏に日焼けした肌荒れのケアにも、にがうりは効果的です。また鉄分も多く含んでいるため、ビタミンCと同時に摂取することができ貧血予防の効果が高まります。

独特の苦みの成分であるモモルデシンやチャランチン、コロソリン酸は果皮に含まれているため、中の白いワタには苦みはほとんどありません。ワタには果肉の1.7倍近くも多くビタミンCが含まれているため、取らずに調理するとよいでしょう。

熱帯アジア原産のにがうりは、未熟な果実を食べるウリ科の植物で、ゴーヤー、つるれいしとも呼ばれます。

食品成分表（可食部100gあたり）

たんぱく質		1.0g
脂質		0.1g
炭水化物		3.9g
無機質	カルシウム	14mg
	鉄	0.4mg
ビタミン	A　β-カロテン当量	210 μg
	B_1	0.05mg
	B_2	0.07mg
	C	**76mg**

保存法

ポリ袋に入れて野菜室に。かためにゆでれば冷凍保存も可能です。

全体に太く端の部分は細く尖っている
種子は果実の先端のほうに多い。
表皮は緑色が濃いもの
イボが潰れていないもの

1本：250g
正味：210g／36kcal

油を使った調理を

にがうりに含まれているビタミンCは熱に強く、β-カロテンは油と調理することで吸収率が上がる。逆に水に浸けておくとビタミンCは約30%流出するため長く水にさらさないように。

ワタや種子も食べられる

にがうりが苦いのは皮の部分で、ワタや種子は苦くない。ワタには果肉の1.7倍ものビタミンCが含まれていて、種子には肝臓についた脂肪の燃焼に効果があるといわれる共役リノレン酸が含まれている。体にうれしい成分なので捨てないように。

苦みの取り方

スライスしたら、塩揉みをして洗い流すか、熱湯でさっと下ゆでを。

調理法

にがうりは油でコーティングすると苦みを感じにくくなるため、炒め物に向いている。卵、木綿豆腐、肉と一緒に炒めると沖縄の定番料理ゴーヤーチャンプルーになる。

食べ過ぎ注意

胃腸を刺激する効能から、食べすぎると逆に腹痛を起こすことがある。適量に個人差はあるが、食べ過ぎには注意。

流通カレンダー

1 2 3 4 5 6 7 8 9 10 11 12
周年
ピーク

沖縄などでは周年栽培。

モモルデシン

苦み成分で食欲増進 & 血糖値降下

苦みの原因でもあるモモルデシンは、20種類以上ものアミノ酸からなるものでにがうり独特の成分です。
胃腸を刺激して消化液の分泌を促したり、粘膜の状態を整える働きがあり、夏バテ防止や食あたり予防にも役立ちます。さらに急激な血糖値の上昇を抑え、体を冷やす効果もあるため熱中症対策にもなります。
またインスリンの分泌を促す働きがあるので、糖尿病予防効果が期待されます。

夏バテ予防

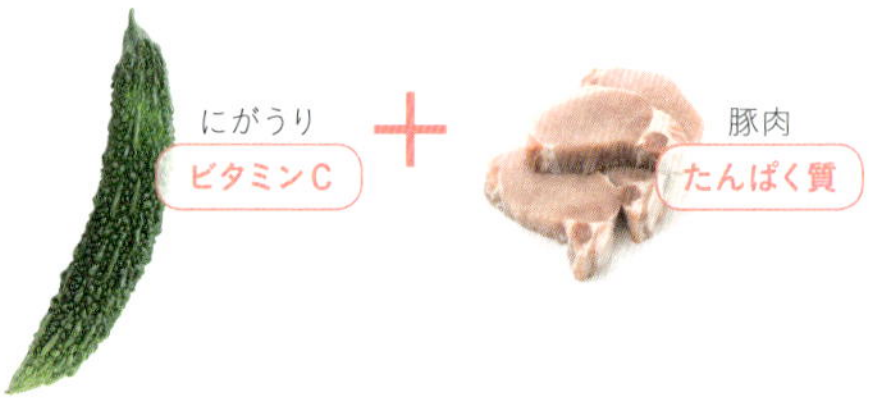

にがうり
ビタミンC
＋
豚肉
たんぱく質

とうがん

夏場に合う あっさりした味わい

とうがんは冬が旬のように思われますが、じつは夏の野菜。収穫して丸い形のまま冷暗所に保管すれば、冬まで保存しておくことができるため、冬の瓜という名前がついたといわれています。95％は水分で、栄養価はあまり高くありませんが、むくみ防止に効果があるカリウムは比較的多く含まれています。下ゆでしてから使うと青臭さが減り、だしの味が染み込みやすくなります。

食品成分表（可食部100gあたり）

たんぱく質		0.5g
脂質		0.1g
炭水化物		3.8g
無機質	カルシウム	19mg
	鉄	0.2mg
ビタミン	B_1	0.01mg
	B_2	0.01mg
	C	39mg

白く粉を吹いたようになっている
重みがあるもの
傷がない
1個：2〜3kg

英名 Winter melon
和名・別名 冬瓜、トウグワ、トウガ
エネルギー（100g中） 16kcal
糖質量（100g中） 2.5g

五味 辛・苦
五性 涼
帰経 大腸・膀胱

冷凍保存もOK!

とうがんは下ゆでをしておけば、冷凍保存することができる。使うときに味付けを。

保存法

丸いままなら風通しがよい冷暗所に。カットしてあるものはラップをして冷蔵庫の野菜室へ。

はやとうり

漬物でパリッと 煮込んでトロッと

はやとうりにはたんぱく質の合成を助ける働きのある葉酸が含まれているため、粘膜や肌を健康に保ってくれます。

果皮がクリーム色の品種と薄緑色の品種があり、一株から１００～２００個近くの実がなることから、千成うりとも呼ばれます。

食品成分表（可食部100gあたり）

たんぱく質		0.6g
脂質		0.1g
炭水化物		4.9g
無機質	カルシウム	12mg
	鉄	0.3mg
ビタミン	B_1	0.02mg
	B_2	0.03mg
	C	11mg

重みがあるもの
形が整っているもの
傷がない

手荒れに注意！

アクや苦みがあるので塩揉みしてから水洗い。アクが手につき乾くと荒れるのでこまめに洗い流す。

保存法

新聞紙に包んで段ボール箱に入れ、風通しがよい冷暗所に。

英名 Chayote
和名・別名 千成瓜（センナリウリ）、チャヨテ、チャーテ
エネルギー（100g中） 20kcal　糖質量（100g中） 3.7g

あかうり

とうがんに似ている 沖縄の万能野菜

90％が水分ですが、汗とともに流れ出しやすいカリウムが含まれています。

果皮は茶色で細かいひび割れしたような模様があります。果肉は白く、緻密でかたく締まっていますが、みずみずしさはあります。きゅうりと同じように和え物や酢の物が一般的ですが、クセがないので、炒め物や煮物、漬物、汁物と、いろいろな食べ方で楽しむことができます。

重みがあるもの
傷がない
きれいな円筒形をしている

保存法

ラップで包んでからポリ袋に入れ、冷蔵庫の野菜室へ。

沖縄の伝統野菜

15世紀頃、中国華南地方から持ち込まれた琉球王朝時代の宮廷料理の食材。

英名 Okinawan yellow cucumber
和名・別名 モーウィ

まくわうり

βーカロテンやカリウムが豊富

メロンの仲間で、あっさりとした甘みがあり、みずみずしくシャキシャキとした食感が特徴です。ビタミンCやβーカロテンが豊富で抗酸化作用があるため肌の老化防止などにも役立ちます。

英名 Korean Melon
和名・別名 てんか、あじうり、あまうり、まくわ
エネルギー（100g中） 34kcal
糖質量（100g中） 6.8g

食品成分表（可食部100gあたり）

たんぱく質		0.8g
脂質		0.1g
炭水化物		7.8g
無機質	カルシウム	6mg
	鉄	0.2mg
ビタミン	A　β－カロテン当量	180 μg
	B_1	0.03mg
	B_2	0.03mg
	C	30mg

形のバランスがよいもの
傷やへこみがない

冷蔵庫では追熟しない

スーパーで売っているまくわうりは熟す前の状態。冷蔵庫に入れても追熟しない。

保存法

未熟なら常温で追熟。熟したら、食べる直前に冷蔵庫で冷やす。

ゆうがお

英名 Bottle gourd

かんぴょうに加工される

水溶性と不溶性両方の食物繊維を含みます。水溶性は糖分の吸収を穏やかにし、不溶性は便のカサを増やして排便を促す効果がありますが、その両方をバランスよく含んでいるため、腸内環境をよりよく整える効果が期待できます。球形と長い円筒状のものがあります。中の果肉は白く、緻密でクセがありません。丸形の果肉を薄くむき、乾燥させたものがかんぴょうです。

ずっしりと重く、傷がないもの
熟しすぎているものは避ける

保存法

丸のままなら風通しがよい冷暗所に。カットしてあるものはラップをして冷蔵庫の野菜室へ。

食物繊維が豊富

不溶性の食物繊維が豊富。水分を吸収して腸内で膨らむので少量でも満腹感を得られる。

しろうり

青臭さもなく味にクセもない

きゅうりに似ていますがきゅうりほど水分も青臭さもなく、シャキシャキとした食感でクセのない味わいです。あまり栄養のある野菜ではありませんが、カリウムを若干含みます。生のままでも食べられますが、奈良漬けや浅漬け、粕漬けなどの漬物に使われるほか、みそ汁の具や煮物、冷製スープなどの具材にもなります。

食品成分表（可食部100gあたり）

たんぱく質		0.9g
脂質		0.1g
炭水化物		3.3g
無機質	カルシウム	35mg
	鉄	0.2mg
ビタミン	A　β－カロテン当量	70 μg
	B_1	0.03mg
	B_2	0.03mg
	C	8mg

白くないものを選ぶ

未熟な状態を食す。品種固有の色があるので一概にはいえないが、熟して白くなっているものは避けたほうがよい。

なめらかで鮮やかな薄緑色
みずみずしく、傷がない

保存法

ラップで包んでからポリ袋に入れ、冷蔵庫の野菜室へ。

英名 Oriental pickling melon
和名・別名 アサウリ、ツケウリ
エネルギー（100g中） 15kcal
糖質量（100g中） 2.9g

五味 甘
五性 寒
帰経 肺・腸・胃・膀胱

しまうり

和名・別名 ババゴロシ

縞模様が
はっきりしている
かたく、
ずっしりしている

保存法
ラップで包んでからポリ袋に入れ、冷蔵庫の野菜室へ。

パリッとした歯ごたえが特徴の縞のあるうり

果皮に縦の縞模様があります。メロンやまくわうりと同じ種類ですが、甘みはわずかで、水分が少ないのが特徴です。肉質はかたく歯ごたえがあります。薄切りにしたしまうりに、軽く塩を振り水気を切ったらせん切りにして浅漬けにして食べることもできます。

はぐらうり

縞模様がはっきりしていて、
果皮にツヤがあり、
ずっしりしたもの

保存法
ラップで包んでからポリ袋に入れ、冷蔵庫の野菜室へ。

肉質は緻密でやわらか見た目は太いきゅうりのよう

しろうりの仲間で、まくわうりとの交雑種。皮が緑色の青系のものと淡緑の白系があり、栽培されているものの多くは青系です。歯がぐらつく人でも果肉がやわらかくて食べやすいということから、この名前がつけられたそうです。あっさりとした味わいで漬物向き。

ひょうたん

英名 Gourd
和名・別名 ひさご、ふくべ

未熟で、
身がかたい

保存法
ラップで包んでからポリ袋に入れ、冷蔵庫の野菜室へ。

器として使われる

完熟したひょうたんの実は、調味料入れや酒器、水筒などに加工して容器として使用。

ククルビタシンの特徴

ウリ科のきゅうりやメロンも、ヘタのあたりには微量ながらククルビタシンが含まれている。にがうりの場合は、別の苦み成分（モモルデシン）も含むため、認識されにくい。ククルビタシンを摂ると嘔吐や下痢を引き起こすことがある。一般的なウリ科野菜でも、天候や土壌などの栽培環境によってククルビタシンが多くなる場合もあるので、要注意。

食用でないと苦みが強く有毒なので注意

ひょうたんをはじめとするウリ科植物に含まれる苦味成分はククルビタシンと総称されます。特に苦みが強いひょうたんは食用にはされませんでしたが、その形を珍重し、酒器や柄杓《ひしゃく》などに利用するために栽培されてきました。豊臣秀吉が千成ひょうたんを自身の馬印にしていたことはよく知られています。

品種改良によって苦みを取り除いたひょうたんをごく小さいうちに収穫し、漬物にすることがあります。食用の品種でないと中毒を起こすので、十分に注意しましょう。

とうもろこし

主食にもなる高エネルギー野菜

英名 Corn
和名・別名 玉蜀黍
エネルギー（100g中） 92kcal
糖質量（100g中） 13.8g

五味 甘
五性 平
帰経 脾・肝・腎・膀胱

黄色の色素はルテイン

野菜の中でも高エネルギーのとうもろこしは、糖質、ビタミンB_1、B_2、カリウムなどが豊富です。特に食物繊維を多く含んでいるため、整腸作用に優れています。また、アミノ酸の一種であるアスパラギン酸によって疲労回復効果があるほか、体内で合成されない色素成分であるルテインも含み、目の健康に役立ちます。

日本は世界最大のとうもろこし輸入国で、そのほとんどをアメリカに頼っています。輸入されたとうもろこしは家畜の飼料やコーンスターチ、人工甘味料などに使われ、北海道で生産されたスイートコーンは主に食用となっています。

食品成分表（スイートコーン可食部100gあたり）

たんぱく質		3.6g
脂質		1.7g
炭水化物		16.8g
カリウム		**290mg**
無機質	カルシウム	3mg
	鉄	0.8mg
ビタミン	A β-カロテン当量	53 μg
	B_1	0.15mg
	B_2	0.10mg
	C	8mg

ヒゲが褐色で、ふさふさとしている
粒が先端まで詰まっている
皮の筋目が多い
1本あたり：300g
正味：150g／138kcal

保存法

皮をむきラップに包み保存袋に入れれば、冷凍保存できる。使うときは凍ったまま水からゆで、沸騰してからさらに3分加熱。

ヒゲの本数＝粒の個数

ヒゲ（絹糸）はめしべで、花粉がつくと実になるので、粒と（ヒゲは）同じ数。

時間とともに糖度が変わる

とうもろこしは収穫直後から甘みが落ちていくので、できればもぎたてを食べるのがベスト。もしすぐに食べることができなければ早めに調理し、ラップに包んで冷蔵保存。

ゆで時間は3分がベスト

茹で時間が長いほど、とうもろこしの糖分が水に溶け出してしまうため、あまり長くゆですぎないことがポイント。湯からゆでる場合は3分で十分火が通り、シャキシャキとした歯ごたえに。水から茹でる場合でも沸騰してから3分でふっくらジューシーに仕上がる。

3種類のスイートコーン

普段ゆでて食べている甘いとうもろこしは、「スイートコーン」と呼ばれるタイプで、粒の色によって分類。全ての粒が濃い黄色の「ゴールデンコーン」、粒が白く皮がやわらかい「シルバーコーン」、黄色と白が混ざった「バイカラーコーン」の3種。

ゴールデン
シルバー
バイカラー

ルテイン

目や肌を紫外線から守る

ルテインは天然色素成分カロテノイドの一種で、黄色の色素です。私たちの体内に蓄積されていて、特に眼底の網膜や水晶体、皮膚、乳房、大腸などに存在します。ルテインが不足すると視力の低下や水晶体が濁ってしまう白内障などの目の病気を引き起こしたり、くすみやシミなどの肌荒れを起こしやすくなります。

流通カレンダー

1 2 3 4 5 6 7 8 9 10 11 12

北海道や高地で栽培。

栄養バランスUP

とうもろこし
カリウム
＋
牛乳
カルシウム

オクラ

オクラは抗酸化力のあるβ‐カロテン、糖質や脂質の代謝をよくするビタミンB_1、B_2、骨を強化するカルシウムやマグネシウムなどのミネラルが豊富で、栄養価の高い野菜です。

ハイビスカスに似た美しい花をつけるオクラの実は、開花後数日で大きくなります。育ちすぎると繊維がかたくなり味が落ちてしまうので、4～8cm程度のやわらかい幼果のうちに収穫します。一般に流通しているのは、輪切りにすると断面が五角形になる五角種ですが、丸形やギザギザの星形のものなどもあります。

食品成分表（可食部100gあたり）

たんぱく質		2.1g
脂質		0.2g
炭水化物		6.6g
無機質	カルシウム	92mg
	鉄	0.5mg
ビタミン	A β‐カロテン当量	670 μg
	B_1	0.09mg
	B_2	0.09mg
	C	11mg

保存法

ネットに入っている場合は乾燥しないようにポリ袋に入れて冷蔵庫の野菜室に。低温と湿気に弱いので3～4日で食べ切る。

食感が楽しい緑黄色野菜

英名 Okra
和名・別名 秋葵、陸蓮根（オカレンコン）、アメリカネリ
エネルギー（100g中） 30kcal
糖質量（100g中） 2.4g

辛・苦 五味
涼 五性
肺・肝・胃 帰経

五角オクラ
1本あたり：12g
正味：10g／3kcal
ガクの部分がピンと張っている
大きすぎない
うぶ毛がたくさん残っているもの

赤オクラ

細かく切ってネバネバ成分アップ

オクラのネバネバ成分は、腸内を掃除して有害物質を外に出す働きがある食物繊維。この効果を最大限に引き出すには、オクラをみじん切りにして細胞壁を壊す。そして切ったオクラを水に3時間程度浸すと水溶性の食物繊維が溶け出すので、味付けをして水分も一緒に摂るようにする。ただし、酢と合わせるとネバネバ成分が半減してしまうので注意。

オクラの種子でオクラコーヒー

コーヒーの入手が難しかった戦時中、その代用として、完熟したオクラの種子を使っていたそう。煎って砕いたものを、ドリップで抽出。コーヒーというよりは野草茶に似た風味を楽しんで。

「ムチン」と呼ばれる成分について

「オクラのネバネバにはムチンという成分が含まれる」といわれることがあるが、ムチンはだ液、鼻汁など、動物性の粘質物質を指し、植物の成分名には使わない名称である。オクラのネバネバ成分は、解明されていない。

まずは板ずりを

塩をまぶして板ずりをし、うぶ毛をとると、口当たりがよくなるだけでなく色も鮮やかに。そのまま生で食べれば、水溶性の有効成分ビオチンも摂取できる。ゆでる際は30秒ほどでOK。かためにゆでてあれば冷凍保存も可能。保存期間は1ヶ月程度を目安にして。

夏バテ予防

オクラ
β‐カロテン、ビタミンB
＋
牛乳
豚肉
たんぱく質

流通カレンダー
1 2 3 4 5 6 7 8 9 10 11 12
周年
ピーク
九州、四国で周年栽培。

フィサリス（食用ほおずき）

フルーティーで美容成分が豊富

フィサリスの果実は黄色く、糖度が14前後、濃厚で甘酸っぱい果肉です。精神を安定させる効果のあるビタミン様物質イノシトールのほか、カリウム、食物繊維、鉄分、ビタミンA、B、Cを含み、美容にもいいことが注目され、ドライフルーツやシロップ漬けなどの形でも販売されています。日本ではほおずきは観賞用として有名ですが、欧州では食用として栽培されていてスーパーなどでもよく見かける食材です。最近では日本でも食用ほおずきが栽培されるようになり「フルーツほおずき」「ストロベリートマト」「オレンジチェリー」などの名称で生産されるようになっています。

英名 Cape gooseberry
和名・別名 シマホオズキ

保存法
湿気に弱いので、ガクをつけたままキッチンペーパーで包み、ポリ袋に入れて野菜室で保存。

きれいなオレンジ色に熟したもの
ガク付きのものを選ぶ

流通カレンダー

1	2	3	4	5	6	7	8	9	10	11	12
						●	●	●	●	●	

長野から北海道までで小規模栽培。

イノシトール

肝機能低下や脱毛を防ぐ

「抗脂肪肝ビタミン」と呼ばれるビタミン様物質で、血中の脂肪の流れをよくして、肝臓に脂肪が蓄積しないようにする働きがあります。また、神経機能を正常に保つ役割もあることから、自律神経のバランスを整えたり、ストレスによる頭皮の異常や毛髪のトラブルを防ぐ効果などがあるといわれています。

とんぶり

畑のキャビアと呼ばれ食感を楽しむ

低カロリー食材ですが、食物繊維、ビタミンE、ビタミンK、ポリフェノールのサポニンなどが含まれているため、アンチエイジングや生活習慣病の予防に効果があります。

ホウキギの熟した実を加熱加工したものですが、見た目や食感がキャビアに似ていることから「畑のキャビア」とも呼ばれています。味は淡白でプチプチとした食感を楽しみます。

和名・別名 唐鰤子（トウブリコ）
エネルギー（100g中） 90kcal
糖質量（100g中） 5.8g

食品成分表（可食部100gあたり）

たんぱく質		6.1g
脂質		3.5g
炭水化物		12.9g
無機質	カルシウム	15mg
	鉄	2.8mg
ビタミン	A β-カロテン当量	800μg
	B_1	0.11mg
	B_2	0.17mg
	C	1mg

淡白な味わいなのでトッピング向き

とんぶりそのものは淡白な味なので、さまざまなものにトッピングして、しょうゆやだしなどの塩分を少し加える。みそ汁やご飯に振りかけてもおいしい。
パラパラとしているので、粘り気のあるものとよくマッチする。やまいもや納豆、オクラ、なめこなどとよく混ぜて食べるとネバネバ＋プチプチ食感を同時に楽しむことができる。マヨネーズとの相性もよく、ツナマヨに混ぜてサンドイッチの具材にしても。

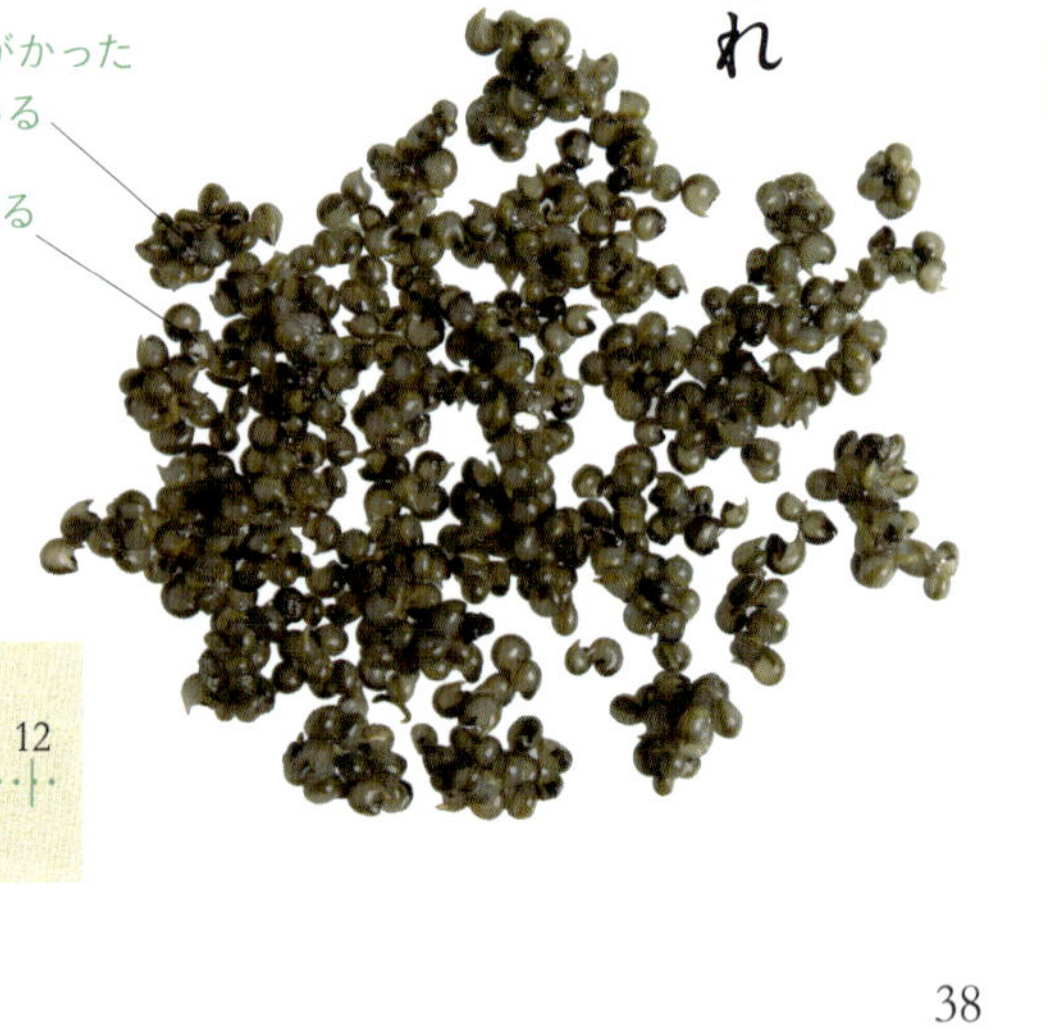

実の色が青みがかった深い色をしている
実が小さくて揃っている

保存法
生とんぶりの場合は、冷蔵庫で2週間程度持つ。真空パックの場合は開封したら小分けにして冷凍保存。

流通カレンダー

1	2	3	4	5	6	7	8	9	10	11	12
									●	●	

古くから秋田の名産。

さやえんどう

ダイエットにもいい美容食材

英名 Garden pea
和名・別名 豌豆、野良豆
エネルギー（100g中）
36kcal
糖質量（100g中）
4.5g

リジンは必須アミノ酸

さやえんどうは、抗酸化作用や免疫力をアップさせるビタミンCが豊富です。豆の部分にはたんぱく質や必須アミノ酸のリジンも含まれ、体の成長をサポートします。サヤごと食べられるためβ-カロテンも多く摂取することができます。β-カロテンは、必要に応じて体内でビタミンAに変換され、目や皮膚の粘膜を保護したり、薄暗いところで視力を保つ機能を助けます。また、ビタミンCとの相乗効果で、コラーゲンの生成を促すため、皮膚や粘膜をよい状態に保つほか、老化防止にも役立ちます。

食物繊維も多く含み、腸内でカサを増して過食を防いだり、腸のぜん動運動を促して老廃物を排出したりする役割も果たすため、ダイエット食材としても適しています。

さやえんどうには、完全に熟した豆を食べる「えんどう豆」と、早採りしてサヤごと食べる「さやえんどう」、豆がある程度熟したやわらかい状態で収穫する「グリーンピース」があります。「きぬさや」と呼ばれるのは、さやえんどうの中でも特にサヤが薄い品種で、サヤが肉厚で豆も太ったアメリカ品種の「スナップえんどう」もさやえんどうの仲間です。

食品成分表（可食部100gあたり）

たんぱく質		3.1g
脂質		0.2g
炭水化物		7.5g
無機質	カルシウム	35mg
	鉄	0.9mg
ビタミン	A β-カロテン当量	560 μg
	B1	0.15mg
	B2	0.11mg
	C	**60mg**

保存法
ポリ袋に入れて野菜室に。冷凍保存する場合は、スジを取ってからかたゆでする。

1本あたり：3.5g
正味：3g／1kcal
鮮やかな緑色
中の豆があまり生育していない
サヤの先のヒゲが白い

グリーンピース

ビタミンKで骨を健康に

さやえんどうにはグリーンピースやそらまめの約2倍のビタミンKが含まれている。ビタミンKには止血する作用や、骨にカルシウムを沈着させて丈夫に保つ働きがある。

野菜でありながら豆としての栄養も摂れる

さやえんどうの中の小さな豆は未成熟状態だが、たんぱく質やアミノ酸などを多く含むため、野菜から摂りにくい栄養素を補給できる。体の組織の修復を促し成長を助けたり、肌の組織を整える効果などが得られる。

リジン

体を作る上で必要な栄養素

必須アミノ酸の一種であるリジンは、人体の成長に欠かせない成分で、体の組織の修復を促し疲労を回復したり、肌の組織を整えたりする働きがあります。
骨や血管を丈夫にする働きや、肝機能を強化し、脳細胞を活性化させる効果もあります。集中力を高める作用から、成長期の子どもに積極的に食べさせたい食材ともいわれています。

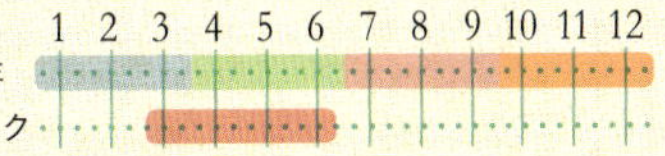

流通カレンダー
1 2 3 4 5 6 7 8 9 10 11 12
周年
ピーク
ハウス栽培で周年。

美肌 風邪予防

さやえんどう
ビタミンC
＋

卵
たんぱく質

さやいんげん

多くの栄養素を幅広く含む

英名 String bean
和名・別名 隠元豆、莢豆
エネルギー（100g中）23kcal
糖質量（100g中）2.7g

五味 甘
五性 平
帰経 心

さやいんげんは、約90％が水分で低カロリーな野菜です。ダイエット中のカサ増しの食材として利用することができるほか、β-カロテン、ビタミンE、ビタミンCなどの抗酸化に関わるビタミンをバランスよく含んでいるため、酸化による老化の予防、肌荒れ改善も期待できます。

また、カリウムや食物繊維も多く含んでいるので、ナトリウム（塩分）や老廃物の排出を促進し、高血圧予防、むくみや便秘の解消にも役立ちます。さらに、アミノ酸の一種であるアスパラギン酸は、体内でのエネルギーを生成するとともに、疲労を回復させたり、疲労の元になる乳酸の分解を促進させる働きがあります。

さやいんげんはつるがあるかないか、サヤの長さや形などでさまざまに分類され、数百品種あるといわれています。一般的に流通しているのは、「どじょういんげん」と呼ばれる丸サヤ系のものです。

旬は夏ですが、栽培方法によって時期をずらすことができ、一年に三度収穫できることから、三度豆や四季豆などとも呼ばれています。

食品成分表（可食部100gあたり）

たんぱく質		1.8g
脂質		0.1g
炭水化物		5.1g
無機質	カルシウム	48mg
	鉄	0.7mg
ビタミン	A β-カロテン当量	590 μg
	B1	**0.06mg**
	B2	**0.11mg**
	C	8mg

保存法

ポリ袋に入れて冷蔵庫の野菜室に。冷凍保存する場合は、塩を入れた湯でかたゆでにし、ヘタとサヤの先を取り、水分を切ってから。

細くて均一な形
1本あたり：8g
正味：7g／2kcal
豆の形がゴツゴツ出ていない
皮がふっくらとしている

必須アミノ酸9種類全てを含む

人間の体内では合成できないといわれる必須アミノ酸は全部で9種類（リジン、トリプトファン、バリン、ロイシン、イソロイシン、フェニルアラニン、スレオニン、メチオニン、ヒスチジン）あり、必ず食物から補給しなければならない。必須アミノ酸が不足すると骨や血液、筋肉、内臓などの機能に支障をきたすおそれがあるが、さやいんげんは一度にこれらの必須アミノ酸を摂れるスーパー野菜。

モロッコいんげん

ひらさやいんげんの一種で、長さが20cmほどあり平べったい形。円筒形のさやいんげんに比べて甘みがあり、シャキシャキとした食感が特徴。低カロリーで骨の強化に必要なビタミンKが多い。

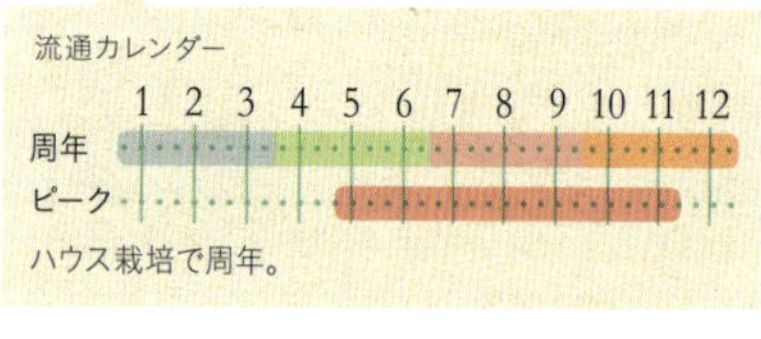
流通カレンダー
1 2 3 4 5 6 7 8 9 10 11 12
周年
ピーク
ハウス栽培で周年。

疲労回復

さやいんげん
ビタミンB群
＋

豚肉
たんぱく質

えだまめ

女性に大豆イソフラボン

えだまめは「畑の肉」と呼ばれる大豆と同様に、体を作るたんぱく質が豊富です。さらにえだまめの脂質に含まれるレシチンは、神経伝達物質の合成を助けるため記憶力や集中力を高める働きがあります。

また、女性ホルモンと似た働きをする大豆イソフラボンや、造血作用のある葉酸、高い抗酸化作用がある大豆サポニンも含まれていて、栄養価の高い野菜です。

日本には縄文時代後期から弥生時代に伝わったといわれているえだまめですが、今のように塩ゆでして食べるようになったのは江戸時代頃といわれています。庭やあぜ道で栽培されていたことから「あぜ豆」と呼ばれていましたが、商人が夏に枝付きのままの豆を売り歩いていた様子から「枝付き豆」と呼ばれるようになったそうです。江戸時代中期には、大豆とえだまめの品種を分けて栽培するようになりました。

未成熟の豆をゆでて食べる文化は、長い間アジア圏特有のものでしたが、2000年頃に、日本食ブームや健康志向が高まると、ヨーロッパや北米などで塩ゆでされたえだまめが紹介され、「EDAMAME」と呼ばれて欧米でも流通するようになりました。

食品成分表（可食部100gあたり）

たんぱく質		11.7g
脂質		6.2g
炭水化物		8.8g
無機質	カルシウム	58mg
	鉄	2.7mg
ビタミン	A　β-カロテン当量	260 μg
	B_1	0.31mg
	B_2	0.15mg
	C	**27mg**

保存法

サヤつきのものはポリ袋に入れて冷蔵庫の野菜室に。冷凍保存する場合は、サヤに入ったまま軽く洗い水気を切って保存袋に入れてる。

世界に広がるスーパーフード

英名 Green soybean
和名・別名 枝豆
エネルギー（100g中）135kcal
糖質量（100g中）3.8g

甘 五味
平 五性
脾 帰経

豆の大きさが揃っている
サヤ付き1本あたり：30g
正味：15g／20kcal
鮮やかな緑色でうぶ毛が濃い

おいしいゆで方

サヤの両端をハサミで切る。うぶ毛を取るようにしっかりと塩もみをして10分程度置いてから、塩分濃度4%（水1ℓに塩40g）の湯に入れる。鍋に入れる塩の量は塩もみしたときの塩の分量を差し引く。えだまめを入れて再沸騰したら3分を日安にザルにあげて冷ます。

葉酸

貧血時や妊娠初期には積極的に摂取を

葉酸はビタミンB群の仲間で水溶性ビタミンのひとつです。赤血球を作る「造血のビタミン」とも呼ばれ、細胞の生産や再生を助ける働きがあります。

健康な人の場合は、腸内細菌によって合成されるため、食事から摂取する分で不足はありませんが、妊娠初期の女性や成長期の子どもは、細胞分裂が活発に行われるため、十分な葉酸の摂取が必要です。

ビールにえだまめは相性抜群

えだまめにはアルコールの代謝を促進させるビタミンB_1や肝臓への負担を軽くするメチオニン、肝臓の働きを向上させるのに役立つコリンなどが含まれている。

また、取りすぎた塩分や水分を調節して排泄するカリウムも含むため、二日酔い防止にも役立つことから、ビールのつまみにおすすめ。

夏バテ予防
疲労回復

えだまめ
ビタミンB_1・C

＋

鶏むね肉
たんぱく質

流通カレンダー
1 2 3 4 5 6 7 8 9 10 11 12

そらまめ

大豆と同じ植物性たんぱく質を含むほか、ビタミンB_1、B_2、C、カリウム、カルシウム、鉄、銅などがバランスよく含まれていて、ヘルシーな食材です。

　そらまめの名前は、実が空に向かってなることに由来していますが、サヤが蚕に似ていることから「蚕豆《さんとう》」と呼ばれることもあります。

　そらまめは空気に触れると鮮度が落ちるため、サヤ付きのものを買い、その日のうちに食べましょう。すぐに食べられないときは、ゆでてから冷凍保存がおすすめです。

食品成分表（可食部100gあたり）

たんぱく質		10.9g
脂質		0.2g
炭水化物		15.5g
無機質	カルシウム	22mg
	鉄	2.3mg
ビタミン	A　β-カロテン当量	240μg
	B_1	**0.30mg**
	B_2	**0.20mg**
	C	23mg

保存法

サヤ付きのものはポリ袋に入れて冷蔵庫の野菜室に。冷凍保存する場合は、かたゆでにして保存袋に入れてる。

初夏の香り漂うヘルシーな豆

英名 Broad bean
和名・別名 蚕豆、空豆
エネルギー（100g中）
108kcal
糖質量（100g中）
12.9g

五味 甘
五性 平
帰経 脾

3粒：12g
正味：9g／10kcal

サヤが鮮やかな緑色でツヤがある
スジが茶色くなっていないもの
持ったときに重みがある

甘みを引き出すゆで方

サヤから豆を取り出したら、つめの部分に包丁で切り込みを入れる。塩分濃度2%（水1ℓに塩20g）の湯に入れ、沸騰させない程度の弱火で3～5分ゆでる。グラグラと沸騰させた状態でゆでると豆がかたくなるので注意。ザルにあげたら、冷水にはさらさず水気を切る。

時期によって食べ方を変える

収穫時期によって、豆の口当たりが変化する。4月の走りの時期は、豆が若くてみずみずしいため塩ゆででシンプルに味わう。6月の名残の時期は皮が厚くなり水分も減ってくるため、ミキサーにかけてポタージュなどのスープにするのがおすすめ。

アレルギーに注意！

多くの栄養成分を含むそらまめだが、大量に食べるとファビズムという食中毒を発症することがあり、発熱、黄疸、重症化すると死亡する場合もある。適量の10～20粒を守っていれば問題はないが、おいしいからといって食べ過ぎないように注意。なお、日本では発症事例は少ない。

おはぐろの色で鮮度がわかる

豆の脇にあるつめ（芽と根が出てくる部分）をおはぐろと呼ぶ。新しいものはこの割れ目がやわらかくて緑色をしているが、鮮度が落ちてくると黒くなるので、鮮度の判別をすることができる。

流通カレンダー

1 2 3 4 5 6 7 8 9 10 11 12

そらまめ
ビタミンB
＋

鶏肉
たんぱく質

らっかせい

実の半分近くは脂質のため高エネルギーで、30粒ほどでご飯約1杯分のカロリーがあります。しかし、その脂質はリノール酸などの不飽和脂肪酸のため、コレステロール値を下げたり、脳機能を活性化する働きがあります。また、細胞を活性化させるコエンザイムQ10を含むため、アンチエイジング食材として注目されています。

らっかせいは江戸時代に中国から入ってきたもので、花が落ちたあと、子房の下の部分が伸びて地中に潜り込み、地中で実をつけることから落花生という名前になりました。ほかにも中国から入ってきたため「南京豆」「唐人豆」と呼ばれることもあります。沖縄では「ジーマーミ」と呼び、甘みの強い豆腐の材料としても使われています。

食品成分表(可食部100gあたり)

たんぱく質		12.0g
脂質		24.2g
炭水化物		12.4g
無機質	カルシウム	15mg
	鉄	0.9mg
ビタミン	A β-カロテン当量	5μg
	B1	0.54mg
	B2	0.09mg
	C	20mg

やや細長い形のもの

良質の植物性脂肪が豊富

英名 Peanut
和名・別名 落花生、ナンキンマメ
エネルギー(100g中) 295kcal
糖質量(100g中) 8.4g

甘 五味
平 五性
脾・肺 帰経

保存法

掘りたての生らっかせいは、ポリ袋に入れて冷蔵庫の野菜室に。傷みやすいので1週間以内に調理する。乾燥させたものは、密閉容器などに入れて冷蔵庫で保存。

生らっかせいのゆで方

生らっかせいは水で汚れを落としたら、塩分濃度3%(水1ℓに塩30g)の湯に入れる。20分ゆでたら、そのままふたをして10分間放置し、ザルにあげる。ゆでたものは、傷むのが早いので、なるべく当日中に食べ、残ったら冷凍して保存。

薄皮も食べる

薄皮にはポリフェノールの一種レスベラトロールが含まれている。抗酸化作用があり、美肌効果やアンチエイジングなどが期待できる。

お酒のお供にピーナッツ

らっかせいに含まれるビタミンB_3(ナイアシン)は、アルコール代謝促進作用があり、二日酔いの原因になるアセトアルデヒドを分解する効果がある。肝臓の負担を軽くするので、お酒のおつまみに最適。

コエンザイムQ10

細胞を生き生きと保つ

コエンザイムQ10はかつてビタミンQといわれたビタミン様化合物のこと。私たちがエネルギーを作り出すのに必須の物質で、不足すると細胞の中でのエネルギー作りが滞り、細胞本来の働きをしなくなってしまいます。体内を酸化ストレスから守るとともに加齢に伴い衰える細胞を若々しく保つ効果があります。

徐々に体内で作られる量が減るため、食べ物から補給したい栄養素です。らっかせいのほかにも大豆やくるみ、アーモンド、牛肉や豚肉、イワシなどの青魚(P.228)にも含まれています。

記憶力アップや認知症予防に

レシチンは、脳の機能を高める神経伝達物質であるアセチルコリンの原料となる物質。らっかせいにはレシチンが多く含まれているので、アセチルコリンが増える。それによって、脳の活動が活発化し、記憶力の向上や脳の老化を防ぐ働きがあると考えられる。

老化予防

らっかせい
ビタミンE
+

緑黄色野菜
β-カロテン、ビタミンC

流通カレンダー

1 2 3 4 5 6 7 8 9 10 11 12

生らっかせいの収穫期(9〜11月)

ふじまめ

地方によって呼び名が変わる

若いサヤを食用にするほか、熟した豆は東洋医学で解毒効果のある生薬として使われています。食物繊維が多く、便秘解消に効果があるほか、カリウムやたんぱく質も含み、高血圧の予防などにもなります。

赤花品種と白花品種があり、赤花品種の種実には紫色のぶちがあるのが特徴です。また、白花品種のほうがサヤがやわらかくて香りがよいといわれています。

三重県や岐阜県では「千石豆」、石川県では「つる豆」「だら豆」とも呼ばれ、各地の伝統野菜として扱われています。

調理方法

さやいんげんと同様にスジを取り除いてから下ゆでし、サラダや煮物の彩りに使う。

食品成分表（可食部100gあたり）

たんぱく質		2.5g
脂質		0.1g
炭水化物		7.4g
無機質	カルシウム	43mg
	鉄	0.8mg
ビタミン	A　β-カロテン当量	240 μg
	B_1	0.08mg
	B_2	0.10mg
	C	13mg

みずみずしくてハリがあり、豆が育ちすぎていない

保存法

ポリ袋に入れ、冷蔵庫の野菜室へ。

英名 Hyacinth bean

和名・別名 センゴクマメ、アジマメ

エネルギー（100g中） 33kcal　糖質量（100g中） 3.0g

五味	甘
五性	平
帰経	脾・胃・心

なたまめ

漢方薬や健康食品にも

主に熱帯アジアやアフリカで栽培され、成長が早く、豆のサヤは50cmほどにもなるため、ジャックと豆の木のモデルになった木といわれています。

生長しすぎるとアクが強くなり、また豆のサヤの間にかたい皮ができるので、10cm〜15cm程度のものを選びましょう。

なたまめには主に白なたまめ、赤なたまめ、たちなたまめという3品種がありますが、白なたまめ以外には弱い毒が含まれていることがあります。

若いサヤを福神漬けや粕漬けなどにするほか、ゆでてサラダにしたり炒め物にしたりして食します。

豆の薬効に注目

膿や老廃物の排出効果が高いということから、お茶や民間薬などに利用。

育ちすぎていないもの（10 〜 15cm）
鮮やかな緑色

保存法

ポリ袋に入れ、冷蔵庫の野菜室へ。

英名 Sword bean

和名・別名 トウズ、タチマメ、タテハキ

五味	甘
五性	温
帰経	肺・脾・胃・腎

しかくまめ

パリッとしていてあっさり味

活性酸素を除去してくれるβ-カロテンや、骨の強化を助けるビタミンKが多く含まれ、カルシウムに至ってはさやえんどうの約2倍量を含みます。サヤの断面がひだのついた四角形をした豆。沖縄では新緑の季節をうりずんということから、この時期に栽培し始める豆ということで「うりずん豆」とも呼ばれています。サヤだけではなく、葉や花、地中にできるいもも食用にされます。若いサヤは、あっさりとした風味なので軽くゆでてサラダに。天ぷらや炒め物などにすれば、パリッとした歯触りを楽しむことができます。

英名 Winged bean

和名・別名 うりずん豆、シカクマーミ

エネルギー（100g中） 20kcal

糖質量（100g中） 0.6g

食品成分表（可食部100gあたり）

たんぱく質		2.4g
脂質		0.1g
炭水化物		3.8g
無機質	カルシウム	80mg
	鉄	0.7mg
ビタミン	A　β-カロテン当量	440 μg
	B_1	0.09mg
	B_2	0.09mg
	C	16mg

保存法

低温だと黒ずむので、新聞紙に包んで、風通しがよい冷暗所に。

色が鮮やかな緑色でひだがきれいなもの

英名はウイング・ビーンズ

断面は、四方にひだが付いた羽のように見えることからウイング・ビーンズとも呼ばれる。

ぎんなん

秋の味覚でエネルギー補給

イチョウの実の中のかたい殻に包まれた胚乳の部分を食用にします。4割程度が炭水化物で、たんぱく質や脂質、カロテン、ビタミンC、カリウムなどの栄養素がバランスよく含まれていて、昔から民間療法の薬として利用されてきました。

果肉はとてもにおいが強く、ギンコール酸というアレルギー物質が含まれているので、素手で触るとかぶれることがあります。また、可食部分にはビタミンB_6の作用を妨げるメチルピリドキシンという中毒物質が含まれていて、解毒能力の弱い幼児では7、8粒食べると中毒が起こることもあるので、食べ過ぎには注意しましょう。

食品成分表(可食部100gあたり)

たんぱく質		4.7g
脂質		1.6g
炭水化物		34.8g
無機質	カルシウム	5mg
	鉄	1.0mg
ビタミン	A β-カロテン当量	290 μg
	B1	0.28mg
	B2	0.08mg
	C	23mg

簡単な殻のむき方

ペンチなどで軽くひびを入れたら、10個程度を封筒に入れて500Wで60秒温める。熱いうちに薄皮もむく。

表面が白いもの
振って音がしないもの

保存法

紙袋に入れて冷蔵庫の野菜室で数ヶ月保存可能。

甘・苦・渋 五味
平 五性
脾・肺・腎 帰経

英名 Ginkgo nut
和名・別名 銀杏
エネルギー(100g中) 171kcal
糖質量(100g中) 33.4g

1粒：4g
正味：3g／6kcal

ひし

くりのようなホクホクした味わい

微量ですが、実には体の免疫力をアップさせる有機ゲルマニウムというミネラルが含まれています。

ひしの実は沼や池などに生える水生植物ひしの果実で、かたい殻の中の白い果肉を食用にします。水面に浮かぶ葉の形が菱形であることが名前の由来です。

果肉は軽く塩ゆでですると、シャキシャキ、ホクホクとした食感がして、味や香りにクセがないのでさまざまな料理にマッチします。

英名 Water chest nut
和名・別名 菱
エネルギー(100g中) 190kcal
糖質量(100g中) 37.7g

食品成分表(可食部100gあたり)

たんぱく質		5.8g
脂質		0.5g
炭水化物		40.6g
無機質	カルシウム	45mg
	鉄	1.1mg
ビタミン	A β-カロテン当量	7 μg
	B1	0.42mg
	B2	0.08mg
	C	12mg

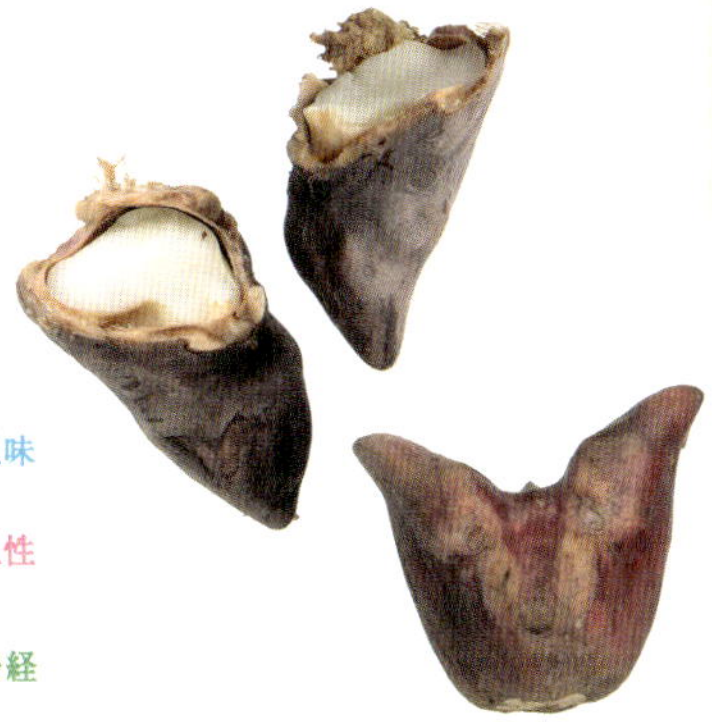

下処理法

2時間以上水に浸けておく。沸騰した湯に適量(水に対し2～3%)の塩を入れて10分程度ゆでたら、水にさらして30分置き、皮をむく。そのまま食べるときは20分程度ゆでる。

甘 五味
涼 五性
腸・胃・心 帰経

なつめ

ストレスに強い体を作る

なつめは韓国や中国で薬膳料理や健康茶などに使われることの多い実で、中国には「なつめを1日に3つ食べると老いない」という古語があります。かつてはビタミンB_5と呼ばれていたパントテン酸を多く含むことから、神経細胞に働きかけて精神の安定をはかったり、副腎皮質ホルモンの合成を助けてストレスに強い体にする働きがあると考えられています。一般に流通しているなつめは乾燥させたものが多いですが、生食するとリンゴのような食感の、さわやかな甘酸っぱい果実です。

食品成分表(可食部100gあたり)

たんぱく質		3.9g
脂質		2.0g
炭水化物		71.4g
無機質	カルシウム	65mg
	鉄	1.5mg
ビタミン	A β-カロテン当量	7 μg
	B1	0.10mg
	B2	0.21mg
	C	1mg

英名 Jujube
和名・別名 棗
エネルギー(100g中) 287kcal
糖質量(100g中) 60.9g

乾燥なつめの作り方

よく洗ったなつめを1週間程度、天日干し。赤茶色になったら20分程度蒸し、再度乾燥するまで天日干ししたら出来上がり。

ツヤがあり、粒が揃っている
虫食いや傷がない

保存法

ポリ袋に入れ、冷蔵庫の野菜室へ。なるべく早く使い切る。

甘 五味
温 五性
心・脾 帰経

※なつめは果実ですが、構成の都合上、この本では果菜ページに収録しています。

くるみ

不飽和脂肪酸で中性脂肪をダウン

くるみの主成分である脂質は、リノール酸やαリノレン酸などの不飽和脂肪酸で、コレステロール値や中性脂肪を下げる作用があるのですが、9～10かけでご飯1膳分ほどのエネルギー量があるため、食べ過ぎには注意しましょう。

落葉高木のくるみの種子は、紀元前7000年頃から食用にされていて、日本では縄文時代から、オニグルミやヒメグルミなどの種類が自生していました。

英名 Walnut
和名・別名 胡桃
エネルギー（100g中） 674kcal
糖質量（100g中） 3.2g

食品成分表（可食部100gあたり）

たんぱく質		14.6g
脂質		68.8g
炭水化物		11.7g
無機質	カルシウム	85mg
	鉄	2.6mg
ビタミン	A β-カロテン当量	23 μg
	B1	0.26mg
	B2	0.15mg

1粒：6g／40kcal

五味 甘・苦
五性 温
帰経 肺・腎・肝・大腸

保存法

殻付きの場合は、冷蔵庫で数ヶ月日持ちする。殻のないものは、密閉容器に入れ冷蔵、冷凍保存が可能。

摂取適量は？

1日にひとつかみ程度が、コレステロール低下などに効果があるといわれ推奨されている。

ローストして使う

味と食感を引き立たせるために、使う前に10分程度フライパンで乾煎りする。

流通カレンダー

1	2	3	4	5	6	7	8	9	10	11	12

くり

渋皮にはポリフェノールが豊富

可食部分はでんぷん、ビタミンB1、ビタミンC、カリウムなどを含む高カロリーな食品です。成長や生殖に関係するさまざまな酵素の構成成分になるマンガンも含むほか、渋皮にはポリフェノールの一種であるタンニンが多く含まれています。タンニンには強い抗酸化力があり、老化防止やがん予防などに役立つため、渋皮煮などの皮を残した料理もおすすめです。

くりは世界に数多くの品種がありますが、大きく分けると中国ぐり、ヨーロッパぐり、アメリカぐり、日本ぐりの4種です。日本栗は縄文時代から自生していた小粒の芝ぐりですが、現在は大粒で、甘みや香りも強い品種に改良されたものが流通しています。

英名 Chestnut
和名・別名 栗
エネルギー（100g中） 164kcal
糖質量（100g中） 32.7g

食品成分表（可食部100gあたり）

たんぱく質		2.8g
脂質		0.5g
炭水化物		36.9g
無機質	カルシウム	23mg
	鉄	0.8mg
ビタミン	A β-カロテン当量	37 μg
	B1	0.21mg
	B2	0.07mg
	C	33mg

五味 甘
五性 温
帰経 脾・腎・胃

保存法

生のくりは乾燥しやすいので、ポリ袋などに入れて冷蔵庫に。ゆでた栗は密閉容器に入れて冷蔵庫で保存。2～3日中に食べ切ること。

1個：20g
正味：14g／23kcal

流通カレンダー

1	2	3	4	5	6	7	8	9	10	11	12

ゆでぐりの作り方

半日程度水に浸けたら、沸騰した湯に適量（水に対し1%）の塩を入れて、約50分ゆでる。粗熱が取れるまで放置してから、皮をむく。

マンガン

骨や皮膚を生成する働きがある

ミネラルの一種であるマンガンは、三大栄養素である炭水化物、たんぱく質、脂質の代謝を促す成分で、体内では骨や肝臓、膵臓、腎臓などに含まれています。マンガンが不足すると、骨がもろくなったり、生殖機能、皮膚の代謝などにも影響が出るといわれています。

アーモンド

ビタミンＥで抗酸化

　アーモンドに多く含まれるビタミンＥは、抗酸化作用により有害な活性酸素から体を守り、肌のシワやたるみ、肥満などを予防する働きがあります。１日に摂るべきビタミンＥ摂取量をアーモンドなら約20粒でまかなうことができます。

　また、ビタミンB_2やミネラル分の銅も豊富で皮膚や粘膜の新陳代謝を促進させます。髪や肌などの細胞を活性化する効果が期待でき、アンチエイジング食材としても注目が集まっています。

　アーモンドはりんごやプラムと同じバラ科の植物で、原産地はアジア西部の高原や山地です。元々は生産量の少ない稀少性の高いナッツでしたが、カリフォルニアで生産量が増えたため、現在では世界中に供給されるようになりました。

食品成分表（可食部100gあたり）

たんぱく質		19.6g
脂質		51.8g
炭水化物		20.9g
無機質	カルシウム	250mg
	マグネシウム	**290mg**
	鉄	3.6mg
ビタミン	A　β-カロテン当量	11 μg
	E	**30.3mg**
	B_1	0.20mg
	B_2	1.06mg

保存法

密閉容器に入れて15℃前後の温度で３ヶ月程度は保存できる。冷蔵庫、冷凍庫に入れてもOK。

美容にもおすすめの身近なナッツ

英名 Almond
和名・別名 扁桃（ヘントウ）、巴旦杏（ハタンキョウ）、アメンドウ
エネルギー（100g中）587kcal
糖質量（100g中）10.8g

5粒：6g ／ 36kcal

素焼き

食塩無添加で油も使用していないタイプ。

殻付き

殻ごと塩水に浸けてからローストしてあるので、塩分が抑えられているだけでなく、酸化しにくいという特徴が。

素焼き、食塩不使用を選ぶ

ローストアーモンドは、保存期間が長いと油が酸化するので密閉容器に入れて賞味期限内に食べること。味付きのものは塩分摂取過多になる可能性があるので、なるべく食塩無添加のものが安心。

銅　新陳代謝を活発化させ貧血予防にも

ミネラルの一種である銅は、鉄分と結びついて赤血球を構成するヘモグロビンを活性化させる作用があります。ヘモグロビンが増えると、血中酸素濃度が高くなり、貧血防止、疲労回復やむくみ解消、冷えの改善などにつながります。

また、銅は酵素の量を増やす働きをするため、消化をサポートしたり新陳代謝を活発にしたりして、骨や髪、皮膚などを健康に保つ働きもします。

アーモンドオイル

ビタミンＥが豊富で抗酸化作用がある。食用にはスイート種が使用される。

食べ過ぎると吹き出物ができる？

アーモンドの栄養成分で肌が整うことはあってもニキビができる直接の原因になることはない。ただし量を食べ過ぎたり、味付き、チョコレートがけなどの付随するものが高脂肪になったりしてニキビを誘引することは考えられる。

自家製アーモンドミルク

用意するのはアーモンドと水だけ。アーモンド250gを一晩浸水（800ml）させ、軽く水洗いしたら、水（600ml）とアーモンドをミキサーにかける。布などを使ってこしたら出来上がり。

牛乳、豆乳に次ぐ第三のミルクが自宅で手軽に作れる。こしたあとの搾りかすは食物繊維などが多いので、和え物などにも使うことが可能。

骨粗しょう症予防

アーモンド
マグネシウム

＋

牛乳
カルシウム

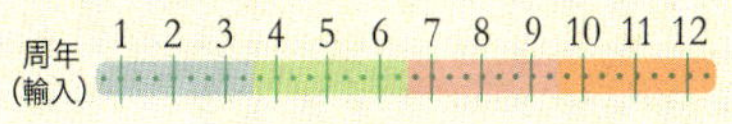

キャベツ

英名 Cabbage
和名・別名 甘藍（カンラン）
エネルギー（100g中）23kcal
糖質量（100g中）2.6g

五味 甘
五性 平
帰経 肝・胃

食品成分表（可食部100gあたり）

たんぱく質		1.3g
脂質		0.2g
炭水化物		5.2g
無機質	カルシウム	43mg
	鉄	0.3mg
ビタミン	A　β-カロテン当量	50 μg
	B_1	0.04mg
	B_2	0.03mg
	C	**41mg**

ハリとツヤがある
鮮やかな緑色
葉1枚：95g
正味：80g ／ 18kcal
1個あたり：1200g
正味：1000g ／ 230kcal
みずみずしく、変色や
ひび割れがない

保存法

丸ごとのものはポリ袋に入れて、カットしたものはラップで包んでから冷蔵庫の野菜室へ。芯をくり抜いて、湿らせたキッチンペーパーを詰めておくと、長持ちする。

高い栄養価に加え胃腸の保護作用も

キャベツは大変栄養価が高い野菜で、ビタミン類を多く含みます。免疫力を高め、肌の調子を整える働きがあるビタミンCや、止血や骨作りに欠かせないビタミンK。胃腸の働きをサポートするビタミンU。キャベジンとも呼ばれる成分では多くの胃腸薬にも配合されています。

ビタミンCもUも水溶性なので、水にさらしすぎるとどんどん流れ出てしまいます。また、熱に弱いため、生食がおすすめ。

殺菌作用やがんの予防効果も期待される辛味成分アリルイソチオシアネートも含んでいます。

日本へは江戸時代に伝わりましたが、当初は結球していない葉牡丹のような野菜でした。明治時代になると洋食文化とともに人気が上昇し、結球型の品種も導入されました。

一年中手に入る野菜ですが、季節によって品種や産地が異なります。春から初夏に出回る春キャベツは葉がやわらかく、巻きがゆるくて軽いのが特徴。秋から冬が旬の冬キャベツは葉が厚く、巻きはかためですが、甘みがあります。

ちりめんキャベツ

別名サボイキャベツ。葉が縮れている。煮込み向き。

赤キャベツ

アントシアニンを含む。紫キャベツとも。

芽キャベツ

葉の付け根にできる脇芽が結球したもの。ビタミンCが豊富。

グリーンボール

少し小ぶりだが、やわらかく、生食向き。

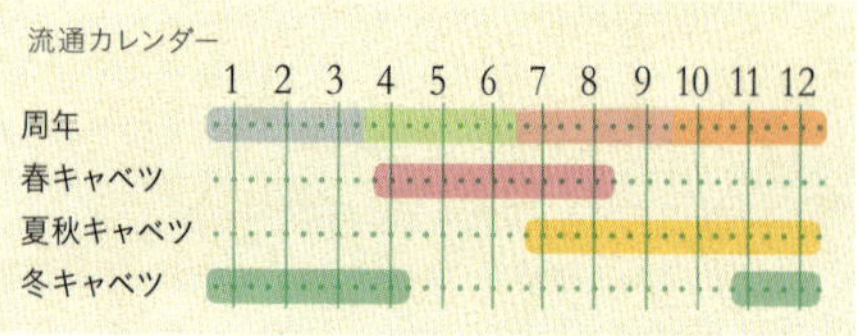
流通カレンダー
1 2 3 4 5 6 7 8 9 10 11 12
周年
春キャベツ
夏秋キャベツ
冬キャベツ

生キャベツが優れているところ

ビタミンCやUをたっぷりと摂れるので、キャベツの生食はおすすめ。千切りキャベツはカットした断面が多いのでアリルイソチオシアネートが発現しやすく、効果がより期待できる。この成分は揮発性なので刻みたてのほうがよい。

芯の部分の栄養がすごい！

主に食用にしている葉の部分と、白い芯の部分の栄養を比較してみると、芯の部分にはカルシウムやカリウム、リン、マグネシウムなどのミネラル類が葉の倍以上含まれている。生食の際に廃棄してしまいがちだが、薄くそいだり、細かく刻めば食べやすくなる。せっかくの栄養成分を無駄にしないように。

「キャベツ・ファースト」

とんかつの隣には必ず千切りのキャベツが添えられている。胃もたれを防ぐ組み合わせで、作用を高めたいなら、キャベツを先に食べるのがよい。

ビタミンU

天然の胃腸薬

ビタミンUはキャベツから発見されたビタミン。そのため、キャベジンとも呼ばれています。細胞分裂を促進し、たんぱく質の合成を活性化させる働きがあるので、傷んだ胃粘膜組織の修復を促します。また、胃液の過剰分泌を抑える働きもあり、胃潰瘍や十二指腸潰瘍の予防や改善に役立つため、多くの胃腸薬に配合されています。

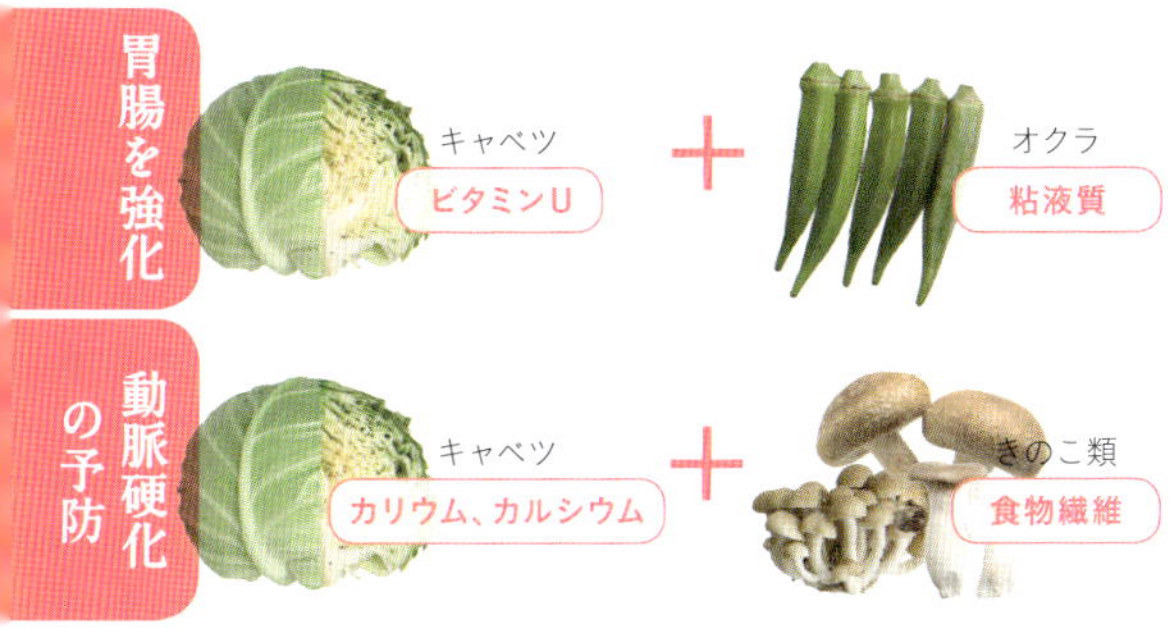

キャベツ炒めは強火で一気に

キャベツには脂溶性のβ-カロテンがわずかに含まれる。β-カロテンは加熱しても安定なので、大きな鍋を使い、高温に熱したら、一気に調理。こうすると水っぽくならず、ビタミンCを閉じ込めたまま仕上がるので、結果的にはビタミンCの残存率が高くなる。

機能性成分もたっぷり

グルタミン酸、アスパラギン酸、スレオニンといったアミノ酸を含む。グルタミン酸やアスパラギン酸は速効性のエネルギー源となり、疲労回復作用がある。スレオニンは酵素の生成成分となる。グルタミン酸はだしに含まれる旨み成分としても知られている。

また、フラボノイドの一種であるケンフェロールも含有。ケンフェロールには抗炎症、抗がん、抗アレルギー、抗うつなど、多くの働きも。

カットキャベツ1袋を目安に

1日に必要な野菜の量は350g。数字は覚えていても、分量はなかなかイメージしにくい。そんなときはスーパーやコンビニで売っている袋入りのカットキャベツを目安に。1袋は100gや150g入りのものが定番。

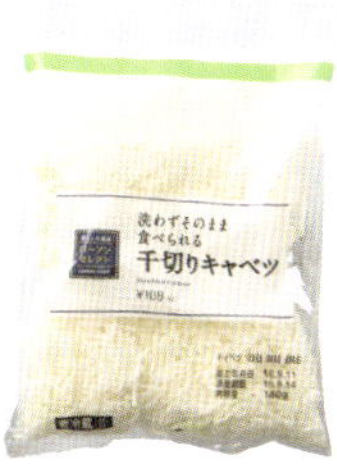

季節による栄養価の違い

1年を通じ、ビタミンCの含有量を調べてみると、冬から春に出回るキャベツは高い数値を出したが、夏から秋のものは成分表の表記よりも下回った。季節による変化が比較的少ないのはβ-カロテン。

世界各地で湿布にも利用

キャベツを使った湿布は世界各地で古くから行われている療法のひとつ。腰痛や関節痛、捻挫など、炎症が起こっているときには生の葉を、炎症が鎮まったら温湯で温めた葉を患部にあて、皮膚を通してその有効成分を浸透させる。

食品成分表（可食部100gあたり）		
たんぱく質		2.2g
脂質		0.4g
炭水化物		3.1g
無機質	カルシウム	49mg
	鉄	2.0mg
ビタミン	A　**β-カロテン当量**	**4200 μg**
	B1	0.11mg
	B2	0.20mg
	C	**35mg**

ほうれんそう

英名 Spinach
和名・別名
菠薐草、唐菜（カラナ）
エネルギー（100g中）20kcal
糖質量（100g中）0.1g

五味 甘
五性 涼
帰経 肝・脾・大腸

葉脈が左右対称になっている
葉先までピンとしている
緑色が濃すぎないもの
1枚あたり：20g
正味：18g／4kcal

サラダほうれんそう
アクがない生食用。

赤茎ほうれんそう
生食用。ベビーリーフにも使われている。

保存法
湿らせた新聞紙に包み、ポリ袋に入れて冷蔵庫の野菜室へ。

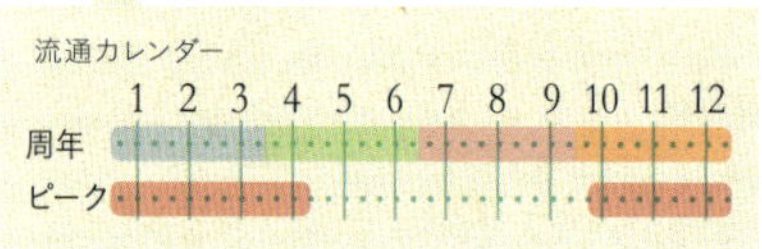
流通カレンダー
1 2 3 4 5 6 7 8 9 10 11 12
周年
ピーク

β-カロテンたっぷりの抗酸化野菜

緑黄色野菜の代表ともいえるほうれんそうは、栄養価がとても高い野菜です。抗酸化作用が高いβ-カロテンやビタミンC、クロロフィルをはじめ、貧血予防や改善に役立つ鉄、骨や歯の形成に欠かせないカルシウムやマグネシウムなども豊富。根元の赤い部分にはマンガンが含まれるので、無駄にしないで食べましょう。ビタミンEを含むナッツ類やごま、植物油と一緒に摂ると抗酸化作用がさらに高まり、肌荒れや風邪、がん予防に有効と考えられます。

西アジアで生まれたほうれんそうは、味が濃く、葉に切れ込みがある東洋種と、葉が丸く肉厚な西洋種に分化し、アジアで東洋種が、ヨーロッパで西洋種が広がりました。日本には17世紀に東洋種が入り、明治時代になってから西洋種が導入されました。現在、市場に多く出回っているのは東洋種と西洋種の交配種です。

独特のえぐみはシュウ酸によるもの。ゆでてから水にさらして食べるのが一般的ですが、えぐみが少ない生食用の品種もあります。

寒締めほうれんそうはなぜ栄養価が高いの？

葉に縮みがある寒締めほうれんそうは、収穫前にあえて寒さにさらす栽培方法で作られている。低温ストレスを与えることにより、糖度が上がるだけでなく、ビタミンCやE、β-カロテンの濃度も上昇。

シュウ酸

えぐみの正体

舌に残るえぐみの正体はシュウ酸という成分。シュウ酸は多量に食べると鉄やカルシウムの吸収を妨げる作用がありますが、通常の食事で摂る程度の量なら心配はありません。また、ゆでて水にさらせば減らすことができます。

マグネシウム

骨や歯を形成し、酵素の活性化にも

リンやカルシウムとともに働き、骨や歯を形成したり、神経や筋肉の伝達を正常に保つ働きがあります。また、体内にある300もの酵素の活性化に関わっています。マグネシウムが不足すると、筋肉の痙攣やこむら返りなどが起こりやすくなり、慢性的な不足は心臓疾患などを引き起こすおそれも。

クロロフィル

葉緑体に含まれる緑色素

植物の葉緑体に含まれる緑色の色素で、光合成はここで行われます。抗酸化作用のほか、消臭や殺菌効果も知られています。クロロフィルの分子構造は、血液中のヘモグロビンの構造とよく似ていて、体内で造血作用に似た働きをするため、貧血の予防や改善効果があるといわれています。クロロフィルは細胞膜の内部にあるので、細断することで成分が出やすくなります。

抗酸化作用UP	 ほうれんそう β-カロテン	＋	 油、ナッツ ビタミンE
疲れ目に	 ほうれんそう ルテイン	＋	 エビ タウリン
肝機能向上	 ほうれんそう β-カロテン、ビタミンU・A・C・E	＋	 ごま セサミン

ゆで時間はジャスト1分で

ゆでて水にさらすことでほうれんそうのシュウ酸は除けるが、ビタミンCやカリウムもどんどん減ってしまう。有効な成分をできるだけ残すには、次のような手順で正しくゆでることが重要。

1 ゆで湯1ℓに対して小さじ1の塩を加えておく。
2 根元をよく洗い、2〜3株ずつにする。
3 まず根元を湯に30秒浸け、その後、株全体を沈める。
4 合計1分経ったら、冷水にとり、粗熱が取れたら絞る。

「小分けにして短時間でゆでる」「一気に冷ます」「水に浸けっぱなしにしない」この3点がポイント。これでビタミンCの残存率は74％。栄養成分も旨みもゆで方次第。

機能性成分のサポニン

ほうれんそうには、スピナコシドとバセラサポニンと呼ばれるサポニン類（P.195）が含まれている。抗酸化作用があるサポニンは天然の界面活性剤とも呼ばれ、血糖値の上昇を抑える働きが。

漢方では出血したときに

漢方では血を養い、止血などの効能があるとされ、鼻血が出たときや、血便、糖尿病による喉の渇きなどに用いられる。煮たものか粉末にしたものを使用。

ほうれんそうの親戚アカザは夏の七草

アカザは空き地などで見かける野草で、新葉の中心がほんのり紅色に染まっているのが特徴。今では野菜として食べることはないが、戦時中の食糧難のときには、当時の日本学術振興会が手近な食用植物として選定した「夏の七草」のひとつ。アカザのほかは、イノコヅチ、ヒユ、スベリヒユ、シロツメクサ、ヒメジョオン、ツユクサ。

アカザはシュウ酸が多いため生食には不向きだが、ゆでるとほうれんそうとよく似た風味に。

レタス

成分の90％以上が水分で、エネルギーは100gあたり12㎉と低カロリーの野菜です。しかし、β-カロテンやビタミンC、ビタミンEといったビタミン類や、カリウム、カルシウム、マグネシウムなどのミネラル分、食物繊維などを微量ずつですが、バランスよく含んでいます。

地中海沿岸から西アジア原産のレタスは、もともとは結球しないリーフレタスでした。日本での栽培は案外古く、10世紀頃から始まっています。結球タイプの玉レタスが日本に入ってきたのは江戸時代末期ですが、1960年代以降になってサラダ野菜として人気が定着しました。

現在は多くの品種がありますが、サラダ菜やサニーレタスのような色が濃いリーフレタスのほうが玉レタスよりも約10倍近いβ-カロテンを含んでいます。

食品成分表（可食部100gあたり）

たんぱく質		0.6g
脂質		0.1g
炭水化物		2.8g
無機質	カルシウム	19mg
	鉄	0.3mg
ビタミン	A　β-カロテン当量	240 μg
	B1	0.05mg
	B2	0.03mg
	C	5mg

さっと火を通してたっぷり食べよう

レタス鍋にレタスチャーハン、レタススープも人気。火を通しすぎず、余熱をうまく使うのがコツ。

栄養価が高いのは色が濃いリーフタイプ

英名 Lettuce
和名・別名 萵苣（チシャ）
エネルギー（100g中）12kcal
糖質量（100g中）1.7g

五味 甘・苦
五性 涼
帰経 胃・腸

葉の色は淡いものがよい

ゆるく巻いている
10円玉サイズでひび割れがない
弾力があり、重くないもの
玉レタス

外葉1枚：40g／5kcal

保存法
切り口に湿らせたキッチンペーパーを当ててからポリ袋に入れて、冷蔵庫の野菜室で。

立ちレタス
コスレタスのように、葉が立っているタイプ。

リーフレタス
サニーレタスやグリーンレタスなどの結球しないレタス。

茎レタス
主に茎を食べるレタス。細切りにして乾燥させたものが山くらげ。

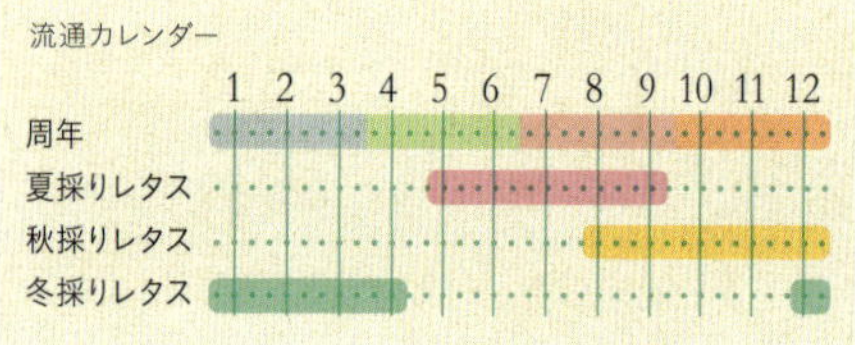
流通カレンダー
1 2 3 4 5 6 7 8 9 10 11 12
周年
夏採りレタス
秋採りレタス
冬採りレタス

切り口の白い液は？

レタスを切ると白い液が出てくるため、昔はレタスを「乳草」と呼んだ。この白い液はポリフェノールで空気に触れると赤い色に変わる。変色を防ぐには、薄い塩水か酢水で拭くとよい。苦味があり、わずかに鎮静作用が。

低カリウム野菜とは？

通常の野菜と比べて、カリウムの含有量が少ない野菜のことで、カリウムの摂取量を制限されている腎臓病患者が安心して食べられるように開発された。特にレタスには食物繊維が摂れることで便通がよくなり、スムーズにカリウムが排泄されるなどのメリットが。

レタス
カルシウム、カリウム、ビタミンC・E
＋
鶏肉
たんぱく質

骨粗しょう症予防

花の部分にアミノ酸

はくさい

芯の部分が肉厚でみずみずしいはくさいは、水分が多い野菜です。比較的多く含まれているのは、免疫力を高める働きがあるビタミンCで、風邪予防や美肌作りにも有効です。体内の水分バランスを整えて高血圧を予防するカリウムや、腸内環境を整える食物繊維も含みます。またアブラナ科植物特有のアリルイソチオシアネートという成分を含み、抗がん効果も期待されます。

はくさいには旨み成分のグルタミン酸が多く含まれます。旨みは特に芯の部分に多く、煮込むとやわらかくなり、甘みも出てきます。クセもなく、とても食べやすいので、特に小さなお子さんやお年寄りのメニューにはぴったりです。

日本に導入されたのは明治初期。現在のような形に定着したのは20世紀になってからで、それ以降、急速に普及したようです。

食品成分表（可食部100gあたり）

たんぱく質		0.8g
脂質		0.1g
炭水化物		3.2g
無機質	カルシウム	43mg
	鉄	0.3mg
ビタミン	A　β-カロテン当量	99 μg
	B1	0.03mg
	B2	0.03mg
	C	**19mg**

保存法

丸ごとなら新聞紙に包んで、涼しく風通しがよい場所で保存。芯に切れ込みを入れておくと長持ちします。カットしたものはラップでぴったりと包み、冷蔵庫の野菜室へ。

甘みと旨みがたっぷり詰まった冬野菜

英名 Napa cabbage
和名・別名 白菜
エネルギー（100g中）14kcal
糖質量（100g中）2.7g

外葉1枚：150g／21kcal
中葉1枚：100g／14kcal

甘 五味
平 五性
脾・胃 帰経

押すと弾力がある

時折見かける黒い斑点は、栄養過多や低温などが原因で起こる症状。問題なく食べられる。

部位別の特徴

はくさいの中心には生長点があり、生長に必要な糖やアミノ酸がほかの部位よりも多く含まれている。

外側
色が濃く、やや青臭い。炒め物や煮物に。糖度は低い。

中間
ほどよいやわらかさ。煮物や鍋物などに。糖度は中。

中心
甘みと旨みがたっぷり。生食向き。糖度は高い。

カラフル品種には機能性が

オレンジ品種にはβ-カロテンが、紫品種にはアントシアニンが含まれ、より高い抗酸化作用が期待できる。

白菜漬けの塩分はどのくらい？

ひと時代前の白菜漬けは、高い保存性が求められていたため、塩分濃度は4%が標準だった。現在の一般的な白菜漬けの塩分は3%だが、減塩志向があり、濃度を落とした即席漬けを作る家庭も増えている。市販の漬物は塩抜きをしてから調味液に漬けたものが多く、保存性は低い。

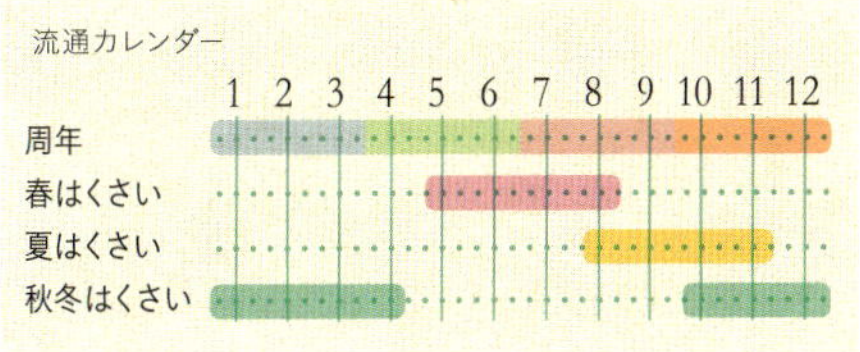

流通カレンダー
1 2 3 4 5 6 7 8 9 10 11 12
周年
春はくさい
夏はくさい
秋冬はくさい

抗酸化作用UP

はくさい
ビタミンC

＋

しょうが
ジンゲロール

こまつな

栄養価が高く使い勝手もよい優れもの

英名 Japanese mustard spinach
和名・別名 小松菜、冬菜（フユナ）、鶯菜（ウグイスナ）
エネルギー（100g中）14kcal
糖質量（100g中）0.1g

五味 辛・甘
五性 温
帰経 肺・肝・胃・大腸

江戸時代、現在の東京・小松川あたりで栽培されていたことから名付けられた葉菜で、東京の伝統野菜のひとつ。濃い葉の色からもうかがえるように、栄養価が高い野菜です。

貧血の予防や改善をする働きがある鉄や、骨や歯を形成するカルシウムはほうれんそうよりも多く含みます。特にカルシウムの含有量は牛乳に匹敵するほどで、成長期のお子さんや中高年の骨粗しょう症予防にぴったり。抗酸化作用が高いβ-カロテンやビタミンCも含み、生活習慣病予防のほか、免疫力アップや美容効果も期待できる野菜です。

アクが少ないため、下ゆでせずに調理できるメリットがあり、忙しいときに重宝します。

食品成分表（可食部100gあたり）

たんぱく質		1.5g
脂質		0.2g
炭水化物		2.4g
無機質	**カルシウム**	**170mg**
	鉄	2.8mg
ビタミン	A β-カロテン当量	3100μg
	B1	0.09mg
	B2	0.13mg
	C	39mg

保存法

湿らせた新聞紙に包み、ポリ袋に入れて冷蔵庫の野菜室へ。

1枚あたり：40g
正味：35g／5kcal

葉脈がきれいに入っている

根元が太くしっかりしている

おいしい目安は葉と茎のバランス

順調に生育して味がよいものは、肉厚で茎と葉の大きさが同じくらいのもの。茎の色が濃すぎるものは×。

季節による栄養価の変化

こまつなの栄養成分は、1年を通してあまり大きな変動はない。ビタミンCやβ-カロテンはわずかな増減があるが、ミネラル類はほぼ一定値。栄養補給源として大変優れていることがわかる。

赤血球の成分で、酸素供給に必要　鉄

体内にある鉄の約7割は血液中にあり、赤血球のヘモグロビンや筋肉のミオグロビンの成分として、全身に酸素を送る役割をしています。残りの鉄は肝臓や骨髄などに貯蔵され、不足すると血中に出て働きます。野菜に含まれる植物性の鉄は非ヘム鉄といわれ、動物性の鉄と比べると吸収率が劣りますが、ビタミンCを組み合わせると吸収されやすくなります。

江戸っ子の雑煮には欠かせない青菜だった

正月に雑煮を食べるという習慣は、室町時代には確立し、各地でご当地食材を使ったさまざまな雑煮が食べられていた。江戸の庶民の雑煮は、焼いた角餅、こまつな、さといも、だいこんを入れたすまし汁仕立て。こまつなは江戸の伝統野菜。当時のこまつなは現在のものよりも葉がやわらかくてクセがなかったので、すまし汁にもよく馴染んだといわれる。ちなみに、東は角餅だが、西は丸餅。円満を願って一つ一つ丸める丸餅に対し、角餅はのし餅を切り分けるだけなので、早く作れるからという理由。これが江戸っ子のチャキチャキとした気性。

骨粗しょう症予防

こまつな カルシウム ＋

しいたけ ビタミンD

こまつな カルシウム ＋

ポン酢 クエン酸

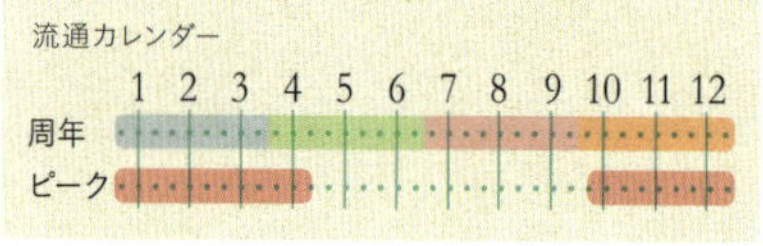
流通カレンダー
1 2 3 4 5 6 7 8 9 10 11 12
周年
ピーク

からしな

ピリッとした辛みにはがん予防効果も

英名 Mustard greens
和名・別名 芥子菜、辛子菜
エネルギー（100g中） 26 kcal
糖質量（100g中） 1.4 g

食品成分表（可食部100gあたり）		
たんぱく質		3.3g
脂質		0.1g
炭水化物		4.7g
無機質	カルシウム	140mg
	鉄	2.2mg
ビタミン	A β-カロテン当量	2800 μg
	B1	0.12mg
	B2	0.27mg
	C	64mg

葉にピリッとした辛みがあるのが特徴の野菜です。辛みの元であるアリルイソチオシアネートは多くのアブラナ科野菜に含まれる成分で、がんの予防効果を持つことが知られています。そのほか、β-カロテンやビタミンC、ビタミンE、ビタミンK、鉄、葉酸、カルシウム、カリウムなども含み、大変栄養価が高い野菜。漬物にされることが多いですが、炒め物やおひたしもおすすめです。マスタードグリーンやわさびなもからしなの品種です。

甘・辛 五味
温 五性
肺・脾・胃 帰経

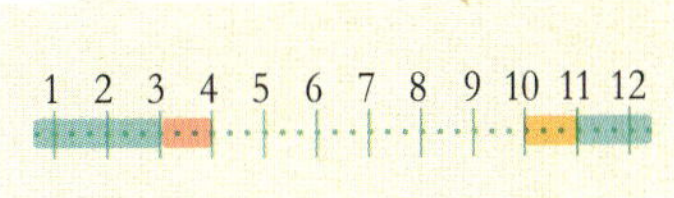

1 2 3 4 5 6 7 8 9 10 11 12

マスタードグリーン

大型の葉なのでサンドイッチなどに。

わさびな

フリル状に縮れた葉はサラダにもおひたしにも。

リアスからしな

みずなに似ていて、細かい切れ込みがある。

保存法

湿らせた新聞紙に包み、ポリ袋に入れて冷蔵庫の野菜室へ。

からしとマスタード

からしなの種子をすりつぶしたものが粉からしで、それを水で練ったものが練りからし。マスタードは、からしな（西洋からしな）の種子にワインや酢、砂糖などを加えたもので、種皮を取り除いたなめらかなタイプと、粒々がそのまま残っているタイプが。

たかな

漬物だけでなく炒め物や煮物にも

英名 Leaf mustard
和名・別名 高菜、大葉芥子（オオバカラシ）、大菜（オオナ）、芭蕉菜（バショウナ）
エネルギー（100g中） 21 kcal
糖質量（100g中） 1.7 g

からしなと同様に、葉に含まれる辛み成分のアリルイソチオシアネートには、抗菌や食欲増進、血栓の予防、さらに抗がん効果もあります。また、抗酸化ビタミンといわれるβ-カロテン、ビタミンC、ビタミンEも揃って含むため、生活習慣病予防におすすめの野菜です。緑黄色野菜としてゆでて和え物や炒め物でいただくのもよいでしょう。高菜漬けは塩漬けをしてから乳酸菌発酵させたものなので、腸内環境を整える働きがありますが、塩分があるので、高血圧を防ぐためには塩抜きをするなどのひと手間をかけて。

食品成分表（可食部100gあたり）		
たんぱく質		1.8g
脂質		0.2g
炭水化物		4.2g
無機質	カルシウム	87mg
	鉄	1.7mg
ビタミン	A β-カロテン当量	2300 μg
	B1	0.06mg
	B2	0.10mg
	C	69mg

保存法

湿らせた新聞紙に包み、ポリ袋に入れて冷蔵庫の野菜室へ。

結球高菜

中央部分がゆるく結球しているタイプ。

雲仙こぶたかな

雲仙市の伝統野菜。葉の付け根にこぶがある。

赤大葉たかな

ポピュラーな品種。葉の表が紫色を帯びている。

まんばのけんちゃん

香川県の郷土料理で、現地でまんばと呼ばれるたかなと豆腐や油揚げの炒め煮のこと。けんちゃんは「けんちん」の意味。

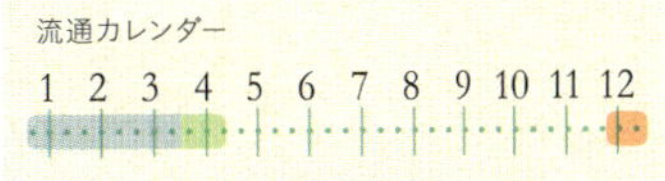

流通カレンダー
1 2 3 4 5 6 7 8 9 10 11 12

なばな

栄養価が高い花と新芽が一緒にとれる

英名 Turnip rape,Chinese colza
和名・別名 油菜（アブラナ）、菜の花、西洋油菜（セイヨウアブラナ）、菜種、赤種
エネルギー（100g中）35kcal
糖質量（100g中）2.3g

アブラナ属のつぼみと花茎、やわらかい若葉をなばなと呼んでいます。その種子を搾ると油が採れるため、江戸時代から照明用の採油目的で栽培されてきましたが、その後、食用にもされるようになりました。

ビタミンCを多く含み、免疫力向上や感染症予防、美肌などに役立ちます。さらに、ビタミンEやβ-カロテン、辛み成分のアリルイソチオシアネートと、抗酸化作用がある成分も揃っているので、その相乗効果が期待できます。また、大腸がんを予防し、腸内環境を整える食物繊維や、骨の健康を保つカルシウム、高血圧を防ぐカリウムも含まれており、最上級の栄養価を備えた野菜といっても過言ではありません。

茎は少しかたいので、葉先の部分と切り分けて、ゆで時間を調整しましょう。ビタミンCは水溶性なので、ゆですぎは禁物です。

食品成分表
（洋種なばな可食部100gあたり）

たんぱく質		4.1g
脂質		0.4g
炭水化物		6.0g
無機質	カルシウム	97mg
	鉄	0.9mg
ビタミン	A β-カロテン当量	2600μg
	B_1	0.11mg
	B_2	0.24mg
	C	**110mg**

つぼみがかたく締まっている

1茎あたり：20g／7kcal

菜や茎の色が濃すぎず、鮮やか

みずみずしく、弾力がある

脇芽タイプ
（かき菜）

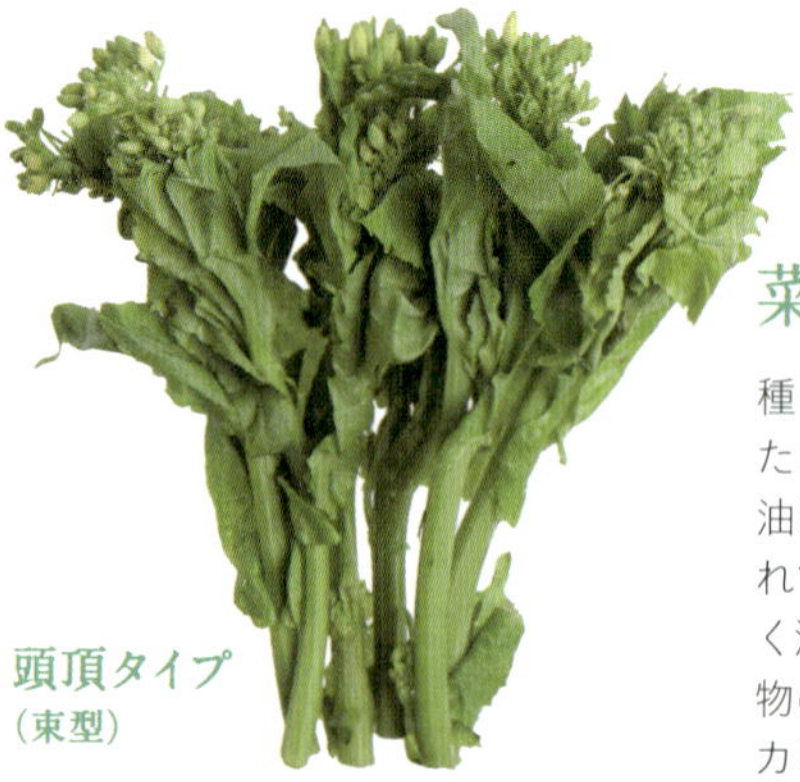

頭頂タイプ
（束型）

保存法
湿らせた新聞紙に包み、ポリ袋に入れて冷蔵庫の野菜室へ。

五味 辛
五性 涼
帰経 肝・脾・肺

菜種と油粕
種子（菜種）を搾って油を採ったあとのカスが、園芸用肥料の油粕。大豆や綿実からも採油されて油粕ができるが、一般に多く流通しているのは菜種粕。植物の生育に必要な窒素、リン酸、カリをバランスよく含む。

花屋さんの菜の花との違い
本来、菜の花とはかぶやはくさい、キャベツ、ブロッコリー、からしななど、黄色い十字花を咲かせるアブラナ属野菜の花のことを指していた。現在、花屋さんに並ぶ菜の花は、西洋アブラナの花がメイン。

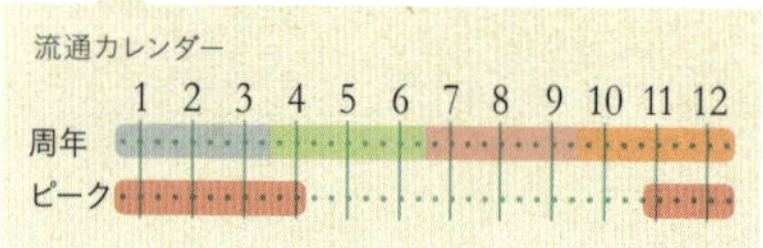

漢方では「血を散らし、腫れを消す」
長引く月経不順や、気や血のアンバランスによる産後の不調には、よく煮たなばなを食べると改善するといわれている。

アリルイソチオシアネート（イソチオシアネート）
刻むと発生する辛み成分
わさびやからしな、だいこんなどアブラナ科野菜に含まれる揮発性の硫黄化合物で、特有の辛み成分。辛みは刻んだり潰したりすることで多く発現します。抗菌や抗カビ作用のほか、がんの予防効果があるとされ、注目されています。イソチオシアネートも硫黄を含む辛み成分のことで、しばしば同一の意味で使われますが、アリルイソチオシアネートはイソチオシアネートの中の一種。

みずな

シャキシャキの歯ごたえと抗がん作用がある辛み

英名 Potherb Mustard
和名・別名 水菜
エネルギー（100g中） 23kcal
糖質量（100g中） 1.8g

古くから京都で栽培されていた漬け菜のひとつで、独特の歯ごたえとピリッとした辛みが特徴です。水耕栽培のものが一年中出回っていますが、本来の旬は冬。露地で作られた冬のみずなのほうが風味がよく、栄養成分も高めです。葉の色は淡いですが、抗酸化力があるβ-カロテン、ビタミンC、ビタミンEを多く含むので、がんや生活習慣病の予防、アンチエイジング効果が期待できます。また、脂質の代謝を促すビタミンB_2や、体内エネルギーの生成に関わるB_6も含みます。そのほか、ポリフェノール類、鉄やカルシウムなどのミネラルも多く、とてもバランスのよい野菜といえるでしょう。茎がかためなので、生食する場合は塩で軽く揉むとよいでしょう。葉が薄く、火が通りやすいので、煮物や炒め物は短時間で仕上げると、色もきれいに保てます。

食品成分表（可食部100gあたり）

たんぱく質		2.2g
脂質		0.1g
炭水化物		4.8g
無機質	カルシウム	210mg
	鉄	2.1mg
ビタミン	A β-カロテン当量	1300μg
	B_1	0.08mg
	B_2	0.15mg
	C	55mg

葉先までピンとしている
淡い緑色で葉脈が整っている
根元が張っている
1株あたり：50g
正味：40g／9kcal

保存法
湿らせた新聞紙に包み、ポリ袋に入れて冷蔵庫の野菜室へ。

流通カレンダー
1 2 3 4 5 6 7 8 9 10 11 12
周年
ハウスでの水耕栽培が主流。

みずなサラダにはよいオイルを

β-カロテンとビタミンEは脂溶性なので、油を使ったドレッシングをかけると吸収が高まる。話題のn-3系（オメガ3）脂肪酸を含むオイルがおすすめ。また、じゃこや干しエビ、ごまといったカルシウムを含む食材と組み合わせると、カルシウムの吸収が高まり、骨粗しょう症予防効果が期待できる。

しゅんぎく

β-カロテンたっぷりの香り野菜

英名 Edible chrysanthemum
和名・別名 春菊
エネルギー（100g中） 22kcal
糖質量（100g中） 0.7g

鍋物やおひたしでよく食べますが、どちらかといえば脇役の野菜。しかし、β-カロテンの含有量はほうれんそうやこまつなよりも高く、栄養面では主役級です。皮膚や粘膜を保護するビタミンB_2、老化予防に働くビタミンEのほか、貧血予防の鉄、骨や歯を健康に保つカルシウム、体内の水分バランスを整えるカリウムも含みます。特徴ある香りは薬理作用がある精油成分によるもので、胃腸の働きを活発にして食欲を増進するほか、痰を取り除き喉を守る作用もあります。

室町時代に日本に伝わり、江戸時代には盛んに栽培されるようになりました。春にかわいい花をつけることから「春菊」の名がつきましたが、「菊菜」という名前も。多く流通しているのは中葉のしゅんぎくですが、西日本では葉が大きく肉厚な品種も出回ります。

食品成分表（可食部100gあたり）

たんぱく質		2.3g
脂質		0.3g
炭水化物		3.9g
無機質	カルシウム	120mg
	鉄	1.7mg
ビタミン	A β-カロテン当量	4500μg
	B_1	0.10mg
	B_2	0.16mg
	C	19mg

色が濃すぎず、ハリがある
茎がしっかりしている
芯が白いものは乾いている
1茎あたり：15g／3kcal

保存法
湿らせた新聞紙に包み、ポリ袋に入れて冷蔵庫の野菜室へ。

大葉
肉厚で、葉の切れ込みが浅い。九州地方での栽培が多い。

流通カレンダー
1 2 3 4 5 6 7 8 9 10 11 12

しゅんぎくナムル

しゅんぎくの生葉に塩、ごま油、おろしにんにくを加えて和えるだけの簡単ナムル。β-カロテンとアリシンが合体して、強力な抗酸化作用が。

香り成分にはリラックス効果も

特徴的な香りは芳香成分のα-ピネン。針葉樹にも含まれる香りで、森林浴をしたときのようなリラックス効果があるほか、発汗や消化促進作用も。

甘・辛 五味
平 五性
肝・心・脾 帰経

ねぎ

英名 Welsh onion
和名・別名 長葱
エネルギー（100g中）34kcal
糖質量（100g中）5.8g

五味 辛
五性 温
帰経 脾 肺 胃

アリシンは抗菌作用

切ると出てくるヌルヌルの正体は？

根深ねぎの緑色の部分を切ると、とろりとしたゼリー状のものが出てくる。これはいろいろな多糖類の複合体。この粘液には免疫細胞を活性化する働きがあり、そしてその働きは加熱しても損なわれない。

食品成分表（根深ねぎ・茎・軟白 可食部100gあたり）

たんぱく質		1.4g
脂質		0.1g
炭水化物		8.3g
無機質	カルシウム	36mg
	鉄	0.3mg
ビタミン	A β－カロテン当量	83 μg
	B_1	0.05mg
	B_2	0.04mg
	C	14mg

緑色が濃い
よく枝分かれしている

九条
京都特産の葉ねぎ。茎と葉の両方を食べる。

葉先までピンとしていて、枯れていない
白と緑がはっきりしていて、緑色が濃すぎない
境目がかたく締まっている
巻きがしっかりしていて、ツヤがある
1本あたり：165g
正味：100g／38kcal

根深

保存法

根深ねぎは新聞紙に包んで風通しがよく涼しいところで保存。あるいはカットしてラップに包み、冷蔵庫の野菜室へ。葉ねぎは湿らせた新聞紙に包んでから、ポリ袋に入れて野菜室へ。

辛み成分アリシンには強い抗菌作用が

根元の白い部分が長い根深ねぎと、緑の部分が多い葉ねぎがあります。根深ねぎは葉の一部の葉鞘という部分を土に埋めて日に当てないように育てたもので、九条ねぎや細ねぎは葉ねぎです。

緑色の葉の部分はβ-カロテンを多く含むので、抗酸化効果が高い緑黄色野菜に分類されます。骨を強化するカルシウムや造血作用がある葉酸も含みます。白い部分は淡色野菜ですが、抗菌作用がある辛み成分をたっぷり含むのが特徴です。辛み成分のアリシンにはツンとした香りがありますが、揮発性のため、時間が経つとどんどん減少します。成分を有効に利用するために、使う直前に刻むとよいでしょう。

奈良時代に日本に伝わり、古くから重要な野菜として扱われてきました。古代では「葱《き》」と呼ばれたことから、「ひともじ」（一文字）の別称もあります。関東の主流は根深ねぎ、関西は葉ねぎですが、現在は全国的にどちらのタイプも流通しています。

「薬味」とは香りの薬

ねぎを刻んだり、わさびをすりおろしたりすると発生する香りは、鼻から入って脳に直接働きかけ、自律神経系や内分泌系などを通じて全身に作用する。日本人は1000年以上も前から、香りが薬であることを知り、「薬味」と呼んだ。

流通カレンダー

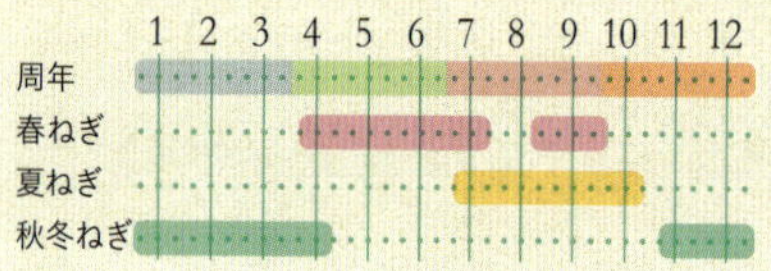

1 2 3 4 5 6 7 8 9 10 11 12
周年
春ねぎ
夏ねぎ
秋冬ねぎ

下仁田

群馬県特産。肉質がやわらかく、加熱すると甘みが出る。

白美人

白い部分を長く仕立てた根深ねぎの品種。

曲がりねぎ

寝かせて軟白化栽培し、曲げて生育させる。

赤

根元が鮮やかな紅色の品種。皮をむくと中は白い。

細

葉ねぎを若採りしたやわらかい小ねぎ。

あさつき

ねぎの近縁種で、薬味として利用。

水にさらしすぎはダメ

辛みや香り成分の硫化アリルは揮発性で、しかも水溶性であるため、刻んで水にさらしておくと有効成分がどんどん失われていく。辛みを和らげたい場合も、さらしすぎは禁物。

精進料理では食べてはいけない「五葷《ごくん》」のひとつ

仏教の教えが殺生を禁ずることから、精進料理では動物性の食材は食さない。それ以外に、使用を禁じられている5つの食材がねぎ、らっきょう、にら、にんにく、たまねぎで、それらを「五葷」と呼ぶ。いずれもネギ属の野菜で強いにおいがあることと、精がつく食べ物であることから、修行の妨げになると考えられているため。なお、5つの食材については、宗派によって多少違いがある。

硫化アリル（アリシン）

ねぎの仲間特有の辛み成分

硫化アリルはねぎの仲間やにんにく、にらなどのネギ属野菜に含まれる香り成分で、硫黄化合物のひとつです。ツンとした刺激のある香りがあり、抗菌や抗酸化作用のほか、血栓の予防、消化促進などの働きもあります。硫化アリルの一種のアリインは、酵素の働きでアリシンに変わると体内でビタミンB_1と結合してアリチアミンになり、疲労回復効果を持続させます。

風邪予防

長ねぎ

硫化アリル、ビタミンC

＋

みそ

イソフラボン

疲労回復

長ねぎ

硫化アリル

＋

豚肉

ビタミンB_1

おいしいねぎ坊主

ねぎのつぼみをねぎ坊主と呼ぶ。昔から厄除けの象徴とされ、神輿や橋の欄干の装飾のモチーフにも利用。花が広がる前のつぼみのうちに摘み取り、天ぷらにするとおいしくいただける。ねぎの甘みとほんのり感じる苦さがある。

ねぎの根からは抗生物質が

ゆうがおやきゅうりなどの産地の中には、ねぎを近くに植えて収穫量アップを図っているところがある。ねぎの根に棲む拮抗菌が抗生物質を産生し、ゆうがおやきゅうりの土壌病害に対して有効に働くためで、このような植物同士の共存をコンパニオンプランティングと呼ぶ。古くから行われてきた伝承農法。

漢方では「葱白」

漢方では白い部分を利用する。発汗作用が強く、風邪の症状に使われるほか、梅雨時に起こる冷えや頭痛、下痢、むくみなどにもよい。

風邪のひき始めにはねぎ湯

古くから行われている民間療法で、ねぎの白い部分を細かく刻み、みそと合わせてから熱湯を注いで、熱いうちに飲む。発汗作用があり、熱を下げるだけでなく、弱った体を回復させる効果もある。熱いみそ汁に刻んだねぎをたっぷり加えて飲んでも、同様の効果が。

たまねぎ

ケルセチンで血液サラサラ

目が痛むほどのツンとした臭いと辛みは、硫黄化合物の硫化アリルによるもの。抗酸化作用があり、ビタミンB_1と結合すると疲労回復効果をもたらすため、古代エジプトのピラミッドの建設現場で働く労働者たちには毎日たまねぎが支給されたそうです。刺激臭のある硫化アリルは細胞を壊されると揮発して発生します。たまねぎを刻んでいると涙や鼻水が出るのは、硫化アリルが目や鼻の粘膜を刺激するからです。

ビタミンやミネラル類はさほど多く含みませんが、ポリフェノール類を含んでいるのが特徴で、血栓を予防し、コレステロール値を低下させる作用が期待されます。

たまねぎの主成分は糖類です。たまねぎを加熱すると辛み成分の硫化アリルが揮発・分解するため、糖類の甘みが引き立って、甘く感じるのです。

食品成分表(可食部100gあたり)

たんぱく質		1.0g
脂質		0.1g
炭水化物		8.8g
無機質	カルシウム	21mg
	鉄	0.2mg
ビタミン	A β-カロテン当量	1μg
	B1	0.03mg
	B2	0.01mg
	C	8mg

赤たまねぎ

水分が多く、辛みや香りが少ないので生食向き。抗酸化作用があるアントシアニンを含む。紫たまねぎとも。

辛みと刺激臭で生活習慣病全般の予防に

英名 Onion
和名・別名 玉葱、葱頭
エネルギー(100g中) 37kcal
糖質量(100g中) 7.2g

五味 辛
五性 温
帰経 脾・胃

旨みが多く「西洋のカツオ節」といわれる

じっくりと炒めたたまねぎは、糖とアミノ酸がそれぞれ変化し飴色に。甘みと旨みが凝縮し、いろいろな料理にコクや深みを加える。

1個あたり:200g
正味:190g/70kcal

どっしりとして、丸く、締まっているもの

皮がよく乾いていて、ツヤがある

保存法

風通しがよい涼しい場所で保存を。新たまねぎはポリ袋に入れて冷蔵庫の野菜室へ。傷みやすいので早く食べる。

たまねぎ赤ワイン

たまねぎの薄切りを赤ワインに4~5日漬けるだけ。取り出したたまねぎは料理に。たまねぎの硫化アリルとケルセチン、ワインに含まれるポリフェノールのレスベラトロールの効果が加わって、高い抗酸化作用が。毎日少しずつ飲むことで、生活習慣病対策に。

風邪の発熱に

カップに刻んだたまねぎ、おろししょうが、みそを合わせ、熱湯を注いでよく溶く。寝る前に飲むと、汗をたっぷりかき、解熱効果が。

効果は生で発揮される

硫化アリルは熱に弱いので、抗酸化効果を得たいなら生食で。細かく刻むとどんどん発現。水溶性なので水にさらすと辛みが弱まるが、さらしすぎると消失する。

ケルセチン

血流促進や血栓予防に

「たまねぎを食べると血液がサラサラになる」と話題になったことがありましたが、その作用があるのがポリフェノールの一種であるケルセチンです。ケルセチンは淡黄色の色素成分で、野菜やハーブなどに含まれています。血液凝固の抑制、悪玉コレステロール値の上昇抑制、動脈硬化の予防といった効果があり、さらにアレルギーにも有効といわれています。

流通カレンダー
1 2 3 4 5 6 7 8 9 10 11 12

らっきょう

小粒ながら強い整腸作用が

刺激のあるらっきょうの香りは硫化アリルによるもの。抗酸化作用があるだけでなく、ビタミンB_1の吸収を助ける働きがあり、疲労回復効果が期待できます。ビタミンやミネラル類は特別に多いわけではありませんが、注目すべきは食物繊維。ごぼうの3～4倍もの量を含んでいます。水溶性の食物繊維なので、血糖値やコレステロール値の上昇、脂肪の吸収を抑制する働きがあり、糖尿病や動脈硬化の予防に効果があるといわれています。

英名 Japanese shallots
和名・別名 オオニラ、サトニラ
エネルギー（100g中）118kcal
糖質量（100g中）18.6g

食品成分表（可食部100gあたり）

たんぱく質		1.4g
脂質		0.2g
炭水化物		29.3g
無機質	カルシウム	14mg
	鉄	0.5mg
ビタミン	B_1	0.07mg
	B_2	0.05mg
	C	23mg

芽が伸びていないもの

ふっくらしていて、粒が揃っている

保存法
すぐに芽が伸びてくるので、購入したその日のうちに使うこと。

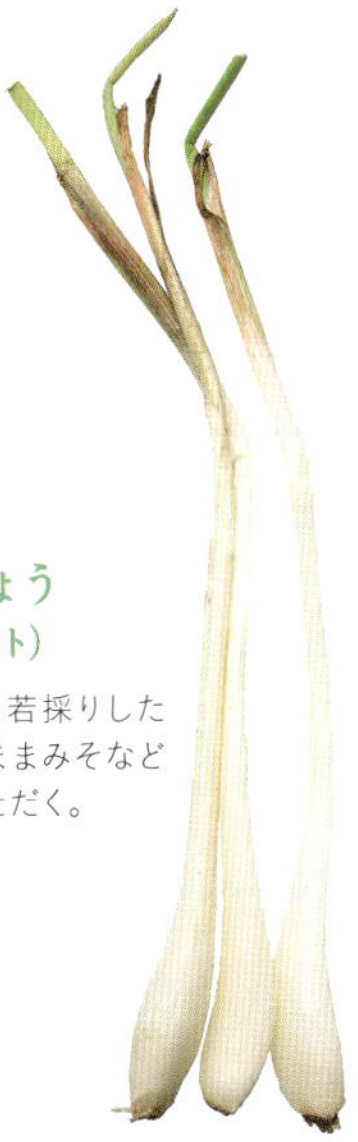

根らっきょう（エシャレット）
らっきょうを若採りしたもの。生のままみそなどをつけていただく。

島らっきょう
沖縄の伝統野菜。辛みと香りが強いのが特徴の在来種。

渋みはイソクリエチゲニン

らっきょうに含まれる渋みはサポニンの一種でイソクリエチゲニンという成分。サポニンにはコレステロールや中性脂肪を減らしたり、がんを予防したりする効果が。

薬味風に生食も

小さいたまねぎを使う感覚で、細かく刻んだものを薬味として使うことも。硫化アリルをそのまま摂れる。同様にらっきょう漬けを薬味として使うのもおすすめ。

焼きらっきょうもおすすめ

らっきょうの有効成分は水溶性。水分を閉じ込めた丸ごと焼きもシンプルでおすすめ。

流通カレンダー
1 2 3 4 5 6 7 8 9 10 11 12

五味 辛
五性 温
帰経 胃・大腸・肺

エシャロット（ベルギーエシャロット）

フランス版おしゃれたまねぎ

小ぶりのたまねぎのような野菜ですが、たまねぎと比べるとやや細長く、やや紫がかっています。たまねぎとにんにくの中間のような食味で、甘みはありません。香味野菜として欧米や東南アジア地域で広く利用されています。たまねぎと同様に、硫黄化合物の硫化アリルを含みます。エシャレットとよく混同されますが、こちらはらっきょうを若採りしたもので、全くの別物です。

英名 Shal ot
エネルギー（100g中）76kcal
糖質量（100g中）6.4g

食品成分表（可食部100gあたり）

たんぱく質		2.3g
脂質		0.2g
炭水化物		17.8g
無機質	カルシウム	20mg
	鉄	0.8mg
ビタミン	A β-カロテン当量	18μg
	B_1	0.03mg
	B_2	0.05mg
	C	21mg

皮が乾燥していて、上部が締まっている

重量感があり、傷がないもの

保存法
風通しがよい涼しい場所で。

代用するなら
エシャロットがない場合は、たまねぎとニンニクを7：3の割合で合わせて使うとよく似た風味になる。

流通カレンダー
1 2 3 4 5 6 7 8 9 10 11 12

にら

硫化アリルでスタミナ食

『古事記』や『万葉集』にも記載があり、日本では古くから薬効のある野菜として食べられてきました。

刺激のある香りは硫黄化合物の硫化アリル。強い抗酸化作用があるだけでなく、胃腸を刺激して食欲を増進させます。また、ビタミンB_1と結合すると、その吸収を助け、疲労回復効果が高まるので、ビタミンB_1を多く含むレバーとの組み合わせは、大変理にかなっています。

濃い緑色の葉にはβ－カロテン、ビタミンC、ビタミンEなどの抗酸化ビタミンがバランスよく含まれています。がんや生活習慣病の予防、老化の抑制など、多くの健康効果が期待できます。

スタミナがつく強力健康野菜

英名 Green Chive
和名・別名 韮
エネルギー（100g中）21kcal
糖質量（100g中）1.3g

五味 辛
五性 温
帰経 肝・脾・肺・腎

保存法
湿らせた新聞紙で包み、ポリ袋に入れて冷蔵庫の野菜室へ。

食品成分表（可食部100gあたり）

たんぱく質		1.7g
脂質		0.3g
炭水化物		4.0g
無機質	カルシウム	48mg
	鉄	0.7mg
ビタミン	A　β－カロテン当量	3500 μg
	B_1	0.06mg
	B_2	0.13mg
	C	19mg

葉色が鮮やかで、葉先までピンとしてハリがあるもの
1本あたり：5g／1kcal
香りが強く、ツヤがあるもの

黄にら
日光に当てず軟白栽培したもの。別名にらもやし。

花にら
やわらかい花茎とつぼみを食用に。

にらの花も食用に

白い傘状の小花がたくさん集まった花をつける。つぼみのうちにゆでておひたしにしたり、天ぷらにすると、おいしくいただける。

餃子の具にはにらを入れよう

にらに含まれる硫化アリルは豚肉に含まれるビタミンB_1と結合し、疲労回復効果を継続させる働きがあるので、餃子はスタミナがつくメニュー。餃子の町として全国的に知られる栃木県の宇都宮市は、にらの産地としても有名。にらと餃子が持ちつ持たれつのよい関係。

水仙との誤食に注意

春の山菜摘みのころ、毎年起こる誤食事故。にらと水仙の若い葉はよく似ている。水仙は全草に毒があるので、十分気をつけて。

漢方では葉は強壮に、種子は腰痛に

葉は「韮白」という生薬で、強壮や健胃整腸、高血圧や動脈硬化の予防に効果があるとされる。胃腸の痛みや下痢にはにら粥を、冷え性にはにらの風呂がよい。種子は「韮子」で、腰痛、頻尿、尿漏れなど、腰回りの症状に用いられる。

流通カレンダー

	1	2	3	4	5	6	7	8	9	10	11	12
周年												

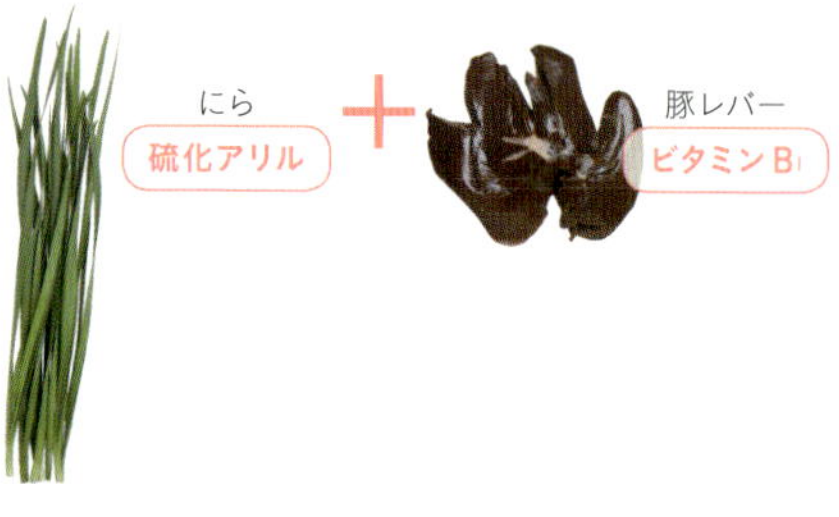

にら
硫化アリル
豚レバー
ビタミンB1

くうしんさい

丈夫で栄養豊富な真夏の葉野菜

中国料理の青菜炒めの定番野菜です。茎の中が空洞なのでシャキシャキとした歯ごたえで、葉にはぬめりがあり、ユニークな食感が楽しめます。抗酸化力が高いβ-カロテンをとても多く含んでいるのが特徴。β-カロテンは脂溶性なので、油で炒めると吸収が高まります。貧血予防効果がある鉄や、腸内環境を整える食物繊維を含むことにも注目。夏バテ予防におすすめの野菜です。

食品成分表（可食部100gあたり）

たんぱく質		2.2g
脂質		0.1g
炭水化物		3.1g
無機質	カルシウム	74mg
	鉄	1.5mg
ビタミン	A　β-カロテン当量	4300μg
	B1	0.10mg
	B2	0.20mg
	C	19mg

ハリがあり、葉先までピンとしている
切り口が変色していないもの

英名 Chinese morning glory
和名・別名 空芯菜
エネルギー（100g中）17kcal

中が空洞になっているわけ

もともと水辺や湿地で育つため、水に浮くように中が空洞になっている。水を吸収して窒素やリンを吸着する。

保存法
湿らせた新聞紙に包み、ポリ袋に入れて冷蔵庫の野菜室へ。

つるむらさき

栄養価が高く有効成分もたっぷり

夏が旬の葉物野菜で、肉厚でツヤがある葉は独特のぬめりを持ちます。β-カロテン、ビタミンC、ビタミンKなどのビタミン類と、カルシウムやカリウム、鉄などのミネラル類を豊富に含む、栄養価の高い野菜です。抗酸化作用のほかに、皮膚や粘膜を保護して肌を美しく保つ、骨の形成を助け骨粗しょう症の予防をする、などの効果も期待できます。

香りには少々クセがありますが、さっとゆでることで和らぎます。

英名 Indian spinach
和名・別名 蔓紫
エネルギー（100g中）13kcal
糖質量（100g中）0.4g

赤茎種と緑茎種

野菜として販売されているのは緑種が多いが、赤茎種もある。ベタレインを多く含む赤茎種は家庭菜園で人気。

食品成分表（可食部100gあたり）

たんぱく質		0.7g
脂質		0.2g
炭水化物		2.6g
無機質	カルシウム	150mg
	鉄	0.5mg
ビタミン	A　β-カロテン当量	3000μg
	B1	0.03mg
	B2	0.07mg
	C	41mg

保存法
切り口を湿らせたキッチンペーパーで包み、ポリ袋に入れて冷蔵庫の野菜室へ。

切り口が変色していないもの
肉厚でハリがあり、やわらかい

チコリ

イタリアンレタスはおつまみ野菜の定番

舟形の葉をはがし、その上に具をのせて、オードブルとして食べるのがポピュラーな食べ方。野菜には珍しく多年生です。芽が伸びるころ室に入れ、光を遮断して栽培するため、白くやわらかく育ちます。そのため栄養的には特筆すべきものはありませんが、ほろ苦さと独特の歯触りがあり、通好みの野菜です。

英名 Chicory
和名・別名 菊苦菜（キクニガナ）
エネルギー（100g中）16kcal
糖質量（100g中）2.8g

食品成分表（可食部100gあたり）

たんぱく質		1.0g
炭水化物		3.9g
無機質	カルシウム	24mg
	鉄	0.2mg
ビタミン	A　β-カロテン当量	11μg
	B1	0.06mg
	B2	0.02mg
	C	2mg

保存法
ポリ袋に入れて冷蔵庫の野菜室へ。

ツヤとハリがあるもの
ふっくらしていて、傷がないもの

食べ方のヒント

サラダに入れると、ほろ苦さがアクセントとなる。縦割りにして衣をつけて揚げるなど、加熱調理にも向いていて、ほろほろとした食感がクセになる。

花も食用に

トレビス（ラディッキョ・ロッソ）

食品成分表（可食部100gあたり）

たんぱく質		1.1g
脂質		0.2g
炭水化物		3.9g
無機質	カルシウム	21mg
	鉄	0.3mg
ビタミン	A　β-カロテン当量	14 μg
	B1	0.04mg
	B2	0.04mg
	C	6mg

英名 Red-leaved chicory
和名・別名 レッドレタス
エネルギー（100g中） 18 kcal
糖質量（100g中） 1.9 g

保存法
ポリ袋に入れて冷蔵庫の野菜室へ。

イタリアの赤い玉チコリ

トレビス（ラディッキョ・ロッソ）は赤チコリとも呼ばれ、キク科野菜チコリ（P.63）の品種群です。多くの種類があり、その中で結球したものを「ラディッキョ」や「トレビス」（フランス語）と呼びます。

美しいワインレッド色はポリフェノールの一種アントシアニンという色素によるもので、抗酸化作用があり、生活習慣病予防や視力の改善効果が期待できます。チコリ同様、苦みがあります。

色が鮮やかで、ハリとツヤがあるもの

色を活かしてピクルスにも

サラダで食べるのが一般的だが、軽く塩で揉んでから甘酢漬けにすると、使い勝手がよい。鮮やかなピンク色が食卓を飾る。

トレヴィーゾ（ラディッキョ・ロッソ）

イタリアンチコリの赤色品種

赤ラディッキョのうち、細長いタイプがトレヴィーゾと呼ばれます。北イタリアの特産野菜で、地名のトレヴィーゾがそのまま名前になりました。

早生種（プレコーチェ）と晩生種（タルディーボ）があり、見た目は少し違いますが、いずれも赤と白のコントラストが美しく、特有の苦みを持つ野菜です。

英名 Red-leaved chicory
和名・別名 イタリアンチコリ
エネルギー（100g中） 16 kcal
糖質量（100g中） 2.8 g

保存法
ポリ袋に入れて冷蔵庫の野菜室へ。

色が鮮やかで、ハリとツヤがあるもの

グリル料理も

縦方向に切り分け、軽く塩をしてから焼き目がつくくらいグリルし、オリーブオイルをかけて食べる。ほんのりとした甘みが出てきてワインが進む。

エンダイブ

食品成分表（可食部100gあたり）

たんぱく質		1.2g
脂質		0.2g
炭水化物		2.9g
無機質	カルシウム	51mg
	鉄	0.6mg
ビタミン	A　β-カロテン当量	1700 μg
	B1	0.06mg
	B2	0.08mg
	C	7mg

英名 Endive
和名・別名 にがチシャ
エネルギー（100g中） 15 kcal
糖質量（100g中） 0.7 g

濃厚なドレッシングで

しっかりと歯ごたえがあり、ほんのり苦みもあるエンダイブは、濃いめのドレッシングと好相性。にんにくやアンチョビをきかせたバーニャカウダ風や、クリームチーズ味、カリカリベーコン入りドレッシングなど、どれもおすすめ。

縮れた葉にドレッシングがよく絡む

チリチリに縮れた葉の食感と、独特のほろ苦さが、サラダによいアクセントを与えてくれます。緑色が濃い部分には抗酸化作用があるβ-カロテンが多く含まれていて、ドレッシングなどの油と一緒に摂ると、その吸収が高まります。カルシウム、カリウムも多く、生活習慣病予防効果も期待できる野菜です。

緑色が濃すぎないもの

葉先が細かく縮れていて、みずみずしいもの

保存法
ポリ袋に入れて冷蔵庫の野菜室へ。

つるな

カロテンたっぷりニュージーランドのほうれんそう

日本の海岸の砂地にも自生している多年草。夏から秋にかけて長く収穫できるため、古くから重宝されてきました。ほうれんそうに似た風味がありますが、クセもなく、やや肉厚。β-カロテンや鉄分が多いのが特徴です。若くてやわらかい芽を摘んで、おひたしや和え物、汁の実などにしていただきます。

英名 New Zealand spinach
和名・別名 蔓菜
エネルギー（100g中） 15kcal
糖質量（100g中） 0.5g

保存法

葉が傷みやすいので、ポリ袋に入れ、空気を入れて風船状にし、冷蔵庫の野菜室で。

コレステロールの吸収を抑える

細胞膜に植物ステロールという成分を含み、コレステロールが腸管から吸収されるのを抑制する働きが。

葉がやわらかく、ハリがあるもの

食品成分表（可食部100gあたり）

たんぱく質		1.8g
脂質		0.1g
炭水化物		2.8g
無機質	カルシウム	48mg
	鉄	3.0mg
ビタミン	A β-カロテン当量	2700 μg
	B_1	0.08mg
	B_2	0.30mg
	C	22mg

おかひじき

シャキシャキの食感がクセになる

シャキシャキとした歯触りがある野草で、日本の海岸の砂地にも自生しています。β-カロテン、ビタミンK、カルシウム、カリウムを大変多く含み、貧血、骨粗しょう症、高血圧などの予防効果があると考えられます。おひたしや和え物、汁の実などで。浜辺で自生しているものには塩味があります。

英名 Salt-wort
和名・別名 陸鹿尾菜、水松菜（ミルナ）
エネルギー（100g中） 17kcal
糖質量（100g中） 0.9g

食品成分表（可食部100gあたり）

たんぱく質		1.4g
脂質		0.2g
炭水化物		3.4g
無機質	カルシウム	150mg
	鉄	1.3mg
ビタミン	A β-カロテン当量	3300 μg
	B_1	0.06mg
	B_2	0.13mg
	C	21mg

葉先にツヤがあり、やわらかいもの
切り口が変色していないもの

山形の伝統野菜

おかひじきは山形県置賜地域の伝統野菜。ゆでて水にさらしたら、よく水気を切り、からしじょう油で和えるのが定番の食べ方。ゆですぎるとシャキシャキ感がなくなるので、ゆで時間は2分がベスト。

保存法

ポリ袋に入れて冷蔵庫の野菜室へ。

じゅんさい

粘液質が血糖値の急上昇を抑制

水のきれいな沼に生える水草の若い芽を摘んだもので、全体がヌルヌルとした粘液に覆われています。吸い物や酢の物でつるんとした舌触りを楽しみます。粘液は食物繊維で、水溶性と不溶性の両方が含まれるため、血糖値の急な上昇を抑えたり、コレステロールの排出促進、腸内環境を整えるなどの働きがあります。

英名 Water shield
和名・別名 蓴菜、純菜
エネルギー（100g中） 5kcal

食品成分表（可食部100gあたり）

たんぱく質		0.4g
炭水化物		1.0g
無機質	カルシウム	4mg
ビタミン	A β-カロテン当量	29 μg
	B_2	0.02mg

粘液がたっぷりあるもの

胃炎や胃潰瘍の病後に

ヌルヌルした成分が荒れた胃粘膜や胃壁を保護することから、胃炎や胃潰瘍になったあとに食べるとよい野菜。

食べる前に

生のじゅんさいは、ぬめりが落ちないように注意して水で軽く洗い、熱湯でさっとゆでてから冷やす。わさびじょうゆやしょうがじょうゆをかけたり、汁物の具に。水煮にしてから酢漬けにしてあるビン詰めじゅんさいは、酢水を切って真水に入れ、酢抜きをしてから調理する。

保存法

冷蔵庫で保存し、できるだけ早く食べましょう。

甘 五味
寒 五性
肝・脾 帰経

ふだんそう

食品成分表（可食部100gあたり）

たんぱく質		2.0g
脂質		0.1g
炭水化物		3.7g
無機質	カルシウム	75mg
	鉄	3.6mg
ビタミン	A　β-カロテン当量	3700 μg
	B1	0.07mg
	B2	0.23mg
	C	19mg

英名 Swiss chard
和名・別名 不断草、スイスチャード
エネルギー（100g中） 19kcal
糖質量（100g中） 0.4g

ミネラル豊富で骨粗しょう症予防にも

ほうれんそうと同じヒユ科の野菜ですが、季節を問わず生育することから、「不断草」と呼ばれるようになりました。欧米ではチャードやビエトラと呼ばれるポピュラーな葉物野菜です。

粘膜や皮膚を丈夫にするβ-カロテンや、高血圧予防に有効なカリウムが豊富な上、骨を強くするビタミンKやマンガンも含むので、抗酸化作用のほか高血圧や骨粗しょう症予防にも有効です。

ゴツゴツとした見た目ですが、クセがなくあっさりした食味です。やわらかいうちは生でも食べられるので、ベビーリーフとしても利用されています。

白茎種（ビエトラ）
やや大株。

ベビーリーフ（ミニビエトラ）
サラダにして生食する。

カラフル種（ブライトライト）
ポリフェノールのベタレインという色素成分を含む。

ツヤとハリがあり、葉脈が左右対称
茎がしっかりしている

保存法
湿らせた新聞紙で包み、ポリ袋に入れて冷蔵庫の野菜室へ。

流通カレンダー
1 2 3 4 5 6 7 8 9 10 11 12

あしたば

食品成分表（可食部100gあたり）

たんぱく質		3.3g
脂質		0.1g
炭水化物		6.7g
無機質	カルシウム	65mg
	鉄	1.0mg
ビタミン	**A　β-カロテン当量**	**5300 μg**
	B1	0.10mg
	B2	0.24mg
	C	41mg

英名 Ashitaba
和名・別名 八丈草
エネルギー（100g中） 33kcal
糖質量（100g中） 1.1g

生命力旺盛ですば抜けた抗酸化力

今日、葉を摘んでも、明日になれば葉芽が出てくるほど生命力が強いことから、「明日葉」の名前がつきました。太平洋沿岸に自生する日本固有の植物で、八丈島での栽培が有名です。色濃い葉にはβ-カロテンがたっぷり含まれていて、その量は緑黄色野菜の中でもトップクラスです。抗酸化作用があるビタミンCとEも揃って多く、それらの相乗効果が期待できます。またエネルギー代謝に関わるビタミンB群も多く含みます。ミネラル類では、高血圧予防のカリウム、骨を健やかにするカルシウム、造血作用がある鉄などをバランスよく含んでいます。

切り口から染み出す黄色い汁はポリフェノールのカルコン。強い抗菌作用があり抗がん作用も期待されている成分ですが、独特の香りと苦みがあります。

葉色が鮮やかでハリがあるもの
茎が太すぎないもの

切り口から出るカルコン

保存法
湿らせた新聞紙で包み、ポリ袋に入れて冷蔵庫の野菜室へ。

ポリフェノールのルテオリンも含む

ルテオリンはフラボノイドの一種で、鎮静や毛細血管の保護、抗アレルギー、利尿などの作用が知られている抗酸化成分。

流通カレンダー
1 2 3 4 5 6 7 8 9 10 11 12

タンポポ

ほろ苦い野草には肝臓に働く成分が

タンポポの若くてやわらかい葉は、ベビーリーフのようにサラダ野菜として生食できます。色が濃い葉はゆでてからおひたしに。ほろ苦さがあり、それが肝臓の働きを整えるほか、カリウムを多く含むため、利尿作用が期待できます。タンポポの根を刻んで乾燥させたタンポポ茶には健胃作用があることも知られています。

英名 Dandelion
和名・別名 蒲公英
エネルギー（100g中） 44 kcal

保存法
湿らせた新聞紙で包み、ポリ袋に入れて冷蔵庫の野菜室へ。

葉先までピンとハリがあるもの

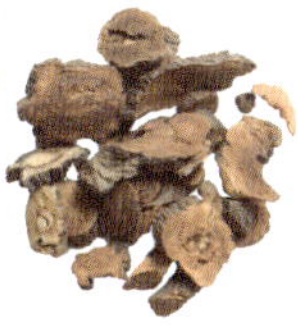

根はハーブティーとして

タンポポの根のハーブティーは「ダンデライオン」という名前で流通。ほろ苦さがあるのでタンポポコーヒーとも呼ばれている。濃いめに淹れてミルクを加えれば、カフェオレ風に。便秘改善効果がある食物繊維のイヌリンも含む。

甘・苦 五味
寒 五性
肝・胃 帰経

1 2 3 4 5 6 7 8 9 10 11 12

アイスプラント

おつまみのような新しい風味の野菜

肉厚の葉や茎に、水泡のような結晶がたくさんついているのが特徴。塩分濃度の高い場所での栽培が可能で、蓄積したミネラル分をつぶつぶの結晶内に隔離してあるのです。さっくりとした歯触りと塩味があり、おつまみのように食べられます。血糖値の急な上昇を抑えるピニトールという成分が含まれ、注目されています。

英名 Crystalline iceplant
エネルギー（100g中） 8 kcal

鮮やかな緑色で、みずみずしいもの

保存法
ポリ袋に入れて冷蔵庫の野菜室へ。

ピニトールは抗糖尿病成分

ピニトールにはインスリンに似た活性があり、糖尿病予防成分として期待されている。マメ科の植物からも多く発見されており、大豆やルイボスにも含まれる。

アイスプラント納豆

千切りにしたアイスプラントを納豆に加えるだけの簡単レシピ。塩味が納豆とよく合う。しょうゆは控えめに。

流通カレンダー
1 2 3 4 5 6 7 8 9 10 11 12
周年

グラパラリーフ

サクサクして食べやすい新食感野菜

メキシコ原産の多肉植物を食用に品種改良したもので、サクサクとした食感とりんごのようなさわやかな酸味があります。ナトリウム、カリウム、カルシウム、マグネシウム、鉄、銅と各種ミネラルを含み、特にカルシウムは牛乳の2倍量を含んでいます。

英名 Ghost plant
和名・別名 朧月（オボロヅキ）
エネルギー（100g中） 12 kcal

一般の多肉植物のように栽培可能

グラパラリーフのような多肉植物は、日当たりと風通しのよい条件下で、土の上に葉を置いておくと発根する。これは「葉挿し」という繁殖方法で、根が出たら土に埋めてやると徐々に葉が増えていく。グラパラリーフでも試してみては？　ただし、個人で楽しむ目的に限る。

ツヤとハリがあり、色鮮やかなもの
傷がないもの

保存法
ポリ袋に入れて冷蔵庫の野菜室へ。

流通カレンダー
1 2 3 4 5 6 7 8 9 10 11 12
周年

ブロッコリー

強い抗酸化力で がんや生活習慣病を予防

英名 Broccoli
和名・別名
芽花野菜・芽花椰菜（メハナヤサイ）、
緑花野菜・緑花椰菜（ミドリハナヤサイ）
エネルギー（100g中）33 kcal
糖質量（100g中）0.8g

五味 甘
五性 平
帰経 肝・脾・腎

スルフォラファンはピロリ菌にも

緑黄色野菜の代表格。食べている部分はつぼみとその茎です。強い抗酸化力を持ち、体内でビタミンAに変わるβ-カロテンや、免疫力を高め、肌を美しく整えるビタミンCが豊富です。さらに、ブロッコリーに含まれる辛み成分スルフォラファンはイソチオシアネートの一種で、抗がんや解毒作用があることが知られています。これらの相乗効果で、がんをはじめ生活習慣病対策にもってこいの野菜といえるのです。アメリカの国立がん研究所が疫学調査の結果に基づいて発表した「がん予防が期待できる食べ物」ランキングでは上位に入っています。

さらに血圧を下げる働きのあるカリウム、貧血予防の鉄、カルシウム摂取を助けるビタミンKなどミネラルも含みます。

見慣れた野菜ですが、日本で本格的に栽培が始まったのは1980年代に入ってからと、意外と新しいのです。今ではほぼ一年中出回るようになりました。

食品成分表（可食部100gあたり）

たんぱく質		4.3g
脂質		0.5g
炭水化物		5.2g
無機質	カルシウム	38mg
	鉄	1.0mg
ビタミン	**A　β-カロテン当量**	**810 μg**
	B_1	0.14mg
	B_2	0.20mg
	C	**120mg**

鮮やかな緑色で
色のムラがない
つぼみがかたく締まり、
密集している
切り口にスが
入っていない

1株あたり：250g
正味：160g ／ 53kcal
1房あたり：15g ／ 5kcal

茎

茎はつぼみの部分よりも多くのビタミンCとβ-カロテンを含む。外側のかたい部分をそいだら、食べやすいサイズに切って、調理を。

保存法

ポリ袋に入れて冷蔵庫の野菜室へ。

ビタミンCをたくさん残すには

水溶性で熱に弱いビタミンCはゆでると減少する。ゆでたあとのビタミンCの残存率は50%。ビタミンCは切り口から多く流出するので、あまり小さく分けないほうが成分は残る。一方、蒸した場合の残存率は約90%。フライパンに小房に分けたブロッコリーと200mlほどの水を入れて強火にかけ、ふたをして3～4分蒸し、あとは余熱で火を通す。

冷凍ブロッコリーの栄養は？

冷凍ブロッコリーは、収穫後、すみやかに冷凍食品工場へ運ばれて湯通し後、−30～40℃で急速冷凍される。鮮度が高い状態で冷凍されているため、栄養価が高いが、生のものをゆでたほうが、食感や食味では勝る。なお、家庭用冷凍庫は通常−18℃くらいで、業務用に比べて緩慢冷凍。

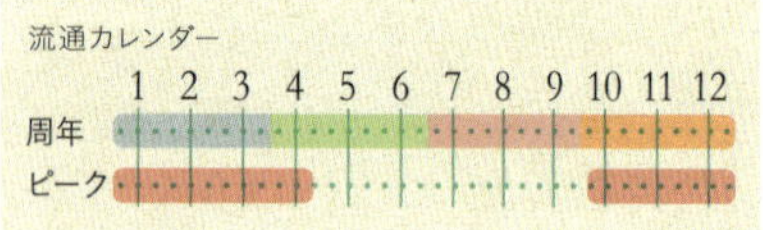

流通カレンダー
1 2 3 4 5 6 7 8 9 10 11 12
周年
ピーク

茎ブロッコリー

茎の部分が細長く、房が小さいため、小分けにする必要がない品種。茎の部分の食味はアスパラガスに似ている。スティックセニョールという商品名での流通も。

スルフォラファン

抗がん作用が知られる成分

辛み成分イソチオシアネートの一種で、ブロッコリーに含まれています。高い抗酸化作用があり、また、体内の発がん物質を解毒する働きがあるため、がん抑制効果が期待されています。近年の研究では、ピロリ菌除菌作用や花粉症症状の緩和作用があるという発表もされ、ますます期待が高まっています。ブロッコリーの新芽（スプラウト）に含まれるスルフォラファンは濃度が高く、特に発芽3日目が一番多いといわれています。

疲労回復

ブロッコリー
ビタミンC
牛乳
チーズ
たんぱく質

カリフラワー

白く美しいつぼみの部分にはビタミンCが多く、キャベツの約2倍も含みます。しかもこのビタミンCは熱による損失が少ないのが特徴。コラーゲンの合成に関わり肌を美しくするとともに感染症予防作用もあります。体内の水分バランスを整え高血圧を予防するカリウム、腸内環境を改善する食物繊維が多いのも注目です。また、アブラナ科野菜特有のアリルイソチオシアネートを含むので、相乗効果で抗がん作用が高まります。

日本に入ってきたのは明治時代ですが、市場に出回るようになったのは戦後のこと。ブロッコリーが人気になる前まではつぼみ野菜といえばカリフラワーでした。現在の生産量はブロッコリーの1/6程度となり、高級野菜となっています。

ビタミンCはキャベツの2倍 抗酸化力が高い美形野菜

英名 Cauliflower
和名・別名 花椰菜（ハナヤサイ）、花カンラン
エネルギー（100g中）27kcal
糖質量（100g中）2.3g

甘 五味
平 五性
胃・脾・腎 帰経

保存法
ポリ袋に入れて冷蔵庫の野菜室へ。

生食のススメ

カリフラワーの茎にはつぼみの部分よりもビタミンCやカリウムが多く含まれている。薄切りにするとカリカリとして歯触りがよいので、ぜひ生食で。ピクルスやマリネでも。

ビタミンCを損なわずにゆでるコツ

できるだけ大きめの房に分けてゆでる。余熱を考慮して、少しかためのうちに湯からあげるのがコツ。カリフラワーはゆでたときのビタミンC残存率が高く、ゆで上がりの数値をブロッコリーと比較すると差はわずか。

焼きカリフラワー

少量の水とともにフライパンで蒸し焼きにし、ターメリックやクミンなど好みのスパイスをたっぷり加えると、インドのサブジ風蒸し焼きに。

食品成分表（可食部100gあたり）

たんぱく質		3.0g
脂質		0.1g
炭水化物		5.2g
無機質	カルシウム	24mg
	鉄	0.6mg
ビタミン	A β-カロテン当量	18 μg
	B1	0.06mg
	B2	0.11mg
	C	**81mg**

抗酸化作用が高いカラフル種

オレンジ色の品種にはカロテンが、紫色の品種にはアントシアニンが含まれる。色素が持つ機能性成分を摂ることができる。

カリフローレ
スティックタイプで扱いやすい品種。栄養価が高い茎の部分が長く、人気上昇中。

ロマネスコ
薄緑色で幾何学模様のように尖った形が特徴的なカリフラワー。イタリアの伝統品種。

傷や変色がなく、つぼみが詰まってすき間がないもの

新鮮な外葉がしっかり包んでいる

1個あたり：600g
正味：300g／81kcal
1房あたり：15g／4kcal

流通カレンダー
1 2 3 4 5 6 7 8 9 10 11 12

風邪予防

カリフラワー
ビタミンC

＋

鶏肉
たんぱく質

アスパラガス

疲労を回復し スタミナをアップ

英名 Asparagus
和名・別名
阿蘭陀雉隠（オランダキジカクシ）
エネルギー（100g中）22kcal
糖質量（100g中）2.1g

五味 甘
五性 涼
帰経 脾・肺・肝・膀胱

アスパラギン酸で疲労回復

野菜の中では珍しく多年生で、春先に伸び出した新芽を食べます。光に当てて育てるとグリーンアスパラガスに、土をかぶせ、遮光して栽培するとホワイトアスパラガスになります。

グリーンアスパラガスには疲労回復作用があるアスパラギン酸が多く含まれています。アスパラギン酸には利尿作用もあり、カリウムとの相乗効果で、体内の水分バランスを整えます。やわらかい穂先には生長点があるため栄養価が高く、また、血管を強化するルチンも含まれます。さらに骨を健やかに保つビタミンK、貧血を予防する葉酸と、機能性成分をバランスよく含む野菜です。

ホワイトアスパラガスは、グリーンに比べて栄養価が低いのですが、初夏の短い時期にしか採れませんが、その繊細な香りとほのかな甘み、やわらかい歯触りは毎年楽しみたいものです。

食品成分表（可食部100gあたり）

たんぱく質		2.6g
脂質		0.2g
炭水化物		3.9g
無機質	カルシウム	19mg
	鉄	0.7mg
ビタミン	A β-カロテン当量	380 μg
	B1	0.14mg
	B2	0.15mg
	C	15mg

穂先がふっくらしている
1本あたり：20g
正味：15g ／ 3kcal
筋張っていない
三角形のはかまが均一に並んでいる

白
株にたっぷりと土をかけ、日光を遮って栽培したもの。

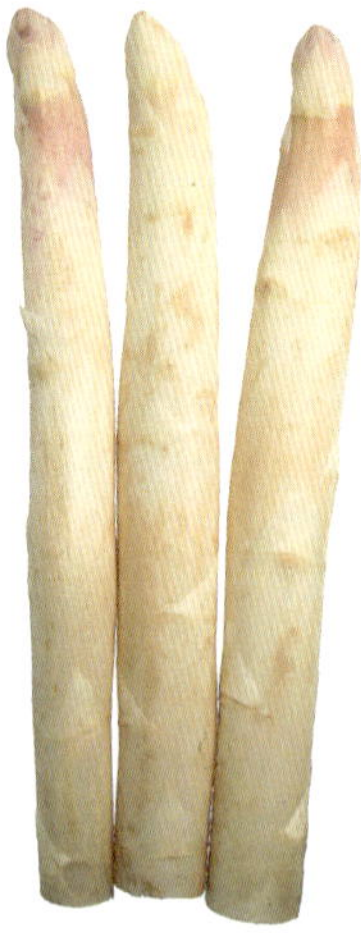

紫
紫色は色素成分のアントシアニン。ゆでると濃い緑色に変わる。

若い茎には薬効が

甘みがある新鮮な若い茎は、咳止めや利尿、高血圧予防、動脈硬化予防、スタミナアップなどに効果があるとされ、利用されてきた。

保存法

湿らせた新聞紙に包んでポリ袋に入れ、冷蔵庫の野菜室へ。

ゆでるときには皮も一緒に

下処理でむいた皮は捨てずに、ゆで湯に加える。香りが移り、風味よくゆで上がる。

フランスでは春を告げる野菜

日本人が桜の花やたけのこに春を感じるように、フランス人はホワイトアスパラガスの出荷を心待ちにし、短い旬を堪能する。ゆでたてのアスパラガスに手作りマヨネーズを添えたり、バターと水で蒸し煮にし、味付けは塩こしょうだけで食べたりと、シンプルにいただく。

流通カレンダー
1 2 3 4 5 6 7 8 9 10 11 12

アスパラギン酸

疲労回復に役立つ

アミノ酸の一種で、エネルギーの代謝に関わります。疲労物質を燃焼させてエネルギーに換え、さらに、疲労回復に必要なカリウムやマグネシウムなどのミネラルを各組織へ運びます。利尿作用もあり、体に有害なアンモニアを排出させる働きも。スポーツドリンクや栄養ドリンクにも配合されている成分です。

疲労回復

アスパラガス
アスパラギン酸
＋

豚肉
ビタミンB1

たけのこ

チロシンは心に届く

土中に埋まっている竹の若い芽を掘り起こしたものがたけのこです。生長点の部分を食しますが、栄養価はさほど高くありません。約90%が水分で、比較的多いのがカリウムと食物繊維。カリウムは体内の余分なナトリウムを排出する働きがあり、高血圧予防効果が期待できます。たけのこに含まれる不溶性食物繊維は腸内環境を整え、大腸がんを予防する効果があります。

独特のえぐみはシュウ酸などの成分。カルシウムの吸収を阻害する作用がありますが、ゆでて水にさらすことで減少します。しかし、たけのこの場合、掘ったあと、どんどん増えていくので、できるだけ早くアク抜きをする必要があります。

旨み成分であるアミノ酸のグルタミン酸、チロシン、アスパラギン酸を含みます。うす味で調理し、旨みを楽しみましょう。

食品成分表（可食部100gあたり）

たんぱく質		3.6g
脂質		0.2g
炭水化物		4.3g
無機質	**カリウム**	**520mg**
	カルシウム	16mg
	鉄	0.4mg
ビタミン	A β-カロテン当量	11 μg
	B_1	0.05mg
	B_2	0.11mg
	C	10mg

カリウムと食物繊維 ダブルのデトックス効果

英名 Bamboo shoot
和名・別名 筍
エネルギー（100g中）26kcal
糖質量（100g中）1.5g

保存法
ゆでてから、たっぷりの水に浸し、冷蔵庫で保存。

苦・甘 五味
寒 五性
胃・大腸・肺 帰経

穂先が締まり、緑化していない
皮にツヤがあり、全体にずんぐりとしている
1本あたり：1000g
正味：500g／130kcal

2～5月
孟宗竹

旬の時期と食べ方の違い

3～5月
大名竹
九州南部に自生するたけのこで、クセがなく食べやすい品種。皮付きのままホイル焼きで。

4～5月
淡竹
地上に伸びた部分を収穫するたけのこ。全体に細く、味はあっさりしている。

5～6月
真竹
細めで皮には黒い模様がある。苦竹といわれるように苦みやアクがある。

5～6月
根曲がり竹
15cmほどで収穫するたけのこで、アクが少なく、白くて風味がよいのが特徴。主に北日本で収穫。

ゆでるときに入れるのは？

一般的に、米ぬかとうがらしを入れてゆでる。米ぬかにはシュウ酸を吸着する働きがあり、とうがらしには殺菌作用がある。米ぬかのかわりに重曹を使うことも可能。ただし、多く入れすぎると重曹のにおいが残ったり、歯ごたえがなくなったりするので、使用量に注意。

アクの正体はシュウ酸やホモゲンチジン酸

ほうれんそうやつるなにも含まれるシュウ酸（P.51）は、体内でカルシウムと結合し、その吸収を阻害するだけでなく、結石を生じる可能性がある。特有の刺激性風味を持つホモゲンチジン酸はアミノ酸のチロシンが酵素によって体内で変化したもの。どちらも水溶性なので、ゆでて水にさらすことで減少させることが。

チロシン

ホルモン生成にも関わるアミノ酸

切り口に付着する白い粉のようなものがチロシンです。アミノ酸のひとつで、ホルモンや神経伝達物質の生成に関わっており、感情や精神機能の調整に関与するとされています。

流通カレンダー
1 2 3 4 5 6 7 8 9 10 11 12

動脈硬化予防

たけのこ
不溶性食物繊維セルロース
＋

ワカメ
アルギン酸

セロリ

特有の香りには イライラを鎮める作用が

英名 Celery
和名・別名 阿蘭陀三葉
エネルギー（100g中） 15kcal
糖質量（100g中） 2.1g

独特の香りがあり、好き嫌いが分かれる野菜です。しかし、この香りに含まれるアピインというポリフェノールには不安やイライラを鎮める効果や、食欲増進や安眠作用があることがわかっています。また、葉の部分に含まれる香り成分ピラジンには血液をサラサラにし、血行促進や動脈硬化を予防する働きがあります。

栄養成分ではカリウムが豊富です。カリウムは細胞内のナトリウム量を調整し、過剰な塩分を排出するので、むくみの解消や高血圧の予防・改善に役立ちます。食物繊維も比較的多く含んでおり、腸内環境を整え、大腸がんの予防効果も期待できるでしょう。

有効成分は茎よりも葉先の部分に多いので、葉も積極的に摂るようにしましょう。

食品成分表（可食部100gあたり）

たんぱく質		0.4g
脂質		0.1g
炭水化物		3.6g
無機質	**カリウム**	**410mg**
	カルシウム	39mg
	鉄	0.2mg
ビタミン	A β-カロテン当量	44 μg
	B_1	0.03mg
	B_2	0.03mg
	C	7mg

葉の利用方法

サラダや炒め物に使うほか、ジュースやスムージーに加えても。細かくすると有効成分がより出やすくなる。粗く刻んで入浴剤にするのもおすすめ。

1本あたり：100g
正味：65g／10kcal

葉は淡い緑色で、先までピンとしている
茎は肉厚で、白くて太いもの
スジの間隔が詰まっている

保存法

葉と茎を切り分け、それぞれポリ袋に入れて、冷蔵庫の野菜室へ。

香り成分アピインとピラジン

ポリフェノールのアピインは、毛細血管保護や抗アレルギー、鎮静、利尿、発汗など多くの作用を持つフラボノイドの一種。ピラジンには血行促進作用があることが知られている。

古代ローマ時代には強壮薬だった

今では野菜として認識されているが、古代ローマ時代には整腸や強壮作用がある薬草として扱われていた。香りの強さから魔除けやミイラを飾るのに使われた。

流通カレンダー
1 2 3 4 5 6 7 8 9 10 11 12

漢方では「旱芹《かんきん》」という生薬

五味 甘・苦
五性 涼
帰経 肝・脾・肺

熱を冷ます作用があるとされ、風邪による悪寒を取り去る。また、利尿作用があり、高血圧予防によいとされている。

種子はスパイスのセロリシード

セロリの種子は香りが高く、ケチャップやピクルスなどにスパイスとして使用。種子から採れるオイルはむくみを取る作用があるとして、アロママッサージにも利用されるが、子宮収縮作用があるため、妊娠中の女性の使用は控える。

セロリ
カリウム
＋

チーズ、牛乳
カルシウム

ストレス解消

チンゲンサイ

日本で最もポピュラーな中国野菜です。葉先はやわらかく、茎はふっくらと肉厚なのが特徴。ビタミンやミネラルをバランスよく含み、栄養価が高い野菜です。

抗酸化ビタミンとも呼ばれているβ-カロテン、ビタミンC、ビタミンEが揃って含まれているので、高い抗酸化作用が期待でき、高血圧や動脈硬化などの生活習慣病予防に役立ちます。また、アブラナ科特有の辛み成分であるアリルイソチオシアネートを含み、がん予防にも有効です。

ミネラル類ではカリウムのほか、カルシウムを多く含み、ビタミンKとの相乗効果で骨粗しょう症を予防する働きがあります。カルシウムの吸収を高めるためには、干ししいたけやシラス干しといったビタミンDを含む食材と組み合わせるとよいでしょう。

食品成分表（可食部100gあたり）

たんぱく質		0.6g
脂質		0.1g
炭水化物		2.0g
無機質	カルシウム	100mg
	鉄	1.1mg
ビタミン	A β-カロテン当量	2000 μg
	B1	0.03mg
	B2	0.07mg
	C	24mg

花芽

チンゲンサイの菜花。

パクチョイ

白茎種。やや大きい。

ミニチンゲンサイ

丸ごと調理が可能。

栄養バランスがとれた抗酸化野菜

英名 Qing geng cai
和名・別名 体菜（たいさい）、青梗菜（ちんげんさい）
エネルギー（100g中） 9kcal
糖質量（100g中） 0.8g

辛・甘 五味
涼 五性
肝・脾・肺 帰経

1株あたり：100g
正味：85g／8kcal
鮮やかな緑色で、みずみずしい
茎が肉厚で、傷やつぶれがない

漬物にも向いている

チンゲンサイを塩漬けするとわずかなほろ苦さがあって、なかなかおいしい漬物になる。塩分濃度は2.5～3%程度がよい。塩漬けをキムチで和えても。

生のままカットして冷凍も

食べやすい大きさにカットし、密封できるポリ袋に入れて冷凍。炒め物や汁物には凍ったまま使え、とても便利。

保存法

湿らせた新聞紙に包んでポリ袋に入れ、冷蔵庫の野菜室へ。

チンゲンサイは日中友好の証

チンゲンサイが日本に入ってきたのは1970年代。ちょうどこの頃、中国との国交が正常化し、記念に中国から贈られたのがパンダのカンカンとランラン。それから、空前の中国ブームが起こり、中華食材がどんどん日本に入ってきた。なかでも使いやすいチンゲンサイは中国風家庭料理になくてはならない葉物野菜に。

流通カレンダー

	1	2	3	4	5	6	7	8	9	10	11	12
周年												

ストレス解消

チンゲンサイ
カルシウム
＋

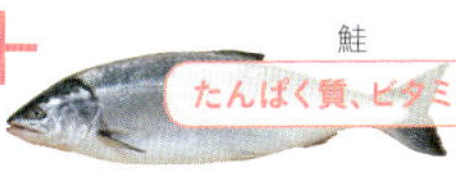

鮭
たんぱく質、ビタミンD

タアサイ

ツヤがあり濃い緑色の葉はやわらかく、クセがない中国野菜です。

抗酸化作用が高いβ-カロテン、ビタミンC、Eをたっぷり含みます。粘膜保護、感染症予防、血行促進といった作用のほか、相乗効果でがんの予防や老化の抑制が期待できます。ミネラル類が豊富なのも大きな特徴。過剰なナトリウムを排出して高血圧を予防するカリウム、骨や歯の健康を守るカルシウムと、同じく骨の形成に役立つビタミンKも多く含むため、骨粗しょう症予防効果も期待できます。

タアサイは戦前に導入されましたが、あまり普及しませんでした。日本で本格的に栽培されるようになったのは昭和40年代の後半。炒め物、煮物、おひたし、鍋の具とどんな料理にも合うことから、冬の定番野菜として人気があります。β-カロテンの吸収を高めるには、油と一緒に摂るとよいでしょう。さらに良質なたんぱく質を加えれば、バランスのよい一品になります。

食品成分表（可食部100gあたり）

たんぱく質		1.3g
脂質		0.2g
炭水化物		2.2g
無機質	カルシウム	120mg
	鉄	0.7mg
ビタミン	**A β-カロテン当量**	**2200 μg**
	B1	0.05mg
	B2	0.09mg
	C	31mg

使い方

外側の葉からはがして使う。アクもなく、下ゆでは必要ないが、泥汚れはしっかりと洗い流す。

どんな料理にもマッチする高栄養野菜

英名 Chinese flat cabbage
和名・別名 如月菜
エネルギー（100g中）13kcal
糖質量（100g中）0.3g

五味 甘
五性 平
帰経 胃

保存法
湿らせた新聞紙に包んでポリ袋に入れ、冷蔵庫の野菜室へ。

1株あたり：200g
正味：190g ／ 25kcal

葉の色が濃く、よく縮れている
大きな株のほうがよい
茎にもツヤとハリがある

縮み品種にはタアサイの血が

タアサイの特徴は葉にちりめん状のシワがあること。タアサイと小松菜をかけ合わせると、この特徴を持った改良小松菜が生まれる。こうして、アブラナ科のほかの野菜との掛け合わせでできた改良種は、ちぢみ品種と呼ばれている。

葉が放射状にきれいに広がっている

タアサイは地面に張りつくように生える。葉は重ならないよう放射状に広がり、まんべんなく光が当たるようになっている。地面に密着するので、太陽光で温められた地面の熱を有効に利用でき、おまけに背丈が低いため風の影響も受けにくいというメリットも。寒さの中でじっくり育ったタアサイは、栄養価が高く、旨みもたっぷり。

流通カレンダー
1 2 3 4 5 6 7 8 9 10 11 12

タアサイ
β-カロテン
＋
サラダ油
ビタミンE

風邪予防

モロヘイヤ

中近東原産の野菜でエジプトでは5000年以上も前から栽培されていますが、日本に導入されたのは1980年代と、比較的最近のこと。夏の暑い時期に収穫される貴重な葉物野菜として、たちまち人気が出ました。

β-カロテンが豊富で、その含有量は緑黄色野菜の中でもトップクラス。体内でビタミンAに変わり、皮膚や粘膜を保護するとともに、抗酸化作用もあります。さらに感染症予防や美肌作用があるビタミンC、老化予防で知られるビタミンEもたっぷり含み、それらの相乗効果で抗酸化作用が高まります。ほかにエネルギーの代謝に関わるビタミンB群、骨粗しょう症予防やストレスの軽減に役立つカルシウム、高血圧予防のカリウムも多く含んでいます。

刻むと現れるぬめりは多糖粘液質の食物繊維。胃粘膜の保護、血糖値やコレステロールの上昇抑制、糖尿病や動脈硬化の予防など、多くの働きがあります。

食品成分表（可食部100gあたり）

たんぱく質		4.8g
脂質		0.5g
炭水化物		6.3g
無機質	カルシウム	260mg
	鉄	1.0mg
ビタミン	**A β-カロテン当量**	**10000 μg**
	B_1	0.18mg
	B_2	0.42mg
	C	65mg

栄養価の高さはまさに「王様の野菜」

英名 Mulukhiyya
和名・別名 縞綱麻（しまつなそ）、台湾綱麻（たいわんつなそ）
エネルギー（100g中）38kcal
糖質量（100g中）0.4g

葉は薄く、すぐにカサカサになってしまう。色がよくてみずみずしい新鮮なものを

驚くほどβ-カロテンが多い野菜

β-カロテンを多く含む野菜ランキングはしそに次いで第2位。しかし、しそに比べ一度に食べる量が多いので、実質的にはナンバーワン野菜だといえる。ほうれんそうの約2倍、こまつなの約3倍、ブロッコリーの約12倍の量。

家庭菜園で栽培したものは要注意

モロヘイヤの種子やサヤには有毒物質が含まれている。万一、摂取してしまうと、めまいや吐き気を生じ、ときには重篤な症状を引き起こすので、絶対に食べてはいけない。市販のモロヘイヤは若い葉を出荷しているのでサヤがついていることはないが、家庭菜園で作った場合は混ざることがあるため、十分に注意が必要。

保存法

湿らせた新聞紙に包んでポリ袋に入れ、冷蔵庫の野菜室へ。

「王様の野菜」といわれるわけは？

不治の病で苦しんでいたエジプトの王様が、モロヘイヤのスープを飲んだら治ったという伝説がある。クレオパトラも食べていたといわれるが、アンチエイジング効果を実感していたのかも。

ビタミンK

「血液」と「骨」には不可欠のビタミン

血液を固めて出血を止める働きをする、脂溶性のビタミンです。また、骨にカルシウムを定着させる手助けをするので、骨や歯を丈夫にしたり、骨粗しょう症の予防にも役立ちます。葉野菜や発酵食品に含まれるほか、腸内細菌によって体内でも合成されます。

夏バテ予防 疲労回復

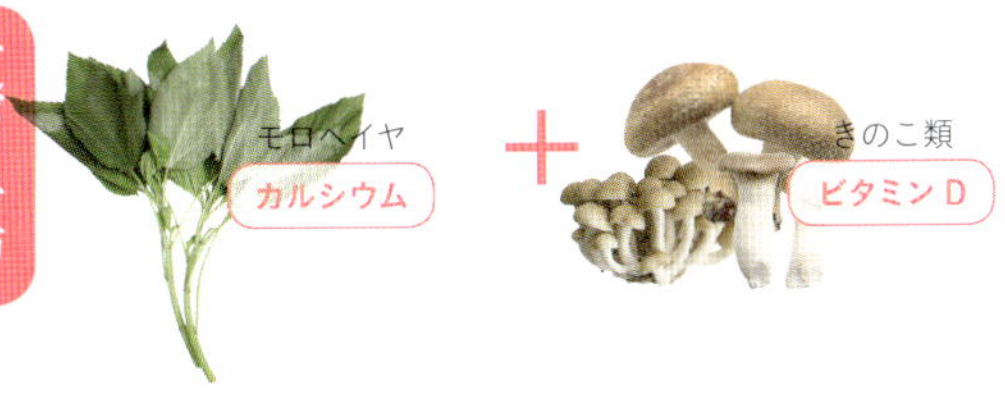
モロヘイヤ
カルシウム
＋
きのこ類
ビタミンD

流通カレンダー

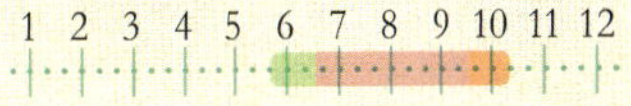
1 2 3 4 5 6 7 8 9 10 11 12

アーティチョーク

つぼみの芯を食べる ユニークな野菜

アーティチョークはアザミの一種で、ソフトボールくらいの大きな花をつけます。食用にしているのは、花のがくのつけねと、つぼみの芯の部分です。ほのかな甘みとホクホクとした食感はゆりねに似ていて、ヨーロッパでは春を告げる食材です。

野菜としては糖質が多く、ビタミン類は多くありません。ミネラルは比較的多く、高血圧予防のカリウムをはじめ、骨の生成に必要なカルシウムやリン、神経や筋肉の動きに関わるマグネシウム、脂質の吸収を抑制する水溶性の食物繊維も含みます。

食品成分表（可食部100gあたり）

たんぱく質		2.3g
脂質		0.2g
炭水化物		11.3g
無機質	カルシウム	52mg
	鉄	0.8mg
ビタミン	A β－カロテン当量	6 μg
	B_1	0.08mg
	B_2	0.10mg
	C	15mg

食用部分
切り口が乾いていない

緑色が鮮やかで、ふっくらしている

保存法
ポリ袋に入れ、冷蔵庫の野菜室へ。

英名 Artichoke, Globe artichoke
和名・別名 朝鮮薊
エネルギー（100g中） 48kcal
糖質量（100g中） 2.6g

コールラビ

甘みと歯ざわりが楽しい野菜

見た目はかぶのようですが、じつはキャベツの一種。食べるのは肥大した茎の部分です。コリッとした食感と甘みがあり、薄くスライスして生のままサラダに、厚切りにして炒め物に、大きく切って煮込みに、といろいろな調理法で楽しめます。免疫力を高めるビタミンCが多く、高血圧予防のカリウムも含みます。明治初期に初めて導入されたときは「かぶら葉牡丹」という名前がつけられました。その後、蕪甘藍《かぶかんらん》や球茎甘藍とも呼ばれましたが、現在はコールラビという名前で定着しています。ドイツ語でコールはキャベツを、ラビはカブを意味します。

食品成分表（可食部100gあたり）

たんぱく質		1.0g
炭水化物		5.1g
無機質	カルシウム	29mg
	鉄	0.2mg
ビタミン	A β－カロテン当量	12 μg
	B_1	0.04mg
	B_2	0.05mg
	C	45mg

ハリがありみずみずしいもの
茎葉がしっかりしている
ずっしり重みがある

紫品種

コールラビの浅漬け風
コールラビを薄くスライスし、塩で揉んでしんなりさせる。水気を切ったら、だしとしょうゆを合わせた調味液に漬け、味が馴染んだら出来上がり。好みのドレッシングを使っても。

保存法
湿らせた新聞紙に包んでポリ袋に入れ、冷蔵庫の野菜室へ。

英名 Kohlrabi
和名・別名 蕪甘藍、カブタマナ
エネルギー（100g中） 21kcal
糖質量（100g中） 3.2g

ルバーブ

独特の酸味がスイーツで生きる

ふきのような長い葉柄部分を食べる野菜です。強い酸味と香りがあり、甘く煮てジャムやデザートに利用されます。コレステロールの上昇を抑える食物繊維、高血圧予防のカリウム、骨粗しょう症予防のカルシウムなどを含みます。また、瀉下作用があるレインやセンノシドという成分を含むため、便秘の改善に有効ですが、過敏な人は下痢をする場合もあります。赤茎種と緑茎種がありますが、赤茎種には抗酸化作用がある色素成分のアントシアニンが含まれます。葉にはシュウ酸が多く含まれているため、食用にはされません。

冷涼な気候を好むため、長野県や北海道で栽培されています。

食品成分表（可食部100gあたり）

たんぱく質		0.7g
脂質		0.1g
炭水化物		6.0g
無機質	カルシウム	74mg
	鉄	0.2mg
ビタミン	A β－カロテン当量	40 μg
	B_1	0.04mg
	B_2	0.05mg
	C	5mg

色が鮮やかで、ハリがある

生薬の「大黄」は近縁種
漢方便秘薬に含まれる「大黄」はルバーブの近縁種の根茎。強い瀉下作用があるほか、消炎性健胃や抗菌整腸の作用もある。

保存法
ラップで密封し、冷蔵庫の野菜室へ。

英名 Rhubarb
和名・別名 食用大黄、丸葉大黄
エネルギー（100g中） 24kcal
糖質量（100g中） 3.5g

栄養は葉物でトップ

ケール

キャベツやブロッコリーなど、多くのアブラナ科野菜のルーツに近いといわれている野菜です。キャベツのように結球せず、葉を一枚ずつかきとって収穫したものが出回ります。

少し前までは青汁の原料として知られていましたが、近年はスーパーフードとしての認知が広がり、青果としての取り扱いが増えてきています。

キャベツと大きく違う点は、β-カロテンの含有量が大変多いということで、緑黄色野菜の中でもトップクラスです。β-カロテンは体内でビタミンAに変わり、粘膜や皮膚の保護や免疫力を高めるなどの働きをします。また、カロテノイドの一種で色素成分のルテインも含んでおり、目を守る働きも期待できます。

ミネラル類ではカルシウムを多く含みます。こちらも野菜の中では上位にランクイン。骨や歯の健康を保つ働きが強く期待できます。睡眠ホルモンのメラトニンも含んでいます。

食品成分表（可食部100gあたり）

たんぱく質		2.1g
脂質		0.4g
炭水化物		5.6g
無機質	カルシウム	220mg
	鉄	0.8mg
ビタミン	**A β-カロテン当量**	**2900 μg**
	B_1	0.06mg
	B_2	0.15mg
	C	81mg

カーボロネロ

別名黒キャベツ。風味が強いが繊維がかたく、煮込み向き。

縮れ種

縁がフリル状のサイベリアン種。

鮮やかな緑色で、ツヤとハリがある

自然な眠りを誘うホルモン・メラトニン

脳の松果体から分泌されるホルモンで「睡眠ホルモン」とも呼ばれる。外界の光刺激を受けることによって体内時計が反応して生体に働きかけるため、睡眠、覚醒などのリズムを調整する役割がある。メラトニンは夜が近づくと分泌され、朝になるとその分泌が止まる。メラトニンの原料となるのはセロトニンで、その原料となるのはアミノ酸のトリプトファン（P.162）。メラトニンの生成量は加齢とともに減少するため、歳をとると睡眠時間が短くなります。メラトニンは食品にも含まれていますが、その量はごくわずか。

キャベツの祖先はスーパー野菜

英名 Kale
和名・別名 リョクヨウカンラン、ハゴロモカンラン
エネルギー（100g中）28kcal
糖質量（100g中）1.9g

保存法

湿らせた新聞紙に包んでポリ袋に入れ、冷蔵庫の野菜室へ。

スーパーフードって何？

スーパーフードとはアメリカやカナダの医師や食事療法の専門家たちが使い出した言葉で、一般的な食品より栄養価が高く、バランスがとれていて、食材でありながら健康食品としての用途も持ち合わせているものを指す。豊富な栄養成分や機能成分を含み、しかも低カロリーであるケールはスーパーフードであるとしてアメリカで人気に火がつき、日本でも話題に。

ケールはキャベツの祖先

ケールの野生種が祖先となり、多くの品種が生まれた。葉が大きく発達したものはキャベツや葉牡丹に。茎が発達したものは、カリフラワー、ブロッコリー、コールラビに。枝分かれして発達したものは芽キャベツに変わっていった。

手軽につまもう！ ケールチップ

ケールにオイルと塩をまぶし、150～160℃のオーブンで20分ほど焼く。カリカリになったら出来上がり。えぐみも飛んで、食べやすくなる。

骨粗しょう症予防

ケール
ビタミンA・C・K

＋

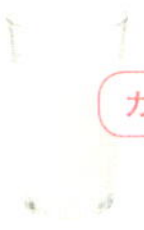

牛乳
カルシウム

流通カレンダー

	1	2	3	4	5	6	7	8	9	10	11	12
周年												

食用菊

英名 Edible chrysanthemum
和名・別名 菊花、料理菊、甘菊
エネルギー（100g中） 27kcal
糖質量（100g中） 3.1g

食品成分表（可食部100gあたり）

たんぱく質			1.4g
炭水化物			6.5g
無機質	カルシウム		22mg
	鉄		0.7mg
ビタミン	A	β-カロテン当量	67 μg
	B_1		0.10mg
	B_2		0.11mg
	C		11mg

繊細な香りと色、食感を楽しむ

中国では菊は長寿の花として知られ、古代より菊茶や菊酒をたしなむ習慣があります。日本には奈良時代に伝わり、古くから日本人は菊の花を観賞用だけでなく、食用としても利用してきました。

苦みが少なく食べやすい食用菊は、青森県産の「阿房宮」や山形県産の「もってのほか」といった品種がよく知られています。酢を加えた湯でさっとゆでてから、おひたしや酢の物、和え物でいただきます。美しい色と香り、そしてシャキシャキとした食感を楽しむだけでなく、優れた栄養成分にも注目しましょう。抗酸化作用があるビタミンC、代謝を助けるビタミンB_1やB_2を含むほか、カリウムやカルシウム、リンなどのミネラル類も豊富です。

菊の花には解毒効果もあるといわれ、刺身に小菊が添えられているのはそのためです。

形が整っていて、色が鮮やか
ハリとツヤがある

阿房宮
大輪八重種。

もってのほか
中輪八重種。「延命楽」「かきのもと」などの別名も。

五味 辛・甘微苦
五性 涼
帰経 肝・肺

キクノリとは

菊の花弁を板状に乾燥させたものがキクノリ、または干し菊。熱湯で軽く戻し、酢の物や和え物に用いる。シャキシャキとした食感があり鮮やかな色とともに楽しむ。

保存法
ポリ袋に入れ、冷蔵庫の野菜室へ。

流通カレンダー
1 2 3 4 5 6 7 8 9 10 11 12

エディブルフラワー

英名 Edible flower
和名・別名 食用花

見て癒やされ食べて楽しむ

食用にする花をエディブルフラワーと呼びます。昨今、多くの種類が流通するようになり、野菜にはない色合いやかわいらしい姿を活かして、サラダやデザート、飲み物などに利用されます。

栄養価はそれぞれ異なりますが、概してビタミンCやカリウム、食物繊維が多いのが特徴です。また、赤や紫の花には色素成分のアントシアニン、オレンジの花にはカロテノイド、白や黄色の花にはフラボノイドが含まれることが多く、それぞれの抗酸化作用も期待できます。

ほのかな甘みや苦みを持つもの、フルーツのような香りがあるもの、シャキシャキとした歯触りがあるものなど、風味や食感も十分楽しめます。花の色や香りには癒やしの効果もあり、視覚や嗅覚からの刺激も大きな作用といえるでしょう。

保存法
湿らせたキッチンペーパーで茎を包み、密封容器に立てて入れ、冷蔵庫の野菜室へ。

なでしこ
ほのかに甘い香り。がくは外して花びらだけを食べる。

ペンタス
花の根元には蜜があり、ほのかに甘い。星形がチャーミング。

マリーゴールド
夏みかんのような香り。熱を加えても味がまろやか。加熱調理にも。

ランタナ
オレンジやパパイヤに似た香り。小花なので散らして。

キバナコスモス
鮮やかな花びらにはほろ苦さがあり、アクセントに。

おかのり

みずみずしくハリがあり、色が鮮やかなもの

パリッと炙れば のりの代わりに

オクラと同じアオイ科の植物で、炙った葉にのりのような香りと食感があることから、この名がつきました。ゆでて刻むとぬめりがあり、トロトロとした喉越しが暑い季節にぴったりです。ぬめりには粘膜の保護や血糖値の上昇を抑制する働きがあることが知られています。カルシウム、鉄などのミネラルも多い健康野菜です。

英名 Curled mallow
和名・別名 陸海苔

ゆでてよし、炙ってよし、揚げてよし

ゆでて刻んで和え物に。しょうゆとカツオ節をかけておひたしにするのもおすすめ。炙っておにぎりに巻くと、のりがわりに。衣をつけて天ぷらにすると、サクサクとして歯触りがよい。

保存法

湿らせた新聞紙に包んでポリ袋に入れ、冷蔵庫の野菜室へ。

プルピエ

英名 Purslane
和名・別名 大葉スベリヒユ、立ちスベリヒユ

畑の雑草から一躍話題の野菜に

畑地や道端でよく見かける野の草で、明治時代末期に日本に伝わった外来種。肉厚な葉にはかすかな酸味と辛みがあり、生のままサラダにしたり、さっとゆでておひたしなどでいただきます。山形県では「ひょう」と呼んで、干したものを山菜のように保存食にしています。n-3系（オメガ3）脂肪酸を多く含む植物としても知られています。

肉厚でハリがあるもの

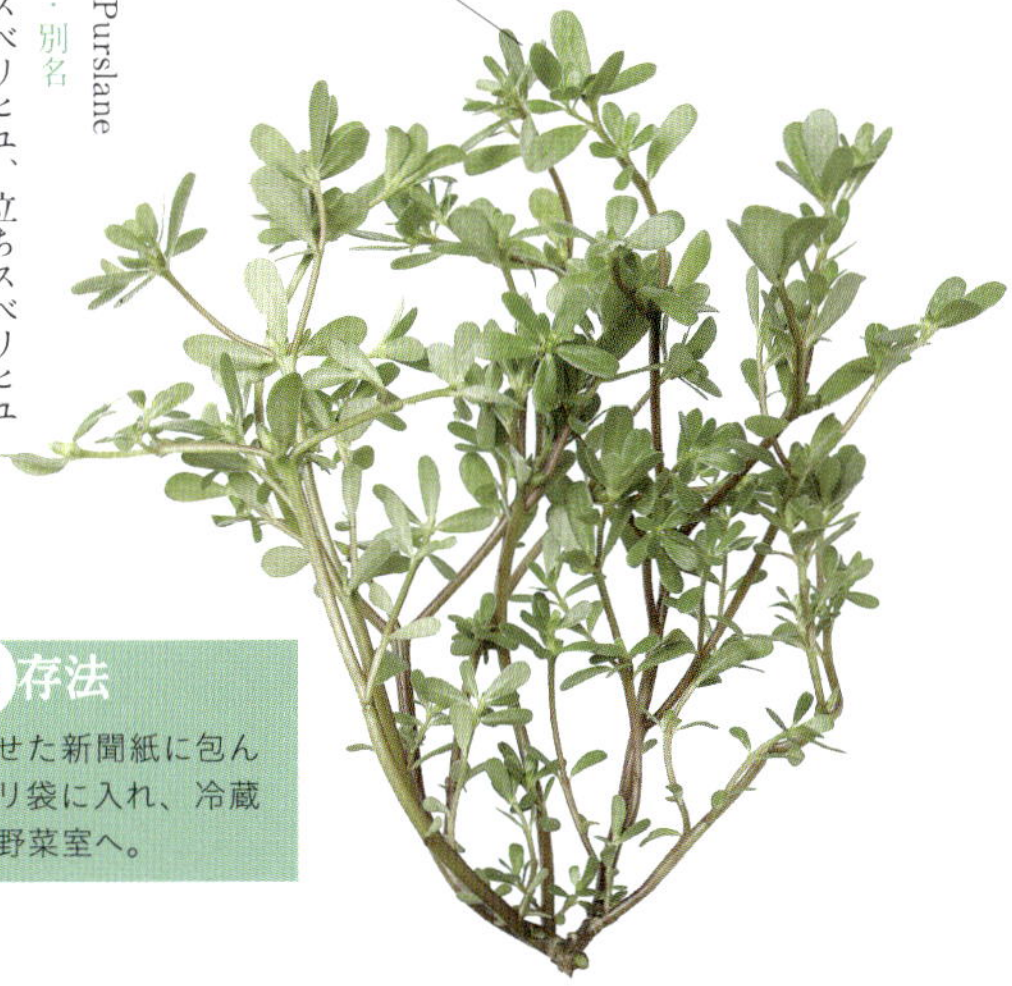

保存法

湿らせた新聞紙に包んでポリ袋に入れ、冷蔵庫の野菜室へ。

五味 酸
五性 寒
帰経 大腸・肝・脾

漢方では利尿や解毒に

プルピエの全草を干したものが馬《ば》歯《し》莧《けん》という生薬。消炎作用があるとされ、膀胱炎や肝臓病に使われる。また、虫刺されや痒みには生の葉をつぶした汁を塗布。薬膳では「五行草」「馬踏菜」などの別名も。

カクタスリーフ

ミネラルたっぷりのユニークな野菜

平たくて大きなウチワサボテンを食用に改良したもので、トゲを抜いて下ゆでし、皮をむいてから調理します。さやいんげんに似た食味で、主に炒め物でいただきます。メキシコやアメリカではサラダや煮込み料理にも使うようです。

リン、カルシウムなどのミネラル類やアミノ酸を豊富に含みます。食物繊維も豊富で、血糖値の上昇を抑え、コレステロールを排出する効果が期待できます。

英名 Cactus leaf
和名・別名 ウチワサボテン

色が濃く、ハリがあるもの

保存法

ポリ袋に入れ、冷蔵庫の野菜室へ。

ウチワサボテン

ウチワサボテンには多くの品種群があり、カクタスリーフはオプンティア属のひとつ。オプンティア属はサボテン科最大の属で、200 種ほどが知られている。

スルフォラファンでがん抑制

スプラウト

英名 Sprout
和名・別名 新芽野菜
エネルギー（100g中）21kcal
糖質量（100g中）1.4g

食品成分表
（貝割れ大根 可食部100gあたり）

たんぱく質			2.1g
脂質			0.5g
炭水化物			3.3g
無機質	カルシウム		54mg
	鉄		0.5mg
ビタミン	A	β－カロテン当量	1900 μg
	B1		0.08mg
	B2		0.13mg
	C		47mg

葉の色が鮮やかで
みずみずしいもの
貝割れ大根
1パック小：50g ／ 11kcal
根に透明感がある

貝割れ大根
辛み成分アリルイソチオシアネートを含む、スプラウトの代表品種。

そば
脳梗塞予防効果があるルチンを含む、やや長いスプラウト。

保存法
パックのまま、冷蔵庫の野菜室へ。早めに食べきること。

スーパーブロッコリー
スルフォラファンの含有量が最も多い発芽後3日のスプラウト。

アルファルファ
ムラサキウマゴヤシのもやし。栄養価が高くアミノ酸や酵素も含む。

レッドキャベツ
辛み成分とビタミンUを含む。色を活かした利用を。

ブロッコリースプラウト
スルフォラファンの含有量がブロッコリーの10倍。

流通カレンダー

	1	2	3	4	5	6	7	8	9	10	11	12
周年												

栄養成分が集中する新芽野菜

スプラウトとは特定の野菜のことではなく、野菜の新芽のことをいいます。発芽したての野菜は、これからの成長に備えて凝縮された栄養成分を蓄えている点や、発芽したことにより種にはなかった成分が生成されている点が、特に注目されています。

貝割れ大根やレッドキャベツのようなアブラナ科野菜のスプラウトには、アリルイソチオシアネートが含まれているため、ピリッとした辛みがあります。また、そばのスプラウトには、血管をしなやかにするルチンという成分が、そば粉よりも多く含まれています。

最も注目されているのはブロッコリースプラウトで、がんを抑制する効果があるスルフォラファンを、通常のブロッコリーの数十倍も含むことがわかっています。

スプラウトには水溶性ビタミン類も多く含まれるので、できるだけ生で食べましょう。

とうみょう

豆より増えているビタミン類

えんどうの若い芽を食べる野菜です。種子を密植し、水耕栽培したものが一年を通して出回っています。

同じえんどうであるさやえんどうと栄養成分を比較すると、β-カロテンは5倍以上、ビタミンKは4倍以上含み、ビタミンCも増えています。また、グリーンピースと比べると、β-カロテンは7倍以上、ビタミンKは6倍以上と、驚くような数値です。

ほうれんそうやこまつなよりも多くのβ-カロテンを含むほか、ビタミンCも多いので、相乗効果で抗酸化力がかなり高く、がんなどの生活習慣病予防効果が注目されています。骨の形成に役立つビタミンKも多いことから、骨粗しょう症予防効果も期待できるでしょう。

炒めればカサが減り、たくさん食べることができるとともに、油と一緒に調理することでカロテンの吸収が高まります。

英名 Snow pea leaf
和名・別名 豆苗
エネルギー（100g中） 27 kcal
糖質量（100g中） 0.7 g

食品成分表
（茎葉 可食部100gあたり）

たんぱく質		3.8g
脂質		0.4g
炭水化物		4.0g
無機質	カルシウム	7mg
	鉄	1.0mg
ビタミン	A β-カロテン当量	4100 μg
	B1	0.24mg
	B2	0.27mg
	C	79mg

鮮やかな緑色でみずみずしく、ハリがある
根に透明感がある

保存法
パックのまま、冷蔵庫の野菜室へ。早めに食べきること。

流通カレンダー
1 2 3 4 5 6 7 8 9 10 11 12
周年

青臭さをとるには

とうみょうの茎のかたさや青臭さが気になるときは熱湯にさっとくぐらせる。調理前のひと手間でぐっと食べやすくなる。

簡単肉巻き

とうみょうを薄切り肉で巻いて、レンジにかけるだけで簡単に作れる一品。お好みのドレッシングやタレをかけて、どうぞ。

もやし

色白でも栄養価は抜群

もやしは95％が水分の野菜。低カロリーなので、ダイエット中でも気にせずたくさん食べられます。

弱々しい見た目ですが栄養価が高いのが特徴。良質のたんぱく質をはじめ、疲労回復効果があるビタミンB_1、粘膜を保護するビタミンB_2、骨や歯に働くカルシウム、貧血予防の葉酸や鉄などを含みます。さらに、抗酸化作用があるビタミンCやスタミナを強化するアスパラギン酸は、発芽することで生成された新しい栄養成分です。

食物繊維も多く、整腸作用や美肌効果も期待できます。

英名 Bean sprout
エネルギー（100g中） 14 kcal
糖質量（100g中） 1.3 g

食品成分表
（緑豆もやし 可食部100gあたり）

たんぱく質		1.7g
脂質		0.1g
炭水化物		2.6g
無機質	カルシウム	10mg
	鉄	0.2mg
ビタミン	A β-カロテン当量	6 μg
	B1	0.04mg
	B2	0.05mg
	C	8mg

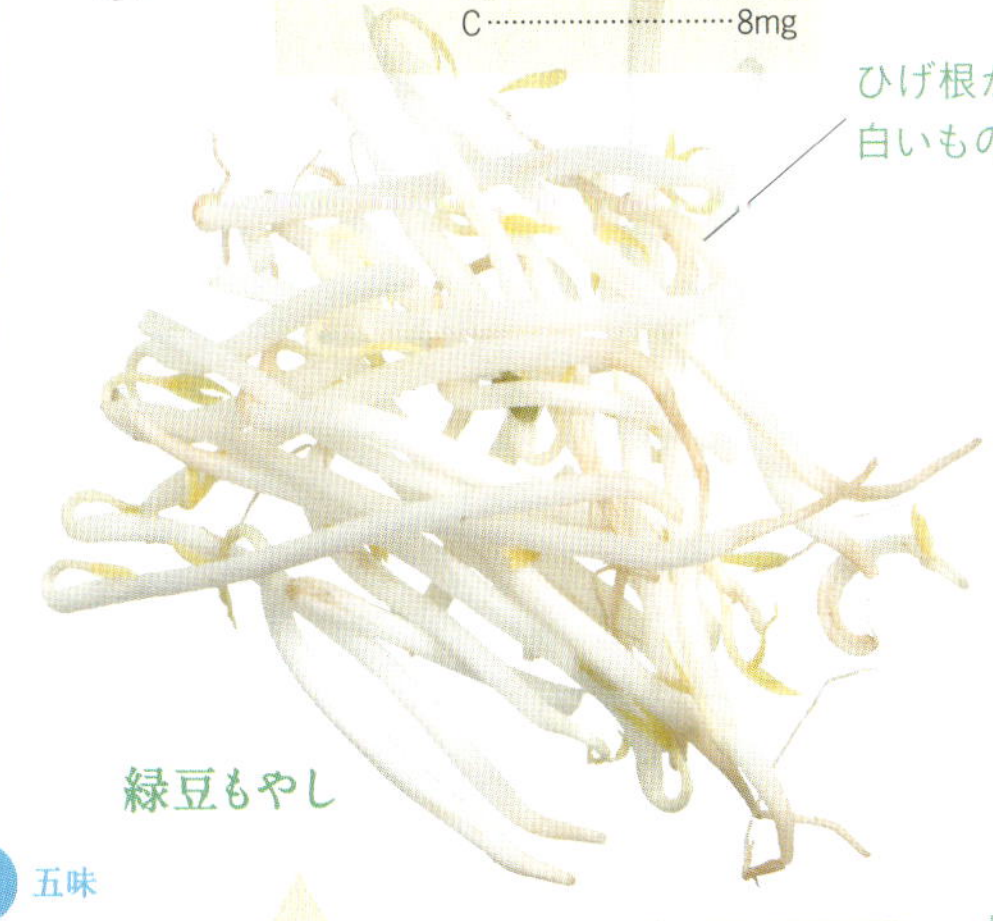

ひげ根が白いもの
緑豆もやし

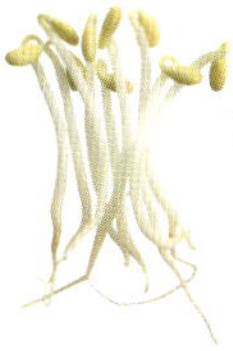

大豆もやし

ブラックマッペ

保存法
パックのまま、冷蔵庫の野菜室へ。早めに食べきること。

水から？ お湯から？ ゆで方の使い分け

【水からの場合】鍋にたっぷりの水ともやしを入れ、火にかける。沸騰したら軽くかき混ぜてからザルにあげ、そのまま冷やす。シャキシャキとした食感が残るゆで方。

【お湯からの場合】沸騰した湯にもやしを入れ、再び沸騰したら10〜15秒でザルにあげ、そのまま冷やす。栄養の損失が少ないゆで方。

甘 五味
寒 五性
心 脾 帰経

流通カレンダー
1 2 3 4 5 6 7 8 9 10 11 12
周年

アミラーゼで消化力アップ

だいこん

5cm（直径7cm）あたり：200g
正味：180g ／ 32kcal
（だいこんおろし）
1カップあたり：200g ／ 36kcal

英名 Japanese radish
和名・別名 大根
エネルギー（100g中）18kcal
糖質量（100g中）2.7g

五味 甘・辛
五性 涼
帰経 肺・胃

葉がみずみずしく、
放射状に広がっている
表面にハリがあり
ずっしりと重い
ひげ根の毛穴が浅くて少なく、
まっすぐ並んでいる

青首系

現在流通しているほとんどが宮重大根を改良した青首大根で、根の上部が緑色なのが特徴。水分が多く甘みがあり、生食にも加熱調理にも利用できる。

新鮮なカットだいこんの見分け方

葉が切り落とされているときは、その断面が変色しておらず、みずみずしいものを。カットされたものは、断面が真っ白でスが入っていないものを選んで。

部位別に調理法を変える

上のほうは甘みが強くかためなので、炒め物やサラダ向き、下のほうは辛みが強いのでだいこんおろしやマリネ向き、真ん中部分はみずみずしく柔らかいのでおでんやふろふきだいこんなどの煮物に向いている。

保存法

葉を取り除き、ラップで包んだら、立てて野菜室で保存。

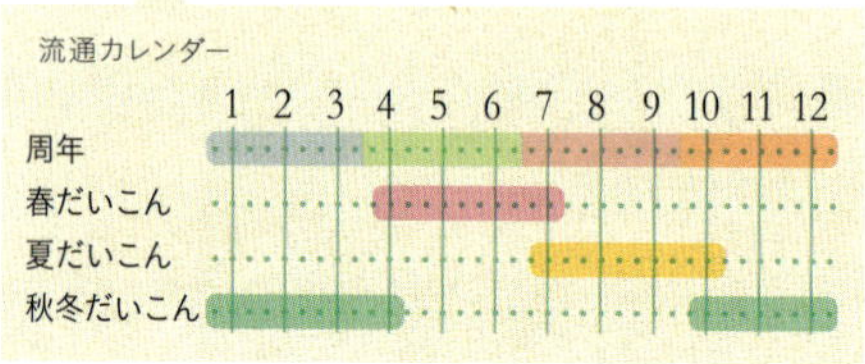

流通カレンダー
1 2 3 4 5 6 7 8 9 10 11 12
周年
春だいこん
夏だいこん
秋冬だいこん

複数の酵素が消化を助ける

煮ても焼いても、漬けても、生食でもおいしく食べられる万能野菜ですが、根の部分の95％は水分で、ビタミンやミネラルは根の部分より葉に多く含まれています。葉にはβ-カロテン、ビタミンC、K、葉酸、カリウム、カルシウムなどが含まれていて栄養豊富なので、葉も調理して食べるようにしましょう。

根の部分に含まれる成分で特徴的なのは、数種類の酵素です。でんぷんを分解する酵素のアミラーゼ、たんぱく質を分解する酵素のプロテアーゼ、脂質を分解する酵素のリパーゼ、発がん性物質を解毒する酵素のオキシダーゼなどが含まれています。炭水化物、たんぱく質、脂質の消化を助ける働きがあることから、胃腸が弱って胸やけや胃もたれを起こしているときには積極的に取り入れたい食材です。古くから日本に伝わる春の七草の「すずしろ」はだいこんのことですが、正月料理で弱った胃腸を整えるのに有効なのです。酵素は熱に弱く50℃前後で働かなくなりますので、生のままおろして食べるとよいでしょう。また辛み成分であるアリルイソチオシアネートは、体内の解毒酵素の働きを高めてがんを予防する効果があります。

年間を通して出回っていますが、秋～冬が旬の野菜で、この時期に収穫されただいこんは、寒さで甘みがぐんと増します。

食品成分表
（根・皮付き 可食部100gあたり）

たんぱく質		0.5g
脂質		0.1g
炭水化物		4.1g
無機質	カルシウム	24mg
	鉄	0.2mg
ビタミン	B_1	0.02mg
	B_2	0.01mg
	C	12mg

“ス”が入っているかどうかを見分ける方法

切らずにスが入っているかを見極めるには葉の断面をチェック。葉の断面に空洞ができていたらスが高確率で入っている証拠。スが入っただいこんは、だいこんおろしや千切りにし、浅漬けのように調理して食感が気にならない工夫を。

カイワレだいこんはだいこんになる？

だいこんの新芽を食べる野菜がカイワレだいこん。肥沃な土で栽培すれば、だいこんが収穫できそうに思えるが、カイワレだいこんは新芽がおいしく育つようにタネを品種改良したものなので、土で育てても大きなだいこんにはならない。

古くから生活の中で利用

胃もたれや二日酔いにはおろし汁少々を食前に飲むとすっきりする。風邪の発熱や咳には、おろし汁におろしショウガを加え、湯で割って飲むとよい。扁桃炎や打ち身にはおろし汁で冷湿布を。だいこんの生葉の汁は虫刺されや切り傷、軽いやけどによいとされ、乾燥させた葉は入浴剤として利用される。

発がん予防

疲労回復

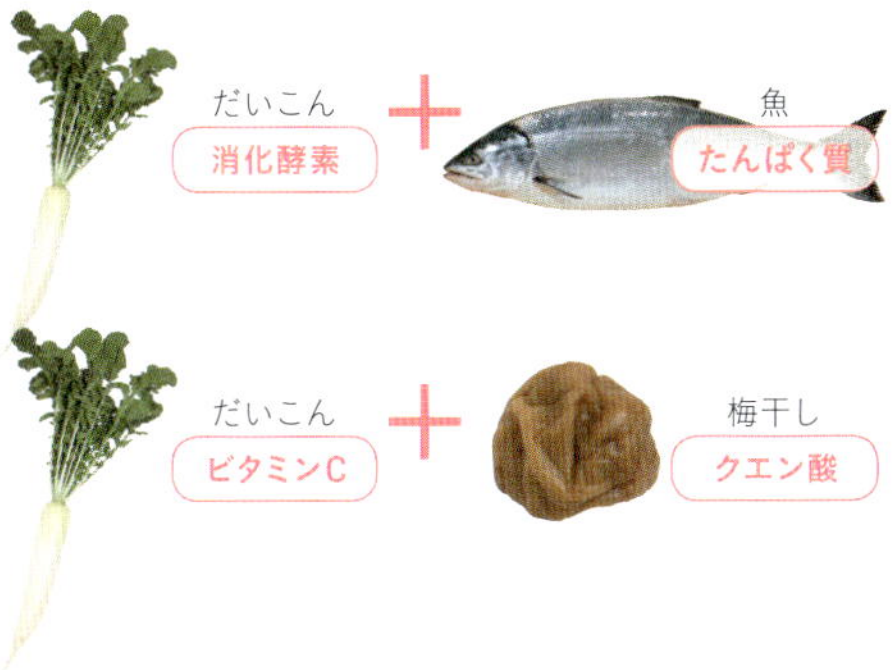

だいこん
消化酵素
魚
たんぱく質
だいこん
ビタミンC
梅干し
クエン酸

練馬大根

聖護院大根

丸系

形が丸く、肉質は緻密で辛みが少ないのが特徴。代表的な品種、聖護院大根は京都の伝統野菜。

三浦大根

白首系

練馬大根に代表される漬物用の品種で、首が白く長いのが特徴。肉質はきめ細かく煮崩れしにくいので煮物にも向く。練馬大根を改良したものが三浦大根。

辛み系

サイズは比較的小ぶりで、辛みが強いのが特徴。水分が少なく肉質はかため。信州のねずみ大根がよく知られている。

ねずみ大根

栄養のある皮を料理する

微量ではあるが、皮には中心部分よりも栄養が多く、食物繊維やビタミンC、辛み成分ミロシナーゼや、酵素アミラーゼ、ポリフェノールのルチンなどが含まれる。煮含める料理の場合は、皮がないほうが味が染みるが、切った皮も捨てずに調理しよう。細切りにしてきんぴらにしたり、フライドポテトのようにだいこんを揚げてもおいしい。

切り口が青黒い！ 食べても大丈夫？

カットした断面に青黒い筋のようなものが入っていることがあるが、青あざ症といい、土壌が高温多湿の状態でホウ素という成分が欠乏したときに起こる症状。食べても問題ないが、かたくなっていたり、苦みを感じたりするので、取り除いたほうがよい。

おでんのだいこんをおいしく煮る方法

必ず下ゆでをすること。だいこんのにおいの元、メチルメルカプタンという硫黄を含んだ化合物が溶け出して、だいこん臭さを抜くことができる。ほかの具材に味が移ってしまうのを防ぎ、それぞれの味を引き立たせる。

干し野菜

干すだけで栄養価や旨みがアップする

野菜に含まれているビタミンD、ビタミンB群、カリウム、カルシウム、鉄分、食物繊維などは、天日干しにすると栄養価が増します。

また、干すことでアミラーゼという酵素が活性化し、でんぷんを分解して糖を作り出すため、甘みが増します。単純に水分が抜けることで味が凝縮される効果もあるので、いいことだらけ。一手間かけて干し野菜を作ってみましょう。

皮こそ干して食べる

舌触りが悪かったり、えぐみがあるためにむかれた皮は、干すことによって歯ごたえが変わり、えぐみは消えて逆に旨みに変わることも。捨ててしまっていた皮を再利用してみましょう。おすすめはにんじんやだいこんなど。

干し野菜の作り方

なるべく薄く小さくカットし、ザルや網の上に重ならないように並べる。風通しと日当たりのよい場所に、半日〜数日間置いておく。ネットをかぶせると、虫やほこりなどを避けることができ、安心。最近では干し野菜専用のネットもある。

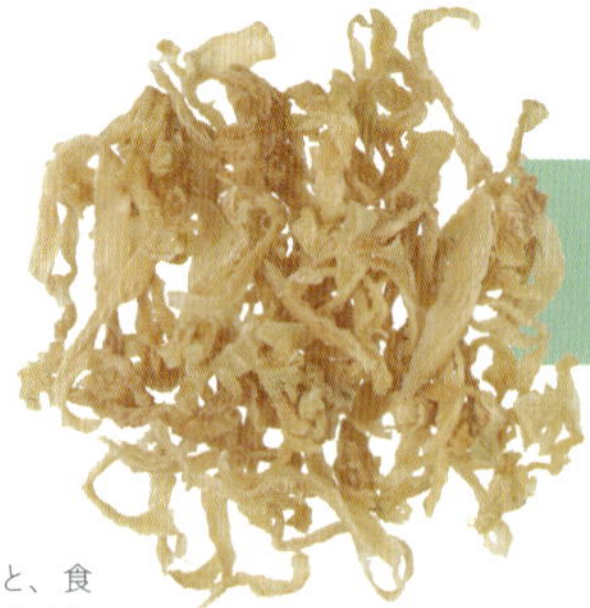

ビタミンCや酵素は生野菜で摂取

ビタミンCや酵素は熱に弱く、日にちが経つほど失われてしまうことが多いため、それらを栄養分として摂りたい場合は、生野菜で。

保存法

保存袋に入れ、密封して冷蔵庫で保存。冷凍保存も可能。

干しだいこんは、同量の生のだいこんと比べると、食物繊維は約15倍に、たんぱく質は約11倍、カリウムは約14倍、カルシウムは約23倍にまでアップ。

キノコ類は

干すとグアニル酸が生成される

しいたけやまいたけなどのキノコ類は調理前に30分〜1時間程度、かさのひだのほうを上にして日光に当てるだけで、ビタミンD量が増える。また、旨み成分であるグアニル酸も増し、水分に入れることで流出するので、みそ汁やスープなどに使うといいだしとなる。

食物繊維

健康づくりに欠かせない成分

食物繊維は、人の消化酵素で消化することのできない物質で、過剰に摂取すると生活習慣病を引き起こす可能性の高い脂質、糖、ナトリウムなどを吸着して体外に排出する働きがあります。食物繊維自体は栄養素ではありません。腸内環境を整えたり、便通を良くするのに有効なことがわかっています。

水に溶ける水溶性食物繊維は、血糖値の急激な上昇を抑え、コレステロールの吸収を抑える働きがあり、水に溶けない不溶性食物繊維は、腸のぜんどう運動を盛んにして有害物質を吸着して排泄する役割があります。

葉はβ-カロテンたっぷり

かぶ

葉がみずみずしく、
黄色く変色している葉がない
表面が白くツヤがある
根を中心に
実がしっかりと
張っている

英名 Turnip
和名・別名 蕪
エネルギー（100g中）20kcal
糖質量（100g中）3.1g

1個（直径5～6cm）あたり：80g
正味：70g／15kcal

甘・辛・苦　五味
平　五性
脾・肺・胃・心　帰経

保存法

葉をすぐに切り落とし、それぞれポリ袋に入れて野菜室へ。冷凍する場合は、生のまま皮をむき、使う形に切って保存袋に入れて冷凍します。

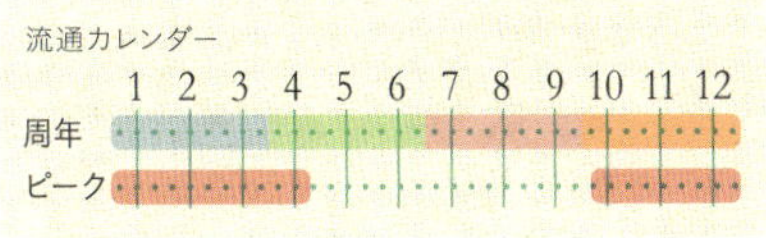

流通カレンダー
1 2 3 4 5 6 7 8 9 10 11 12
周年
ピーク

食品成分表
（根・皮付き 可食部100gあたり）

たんぱく質		0.7g
脂質		0.1g
炭水化物		4.6g
無機質	カルシウム	24mg
	鉄	0.3mg
ビタミン	B_1	0.03mg
	B_2	0.03mg
	C	19mg

喉の痛みにはかぶのすりおろし汁

かぶには喉の粘膜を保護し、消炎、解毒をする効果があるといわれている。声がかれたときには、皮ごとすりおろし、汁をこして飲むと効果的。はちみつなどを混ぜても。

スープで栄養を効率よく摂る

葉に含まれるβ-カロテンはゆでると増えるため、根と一緒に葉もシチューやポトフに入れて。ビタミンなどが溶け出したスープを一緒に飲めば、余すところなく栄養を摂取することができる。

小かぶは皮のまま食べる

かぶに含まれるアミラーゼやカリウム、食物繊維やビタミンCは皮の下に多く含まれているため、できれば皮をむかずに食べたい。ただし、大きいものは筋があり口当たりが悪いため、皮をむいたら別の料理に。皮は塩昆布と和えて浅漬けにしたり、刻んでチャーハンの具材にしたりしてもおいしい。

長い栽培の歴史を持つ伝統野菜

根の部分は、ビタミンCやカリウム、消化酵素のアミラーゼなどを含みますが、水分がほとんど。葉の部分は、β-カロテンやビタミンB_1、B_2、C、鉄分やカルシウムなども含み、栄養豊富で、味にクセも少ないので、葉も調理して食べるようにしましょう。

かぶは弥生時代頃に日本に伝わったと考えられていて、古くから親しまれてきた歴史の長い野菜です。江戸時代には全国にかぶ栽培が広がり、それぞれの風土にあった品種が生まれました。京都の聖護院かぶらや滋賀の日野菜など地方固有の品種も有名です。

現在は、東日本で育てられている耐寒性のあるヨーロッパ型の小型品種と、西日本で育てられている葉や茎に毛がある東洋型の中～大型品種の二つに大きく分けられます。

アミラーゼ

唾液や膵液に含まれる消化酵素

ジアスターゼとも呼ばれる酵素で、でんぷんを分解する消化酵素です。唾液、膵液の中に含まれていて、ご飯やうどん、パンなどを食べたときにでんぷんの消化を促進し、栄養の吸収を助ける役割があります。

消化促進

かぶ
アミラーゼ
+
ご飯
でんぷん

にんじん

しおれておらず、
緑が濃い
表面にハリがあり、
でこぼこが少ないもの
オレンジ色が濃い
ひげ根の毛穴が
浅くて少ない
先が尖っているものは避け、
太めで全体的に丸いもの

1本（長さ12～13cm）あたり：150g
正味：135g／50kcal
長さ5cmあたり：90g
正味：80g／30kcal

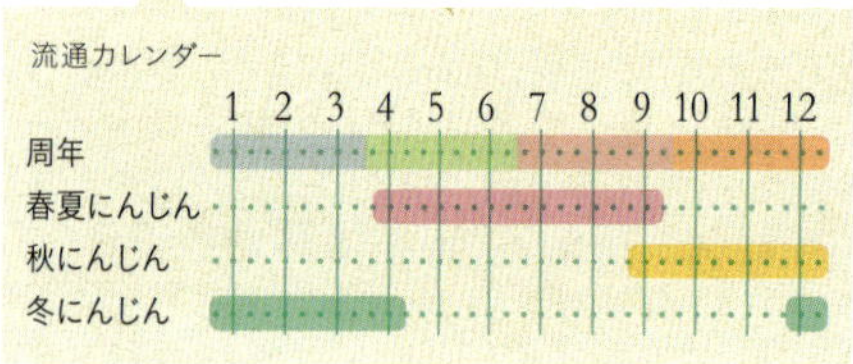
流通カレンダー
1 2 3 4 5 6 7 8 9 10 11 12
周年
春夏にんじん
秋にんじん
冬にんじん

保存法

葉付きのものは葉をすぐに切り落とし、それぞれポリ袋に入れて野菜室へ。冷凍する場合は、生のまま使う形に切って保存袋に入れて冷凍。

葉がない場合の見分け方

葉を落としてある場合、断面を見る。葉がついていた部分が細いほど、芯も細く繊維も少ないため、やわらかい傾向にある。太いものほど葉に養分を取られてしまい、栄養価も低くなる。

英名 Carrot
和名・別名 人参
エネルギー（100g中）
39kcal
糖質量（100g中）
6.5g

五味 甘
五性 平
帰経 脾・肺

β-カロテン含有量ナンバー1

抗酸化作用の高いβ-カロテンを豊富に含んでいる緑黄色野菜。市販されている大半のにんじんは、専用の機械で洗われていて、すでに皮がむかれているような状態です。β-カロテンは皮の下に多く含まれているので、ピーラーなどで皮をむいてしまわずに、よく洗ってそのまま調理するのがおすすめ。ほかにもα-カロテン、ビタミンB_{12}、葉酸の働きをサポートするオロト酸も含まれます。

にんじんは西洋種と東洋種の2つに分類され、一般的にスーパーに出回っているのは西洋種です。オレンジ色で太くて短い形が特徴です。かつては、特有のにんじん臭が強く、子どもには嫌われていましたが、最近では品種改良により、においもクセも少なくなりました。

東洋種は正月前などに出回る赤色で細長い形のにんじんで、甘みと香りが強く、にんじん臭さがありません。金時にんじんなどが代表品種ですが、栽培が難しいため流通量はあまり多くはありません。東洋種には赤い色素成分のリコピンが多く含まれています。リコピンにはβ-カロテン以上の抗酸化力があり、血糖値の上昇や動脈硬化、高血圧などの生活習慣病予防に役立つといわれています。

ドレッシングにして酸化を防ぐ

にんじんに含まれる酵素アスコルビナーゼは、ビタミンCを壊す酵素といわれてきたが、実際は「壊す」わけではなく「酸化」させるだけ。さらににんじんに含まれるビタミンCは還元型なので、一度酸化されても体内で再還元され、通常と同様の働きをすることがわかっている。つまり、ビタミンCはなくならないが、もし酸化をさせたくないなら、アスコルビナーゼが弱まる酸や熱を加えるとよいということ。生で食べるのなら酢の入ったドレッシングをかけて。

α-カロテン

抗がん作用が認められている

緑黄色野菜に含まれるカロテノイドのひとつで、体内に入るとビタミンAに変換されて、皮膚や粘膜、角膜を保護したり免疫力を高める働きがあります。ビタミンAにはβ-カロテンを上回る抗酸化作用があり、抗がん作用も認められています。にんじんのほか、とうもろこしやトマト、かぼちゃにも含まれています。

オロト酸

肝障害の回復を早める

オロト酸はビタミン様物質で、葉酸やビタミンB_{12}の代謝を助ける働きがあります。葉酸にはDNAを形成する働きがあり、ビタミンB_{12}には貧血を防ぐ働きがあるので、妊娠初期に妊婦さんが積極的に摂ることを勧められる栄養素です。また、中毒による肝障害の回復を早める効果があるともいわれています。にんじんのほか、じゃがいもや小麦胚芽などにも含まれています。

抗酸化作用UP

にんじん
β-カロテン

＋

オリーブオイル
バター
ビタミンE

風邪予防

にんじん
β-カロテン

＋

レモン
クエン酸

食品成分表
（根・皮付き可食部100gあたり）

たんぱく質		0.7g
脂質		0.2g
炭水化物		9.3g
無機質	カルシウム	28mg
	鉄	0.2mg
ビタミン	A　**β-カロテン当量**	**8600 μg**
	B_1	0.07mg
	B_2	0.06mg
	C	6mg

紫にんじん
外は紫、中はオレンジのにんじん。カロテンのほか、アントシアニンも含む。

金時にんじん
やわらかく、甘みと香りが強い。赤い色素はトマトと同じリコピン。

島にんじん
沖縄の在来にんじん。「チデークニ」と呼ばれている。ビタミンCも多い。

水からゆでると油分をカットできる？！

β-カロテンは油に溶ける性質があるため、油と一緒に調理すると吸収率が高まる。にんじんには、ごくわずかだが脂肪分が含まれているため、あえて油調理をしなくても、水からゆでるだけでβ-カロテンは吸収されやすくなる。

にんじんジュースで手や顔が黄色になる？

みかんを食べすぎると手のひらが黄色くなることがあるが、あれはカロテノイドの色素によるもの。体内で使われなかったカロテノイドが肌の角質層に蓄積されたことによって起こり、柑皮症と呼ばれる。摂取を控えれば自然と治るので過敏になることはないが、同じ症状がにんじんジュースを飲むことによって起こる。濃度にもよるが、1日2～3杯であれば問題ない。

葉が手に入ったら

細かく刻んだ葉に水を加え、煮詰めたものをうがい薬として利用。これは口内炎や扁桃炎に効果があるとされる民間療法。また、葉を入浴剤がわりに使うと体が温まり、冷えや腰痛、肩こりによいとされる。葉付きのにんじんが手に入ったら、お試しを。

れんこん

粘質成分で腸スッキリ

主な成分はでんぷんですが、免疫力を上げるビタミンCや腸内環境を整える食物繊維も多く含んでいます。また、粘質成分も含んでいるため、胃腸の調子を整えるほか、風邪予防などにも効果的です。

れんこんは蓮の地下茎が肥大したものです。水上の葉とつながり酸素を取り入れるために、れんこんには穴が空いています。

江戸時代以前から日本にある在来種の「日本れんこん」は、すらりと長く、味も濃厚なのですが、根が深く収穫が困難です。そのため、中国から導入された品種が改良され、現在では地下茎が浅くて収穫のしやすい「中国れんこん」が一般的に流通しています。形は太く短く、病気に強いため、全国的に普及しています。

食品成分表（可食部100gあたり）

たんぱく質		1.9g
脂質		0.1g
炭水化物		**15.5g**
無機質	カルシウム	20mg
	鉄	0.5mg
ビタミン	A　β－カロテン当量	3μg
	B_1	0.10mg
	B_2	0.01mg
	C	48mg

1節あたり：200g
正味：160g／106kcal

保存法
カットされたものはラップで包み、ポリ袋に入れて野菜室へ。

免疫力が上がり風邪予防にも

英名 Lotus root
和名・別名 蓮根
エネルギー（100g中）66kcal
糖質量（100g中）13.5g

五味 甘
五性 寒
帰経 心・脾・肺・大腸

ツヤがあり
傷がついていない
穴が黒ずんでいないもの
淡い黄色がかった薄茶色。真っ白なものは漂白されている可能性もある。
ふっくらとしていて太くて重いもの

アクはポリフェノールのタンニン

時間が経つと黒くなるのは、ポリフェノールのタンニンが酸化して変色するため。料理を白く仕上げたいなら酢水に浸け、酸化防止を。ただし、タンニンは水溶性なので、アク抜きはほどほどに。

赤茶色の斑点がある

表皮が赤みがかっていたり黒っぽいものは「赤ブシ」といい、泥中の酸化鉄によるもの。れんこんが酸素を吐き出すためにできたものなので問題なく食べることができる。

疲れをとるにはすりおろして食べる

れんこんに含まれる酵素のアミラーゼには食べ物の消化を助ける働きがあり、摂取したエネルギーを効率よく使えるようにしてくれる。酵素はすりおろすと活性化して、疲労回復効果もアップ。

新れんこんは食感を活かす

れんこんの旬は冬。甘みや粘りが出るので煮物や天ぷらなどに向いているが、新れんこんは8月頃から出回るもので、アクが少なくみずみずしい味が特徴。サラダや炒め物にして、サクサクとした食感を楽しもう。

受験生にれんこん料理

れんこんは100gで1日に必要なビタミンC量の約半分をまかなうことができ、粘膜を丈夫にし、ウイルスの核酸を壊して風邪をひきにくくしたり、疲労を回復したりする効果がある。また、複数の穴が空いていて「先の見通しがきく」縁起のよいものとして扱われることからも、受験生に嬉しい食材。

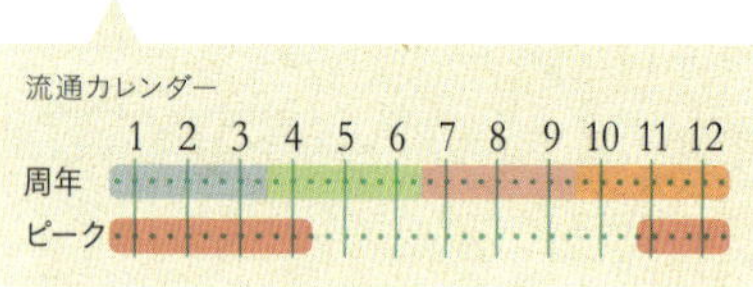

流通カレンダー
1 2 3 4 5 6 7 8 9 10 11 12
周年
ピーク

れんこん
粘液質、ビタミンC
＋

こんにゃく
食物繊維

ごぼう

アクの中にポリフェノール

可食部分である根は食物繊維の宝庫で、腸内環境を整えるほかにも、有害物質を排出させたりコレステロール値を下げたりする効果があります。なかでも不溶性のリグニンは、腸内の発がん性物質を排出する働きがあるため、大腸ガンの予防に効果が期待されています。また、皮にはポリフェノールの一種のクロロゲン酸が含まれていて体内の酸化を抑制する働きがあります。

ごぼうは、きんぴらごぼうや筑前煮など日本の食卓ではおなじみの野菜ですが、根を食用としている国は、日本のほかに台湾や韓国の一部だけ。ヨーロッパでは新葉をサラダなどにして食べるほか、中国では古くから種子を使い、漢方名で「悪実《あくじつ》」と呼び利用してきました。欧米ではごぼうの根を「バードック」と呼び、利尿や発汗作用のある薬用植物として利用しています。

食品成分表（可食部100gあたり）

たんぱく質		1.8g
脂質		0.1g
炭水化物		**15.4g**
無機質	カルシウム	46mg
	鉄	0.7mg
ビタミン	B_1	0.03mg
	B_2	0.02mg
	C	1mg

保存法

泥付きの場合、新聞紙で包み、根が下になるように野菜室に立てて保存。洗ってあるものは軽く湿らせた新聞紙に包み、ポリ袋に入れて野菜室へ。

腸内を整える食物繊維の宝庫

英名 Edible burdock
和名 牛蒡
エネルギー（100g中）65kcal
糖質量（100g中）9.7g

太さが均一で
まっすぐ伸びている
ひげ根の少ないもの
土がついたもののほうが日持ちがする
1本あたり：180g
正味：160g／104kcal
やわらかくぐにゃぐにゃと
曲がるものは避ける

苦 五味
寒 五性
心 帰経

栄養を逃さない下処理&アク抜き法

ごぼうの皮には旨みや栄養分が含まれているので、真っ白になるほど厚く皮をむく必要はない。アルミ箔やたわし、包丁の背で軽くこする程度でOK。アク抜きは、長時間浸けておくとクロロゲン酸などの有効成分が流れ出てしまうので、水なら5分、酢水なら1～2分程度にとどめよう。

クロロゲン酸

脂肪の蓄積を抑えてダイエット

ごぼうの皮にはポリフェノールの一種であるクロロゲン酸が含まれています。クロロゲン酸には抗酸化作用があり、血糖値の上昇抑制のほか、脂肪の蓄積を抑える働きがあることもわかり、脂肪肝など内臓脂肪の蓄積防止も期待されています。

ごぼうで糖尿病予防

ごぼうにはイヌリンという水溶性の食物繊維が含まれている。イヌリンは胃に入るとゼリー状になり糖を包みこむため、小腸で糖を吸収しにくくする働きがある。通常だと小腸から吸収された糖は肝臓へ運ばれて中性脂肪の原料となるが、その糖自体が少なくなるため血糖値が低くなり、中性脂肪が増えにくくなるというわけ。そのため、イヌリンを含むごぼうには糖尿病を予防する効果があるといわれている。

炒めてから煮る

食物繊維は油と一緒に摂ると腸の中でコーティングされるため、便のすべりがよくなり排便しやすくなる。きんぴらごぼうを作るときは、一度油で炒めてから煮るとよい。

冷凍保存しても栄養は変わらない

生のままでも冷凍できるが、カットしてから一度ゆでて冷凍したほうが調理しやすくて便利。冷凍しておけば保存期間は約1ヶ月で、常備野菜に。

血中コレステロール値低下

ごぼう
リグニン、イヌリン
＋

豆腐
サポニン

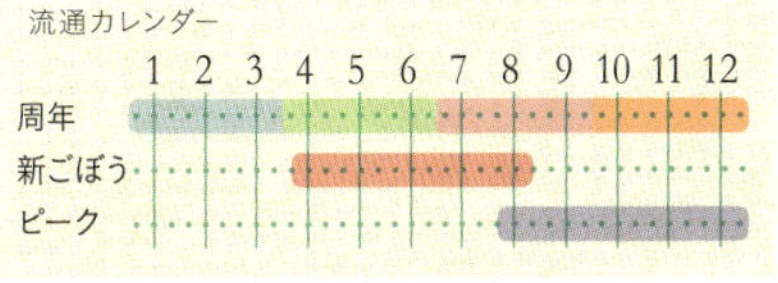

流通カレンダー
1 2 3 4 5 6 7 8 9 10 11 12
周年
新ごぼう
ピーク

ホースラディッシュ

英名 Horseradish
和名・別名 西洋山葵
エネルギー（100g中）70kcal
糖質量（100g中）9.5g

なるべく表面の白いもの

加工わさびの原料に使われる

見た目は白く、するとだいこんおろしのようで、辛さは本わさびの約1・5倍近くあるといわれています。辛み成分であるアリルイソチオシアネートは、消臭効果のほか、食欲増進、抗菌作用、血栓やがんの予防に役立つといわれています。「西洋わさび」「山わさび」「わさびだいこん」「レフォール」などとも呼ばれるホースラディッシュは、明治初年頃日本に伝わりました。ローストビーフの付け合わせやクリームソースの材料に使われるほか、日本での使用されるもののほとんどは、加工わさびの原料となっています。

食品成分表（可食部100gあたり）

たんぱく質		3.1g
脂質		0.3g
炭水化物		7.7g
無機質	カルシウム	110mg
	鉄	1.0mg
ビタミン	A　β-カロテン当量	7μg
	B1	0.10mg
	B2	0.10mg
	C	73mg

抗菌作用で治療薬にも

辛み成分であるアリルイソチオシアネートには強い抗菌作用があるため、腎盂腎炎や膀胱炎などに代表される尿路感染症にも効果があるとされ、ドイツでは治療薬の原料にも使われているそう。

すりおろしてすぐに食べる

すりおろしてから時間が経つと香りや辛みが飛んでしまうので、なるべく食べる直前にすりおろす。円を描くようにゆっくりとするとよい。

保存法

乾燥しないようにポリ袋に入れて野菜室へ。

ヤーコン

太すぎない
表面がかたく、ずっしりしている

血糖値を下げ善玉菌を増やす

食物繊維のイヌリンやフラクトオリゴ糖を多く含むヤーコンには、血糖値を下げたり腸内環境を整えたりする働きがあります。さらに、クロロゲン酸などのポリフェノールも含むため、抗酸化作用が期待できます。見た目はさつまいものようですが、水分がありシャキシャキとしたなしのような食感のヤーコンは、サラダや酢の物などにして生食で楽しめます。刻んで空気に触れると、酸化して褐色になるので、レモンなどの柑橘類の果汁をかけて色止めをするとよいでしょう。また、きんぴらや天ぷらなど、加熱しても歯触りよく食べられます。

食品成分表（可食部100gあたり）

たんぱく質		0.6g
脂質		0.3g
炭水化物		**12.4g**
無機質	カルシウム	11mg
	鉄	0.2mg
ビタミン	A　β-カロテン当量	22μg
	B1	0.04mg
	B2	0.01mg
	C	3mg

腸内環境を改善する

ヤーコンには人間の消化酵素では分解や吸収がされにくいフラクトオリゴ糖が含まれる。腸内まで届いたフラクトオリゴ糖は善玉菌のエサとなり、繁殖を助ける。善玉菌が作り出す短鎖脂肪酸の有機酸が増加すると、腸内のpH値が下がり悪玉菌が抑制されて、腸内環境の改善につながり、ぜん動運動も活発化するため、便通がよくなる。

流通カレンダー
1 2 3 4 5 6 7 8 9 10 11 12

効果的な食べ方

加熱するとフラクトオリゴ糖が減ってしまうため、できるだけ生で食べよう。シャキシャキとした食感がなしに似ているので、牛乳やはちみつを加えてミキサーにかけ、フルーツジュース風にするのもおすすめ。

保存法

1本そのまま保存する場合は、新聞紙などに包み冷暗所で保存、カットされたものはラップで包み、ポリ袋に入れて野菜室へ。

英名 Yacón
和名・別名 ヤーコン
エネルギー（100g中）54 kcal
糖質量（100g中）11.3g

ビート（テーブルビート）

英名 Beet root
和名・別名
ビート、ウズマキダイコン
エネルギー（100g中）41kcal
糖質量（100g中）6.6g

体に有効な栄養成分がぎっしり

栄養成分が豊富で、カリウム、ナトリウム、カルシウムなどのミネラルや、ナイアシン、パントテン酸などのビタミンB群や食物繊維などが含まれています。

またポリフェノールの一種で赤い色素成分のベタシアニンという成分にはとりわけ強い抗酸化作用があり、がん予防に効果があるといわれています。

肥大した根の赤い部分がかぶに似ていることから、赤かぶと誤解されることもありますが、ほうれんそうと同じヒユ科の植物で、ロシア料理のボルシチには欠かせない野菜です。

手のひらサイズくらいがよく大きすぎないもの

保存法

カットされたものはラップで包み、ポリ袋に入れて野菜室へ。葉付きのものは葉をすぐに切り落とし、それぞれポリ袋に入れて野菜室へ。冷凍する場合は、まるのままゆでて皮をむき、使う形に切って保存袋に入れて冷凍する。

体内でNO（一酸化窒素）に変わる

ビートには体内で一酸化窒素に変わるNO_3（硝酸塩）が含まれていて、血行を改善して血管をやわらかくする作用があるといわれる。血圧を下げたり、血栓を予防するとともに、疲労回復や冷えの改善にも役立つ。

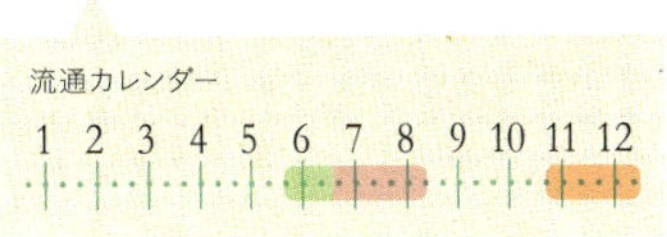

パースニップ

英名 Parsnip
和名・別名 シロニンジン、アメリカボウフウ、サトウニンジン

独特の甘みとかすかな苦みを持つ

パースニップは食物繊維、ビタミンB_1、C、Eなどを豊富に含んでいますが、糖分が高いため食べ過ぎには注意しましょう。

パセリやセロリと同じセリ科の植物ですが、見た目は色素の抜けてしまったにんじんのようです。「白にんじん」「砂糖にんじん」などという名前で売られていることもあります。食感はかぶとじゃがいもの中間のようで淡白な味わいです。

葉が育っていないもの

表面に傷がなく、皮が白いもの

保存法

葉付きのものは葉をすぐに切り落とし、それぞれポリ袋に入れて野菜室へ。冷凍する場合は、生のまま使う形に切って保存袋に入れて冷凍。

腎臓炎改善の民間薬に

ヨーロッパではパースニップの煎じ汁が腎臓炎に効果があるとされ、民間療法に利用される。

煮崩れしないので煮物に最適

煮崩れしないので、さいの目に切ってシチューやポトフにするなど、にんじんと同じように使える。加熱すると甘くホクホクした食感になり、独特のにおいがなくなる。生食には適さない。

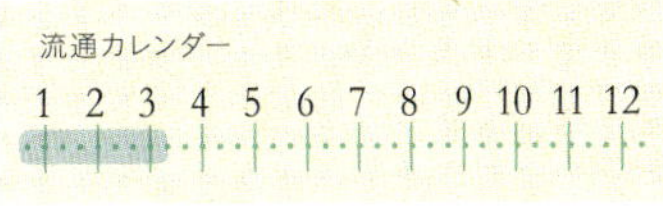

オリゴ糖になるイヌリン

キクイモ

糖尿病の予防や改善に役立つ

英名 Jerusalem artichoke
和名・別名 アメリカイモ、ブタイモ
エネルギー（100g中） 35kcal
糖質量（100g中） 12.8g

五味 甘
五性 平

　ここ数年、キクイモには健康に有効な成分であるイヌリンが多く含まれていることや、ビタミンやミネラルが豊富なこと、また低カロリーであることなどがわかり、注目を集めています。

　イヌリンは水溶性の食物繊維で、腸内でビフィズス菌や乳酸菌などの善玉菌のエサになります。通常の食物繊維は食べ過ぎるとミネラルの吸収を阻害することがありますが、イヌリンには腸内細菌のエサになり、腸内細菌が作り出した短鎖脂肪酸によりミネラルの吸収を促す嬉しい効果があります。

　しょうがに似た根茎を利用するキクイモは、北アメリカが原産のキク科の植物です。日本には江戸時代末期には家畜の飼料用として導入されていましたが、保存がしにくいことや繁殖力が非常に強く畑の栄養素を全て吸収してしまうことなどから、なかなか普及しませんでした。

食品成分表（可食部100gあたり）

たんぱく質		1.9g
脂質		0.4g
炭水化物		**14.7g**
無機質	カルシウム	14mg
	鉄	0.3mg
ビタミン	B_1	0.08mg
	B_2	0.04mg
	C	10mg

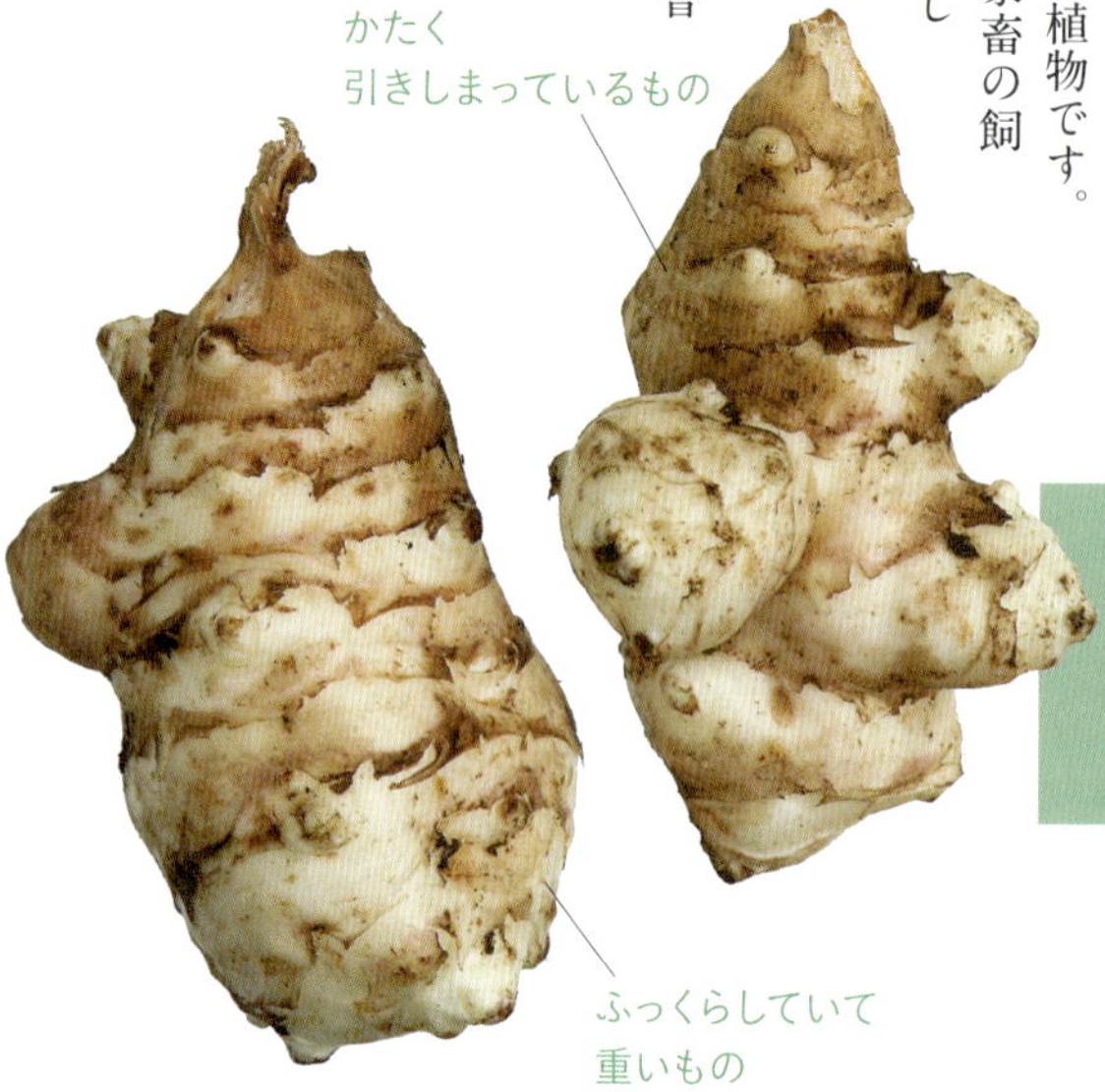

かたく
引きしまっているもの
ふっくらしていて
重いもの

保存法

洗わずに、湿った新聞紙に包んで野菜室に保存。光を浴びると少しずつイヌリンが分解されるので、できるだけ早めに使うこと。

低カロリーでダイエット向きの食材

ほかのいも類と比べてキクイモはでんぷんが少なめ。じゃがいもと比べると約半分のカロリーでダイエット時にもおすすめの食材。

栄養価がアップ！ キクイモチップス

薄くスライスしたキクイモを2日ほど天日で干し、フライパンで弱火にかけ、じっくりと乾煎りに。そのまま食べてもいいし、ミキサーにかけて粉末状にしても。乾燥させると、イヌリンは5倍に、ビタミンB_2は5倍に、たんぱく質は7倍に増えるそう。

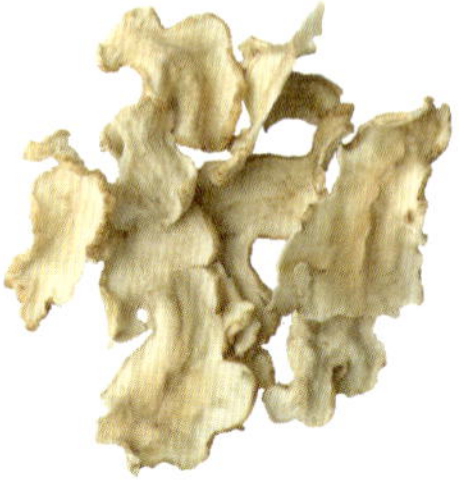

食感いろいろ

10分ほど水に浸けてアク抜きをすれば生でも食べられる。シャキシャキした食感で、サラダや漬物に向く。
電子レンジで加熱すればホクホクした食感に。シチューのような煮込み料理に入れ、トロッとやわらかくしても美味。

イヌリン

血糖値の改善で注目を集める

「天然のインスリン」とも呼ばれるイヌリンは、水溶性食物繊維の一種で、消化されるとオリゴ糖に変わります。糖質や塩分の吸収を抑えるため糖尿病に効果を発揮するほか、中性脂肪の蓄積を抑制したり、ダイエットやアンチエイジング効果も期待されています。
イヌリンはキクイモのほかに、ごぼうやヤーコン、タンポポの根、チコリの根、アーティチョークなどに含まれています。

流通カレンダー

1 2 3 4 5 6 7 8 9 10 11 12

疲労回復

キクイモ
イヌリン
＋
酢
クエン酸

くわい

食品成分表（可食部100gあたり）		
たんぱく質		6.3g
脂質		0.1g
炭水化物		26.6g
無機質	**カリウム**	**600mg**
	カルシウム	5mg
	鉄	0.8mg
ビタミン	B1	0.12mg
	B2	0.07mg
	C	2mg

保存法
水を張った保存容器の中に浸して冷蔵庫へ。水は適度に取り替える。

苦・甘 五味
涼 五性
心・肝・肺・胃 帰経

英名 Arrowhead
和名・別名 田草、燕尾草、クワエ
エネルギー（100g中）126kcal
糖質量（100g中）24.2g

縁起のよい食材として知られる

主な栄養成分は炭水化物で、ほかにナトリウムを排出する働きのあるカリウムや、骨の健康に役立つカルシウムなども含まれています。

くわいには青くわい、白くわい、吹田くわいの3種類があり、日本では主にほんのりと青みがかっている青くわいが食されています。シャキシャキとした独特の食感があり、12月頃に勢いよく芽が出てくることから、「芽出たい」ということで正月の縁起物としておせち料理に用いられます。

妊婦さんにもおすすめの食材

くわいには葉酸や食物繊維、カリウムが含まれている。葉酸は妊娠初期に積極的な摂取を推奨されている成分。また、食物繊維は便秘解消、カリウムは高血圧予防になり、妊婦さんには嬉しい食材。

しっかりとアク抜きを

水を張ったボールに約1時間浸け、そのあと米のとぎ汁で10分ほどゆで、水で洗い流してアク抜きする。

流通カレンダー
1 2 3 4 5 6 7 8 9 10 11 12

ゆりね

食品成分表（可食部100gあたり）		
たんぱく質		3.8g
脂質		0.1g
炭水化物		28.3g
無機質	**カリウム**	**740mg**
	カルシウム	10mg
	鉄	1.0mg
ビタミン	B1	0.08mg
	B2	0.07mg
	C	9mg

英名 Lily bulb
和名・別名 百合根
エネルギー（100g中）125kcal
糖質量（100g中）22.9g

苦 五味
涼 五性
心・肺 帰経

高エネルギーの滋養強壮薬

炭水化物が主な成分で、糖質も含む高カロリー食材です。また、カリウムを豊富に含んでいるのも特徴です。

ゆりねは、小鬼ゆりや山ゆりなどの球根部分で、いくつかの鱗片が重なった形をしています。このような球根を鱗茎《りんけい》と呼びます。ゆりねを種球から栽培すると、食べられるようになるまでに6年ほどの時間がかかり、畑の栄養分もたくさん吸収します。その分、養分が蓄えられていて日本や中国では古くから滋養強壮の漢方薬として用いられてきました。ちなみに、この鱗茎を食べるのは日本と中国くらいだそうです。

保存法
おがくずと一緒に入っていたら、そのまま袋に入れて冷蔵庫で1ヶ月間は保存可能。むき出しの場合は、ポリ袋に入れて野菜室へ。鱗片を剝がすのであれば、かために塩ゆでし、ラップに包んで冷凍庫へ。

ゆでてもカリウムの損失が少ない

葉野菜などに含まれるカリウムはゆでると流出しやすいが、ゆりねに豊富に含まれるカリウムは、調理による損失が少なく効率よく摂取できる。また、カリウムの運搬を助けるマグネシウムも含まれているので、むくみや慢性的な疲労の軽減にも。

漢方の効能

中国や日本では漢方薬として使われてきた野菜。効能は、滋養強壮や咳止め、利尿効果のほか、精神を落ち着かせる、安眠できるなどの鎮静作用があるといわれる。

流通カレンダー
1 2 3 4 5 6 7 8 9 10 11 12

肝臓にクルクミン

うこん

肝臓によいだけではない

うこんにはいくつか種類があり、秋に花をつける秋うこん、春に花をつけるキョウオウを春うこん、切り口が紫色のガジュツを紫うこんと呼びます。一般にうこんといえば、秋うこんを指します。

秋うこんの肥大した地下茎を粉末にしたものがカレーのスパイスとして使われる黄色い粉、ターメリックです。

日本では室町時代に沖縄に伝わり「うっちん」と呼ばれ、薬草として重宝されていました。今でも、うっちん茶は二日酔い防止として沖縄ではよく飲まれています。これは肝機能を高めるクルクミン成分を含むため。ほかにも食物繊維やカルシウム、マグネシウム、鉄分、カリウムなどのミネラルも豊富に含んでいます。

英名 Turmeric
和名・別名 鬱金、ターメリック
エネルギー（100g中）
312kcal

五味 辛・苦
五性 寒
帰経 肝・心

! 肝機能障害がある人の場合は、過剰摂取したり長期摂取したりすることにより、うこんに含まれる鉄分が体内に蓄積しやすくなり、さらに疾患を悪化させることが。特にサプリメントや飲料として口にする場合は、過剰に摂取しやすくなるので注意が必要。記載されている分量を必ず守るように。

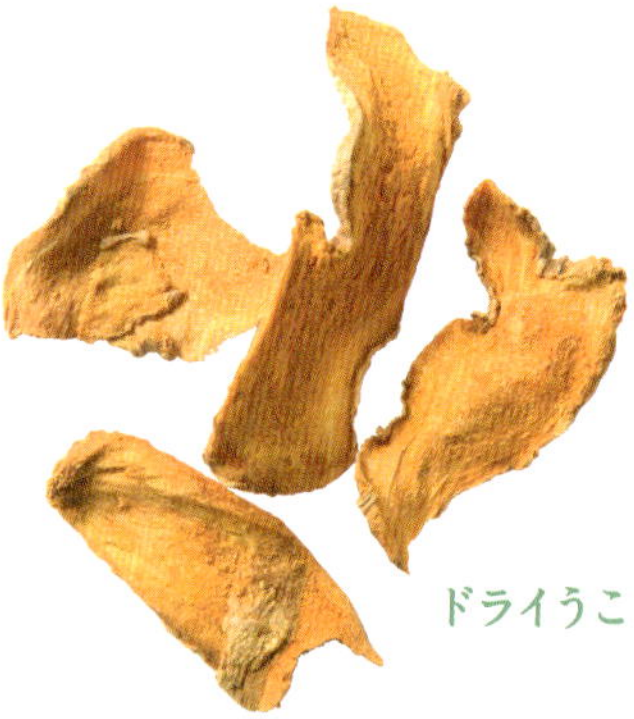

ドライうこん

色つやのよいもの

保存法

湿った新聞紙に包み、ポリ袋に入れて野菜室へ。冷凍する場合は、きれいに洗ってすりおろし、小分けにして保存袋に入れて冷凍室で保存。

サフランの代わりに

パエリアには高価なサフランが使われるが、ターメリックで手軽に着色することができる。米を炊くときに、ターメリックとバター、塩を一緒に入れて炊くだけで、簡単にターメリックライスができる。

パウダーとうこん酒

きれいに洗ったうこんをスライサーで薄くカットし、天日干しに。パリパリに乾いたら、ミキサーにかけ、残った繊維をふるいで取り除けば、うこんパウダーの出来上がり。保存は密閉容器で。

また、スライスしたうこんを砂糖とともにホワイトリカーに漬け込めば、うこん酒に。1年ほど置いたら飲み頃に。疲労回復、強壮、健胃などの作用がある。

流通カレンダー

1 2 3 4 5 6 7 8 9 10 11 12

クルクミン

肝機能を高め二日酔いを防止

クルクミンはポリフェノールの一種で、特に秋うこんに多く含まれている黄色の色素成分です。クルクミンには抗酸化作用をはじめ、肝機能を高め二日酔いを予防する効果や、胆汁の分泌を促進してコレステロールを低減させる働きがあります。

また、病気の原因となるたんぱく質の蓄積を予防する働きがあることから、アルツハイマー病の予防になることでも注目を集めています。

また、宇宙飛行士の放射能による影響を防ぐために、宇宙食のカレーにも使われている。

健胃作用

うこん
クルクミン

＋

かぶ
アミラーゼ

＊うこんに含まれるクルクミンについては、過剰摂取すると副作用が生じる可能性があることが知られている。しかし、そのことがうこんの持つ効能を否定するものではないと考えられる。

チョロギ

おせち料理の彩りに

シソ科の植物で地下の根の先にできる2〜4㎝の塊茎を食用にします。形や色がトビケラの幼虫（＝石蚕）似ていることから漢字では「草石蚕」と表記されます。日本では、赤い漬物にされ、ゆりねのような食感でおせち料理の彩りに入れられます。

チョロギの薬理作用として、脳梗塞や認知症に効果があることが研究されているほか、体温を下げる作用があることがわかっています。

英名 Chinese artichoke
和名・別名 チョウロギ

なるべく白いもの
ふっくらと丸みがあり大粒

食べ方
みそ漬け、酢漬け、しょうゆ漬けのほかに、素揚げも。

保存法
乾燥しないようにポリ袋に入れて野菜室へ。長期間保存する場合は、掘り起こさず土の中に埋めておくとよい。

アピオス

さまざまな栄養素を含む高機能性野菜

北米原産のマメ科のつる性植物で、地中にさつまいものような形の親指大ほどのいもをつけます。非常に栄養価が高く、カルシウム、たんぱく質、鉄分、食物繊維など、じゃがいもやさつまいもの数倍の栄養分を含んでいます。そのほか、大豆などに含まれるイソフラボンや血圧降下作用のあるペプチドなども含まれ、高機能性野菜といわれています。

英名 Apios
和名・別名 ホドイモ

丸くふっくらとしている

食べ方
皮付きのまま塩ゆでするか、丸ごと素揚げして、ねっとりとした食感を楽しんで。

保存法
新聞紙に包んで冷暗所に置くか、ポリ袋に入れて野菜室へ。冬は土に埋めて置くとよい。

セロリアック

見かけに反して繊細な味わい

セリ科のセロリの変種とされる植物で、肥大した根茎を食用にします。大きくなりすぎると筋っぽくなるため、10〜15㎝程度のものが流通しています。香りはセロリほど強くなく、繊細な味わいです。

ヨーロッパではポピュラーな野菜で、古くからマッシュポテトのように裏ごしして食べられています。日本で出回っているセロリアックはほとんどが輸入品で、高値で売られています。

栄養面では特に際立つ特徴はありませんが、でんぷん、ビタミンB_1、C、食物繊維などがバランスよく含まれています。

英名 Celeriac
和名・別名 根セロリ、芋セロリ、セロリラブ

10〜15cm程度のあまり大きくなり過ぎていないもの

調理のポイント
皮がかたいので少し厚めに削ぎ落としてアク抜きを。長時間煮込むと煮崩れしやすいので注意。

イライラを鎮める香り
セロリと同じ「アピイン」というポリフェノールが含まれるが、これは精神を安定させる香りといわれている。

保存法
乾燥しないようにラップに包んで野菜室へ。

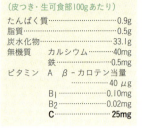

壊れにくいビタミンC

さつまいも

英名 Sweet potato
和名・別名 甘藷
エネルギー（100g中）
140kcal
糖質量（100g中）
30.3g

五味　甘
五性　涼
帰経　心・腎

食品成分表
（皮つき・生可食部100gあたり）

たんぱく質			0.9g
脂質			0.5g
炭水化物			33.1g
無機質	カルシウム		40mg
	鉄		0.5mg
ビタミン	A	β-カロテン当量	40 μg
	B_1		0.10mg
	B_2		0.02mg
	C		**25mg**

1本（18～20cm、直径4～5cm）
あたり：200g
正味（皮、上下端を除く）：
180g／238kcal

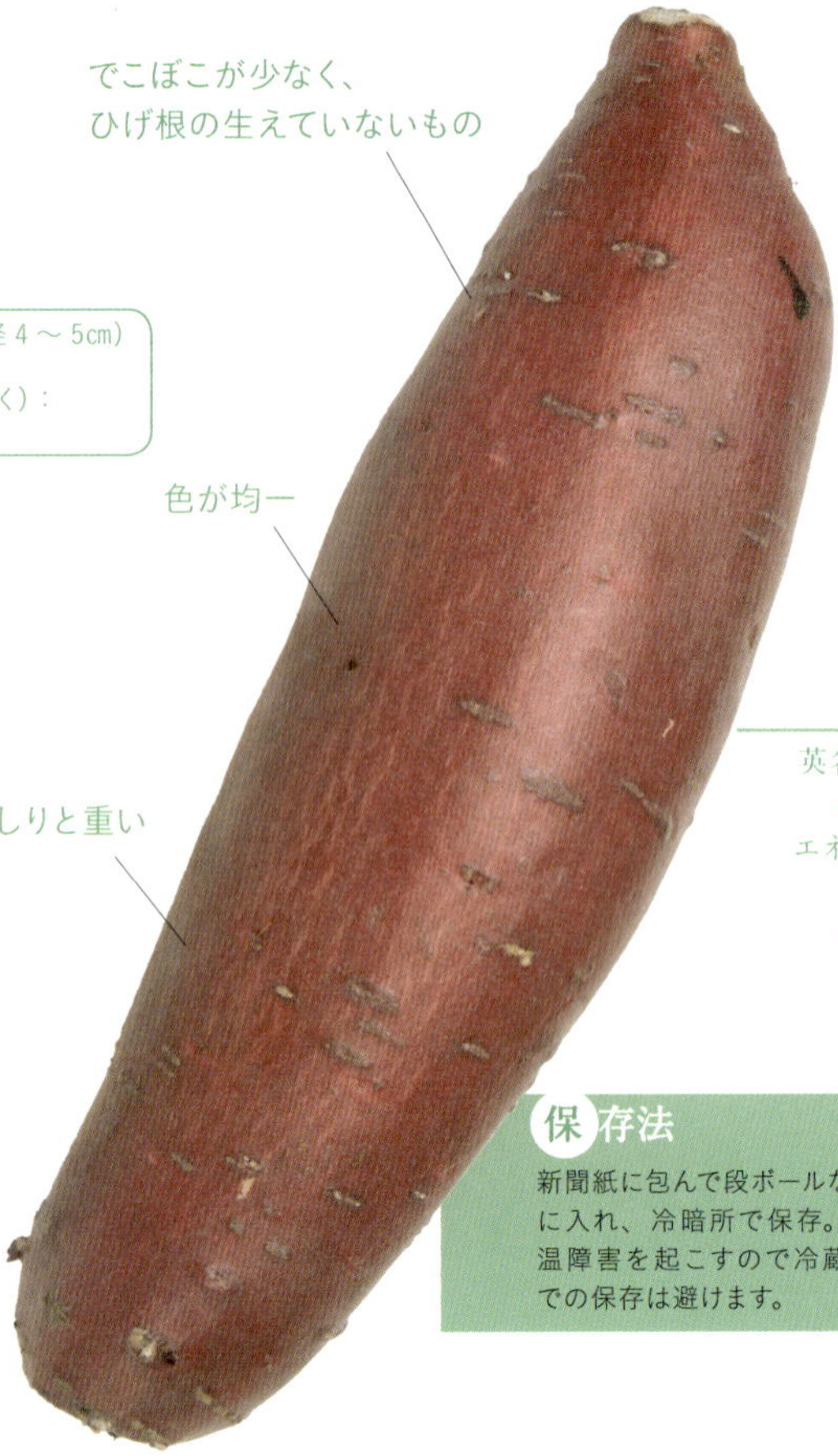

でこぼこが少なく、
ひげ根の生えていないもの
色が均一
ずっしりと重い

保存法
新聞紙に包んで段ボールなどに入れ、冷暗所で保存。低温障害を起こすので冷蔵庫での保存は避けます。

豊富な食物繊維で腸美人

さつまいもの主成分はでんぷんなどの糖質ですが、体内に蓄積されにくいオリゴ糖も含みます。またさつまいも特有の成分であるヤラピンや、加熱しても壊れにくいビタミンCのほか、ビタミンE、β-カロテン、カリウム、カルシウム、食物繊維なども含む栄養価の高い野菜です。さらに皮部分には、抗酸化作用がある色素成分であるポリフェノールが含まれているため、よく洗って皮ごと食べるようにしましょう。

さつまいもはヒルガオ科の野菜で、根の部分を食用にします。さつまいもには細かいたくさんの根があり、これが土のすき間に入り込み、土の栄養を集めることができるため、ほかの作物が育たないような痩せた土地でもよく育ち、かつて起こった凶作や飢饉などの際の救済食として重宝されてきました。

暖かい気候でよく育つさつまいもは、江戸時代に中国から沖縄に伝わりました。当初は中国での呼び名であった「甘藷《かんしょ》」や唐から来たということで「唐《から》芋《いも》」と呼ばれていましたが、その後、種子島や薩摩などで栽培が広がりました。関東地方に入ってきたときに、薩摩から来たいもということで「さつまいも」と呼ばれるようになりました。

ホクホク系

関東地方では「紅あずま」、西日本では「高系14号」が多く作られている。紅あずまを品種改良した「紅こがね」、高系14号からは「鳴門金時」や「紅さつま」などが派生した品種。

紅あずま

鳴門金時

しっとり系

濃厚な甘みがあり、しっとりとした食感が特徴。安納いもや紅はるか、シルクスイートなどがあり、新品種が次々に出ている。

安納いも

カラー品種

カロテンを含んだオレンジ色の「にんじんいも」や「アヤコマチ」、甘みや水分が少ない白色の「シロユタカ」や「黄金千貫」などがある。

黄金千貫

流通カレンダー
1 2 3 4 5 6 7 8 9 10 11 12

石焼きいもを自宅で作るには

でんぷんを分解し、麦芽糖などの甘い成分に変えるには、さつまいもに含まれるβ-アミラーゼという酵素を働かせる必要がある。このβ-アミラーゼが活発になる温度は 60 ～ 70℃。さらに、いもの水分を 15 ～ 30% 無くすのが甘さの秘訣。石焼きいもは、この温度を保ちながら約 60 分加熱することで、強い甘みを引き出している。電子レンジで加熱するときは、洗ったさつまいもを濡らしたキッチンペーパーで包んでラップでしっかり巻き、600W で表裏 1 分ずつ加熱する。さらに解凍モードで表裏を 7 分ずつ加熱。これで、家でも石焼きいものような味を再現できる。

オリゴ糖

ダイエットや糖尿病に効果抜群

オリゴ糖は野菜の根や種に含まれていることが多く、肉や魚にはほとんど含まれていません。ブドウ糖や果糖とは違って、胃や腸で吸収や分解がされにくく、蓄積されないまま便と一緒に排出されてしまうため、太りにくい糖といわれています。

また腸に届くと、腸内を掃除する善玉菌であるビフィズス菌のエサとなるため、腸内環境がよくなります。腸のぜん動運動をスムーズにして、便秘解消に役立ちます。

ヤラピン

さつまいもにしか含まれていない成分

さつまいもを切ると出てくる白い液はヤラピンと呼ばれる樹脂の一種で、胃の粘膜を保護したり、腸のぜん動運動を促したり便をやわらかくしたりする働きがあります。皮の近くに多く含まれていて、熱に強いという特徴も。

整腸作用

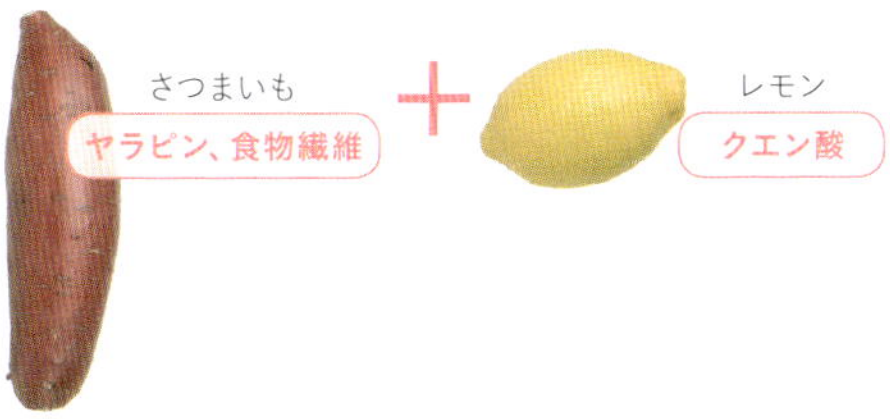
さつまいも
ヤラピン、食物繊維
+
レモン
クエン酸

アントシアニンが豊富な紫いも

一般に流通している紅いもより、紫いものほうが抗酸化作用のある色素成分のアントシアニンという成分が豊富。がんや生活習慣病を引き起こす可能性のある活性酸素の発生を抑制するほか、眼精疲労回復にも効果的。

味の面では、紫いもは紅いもに比べると糖度が低いので加工用向き。「アヤムラサキ」「ムラサキマサリ」などの品種は紫色素抽出用に、スイートポテトやモンブランなどの菓子には糖度が高めの「パープルスイートロード」「沖夢紫」などが利用される。

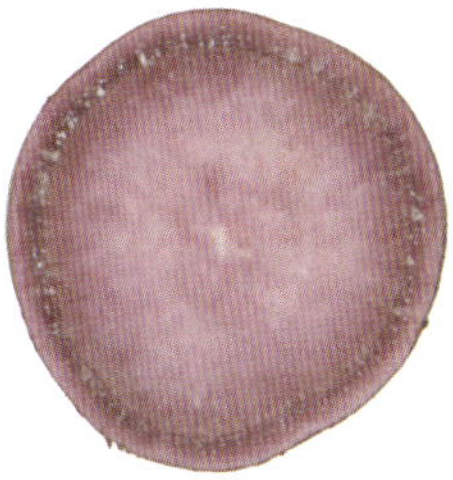

ダイエットにも効果的？！

さつまいもは甘みがあるので、カロリーが高いと思われがちだが、ご飯 1 杯（150g）が約 250kcal なのに対し、さつまいもは同量で約 190kcal。そのため、ご飯の代わりにさつまいもを食べればカロリーダウンに。ただし、血糖値の上昇速度を表した GI 値を見ると、白米が 84 に対し、ふかしいもは約 50、焼きいもは 100 近い数にまで跳ね上がる。血糖値の上昇が遅いほうがインスリンの分泌も抑えられ、ダイエットにも適しているため、体重を気にしているのなら蒸したさつまいもがおすすめ。

壊れにくいビタミンC

ビタミン C は加熱すると壊れやすい栄養素だが、さつまいものビタミン C の場合は、一緒に含まれるでんぷんによってコーティングするように保護されているため、加熱しても壊れにくい。

期待の炭水化物「レジスタントスターチ」

さつまいものでんぷんは、「レジスタントスターチ」（日本名で「難消化性でんぷん」）とも呼ばれるように、消化されにくいという特徴がある。小腸内で消化されずに大腸まで届き、善玉菌のエサとなり、食物繊維と同じように腸内環境を整える働きがある。便秘解消のほか、ダイエット効果、血糖値の上昇抑制効果などが期待される。

じゃがいも

栄養面で特徴的なのは抗酸化作用のあるビタミンCが豊富なことです。じゃがいも内のでんぷんがビタミンCを包み込んでいるため、加熱によるダメージが少なく、効率よく摂取することができます。また、貯蔵期間の長いじゃがいもより新じゃがのほうがビタミンCが多く含まれることがわかっています。

ほかにも体内の塩分を排出する働きをするカリウムや、ストレスを解消して精神を安定させるアミノ酸の一種であるGABAなどが含まれています。

じゃがいもは、米、麦、とうもろこしに次いで世界四大作物に入る、世界中で食されている作物です。日本へは江戸時代に、ジャガタラ（現在のインドネシア、ジャカルタ）から長崎に伝えられたため、当初「ジャガタラいも」と呼ばれていました。

本格的に栽培されるようになったのは、明治維新以降で、北海道の開拓地で大々的に生産されるようになっていきました。

主要の品種は、粘りがなくホクホクした食感の「男爵」と、肉質が緻密でねっとりしている「メークイン」の2つ。男爵は煮崩れしやすいのでマッシュポテトやコロッケなどに、メークインは煮崩れしにくいので煮物や揚げ物などに向いています。

加熱に強いビタミンCで風邪予防

英名 Potato
和名・別名 馬鈴薯
エネルギー（100g中）76kcal
糖質量（100g中）16.3g

五味 甘
五性 平
帰経 脾胃大腸

ハリがあり、シワがない

1個あたり：150g
正味：135g ／ 103kcal

皮が青緑色に変色していない

メークイン

楕円形で、果肉は淡い黄色。

男爵

ふっくらと丸く、果肉は白い。

保存法

紙袋や段ボールなどに入れて、冷暗所に保存。長期保存する場合は、りんごを1つ入れておくと、りんごから発生するエチレンガスが、芽が出るのを抑えてくれる。

炭水化物

エネルギーを作り出す

人間が活動するのに必要なエネルギーを作り出すための栄養素です。摂取された炭水化物は、血液中で糖質となり、脳や体を活発化させます。1グラムあたり4kcalのエネルギーになります。

ビタミンC

強い抗酸化作用がある

人間が体内で生成することのできない水溶性ビタミンで、骨や腱などの結合たんぱく質であるコラーゲンの生成に必要な化合物です。毛細血管、歯、軟骨、皮膚などを正常な状態に保つ働きがあるほか、強い抗酸化作用ががんや動脈硬化の予防に役立つと期待されています。

馬鈴薯はじゃがいものことではなかった

じゃがいもは馬鈴薯（ばれいしょ）とも呼ばれるが、本来、中国では馬鈴薯とはじゃがいものことではなくマメ科のほどいもを指していた。それを、1808年に学者の小野蘭山がをじゃがいもを馬鈴薯と紹介したことから、現在でも馬鈴薯とも呼ばれることになった。

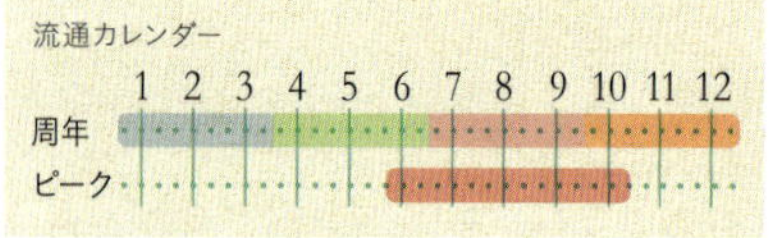
流通カレンダー
1 2 3 4 5 6 7 8 9 10 11 12
周年
ピーク

風邪予防

じゃがいも
ビタミンC

＋

卵
完全栄養食品

食品成分表（可食部100gあたり）

たんぱく質		1.6g
脂質		0.1g
炭水化物		17.6g
無機質	カルシウム	3mg
	鉄	0.4mg
ビタミン	B_1	0.09mg
	B_2	0.03mg
	C	**35mg**

機能性を持つカラフル品種

紫色やピンク色、濃黄色などさまざまな色味の品種。「シャドークイーン」や「ノーザンルビー」のような紫色やピンク色は抗酸化作用のあるポリフェノールの一種、アントシアニンの色素によるもので、「インカのめざめ」の濃黄色はカロテノイド系色素のゼアキサンチンによるもの。抗酸化作用があり、目の保護などに役立つ。

シャドークイーン

果肉は鮮やかな紫色。紫チップスやマッシュポテトなどに。

インカのめざめ

糖度が6〜8度で甘みが強いのが特徴。

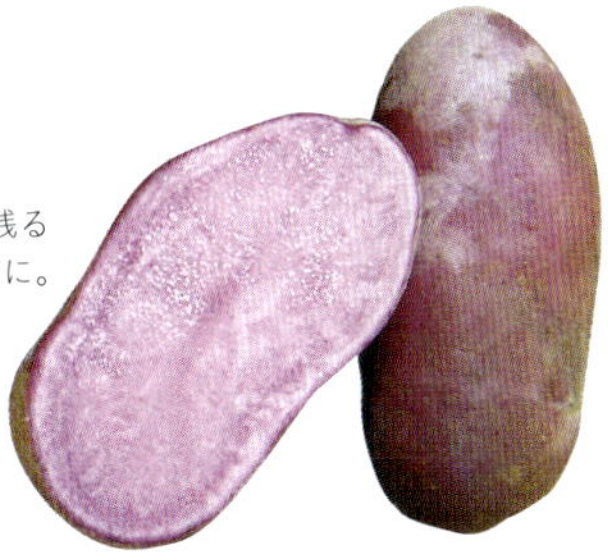

ノーザンルビー

加熱してもピンク色が残るため、ビシソワーズなどに。

キタムラサキ

皮も果肉も紫色の品種。揚げたりフレークにしたりしても色がきれいに残る。

抗ストレス作用や認知症予防に

アミノ酸の一種GABA（P.185）は、じゃがいもの中心部に含まれていることがわかっています。

小脳や大脳などに多く存在する抑制性の神経伝達物質で、脳の動きを正常に導き、精神安定作用があるといわれています。

冷蔵庫保存後の炒める、揚げる、焼くはNG!

冷蔵庫でじゃがいもを保存していた場合、「炒める」「揚げる」「焼く」の調理法は避けたほうがよい。冷蔵保存をすると、でんぷんが糖分に変わり、この糖分とじゃがいもに含まれているアミノ酸が、高温加熱調理によって化学反応を起こし、発がん性を持つアクリルアミドを多く生成するためである。「ゆでる」「煮る」「蒸す」方法であればアクリルアミドは生成されにくい。

緑色のじゃがいもや芽には毒素が

太陽光線が当たると、芽が出たり、皮が緑色に変わったりすることがある。この部分には天然毒素であるソラニンやチャコニンが多く含まれているため、しっかりと取り除いて。

簡単に皮をむく方法

加熱する前に、洗ったじゃがいもの真ん中に一周ぐるっと包丁で2〜3mmの深さの切り込みを入れる。ラップに包み電子レンジで加熱したら、粗熱を取り、切り込んだ皮の上下をつまむとつるんと皮をむくことができる。

やけどや打ち身にはじゃがいもシップ

すりおろしたものに小麦粉と酢を混ぜ、よく練ったら、ガーゼに塗り、患部に湿布する。

さといも

食品成分表（可食部100gあたり）

たんぱく質		1.5g
脂質		0.1g
炭水化物		**13.1g**
無機質	カルシウム	10mg
	鉄	0.5mg
ビタミン	A　β-カロテン当量	5 μg
	B1	0.07mg
	B2	0.02mg
	C	6mg

1個あたり：50g
正味：45g ／ 26kcal

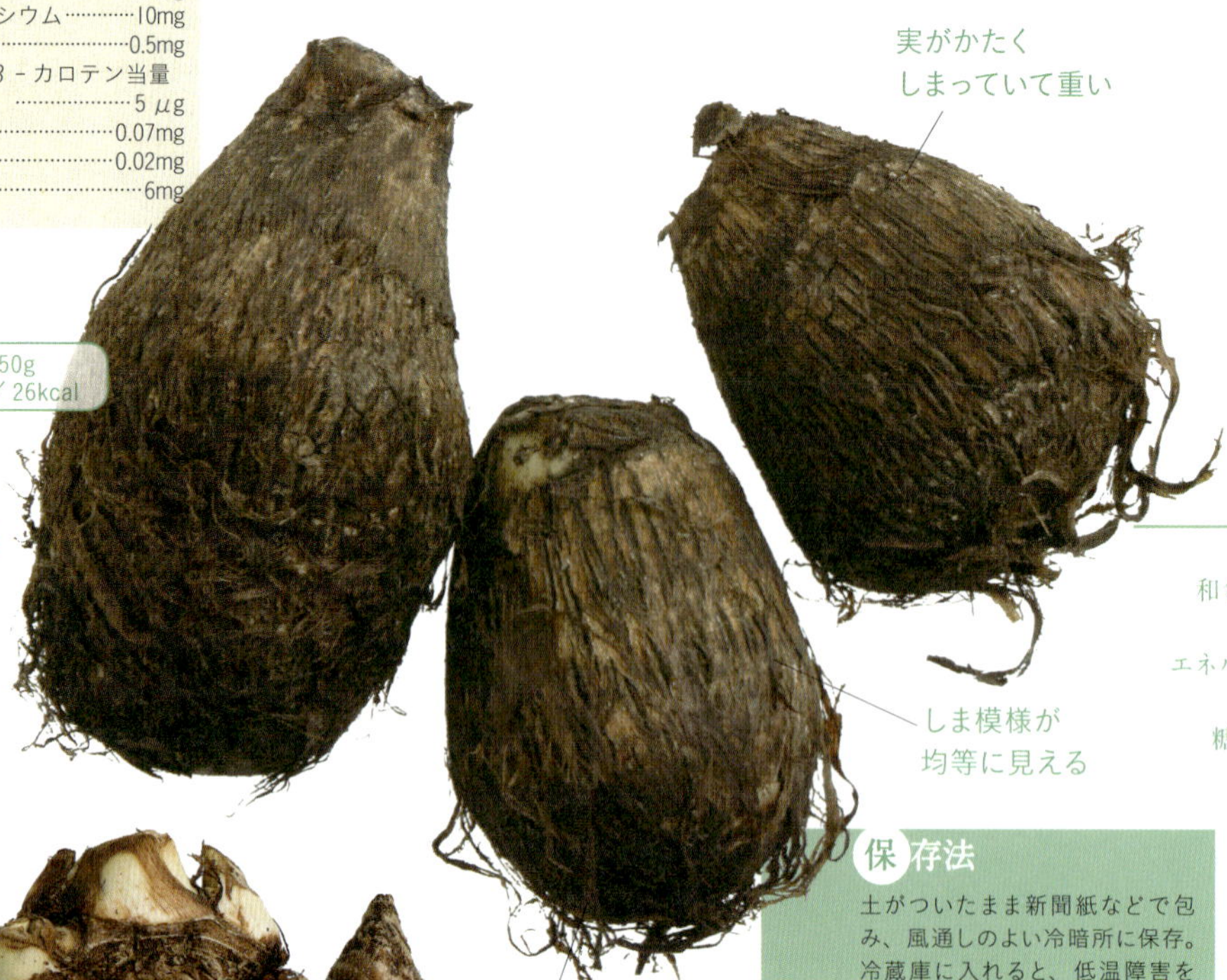
実がかたく
しまっていて重い
土垂《どだれ》
しま模様が
均等に見える
なるべく
泥付きのもの

英名 Taro
和名・別名 里芋、畠芋、宇毛
エネルギー（100g中） 58kcal
糖質量（100g中） 10.8g

五味 甘・辛
五性 平
帰経 脾・小腸

保存法
土がついたまま新聞紙などで包み、風通しのよい冷暗所に保存。冷蔵庫に入れると、低温障害を起こし、傷みやすくなる。

八ツ頭
親いもと子いもがかたまりになっている。粉質でホクホクとしていて食感がよく、縁起物としておせち料理にも。

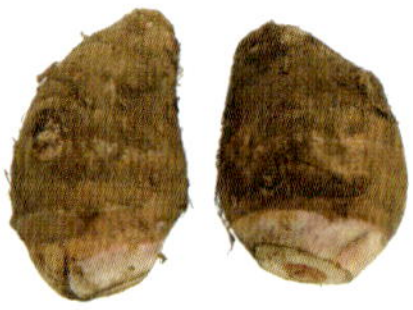

セレベス
ホクホクとして、ぬめりは少ない。別名は赤芽。

海老いも
京都の伝統野菜。ねっとしりた食感と旨みが特徴。

ずいきといもがら
さといもやはすいもの葉柄をずいきと呼び、皮をむいてゆでてから食べる。ずいきを乾燥させたものがいもがら。

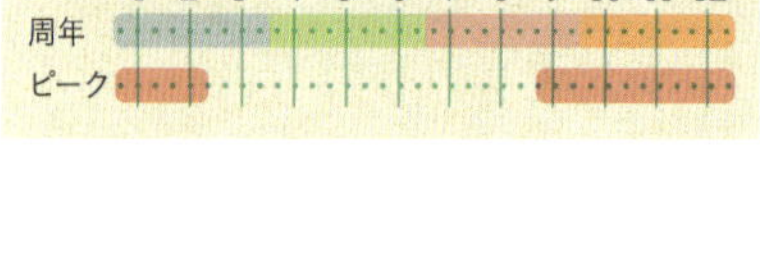
流通カレンダー
1 2 3 4 5 6 7 8 9 10 11 12
周年
ピーク

ぬめり成分に薬効がある

さといもの主成分はでんぷんですが、水分が多いため、ほかのいもに比べると低エネルギーです。体内の塩分を排出するカリウムや、腸内環境を整える食物繊維、糖質をエネルギーに換える働きをするビタミンB_1、代謝に関わるモリブデンなども含まれます。

皮をむくときにぬめるのは、ガラクタンなどの多糖類の粘液成分のため。ガラクタンは中性脂肪を減らして動脈硬化を防ぐほか、人の消化酵素では分解できないため、たくさん摂取しても脂肪にならないというメリットがあります。粘液成分は粘膜を保護するため、胃腸を保護したり細菌が侵入するのを防ぐ効果があります。

さといもの歴史は古く、縄文時代に渡来して以来、日本人の主なエネルギー源として食されてきました。じゃがいもやさつまいもが江戸時代に入ってくるまでは、いもといえばさといもを指しました。

さといもは中心に親芽ができて、その周りに子いも、孫いも、ひ孫いもができるため、子孫繁栄の縁起物としてお正月料理に使われる食材です。スーパーに売られているさといもは、「土垂」という関東地方で多く栽培されている子いも品種ですが、ほかにもゴツゴツとした親いもと子いもが結合した「八ツ頭」や、エビのように曲がった京都の伝統野菜である「海老いも」なども流通しています。

包丁で皮をむく場合

水で洗ってから皮を包丁でむこうとすると、ぬめりで手が滑ってしまうが、しばらく置いて乾かすとむきやすくなる。

手が痒くなることがある

さといもにはやまいもと同じ、えぐみの元であるシュウ酸カルシウムが含まれる。シュウ酸カルシウムはトゲのような形をした結晶なので、皮膚に刺さると痒みを引き起こす。シュウ酸カルシウムは熱や酢に弱いので、酢に手をつけると痒みがやわらぐ。ゆでたさといもの皮を素手でむくときも、あらかじめ薄めた酢で手を濡らしながらむくとよい。

民間療法では打ち身や炎症止めに

すりおろしたさといもとしょうがに小麦粉を混ぜ、それを湿布として貼ると、肩こりや打ち身、乳腺炎や喉の痛みに効果があるとされてきた。直接肌に触れるとかぶれることもあるので、当て布をした上で患部に貼るとよい。これはさといもに多く含まれるカリウムによる浸透圧を利用したものと考えられる。

モリブデン

代謝を助けるミネラル

人が活動するのに必要な代謝に関わるミネラルで、肝臓や腎臓にあります。体に必要なモリブデン量は微量であることから、通常の食事から十分に摂取することができますが、欠乏すると貧血や頻脈、頭痛、夜盲症、尿酸代謝障害、不妊などになりやすくなるといわれています。食品の中に含まれる量は微量なので、正確に量を測ることはできませんが、さといもや豆類などに多く含まれています。

100g中のモリブデン量

1位	いり青大豆	800μg	▶P.194
2位	あずき	210μg	▶P.196
3位	ささげ	380μg	▶P.197
4位	セレベス	24 μg	▶P.100
5位	さといも	8 μg	▶P.100

肝機能活性化

さといも 食物繊維 ＋ イカ タウリン

切ったら中が赤い

カットしたら中に赤い斑点があったり、外側が赤くなっていることがあるが、これはポリフェノールの一種アントシアニンが酸化したため。収穫後、時間が経ちすぎた場合に現れる。食べても問題はないが、風味が落ちていることが多いので早めに食べるように。

ガリガリとした食感のさといも

調理してもガリガリとした食感のするさといもは「水晶症」という生理障害のせい。子いもが太る過程で孫いもにでんぷんを取られてしまい、かたい食感になってしまったもの。いくら煮てもやわらかくならないので、薄くスライスするなど食感が気にならない工夫を。

栄養分を逃さないように皮のまま蒸す

さといもにはナトリウムを排出して血圧の上昇を抑える働きのあるカリウムが豊富。カリウムは水に溶ける性質があるので、泥をよく洗ったら皮のまま蒸して調理するのがおすすめ。皮をつるっとむきやすくなる上、カリウムの流出を抑えることができる。

味を染み込みやすくするには

さといもにはぬめりがあるので、そのまま煮込んでも調味料が中心まで染み込みにくい。中までしっかりと味を染み込ませるには、ぬめりを取る下処理を。
皮をむいたさといもに塩を振ってよく揉んで洗い流してからたっぷりの水でゆで、泡が出てきたら、水で洗い流してぬめりを取る。

やまいも

免疫力を上げて疲労回復を促す

英名 Japanese yam
和名・別名 山の芋
エネルギー（100g中）
121kcal（自然薯）
糖質量（100g中）
24.7g（自然薯）

五味 甘
五性 温
帰経 心・脾・肺・腎

ジオスゲニンは認知症予防にも

やまいもに含まれる成分は豊富で、疲労回復効果のあるアルギニンや、体内の塩分を排出するカリウムも含まれています。粘り気成分は、細胞の増殖機能を促進して、目や鼻の粘膜、胃壁などを保護する効果があります。また、でんぷんを分解する消化酵素であるアミラーゼも豊富に含まれているため、消化を助けて栄養の吸収をよくする働きもあります。アミラーゼは熱に弱いので、加熱せずすりおろして、とろろとして食べると効果的です。

やまいもは、ヤマノイモ科に属するいも類の総称で、長いもや自然薯、いちょういも、つくねいもなどがやまいもとして流通しています。どの種類も滋養強壮作用があり、古くから漢方薬としても利用されてきました。

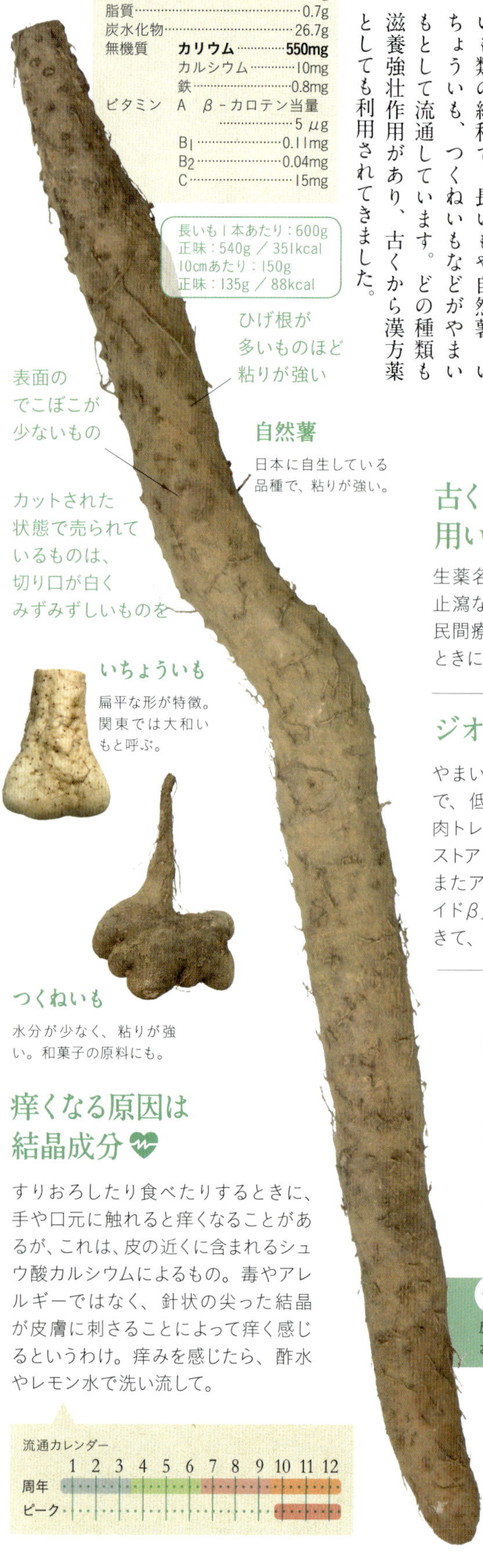

食品成分表
（自然薯・可食部100gあたり）

たんぱく質		2.8g
脂質		0.7g
炭水化物		26.7g
無機質	**カリウム**	**550mg**
	カルシウム	10mg
	鉄	0.8mg
ビタミン	A β-カロテン当量	5 μg
	B_1	0.11mg
	B_2	0.04mg
	C	15mg

長いも1本あたり：600g
正味：540g ／ 351kcal
10cmあたり：150g
正味：135g ／ 88kcal

ひげ根が多いものほど粘りが強い

表面のでこぼこが少ないもの

カットされた状態で売られているものは、切り口が白くみずみずしいものを

自然薯
日本に自生している品種で、粘りが強い。

いちょういも
扁平な形が特徴。関東では大和いもと呼ぶ。

つくねいも
水分が少なく、粘りが強い。和菓子の原料にも。

古くから薬として用いられてきた

生薬名を「山薬《さんやく》」といい、滋養強壮、去痰、鎮咳、止瀉など、「気」を補う薬効があるとして使われる。民間療法でも、風邪を引いたときや、元気がないときに食べる栄養補給源として扱われてきた。

ジオスゲニンで若返り

やまいもに含まれるジオスゲニンは、植物ステロールのひとつで、低減したホルモン量を回復させる働きがあることから、筋肉トレーニングの効果を高めたり、女性では乳腺を増やしてバストアップしたり、更年期症状の改善などが期待できる。
またアルツハイマー型認知症の原因とされるたんぱく質「アミロイドβ」がジオスゲニンの摂取によって減少することがわかってきて、認知症の予防になるのではといわれている。

生で食べるなら縦切りに、加熱するときは横切りに

生食するなら、繊維に沿って縦切りに。シャキシャキとした食感が味わえる。揚げたり焼いたりするときは、繊維を断つように輪切りにすると甘みが増してホクホクとした食感に。

保存法
皮がついたままのやまいもは、新聞紙で包み、ポリ袋に入れて冷暗所にて保存。おがくずの中に入っている場合は、冷暗所で約3ヶ月位は日持ちする。

痒くなる原因は結晶成分

すりおろしたり食べたりするときに、手や口元に触れると痒くなることがあるが、これは、皮の近くに含まれるシュウ酸カルシウムによるもの。毒やアレルギーではなく、針状の尖った結晶が皮膚に刺さることによって痒く感じるというわけ。痒みを感じたら、酢水やレモン水で洗い流して。

流通カレンダー

	1	2	3	4	5	6	7	8	9	10	11	12
周年	●	●	●	●	●	●	●	●	●	●	●	●
ピーク										●	●	●

やまいも カリウム ＋ そば ルチン

血圧低下作用

こんにゃく

食品成分表(生いもこんにゃく・可食部100gあたり)

たんぱく質		0.1g
炭水化物		3.3g
無機質	カルシウム	68mg
	鉄	0.6mg

こんにゃくの成分のほとんどは水分のため低カロリー。また、グルコマンナンにはコレステロール値や血糖値を抑える働きがあるほか、腸内環境を改善する働きもあるので、生活習慣病の予防、肥満や便秘の解消、ダイエットに効果的です。そのほか、骨や歯を作るカルシウムや、体内の塩分を排出するカリウムなども含まれています。

こんにゃくは、サトイモ科のいもを原料として作られる加工食品です。製粉したいもに水と水酸化カルシウムを加えると、こんにゃくに含まれるグルコマンナンという水溶性食物繊維がゲル状になり、こんにゃく特有のぷるぷるした食感が生まれます。

低カロリーでダイエットに最適

英名 Elephant foot
和名・別名 蒟蒻
エネルギー(100g中) 7kcal
糖質量(100g中) 0.3g

(生いもこんにゃく)1枚あたり:250g/17.5kcal

甘・辛 五味
寒 五性
脾・肺・胃・大腸 帰経

保存法
低温に弱いので、冷蔵庫に入れずに風通しのよい冷暗所に保存。

臭みの取り方

こんにゃく独特の臭みは原料のこんにゃくいものえぐみや臭み成分と、作るときに使われる凝固剤の水酸化カルシウムなどが原因。「アク抜き不要」という商品でも、においが気になる場合は調理前にカットしたこんにゃくを下ゆでするか塩もみや乾煎りを。臭みを軽減することができる。

グルコマンナン

腸内の掃除役

人の消化酵素では消化できない水溶性の食物繊維です。低カロリーな上、胃の中で水を吸って何十倍にも膨れるため満腹感を得られてダイエットにも役立ちます。また、糖やコレステロールなどの吸収を抑制することがわかっていて、血糖値上昇抑制作用やコレステロール値、中性脂肪値の改善などに効果があるといわれています。

「こんにゃく」と「生いもこんにゃく」の違いは?

スーパーで売られているこんにゃくの外袋には「生いもこんにゃく」「こんにゃく」と書かれたものがある。

昔からの製造法で作られた「生いもこんにゃく」は、こんにゃくいもの生いもが原料。作るのに手間がかかり、製造過程で皮が入るために見た目が黒っぽく、風味がよく高値で売られる。

一方「こんにゃく」は、こんにゃくいもを精製した粉から作られたもので、大量生産ができるため、安価で大量に流通される。粉からできているので、見た目も白く出来上がるが、黒っぽい生いもこんにゃくに近い見た目にするために、あえて白いこんにゃくにひじきなどの海藻粉末を使って黒くし、黒板こんにゃくにして売られていることも多い。

便秘改善

こんにゃく
グルコマンナン
+
切干だいこん
食物繊維

流通カレンダー
1 2 3 4 5 6 7 8 9 10 11 12

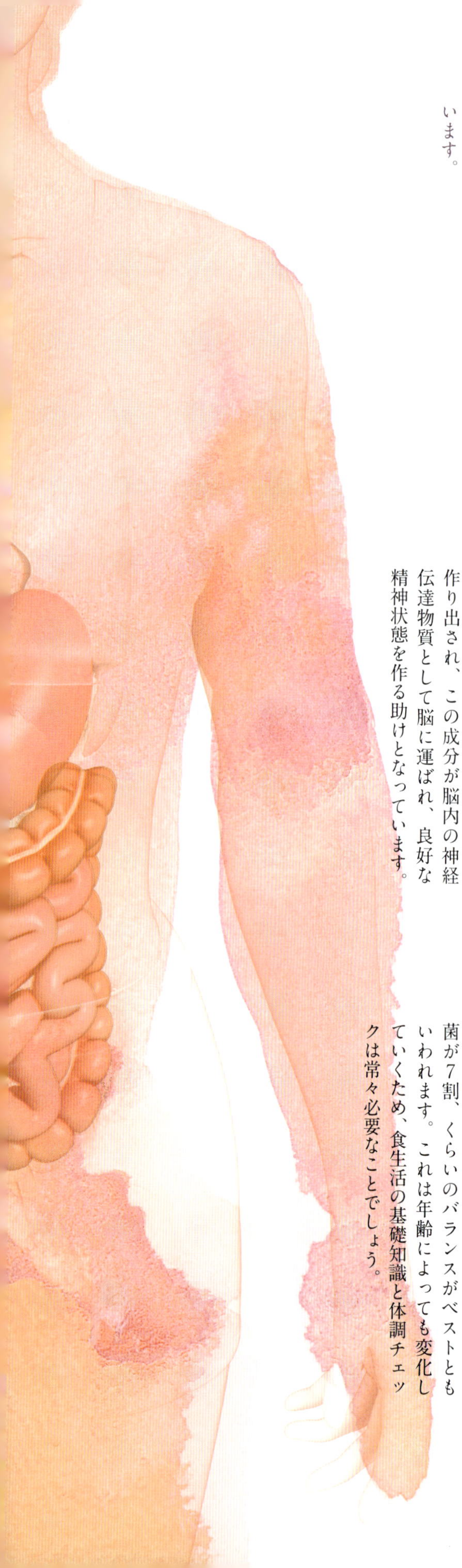

腸内細菌のバランスが決め手

「腸内環境を改善する食べ方」

年齢を重ねると胃腸などの消化器も老化していきます。そのため、胃がもたれやすくなったり、便秘をしやすくなったりします。

食の欧米化は、腸の老化を加速させています。肉や脂質の多い食事が当たり前の昨今、日本人の肉の消費量は、この50年で15倍以上になっているのです。その結果、肥満だけでなく、大腸ポリープや大腸がん、潰瘍性大腸炎、過敏性腸症候群などが増加する要因のひとつとされています。

体の免疫細胞の約7割が腸にある

腸は、食べた食物から水分や栄養素を吸収する臓器です。しかし、近年の研究で、腸は「免疫力」をつかさどる、脳のような機能を持った臓器だと考えられるようになり、「セカンド・ブレイン（第二の脳）」とも呼ばれているのです。

その腸の中では「セロトニン」が作り出され、この成分が脳内の神経伝達物質として脳に運ばれ、良好な精神状態を作る助けとなっています。

腸内環境をよくする食材とは

大腸の腸壁には、１０００種以上の腸内細菌が棲み、全体では６００〜１０００兆個も存在しています。その細菌は、腸内環境を整える乳酸菌やビフィズス菌などの「善玉菌」、悪影響をおよぼすウェルシュ菌などの「悪玉菌」、そして、善玉菌にも悪玉菌にもなる可能性がある「日和見菌」。この3種類に分けることができます。

善玉菌優位である状態が、理想の腸内環境。善玉菌が2割、悪玉菌が1割、日和見菌が7割、くらいのバランスがベストともいわれます。これは年齢によっても変化していくため、食生活の基礎知識と体調チェックは常々必要なことでしょう。

善玉菌が育つ腸内環境とは

腸内環境を整えるためには、善玉菌優位のバランスが必要です。それには規則的な食事習慣と、「食物繊維」の摂取が大切です。

ひと昔前には「食物繊維は、栄養のない食物のカス」と考えられていましたが、現在はその有用性について研究も進んでいます。

まず、食物繊維は大腸で水分を吸収し、便のカサを増やすことで、排便をスムーズにしています。そして、腸壁に棲む腸内細菌たちのエサとなり、善玉菌を増やしているわけです。

食物繊維には2つの種類がある

食物繊維には、「水溶性」「不溶性」の2つがあり、それぞれの働き方を意識することで、腸内環境の改善を進めることができます。

ごぼうやいも類のように繊維質が目に見えるのは「不溶性食物繊維」で、たくさんの水分を吸収し、腸が動く中で腸壁を刺激、排便を促進する効果があります。

もうひとつの「水溶性食物繊維」はヌルヌルとしたねばりがあり、海藻やきのこ類、果物などに多く含まれます。適度に摂ることで、便をスムーズに体外へ排出することができます。

不溶性だけを多く摂取してしまうと、かえって便秘になりやすくなるので、水溶性の食物繊維と不溶性の食物繊維は、2：1くらいのバランスで摂ることが理想です。

免疫力を高める乳酸菌とビフィズス菌

腸内環境の善玉菌を優位にするために、乳酸菌やビフィズス菌の入ったヨーグルトは有効な食材です。

どちらの菌も善玉菌ですが、乳酸菌はブドウ糖などの糖類から乳酸を作る微生物の通称。ビフィズス菌は、糖類、オリゴ糖をエサにして、酢酸と乳酸を作ります。成人の腸内では、ビフィズス菌は腸内細菌の10～20％を占めています。

ビフィズス菌には、腸内環境を整え、免疫力を高め、病原菌による感染防止やビタミン生成など、さまざまな働きがあることがわかっています。

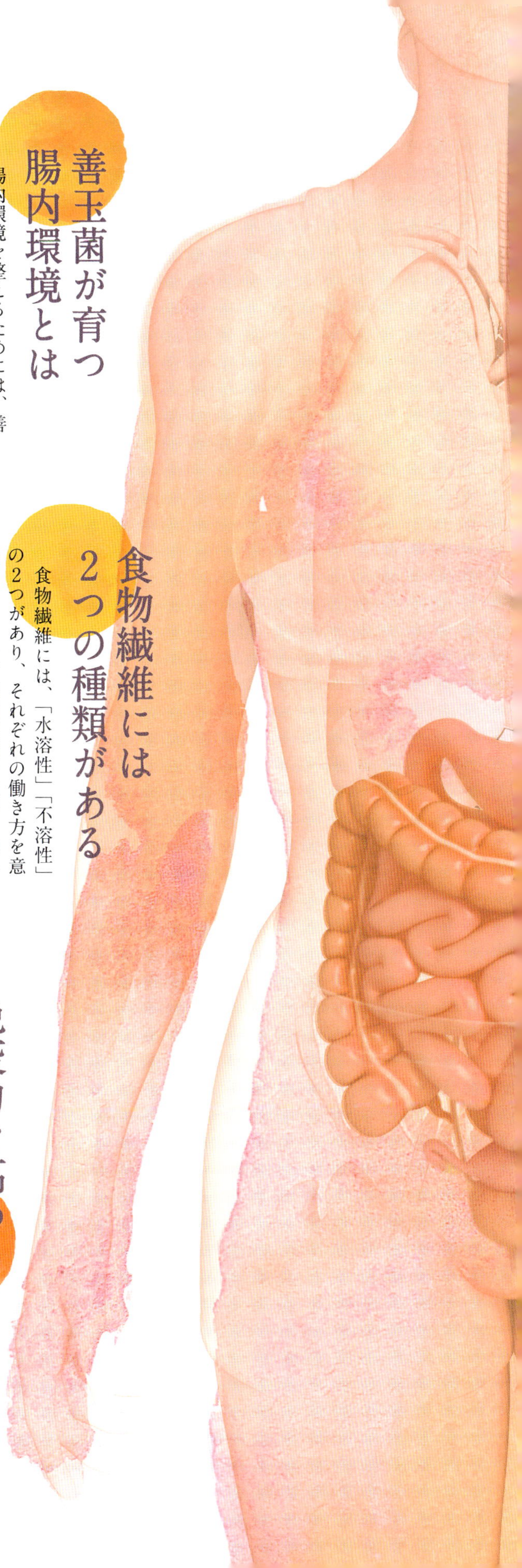

ふき

独特の香りとほろ苦さが持ち味

食品成分表（可食部100gあたり）

たんぱく質		0.3g
炭水化物		3.0g
無機質	カルシウム	40mg
	鉄	0.1mg
ビタミン	A　β-カロテン当量	49 μg
	B_2	0.02mg
	C	2mg

ポリフェノールのフラボノイドを含む

フラボノイドのケルセチンやケンフェロールを含み、抗酸化作用や抗炎症作用が期待できる。

1本あたり：80g
正味：50g／6kcal

保存法

アク抜きしたものを水に浸したまま冷蔵庫で保存。毎日水を換えれば1週間ほど日持ちする。

食用とする部分は葉柄と呼ばれる茎の部分。独特の香りとほろ苦さが特徴で、煮物やきゃらぶき、炒め物などに調理されます。また、葉は打ち身の湿布や蛇にかまれた際の手当てにも使用されてきました。日本特産の山菜で、平安時代頃には栽培されていたといわれています。現在、流通しているほとんどが、180年ほど前に愛知で作られた「愛知早生ふき」。そのほか、香りがよくやわらかな「水ふき」、茎の長さが2mにもなる「秋田ぶき」などがあります。

英名 Butterbur
和名・別名 蕗
エネルギー（100g中）11 kcal
糖質量（100g中）1.7g

ふきのとう

食卓を彩る春の味覚

食品成分表（可食部100gあたり）

たんぱく質		2.5g
脂質		0.1g
炭水化物		10.0g
無機質	カルシウム	61mg
	鉄	1.3mg
ビタミン	A　β-カロテン当量	390 μg
	B_1	0.10mg
	B_2	0.17mg
	C	14mg

食べ過ぎに注意！

肝毒性のあるペタシテニンという物質が含まれているので、必ずゆでてアク抜きをしてから食べること。

保存法

乾燥しないように新聞紙などに包み、ポリ袋に入れて野菜室へ。香りがなくなるので、2～3日で食べ切る。

ふきのとうは、ふきの花のつぼみ（花茎）のこと。まだ肌寒い時期に、地面から顔を出している姿やほろ苦い風味から春の到来を感じさせる食材です。

ふきのとうはふきよりも栄養価が高く、カロテンやビタミンB_1、カリウムなどのミネラル分や食物繊維を比較的多く含みます。苦味成分には新陳代謝を活発化させたり、肝機能を強化したりする働きがあり、また香り成分フキノリドには胃腸の働きを高める効果があります。天ぷらやみそ炒めなどで食べるのが一般的です。

英名 Butterbur scape　和名・別名 蕗薹
エネルギー（100g中）43kcal　糖質量（100g中）3.6g

たらのめ

野趣に富む山菜の王様

食品成分表（可食部100gあたり）

たんぱく質		4.2g
脂質		0.2g
炭水化物		4.3g
無機質	カルシウム	16mg
	鉄	0.9mg
ビタミン	A　β-カロテン当量	570 μg
	B_1	0.15mg
	B_2	0.20mg
	C	7mg

お酒のお供に

苦み成分サポニンの一種エラトサイドには、アルコールの吸収抑制や肝臓保護作用が期待されている。

保存法

乾燥しないように新聞紙などに包み、ポリ袋に入れて野菜室へ。香りがなくなるので、2～3日で食べ切る。

たらのめを食べると脂を感じますが、これはほかの山菜に比べてたんぱく質が豊富なため。そのほか、葉酸を多く含み、造血作用による貧血予防や、胎児の先天異常を予防する効果があるため、妊娠初期の妊婦さんにおすすめの食材です。

日本各地の山野に自生するタラノキの若芽で、山菜の王様ともいわれ、天ぷらやおひたし、和え物などに調理されます。

天然ものは4月頃から出回りますが、収穫までが早い促成栽培のものは、12月頃から出回ります。

英名 Aralia sprout　和名・別名 タランボ
エネルギー（100g中）27kcal　糖質量（100g中）0.1mg

わらび

全国各地に分布 身近な山菜

栄養面ではビタミンB_2やビタミンE、β-カロテン、食物繊維を含みます。乾燥させると栄養分がさらにアップ。しかし、発がん性物質プタキロサイドを微量ですが含んでいるため、十分なアク抜きをすることが大切です。

わらびは全国各地で採れる身近な山菜で、春に出る若芽の部分が食用になります。『万葉集』にもうたわれているほど古くから親しまれ、明治時代にはすでに栽培されていました。地下茎にはでんぷんが多く含まれ、わらび粉の原料になります。

食品成分表(可食部100gあたり)

たんぱく質		2.4g
脂質		0.1g
炭水化物		4.0g
無機質	カルシウム	12mg
	鉄	0.7mg
ビタミン	A β-カロテン当量	220 μg
	B_1	0.02mg
	B_2	1.09mg
	C	11mg

保存法

アク抜きしたものを水に浸したまま冷蔵庫で保存。毎日水を換えれば1週間ほど日持ちする。

英名
Bracken
エネルギー(100g中)
21kcal
糖質量(100g中)
0.4g

葉酸と銅で貧血対策

わらびには葉酸と銅が多く含まれている。赤血球の形成を助け、胎児の正常な発育を促す効果が。

ぜんまい

うずまき状の芽が1つある

ぜんまいは、全国各地で採れる山菜で、山や野原の渓流の近くや水路のわきなどの湿地に自生しており、若芽が食用になります。カロテンやビタミンB_2、ビタミンC、鉄分、食物繊維などが豊富で、乾燥させたものはさらに栄養分がアップします。

アクが強いため、アク抜きをしたあとに乾燥させるか塩漬けにするのが一般的。煮物や和え物などに調理します。採取や乾燥などに手間がかかるため、現在、市販で出回っているものの80%以上が中国などからの輸入品です。

食品成分表(可食部100gあたり)

たんぱく質		1.7g
脂質		0.1g
炭水化物		6.6g
無機質	カルシウム	10mg
	鉄	0.6mg
ビタミン	A β-カロテン当量	530 μg
	B_1	0.02mg
	B_2	0.09mg
	C	24mg

保存法

アク抜きしたものを水に浸したまま冷蔵庫で保存。毎日水を変えれば1週間ほど日持ちする。

水に溶けない食物繊維

ぜんまいに含まれる食物繊維は不溶性のため、腸内で水分を吸収して膨らみ、ぜん動運動を促進。一緒に水分を取るようにするとよい。

英名
Royal fern
エネルギー(100g中)
29kcal
糖質量(100g中)
2.8g

うど

爽やかな香りで疲労を回復

9割近くが水分ですが、アミノ酸の一種であるアスパラギン酸を含むため、アンモニア排出を助けて疲労を回復します。また、うどの香り成分であるジテルペンアルデヒドやリモネンには、リラックス効果や血行改善効果があるといわれています。

うどは日本の山野に自生している山菜で、独特の香りと苦味がありこれは「山うど」と呼ばれます。一方、うど小屋と呼ばれる場所で光を当てずに栽培するものを「軟白うど」といい、スーパーなどで見かけるのは軟白うどのほうです。

食品成分表(可食部100gあたり)

たんぱく質		0.8g
脂質		0.1g
炭水化物		4.3g
無機質	カルシウム	7mg
	鉄	0.2mg
ビタミン	B_1	0.02mg
	B_2	0.01mg
	C	4mg

アク抜きが必要

山うどにはアクがあるため、皮を厚めにむいて酢水に5分程度つけてから調理する。

保存法

日に当たらないように、湿らせた新聞紙で包みポリ袋に入れて野菜室で保存。

英名
Udo
和名・別名
ヤマウド
エネルギー(100g中)
18kcal
糖質量(100g中)
2.9g

五味 辛・苦
五性 温
帰経 膀胱・腎

そのほかの山菜

つくし

春の訪れを告げる山菜

スギナの胞子茎で、全国各地に自生。草原や田畑、空き地、道路わきの植え込みなどに生えています。上部にある胞子嚢が開く前が食べ頃でほろ苦いのが特徴。アク抜きをして、おひたしや卵とじ、油炒めが定番メニューです。カリウムやマグネシウム、リン、カロテン、ビタミンE、たんぱく質、食物繊維などが含まれています。

行者にんにく

栽培に時間のかかる山菜

古くからアイヌの人たちが食べていた山菜で、奈良県以北から北海道にかけて自生。ただ乱獲により数が減少し、現在は栽培ものが増えています。また生長が遅く、栽培に5年以上かかります。ニラに似た強い香りがしますが、アク抜きは不要。しょうゆ漬けや炒め物、おひたしなどにします。強い殺菌力と血栓を溶かす効果があります。

こごみ

アク抜き不要で手軽に味わえる

シダ植物の仲間で、北海道から九州まで広く自生していますが、現在は栽培ものも増えています。味にクセがなく、軽いぬめりと独特な歯触りが特徴で、わらびやぜんまいのようなアクがほとんどありません。天ぷらや和え物、炒め物に調理されます。カロテンや食物繊維が豊富で、そのほかビタミンCも含みます。

うるい

軟白化栽培で生のままサラダに

観賞用によく用いられるギボウシの若葉で、オオバギボウシがよく食用にされます。北海道から九州まで自生していますが、最近では栽培ものもあり、生で食べられる軟白化栽培したものも出回っています。ねぎに似たぬめりとほろ苦さがあり、シャキシャキとした食感が特徴。アク抜きが不要で、サラダや汁物に合います。

かたくり

観賞用、食用ともに人気

かたくりの紅紫色の花は観賞用としても人気が高く、春先にはその群落地が観光名所になっているほど。葉や花、鱗茎全てが食用になります。葉と花の部分は下ゆでして、おひたしや和え物にするのがおすすめです。かつてはかたくりの鱗茎に含まれたでんぷんからかたくり粉が作られましたが、手間とコストがかかるため、現在はじゃがいものでんぷんから作られるものがほとんどです。

こしあぶら

アクを活かした天ぷらが美味

たらのめと同じウコギ科の仲間で近年、人気が出てきた山菜です。見た目も味もたらのめに似ていますが、こしあぶらのほうが香りが強く、コクがあります。アクがありますが、そのまま天ぷらにするとそれが旨みとなり美味。おひたしや和え物にする場合は、アク抜きをしましょう。抗酸化作用のあるクロロゲン酸を多く含んでいます。

のびる

都会でも手軽に味わえる野草

全国各地の野原や河原の土手などに自生しており、比較的都会でも見つけやすい野草です。根元の小さなたまねぎ状の鱗茎とやわらかな葉の部分が食用になります。らっきょうに似た香りと辛みがあり、酢みそ和えなどが定番。ビタミンCやカロテン、カルシウム、カリウム、食物繊維、さらにアリシンも含まれています。

あかみず

ぬめりを活かしたとろろ料理が美味

別名ウワバミソウと呼ばれ、きれいな水の流れる渓流沿いや山間の湿地に自生しています。茎の部分が食用になり、クセがなく、ぬめりがあるのが特徴。おひたしや和え物などが定番料理です。また、茎を粘りが出るまでたたいて、しょうゆやみそ、しょうがやにんにくなどを加えた「みずとろろ」と呼ばれる料理も親しまれています。

あおみず

根元まで緑色のあかみずの近縁種

あかみずと同じイラクサ科の野草で近縁種です。別名ヤマトキホコリと呼ばれ、根元まで緑色。クセがなく、シャキシャキとした食感と甘みがあるのが特徴です。おひたしや炒め物などに利用されています。

しどけ

特有の香りや苦さを堪能

葉の形がもみじに似ていることから、標準名をモミジガサといいます。野菜にはない独特の香りやほろ苦さ、シャキッとした歯触りが魅力です。カロテンが豊富で、鉄分やビタミンCも含んでいます。

あまどころ

ほんのりとした甘みが持ち味

北海道から九州に至る全国の野山に自生しています。食用としてだけでなく、観葉植物としても利用されています。あまどころには、メラニン生成酵素であるチロシナーゼを鈍らせる働きがあるため、シミやそばかすなどの予防効果があるといわれています。

イタドリ

アスパラガスに似た若い茎を食用に

スカンポとも呼ばれ、アスパラガスのような形をしており、中は竹のように空洞です。酸味のある若い茎が食用になります。リンゴ酸やクエン酸などの有機酸を含むので、酸味が強く、シュウ酸も含まれるためアク抜きをしましょう。

あずき菜

クセがなく活用法もさまざま

標準名がナンテンハギで、ゆでるとあずきに似た香りがすることから、この名前がつきました。やわらかい若芽が食用になります。クセがなく、ゆでて和え物やおひたしに、また炒め物や天ぷらなど、普通の野菜のように活用できます。

アイコ

深い山地に生えるトゲのある山菜

標準名はミヤマイラクサ。深い山地に生え、茎にトゲがあり採取する際は素手で触れないように注意が必要です。クセがなく、ほんのりと甘く食べやすいのが特徴。ビタミンC、カルシウム、ミネラルなどを含み、茎よりも葉に栄養があります。おひたしや和え物などに調理されます。

ノカンゾウ

食用以外に花も楽しめる

早春の頃に野原や畦道、土手などに群生します。アクはなく、ぬめりのある食感が特徴。β-カロテンやカルシウムを含みます。ノカンゾウはユリ科植物で、夏にはユリに似た一重咲きのオレンジ色の花をつけます。

ほんな

歯切れのいい食感と独特な香りを持つ

茎が空洞になっており、折るときに「ホンナ」というような音が出ることから名づけられました。標準名はヨブスマソウ。茎の歯切れのいい食感としゅんぎくに似た香りが特徴。メラニン色素の生成を抑えることが研究でわかっています。

みつばあけび

春は山菜 秋は果実として楽しむ

あけび（P.166）の仲間で、春に伸び出すつるの先を採って食べます。茎は木通《もくつう》と呼ばれ、利尿作用、胃液分泌抑制作用などのある生薬として利用されています。秋には実がなり、生食できます。

ゆきのした

薬用、観賞用としても活用

日陰の湿った場所などに自生しています。別名ミミダレグサと呼ばれるほど中耳炎に効く薬草として知られています。また美白効果もあるといわれ化粧品などにも配合されています。食用では天ぷらにするとサクサクとした食感が楽しめます。

よめな

春の代表的な摘み草のひとつ

全国各地の湿気のある場所に生えている野草で若葉を食用にします。β-カロテン、ビタミンB_1、ビタミンB_2、ビタミンK、カリウム、鉄、食物繊維などを含み栄養豊富。若葉をゆでてご飯に混ぜる「よめな飯」や和え物、天ぷらなどが代表的な料理です。

しょうが

食品成分表（可食部100gあたり）

たんぱく質		0.9g
脂質		0.3g
炭水化物		6.6g
無機質	カルシウム	12mg
	鉄	0.5mg
ビタミン	A　β－カロテン当量	5 μg
	B1	0.03mg
	B2	0.02mg
	C	2mg

保存法

洗ったしょうがをビンに入れ、すっかり浸るくらいの水を入れて、冷蔵庫で保存します。水は2～3日おきに換えましょう。

全体がふっくらしていて
重みがある
筋が等間隔にある

ひねしょうが

葉しょうが

新しょうが

英名 Ginger
和名・別名 生姜
エネルギー（100g中）
30kcal
糖質量（100g中）
4.5g

五味 辛
五性 温
帰経 脾 肺 胃

香りと辛みで冷えによる不調を改善

熱帯アジア原産の野菜で、日本では古くから栽培され、主に香辛料として利用されています。食しているのは根茎部分ですが、若い根を茎付きのまま食べることも多くあります。

特有のさわやかな辛みはジンゲロール（ジンジャロールとも呼ぶ）という成分。生のしょうがに含まれるジンゲロールは、乾燥や加熱によって脱水がおこり、ショウガオールに変化します。いずれも血行促進作用があり、冷え性の改善や代謝向上などの効果があります。体温が上昇するので、免疫力も高まります。また、殺菌力が強いので、暑い時期に食べ物が傷むのを防ぐ作用も。抗酸化力も高く、生活習慣病や老化の予防効果も期待できます。

香りはジンギベレンという精油成分で、健胃や食欲増進、解毒、疲労回復などの効果を発揮します。

近年、しょうがの持つ作用が話題となり、しょうがを使ったたくさんのレシピが紹介されるようになりました。甘酢漬け、シロップ、しょうがはちみつなどの保存食も人気です。

ひねしょうがと新しょうがの使い分け

ひねしょうがは根しょうがともいい、はじめに植え付けるしょうが。そこから育って新しくできたのが新しょうが。みずみずしく、辛みも弱いので、みそをつけて生食したり、甘酢漬けなどに。茎の付け根に紅色が残っているのが特徴。酸と反応し、きれいなピンク色になる。ひねしょうがは水分が抜けているため、筋っぽく、色も濃い。辛みをはじめ、薬効も高くなるので、薬味や味つけに向く。

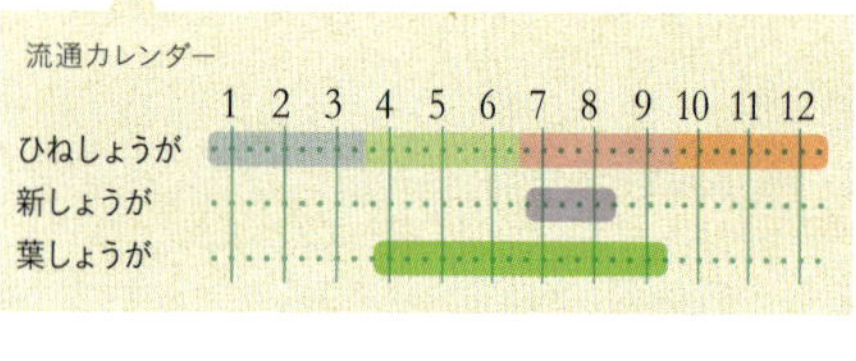
流通カレンダー
1 2 3 4 5 6 7 8 9 10 11 12
ひねしょうが
新しょうが
葉しょうが

しょうが
ショウガオール
＋
ほうれんそう
β-カロテン、ビタミンC

風邪予防

繊維の向きを確認

皮の周りに有効な成分があるので、皮はむかず、スプーンを使ってこそぎとる程度に。薄切りや千切りにする場合は、しょうがの繊維に沿って切ると、薄くきれいに切ることができる。おろす場合は、繊維と垂直の面におろし金を当てる。このとき、円を描くようにすりおろすと、繊維が切れやすい。おろしたしょうがを包丁で叩くと、口当たりがよくなる。

乾燥しょうがを作ろう

天日干しのものはパウダー状にしておくと重宝する。乾煎りしたものは、加熱してから乾燥させているので、ショウガオールを多く含むのが特徴。必ずひねしょうがを使うこと。

天日干し

しょうがをよく洗い、皮をつけたまま薄切りにする。重ならないようにザルに並べて、天日干しする。カラカラに乾いたら、フードプロセッサーやミルで粉状にし、乾燥剤とともに密閉容器で保存。

乾煎り

おろしたしょうがをフライパンで乾煎りする。軽く焦げ目がついたら火を止め、冷めたら密閉容器で保存。

ショウガオール・ジンゲロール

体を温める作用がある成分

どちらも血行を促進して体を温める作用がありますが、加熱したり乾燥させたりしたしょうがに含まれるショウガオールは、胃腸を刺激するので内臓の動きが活発になるのが特徴。生のしょうがを食べると体の末梢から温まり、乾燥したしょうがを食べると体の中心からポカポカしてきます。冷え性の改善には乾燥しょうがのほうがより有効だと考えられます。

しょうがを使った民間療法

たくさんの療法が知られている。身近な食材との組み合わせで、どれも理にかなっている。

食欲不振や吐き気に

しょうがのすりおろし少々に湯を注いで、一日3回に分けて飲む。

風邪のひき始めや体力回復に

おろししょうが＋ねぎの白い部分を刻んだもの＋みそに、熱湯を注いで飲む。

頭痛や関節痛に

牛乳を温め、おろししょうがとはちみつを加えてよく混ぜてから飲む。

喉の痛みに

おろししょうがとはちみつを合わせたものを、熱湯で溶いて飲む。

生の葉は入浴剤に

葉しょうがの葉は粗く刻んで布袋に入れ、入浴剤に。

食欲増進に

しょうが（できればひねしょうが）の薄切りに砂糖とホワイトリカーを加えて、しょうが酒を作る。お好みでみかんの皮（陳皮）を足してもよい。1年ほどおいてから飲む。

わさび

鼻に抜ける辛みと爽やかな香り

英名 Japanese horseradish
和名・別名 山葵
エネルギー（100g中）
88kcal
糖質量（100g中）
14.0g

きれいな水が流れる場所で育つわさびは、山間部の沢や流水を引き入れたわさび田で栽培されています。日本が原産の野菜で、古くから利用されてきましたが、江戸時代になって徳川家康が気に入り、わさび栽培を奨励したといわれています。

鼻に抜けるツンとした辛みは硫黄化合物のアリルイソチオシアネート。キャベツやだいこんなど、多くのアブラナ科の野菜に含まれますが、わさびの辛みは特に強いのが特徴です。この辛み成分は、すりおろすことによって酵素分解されて発生します。おろしたては辛みが強いですが、揮発しやすいので、時間が経つと飛んでしまいます。そのため、わさびは食べる直前にすりおろすのがおすすめ。辛みや香りには殺菌作用があるほか、胃を刺激するので食欲増進効果もあります。

ビタミンCやカリウム、カルシウム、食物繊維も含みますが、一度に摂取する量が少ないので、栄養成分の効果は期待せず、辛みと香りのもたらす作用をうまく利用しましょう。

食品成分表（可食部100gあたり）

たんぱく質		5.6g
脂質		0.2g
炭水化物		18.4g
無機質	カルシウム	100mg
	鉄	0.8mg
ビタミン	A β-カロテン当量	7μg
	B1	0.06mg
	B2	0.15mg
	C	75mg

苦味を消すには

苦味がある場合は砂糖をほんの少し加えると、食べやすくなる。

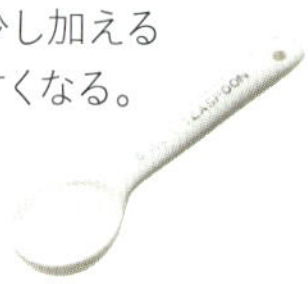

きれいな緑色のもの
太さが均一で、みずみずしい

保存法

湿らせたキッチンペーパーで包み、ポリ袋に入れて、冷蔵庫の野菜室へ。

花わさび

花と葉茎はさっと熱湯をかけ、密閉容器入れてふたをする。こうすることで辛みが出てくる。冷めたらおひたしなどでいただく。

わさびで湿布

すりおろしたわさびを布に薄く伸ばし、患部に貼って湿布すると、リウマチや神経痛によいとされている。ただし、刺激が強いので、肌が弱い場合は水で薄めて使用。胃炎のときには使用を控える。

市販のチューブわさびとの違い

チューブ入りのわさびの大半は、同じアブラナ科の西洋わさび（＝ホースラディッシュ P.90）の根を粉末にし、葉緑素を加えて色付けしたものをベースに作られている。そこにわさびを加えたものを「本わさび入り」あるいは「本生わさび入り」と表記。「本わさび100%」をうたう商品でも、辛みや風味が飛ばないように添加物を加えてあり、また、使用されているわさびの生産国が不明な場合も。

畑で育つわさびもある

水辺ではなく畑や山林で栽培できるよう品種改良が施されたのが、「畑わさび」「陸《おか》わさび」。沢で育ったわさびと違って細めでひげ根が多く、価格も低め。

すりおろし方

わさびは葉がついているほうからおろす。汚れている部分をこそぎ落とし、目の細かいおろし器で「の」の字を書くように丸く、空気を含ませながらおろすと、辛みが引き立つ。目が細かいおろし器がない場合は、おろし器の上にアルミ箔を載せ、その上からおろすとよい。

流通カレンダー

	1	2	3	4	5	6	7	8	9	10	11	12
周年												

さんしょう

サンショオールで消化促進

日本各地の山野に自生しているミカン科の低木で、有史以来、さまざまな形で利用されてきました。

香り高い若い新芽は「木の芽」と呼ばれ、吸い物のあしらいや木の芽みそとして使われます。未熟な青い果実は「青ざんしょう」、熟した果実は「実ざんしょう」として佃煮に。はじけた実の外皮を砕いたものが粉山椒です。かたい幹はすりこぎに加工されます。近頃は、さんしょうの花をたっぷり使った季節限定の鍋物も人気があるようです。

さんしょうの辛みには痺れるような刺激があるのが特徴。これはサンショオールという成分で、胃を刺激して消化を促進し、食欲を増進する働きがあるほか、殺菌作用により腹痛や下痢にも有効だと考えられます。

葉に含まれる香り成分が脳を刺激することで、内臓の動きが活発になり、代謝をあげる効果も期待できます。

食品成分表（粉 100gあたり）

たんぱく質		10.3g
脂質		6.2g
炭水化物		69.6g
無機質	カルシウム	750mg
	鉄	10.1mg
ビタミン	A β-カロテン当量	200 μg
	B_1	0.10mg
	B_2	0.45mg

痺れを伴う辛みが持ち味

英名 Japanese pepper
和名・別名 山椒
エネルギー（100g中）375kcal
糖質量（100g中）69.6g

葉が大きすぎす、やわらかいもの

保存法
（木の芽）キッチンペーパーで包み、ポリ袋に入れて、冷蔵庫の野菜室へ。

辛 五味
熱 五性
脾・肺・腎・胃 帰経

花椒とは

中国料理で使われる花椒（ホアジャオ）は日本の山椒とは別種のカホクザンショウの実のこと。やや大粒で、日本の山椒よりも辛みが強いのが特徴。中国では痺れるような辛さを「麻」、体が熱くなるような辛さを「辣」と呼び、区別している。本来の麻婆豆腐は花椒の辛みを楽しむ料理というわけ。

はじけた実

木の芽

香りにもいろいろな作用が

精油成分のシトロネラール、リモネン、ゲラニオールなどを含む。シトロネラールは柑橘類に、リモネンはオレンジなどに、ゲラニオールはバラの花にも多く含まれる香り成分で、抗菌、抗炎症、健胃、脂肪燃焼、駆虫などの作用を持つことが知られている。

どうして痺れるの？

さんしょうの辛みに含まれるキサントキシンというアルカロイドには局所麻酔作用がある。人間には毒性はないが、魚類に対しては強い痙攣を引き起こす。この成分が舌先につくので、痺れたような感覚が起こる。

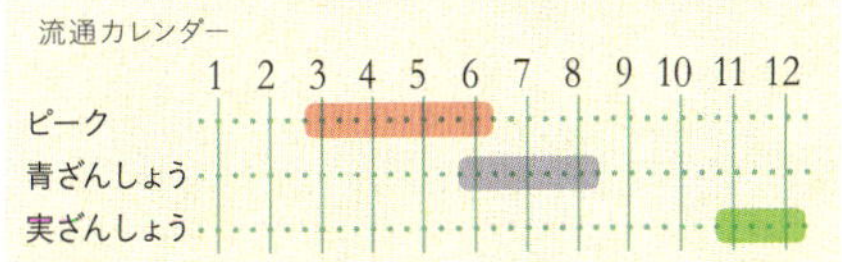

冷えが原因の腹痛に

漢方では「胃腸を温める」「痛みを止める」「駆虫する」といった効能があるとされ、冷えからくる腹痛や下痢、虫下しなどに利用。「大建中湯」や「当帰湯」などの漢方薬にも含まれている。

フラボノイドも含む

血行促進作用があるフラボノイドのクエルシトリンやヘスペリジンを含むため、体を温める作用も。

にんにく

強い作用があり以前は薬用だった

英名 Garlic
和名・別名 大蒜
エネルギー（100g中） 136kcal
糖質量（100g中） 21.3g

五味 辛
五性 温
帰経 脾 肺 胃

アリシンは殺菌作用

日本に伝わったのは8～9世紀。当初は強壮作用を持つ薬用植物として使われており、現在のように香辛野菜として用いられるようになったのは、第二次世界大戦後のことです。

ネギの仲間特有の硫黄化合物の一種アリインを含みます。アリインは切ったり潰したりして空気に触れると、アリナーゼという酵素の働きにより、アリシンに変わります。アリシンには強い殺菌作用のほか、血栓を予防する作用もあります。また、アリシンはビタミンB_1と結合すると、疲労回復効果のあるアリチアミンに変化し、ビタミンB_1の効果を持続させる作用があります。にんにくにはビタミンB_1が含まれているので、スタミナを取り戻す効果が特に高い野菜といえるのです。

このほか、皮膚を健やかに保つビタミンB_6や、造血作用がある葉酸、体内の余分なナトリウムを排出させ、高血圧予防に役立つカリウムも含みます。たんぱく質も多く、健康野菜の代表ですが、刺激が強いので食べすぎると胃を傷めてしまう場合もあります。

食品成分表
（りん茎・生 可食部100gあたり）

たんぱく質		6.4g
脂質		0.9g
炭水化物		27.5g
無機質	カルシウム	14mg
	鉄	0.8mg
ビタミン	A β-カロテン当量	2 μg
	B_1	0.19mg
	B_2	0.07mg
	C	12mg

にんにくの芽

頭の部分が
よく締まっている
粒が大きくてかたい
重みがあり、
腰が張っているもの

保存法
風通しのよいところで保存。

切り方で香りの強さが変わる

にんにくの香りは細胞を壊すことによって現れる。そのため、切り方によってにおいの強弱が変わる。繊維に沿って縦に切るより、繊維を断つように横に切ったほうが、香りは強く出る。さらに細かくするみじん切りは、より強い香りが立つ。そして、一番強く香りが出るのはすりおろし。香り成分のアリシンは揮発性なので、刻んだら時間をおかずに使う。

保存食で楽しもう

にんにくを使った保存食には、しょうゆ漬け、塩漬け、はちみつ漬け、みそ漬け、にんにく酒などがある。塩漬けは、にんにくの20%の塩と倍量の日本酒で漬け込む。

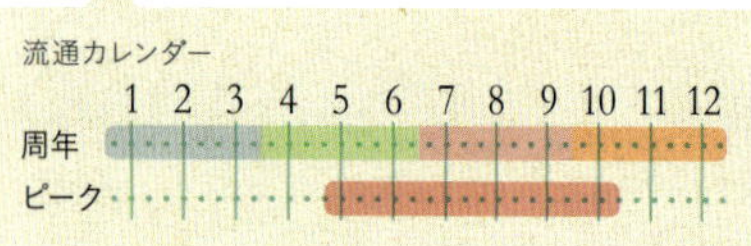
流通カレンダー
1 2 3 4 5 6 7 8 9 10 11 12
周年
ピーク

食べ過ぎは禁物

薬効が強いため、食べ過ぎると胃の働きが弱り、胃炎を起こす。また、腸内の細菌バランスが乱れてビタミンB_6欠乏症になり、皮膚の炎症などの副作用が表れることも。1日に食べる量は、生なら1片、加熱するなら2～3片くらいに。

においを消すには

あとまでにんにく臭が残るのは、アリシンが血流に乗って全身に回るから。そうなる前ににおいの元を絶つのがポイント。にんにくを食べるときに牛乳を一緒に摂ると、牛乳のたんぱく質がアリシンを包み込み、アリシンが胃で吸収されないようになる。同じような効果は緑茶でも。

にんにく
アリシン、ビタミンB1
＋
イカ
たんぱく質

疲労回復

しそ

すがすがしいしその香りに殺菌や防腐作用があることが古くから知られており、食中毒を予防するため、刺身などの生ものに添えたり、薬味として使われたりします。この香りには胃液の分泌を促す働きもあり、食欲増進効果も期待できます。効果を高めるためには、葉をそのまま使うより、細かくして香りを立たせるほうがよいでしょう。

しその葉には抗酸化作用があるβ-カロテンや肌や粘膜を守るビタミンB_2、骨を健やかにするカルシウムなど、ビタミンやミネラルが豊富に含まれています。ただし、薬味として使う場合は一度に食べる量が少ないので、栄養成分はあまり摂取できません。

しそは葉だけでなく、若い芽や花穂、未熟な実も利用されます。また、5〜6月にだけ出回る赤じそには、注目のアントシアニン色素のシソニンが含まれていて、アレルギー症状の緩和作用が期待されています。

食品成分表（可食部100gあたり）

たんぱく質		3.9g
脂質		0.1g
炭水化物		7.5g
無機質	カルシウム	230mg
	鉄	1.7mg
ビタミン	**A β-カロテン当量**	**11000 μg**
	B_1	0.13mg
	B_2	0.34mg
	C	26mg

色が鮮やかでみずみずしく、
葉先までピンとしている
よく縮れている
青じそ

すがすがしい香りには防腐や殺菌作用が

英名 Perilla
和名・別名 紫蘇
エネルギー（100g中）37kcal
糖質量（100g中）0.2g

辛 五味
温 五性
脾 肺 帰経

保存法

ビンを逆さまにして葉を入れ、ふたに水少量を入れて冷蔵庫へ。

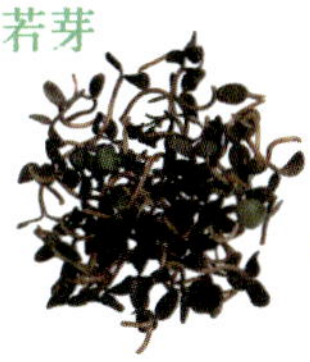

若芽

花穂

赤じそ

漢方では「蘇葉《そよう》」

赤じそは「蘇葉」という生薬で、健胃芳香のほか、発汗解熱や鎮咳去痰の目的で使用。「香蘇散」や「半夏厚朴湯」というおなじみの漢方薬にも使われている。

香りの働き

特有の香り成分ペリルアルデヒドには発汗や鎮咳のほか、防腐作用があることも知られている。そのほか、リモネンやピネンなどの精油成分も含まれている。

簡単しそふりかけ

パリッと乾燥させたしその葉を手で揉んで砕くと、ふりかけ状になる。余りがちなしその有効利用。

ロスマリン酸

認知症予防効果があると話題の成分

しそ、ローズマリー、レモンバームなど、シソ科植物に含まれるポリフェノールの一種ロスマリン酸という成分には、抗アレルギーや抗酸化作用に加え、認知症予防効果があると話題になっています。認知症は脳にアミロイドβが蓄積することが原因だとされていますが、ロスマリン酸にはこの蓄積を抑制する働きがあるそうです。

えごまはしその仲間

ごまという名前がついているが、しその変種。さわやかな香りがある葉にはβ-カロテンやビタミンC、Eが含まれ、抗酸化作用がとても強いことが大きな特徴。さらに、カルシウムやマグネシウムを多く含む。種子から採れるえごま油（P.276）はα-リノレン酸を含み、健康によいと大変注目されている。

免疫力増強

しそ
β-カロテン
＋

牛肉
たんぱく質

流通カレンダー

	1	2	3	4	5	6	7	8	9	10	11	12
周年												

みょうが

英名 Japanese ginger
和名・別名 茗荷
エネルギー（100g中） 12 kcal
糖質量（100g中） 0.5 g

食品成分表（可食部100gあたり）

たんぱく質		0.9g
脂質		0.1g
炭水化物		2.6g
無機質	カルシウム	25mg
	鉄	0.5mg
ビタミン	A β-カロテン当量	31 μg
	B_1	0.05mg
	B_2	0.05mg
	C	2mg

さわやかな香りと美しい紅色

特徴あるさわやかな香りは精油成分のαピネンで、血行促進や食欲増進効果があるといわれています。揮発性が高いので、食べる直前に刻むとよいでしょう。

淡い赤い色は抗酸化作用があるポリフェノールのアントシアニン。酸と合わせると鮮やかに発色します。アジア原産のみょうがは古くに日本に伝わり、各地の山野に自生しています。中国からしょうがと一緒に持ち込まれたとき、香りが強いしょうがを「兄香（せのか）」、弱いみょうがを「妹香（めのか）」と呼んだのが名前の由来といわれています。

主に食べているのは「花みょうが」と呼ばれる蕾が集まった花穂部分で、地下茎から伸びて地上に顔を出します。そのほとんどが水分で、栄養の摂取は期待できませんが、カリウムが比較的多く含まれます。

保存法
湿らせたキッチンペーパーで包み、ポリ袋に入れて、冷蔵庫の野菜室へ。

先端が
締まっている
ツヤがあり
ふっくらしている
鮮やかな紅色

五味 辛
五性 温
帰経 肺

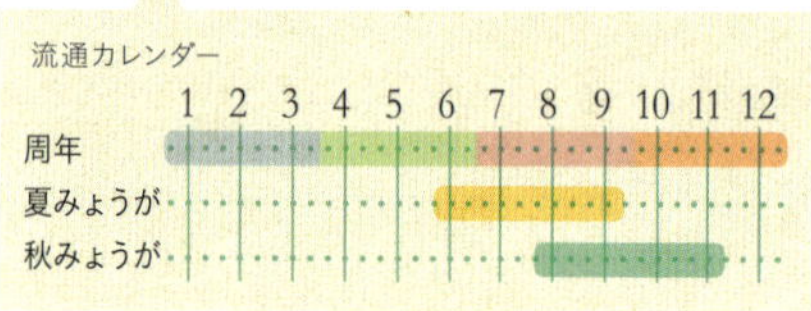
流通カレンダー
1 2 3 4 5 6 7 8 9 10 11 12
周年
夏みょうが
秋みょうが

葉は入浴剤として

花だけでなく、その葉や茎、根茎にも有効成分は含まれている。粗く刻んだものを布袋に入れ、入浴剤がわりに。湯冷めしにくく、冷え性、肩こりや腰痛、あせもなどにも有効。

みつば

英名 Japanese honewort
和名・別名 三つ葉
エネルギー（切りみつば・100g中） 8 kcal
糖質量（100g中） 1.5 g

奥ゆかしい香りには鎮静作用が

日本や東南アジア原産の野菜で、1本の茎に3枚の葉がつくことからみつばと呼ばれるようになりました。日本各地に自生しているので古くから食用にされてきましたが、栽培されるようになったのは江戸時代以降です。

やわらかい葉には抗酸化作用があるβ-カロテンや骨の形成に関わるビタミンK、高血圧予防作用があるカリウムなどが含まれます。注目すべきは香り成分で、イライラを鎮めたり、食欲を増進させたりする作用がある精油が含まれています。

糸みつばや根みつばに比べると、光を遮って栽培している切りみつばは栄養的に少し劣ります。

食品成分表
（糸みつば 可食部100gあたり）

たんぱく質		0.9g
脂質		0.1g
炭水化物		2.9g
無機質	カルシウム	47mg
	鉄	0.9mg
ビタミン	A β-カロテン当量	3200 μg
	B_1	0.04mg
	B_2	0.14mg
	C	13mg

風邪のひき始めに

初期の風邪のときは、葉と茎を細かく刻み、おろししょうがとともにすまし汁に入れたみつば汁を熱いうちに飲んで寝ると、汗がたくさん出て熱が下がる。また、熱湯に刻んだ葉茎を入れ、冷めてから指先を浸してマッサージをすると、血行がよくなりしもやけに有効。

野菜ジュースに加えても

余ってしまったら、野菜ジュースに。ほかの食材ともなじみやすく、ほんのりよい香りがして、飲みやすい。

保存法
湿らせたキッチンペーパーで包み、ポリ袋に入れて、冷蔵庫の野菜室へ。

葉がやわらかく、
本数が多い
根元が
しっかり
している

五味 辛・苦
五性 平
帰経 肺

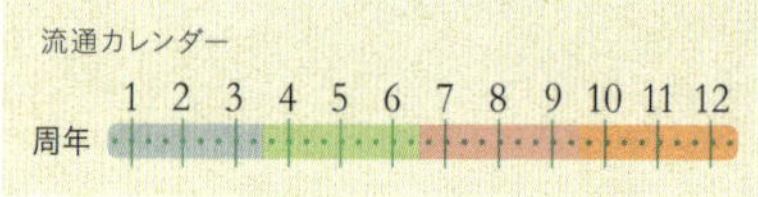
流通カレンダー
1 2 3 4 5 6 7 8 9 10 11 12
周年

せり

水辺で育つ抗酸化野菜

シャキシャキとした食感とさわやかな香りがあり、鍋物やおひたしに利用されます。香り成分カンフェンやミリスチンには健胃や発汗、解熱作用が期待できます。鮮やかな緑色の葉にはβ-カロテンのほか、カリウム、カルシウム、マグネシウムなどのミネラル類が多く、骨粗しょう症予防や血圧の上昇を抑える作用もあるようです。

日本原産の野菜で古くから食され、『古事記』や『万葉集』にも記録が残っています。湿った場所を好むため、田んぼの畦や水辺などで自生しています。寒い時期に収穫したもののほうが味がよく、春の七草のひとつにもなっています。

英名 Water dropwort
和名・別名 芹
エネルギー（100g中）17kcal
糖質量（100g中）0.8g

食品成分表（可食部100gあたり）

たんぱく質		2.0g
脂質		0.1g
炭水化物		3.3g
無機質	カルシウム	34mg
	鉄	1.6mg
ビタミン	A　β-カロテン当量	1900 μg
	B_1	0.04mg
	B_2	0.13mg
	C	20mg

保存法
湿らせたキッチンペーパーで包み、ポリ袋に入れて、冷蔵庫の野菜室へ。

葉色が濃く、葉の先までピンとハリがあるもの

茎がしっかりしている

流通カレンダー
1 2 3 4 5 6 7 8 9 10 11 12

煎じて飲めば高血圧予防に

乾燥させた葉の煎じ液は高血圧や便秘、神経痛などの改善に有効とされている。乾燥葉は入浴剤として利用してもよい。生の葉のジュースは利尿、風邪、子どもの発熱によいといわれている。

ポリフェノールのケルセチンも

血行促進や毛細血管保護作用があるケルセチンを含む。β-カロテンやビタミンCも含むため、それぞれの相乗効果で高い抗酸化効果が期待できる。

よもぎ

日本を代表する万能薬草

日本全国の山野に自生する、野草の定番。春の若葉は特に香りが高く、草もちや草団子にも使われます。葉の裏に白い毛が生えているのが特徴で、この毛を集めたものが、お灸のもぐさです。

葉には抗酸化作用があるβ-カロテン、高血圧予防に働くカリウム、腸内環境を整える食物繊維が多く含まれています。冷え性や生理不順などの婦人科系の諸症状のほか、下痢や吐き気止め、腰痛や肩こり、あせも、肌荒れなど、万能な薬草として古くから利用されてきました。アクが強いので、調理に使う場合はよくゆでて、苦みを和らげてから利用しましょう。

英名 Mugwort
和名・別名 蓬、フーチバー、ヨゴミ
エネルギー（100g中）46kcal
糖質量（100g中）0.9g

食品成分表（可食部100gあたり）

たんぱく質		5.2g
脂質		0.3g
炭水化物		8.7g
無機質	カルシウム	180mg
	鉄	4.3mg
ビタミン	A　β-カロテン当量	5300 μg
	B_1	0.19mg
	B_2	0.34mg
	C	35mg

保存法
キッチンペーパーで包み、ポリ袋に入れて、冷蔵庫の野菜室へ。

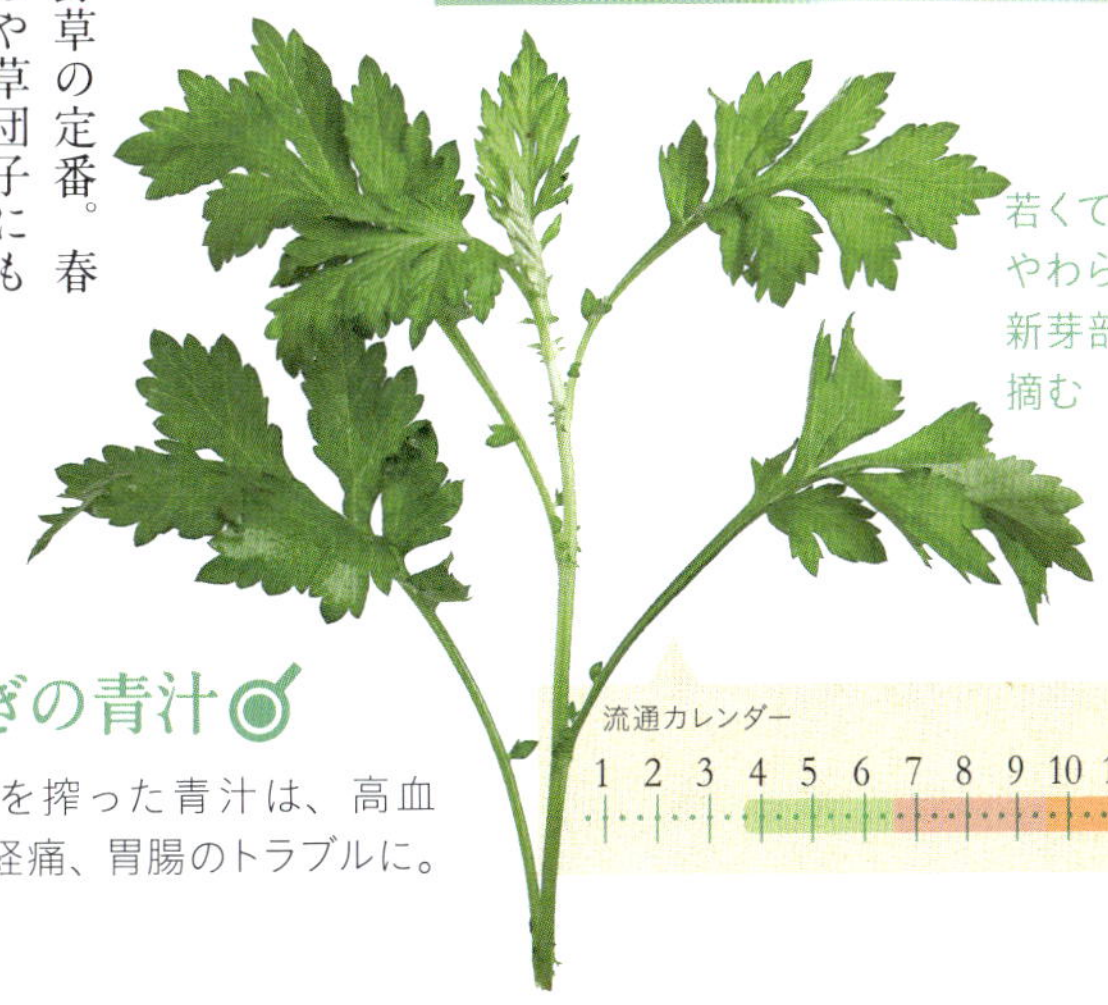

若くてやわらかい新芽部分を摘む

流通カレンダー
1 2 3 4 5 6 7 8 9 10 11 12

五味　苦・辛
五性　温
帰経　肝・脾・腎

よもぎ風呂

神経痛や腰痛、打ち身、捻挫、痔などによいとして、古くから生葉を浴槽に浮かべるよもぎ風呂が利用されている。また、切り傷、虫刺されや痒みには生の葉を搾った汁を塗布、喘息にはよもぎ酒が、アレルギー性の皮膚炎には乾燥葉の煮出し汁がよいといわれている。

よもぎの青汁

生の葉を搾った青汁は、高血圧、神経痛、胃腸のトラブルに。

パクチー

地中海原産の香辛野菜で、中国ではシャンツァイ（香菜）、欧米ではコリアンダーと呼ばれています。独特の香りがあるため、日本ではなじみが薄かった野菜でしたが、食の多様化とともにエスニック料理が身近になり、いまでは熱烈な愛好家も多くなりました。葉の香り成分アルデヒドは生だと強烈ですが乾燥すると和らぎます。

葉の栄養価は高く、抗酸化作用があるβ-カロテンやビタミンCとビタミンE、疲労回復効果があるビタミンB_1を含みます。また、利尿作用があるカリウムを含みます。

パクチーの種子はコリアンダーシードと呼ばれ、カレーには欠かせないスパイスのひとつです。葉の香りとは違い、オレンジに似た甘くてさわやかな香り。緊張をほぐす働きがあるというリナロールという成分を多く含んでいます。

葉以上に香りが強い根は、東南アジアでは煮込み料理に入れて、旨みを引き出して使われるそうです。

独特の香りが病みつきに

英名 Coriander
和名・別名 コエンドロ、コリアンダー、香菜
エネルギー（100g中）23kcal

五味 辛
五性 温
帰経 肺・脾

保存法

湿らせたキッチンペーパーで包み、ポリ袋に入れて、冷蔵庫の野菜室へ。

フリーズドライパクチー

人気が高まり、とうとう登場。水に戻せばすぐに使えて便利。

色が鮮やかでハリがあり、細かい切れ込みがあるもの

根がついている

パクチーソースで食欲増進

細かく刻んだパクチー、刻みねぎ、おろししょうが、すりごまをボールに入れ、ごま油を加えてよく混ぜ合わせる。塩で味を調えたら出来上がり。焼き野菜や焼肉、豆腐、油揚げ、麺類のトッピングなど、いろいろな食材とよく合う。お好みでとうがらしを加えても。

クセになる「パクチー酒」

パクチーは根がついたまま使用。たっぷりの水でよく洗い、特にひげ根の部分をきれいにする。よく水気を拭きとったら、広口のガラス容器にパクチーと砂糖を入れ、ホワイトリカーを注ぐ。1ヶ月ほど置いたら飲み頃に。取り出したパクチーも刻んで有効利用を。

香りの効能

どこかドクダミに似た強い香りがあるが、その中にはリナロールやゲラニオールという精油成分も含まれている。リナロールはスズランに似た香りで、ゲラニオールはバラの香りの主成分。どちらも甘い花の香りで、抗炎症作用やリラックス効果が。

種子には健胃作用が

種子はコリアンダーシードと呼ばれるスパイスで、古くから薬用としても利用されている。医学の父と呼ばれるヒポクラテスは胸焼けを抑えるためにこのシードを使ったという逸話も。胃や腸に溜まったガスを排出させ、お腹の張りを和らげる駆風作用もあり、食べ過ぎや飲みすぎに有効なスパイスと考えられている。

流通カレンダー

	1	2	3	4	5	6	7	8	9	10	11	12
周年												

がん予防

パクチー
β-カロテン、ビタミンC

＋

ねぎ
硫化アリル

クレソン

辛みには殺菌作用が

原産地はヨーロッパで、山地のきれいな水辺に自生しています。古くから薬草として用いられていました。独特の辛みとほろ苦さが肉食に合うことから、明治時代に日本に導入され、各地の水辺や湿地帯で栽培されるようになりました。

クレソンの辛みは、わさびやだいこんと同じくアリルイソチオシアネートという成分。殺菌作用があるとともに、血栓予防や食欲増進効果が知られています。濃い緑色の葉には抗酸化ビタミンと呼ばれるβ-カロテンやビタミンCが多く含まれているほか、骨を丈夫にするビタミンKやカルシウム、貧血予防の鉄も含みます。

英名 Watercress
和名・別名 和蘭芥子、水芥子
エネルギー（100g中） 15 kcal

食品成分表（可食部100gあたり）

たんぱく質		2.1g
脂質		0.1g
炭水化物		2.5g
無機質	カルシウム	110mg
	鉄	1.1mg
ビタミン	A β-カロテン当量	2700 μg
	B_1	0.10mg
	B_2	0.20mg
	C	26mg

葉の色が濃く、ハリがあり みずみずしい
茎が太すぎない
余分なひげ根が出ていないもの

保存法

水に挿して保存。水は毎日交換を。

クレソン鍋

生では少し食べにくいクレソンを鍋に入れると、特有の辛みが口の中をさっぱりさせてくれる。どちらかといえば、豚バラ肉のようにこってりしたものやしっかり味をつけた肉団子のような食材と相性がよい。すき焼きもおすすめ。クレソンには消化促進作用もあるので安心。

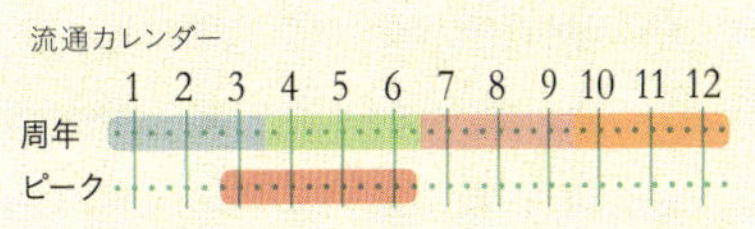

流通カレンダー
1 2 3 4 5 6 7 8 9 10 11 12
周年
ピーク

パセリ

栄養価がとても高いおなじみハーブ

英名 Parsley
和名・別名 和蘭芹
エネルギー（100g中） 43 kcal
糖質量（100g中） 1.0 g

ヨーロッパ原産のハーブで、日本へは18世紀にやってきました。葉が縮れたカーリーパセリが主流ですが、近年は平たい葉のイタリアンパセリも多く出回るようになりました。カーリー種と比べるとイタリア種のほうがクセがなく、食べやすいようです。

β-カロテンやビタミンCを多く含み、抗酸化作用だけでなく、免疫力アップや老化防止、美肌効果なども期待できます。また、骨粗しょう症の予防効果があるビタミンKやカルシウム、造血作用がある鉄も豊富。青臭い香りは好みが分かれますが、これは抗菌のほか、食欲増進、口臭予防などの効果がある精油成分アピオールの香りです。

食品成分表（可食部100gあたり）

たんぱく質		4.0g
脂質		0.7g
炭水化物		7.8g
無機質	カルシウム	290mg
	鉄	7.5mg
ビタミン	A β-カロテン当量	7400 μg
	B_1	0.12mg
	B_2	0.24mg
	C	**120mg**

保存法

水に挿して保存。水は毎日交換する。

緑色が濃く、よく縮れている

カーリーパセリ

イタリアンパセリ

辛 五味
温 五性
肝脾肺 帰経

まずはたっぷり刻む

刻んだパセリをたっぷり用意する。やわらかくしたバターに混ぜれば、蒸し野菜や魚介との相性もよいパセリバターに。クリームチーズに加えてよく混ぜ、レモン汁でのばせばチーズディップに。マヨネースベースのタルタルソースにたっぷり加えたり、フライの揚げ衣に入れたりしても。ポイントは油と一緒に使うこと。β-カロテンの吸収を高める作用が。

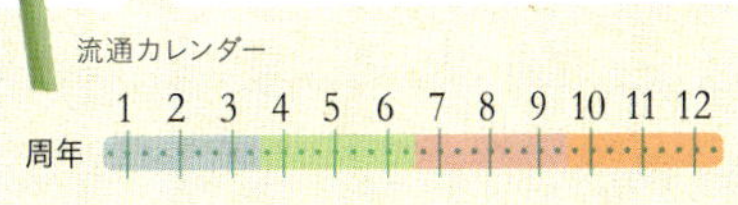

流通カレンダー
1 2 3 4 5 6 7 8 9 10 11 12
周年

バジル

甘くスパイシーな香りの人気食用ハーブ

英名 Basil
和名・別名 目箒
エネルギー（100g中）24kcal

食品成分表（可食部100gあたり）		
たんぱく質		2.0g
脂質		0.6g
炭水化物		4.0g
無機質	カルシウム	240mg
	鉄	1.5mg
ビタミン	A β-カロテン当量	6300 μg
	B1	0.08mg
	B2	0.19mg
	C	16mg

イタリア料理とともに知られるようになったハーブですが、原産地はインドや熱帯アジア。たくさんの品種があり、インドでは神に捧げる聖なるハーブとして扱われ、伝承医学であるアーユルヴェーダで利用されています。

食用として多く出回っているのはスイートバジルという品種で、クローブに似た甘い香りが特徴です。香りに含まれるリナロールやオイゲノールという精油成分には、食欲増進や消化促進作用のほか、抗菌や鎮静作用も。また、抗酸化ビタミンと呼ばれるβ-カロテンやビタミンE、ミネラルのカリウムやカルシウム、鉄も含んでいます。バジルソースなどでたっぷり摂りたいハーブです。

色が鮮やかで、ふっくらとしている
香りがよい

トゥルシー３種

薬効が高いのは「トゥルシー」

インドの伝承医学で使われるのはバジルの中でも「トゥルシー」という品種群。日本ではホーリーバジルとも呼ばれている。アーユルヴェーダでは、トゥルシーにはストレスに対する適応力を高める働きがあるとされ、寿命を延ばす不老不死のハーブと信じられている。抗酸化力が高く、風邪、頭痛、胃痛などさまざまな症状に使用。最近では血糖値を下げる作用があるとの発表があり、さらなる研究が進められている。

流通カレンダー
1 2 3 4 5 6 7 8 9 10 11 12

保存法
水に挿して保存。水は毎日交換します。

ロケット

鼻に抜ける辛みが特徴

英名 Rocket salad
和名・別名 黄花蘿蔔
エネルギー（100g中）19kcal
糖質量（100g中）0.5g

食品成分表（可食部100gあたり）		
たんぱく質		1.9g
脂質		0.4g
炭水化物		3.1g
無機質	カルシウム	170mg
	鉄	1.6mg
ビタミン	A β-カロテン当量	3600 μg
	B1	0.06mg
	B2	0.17mg
	C	66mg

イタリア語の別名はルッコラ。イタリア料理ではサラダだけではなくピザのトッピングにも使われる人気のハーブですが、ごまの香りがあるためか、日本人にもなじみやすいようです。ピリリと辛い風味の正体は、アリルイソチオシアネート。わさびやだいこんと同じこの辛みには、抗菌や抗がん、血栓予防作用があることが知られています。また、辛みの刺激が食欲不振に有効です。栄養価も高く、抗酸化ビタミンのβ-カロテン、ビタミンC、ビタミンE、ビタミンKを揃って含むほか、カルシウム、カリウム、マグネシウムなどもバランスよく含んでいます。

保存法
キッチンペーパーで包み、ポリ袋に入れて、冷蔵庫の野菜室へ。

ペーストにしてたっぷり利用

辛みが強いので、サラダなどでは食べられる量が限られている。使い勝手がよいペーストにしておくと、保存性も高まる。ロケットの葉、オリーブオイル、にんにく、くるみなどのナッツ類をミキサーにかけるだけ。あとは塩で味を調える。コクを出したかったらパルミジャーノ・レッジャーノを、あっさり仕上げたければレモン汁を加えるなど、アレンジも楽しんで。パスタと和えたり、ドレッシングのベースにしても。

流通カレンダー
1 2 3 4 5 6 7 8 9 10 11 12

花も食用に

十字架のようなかわいい花も食用になる。ロケットは白、野生種のセルバチコは黄色い花をつける。料理のトッピングに。

セルバチコ（野生種）

葉先までピンとしてハリがある
香りがよい

ミント

使いみちが多い便利ハーブ

　さわやかな香りのミントは、世界中にたくさんの品種が分布しています。よく利用されるペパーミントやスペアミントのほか、アップルミント、和ハッカなど、いろいろな品種の苗が出回り、栽培を楽しむ人も多いでしょう。

　ミントの香りに含まれるメントールという精油成分には痛みを和らげる作用があり、特に胃の痛みや頭痛に有効だといわれています。また、脳を刺激するため、集中力を高めたり、眠気を吹き飛ばしたりする働きも。殺菌作用も確認されているので、気温が高い時期、飲み物にフレッシュミントを加えるのもよいアイデアです。

英名 Mint
和名・別名 ハッカ

保存法
水に挿して保存。水は毎日交換します。

香りがよいもの
みずみずしく、ハリがある
ペパーミント

辛 五味
涼 五性
肝・肺 帰経

和ハッカ
スペアミント

簡単ミントスプレー

手でちぎって細かくしたフレッシュミントをガラスビンに入れ、消毒用エタノールをひたひたになるくらいに注ぐ。一晩置いたら、葉を取り出す。これをスプレー容器に入れ、4倍ほどの水で薄めて、ルームスプレーとして利用。抗菌や消臭作用がある。

余ったときには飲み物に

ミントはほかの茶葉との相性がよいのが特徴。普段飲んでいるほうじ茶やジャスミン茶などにミントの葉を加えてみては。香りや有効成分は湯のほうが抽出されやすいので、機能性を重視するならホットで。

流通カレンダー
1 2 3 4 5 6 7 8 9 10 11 12

オレガノ

イタリアン風味はお任せ

英名 Oregano
和名・別名 花薄荷

　イタリア料理やメキシコ料理の風味づけに欠かすことができないハーブです。特にトマトやチーズとの相性がよく、ミートソースなどの煮込み料理やピザの味の決め手となります。フレッシュよりもドライにしたほうが、香りが強くなります。マジョラムとよく似ていますが、オレガノのほうがより香りが強いため、「ワイルド・マジョラム」と呼ばれることもあります。

　精油には殺菌作用があるカルバクロールを含むため、風邪や気管支炎、消化不良などに効果があるといわれています。

できれば
花が咲く直前のものが
香りが高い
葉色が鮮やかで
ハリがある

ドライハーブの作り方

ハーブが重ならないようザルに広げ、直射日光が当たらず風通しがよい場所において乾燥。手で触って、葉がパリパリしていたら完成。オーブンなどを使って高い温度で乾燥させると、香りなどの揮発性の有効成分の損失が多くなるので、注意する。通常、ドライハーブの成分量は、フレッシュハーブの4倍といわれている。

流通カレンダー
1 2 3 4 5 6 7 8 9 10 11 12

保存法
水に挿して保存。水は毎日交換します。

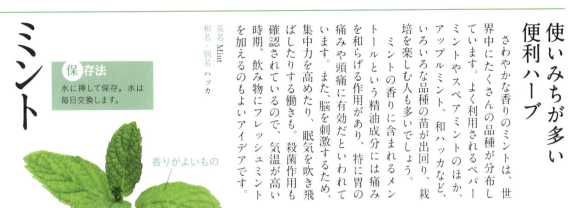

ローズマリー

英名 Rosemary
和名・別名 迷迭香

抗酸化力No・1 ハーブ 認知症予防にも

　針葉樹のような見た目のシソ科の低木で、森のような香りがあります。強い香りは臭みを消すだけでなく、殺菌作用もあることから、よく肉料理に用いられるハーブです。ワインにひと枝漬け込んで、香りを移したローズマリーワインもよいでしょう。

　ハーブの中でも特に抗酸化力が高く、「若返りのハーブ」という別名もあるほど。血行促進作用があるフラボノイドを含むため、肌の若返りや動脈硬化予防に有効です。また、記憶力の低下を抑えるロスマリン酸を含み、認知症予防効果があると話題になっています。

肉厚で色が
鮮やかなもの
触ると少し
ベタつくくらいのものが
香りがよい

若返り成分が集合

血液循環を促進するフラボノイドのルテオリンを含む。血流がよくなると、肩こりや腰痛が改善されるだけでなく肌のツヤや張りも戻り、若返りにつながる。記憶力を取り戻す作用があるロスマリン酸や、脂肪の吸収を抑制するクロロゲン酸も。これらはいずれも強い抗酸化力があるポリフェノールで、それら多様な成分の相乗効果が見込めるのがローズマリーの凄さ。

保存法
水に挿して保存。水は毎日交換を。

香りには抗菌作用も

ローズマリーに含まれる主な香り成分は、ユーカリに似たシネオールと、針葉樹のようなピネン。どちらにも強い抗菌作用があり、肉や魚の下処理にも。

流通カレンダー

	1	2	3	4	5	6	7	8	9	10	11	12
周年												

タイム

英名 Thyme
和名・別名 百里香
エネルギー（100g中）352kcal
糖質量（100g中）69.8g

強い殺菌力で感染症を予防

　ハーブの中で最も殺菌力が高く、古代エジプトではミイラを作る際、防腐や保存の目的でタイムを用いたとの記録が残っています。強い香りは煮込んでも風味が残るため、パセリ、セージ、ローズマリーとともにブーケガルニによく使われます。また、マリネなどの漬け込みにも重宝します。

　葉にはフラボノイドが含まれ、発汗や利尿作用があります。精油に含まれるチモールやカルバクロールという成分に殺菌作用があり、タイムのティーは喉の痛みや咳などの呼吸器系に、特に有効なようです。

食品成分表（粉 100gあたり）

たんぱく質		6.5g
脂質		5.2g
炭水化物		69.8g
無機質	カルシウム	1700mg
	鉄	110.0mg
ビタミン	A　β－カロテン当量	980 μg
	B_1	0.09mg
	B_2	0.69mg

葉色は鮮やかで、
密集しているもの
葉がやわらかく、
香りがよい

精油成分のチモールやカルバクロール

タイムの殺菌力はクレゾール以上だとか。香りの主成分はチモールで、ややスパイシーな香り。カルバクロールはヒノキに似た香り成分で、どちらも抗菌、抗カビ作用が。

保存法
水に挿して保存。水は毎日交換を。

流通カレンダー

	1	2	3	4	5	6	7	8	9	10	11	12
周年												

ディル

甘く温かい香りが魚介類とマッチ

セリ科のハーブで、フェンネルに似て香りが高いのが特徴。魚料理、特にサーモンのマリネにディルの葉は欠かせません。香りのよい花や種はピクルスの風味づけに。

甘い香りは精油のカルボンやリモネンという成分で、消化促進や食欲増進効果が。寝つきをよくするため、古代ローマ人は枕元にディルを置いていたといわれます。

英名 Dill
和名・別名 イノンド

肉厚で色が鮮やかなもの
触ると少しベタつくくらいのものが香りがよい

保存法
キッチンペーパーで包み、ポリ袋に入れて、冷蔵庫の野菜室へ。

香り成分カルボンとは
精油成分カルボンはキャラウェイの香りの主成分。キャラウェイはザワークラウト（キャベツの酢漬け）に使われるスパイス。カルボンはスペアミントにも含まれ、さわやかな甘さが特徴。

レモングラス

緊張から解放されてリフレッシュできる

ススキのような姿で、レモンに似た香りがあるイネ科のハーブで、原産地はインド。鶏肉や魚介類との相性がよく、トムヤムクンをはじめ、タイ料理やベトナム料理の風味づけには欠かせません。さわやかなレモンの香りにはリフレッシュ効果があります。

香りはシトラールやシトロネラールという精油成分で、胃腸の機能を促進する働きがあるほか、蚊を寄せつけない効果があることから、防虫剤にも用いられています。

英名 Lemongrass
和名・別名 檸檬草、檸檬茅

葉が折れておらず、みずみずしいもの

保存法
使いやすいサイズにカットして、葉先は乾燥させて保存。茎の部分は冷凍で保存。

シトラールはレモンの香り
レモンやレモングラスに含まれる香り成分。レモンよりレモングラスのほうが多く含み、やや重たい香り。抗菌、抗炎症、鎮静、鎮痛など多くの作用が。

フェンネル

甘い香りは消化を助ける

古代ローマ時代から使われてきたハーブで、全草を利用します。葉は魚料理やサラダのトッピングに、茎はスライスしてサラダに、花はピクルスやサラダに、種子はスパイスとしてカレーなどに使われます。

ポリフェノールのケルセチンやルチンを含み、血管を保護し、血流を促進する働きがあります。また、甘い香りはアネトールという精油成分で、消化を促進して、お腹の張りを和らげるほか、咳を鎮める作用があります。

英名 Fennel
和名・別名 ウイキョウ

葉色が濃すぎず、やわらかいもの
茎の部分は色変わりがなく、ふっくらしている

保存法
キッチンペーパーで包み、ポリ袋に入れて、冷蔵庫の野菜室へ。

精油成分アネトール
フェンネルやアニスに多く含まれる甘くスパイシーな香り。歯磨き粉などの製品やリキュールの味付け、咳を鎮める作用を活かして、咳止めシロップにも使われている。

甘・辛 五味
温 五性
肝・胃・大腸 帰経

チャービル

英名 Chervil
和名・別名 茴香芹、セルフィーユ

フランス人好みの美しさと上品さ

上品で甘い香りと羽のようにやわらかい葉はフランス人に特に好まれ、「美食家のパセリ」とも呼ばれています。白身魚や鶏肉、卵との相性がよく、風味と見た目の両方で料理を引き立てます。また、チャービルには消化促進作用があるといわれています。

フランスでは、チャービル、パセリ、チャイブ、タラゴン、ディルなど、デリケートな香りのハーブ数種類を合わせ、細かく刻んだものをフィーヌゼルブ（ミックスハーブの意味）と呼んで、いろいろな料理に使われます。

やわらかく、色が鮮やかなもの
葉の切れ込みが細かいもの

チャービルのティーは高血圧予防に

チャービルはフレッシュなものを使うことが多いが、ティーは上品な香りが広がるのでおすすめ。高血圧予防に効果も。

保存法

キッチンペーパーで包み、ポリ袋に入れて、冷蔵庫の野菜室へ。

チャイブ

英名 Chive
和名・別名 西洋あさつき、えぞねぎ
エネルギー（100g中）33 kcal
糖質量（100g中）2.3 g

マイルドな香りのねぎ系ハーブ

ねぎの仲間ですが、あさつきよりも細く、マイルドな香り。フランスではシブレットと呼ばれる人気のハーブです。初夏に咲くポンポンのようなピンクの花も、サラダに散らすなどして食べられます。

β-カロテンやビタミンC、カリウム、鉄などとともに、辛み成分の硫化アリルを含みます。抗菌作用があり、免疫力のアップも期待できます。

色が鮮やかで、折れ曲がっていないもの

保存法

根元を湿らせたキッチンペーパーで包み、ポリ袋に入れて、冷蔵庫の野菜室へ。

花も使える

チャイブの丸い花は、小さな花の集まり。そのひとつひとつを外してサラダに散らしたりする。やわらかい茎も葉と同じように食べられる。

セージ

英名 Sage
和名・別名 ガーデンセージ
エネルギー（100g中）384 kcal
糖質量（100g中）66.9 g

抗酸化力が強い「救い」のハーブ

クセのある強い香りには抗菌や抗ウイルス作用があり、古代ギリシャ時代から薬用に用いられてきたハーブです。肉や内臓料理の臭み消しにもよく使われています。

口内炎や歯肉炎といった口の中の粘膜の炎症にはセージティーのうがいが有効です。また、更年期の女性にありがちなホットフラッシュを鎮める働きも知られています。抗酸化力が高く、アンチエイジング効果も。

食品成分表（粉 100gあたり）

たんぱく質		6.4g
脂質		10.1g
無機質	カルシウム	1500mg
	鉄	50.0mg
ビタミン	A　β-カロテン当量	1400 μg
	B1	0.09mg
	B2	0.55mg

肉厚で、ハリがあるもの
白いうぶ毛がはえている

女性のためのハーブ

セージに含まれるタンニンには収れん作用があり、月経過多や多汗などの症状を抑える働きがある。ホルモンバランスを整えるので更年期の諸症状だけでなく、月経不順の改善にも。

保存法

茎を湿らせたキッチンペーパーで包み、ポリ袋に入れて、冷蔵庫の野菜室へ。

ローリエ

香り高く輝く葉は勝利と繁栄の象徴

ローリエはフランス語で月桂樹の葉のこと。シチューやソースなど煮込み料理の風味づけに、単品で、またはほかの香草と一緒に束ねたブーケガルニとして使います。

ローリエの甘くすっきりとした香りには、精油成分のリナロールやオイゲノール、シネオールが含まれます。抗菌作用のほか、消化促進や食欲増進効果があるといわれています。

古代ギリシャ時代、競技の勝者にローリエの冠（月桂冠）が贈られたことから、勝利や名誉の象徴となりました。

英名 Bay Leaf
和名・別名 月桂樹、ベイリーフ

香り成分のオイゲノール

スパイスのクローブ（チョウジ）に多く含まれる、強くスパイシーな香り。ローリエのほか、ジャスミンやローズの花にも含まれる精油成分。抗菌、抗炎症、鎮痛、健胃などの効果が。

保存法

ドライリーフは乾燥剤を入れて密封容器で保存。

タラゴン

シャープな香りが食欲をそそる

エストラゴンという仏名のほうがよく知られているように、フランス料理に欠かせないハーブのひとつです。甘くてシャープな香りとピリッとした辛みがあり、卵、野菜、鶏肉など、さっぱりとした素材に合わせるとアクセントになります。酢に漬け込んだタラゴンビネガーもおすすめ。

英名 Tarragon
和名・別名 フレンチタラゴン、エストラゴン

保存法

キッチンペーパーで包み、ポリ袋に入れて、冷蔵庫の野菜室へ。

クセを有効利用

辛みや苦みがあるので、苦い薬を飲む前、歯が痛むとき、口臭が気になるときなどに、生の葉を噛むとよいといわれる。

カモミール

世界中で親しまれている人気ハーブティー

カモミールティーは古くから薬効の高いお茶として飲まれています。ドイツでは「母なる薬草」ともいわれ、子どもの風邪のひき始めや腹痛のときに、お母さんが飲ませるそうです。抗酸化作用があるフラボノイドを含み、鎮静作用や消炎作用があることが知られています。ジャーマン種とローマン種があります。キク科アレルギーのある人は注意しましょう。

英名 Chamomile
和名・別名 カミツレ

保存法

水に挿して保存。水は毎日交換する。

オールマイティーなハーブティー

カモミールには消炎、鎮静、鎮痙、駆風作用があり、胃痛、月経痛、冷え性、不眠などに有効。ポリフェノールのアピゲニンやルテオリンを多く含むため抗酸化作用も期待できる。

レモンバーム

色が鮮やかで
ハリがあり、
みずみずしいもの

保存法
キッチンペーパーで包み、ポリ袋に入れて、冷蔵庫の野菜室へ。

シトロネラールはどんな香り？
柑橘のような香りで、抗菌、抗炎症作用があり、ナチュラルな虫除けにも利用されている香り。

英名 Lemon balm
和名・別名 香水薄荷、西洋山薄荷

神経の高ぶりを鎮め記憶力も蘇る

ミントに似ていますが、葉にはレモンのような香りがあります。飲み物やデザートのほか、鶏肉や魚介のマリネの香りづけにも使います。

香りにはシトロネラールやシトラールといった精油成分が含まれ、神経の高ぶりを鎮める作用のほかに認知症予防効果も期待されます。

セボリー

葉色が濃く、
よく茂っている
ウインター種

保存法
水に挿して保存。水は毎日交換します。

ウインター種とサマー種
セボリーには一年草のサマーセボリー（キダチハッカ）と常緑性低木のウインター種（ガーデンセボリー）があり、ウインター種は香りや辛みが強く、肉の臭み取りに。

英名 Savory
和名・別名 木立薄荷

豆とよく合う強めの香り

ピリッとした辛みのあるハーブで、タイムに似た香りがあります。豆の煮込み料理によく使われるため、別名は「豆のハーブ」。健胃作用があり、消化促進や疲労回復効果があります。香りが強いので、使いすぎにはご注意を。

フランスのプロバンス地方では、セボリーやタイム、バジル、フェンネルなど、複数のハーブをミックスした調味料エルブドプロバンスを日常的に利用しています。

レモンバーベナ

葉先までピンと
ハリがある
香りが強い

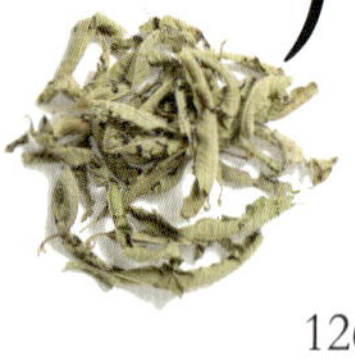

保存法
湿らせたキッチンペーパーで茎を包み、ポリ袋に入れて冷蔵庫の野菜室で。

最高のイブニングティー
食後から就寝前までのリラックスタイムに飲むお茶がイブニングティー。レモンバーベナには消化促進作用もあり、フランスでは最高のイブニングティー。

英名 Lemon verbena
和名・別名 香水木

レモンの香りで緊張をほぐす

心地よいレモンの香りを持つ低木ハーブ。お茶で飲むほか、香りを閉じ込めたゼリーやフルーツコンポートの香りづけなどに利用するとよいでしょう。

上品な香りは精油成分のシトラール。心を穏やかにして、体を緩める作用があり、食後や就寝前のハーブティーに最適です。食欲がないときにもおすすめ。

しいたけ

しいたけには食物繊維のほかに、がん抑制に効果があるといわれているβ-グルカンや、コレステロール値を下げるエリタデニン、ビタミンDの補給に役立つエルゴステロールなど注目すべき成分がたくさん含まれています。

600年近く前の中国では、しいたけはその薬効から医薬品として重宝されていたことが医書『日用本草』に記載されています。日本でも風味がよいことから古くから大変珍重されてきました。本格的に食用にされ始めたのは室町時代頃で、八代将軍足利義政に干ししいたけが献上された内容の文献が見つかっています。江戸時代に入ると、しいたけ栽培が始まり、ようやく庶民にも手が届く食材になりました。

現在では流通している8割がおがくずと栄養剤を合わせたものを菌床にして菌を植えつける菌床栽培で生産されています。林内、または菌床栽培と同じ施設で、クヌギやナラの丸太に菌種を植えつけて育てる原木栽培という方法も行われていますが、自然の中で育てる場合には、天候によって収量や品質が大きく左右されるため、大量生産には向いていません。

食品成分表
（菌床栽培 可食部100gあたり）

たんぱく質		3.0g
脂質		0.3g
炭水化物		5.7g
無機質	カルシウム	1mg
	鉄	0.3mg
ビタミン	B1	0.13mg
	B2	0.20mg

保存法
湿気に弱いので、キッチンペーパーで包みポリ袋に入れて野菜室へ。軸を上にして保存。

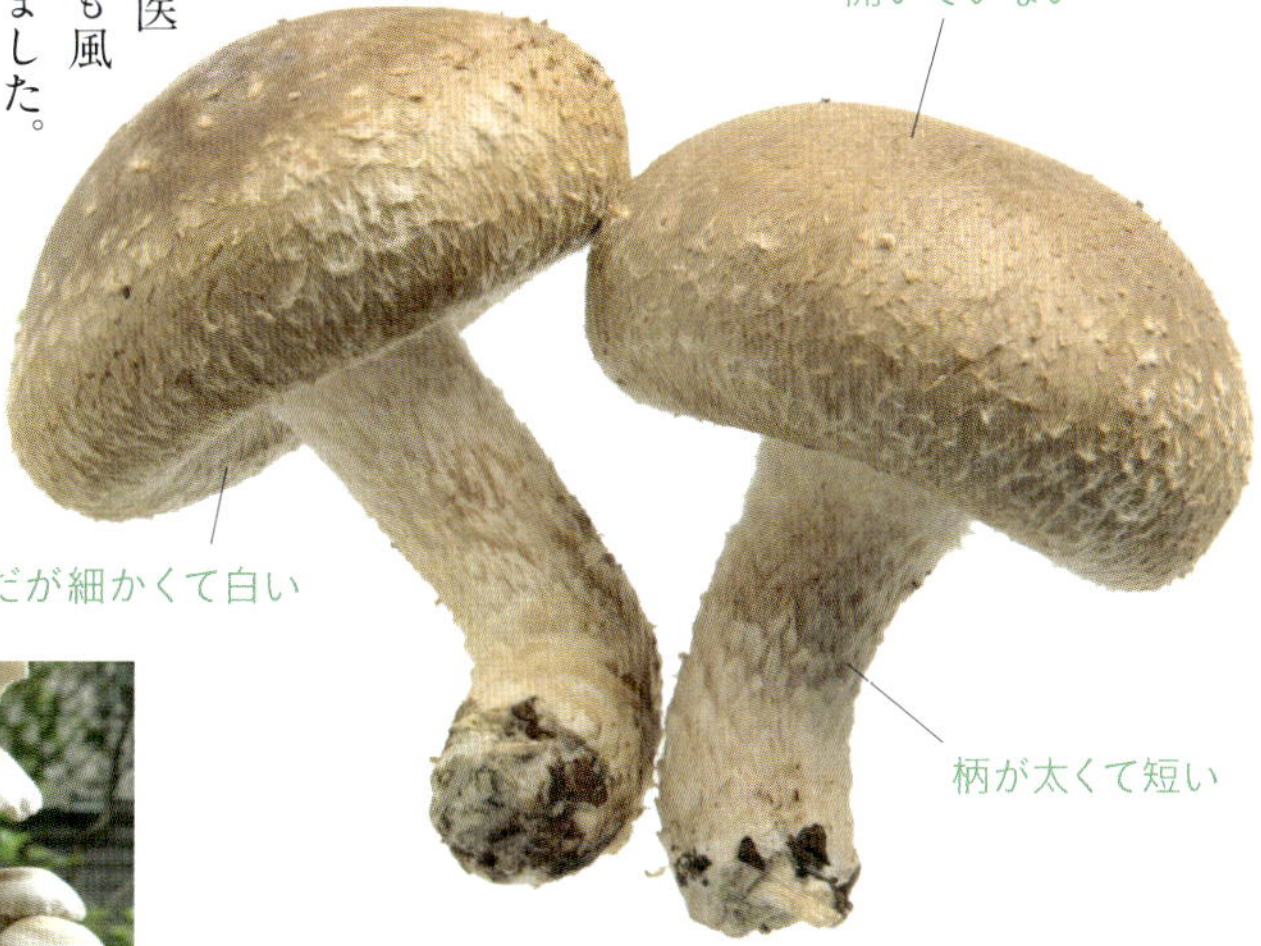

カサに丸みがあり、開いていない
ひだが細かくて白い
柄が太くて短い

流通している ほとんどが人工栽培

英名 Shiitake mushroom
和名・別名 椎茸
エネルギー（100g中）19kcal
糖質量（100g中）1.5g

甘 五味
平 五性
肝脾胃 帰経

エリタデニン

悪玉コレステロールを減らす

エリタデニンは、しいたけやマッシュルームから抽出されるきのこ特有の成分で、血液中の悪玉（LDL）コレステロール量を低下させる効果があります。コレステロールの代謝がよくなると、血液の流れがよくなり、血栓ができにくくなります。動脈硬化や血圧の上昇を抑えることができるため、生活習慣病の予防に効果があるといわれています。
エリタデニンはマッシュルームの100倍近い量がしいたけに含まれるため、しいたけのほうが効率よく摂取することができます。この成分は水に溶けやすいので、干ししいたけの戻し汁の中にも含まれます。熱にも強いので、だし汁ごといただくとよいでしょう。

動脈硬化予防

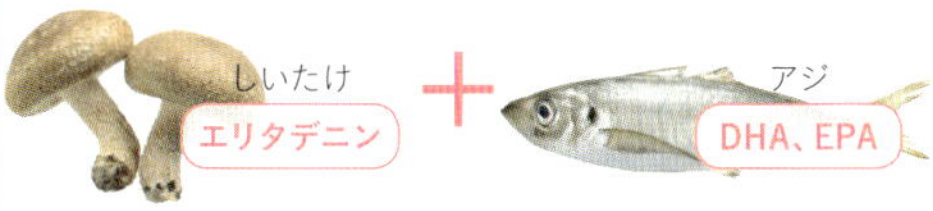

しいたけ
エリタデニン
＋
アジ
DHA、EPA

冷凍すると栄養価と旨みがアップ

冷凍すると、細胞内の水分が膨張し、細胞壁が壊れるため、栄養分や旨みが溶け出し、体内で吸収しやすくなる。柄の部分は冷凍すると食感が変わってしまうので、カサ部分のみ冷凍して。使うときは凍ったまま調理を。解凍すると水分が抜けて食味が悪くなってしまう。

柄でだしをとる

柄を天日干しして、カラカラに乾燥させる。みそ汁や鍋などに入れると旨み成分が出るので、だしとして使える。

水洗いはなるべくしない

水にさらすと香りや旨みが逃げてしまい、食感が悪くなる。汚れがある場合は、湿らせたキッチンペーパーなどで拭き取るように。

まいたけ

まいたけ特有成分のMDフラクションに注目

英名 Maitake mushroom　和名・別名 舞茸
エネルギー（100g中）15kcal　糖質量（100g中）0.9g

五味 甘
五性 温
帰経 脾

β-グルカンは抗がんも期待

サルノコシカケ科のきのこで、独特の香りと歯ごたえがあります。名前の由来に「見つけると舞うほどうれしい」という一説があるほど、旨みが強いのが特徴です。

近年の研究で、まいたけには強い抗がん作用があることがわかってきています。抗がん剤などにも使われているβ-グルカンは、しいたけやえのきだけ、しめじなど、ほかのきのこにも含まれる成分なのですが、まいたけのβ-グルカンはこれらとは化学構造が違い、腫瘍の増殖を抑制する働きがあるといわれ、免疫療法に活用されています。このまいたけ特有のβ-グルカンは、MDフラクションと名付けられています。MDフラクションは加熱しても効果に変わりがないので、鍋物や煮物などにしたときは、汁ごと食べるようにするとよいでしょう。

また、きのこ類の中でもナイアシンが多く含まれているのが特徴で、三大栄養素（たんぱく質、脂質、炭水化物）の代謝を促す作用があります。皮膚や粘膜などを活性化させるので、肌荒れや風邪予防などにも役立ちます。ビタミンD_2前駆体のエルゴステロールも含有していますので、骨や歯を丈夫にする効果もあります。

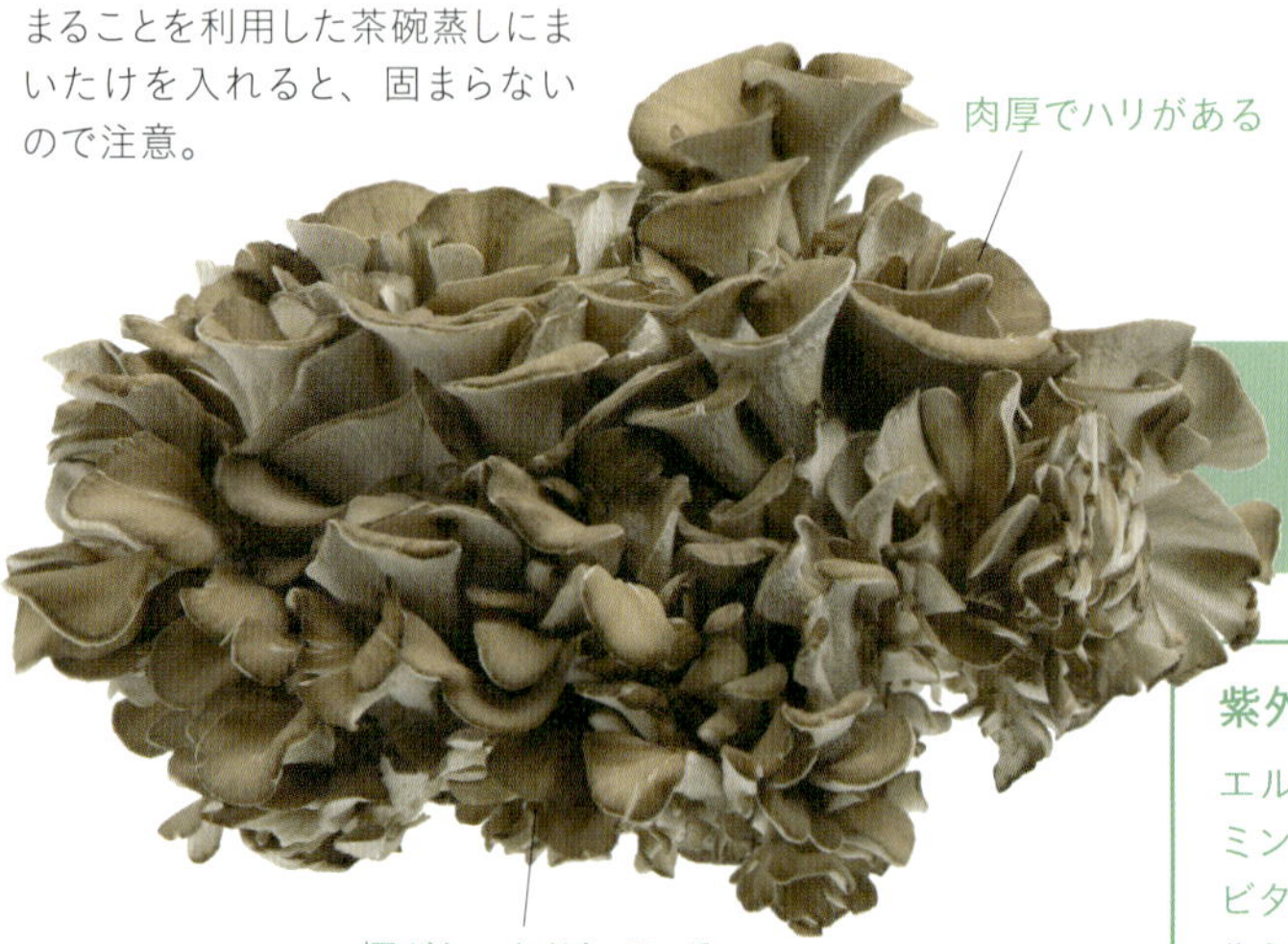

白まいたけ

まいたけよりもやわらかく、クセがない。煮汁が黒ずまない。

保存法

生のまま保存する場合は、水で洗わず小分けしてポリ袋に入れて野菜室へ。

エルゴステロール

紫外線を浴びるとビタミンD_2に変わる

エルゴステロールは、きのこ類に含まれるビタミンD_2の前駆体のことで、紫外線を受けるとビタミンD_2に変わります。ビタミンD_2は、カルシウムやリンなどのミネラル分を調節する働きがあるため、骨粗しょう症予防やストレスの軽減、成長期の子どもの骨や歯の形成などに役立ちます。ビタミンD_2の量を増やすためにも、きのこ類を食べるときは、カサの裏にあるひだ側を上にして太陽光に当てるようにしましょう。30分ほどでも紫外線に当てると、含有量を増やすことができます。

ビオチン

体内の酵素を活発にする

ビタミンB群に属する水溶性のビタミンで、まいたけなどのキノコ類にも多く含まれています。体内の酵素を活性化させ、たんぱく質、脂質、炭水化物の材料であるアミノ酸、脂肪酸、糖の合成やエネルギーの生成を助ける働きがあります。体内で合成されますが、不足すると皮膚の炎症などを引き起こします。

食品成分表（可食部100gあたり）

たんぱく質		2.0g
脂質		0.5g
炭水化物		4.4g
無機質	鉄	0.2mg
ビタミン	B_1	0.09mg
	B_2	0.19mg

冷凍すると風味がアップする

冷凍すると細胞内の水分の体積が増えて、細胞膜が壊される。細胞が生きている間は活動しないヌクレアーゼと呼ばれる酵素が、核酸RNAを分解し、旨み成分が発生して風味がアップ。

肉料理との相性が◎

たんぱく質を分解するプロテアーゼが含まれているので、肉をまいたけと一緒に調理するとやわらかくなる。反対にたんぱく質が固まることを利用した茶碗蒸しにまいたけを入れると、固まらないので注意。

温度によって旨みが変わる

旨み成分であるグアニル酸は60～70℃で加熱されると増えるが、それより低かったり沸騰させてしまうと旨み成分は増えない。汁物を作るときは、水からまいたけを入れて、60～70℃の温度をなるべく長時間キープするとよい。

しめじ

年間を通して安価で楽しめる

英名 Shimeji mushroom
和名・別名 湿地、占地
エネルギー（100g中）18 kcal
糖質量（100g中）1.3 g

しめじは腸内環境を整える不溶性食物繊維が豊富な上、紫外線に当てることで、ビタミンD_2に変わるエルゴステロールも多く含んでいます。また、エネルギー代謝に関わるビタミンB_2が多く、活性酸素の働きを阻害する効果があります。水溶性なので、しめじから出てきた水分まで一緒に食べるとよいでしょう。

しめじとして一般に流通している品種はカサが薄茶色のぶなしめじで、天然品には苦味が少しありますが、栽培種はクセがありません。歯ごたえがよく、炒め物や煮物、鍋物や和え物など、どんな料理にも合うため、人気があります。ほかにも、真っ白なぶなしめじや、ぶなしめじを大きくしたようなはたけしめじ、カサがふっくらした5～13cmほどあるほんしめじなどがあります。

食品成分表
（ぶなしめじ 可食部100gあたり）

たんぱく質		2.7g
脂質		0.6g
炭水化物		**5.0g**
無機質	カルシウム	1mg
	鉄	0.4mg
ビタミン	B_1	0.16mg
	B_2	0.16mg

色が濃すぎない
カサが小さく、締まりがある
柄がしっかりしている

しめじの酒煎り

酒に塩少々を加えて煮立たせた中に小房に分けたしめじを入れ、水気が出てきたらザルにあげて水分を切る。粗熱が取れたら、和え物に。

しめじのオルニチンはシジミ以上！

肝臓の代謝機能を高めたり、成長ホルモンの分泌に影響するオルニチンは、シジミに含まれていることで有名だが、100gあたり含有量20mg。それに対してしめじには140mgも含まれる。

保存法

水で洗わず石づきがついたまま、ポリ袋に入れて野菜室へ。冷凍保存する場合は、水で洗わず石づきを取り、小分けにして保存袋に入れて冷凍。

えのきだけ

光を遮断して作る白えのきだけ

えのきだけは、低カロリー食材で、食物繊維を豊富に含むためダイエット食材としても最適です。えのきだけが含むキノコキトサンと呼ばれる食物繊維の一種は、腸内で善玉菌を増やしたり、有害物質を吸着排泄する役割があるといわれ、便秘の改善にも効果があります。また、近年、えのきだけに含まれているEA6という糖たんぱく質成分にがん抑制効果があることが報告され、注目を集めています。

えのきだけは落葉高木樹の榎木が朽ちた根株に生えるので名づけられたといわれています。また、煮るとぬめりが出てなめこと似た食感になるため、なめたけとも呼ばれます。

光を遮断して育てる軟白栽培したものが多く流通していますが、カサが茶色で柄がベージュ色のものや、全体に薄茶色をしたものなどもあり、一年中出回っています。

英名 Enoki mushroom
和名・別名 榎茸
エネルギー（100g中）22 kcal
糖質量（100g中）3.7 g

食品成分表（可食部100gあたり）

たんぱく質		2.7g
脂質		0.2g
炭水化物		7.6g
無機質	鉄	1.1mg
ビタミン	B_1	0.24mg
	B_2	0.17mg

保存法

生の場合は石づきを切り落として、ポリ袋に入れて野菜室で保存。冷凍する場合はそのまま冷凍庫へ。3週間ほど日持ちする。

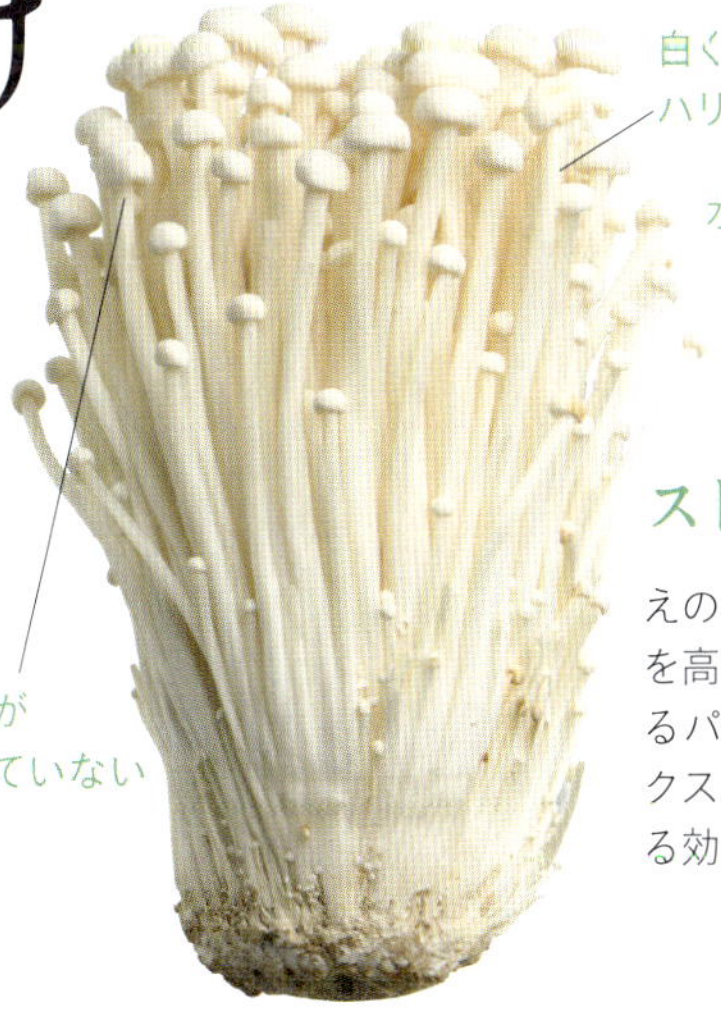

白くてハリがある
水っぽくない
カサが開いていない

ストレスを緩和する

えのきだけには副交感神経の働きを高めるGABAとストレスに強くなるパントテン酸が含まれ、リラックスして穏やかな気持ちでいられる効果が得られるといわれる。

石づき部分、どこまで食べていい？

おがくずがついた部分以外は全て食べられる。バラバラにならずにくっついている根元部分にも栄養や旨みがたっぷり。
無駄にせず、もっちりした食感を楽しんで。

エリンギ

英名
King trumpet mushroom
和名・別名
エリンギ
エネルギー（100g中）
19kcal
糖質量（100g中）
2.6g

食品成分表（可食部100gあたり）

たんぱく質		2.8g
脂質		0.4g
炭水化物		6.0g
無機質	鉄	0.3mg
ビタミン	B_1	0.11mg
	B_2	0.22mg

カサの色が薄く、裏のひだがきれいなもの
強さとかたさがある

低カロリーでダイエット食材に

100gあたり19kcalと低カロリーなのに、食感がコリコリとして歯ごたえがあるため、満腹感も得られる。

保存法

水で洗わず石づきがついたまま、ポリ袋に入れて野菜室へ。冷凍保存も可能。

免疫力アップでアレルギー予防にも

きのこの細胞壁に含まれる食物繊維の一種であるβグルカンは、免疫力を活性化させる働きがあり、アレルギーの予防や改善効果が期待されています。腸に直接働きかけるので、空腹時に食べるのがおすすめです。

ヨーロッパ原産のきのこで、日本で栽培されるようになったのは1993年のこと。歯触りがよく、クセがないため急速に普及しました。

きくらげ

英名 Jew's ear
和名・別名 木耳
カロリー（100g中 乾燥） 167kcal
糖質量（100g中） 13.7g

食品成分表
（乾燥 可食部100gあたり）

たんぱく質		7.9g
脂質		2.1g
炭水化物		71.1g
無機質	カルシウム	310mg
	鉄	35.2mg
ビタミン	B_1	0.19mg
	B_2	0.87mg

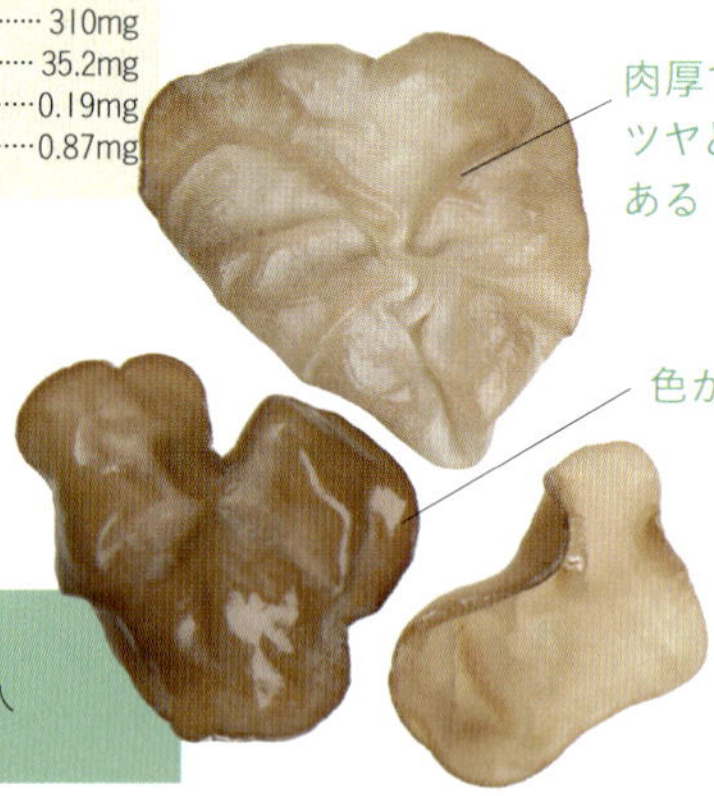

肉厚でツヤとハリがある
色が濃い

食物繊維がごぼうの3倍

きくらげには不溶性、水溶性どちらの食物繊維も含まれていて、整腸作用に優れている。

保存法

生のきくらげは、ポリ袋に入れて野菜室で保存。

カルシウムの補給源

中国料理の食材でおなじみのプリプリ、コリコリとした食感のきのこ。乾燥したものが多く流通していましたが、最近では国産の生きくらげの流通も増えています。生のほうが乾燥したものに比べると弾力があるのが特徴です。

カルシウムが多く含まれているため、骨や歯を丈夫にしたり、イライラする気持ちを鎮める効果があります。ビタミンDも含むため、カルシウムの吸収率を高めてくれます。

なめこ

英名 Nameko mushroom
和名・別名 滑子
エネルギー（100g中） 15kcal
糖質量（100g中） 2.0g

食品成分表（可食部100gあたり）

たんぱく質		1.8g
脂質		0.2g
炭水化物		5.4g
無機質	カルシウム	4mg
	鉄	0.7mg
ビタミン	B_1	0.07mg
	B_2	0.12mg

保存法

傷みやすいので、買ってきたら2～3日中には使うこと。パックのまま冷凍保存することもできる。

カサが割れているものは避ける
カサの大きさが揃っている
ぬめりが濁っていない

ストレスに対応する

補酵素パントテン酸は、副腎皮質ホルモンの合成を促進し、ストレスを感じたときに緩和する働きがある。

細胞に潤いを与えるぬめり成分

独特のぬめりには、粘膜を保護する働きのある粘質成分のほか、コンドロイチン硫酸という成分も微量ですが含まれています。肌に弾力を与えたり、関節をスムーズに動かす効果が期待されています。

多くはつぼみの状態で収穫されますが、株の状態で出荷されるかぶとりなめこや、大きく育てたジャンボなめこもあります。

マッシュルーム

旨み成分が多く味が濃い

水溶性のビタミンであるパントテン酸を含んでいて、糖質や脂質などの代謝を補助する役割をしています。また善玉コレステロールの生成を促進し、腸内環境を整える効果もあります。コロンとした丸いカサを持つヨーロッパ原産のきのこで、世界一生産量が多いきのこといわれています。白色種と茶色種があり、日本では白色種のほうが多く流通しています。

食品成分表（可食部100gあたり）

たんぱく質		2.9g
脂質		0.3g
炭水化物		2.1g
無機質	カルシウム	3mg
	鉄	0.3mg
ビタミン	B_1	0.06mg
	B_2	0.29mg

英名 Common mushroom
和名・別名 作茸
エネルギー（100g中）11kcal
糖質量（100g中）0.1g

カサの表面がつるっと丸く、割れていない
切り口がきれい

シャンピニオンエキスは消臭効果がある

マッシュルームから抽出されるエキスで、腸内の善玉菌を増やし、体臭や口臭などを減らす効果が。

保存法
水で洗わず、ポリ袋に入れて野菜室へ。

まつたけ

秋の味覚を代表するきのこ

香り高いまつたけは、栽培が難しく、国産品は流通量が少ないため、毎年高値で取引されています。近年では、中国、カナダ、アメリカ、トルコ、フィンランドなどからの輸入品が増え、スーパーなどでも比較的安値で販売されていますが、収穫から時間が経ってしまう上に、検疫で洗浄しなければいけないため、香りが弱まってしまうデメリットがあります。

食品成分表（可食部100gあたり）

たんぱく質		2.0g
脂質		0.6g
炭水化物		8.2g
無機質	カルシウム	6mg
	鉄	1.3mg
ビタミン	B_1	0.10mg
	B_2	0.10mg

保存法
水で洗わず、キッチンペーパーで包んでからポリ袋に入れて野菜室へ。

独特の香りで食欲増進

まつたけの香り成分は、マツタケオールと桂皮酸メチルで、食欲増進や消化酵素の分泌を促す効果があるといわれている。

裏のひだがきれいなもの
カサが開ききっていない
傷みや虫食いがない

英名 Matsutake mushroom
和名・別名 松茸
エネルギー（100g中）23kcal
糖質量（100g中）3.5g

トリュフ

黒いダイヤと呼ばれる高級食材

西洋松露のことで、通常のきのことは形が違い、カサ・ひだ・柄がなく、歪んだ塊状をしています。

消化を助けるアミラーゼが含まれていて、でんぷんを分解する働きがあるため、パスタやパンなどと相性がよい食材です。

キャビア、フォアグラと並ぶ世界三大珍味とも言われ、フランス産の黒トリュフ、イタリア産の白トリュフが特に珍重されています。

英名 Truffle
和名・別名 西洋松露

美肌や美髪に効果あり?!

成長ホルモンに働きかけ、細胞を活性化させて潤いを保つといわれているトリュフ。シャンプーやオイルなどにも使われている。

保存法
氷水で洗い、水分を拭き取ったら、アルミ箔に包み冷凍庫へ。数ヶ月間保存できる。

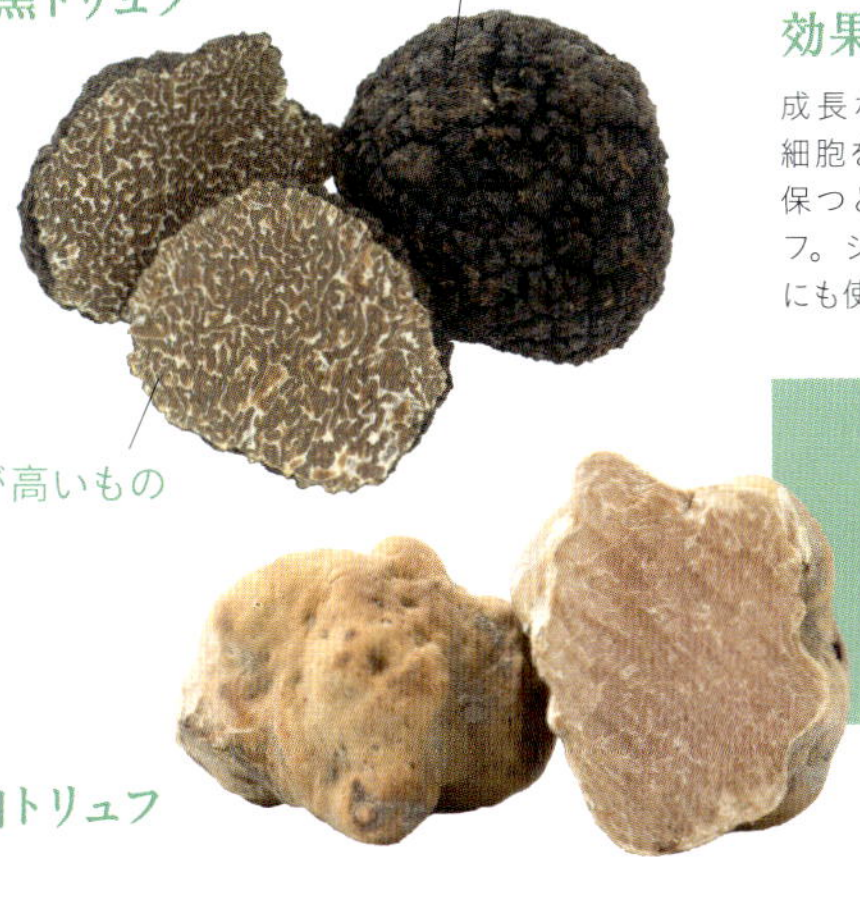
黒トリュフ
ほどよくかたいもの
香りが高いもの
白トリュフ

そのほかのきのこ

栽培きのこ

かきのきだけ

えのきだけに日光を当てることで茶色く着色したもの。えのきだけよりも、シャキシャキとした食感が強いのが特徴です。

はくれいだけ

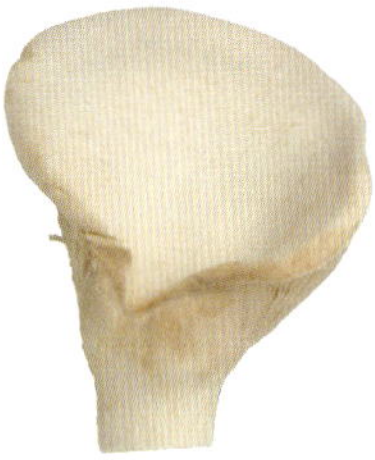

「バイリング」「あわびだけ」と呼ばれる希少種。強い香りと肉厚でシコシコとした食感、クセのない味は、海外では高級食材として珍重されています。

はなびらだけ

主に1000m以上の高山の湿度が高い場所に生息し、自生しているのを見ることはなかなかありません。近年の研究で、免疫力を上げるβグルカンが普通のきのこよりも多く含まれていることがわかっています。

本ひらたけ

世界中の温帯の広葉樹のある山林に発生する一般的なきのこ。幾重にも重なり、大きなかたまりとなることが多く、香りもよく歯ごたえもあり人気があります。

はくおうだけ

普通のきのこに比べて柄の部分が大きく、肉厚でジューシー。旨みが強く、クセがないので料理に重宝されます。

ちゃじゅたけ

やなぎたけの仲間で、柄の部分がシャキシャキとしていて、まつたけのような香りがします。乾燥させることで風味がアップ。

さんごやまぶしだけ

カサも柄もない白い球状のきのこ。水分を含みやすく味にクセがありません。β-グルカンが豊富で、中国では約400年ほど前から食用にされてきました。

たもぎだけ

だしがよく出て、香りがよい黄金色のきのこ。加熱すると、色が落ちて乳白色になってしまいます。

黒あわびだけ

ひらたけの仲間。カサが大きく肉厚で、食感があわびのようなきのこです。

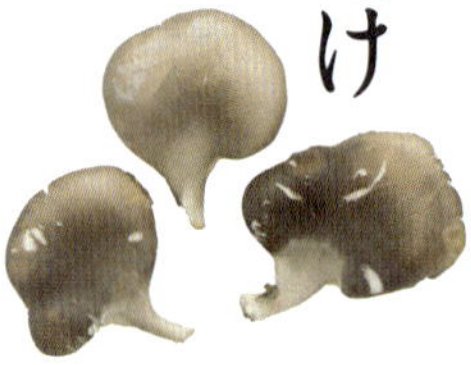

みねごし

きのこ狩りで人気の品種。かすかにほろ苦く、歯切れがよいので炒め物や煮物などにも合います。

とき色ひらたけ

朱鷺（トキ）のピンクの羽の色に似ていることから、この名前がついています。古くなると色が白くなり繊維質になります。

本あわびたけ

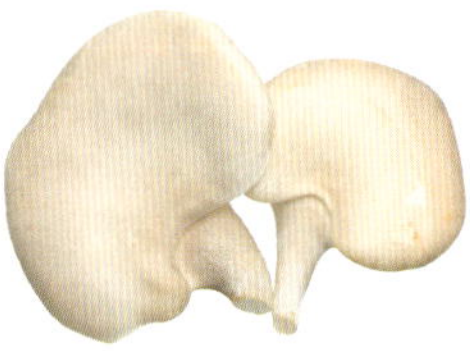

あわびのようなコリコリという食感があります。肉厚で加熱しても水分があまり出ません。

ほうびたけ

もともとはヒマラヤの南山麓で自生していたきのこ。アミノ酸が多いため、旨みが強いきのこです。

松きのこ

広島県で生産されているきのこで、まつたけとしいたけの菌を共生させたことによる突然変異で生まれました。香りはまつたけに似ていてシャキシャキとした食感があります。

コプリーヌ

和名は「ささくれひとよたけ」で、生長してカサが開くと黒く変色して液状に溶けてしまうため、幼菌の状態で収穫し、収穫後も真空パックで出荷されます。

天然きのこ

はつたけ

夏から秋にかけてアカマツやクロマツのマツ科の針葉樹の林床に生え、傷がつくと青緑色に変色するという特性があります。味や香りは特になく、吸い物や炊き込みご飯などにおすすめです。

ぶなはりたけ

扇や貝殻のような形で、秋にブナなどの広葉樹の枯れた幹に生えます。歯ごたえがいいのが特徴。強い甘い香りがあり、一度ゆでると強い香りが軽減するので、下ゆでしてからの調理がおすすめです。

あみたけ

夏から秋にかけてマツの林床に発生。表面にはぬめりがあり、カサの裏側はネット状になっています。毒きのこの「ちちあわたけ」と似ていますが、ゆでて赤紫色に変化すればあみたけです。

しょうげんじ

形が尺八を吹きながら歩く虚無僧にも見えるため、「ぼうずたけ」「虚無僧」などの別名もあります。歯ごたえがよく、上品な香りと味わいで汁物や煮物、炒め物などにおすすめです。

さんごはりたけ

名前の通りサンゴのような形で、カサの部分がない特殊な形のきのこ。秋にミズナラなどの広葉樹の倒木などに生えます。風味にクセはなく、舌触りもよいので鍋や煮物にするとよいでしょう。

くりたけ

柄の部分がシャキシャキとした歯ごたえで、味にクセがないきのこで昔から食用にされてきましたが、近年、毒性が発見され大量に食べるのは避けたほうがよいといわれています。

くりふせんたけ

秋にナラ類などの広葉樹の茂った林床に発生。クセのないきのこで、香りがよく、歯ごたえもあります。表面に少しぬめりがあり、煮物などに入れると旨みが出るので美味です。

さるのこしかけ

独特な形をした数種類のきのこの総称。古くから、中国では漢方薬や生薬の原料として利用していました。煎じて飲むと、抗がんや免疫力を高める効果があるとされていますが食用には適していません。

あかもみたけ

秋にモミ類の針葉樹の林床に生えます。旨みがありますが、ボソボソとした食感なので、煮物にするとよいでしょう。そのほか汁物や天ぷら、ご飯ものなどにも調理されます。

さけつばたけ

つばの部分が星形に裂けるのが特徴で、味にはクセがなく無臭。春から秋にかけて、草地や道などに生える身近なきのこです。汁物や煮物、炒め物などが定番。胞子をきれいに洗い流して調理しましょう。

ならたけ

春から秋にかけて、立ち木や枯れ木などに生えます。歯触りがよく、汁物などに入れるとぬめりが出ます。柄の部分は消化が悪いとされるため、食べ過ぎには注意しましょう。

ひらたけ

春から秋にかけて、立ち木や枯れ木などに生えますが、栽培ものも多く出回っています。旨みが強く、しっかりとした歯ごたえがあり、汁物や炒め物、パスタなど幅広く活用されます。

むらさきしめじ

初秋から晩秋にかけて雑木林や竹林に生えます。食用きのこですが、生で食べると中毒を起こす可能性があるので必ず火を通しましょう。少し土臭いので油を使って料理するのがおすすめです。

はたけしめじ

夏から秋にかけて畑や道、草地、庭などに生えるきのこ。栽培ものも多く出回っています。シャキシャキとした歯ごたえと深い味わいで、ご飯もの、汁物、炒め物などどんな料理にも合います。

むきたけ

秋にブナなどの枯れた幹に発生。肉厚で調理するとゼラチン状になり、とてもやわらかくなるのが特徴です。表皮を取って煮物や野菜炒めなどがおすすめ。栽培ものも出回っています。

食材の特性を知り 食で養生する

「薬膳での食材選び」

中国の伝統医学を中医学といい、その考え方に基づいて作られる料理を薬膳と呼びます。

食材にはそれぞれ異なった性質や効能があり、自分の体調と照らし合わせ、体が必要としているものを選んで取り入れることで、自然治癒力を高めることができると、薬膳では考えられています。

中医学には自然界の全ての現象は関わり合っているという「五行学説」という哲学があり、食材が持つ性質も、さまざまな理論の組み合わせで考えられたものです。ここでは、その一部を、ごく簡単にまとめてあります。

五《ご》味《み》

食材の味（無味を加えて6つある）

酸 酸っぱい味

苦 苦い味

甘 天然の甘み

辛 刺激性の辛い味

鹹《かん》 塩辛い味

淡 無味

五《ご》性《せい》

食材が体に与える作用／体質に合わせて選ぶ

寒 強く冷やす作用がある

涼 冷やす作用がある

平 冷・温作用がない

温 温める作用がある

熱 強く温める作用がある

帰《き》経《けい》

食材が作用する場所

五臓

ここでいう五臓とは、体の中の臓器そのものではなく、そのほかの器官も含めた広い範囲の機能を指している。

肝

肝臓を指し、血液の貯蔵と体内の血液量を調節する働きがある。さらに、新陳代謝のコントロール、ほかの臓器や関節、筋肉の機能調整も行う。また、中枢神経系、自律神経系、循環器系などへの作用も。「肝」の不調は目や爪に現れる。

心

現代医学の心臓と同様、循環器系の臓器を指し、その機能をコントロールしているのが「心」。精神状態とも密接な関係があり、「心」の不調は不安や不眠などに現れる。舌や顔色と関連がある。

脾

胃腸と脾臓を表し、消化吸収機能を管理している。血管を保護して出血を予防する働きや、内臓の下垂を防ぐ作用も。口と関連があり、「脾」が不調だと、口内炎や食味覚障害を起こしやすくなる。

肺

呼吸を行う器官で、新鮮な空気を取り入れ、汚れた「気」を排出するとともに、水分の代謝を助ける働きも。また、鼻や喉、気管支、皮膚とも関連があり、「肺」が弱まると鼻づまりや嗅覚の異常、皮膚の乾燥などが起こる。

腎

腎臓を指し、成長、発育、生殖機能を含んだ生命エネルギーの貯蔵庫と考えられている。また、体内の水分を管理し、排尿を行う。耳や髪、骨、歯と関連があり、「腎」の不調は、耳鳴りや、白髪などに現れる。

六腑*

五臓と対になって機能する。

＊腑は管状の内臓の意味

胆 「肝」と対。胆汁を貯蔵、排泄し、「肝」の働きを助けて消化を促進する。

小腸 「心」と対。消化吸収を行う。

胃 「脾」と対。初期消化を行う。

大腸 「肺」と対。消化吸収ののち、便を排出。

膀胱 「腎」と対。尿の貯蔵と排尿。

三焦《さんしょう》 全身の水の巡りを調整。五臓とは対になっていない。

五味から見た食材の性質

五味は五臓と関連し、それぞれの部位の働きを補う作用があります。色も関連しており、食材を選ぶときには、まず、味と色を満遍なく選ぶとよいでしょう。

五味	効能・作用	五臓・五腑	五色	主な食材
酸	収れん作用があり、多汗、下痢、頻尿を改善	肝・胆	青	**うめ、みかん、トマト、酢 など**
苦	解毒や清熱作用があり、発熱、便秘、胃もたれを改善	心・小腸	赤	**にがうり、緑茶、セロリ など**
甘	緩和や滋養作用があり、疲労を回復し、痛みを和らげる	脾・胃	黄	**さつまいも、くり、にんじん、肉 など**
辛	発散作用があり、冷えや気分の落ち込みを改善し、痛みを止める	肺・大腸	白	**とうがらし、ねぎ、しょうが、しそ など**
鹹	やわらかく潤す作用があり、便秘を改善	腎・膀胱	黒	**シジミ、ワカメ、イワシ、みそ など**
淡	湿を取り去り、利尿促進やむくみの改善、下腹部の痛みを緩和	／	／	**とうがん、ハトムギ など**

＊なお、中医学が日本で独自に発達したものが漢方（または漢方医学）。食材の性質については、漢方医学の考え方と一部異なる場合がありますが、今回は薬膳的な観点で記述してあります。

放置は循環器系の疾患の原因に「高血圧症」

高血圧症とは？

血圧とは心臓から送り出された血液が動脈の壁を押すときの圧力のことで、心臓が縮んだり広がったりすることによって発生します。血圧の値は血液の量と血管の抵抗で決まります。

最大血圧は心臓が縮んだときで、「収縮期血圧」あるいは「上の血圧」とも呼ばれ、最小血圧は心臓が広がっているときで、「拡張期血圧」または「下の血圧」と呼ばれます。

140／90mmHgのどちらかが、あるいは両方がこの基準を超えている場合、高血圧と判定されるのです。

140/90mmHg以上

↓

高血圧

❗ なお糖尿病患者さんの場合は血圧の管理目標は収縮期血圧（高いほうの血圧）は130mmHg未満、拡張期血圧（低いほうの血圧）は80mmHg未満の両方を満たすのが目標です。なお家庭の血圧計で測定する場合は各々5mmHgを引いた125未満および75未満が目標です（糖尿病治療ガイド）。さらにたんぱく尿の出ている方のように、腎臓の悪い方はさらに血圧を下げることが求められます。基準は主治医と相談してください。

高血圧だとどうして注意が必要なの？

血圧が高いということは、血液の圧力がいつも血管にかかっているということです。血管は膨らんでは大変と、血管の線維を伸ばしてかたくしようとします。これが動脈硬化です。塩分を控えたり、ウォーキングを増やしたりしても数値が下がらない場合は、薬の服用を。放っておくと血管がカチカチになり、降圧薬を複数種類飲んでも下がりにくくなります。また腎臓にもダメージが及ぶ可能性があります。

動脈硬化の進行は自覚がなく、心臓や脳などの循環器系で重大な合併症が起こってから、初めて気づくことも多いのです。それゆえ、高血圧はサイレントキラー（静かな殺し屋）の別名もあります。

血圧は高ければ高いほど、脳卒中や心疾患を引き起こしやすくなります。そのため、血圧が正常域内に入るように生活習慣の改善や服薬が必要なのです。

予防と改善方法

1 塩分を控える

塩分を摂りすぎると体内に水分が蓄積して血液量が増えるので、血圧が上がります。

2 野菜や果物の摂取量を増やし、バランスのとれた食生活を

体内の余分な塩分（ナトリウム）を排出する働きがあるカリウムを多く含む野菜や果物を、積極的に摂りましょう（ただし腎臓機能がとても低くカリウムが体にたまりやすい方は主治医と相談しましょう）。また、コレステロールの多い食べ物は血管を詰まらせ、血流を悪くするので、できるだけ控えます。

3 適正な体重の維持に努める

4 定期的に体を動かす

5 お酒は適度に

6 禁煙する

7 十分な休養をとり、ストレスをためないように

8 急激な温度差に注意する

＊「高血圧治療ガイドライン 2014」を参照

果物

リンゴ酸で疲労回復

りんご

食品成分表
（皮付き・生 可食部100gあたり）

たんぱく質		0.2g
脂質		0.3g
炭水化物		**16.2g**
無機質	カルシウム	4mg
	鉄	0.1mg
ビタミン	A　β－カロテン当量	27 µg
	B_1	0.02mg
	B_2	0.01mg
	C	6mg

1個あたり：250g
正味：210g ／ 113kcal

ベタベタしているのは
天然のワックス。
完熟の証
上から見るときれいな円形で、
軸が中心にある

英名 Apple
和名・別名 林檎
エネルギー（100g中）
61kcal
糖質量（100g中）
12.4g

保存法
ポリ袋に入れて密封し、
冷蔵庫の野菜室へ。

五味 甘・酸
五性 平
帰経 心・脾・肝・肺

ふじ
甘みと酸味のバランスがよく、
ジューシーで香りが高い品種。

毎日摂りたい栄養価が高い果物

りんごは、人類が食べた最古の果物だといわれています。欧米では「一日1個のりんごは医者を遠ざける」といわれるほど栄養成分が豊富で、健康維持には欠かせない、身近な果物です。

りんごの甘みはショ糖・果糖・ブドウ糖などで、体内でエネルギーに換わります。酸味はリンゴ酸で、疲労回復に役立ちます。

ビタミンやミネラルも含み、特に体内の余分なナトリウムを排出するカリウムが多いほか、水溶性食物繊維のペクチンにも富んでいます。便秘の解消のほか、コレステロールの上昇を抑える働きがあります。

秋から冬に収穫しますが、長期保存しても品質や風味が変化しない方法で貯蔵しているため、ほぼ一年中出回っています。多くの品種が栽培されていますが、日本の品種は海外でも人気があります。

生食はもちろんのこと、お菓子やジュース、りんご酢やアップルティー、豚肉のソテーなどの料理にも活用されています。

農家の高齢化で袋掛け作業が難しくなっている

葉取らずりんご

赤く色づく頃に果実の周りの葉を摘むと、日がよく当たってきれいなりんごになる。一方、葉を取らずにおくと、葉の陰になった部分は色ムラになるが、葉が作り出した養分が果実に蓄えられ、味のよいりんごになる。なお、袋掛けをしないで栽培したものには「サン〇〇」という名前が。

葉取らずりんご

流通カレンダー
1 2 3 4 5 6 7 8 9 10 11 12

手軽な輪切りりんご

よく洗ったりんごを皮ごと薄い輪切りに。食べるときは、そのままかじって中心の芯や種子だけを残す。手軽な上に栄養成分もしっかり摂れる方法。

りんごの蜜の正体は？

中央部分の透けた部分を「蜜」と呼ぶので、中心が甘いと思いがちだが、これは糖アルコールのソルビトール（P.154）で、果肉よりも糖度が低い部分。ソルビトールは浸透圧が高いため、周りの組織の水を引き寄せるので、蜜状を示す。甘くはないが、十分に熟した証拠。

抗酸化力がとても高いポリフェノールを含む

りんごに含まれるポリフェノールをまとめてリンゴポリフェノールと呼ぶ。その主成分が、カテキン類とその重合体であるプロアントシアニジン類など。極めて強い抗酸化作用を持ち、最近の研究では抗アレルギー、抗がん、脂肪吸収抑制などさまざまな作用が認められるようになった。りんごにはそのほか、アントシアニン類（P.158）、ケルセチン（P.60）などのポリフェノールが含まれる。

リンゴ酸（有機酸）

熱中症対策にも効果的

りんごに含まれる酸味がリンゴ酸で、有機酸のひとつ。りんご以外にも多くの果物に含まれています。ワインをはじめ、さまざまな飲料や食品に酸味料として利用されるほか、pH 調整剤や乳化剤としての利用もあります。エネルギーの代謝に関わるため、疲労を回復する作用があるとともに、その抗菌作用も知られています。

高血圧予防

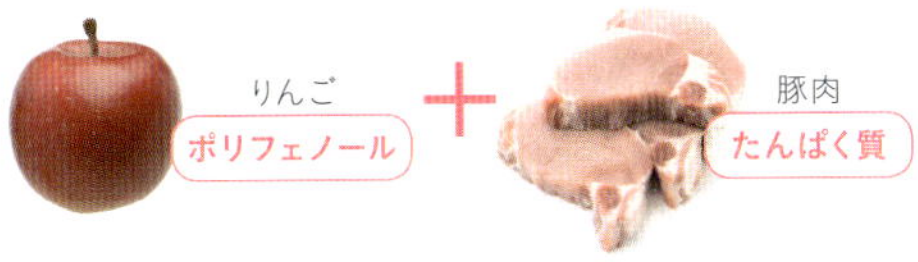

りんご
ポリフェノール
＋
豚肉
たんぱく質

便秘改善

りんご
ペクチン
＋
ヨーグルト
乳酸菌

りんごのチャート表

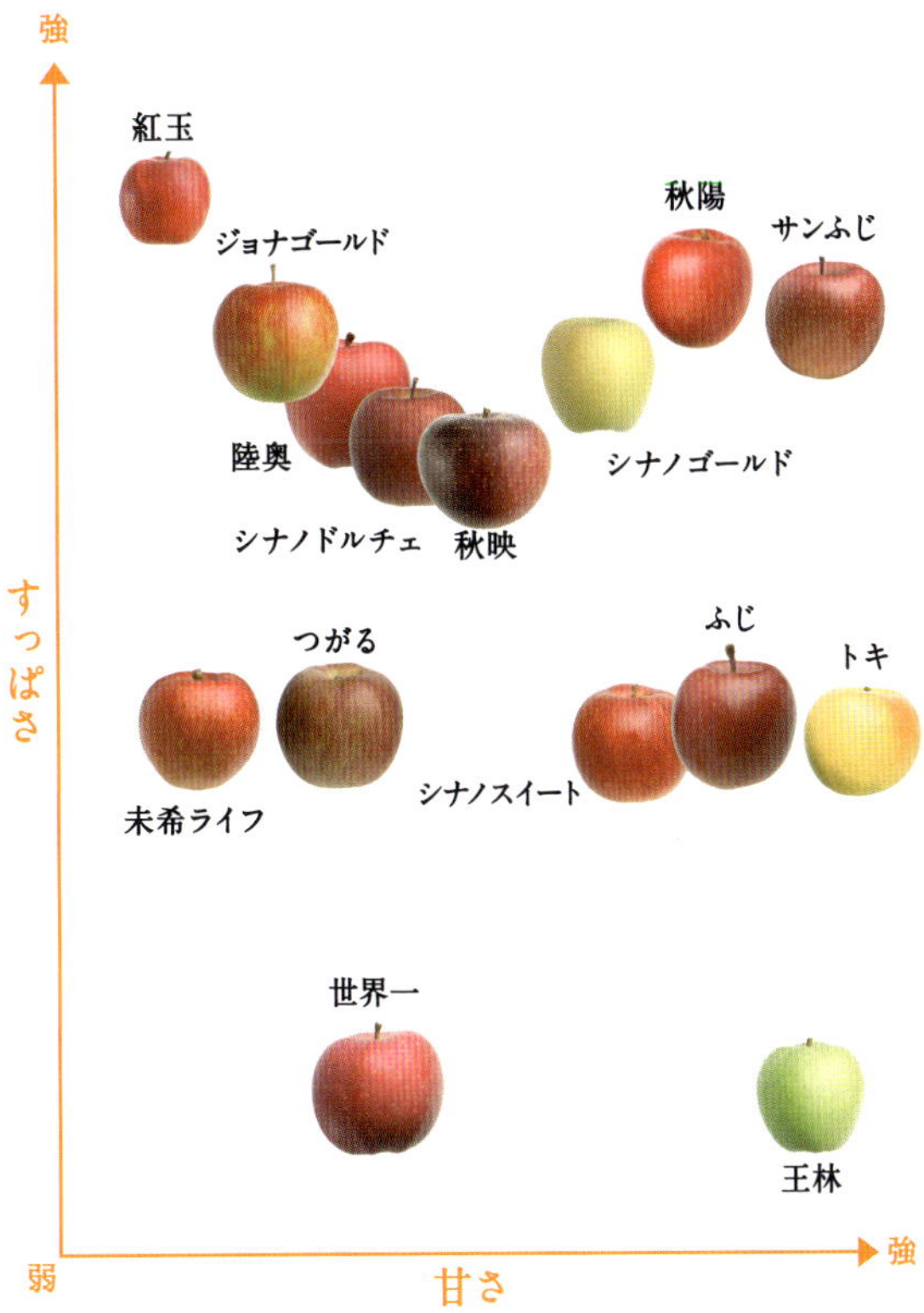

強
すっぱさ
紅玉
ジョナゴールド
秋陽
サンふじ
陸奥
シナノゴールド
シナノドルチェ
秋映
つがる
ふじ
トキ
未希ライフ
シナノスイート
世界一
王林
弱
甘さ
強

有効成分は皮とその近くに

皮の赤い色素はポリフェノールの一種のアントシアニン。眼精疲労を回復させることが期待できるほか、抗酸化作用による活性酸素を抑制する効果も。果肉よりも、皮や皮の下にポリフェノールが多く含まれているので、皮ごと食べるのがおすすめ。

切り口が茶色くなるのはどうして？

りんごのポリフェノールが空気に触れると、ポリフェノールオキシダーゼが働いて酸化し、その結果茶色に変色してしまう。塩水に浸けたりレモン汁をかけたりして、表面を空気に触れさせないようにすれば、酵素が働かないため色変わりが防げる。ただし、長時間浸けておくとほかの成分が流れ出てしまうので、ほどほどに。

りんごのすりおろし

下痢などでお腹の調子が優れないときは、りんごを皮ごとすりおろしてはちみつを少し加えたものを朝食前に飲むのがおすすめ。りんごに含まれるペクチンやオリゴ糖が腸内の善玉菌のエサになるため、腸内環境が改善し、症状の緩和が期待できる。

いちご

いちごはいわずと知れたビタミンCの宝庫であり、風邪の予防に効果的であるほか、コラーゲンの生成を促すため、美肌作用があることでも知られています。食物繊維のペクチンも含むため、腸内環境を整える作用があります。また、胎児の成長を助けたり、貧血予防に役立つ葉酸も多いほか、虫歯予防効果があるキシリトール、抗酸化作用が高いフラボノイドの一種のアントシアニンも含まれています。

日本に入ってきたのは、江戸時代にオランダから観賞用に持ち込まれたのが最初といわれています。露地栽培では5〜6月が旬ですが、ハウス栽培が進歩してからは、冬から半年以上も収穫できるようになり、年末年始の需要の高い時期にも対応できるようになりました。また、より甘く、粒の大きいものが求められるようになり、人気の品種が続々と登場しています。

6〜7粒で 1日分のビタミンC量に

英名 Strawberry　和名・別名 苺
エネルギー（100g中）34kcal
糖質量（100g中）7.1g

五味　甘・酸
五性　涼
帰経　肝・脾・肺

食品成分表（可食部100gあたり）

たんぱく質		0.9g
脂質		0.1g
炭水化物		8.5g
無機質	カルシウム	17mg
	鉄	0.3mg
ビタミン	A β-カロテン当量	18 μg
	B_1	0.03mg
	B_2	0.02mg
	C	**62mg**
	葉酸	90mg

1個あたり：15g ／ 5kcal

ヘタが緑色で
乾いていないもの
ヘタの近くまで
色づいている

とちおとめ
あまおう

保存法

重ならないように容器に入れ、ラップをかけて、冷蔵庫の野菜室へ。洗うのは食べる直前に。

ジャム作りには レモンの搾り汁を

いちごジャムを作る際、仕上げにレモン汁を搾り入れる。風味がよくなるだけでなく、レモンのクエン酸によってpHが下がり、アントシアニンの色が鮮やかになる。

いちごのチャート表

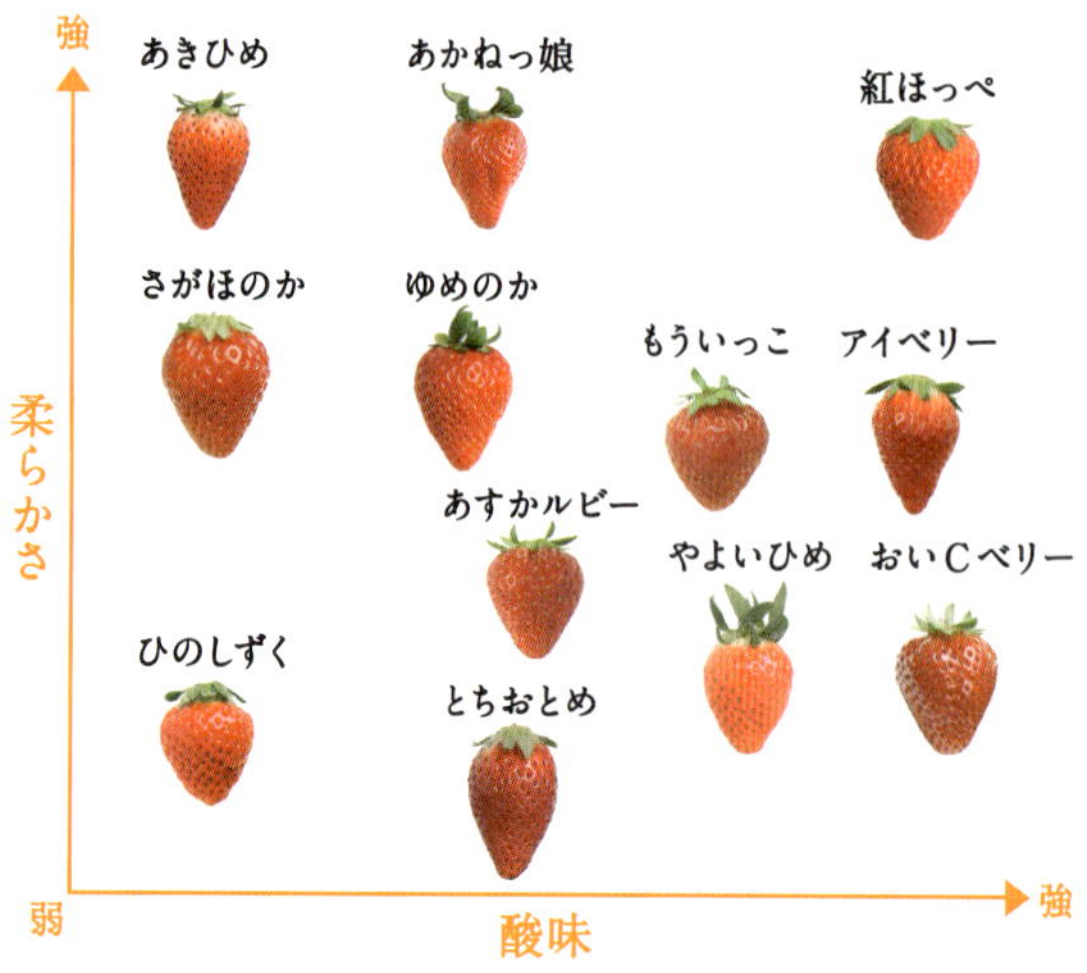

強
あきひめ
あかねっ娘
紅ほっぺ
さがほのか
ゆめのか
もういっこ
アイベリー
柔らかさ
あすかルビー
やよいひめ
おいCベリー
ひのしずく
とちおとめ
弱
酸味
強

キシリトール

お口の健康維持に役立つ甘み

糖アルコールの一種で、ショ糖（砂糖）の6割程度の甘みがありますがカロリーが低いのが特徴。工業的にも合成され、砂糖の代用品として用いられます。口腔内で唾液の分泌を促進し、口腔内のカルシウムレベルが増大するため、歯の再石灰化を助ける働きがあります。また、酸を作らないので虫歯菌の増殖を防ぎます。

100g中のキシリトール量

1位 いちご……………… 350mg ▶P.140
2位 ラズベリー………… 260mg ▶P.159
3位 レタス……………… 130mg ▶P.52
4位 ほうれんそう……… 100mg ▶P.50

野生のいちご、ワイルドストロベリー

現在の改良品種が登場する以前は、野生のいちごが主流で、実を食べるだけでなく、乾燥葉を健康茶としても利用していた。ワイルドストロベリーティーはビタミンCや、鉄・カルシウムなどのミネラルに富み、胃腸の健康を保つ。

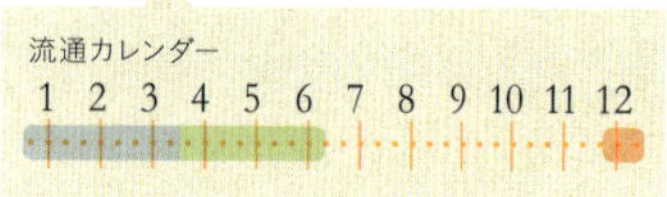

流通カレンダー
1 2 3 4 5 6 7 8 9 10 11 12

いちご
ビタミンC、食物繊維
ヨーグルト
乳酸菌

高血圧の改善

ポリフェノールで抗酸化

ぶどう

ぶどうは品種がとても多い果物で、全国で広く栽培されています。夏の時期に夜の気温が低く、土の水はけがいい場所が適しています。甘みと酸味をバランスよく含んだぶどうの主成分は、果糖やブドウ糖などの糖類。糖類は体内に吸収されるとエネルギーに換わるため、即効性の疲労回復効果があります。酸味は、クエン酸で、体内に蓄積した疲労物質を分解するため、こちらにも疲労回復効果があります。また、カリウムを比較的多く含み、ナトリウムの排出を促すので、血圧を低下させます。

ぶどうの皮には黒、赤、黄緑がありますが、この色の違いは皮に含まれるアントシアニンの量によるもの。アントシアニンは活性酸素を抑える働きがあるポリフェノールの一種で、黒や赤の皮色品種に多く含まれています。さらに、この赤い色素を持つ皮や種子には高い抗酸化作用があるレスベラトロールやOPC（オリゴメリックプロアントシアニジン）、渋みの元でもあるタンニンなど、多様なポリフェノールが含まれているので、皮ごと食べる品種がおすすめです。疲労回復だけでなく、動脈硬化の予防やアンチエイジングなどにも役立つとされています。

食品成分表
（皮むき 可食部100gあたり）

たんぱく質		0.4g
脂質		0.1g
炭水化物		15.7g
無機質	カルシウム	6mg
	カリウム	**130mg**
	鉄	0.1mg
ビタミン	A β-カロテン当量	21 μg
	B_1	0.04mg
	B_2	0.01mg
	C	2mg

皮にハリがあり、ブルームがついている
粒の大きさが均等でよく色づいている

巨峰

（巨峰）1粒あたり：20g
正味：16g ／ 9kcal

皮に含まれるポリフェノールに注目

英名 Grape　和名・別名 葡萄
エネルギー（100g中）59kcal
糖質量（100g中）15.2g

甘・酸 五味
平 五性
肺・腎 帰経

ピオーネ

ロザリオビアンコ

マニキュアフィンガー

表皮の白い粉は？

皮の表面に吹いている白い粉状のものは「ブルーム」というロウ物質。自身の身を守るためにぶどうが作り出した保護物質なので、食べても問題ない。

保存法

キッチンペーパーで包み、ポリ袋に入れて冷蔵庫の野菜室で。

干しぶどうはミネラルたっぷり

ドライにするとミネラル分が増え、マグネシウムは約5倍、カルシウムは約10倍、銅は約6倍に。骨粗しょう症予防にも有効。

レスベラトロール・OPC

赤ワインにも含まれる抗酸化物質

「こってりとした料理を食べているのにフランス人が長生きなのは、赤ワインを飲んでいるから」といいますが、ぶどうの果皮や黒ぶどうの葉に含まれるレスベラトロールというポリフェノールには抗酸化や抗肥満作用があるといわれています。また、長寿遺伝子との関わりも指摘され、アンチエイジング効果にも期待が。

OPC（オリゴメリックプロアントシアニジン）は強力な抗酸化作用を持つポリフェノールで、ぶどうの種子の部分に多く含まれています。毛細血管を保護する働きや結合組織の強化作用も報告されています。ぶどうの種子から作られた油がグレープシードオイル。

冷凍ぶどう

房から外して洗ったぶどうを、ジッパー付きの袋に入れてそのまま冷凍。食べる前に水にくぐらすと皮がするりとむける。

皮ごと種ごとミキサーがおすすめ

皮や種子に多く含まれるポリフェノールを余すところなく摂るためには、ミキサーにかけてジュースにするのがおすすめ。皮ごと食べられる品種で。

日本では生食、海外ではワインに

ぶどうは世界一生産量が多い果物だが、海外ではその8割ほどがワインに加工される。一方、日本では生産量のおよそ9割が生食用。

眼精疲労回復

ぶどう
アントシアニン、レスベラトロール

＋

こまつな
ビタミンC、β-カロテン

流通カレンダー
1 2 3 4 5 6 7 8 9 10 11 12

みかん

皮の苦味で血行促進

みかんは柑橘類の中でも皮がやわらかく簡単にむける品種で、その代表的な品種が温州みかんです。

ビタミンCを多く含むので、風邪の予防や美肌効果があることはよく知られています。果肉の黄色は色素のβ-クリプトキサンチンで、カロテノイドの一種。骨代謝の働きを助け、骨の健康に役立ち、そして、体内でビタミンAに変わります。この2つのビタミンの相乗効果で、高い抗酸化力を発揮します。また、白い筋や薄皮には毛細血管を強くするフラボノイドのヘスペリジンなどを含むことにも注目です。袋の部分には水溶性食物繊維のペクチンが多く、便通を整えるだけでなく、血糖値の上昇やコレステロールの吸収を抑える働きもあります。皮の香りには精油成分が含まれ、胃を健やかにする作用も。

温州みかんは、中国から日本に伝わった柑橘類の仲間を親として、日本で独自に生まれました。全国的に栽培されるようになったのは明治時代になってから。寒さに弱く、雪が降らない温暖な地域で広く育てられています。

食品成分表

（温州みかん 可食部100gあたり）

たんぱく質		0.7g
脂質		0.1g
炭水化物		12.0g
無機質	カルシウム	21mg
	鉄	0.2mg
ビタミン	**A β-カロテン当量**	**1000 μg**
	B_1	0.10mg
	B_2	0.03mg
	C	**32mg**

保存法

直射日光が当たらない、風通しがよいところで。

きれいな円形で
ヘタが中心にある
皮に小さな
粒々がある
皮の下に
すき間がない
温州みかん

1個あたり：100g
正味：80g／37kcal

手軽で確実にビタミンCを補給できる

英名 Mandarin
和名・別名 蜜柑
エネルギー（100g中）
46kcal
糖質量（100g中）
11.0g

五味 甘・酸
五性 涼
帰経 脾・肺・肝

薬効が高い陳《ちん》皮《ぴ》

漢方ではみかんの皮を干したものを陳皮といい、食欲不振、吐き気、風邪の発熱、咳、痰などの改善目的で利用される。粉末にした陳皮は七味とうがらしにも使われる。

黄色い部分がみかんの皮

冷凍みかんと缶詰みかんの栄養

冷凍みかんは専門の機械で果皮ごと瞬時に冷凍するので、栄養成分の損失はほとんどない。缶詰のみかんは、果皮をはぎ、筋や袋を溶液処理によって取り除くので、その段階で失われる成分がある。果肉のビタミンCは8割ほど残るが、糖度の高いシロップ漬けになっていることも理解しておこう。

健康みかん風呂

みかんの皮を風呂に入れると、香り成分が血行を促進し、体を芯から温めるとともに、保湿作用もある。みかんの実を薄切りにしたものを浮かべても、同じような効果が。干した皮を煮出した液を入れれば、さらに効果的。

みかん酒で冷え知らず

みかんを丸ごとよく洗い、輪切りにする。広口ビンにみかんと砂糖を入れ、ホワイトリカーを注いで密閉。1ヶ月ほど置くとみかん酒ができる。血行促進作用があるみかん酒を就寝前に飲めば、体がぽかぽかしてぐっすり眠れる。

流通カレンダー

1 2 3 4 5 6 7 8 9 10 11 12

ヘスペリジン・ナリンギン

みかんの果皮や薄皮には有効成分が

ヘスペリジンやナリンギンは、温州みかんやはっさく、だいだいなどの果皮や薄皮に含まれる苦み成分で、ポリフェノールの一種。毛細血管を強くし、血管から異物が侵入するのを抑制する作用があるため、抗アレルギー効果があるほか、抗炎症作用も知られています。ビタミンと似た作用があることから、ビタミンPとも呼ばれています。

風邪予防

みかん
β-クリプトキサンチン
アスパラガス
ビタミンC

ゆず

ゆずは酸味が強く、生食にはあまり向きませんが、薬味や風味づけなどに重宝される柑橘です。未熟なものが青ゆず、完熟したものが黄ゆずです。どちらも果汁と皮の両方を使います。

ほかの柑橘類同様に、抗酸化作用があるビタミンCが多く、コラーゲンの合成や感染症の予防効果が期待できます。また、酸味成分であるクエン酸には疲労回復や食欲増進作用があることも知られています。料理の香りづけとして、ビタミンAやEを含むほかの食材と組み合わせることで、抗酸化力をさらに高めることが可能です。

皮には精油成分のリモネンやリナロールが含まれます。血行促進や消炎作用もあることから、入浴剤としても利用されています。冬至の日にゆず湯に入ることは、年末の疲れを癒やし、体を芯から温めて風邪を予防する、また、荒れた肌を整えるなど、多くの効果があるのです。

食品成分表（可食部100gあたり）

たんぱく質		1.2g
脂質		0.5g
炭水化物		14.2g
無機質	カルシウム	41mg
	鉄	0.3mg
ビタミン	A　β-カロテン当量	240 μg
	B1	0.07mg
	B2	0.10mg
	C	160mg

香りがよい
皮がかたく、しっかりしている

さわやかな風味とともに有効成分を

英名 Citron　和名・別名 柚子
エネルギー（100g中）59kcal（果皮）、21kcal（果汁）
糖質量（100g中）7.3g（果皮）、6.6g（果汁）

1個あたり：100g
果皮1個分：40g ／ 24kcal
果汁1個分：25g ／ 5kcal

保存法
ポリ袋に入れて、冷蔵庫の野菜室へ。

甘・酸　五味
寒　五性
肝　帰経

ゆず種子は万能

1つの果実に約20個の種子が含まれているが、民間療法では種子の黒焼きを関節痛に用いる。また、種子を日本酒に漬け込んだものは美肌化粧水になる。種子には香り成分のリモノイドや食物繊維のペクチンなど、果肉や果皮にも劣らないほど有効な成分がたくさん。

皮も利用しよう

ゆずをよく洗ったら、皮の白いワタの部分が入らないように薄くそぎ、ざるに並べてカラカラになるまでよく干す。密閉容器で保存して、お茶や入浴剤に。

青ゆず

青ゆずの使い方

青ゆずならではの使い方といえばゆずコショウ。青ゆずの果皮と青とうがらしをすり鉢で当たり、塩で味つけ。果汁を少し加え、なめらかにしてもよい。青ゆずは限られた時期しか手に入らないので、果皮を冷凍保存しておくと重宝する。

健康成分ペアが体を整える

ゆずには、毛細血管を強化するヘスペリジン（P.142）や、コレステロールや糖の吸収を抑制するペクチン（P.149）が含まれる。ビタミンCの抗酸化作用と合わさり、生活習慣病の予防や改善効果が高い。

風邪予防

ゆず
β-クリプトキサンチン、クエン酸
はちみつ
カリウム、糖質

流通カレンダー

1	2	3	4	5	6	7	8	9	10	11	12

柑橘類

人気が高い国産品種が増加

ミカン科ミカン属には多くの品種群があり、それらをまとめて柑橘類と称します。

タンゴール類は、みかん類（tangerine）とオレンジ類（orange）をかけ合わせた品種の総称。「清見」や「不知火（デコポン）」など国内で栽培されている品種も多くあります。タンゼロ類はみかん類とグレープフルーツ類、またはみかん類と文旦類をかけ合わせた品種の総称で、代表的な品種に「セミノール」があります。

昔ながらの品種である「夏みかん」や「ハッサク」は雑柑類に、「文旦」や「晩白柚《ばんぺいゆ》」は文旦類に分類されています。ほかには、オレンジ類やグレープフルーツ類も柑橘類に含まれます。「きんかん」はミカン属ではありませんが、便宜上、こちらにまとめてあります。

一般に、柑橘類はビタミンCとカロテノイド、クエン酸に富み、食物繊維も多いことから、抗酸化作用に加えて、疲労回復、食欲増進、血行促進、美肌、腸内環境の改善など多くの効果があることが知られています。

清見
いいとこ取りの品種

みかんの甘みとオレンジの風味を持つ、欲張りな品種。抗酸化作用があるβ－クリプトキサンチンを多く含みます。また、袋ごと食べられるので食物繊維もたっぷり摂ることができます。温州みかんとトロビタオレンジの掛け合わせで生まれたタンゴール類。

伊予柑《いよかん》
むきやすく多汁

日本在来のタンゴールの一種。果肉はやわらかくジューシーで、甘みと酸味のバランスがよく香りも濃厚。名称は「伊予国（愛媛県の旧令制国名）」にちなんだもので、愛媛県が全体の約9割を出荷しています。

オレンジ
豊かな香りで果汁がたっぷり

ほとんどが輸入品で、バレンシアオレンジ、ネーブルオレンジ、ブラッドオレンジに大別されます。皮が鮮やかなオレンジ色で、豊かな香りとたっぷりの果汁を含むのが特徴。生食はもちろん、ジュースやお菓子などでも人気の高い果物です。

1個あたり：200g
正味：120g ／ 47kcal
搾り汁1個分：80g ／ 34kcal

不知火《しらぬひ》（デコポン）
ユニークな形と甘みたっぷりな果汁で人気

清見とポンカンの掛け合わせで生まれたタンゴール品種で、頭に突起がある特徴的な見た目と、糖度の高さで人気があります。皮はむきやすく、果肉には果汁がたっぷり。なお、「デコポン」は熊本県果実農業協同組合連合会の商標登録。

β-クリプトキサンチン

抗酸化力の高さで注目の「赤色」成分

カロテノイドの一種で、赤～橙色の色素成分。みかんのほか、オレンジやかき、パパイヤ、パプリカ、かぼちゃなどに含まれています。体内でビタミンAに変わるので、プロビタミンAとも呼ばれます。活性酸素を除去する高い抗酸化力があり、脂質代謝や肝機能の改善、骨粗しょう症や動脈硬化の予防など、生活習慣病予防に大きな効果があるとして、その機能性が大変注目されています。

セミノール
あふれる果汁はジュースにも

見た目はみかんに似ていますが、濃いオレンジ色の果皮はつるっとしていて薄く、果肉は果汁をたっぷり含みます。皮と果肉がはがれにくいので、オレンジのように包丁でカットして食べるとよいでしょう。β-クリプトキサンチンやビタミンCが多く含まれています。

グレープフルーツ
さわやかな酸味と苦味が持ち味

文旦類とオレンジ類の自然交配とされ、さわやかな香りには消臭抗菌作用や、気分を高揚させる効果が。グレープフルーツには特定の治療薬と飲み合わせると薬が効きすぎたり、副作用が現れたりする場合があります。薬を服用している場合は医師や薬剤師によく確認しましょう。

1個あたり：300g
正味：210g／80kcal
搾り汁1個分：
120g／48kcal
ストレートジュース：
100g／40kcal

夏みかん
酸味とさわやかな香り

正式名を「夏橙《なつだいだい》」といい、文旦類の仲間の品種です。酸味が強く、お菓子などの加工品として利用されています。文旦類と同じく、主成分は糖類。さわやかな酸味はクエン酸によるものです。出荷量は、昭和40年代頃から減少傾向にあります。夏みかんの糖度を高めて、食べやすく進化させたのが甘夏で、すっきりとした甘さとほのかな苦味が特徴です。

文《ぶん》旦《たん》
柑橘類の中で最も大きなサイズ

直径20cm以上、重さ2kgを超えるものもあり、日本ではボンタンやザボンとも呼ばれています。果汁が少なく、風味は淡白で皮が厚いのが特徴。独特の苦味はポリフェノールのナリンギンで、免疫力を高めたりアレルギーを抑える働きがあります。

オロブランコ
独特の甘みと香り

グレープフルーツと文旦を交配して生まれた品種で、酸味が弱く、甘みが強いのが特徴。「スウィーティー」という名前で流通する柑橘も同じ品種で、アメリカ産のものを「オロブランコ」、イスラエル産のものを「スウィーティー」と呼びます。

きんかん
小さな果実を皮ごと食べる柑橘

きんかんはミカン科キンカン属として独立しています。皮ごと食べられるため、皮や筋に含まれているポリフェノールのヘスペリジン（P.142）をたっぷり摂取できます。昔から喉の風邪に効くといわれています。

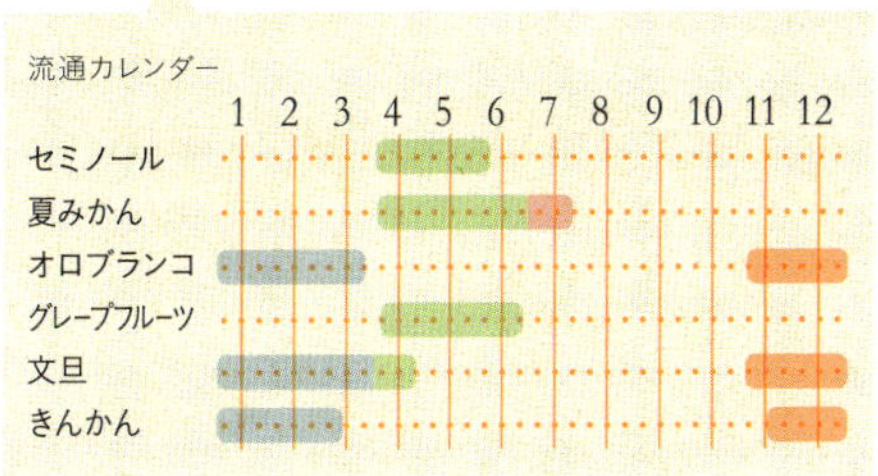
流通カレンダー
1 2 3 4 5 6 7 8 9 10 11 12
セミノール
夏みかん
オロブランコ
グレープフルーツ
文旦
きんかん

香酸柑橘

香酸柑橘《こうさんかんきつ》とは柑橘類の中で特に酸味が強い品種のことで、実をそのまま食べるのではなく、果汁の酸味や果皮の香りを楽しみます。果汁は調味料やジュースに、果皮は薬味や吸い口として、また、果肉もジャムやスイーツに加工されます。

ビタミンCとクエン酸を多く含むため、抗酸化作用があり、また、疲労回復効果もあります。料理に香酸柑橘の搾り汁をかけたり、果皮を薬味に添えることで、ほかの食材の持つ栄養成分をさらに高める効果が期待できます。

現在は約40種の香酸柑橘があり、すだち、かぼす、ゆずの3つが国内生産量の約8割を占めています。魚料理との相性がよいすだちやかぼす、健康効果が知られる「シークヮーサー」、和歌山県北山村のみで栽培されているじゃばら、レモンとライムを交配させたメキシコ産のリムなど、それぞれの持ち味を活かして活用しましょう。

食品成分表
（かぼす 可食部100gあたり）

たんぱく質		0.4g
脂質		0.1g
炭水化物		8.5g
無機質	カルシウム	7mg
	鉄	0.1mg
ビタミン	A β-カロテン当量	10μg
	B_1	0.02mg
	B_2	0.02mg
	C	**42mg**

成分を上手に搾るコツ

果実がかたい場合は、レンジで20～30秒加熱すると細胞壁が壊れ、果汁が出やすくなる。くし切りにし、果肉の断面にフォークなどを数回刺してから搾る。搾るときは果皮を下にして。果汁が果皮を伝って下に落ちるため、果皮に含まれる有効成分も一緒に摂ることができる。

料理の風味づけや加工品として活用

英名 Kabosu
エネルギー（100g中）
25kcal
糖質量（100g中）
8.4g

かぼす
魚料理の香りづけに欠かせない

大分県の特産品で、ゆずやすだちとともに国内生産量の多い香酸柑橘。魚料理との相性がよく、焼き魚の香りづけによく活用されています。熟すと黄色くなりますが、青いほうが香りが強いとされています。ジュースや調味料などの加工品もあります。すだちよりもひと回り大きいサイズです。

すだち
上品で風味のよい香りと酸味

すだちは徳島県が特産で、ゆずの近縁種。焼き松茸や焼き魚の風味づけにおすすめです。皮がやわらかいので、皮ごとスライスすれば料理のアクセントにもなります。主に未熟な青い果実を使います。

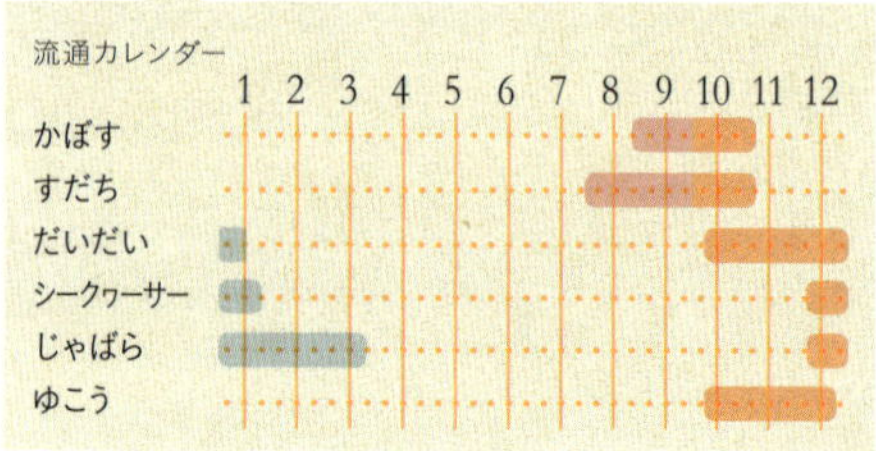

流通カレンダー
1 2 3 4 5 6 7 8 9 10 11 12
かぼす
すだち
だいだい
シークヮーサー
じゃばら
ゆこう

だいだい
酸味を活かして ぽん酢に利用

酸味と苦みが強いのが特徴。果実が落下しにくく、世代の違う実が一緒になっていることから「代々」の名がつき、縁起物としてお正月飾りにも使われています。漢方では成熟果皮を「橙皮」、未熟果実を「枳実」と呼んで利用します。

じゃばら
花粉症対策で 利用者が激増

和歌山県北山村で商業栽培されているじゃばらには「邪気を祓う」という意味があります。ゆずよりも多汁で、酸味が強く、独特の香りがあります。果皮に含まれるポリフェノールのナリルチンに抗アレルギー作用があるといわれ、研究が進められています。

ライム
ジュースや カクテルなどが定番

レモンのような強い酸味とほのかな苦味、そしてシャープでくっきりとした香りが特徴。レモンよりもひと回り小ぶりなサイズです。出回っているものはほとんどがメキシコからの輸入品で、料理の香りづけはもちろん、ジュースやカクテルなどに利用されています。

リム
レモンとライムの 交配品種

メキシコ原産でレモンとライムを交配させたリム。日本ではあまり出回っていないため知名度はまだまだですが、適度な酸味と甘みが特徴で、使い勝手のいい香酸柑橘です。

シークワーサー
沖縄産の 香酸柑橘として定着

沖縄特産の香酸柑橘で、別名ヒラミレモン。重さは20～30gと小型で、皮は緑色から熟すと黄橙色になります。果皮に含まれるフラボノイドのノビレチンには抗炎症や血糖値の上昇抑制などの作用があるといわれ、研究が進められています。

ゆこう
皮はマーマレードが おすすめ

徳島県が原産で、分類上はゆずの仲間。大きめで、ややいびつな形をしています。ゆずに似た香りで、酸味は少なめ。あまり食用にされていませんが、皮はマーマレードなどに利用されています。

さくらんぼ

輝く赤色には抗酸化作用が

英名 Cherry
和名・別名
桜桃、西洋実桜（セイヨウミザクラ）、甘果桜桃（カンカオウトウ）
エネルギー（100g中）
60kcal
糖質量（100g中）
14.0g

五味 甘
五性 温
帰経 心 肝

さくらんぼは、一日の寒暖差が少ないと甘くなりにくいため、産地が限られている上、栽培に手間がかかるので、高価な果物です。そのため、「赤い宝石」の呼び名もあります。

リンゴ酸やクエン酸、ブドウ糖と果糖がバランスよく含まれています。また、コラーゲンの生成を助けるビタミンCや、体内の余分なナトリウムを排出する働きがあるカリウムも含むため、疲労回復や美肌効果、高血圧予防の効果があるとされています。

注目すべきは、赤い色にポリフェノールの一種、アントシアニンが含まれていること。抗酸化作用があり、疲れ目の回復だけでなく生活習慣病や老化を抑える働きがあります。

国産のさくらんぼは、流通する期間が限られているので、旬の時期に良品を求めましょう。

食品成分表
（国産 可食部100gあたり）

たんぱく質		1.0g
脂質		0.2g
炭水化物		15.2g
無機質	カルシウム	13mg
	鉄	0.3mg
ビタミン	A β-カロテン当量	98 μg
	B1	0.03mg
	B2	0.03mg
	C	10mg

保存法
ラップなどで密封して、冷蔵庫の野菜室へ。すぐに味が落ちるので、早めに食べましょう。

紅秀峰
酸味が少なく歯ごたえがある。

ハリとツヤがあり、黒ずみがない
軸の色がきれい

佐藤錦
日本の代表品種。

（佐藤錦・大将錦）
1粒あたり：7g
正味：6g ／ 4kcal

大将錦
大粒で日持ちがよい。

アメリカンチェリー
大粒で酸味が少ない。

（アメリカンチェリー）
1粒あたり：10g
正味：9g ／ 6kcal

美容効果にも期待

さくらんぼには鉄分と葉酸が比較的多く含まれ、貧血の予防だけでなく細胞の成長促進作用もあるため、新陳代謝を活発にする。また、糖アルコールのソルビトール（P.154）が穏やかな便通を促すため、美肌効果も。

「チェリー」の特徴的な香りは

チェリー風味の香料を使った飲み物やガムなどの甘い香りには、ベンズアルデヒドという有機化合物を人工合成した香料が使われる。この成分は杏仁豆腐やアーモンドの香り成分でもあり、抗がん作用があるといわれている。

種子で温熱療法

さくらんぼの種子には空洞があり、その中の空気を温めれば保温効果を発揮する。ヨーロッパでは古くから小袋にさくらんぼの種子を詰め、湯たんぽのように使っていたとか。種子にはアミグダリンという有毒成分が微量に含まれるが、人体には影響はない。

流通カレンダー
1 2 3 4 5 6 7 8 9 10 11 12

便秘改善

さくらんぼ
ソルビトール
アボカド
食物繊維

もも

ペクチンで血糖値の改善

弥生時代に日本に渡来したといわれる桃は、古くから日本人に馴染みの果物。豊かな甘みを持つジューシーな日本の桃は、世界でも高く評価されています。

とろけるような果肉にたっぷりと含まれているのは、食物繊維のペクチン。水溶性のペクチンには整腸作用があり、その結果、美肌効果も。濃厚な甘みは果糖によるもので、体内ですばやくエネルギー源になります。血圧を下げるカリウム、疲労回復作用があるクエン酸やリンゴ酸も含みます。

皮の近くにはポリフェノールのカテキンが含まれています。カテキンには、活性酸素を除去する作用のほかに、抗菌や抗ウイルス作用もあるといわれています。

食品成分表（可食部100gあたり）

たんぱく質		0.6g
脂質		0.1g
炭水化物		10.2g
無機質	カルシウム	4mg
	鉄	0.1mg
ビタミン	A　β-カロテン当量	5 μg
	B1	0.01mg
	B2	0.01mg
	C	8mg

簡単皮むき法

たっぷりの熱湯に30秒間浸け、取り出したらすぐに氷水にとる。これでするりと簡単に皮がむける。熱湯にもも全体をしっかりと浸けるのがポイント。

皮の近くには老化予防成分も

英名 Peach
和名・別名 桃、けもも
エネルギー（100g中）
40kcal
糖質量（100g中）
8.9g

甘・酸 五味
温 五性
肝・心・大腸 帰経

うぶ毛がまんべんなく生えている
傷やへこみがない
1個あたり：250g
正味：215g／86kcal

白鳳
酸味が少なく、豊かな甘みがある。

保存法
熟していないものは新聞紙に包み冷暗所で。冷蔵庫に入れるのは食べる直前に。

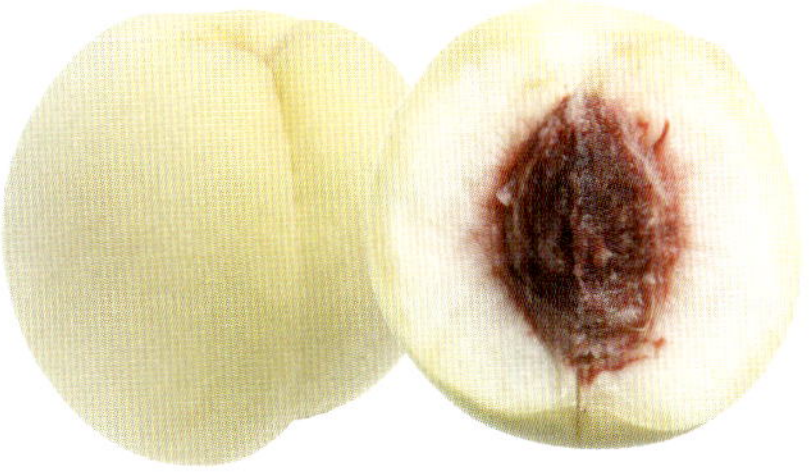

白桃
白皮で形がよい。果肉のキメが細かい。

黄桃
皮も果肉も黄色い品種でまったりとした甘み。

ネクタリン
桃の変種でうぶ毛がないものの総称。酸味が特徴。

漢方では「桃仁」

桃の種子は「桃仁」と呼ばれる生薬で、血行促進作用があり、消炎や鎮痛目的で利用される。アミグダリン（P.152）が含まれ、あんずなどの種子と同様に咳や痰にも有効。

ペクチン

ジャムのとろみの元は食物繊維

果物に多く含まれている水溶性の食物繊維。血糖値の急な上昇を防ぎ、コレステロール値を正常に保つ働きがあります。また、便秘予防や腸内環境の改善作用もよく知られています。果物のジャムが固まるのは、ペクチンが砂糖と酸の存在で加熱するとゲル化するため。

桃の葉の効能

桃の葉はあせもやかぶれなどの皮膚トラブルや美肌にいいとされ、昔から葉を浴槽に浮かべて入浴剤として利用してきた。また、葉を煎じた液はローション代わりに。抗酸化作用があるタンニンを含み、ブレンド健康茶にも配合される。

流通カレンダー
1 2 3 4 5 6 7 8 9 10 11 12

整腸作用

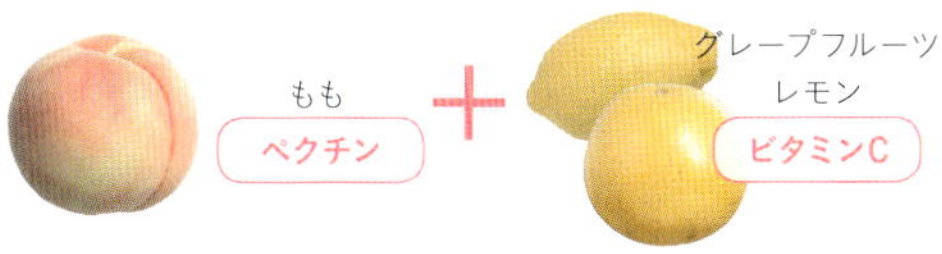

もも
ペクチン
+
グレープフルーツ
レモン
ビタミンC

メロン

芳醇な香りと甘みが夏の疲れを癒やす

英名 Melon
和名・別名 甜瓜
エネルギー（100g中） 42kcal
糖質量（100g中） 9.8g

五味 甘
五性 寒
帰経 心・脾・胃

ワタの部分に育毛作用も

メロンの約90％は水分。たっぷり含まれた果汁には体内の水分調整をするカリウムが豊富です。カリウムには高血圧の予防効果があるとされています。甘みは果糖やショ糖、ブドウ糖などで、体内で速やかに吸収され、エネルギーとなり、疲労回復効果があるクエン酸も含まれているので、夏バテにぴったりのフルーツです。

マスクメロンの表面にはネット状の網目模様がありますが、これは果肉が大きくなる際に皮がさけてできたひびがカサブタ状になったもの。網目のあるものはネット系、ないものはノーネット系と呼ばれています。

また果肉の色から、青肉、赤肉、白肉の3つに分類されます。現在では品種改良により種類も増え、手頃な価格のものもあります。しかし、温室栽培のマスクメロンは、ひとつの株に果実を1個に限定して育てるため、大変高価なのです。

食品成分表
（温室 可食部100gあたり）

たんぱく質		1.1g
脂質		0.1g
炭水化物		10.3g
無機質	**カリウム**	**340mg**
	カルシウム	8mg
	鉄	0.3mg
ビタミン	A β-カロテン当量	33 μg
	B_1	0.06mg
	B_2	0.02mg
	C	18mg

保存法
熟すまでは常温で保存。カットしたものは種を取り、ラップで包んで、冷蔵庫に。

軸が太く、
つるが枯れている
網目が細かく均一
1個あたり：1000g
正味：500g／210kcal

アールス
香りが強いネットメロン。マスクメロンともいう。

クインシー
果肉が赤い赤肉タイプ。カロテンが含まれている。

プリンス
網目がないメロンでアールスに似た香り。

メロンもすいかもじつは野菜

「高級フルーツ」といわれるメロンだが、植物分類上は野菜。畑で作られる草本類を野菜と呼び、樹木で実るものを果物と呼ぶ。農林水産省は便宜上、果物的野菜と称し、メロン、すいか、いちごがこれに含まれる。

間引いたメロンは漬物で

味の良いメロンを作るため、ひと株に着ける実の数を制限して栽培される。未熟なうちに間引いたメロンは「摘果メロン」と呼ばれ、漬物にすると美味。大きめならば、皮をむいてからスライスし、サラダや炒め物にしても。

流通カレンダー
1 2 3 4 5 6 7 8 9 10 11 12

風邪予防

メロン
ビタミンC
＋

紅茶
カテキン

動脈硬化予防

メロン
カリウム
＋

牛乳
たんぱく質

すいか

シトルリンは血流改善に

喉の渇きを潤してくれるすいかは、その90％以上が水分です。利尿を促すことでむくみを解消し、血圧を降下させる作用があるカリウムを比較的多く含みます。赤い果肉にはリコピン、黄色品種にはβ-カロテンが含まれており、どちらにも抗酸化作用があることから、動脈硬化の予防やアンチエイジング効果が期待できます。皮の下の白い部分には、アミノ酸の一種シトルリンが含まれ、血管を強化することから、新陳代謝の促進効果も注目されています。食べ終わったすいかの皮は、かたい表皮だけを取り除き、漬物にすると、おいしくいただけます。

中国を経由して17世紀に日本に伝わったといわれているすいか。江戸時代には、果肉の赤色が血を連想させるとして敬遠されていたようですが、明治時代以降、現在に至るまで人々の生活に合わせた品種がどんどん登場しています。

食品成分表（可食部100gあたり）

たんぱく質		0.6g
脂質		0.1g
炭水化物		9.5g
無機質	カルシウム	4mg
	鉄	0.2mg
ビタミン	A β-カロテン当量	830 μg
	B1	0.03mg
	B2	0.02mg
	C	10mg

保存法

丸のままなら風通しのよい場所に。カットしたものはラップで包んで、冷蔵庫に。

縞模様がはっきりしている
軸の部分がへこんでいる

1玉あたり：3000g
正味：1800g／666kcal
1/8玉あたり：約400g
正味：240g／89kcal

皮の下にも血管強化成分が

英名 Watermelon
和名・別名 西瓜
エネルギー（100g中）37kcal
糖質量（100g中）9.2g

甘 五味
寒 五性
脾・胃・心・膀胱 帰経

西瓜糖

すいかの果肉をミキサーにかけ、中火にかけて、とろりとするまで煮詰めたものが西瓜糖。有効成分が凝縮されているので、1日3回スプーン1～2杯ずつなめるだけで効果は十分。西瓜糖なら寒い時期にも利用可能。有効成分が多い種子や皮の周りも一緒に使いたい。

種子にはリノール酸が

種子には不飽和脂肪酸の一種であるリノール酸が含まれる。リノール酸にはコレステロール値や血圧を下げる働きがあり、そのほかにもカリウム、マグネシウム、リンなどのミネラルもたっぷり。東南アジアの国々では種子を食べる習慣も。フライパンなどで乾煎りし、塩を振って食べる。

シトルリン

ウリ科特有の血行促進成分

すいかやメロン、とうがんなど、ウリ科の植物に多く含まれるアミノ酸の一種がシトルリンです。シトルリンは血管を広げて血流をよくするので、むくみや冷え性を改善し、肌の調子を整えます。

すいかの皮も有効利用しよう

果肉部分を食べ終わったあとの皮は、外側のかたい部分をむいて食べやすい大きさに切り、塩漬けやぬか漬けなどの漬物に。歯ごたえがあっておいしくいただける。しろうりのような味と食感を活かして、炒め物にもおすすめ。

むくみ改善

すいか カリウム ＋

みかん ビタミンC

流通カレンダー
1 2 3 4 5 6 7 8 9 10 11 12

うめ

強い酸味には疲労回復効果が

英名 Japanese apricot
和名・別名 梅
エネルギー（100g中）28kcal
糖質量（100g中）5.4g

五味	苦
五性	温
帰経	肝・脾・肺・大腸

クエン酸は疲労回復に

昔から「梅はその日の難逃れ」といわれるほど、病気の予防や健康増進に欠かせない食べものでした。梅の特徴は何といっても強い酸味。主成分のクエン酸には、エネルギー代謝を高めて疲労を回復する効果があるだけでなく、強い殺菌作用もあります。お弁当やおにぎりに梅干しを入れるのも理にかなっています。また、抗酸化ビタミンと呼ばれるビタミンEや高血圧を予防するカリウムも含んでいます。

日本に伝えられたのは奈良時代といわれています。梅の栽培は日本の気候に合っているため、暑い沖縄を除いて全国で栽培されています。旬の頃になると、梅干しや梅酒、梅シロップ、梅ジャムなどを保存食として作る「梅仕事」に精を出す家庭も多くあります。ただし、青梅の果肉には毒性があるので生食は控えましょう。

食品成分表（可食部100gあたり）

たんぱく質		0.7g
脂質		0.5g
炭水化物		7.9g
無機質	カルシウム	12mg
	鉄	0.6mg
ビタミン	A　β-カロテン当量	240 μg
	B_1	0.03mg
	B_2	0.05mg
	C	6mg

保存法

購入後はすぐに利用。すぐに使えない場合は冷暗所に。長期間加工できない場合は、アク抜きをしてから冷凍保存を。

鮮やかな緑色で傷や虫食いがないもの

大きさが揃っている

青梅
未熟でかたい青梅は梅酒や梅シロップに利用。

小梅
カリカリ梅や梅干しに使われる、小粒品種。

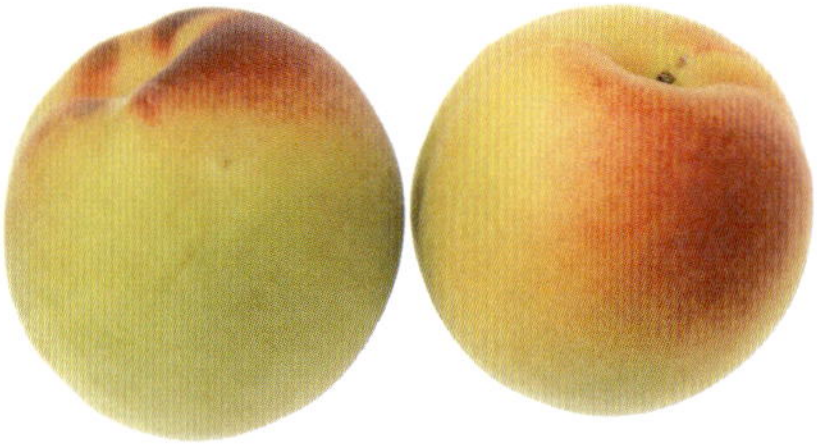

南高梅
和歌山県のブランド完熟梅。梅干しやジャムに。大粒。

手作り梅干しと市販の梅干しはどう違うの？

梅干しは塩を大量に使うことで腐らず、保存食として成り立っている。保存状態がよければ100年以上も持つといわれる。手作り梅干しの塩分は18～20％程度が相場で、かなり塩辛い。市販の梅干しは塩けが抑えてあり、ふっくらとして甘みやだしの風味を感じるものも。これは、塩抜きをした梅干しを調味液に漬け込んでいるため塩分が低く、パッケージに賞味期限が掲載してあることからもわかるように保存性は高くない。「梅干しは腐らない」との思い込みは禁物。

梅干し調理のコツ

ドレッシングや和え物に使うときは、種子を取り除き、裏ごしをしてから、調味料と合わせる。塩分や酸味が強すぎる場合はみりんを加えて、少しのばしてから使うとよい。

種子に含まれるアミグダリン

うめやあんず、もも、びわなど、バラ科の果実の種子や、未熟な果実にはアミグダリンという成分が含まれる。アミグダリンは酵素によって分解されると、毒性のある青酸化合物となる。含まれるのは微量だが、多量に食べると健康被害を生じる場合があるため、生の果実や種子そのままや、乾燥したものを食べるのは危険。梅酒や梅干しのように加工すると、アミグダリンの分解が進み、青酸化合物は大幅に減り、問題なく食べられるようになる。

クエン酸

疲労回復や食欲増進に

クエン酸は有機酸のひとつで、柑橘類をはじめ多くの果物に含まれています。クエン酸は体内でエネルギーを産生するサイクルを活発にする働きがあり、疲労回復効果があります。また、唾液の分泌を促進するので食欲増進効果も。さらに、体に吸収されにくいミネラルを水に溶けやすい形に変えて、吸収しやすくするキレート作用もあります。

流通カレンダー

1	2	3	4	5	6	7	8	9	10	11	12

風邪予防

かき

タンニンで抗酸化

「かきが赤くなると医者が青くなる」という言い伝えがあるように、優れた栄養成分がある果物です。みかん以上に豊富なビタミンCを含み、感染症を予防する効果や美肌効果があります。鮮やかな果肉の色はカロテノイドの一種βｰクリプトキサンチンで、体内でビタミンAに変わり、ビタミンCとの相乗効果で抗酸化作用が高まります。

かきの渋みはポリフェノールのタンニンで、アルコールの分解作用があるため、二日酔いによいといわれています。カリウムや食物繊維も多いため、体内の有害物質の排泄を促進する効果が期待されます。

かきは日本生まれの果物で、国内には1000を超える品種があるといわれています。そのまま食べることができる甘がきと、渋抜きが必要な渋がきがあります。渋がきは全国で栽培されていますが、甘がきは主に温暖な地域で栽培されています。

食品成分表（可食部100gあたり）

たんぱく質		0.4g
脂質		0.2g
炭水化物		15.9g
無機質	カルシウム	9mg
	鉄	0.2mg
ビタミン	A　β-カロテン当量	420 μg
	B_1	0.03mg
	B_2	0.02mg
	C	**70mg**

種あり

種なし

ポリフェノールのタンニンで二日酔いを防止

英名 Persimmon,Kaki
和名・別名 柿
エネルギー（100g中）60kcal
糖質量（100g中）14.3g

ヘタの形が整っていて、果実に貼りついている
ハリとツヤがあり、色が鮮やか

富有柿
甘がきの代表種。なめらかで甘みが強い。

1個あたり：200g
正味：180g ／ 108kcal

甘・渋　五味
寒　五性
大腸・肺　帰経

保存法
ポリ袋に入れ、冷蔵庫の野菜室に。

なますやキムチにも

果肉がかためのかきは、だいこんと合わせてなますに。シャキシャキ感が楽しめる。やわらかくなりすぎたものは、キムチに加えると辛味がマイルドに。

柿の葉茶にはビタミンCが豊富

柿の葉に含まれるビタミンCは熱に強く、お茶にしても損失が少ない。血行促進や炎症を鎮める作用があるケルセチン（P.60）、抗ウイルス作用があるタンニンなどのポリフェノールも含むので、風邪予防に最適。さわやかな風味で、飲みやすい野草茶。

西条
縦長でキメが細かく上品な甘み。広島県産の渋がき。

平核無
扁平で甘みが強く、種子がない。庄内柿、おけさ柿の名も。

タンニン

渋みの元には抗酸化作用が

タンニンはポリフェノールの一種で、たんぱく質を固める働きがあります。そのため、昔は皮なめしに使われていました。渋みがあり、かきの渋や緑茶に含まれています。抗酸化作用があり、生活習慣病予防に有効であるほか、下痢を止めたり、腸の痙攣を抑える働きも知られています。

かき渋 可溶性と不溶性のこと

かきの渋みの正体はタンニン。そのタンニンが水に溶ける可溶性だと、だ液にとけ、味覚として「渋い」と感じるが、不溶性だと渋みは感じない。アルコールやドライアイスなどを使って渋がきを処理すると、可溶性タンニンの不溶化が進み、渋みを感じなくなる。干しがきの場合は、皮をむくと表面に被膜ができ、これが不溶化を促進する。

抗がん作用

かき
β-クリプトキサンチン

＋

だいこん
ビタミンC

流通カレンダー
1 2 3 4 5 6 7 8 9 10 11 12

なし

英名 Japanese pear
和名・別名 梨
エネルギー（100g中）43kcal
糖質量（100g中）10.4g

甘みと酸味でエネルギーを補給

多くの品種が出回りますが、皮が褐色のものを赤なし、黄緑色のものを青なしと呼んでいます。ビタミンやミネラル類はあまり多く含みませんが、すっきりとした酸味にはクエン酸、リンゴ酸などの有機酸や、アミノ酸の一種であるアスパラギン酸を含みます。いずれも疲労回復効果があります。さわやかな甘みはソルビトールという糖アルコールで、喉の炎症を抑えるほか、便秘解消の効果があるといわれています。また、なし独特のしゃりしゃりとした食感は石細胞の食物繊維で、これにもまた腸内環境を整える作用があります。たんぱく質分解酵素を含むため、すりおろした果肉を焼肉用の肉に加えて、肉をやわらかくするという利用方法もあります。

食品成分表（可食部100gあたり）

たんぱく質		0.3g
脂質		0.1g
炭水化物		11.3g
無機質	カルシウム	2mg
ビタミン	B_1	0.02mg
	C	3mg

果肉のざらざらは何？

石細胞と呼ばれる植物繊維のかたまりで、リグニンとペントザンという成分。いずれも不溶性で、腸内で便の量を増やし、腸壁を刺激して排便を促すため、有害物質を排出する効果がある。

保存法
ポリ袋に入れ、冷蔵庫の野菜室に。

流通カレンダー
1 2 3 4 5 6 7 8 9 10 11 12

幸水
赤なしの代表品種。果汁が多く、甘みが強い。

軸と反対側がキュッとしまっている

横に広がっていてずっしりしている

1個あたり：300g
正味：255g／110kcal

二十世紀
青なしの代表品種。歯触りがよく甘い。

五味 甘・酸
五性 涼
帰経 胃・肺

洋なし

英名 Pear
和名・別名 洋梨
エネルギー（100g中）54kcal
糖質量（100g中）12.5g

とろけるような食感と濃厚な甘みが喉を癒やす

まん丸な日本なしに比べて、洋なしは下ぶくれでゴツゴツとした見た目をしています。食感は逆で、日本なしがざらざらとした歯触りがあるのに対して、洋なしはとろけるようになめらかで、濃厚な甘みがあります。

洋なしの栄養成分は日本なしとほとんど変わらず、9割近くが水分で、ほかに、クエン酸やリンゴ酸などの有機酸やソルビトール、たんぱく質分解酵素などを含みます。食物繊維は、洋なしのほうがやや多く、たっぷり含んだ水分との相乗効果で、便通の改善が期待できます。

西洋なしの代表格であるラ・フランスの人気はすっかり定着し、さらに多くの品種が栽培されるようになりました。品種ごとに食味が違うので、食べ比べてみては。

食品成分表（可食部100gあたり）

たんぱく質		0.3g
脂質		0.1g
炭水化物		14.4g
無機質	カルシウム	5mg
	鉄	0.1mg
ビタミン	B_1	0.02mg
	B_2	0.01mg
	C	3mg

1個あたり：200g
正味：170g／92kcal

傷やへこみがなく、重みがある

ラ・フランス
芳香があり、濃厚な甘みとねっとりとした食感。

ル・レクチェ
舌触りがなめらかで、濃厚な甘みの中に適度な酸味が。

香りがよい

保存法
追熟する場合は紙袋に入れて室内（20℃くらい）で。追熟させない場合は冷蔵庫の野菜室で。

ソルビトールとは

バラ科の植物から発見された糖アルコールのひとつで、なしやりんごに含まれ、穏やかな便通を促す作用があるといわれる。甘さは砂糖の60～70%で、砂糖よりカロリーが低いのが特徴。工業的に生産されたものは合成甘味料として利用される。

流通カレンダー
1 2 3 4 5 6 7 8 9 10 11 12

カリン

英名 Chinese quince
和名・別名 花梨、榠樝
エネルギー（100g中）68kcal
糖質量（100g中）9.4g

食品成分表（可食部100gあたり）

たんぱく質		0.4g
脂質		0.1g
炭水化物		18.3g
無機質	カルシウム	12mg
	鉄	0.3mg
ビタミン	A　β－カロテン当量	140 μg
	B_1	0.01mg
	B_2	0.03mg
	C	25mg

強い香りがある
皮にツヤとハリがある
傷がなくずっしりしている

保存法
新聞紙で包み、常温で。

酸渋　五味
平　五性
脾・肺　帰経

流通カレンダー
1 2 3 4 5 6 7 8 9 10 11 12（10〜12月）

豊かな芳香で喉の炎症を抑える

カリンの果肉はかたくて渋みが強く、生食には向いていません。甘い香りには喉の炎症を抑え、咳を鎮める作用があり、民間では古くから利用されてきました。約80%が水分で、そのほかにカロテノイド、ビタミンC、カリウム、食物繊維を含み、高血圧の予防効果が期待できます。

部屋にカリン1個を置いておくだけで、フルーティーな香りに包まれます。熟すと香りが一層強くなり、表面に油分がしみ出てきます。

長野県で多く生産されていますが、一部の地域ではマルメロをカリンと呼んでいます。

カリン酒の作り方

カリンをぬるま湯に浸し、スポンジを使って表面にあるぬるつきを丁寧に取る。水気を拭いたカリンを1〜2cmの輪切りにし、砂糖とともに広口ビンに入れ、ホワイトリカーを注ぐ。砂糖はカリンの1/5量を目安に。はちみつを使ってもよい。半年ほどしたら飲み頃に。

マルメロ

英名 Quince
和名・別名 榲桲
エネルギー（100g中）56kcal
糖質量（100g中）10.0g

食品成分表（可食部100gあたり）

たんぱく質		0.3g
脂質		0.1g
炭水化物		15.1g
無機質	カルシウム	11mg
	鉄	0.1mg
ビタミン	A　β－カロテン当量	51 μg
	B_1	0.02mg
	B_2	0.02mg
	C	18mg

軟毛が少し
残っていることがある
傷がなく
ずっしりしている
強い香りがある

保存法
新聞紙で包み、常温で。

喉や咳に効く黄金の果実

マルメロは皮や果肉が鮮やかな黄色のフルーツ。生食に向かない点や香りが強く、喉の痛みや咳に効果がある点など、カリンと似ています。栄養面ではカリウムやビタミンB群を多く含んでいます。原産地はイランやトルコ周辺で、日本には江戸時代、長崎に入ってきました。マルメロはポルトガル語で、マーマレードの語源といわれています。

マルメロジャム

皮と芯を取ったら、薄切りにし、ホウロウの鍋に入れる。マルメロの半量の砂糖を加え、よく混ぜて一晩置く。果汁が出てきたら、弱火で煮詰め、とろみがついてきたらレモン汁を加えて出来上がり。水分が少ないので、焦げつかせないように注意。

流通カレンダー
1 2 3 4 5 6 7 8 9 10 11 12（10〜12月）

キウイフルーツ

分解酵素で消化力アップ

近年、国内で盛んに栽培されているキウイフルーツ。栄養成分に富んでいる果物で、特に黄肉種はビタミンCが多く、いちごを上回る量を含んでいます。ビタミンEも比較的多いので、2つの抗酸化ビタミンの相乗効果で、感染症やがんの予防、アンチエイジング、肌荒れの改善、シミやシワ対策などが期待できます。高血圧予防のカリウムや、便通を改善する食物繊維も含みます。

ほどよい酸味はクエン酸やリンゴ酸。疲労物質を分解し、ストレス解消やエネルギーの補給に役立ちます。

また、たんぱく質分解酵素のアクチニジンを含んでいるので、肉料理のあとにデザートとしていただくと、消化が促進され、胃もたれを防ぎます。

キウイというのはニュージーランドに生息している茶色い鳥の名前。果皮にたくさんのうぶ毛が生えているところが、その鳥の姿に似ているため、キウイの名前がつけられたといわれています。

女性にうれしい 高い美肌効果

英名 Kiwi fruit
和名・別名 獼猴桃、オニマタタビ、シナサルナシ
エネルギー（100g中） 53kcal
糖質量（100g中） 11.0g

五味 甘・酸
五性 寒
帰経 腎・膀胱

食品成分表

（緑肉種 可食部100gあたり）

たんぱく質		1.0g
脂質		0.1g
炭水化物		13.5g
無機質	カルシウム	33mg
	鉄	0.3mg
ビタミン	A β-カロテン当量	66 μg
	B1	0.01mg
	B2	0.02mg
	C	**69mg**

（黄肉種 可食部100gあたり）

たんぱく質		1.1g
脂質		0.2g
炭水化物		14.9g
無機質	カルシウム	17mg
	鉄	0.2mg
ビタミン	A β-カロテン当量	41 μg
	B1	0.02mg
	B2	0.02mg
	C	**140mg**

酸っぱいキウイフルーツをおいしく

かたくて酸っぱいキウイフルーツは、食べやすい大きさに切り、容器に入れてラップをかけ、冷蔵庫で一晩寝かせると食べやすくなる。

保存法
ポリ袋に入れ、冷蔵庫の野菜室に。

色が濃すぎない
うぶ毛が均一に生えている
1個あたり：80g
正味：70g／37kcal

グリーンキウイフルーツ
甘さの中にほどよい酸味が。

ゴールデンキウイフルーツ
果肉が黄色く甘みが強い。

猫を惹きつける？

猫がマタタビに興奮するのは、マタタビに含まれるマタタビラクトンやアクチニジンという成分に猫を興奮させる作用があるから。これらはマタタビフェロモンとも呼ばれる。マタタビ科マタタビ属のキウイフルーツにも同様の成分が含まれていて、果実ではなく、枝葉や根には体をこすりつけたりじゃれたりする猫もいるよう。

マタタビの実
（虫えい果）

流通カレンダー（国産）
1 2 3 4 5 6 7 8 9 10 11 12

アクチニジン

緑色種に多いプロテアーゼ

緑色のキウイフルーツやサルナシなど、マタタビ属の果実に含まれるたんぱく質分解酵素（プロテアーゼ）のこと。肉の繊維をやわらかくする食肉軟化作用があり、肉食後にキウイフルーツを摂ると、胃もたれしにくくなります。アクチニジンはキウイフルーツを食べたときに発生する口腔アレルギー症候群の原因物質（アレルゲン）でもあります。グリーン種のキウイフルーツに多く含まれますが、ゴールデン種は含有量がわずかなので、ほとんど発症しないようです。
アクチニジン酵素は加熱すると活性が失われてしまうので、生食で。

キウイフルーツ
アクチニジン酵素
＋
豚肉
たんぱく質

消化促進

レモン

リモネンは血行促進に

ビタミンCの含有量を表すとき、「レモン◯個分」とたとえるように、レモンにビタミンCが多く含まれていることは誰もが知るところです。柑橘類の中ではもちろんトップクラス。ビタミンCは抗酸化作用はもちろん、コラーゲンの生成を助け、肌を美しく整えるほか、免疫力を強化して、風邪などの感染症を予防します。さわやかな酸味はクエン酸によるもので、疲労物質を分解し、ストレスを軽減します。皮には毛細血管を強くするポリフェノールのルチンが含まれ、動脈硬化の予防が期待できます。

レモンは寒さに弱いため、冬でも暖かく、夏には乾燥するような場所での栽培が適しています。日本では瀬戸内海沿岸地域での生産が盛んですが、自給率は1割ほど。流通の主流は外国産のものです。皮にワックスがついている場合は、適量の塩でもむようにこすって水洗いしましょう。浸透圧で汚れが落ちるだけでなく、色と香りもよくなります。

食品成分表（可食部100gあたり）

たんぱく質		0.9g
脂質		0.7g
炭水化物		12.5g
無機質	カルシウム	67mg
	鉄	0.2mg
ビタミン	A　β－カロテン当量	26 μg
	B_1	0.07mg
	B_2	0.07mg
	C	**100mg**

保存法

ポリ袋に入れ、冷蔵庫の野菜室に。使いかけのものは、少量の水を入れた小ぶりのグラスに、切り口を下にして宙に浮くように入れると、乾燥予防に。

抗酸化作用が強いビタミンCの宝庫

英名 Lemon
和名・別名 檸檬
エネルギー（100g中）
54kcal
糖質量（100g中）
7.6g

酸·甘　五味
平　五性
脾·胃·肝　帰経

島レモン
東京都小笠原諸島産。

表皮がなめらかでムラがない
重みがある
香りがよい

| 1個あたり：100g
正味：95g ／ 51kcal

リスボン
主流品種。両端をつまんだような紡錘形が特徴。

マイヤー
オレンジとの交雑種で、酸味は弱く甘みがある。

香り成分のリモネンとは？

オレンジやレモンなど柑橘類の果皮に含まれる芳香成分で、血行促進、健胃、鎮静などの作用があり、アロマや香料として広く利用される。また、発泡スチロールやプラスチックなどの溶剤としても使われる。

やっぱりレモンは美肌にいい

「レモンポリフェノール」としてひそかに話題になっているのが、エリオシトリンという成分。抗酸化作用があるフラボノイドの一種で、果皮やその下の筋の部分に多く含まれる。レモンにはビタミンCが多く、ルチンやエリオシトリンとの相乗効果で、抗酸化作用がより高まり、美容やアンチエイジング効果が期待できる。エリオシトリンはライムにも含まれる。

光に当たると肌にダメージが

レモンやオレンジ、ライム、グレープフルーツなどの柑橘には、紫外線に当たるとシミや肌荒れなどのダメージが起こる「光毒性」がある。たくさん食べたあとに光に当たるのは避け、できれば夕方以降に食べるのがベター。レモンの精油にはより強い光毒性がある。

風邪予防

レモン　ビタミンC

＋

豚肉　たんぱく質

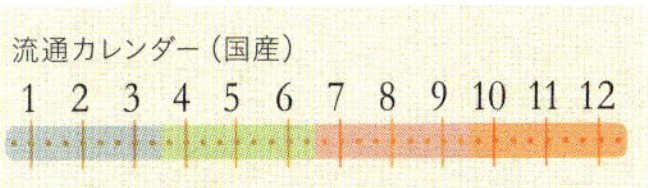

ブルーベリー

目の疲れに効く アントシアニンが豊富

英名 Blueberry　和名・別名 藍苺
エネルギー（100g中）49kcal
糖質量（100g中）9.6g

五味　甘・酸
五性　平
帰経　脾・肺・腎

アントシアニンで生活習慣病予防

目によい果物として関心が集まり、日本でブルーベリーの本格的な栽培が始まったのは1980年代後半のこと。果実の濃い紫色に含まれているのは、ポリフェノールの一種であるアントシアニンです。優れた抗酸化作用があるアントシアニンは、視力低下や眼精疲労を防ぐ働きがあります。ビタミンEもたっぷり含んでいるので、血行を改善したり、老化を予防する効果があります。ビタミンEは脂溶性なので、ヨーグルトなどの乳製品と一緒に摂ると吸収が高まります。

また、整腸作用がある食物繊維も含まれていて、便秘解消や大腸がんの予防にもなるとされています。

生のものも出回るようになりましたが、熟したものは傷みやすいので、食べきれないときは冷凍保存がおすすめです。

食品成分表（可食部100gあたり）

たんぱく質		0.5g
脂質		0.1g
炭水化物		12.9g
無機質	カルシウム	8mg
	鉄	0.2mg
ビタミン	A　β-カロテン当量	55 μg
	B_1	0.03mg
	B_2	0.03mg
	C	9mg

10粒あたり：10g／5kcal

ハリとツヤがあり、色が濃く、ブルームがついている
粒が大きく、揃っている

保存法
密閉容器に入れて、冷蔵庫の野菜室、または冷凍庫へ。

簡単・ブルーベリーシロップ

保存ビンにブルーベリーに砂糖と酢を加えて、冷蔵庫で保管する。砂糖が完全に溶けたら、水や炭酸水で割って楽しもう。材料の比率は、ブルーベリー5：砂糖4：酢3が目安。砂糖の種類はお好みで。

加糖してあっても「無添加」

海外からの輸入が多いドライフルーツには、見た目の劣化を予防し、保存性を高めるために、保存料、漂白剤、酸化防止剤などの添加物が加えられているものも。しかし、砂糖は食品添加物ではないので、砂糖を使っていてもほかの添加物を使用していなければ「無添加」表示となる。商品の表示や外見をチェックして、正しく判断したい。

より効果が高いのは「ビルベリー」

野生のブルーベリーともいわれているビルベリーは、ブルーベリーの近縁種。生産地の北欧は、夏は白夜となり一日中紫外線を浴びるため、より多い抗酸化成分が生成され、アントシアニンの量はブルーベリーの倍以上。ただし、生果は国内ではほとんど流通しておらず、冷凍品や加工品、サプリメントでの入手がメイン。

アントシアニン

眼精疲労にもよい抗酸化成分

赤～青～紫色の色素成分で、抗酸化作用を持つポリフェノールの一種。アントシアニンには500以上の種類があるといわれ、その中にはナスニン（P.22）やシソニン（P.115）も含まれます。

私たちの目は、外から入ってきた光によって網膜に結ばれた像を、信号に変換して脳に送り、見えたと認識します。その信号に関わっているのが視神経細胞にあるロドプシンという色素成分です。ロドプシンは分解と再合成を繰り返しているのですが、その再合成に関わるのがアントシアニンなのです。

アントシアニンには目の健康を維持する働きのほか、生活習慣病予防効果も。サプリメント類が多く出回っていますが、過剰摂取には注意しましょう。

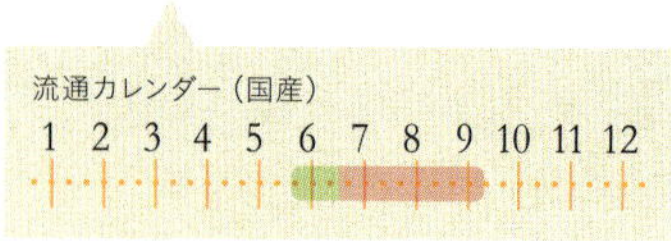

流通カレンダー（国産）
1 2 3 4 5 6 7 8 9 10 11 12

ブルーベリー
ビタミンC
＋

ヨーグルト
たんぱく質

整腸 美肌効果

ラズベリー

英名 Raspberry
和名・別名 木苺
エネルギー（100g中） 41kcal
糖質量（100g中） 5.5g

食品成分表（可食部100gあたり）		
たんぱく質		1.1g
脂質		0.1g
炭水化物		10.2g
無機質	カルシウム	22mg
	鉄	0.7mg
ビタミン	A β-カロテン当量	19 μg
	B1	0.02mg
	B2	0.04mg
	C	22mg

小さな実には充実の美容成分が

ラズベリーは世界各地に分布する木いちごの総称です。日本の山野にも自生種のラズベリーがあります。

ルビーのような小さな実には、ビタミンC、E、カリウム、鉄、カルシウムなど、多くの有効成分が詰まっていて、美容や健康効果が高い果物です。果実には色素成分であるアントシアニンやカロテノイドのルテインを含み、抗酸化作用がより高いのが特徴です。また、美白作用があるエラグ酸も含み、女性にうれしい効果が満載です。

生食以外に、ジャムやお菓子、ソース、果実酒などにも利用されています。

香りがよく、全体によく色づいている
熟れすぎていない

葉は女性のためのハーブティーに

ラズベリーリーフティーには痛みや痙攣を鎮める作用があり、特に子宮や骨盤回りの筋肉を調整する働きがあるため、月経痛やPMS（月経前症候群）によいとされる。「安産のお茶」とも呼ばれ、妊娠後期から飲み始めると産前産後の体調がよいともいわれる。

保存法
密閉容器に入れて、冷蔵庫の野菜室、または冷凍庫へ。

流通カレンダー（国産）
1 2 3 4 5 6 7 8 9 10 11 12

ブラックベリー

英名 Blackberry
和名・別名 黒実木苺（クロミキイチゴ）
エネルギー（100g中） 43kcal
糖質量（100g中） 4.3g

甘酸っぱさが魅力の夏のベリー

黒くてツヤのあるブラックベリーは、欧米では夏のフルーツとして人気です。

ポリフェノールの一種であるアントシアニンを多く含み、またビタミンCも含むことから、より高い抗酸化作用が期待できます。疲労回復のクエン酸や、むくみを解消するカリウムも含まれます。

生食もしますが、酸味が強いのでジャムやゼリーなどの加工に向いています。特にりんごとの相性がよく、色も食感も素晴らしいジャムができます。鮮やかな紅色の果実酒もおすすめです。

香りがよく、全体によく色づいている
熟れすぎていない

ブラックベリーは鉢植えで

ブラックベリーは大変繁殖力が強い植物で、枝は左右に大きく、根は地中深くまで伸びて、どんどん大きくなる。広い庭でなければすぐに覆い尽くされてしまう可能性があるので、おすすめは鉢栽培。つる性の品種を選び、支柱を立てて誘引しよう。根がよく張るので、定期的に植え替えが必要。トゲがあるので、ご注意を。

保存法
密閉容器に入れて、冷蔵庫の野菜室、または冷凍庫へ。

流通カレンダー（国産）
1 2 3 4 5 6 7 8 9 10 11 12

クランベリー

英名 Cranberry
和名・別名 蔓苔桃
エネルギー（100g中） 46kcal
糖質量（100g中） 7.4g

保存法
密閉容器に入れて、冷蔵庫の野菜室、または冷凍庫へ。

酸味の強いソースでおなじみ

七面鳥の丸焼きに添えるソースとしてよく知られているクランベリーですが、酸味が強く、生食向きではありません。

ポリフェノールの一種であるプロアントシアニジンが含まれているのが大きな特徴。非常に強い抗酸化力があり、細胞レベルで酸化を防ぐ働きがあるので、生活習慣病全般に有効です。また、植物酸のひとつであるキナ酸には尿路への細菌の付着を抑制する働きがあることから、クランベリーは昔から、尿道炎や膀胱炎への対処を目的に利用されています。そのほか、神経や筋肉の動きに関わるマグネシウムも含まれています。

ただし、酸味を抑えるため、市販のジュースは糖分がたっぷり加えられていることを理解しておきましょう。

黒く色づいている。
赤みが残っているものは未熟

流通カレンダー（輸入）
1 2 3 4 5 6 7 8 9 10 11 12

五味 甘
五性 平
帰経 脾

ユニークな収穫風景

クランベリーはアメリカやカナダの寒冷地で広く栽培されている。秋、クランベリーの実が色づくと、畑に水を張る。水面を叩くと次々と実が浮かんできて、畑は真っ赤に染まる。あとは畑に入り、実を傷つけないよう丁寧に収穫。この風景は季節の風物詩として、毎年報道されるそう。

グーズベリー

英名 Gooseberry
和名・別名 西洋すぐり
エネルギー（100g中）
52kcal
糖質量（100g中）
10.7g

食品成分表（可食部100gあたり）

たんぱく質		1.0g
脂質		0.1g
炭水化物		13.2g
無機質	カルシウム	14mg
	鉄	1.3mg
ビタミン	A　β-カロテン当量	130 μg
	B_1	0.02mg
	B_2	0.02mg
	C	22mg

生食でもジャムなどの加工品でも

グーズベリーの名前は、アメリカ先住民が酸味の強いこの実をダチョウ料理に使っていたことに由来するといわれています。疲れを取り、食欲を増進させるクエン酸のほか、血圧の上昇を抑えるカリウム、抗酸化力があるβ-カロテンも含みます。

グーズベリーは未熟なものは青く、生では酸味が強いためジャムやゼリーなどの加工品に使用されます。完熟したものは赤く色づき、甘みが強くなってくるので生食も可能です。ヨーロッパ系（西洋すぐり）とアメリカ系（アメリカスグリ）があり、苗木も出回っています。

形が整っている
赤く熟している

保存法
密閉容器に入れて、冷蔵庫の野菜室、または冷凍庫へ。

バランスが取れた栄養成分

クエン酸、β-カロテン、カリウムのほか、貧血予防によい鉄や葉酸、便通を整える食物繊維、抗酸化作用があるビタミンCとEを、微量ずつだがまんべんなく含む。ビタミンとミネラルのバランスが取れた果物。

カラント

英名 Currant
和名・別名 酸塊、フサスグリ
エネルギー（100g中）50kcal
糖質量（100g中）9.5g

レッドカラント
ツヤがあって色が鮮やか
弾力がある

保存法

密閉容器に入れて、冷蔵庫の野菜室、または冷凍庫へ。

ツヤツヤに輝く美形のベリー

カラントにはフサスグリとも呼ばれるレッドカラントとホワイトカラント、クロスグリ（またはクロフサスグリ）と呼ばれるブラックカラント（カシス）があります。

いずれもクエン酸、ビタミンC、食物繊維、カリウムが豊富で、感染症の予防や疲労回復効果が期待できます。またブラックカラントには、カルシウムのほか、ポリフェノールの一種であるアントシアニンも多く含まれています。

可愛らしい姿をそのまま活かしてデザートのトッピングに、またジャムやジュース、リキュールなどにも利用されています。

ブラックカラント

ベリーたっぷりサマープディング

ブルーベリー、ラズベリー、いちご、カラントなどさまざまなベリーでソースを作り、食パンで作った型にそれを染み込ませた、イギリスを代表する夏のデザート。カラントのトッピングが定番。

流通カレンダー（国産）
1 2 3 4 5 6 7 8 9 10 11 12

ハスカップ

英名 Blue honeysuckle
和名・別名 黒実鶯神楽（クロミノウグイスカグラ）
エネルギー（100g中）53kcal
糖質量（100g中）10.7g

食品成分表（可食部100gあたり）

たんぱく質		0.7g
脂質		0.6g
炭水化物		12.8g
無機質	カルシウム	38mg
	鉄	0.6mg
ビタミン	A　β-カロテン当量	130 µg
	B1	0.02mg
	B2	0.03mg
	C	44mg

黒紫色で熟したもの

保存法

生果はほぼ入手できず、流通しているのは冷凍保存のもの。

北海道で収穫される不老長寿の果実

冷涼な北海道のみで収穫されるハスカップ。名前は、アイヌ語で「ハシカプ」（枝の上にたくさんなるもの）に由来しています。古くからアイヌの人たちの間では不老長寿に役立つとされてきました。

ビタミンCをはじめ、鉄、カルシウム、カリウムなどを含み、栄養満点の果実。ポリフェノールの一種アントシアニンも含むため、その機能性に期待できます。生のままの保存が難しいため、ジャムやお菓子、ワイン、ジュースなどに加工され、北海道の特産品となっています。

納得の栄養価

ハスカップに含まれるアントシアニンはブルーベリーの3倍以上、カルシウムはりんごの10倍、鉄はみかんの8倍、そしてビタミンCはレモンよりも多く含まれています。ビタミンEや食物繊維も含み、生活習慣病予防にはもってこいの果物。

バナナ

食品成分表（可食部100gあたり）		
たんぱく質		1.1g
脂質		0.2g
炭水化物		**22.5g**
無機質	カルシウム	6mg
	鉄	0.3mg
ビタミン	A　β-カロテン当量	56μg
	B1	0.05mg
	B2	0.04mg
	C	16mg

皮をむくだけですぐに食べられ、持ち運びにも便利なバナナ。ねっとりとした甘みは、果糖やブドウ糖、ショ糖で、吸収されやすく、すぐにエネルギーに換わります。バナナにはでんぷんも含まれているため、腹持ちもよく、スポーツ選手が即効性と持続性を併せ持つエネルギー源として、試合中に食べている光景もよく見かけます。

たんぱく質の代謝を高めるビタミンB_6、抗ストレス効果があるビタミンC、高血圧予防のカリウム、造血作用がある葉酸、ビフィズス菌などの腸内の善玉菌を増やすオリゴ糖、老廃物を排出するペクチンなど、成分のバランスも取れています。また精神を安定させるとされるセロトニンの合成に関わるトリプトファンも含まれるということで注目されています。

皮ごとトースターグリルで

皮のままトースターグリルで5分焼く。皮をむいてレモン汁をかけるだけで、おやつに。

つけ根がしっかりしている
傷がなく、全体がまんべんなく黄色い
黒ずみがない

エネルギー補給だけでない成分豊富な優秀フルーツ

英名 Banana
和名・別名 実芭蕉
エネルギー（100g中）86kcal
糖質量（100g中）21.4g

1本あたり：200g
正味：120g ／ 103kcal

五味 甘
五性 寒
帰経 胃・大腸・肺・心

保存法

保存適温は13℃。かたいものは常温で、熟したものは1本ずつラップに包んで、冷蔵庫の野菜室で。

ビタミンB_6

たんぱく質をエネルギーに変える

体内でたんぱく質をアミノ酸に分解してエネルギーに換え、さらにそのアミノ酸で筋肉や血液、ホルモンなどを作る働きをします。また、神経伝達物質の合成にも関わっています。ビタミンB_6はビタミンB_2と一緒に摂ると活性化されます。近年の研究で、ビタミンB_6には脂肪肝を予防する働きがあることがわかってきました。

シュガースポットは食べ頃サイン

熟すと甘みが増し、香りもよくなってくる。皮に茶色い斑点の「シュガースポット」が現れたら完熟のサイン。

トリプトファン

セロトニンの合成に関わるアミノ酸

神経伝達物質セロトニンを体内で合成するのが、アミノ酸のトリプトファンです。セロトニンはドーパミンやノルアドレナリンと並ぶ三大神経物質で、精神の安定や睡眠に深く関わっています。トリプトファンはビタミンB_6などとともにセロトニンを生成する必須成分です。なお、サプリメントによる過剰摂取は肝臓を傷めやすいので注意しましょう。

凍らせるだけでアイスクリームに

熟したバナナの皮をむき、輪切りにして冷凍。食べる分だけ取り出して潰すだけ。ミキサーにかければクリーミーに。ナッツを加えたり、シナモンパウダーを振りかけたり、ヨーグルトに合わせたりと、アレンジはご自由に。

消化促進

バナナ
オリゴ糖

＋

ヨーグルト
乳酸菌

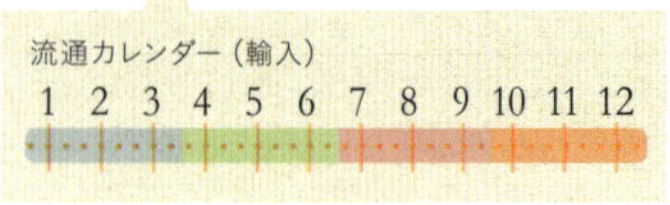
流通カレンダー（輸入）
1 2 3 4 5 6 7 8 9 10 11 12

びわ

実と葉ともに高い栄養価が

出回る時期が限られているびわは、皮が薄くて傷みやすいこともあり、果物の中では高級品です。果肉のオレンジ色には強い抗酸化作用を持つβ-カロテンやβ-クリプトキサンチンが豊富に含まれており、高血圧や心筋梗塞などの生活習慣病やがん予防に効果があるとされています。わずかに感じるえぐみは、ポリフェノールの一種であるクロロゲン酸、さらに高血圧予防作用があるカリウムも含みます。

存在感がある大きな種子には咳を鎮める作用があるアミグダリンが含まれています。びわ酒は種子ごと漬け込んで作るとよいでしょう。

！ アミグダリンには毒性があり、体内で分解されると青酸が発生する。その量はわずかだが、種子を大量に食べたり、種子の粉末を飲んだりすることで健康を害する可能性があるので、十分に注意して。なお、アルコールに漬けることで分解され、毒性は消失するので、十分に漬け込んだびわ酒は安全。

英名 Japanese medlar
和名・別名 枇杷
エネルギー（100g中） 40kcal
糖質量（100g中） 9.0g

食品成分表（可食部100gあたり）

たんぱく質		0.3g
脂質		0.1g
炭水化物		10.6g
無機質	カルシウム	13mg
	鉄	0.1mg
ビタミン	A β-カロテン当量	810 μg
	B1	0.02mg
	B2	0.03mg
	C	5mg

うぶ毛があり、
ブルームで覆われている
軸がしっかりしている
1個あたり：50g
正味：35g／14kcal

びわの葉活用法

びわの葉は抗菌作用がある精油成分や、ポリフェノール類を多く含む。昔から薬草茶として利用され、江戸時代には夏バテによいとされていた。葉を焼酎に漬けたびわの葉酒は入浴剤や湿布剤としても利用される。

保存法
常温で保存。温度変化に弱いので、早めに食べきること。

五味 甘 酸
五性 涼
帰経 心・胃・肺

流通カレンダー
1 2 3 4 5 6 7 8 9 10 11 12

いちじく

古くから薬効の高さが評価

プチプチとした食感と、やさしい甘みが特徴のいちじく。果糖とクエン酸を多く含んでおり、疲労回復作用やリラックス効果があります。

江戸時代に長崎に渡来した当初は、薬用として栽培されていました。水溶性食物繊維のペクチンを豊富に含むので、便秘の解消のほか、糖分やコレステロールの吸収を抑制して糖尿病や動脈硬化の予防にも効果的です。また、高血圧などの予防に役立つカリウムも含みます。赤い色の部分には、ポリフェノールのアントシアニンも含まれています。

最近はドライいちじくも簡単に手に入るようになりました。ドライになると食物繊維やカリウムが5倍ほどに増加します。

英名 Fig
和名・別名 無花果、唐柿（トウガキ）
エネルギー（100g中） 54kcal
糖質量（100g中） 12.4g

食品成分表（可食部100gあたり）

たんぱく質		0.6g
脂質		0.1g
炭水化物		14.3g
無機質	カルシウム	26mg
	鉄	0.3mg
ビタミン	A β-カロテン当量	18 μg
	B1	0.03mg
	B2	0.03mg
	C	2mg

ハリと弾力があり、
傷やへこみがない
完熟すると開き、
熟しすぎると割れる
1個あたり：80g
正味：70g／38kcal

保存法
傷みやすいので、購入後速やかに食べる。残った場合は1つずつラップに包み、冷蔵庫の野菜室へ。

五味 甘
五性 平
帰経 脾・肺

流通カレンダー
1 2 3 4 5 6 7 8 9 10 11 12

切り口の白い汁にはフィシン

いちじくの軸を切ると出てくる白い液体はたんぱく質分解酵素のフィシン。いちじくを触ると指先に違和感を覚えるのは、フィシンの刺激のため。その作用を利用し、昔はイボ取りに使用したそう。

すもも

英名 Plum
和名・別名
李、プラム
エネルギー（100g中）
44kcal
糖質量（100g中）
7.8g

食品成分表
（日本すもも 可食部100gあたり）

たんぱく質		0.6g
脂質		1.0g
炭水化物		9.4g
無機質	カルシウム	5mg
	鉄	0.2mg
ビタミン	A β-カロテン当量	79 μg
	B_1	0.02mg
	B_2	0.02mg
	C	4mg

1個あたり：70g
正味：65g ／ 29kcal

保存法
かたいものは日が当たらない涼しいところで追熟を。熟したものは冷蔵庫の野菜室へ。

色が鮮やかでハリとツヤがある
色が全体に濃く、ブルームがある
日本すもも　西洋すもも（プルーン）

優れた栄養バランスに注目

すももはももより小ぶりで甘酸っぱい果物で、日本すもも（プラム）と西洋すもも（プルーン）に大別されます。

プラムは適度な甘みで果汁が多く、利尿作用や高血圧予防効果があるカリウムを含みます。水溶性の食物繊維ペクチンを含むので、糖尿病の予防効果や、コレステロールの吸収抑制作用により、生活習慣病対策に適しています。酸味は疲労回復効果があるクエン酸で、殺菌作用もあります。

プルーンはプラムに比べると果肉がしまっています。ミネラルやビタミンがバランスよく含まれているのが特徴。α、β-カロテン、β-クリプトキサンチンなどのカロテノイドが多く、ビタミンEとの相乗効果で、高い抗酸化作用が期待できます。カリウム、マンガン、鉄、カルシウムも含み、意識して摂りたい果物です。

乾燥プラム（プルーン）はミネラルたっぷり

乾燥プルーンはドライフルーツの中でもトップクラスのカロテン量。生果の栄養価と比べると、α、β-カロテンは約3倍、カリウムは2倍以上、マンガンは約6倍、鉄は約5倍、カルシウムは6倍以上、食物繊維は3倍以上。ただし、糖質が多く、カロリーは4倍以上なので、食べ過ぎには注意を。

五味　甘・酸
五性　平
帰経　肝・腎・脾・胃

流通カレンダー
1 2 3 4 5 6 7 8 9 10 11 12

あんず

英名 Apricot
和名・別名
杏、唐桃（カラモモ）、アプリコット
エネルギー（100g中）　36kcal
糖質量（100g中）　6.9g

食品成分表（可食部100gあたり）

たんぱく質		1.0g
脂質		0.3g
炭水化物		8.5g
無機質	カルシウム	9mg
	鉄	0.3mg
ビタミン	**A β-カロテン当量**	**1500 μg**
	B_1	0.02mg
	B_2	0.02mg
	C	3mg

ハリとツヤがある
色が鮮やかでふっくらとしている

保存法
ポリ袋に入れて、冷蔵庫の野菜室で。

カロテンの含有量は果物ではトップクラス

鮮やかなオレンジ色が美しく、酸味と甘みのバランスが取れた果物です。果物の中ではカロテンの含有量が多く、その高い抗酸化作用から、脳梗塞や心筋梗塞、老化の予防効果があると期待されています。またリンゴ酸やクエン酸などの有機酸に疲労回復作用が、アミノ酸の一種であるGABAにストレス軽減作用が期待できます。ドライにすると、ビタミンやミネラルの含有量はぐっと増えますが、カロリーも高くなるので、注意しましょう。

あんずの種子（仁）を取り出したものが杏仁で、杏仁豆腐などのデザートや化粧品、薬などに利用されています。

漢方では「杏仁」

あんずの種子は杏仁と呼ばれる生薬で、アミグダリン（P.152）を含み、咳止めや痰切りに用いられ、麻杏甘石湯（気管支喘息）や潤腸湯（便秘）などの漢方薬に配合される。

果核
種子

五味　甘・酸
五性　温
帰経　肺・大腸

流通カレンダー
1 2 3 4 5 6 7 8 9 10 11 12

パイナップル

甘・淡　五味
平　五性
脾・腎　帰経

胃もたれを予防するトロピカルフルーツ

熱帯・亜熱帯で広く栽培され、日本では沖縄で栽培されています。パイナップルを食べると口の中がピリピリとすることがありますが、これは、たんぱく質分解酵素のブロメリンが含まれているから。消化を促進する効果があるとされているほか、肉をやわらかくする作用もあり、酢豚などの料理にも活用されています。ただ、熱を加えるとその効果が得られないため、調理時間はできるだけ短めにする必要があります。

ビタミンB_1、B_6、C、クエン酸も含まれているので、疲労回復や老化予防、美肌作りにも有効です。

流通カレンダー（国産）

1　2　3　4　5　6　7　8　9　10　11　12

英名 Pineapple
和名・別名
鳳梨、アナナス
エネルギー（100g中）
53kcal
糖質量（100g中）
11.9g

食品成分表（可食部100gあたり）

たんぱく質		0.6g
脂質		0.1g
炭水化物		13.7g
無機質	カルシウム	11mg
	鉄	0.2mg
ビタミン	A　β-カロテン当量	38 μg
	B_1	0.09mg
	B_2	0.02mg
	C	35mg

1玉あたり：1500g
正味：825g ／ 421kcal
1/8玉あたり：100g ／ 51kcal

たんぱく質分解酵素ブロメリン

ブロメリンには腸内の老廃物を分解して消化を促進し、腸内ガスの発生を抑える作用もある。ただし熱に弱く、60℃以上では変性して効果がなくなるため、炒め物などにする場合は、火を止める直前に加えるなど、加熱を最小限に抑えて。

保存法

熟したものはポリ袋に入れて、冷蔵庫の野菜室へ。葉を平らにカットし、逆さにして立てておくと、甘みが均一になって、食べ頃が早まります。

葉の色が濃く、長すぎない
重みがあり、香りがよい
お尻がつぶれていない

マンゴー

英名 Mango
和名・別名 菴羅（アンラ）、菴摩羅（アンマラ）
エネルギー（100g中）64kcal
糖質量（100g中）15.6g

食品成分表（可食部100gあたり）

たんぱく質		0.6g
脂質		0.1g
炭水化物		16.9g
無機質	カルシウム	15mg
	鉄	0.2mg
ビタミン	A　β-カロテン当量	610 μg
	B_1	0.04mg
	B_2	0.06mg
	C	20mg

美容に効果のある成分が豊富

とろけるような食感と、濃厚な甘みが魅力のマンゴー。チェリモヤ、マンゴスチンとともに世界三大美果のひとつです。現在では宮崎県、沖縄県、鹿児島県など国産の完熟品が出回り、身近な果物になりました。

活性酸素の働きを抑え、老化を予防するβ-カロテンを豊富に含んでおり、さらに美容効果のビタミンC、造血の葉酸、老廃物を排出する食物繊維、血圧を下げるカリウムなどをバランスよく含みます。黄色い果肉にポリフェノールのフラボノイド系色素成分が含まれていることも注目です。レモンやライムにも含まれている成分で、糖尿病合併症を予防する効果があるといわれ、研究が進んでいます。

（アップルマンゴー）
1個あたり：400g
正味：260g ／ 166kcal

（ペリカンマンゴー）
1個あたり：200g
正味：130g ／ 83kcal

流通カレンダー（国産）

1　2　3　4　5　6　7　8　9　10　11　12

保存法

未熟なものは常温で追熟。熟したものは、ポリ袋に入れ、冷蔵庫の野菜室へ。早めに食べましょう。

ハリがあり、シワやシミがないもの
色が鮮やかなもの
香りがよい

アップル
皮が真っ赤で、濃厚な甘みととろけるような舌触りが特徴。

甘・酸　五味
涼　五性
肺・胃・心　帰経

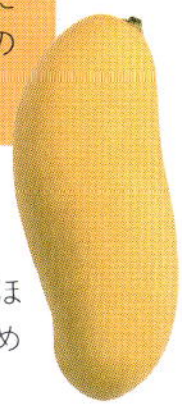

ペリカン
フィリピン産。ほどよい酸味となめらかな舌触り。

キーツ
食感は濃厚。熟しても表皮は緑色なのでグリーンマンゴーとも。

あけび

食品成分表（可食部100gあたり）

たんぱく質		0.5g
脂質		0.1g
炭水化物		22.0g
無機質	カルシウム	11mg
	鉄	0.3mg
ビタミン	B_1	0.07mg
	B_2	0.03mg
	C	65mg

英名　Akebia
和名・別名　通草、木通、アケビカズラ、ヤマヒメ
エネルギー（100g中）　82kcal
糖質量（100g中）　20.9g

皮やつるにも栄養がたっぷり

あけびは熟すと口が開いたように割れ、中の白い果肉が半透明に変わってきます。水分が少なく、カロリーは高めですが、果肉にはビタミンCが、果皮にはカリウムが多く含まれています。皮の紫色の色素はポリフェノールのアントシアニンで、抗酸化作用があります。

あけびのつるは漢方でも使用される「木通」という生薬。サポニンを含み、腎炎や膀胱炎などが原因のむくみに利用されます。

保存法
ポリ袋に入れ、冷蔵庫の野菜室で。

皮が割れていると完熟
色づきがよく、ハリがある

こくわ（さるなし）

英名　Hardy kiwi
和名・別名　猿梨（サルナシ）、シラクチ、ミニキウイ、ベビーキウイ
エネルギー（100g中）　53kcal
糖質量（100g中）　11.0g

いくつもの名称を持つ小さなキウイ

キウイフルーツと同じマタタビ科の仲間で、和名はサルナシ。ミニキウイ、ベビーキウイなどいくつもの名称で呼ばれています。日本では古くから東北以北で自生しており、猿や熊の大好物です。

果肉にはビタミンやミネラルがとても多く、また、ポリフェノールも含む優秀果物です。キウイフルーツと違って果皮にうぶ毛はなく、よく熟したものをそのまま食べることができます。ただし、酵素のアクチニジン（P.156）を含むので、アレルギーのある人は要注意です。

完熟するとシワシワになる

保存法
未熟なものは常温で追熟。熟したものは冷蔵庫の野菜室、または冷凍庫で保存。

くこ

英名　Chinese wolfberry
和名・別名　枸杞

薬膳料理にも使われる不老長寿の実

くこは、レーズンよりもひと回り小さい赤い果実。カロテン、ビタミン類、カルシウムが豊富に含まれ、薬膳料理に欠かせない食材です。中国では滋養強壮効果があるとして古くから知られています。また、生薬として解熱や血圧降下の目的で利用されます。

ゴジベリーの別称もあり、スーパーフードにも選定されています。ドライフルーツを紅茶やスープなどに入れたり、果実酒などにも使われたりしています。

保存法
乾物は密閉容器に入れて冷暗所で。

鮮やかな赤い色
小さすぎないもの

五味　甘・酸
五性　涼
帰経　肝・肺・腎

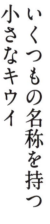

コーネリアンチェリー

庭木としても人気の甘い果実

コーネリアンチェリー（西洋サンシュユ）は2～4cmほどの長球形の果実です。ヨーロッパ原産で、日本ではガーデンツリーとして人気がありますが。未熟なうちは酸味が強い果実ですが、収穫後に追熟すると酸味が抜けてとても甘くなります。生食やジャムなどにおすすめ。

中国原産のサンシュユは同じミズキ科ミズキ属の近縁種で、その果実は滋養強壮効果があるとして、漢方薬で処方される生薬です。こちらも庭木として人気です。

英名 Cornel dogwood
和名・別名 西洋山茱萸（セイヨウサンシュユ）

ツヤとハリがあり、
赤く色づいているもの

保存法
熟したものは早めに食べきる。

やまもも

やまもも酒は冷え性に

英名 Waxberry
和名・別名 山桃、樹梅（ジュバイ）、楊梅（ヨウバイ）
エネルギー（100g中） 44kcal
糖質量（100g中） 10.2g

広い公園で見かけることもある高木ですが、本来はみかんを栽培するような温暖な土地を好みます。甘酸っぱく、松ヤニに似た独特の風味があり、健胃や整腸作用があるとされます。ジャムやゼリーに加工されたり、ホワイトリカーに漬けて果実酒でも楽しまれています。やまもも酒は滋養強壮や冷え性によいといわれています。葉酸、マグネシウム、リン、カルシウム、カリウムなどのミネラルが含まれています。

食品成分表（可食部100gあたり）

たんぱく質		0.5g
脂質		0.2g
炭水化物		11.3g
無機質	カルシウム	4mg
	鉄	0.4mg
ビタミン	A　β－カロテン当量	19μg
	B_1	0.04mg
	B_2	0.03mg
	C	4mg

表面に
傷みがないもの
甘酸っぱい香りがある

保存法
日持ちがしないので、早めに食べきること。食べきれない場合は冷蔵庫のチルドルームで。

ザクロ

女性にうれしい効果がたくさん

ザクロは古くから子宝に恵まれる果実といわれてきました。甘酸っぱく、独特の風味があるのが特徴。女性ホルモンに似たエストロゲン様物質を含み、女性の体の機能を正常に保つ効果やアンチエイジングや美肌効果も期待されています。

有効成分は種子の部分に多く含まれているので、種子ごとミキサーにかけてジュースにすると、余すことなく摂ることができます。

英名 Pomegranate
和名・別名 柘榴、石榴
エネルギー（100g中） 56kcal
糖質量（100g中） 15.5g

食品成分表（可食部100gあたり）

たんぱく質		0.2g
炭水化物		15.5g
無機質	カルシウム	8mg
	鉄	0.1mg
ビタミン	B_1	0.01mg
	B_2	0.01mg
	C	10mg

保存法
熟すまでは常温に。熟したらポリ袋に入れて冷蔵庫の野菜室で。

傷やひび割れがなく、
鮮やかな赤色
ずっしりと重い

五味 酸
五性 温
帰経 肺・肝・胃・大腸

パパイヤ

1個あたり：400g
正味：260g ／ 99kcal
甘い香りがある
皮にハリとツヤがあり、
黄色くなったもの
ずっしり重みがある

英名 Papaya
和名・別名
木瓜（モッカ）、
乳瓜木（チチウリノキ）、
万寿瓜（マンジュマイ）
エネルギー（100g中） 38kcal
糖質量（100g中） 7.3g

食品成分表（可食部100gあたり）

たんぱく質		0.5g
脂質		0.2g
炭水化物		9.5g
無機質	カルシウム	20mg
	鉄	0.2mg
ビタミン	A　β－カロテン当量	480 μg
	B_1	0.02mg
	B_2	0.04mg
	C	50mg

保存法
未熟なものは常温で追熟。熟したら早めに食べましょう。

流通カレンダー（国産）
1 2 3 4 5 6 7 8 9 10 11 12

完熟果実にはカロテンたっぷり

特有の芳香と甘み、なめらかな食感が人気のパパイヤ。未熟と完熟で成分が変化します。

未熟の青いパパイヤにはたんぱく質分解酵素のパパインが含まれます。野菜がわりに炒め物やサラダとして食べますが、肉料理の消化促進に役立ちます。また完熟したパパイヤはカロテノイドに富んでいるほか、ビタミンCやカリウムが多く、脳梗塞や心筋梗塞の予防効果があるといわれます。ただし、完熟するとたんぱく質分解酵素のパパインは減少します。

ババコ

熟すと全体が黄色くなる
香りがよいもの

英名 Babaco
和名・別名
シャンパンフルーツ

保存法
未熟なものは常温で追熟。熟したら早めに食べましょう。

甘さ控えめ山のパパイヤ

エクアドルの高地で生まれたといわれるババコは、パパイヤの自然交雑種。皮は熟すと緑色から黄色に変化し、果肉は淡いクリーム色でよい香りを放ちます。

パパイヤよりも甘みが少なく酸味が強いので、はちみつや生クリームなどをかけて食べるのがおすすめです。熟す前の緑色の果実は、カレーなどの料理にも使われています。またパパイヤと同様に、たんぱく質分解酵素のパパインが含まれています。

ドラゴンフルーツ（ピタヤ）

英名 Dragon fruit
和名・別名 ピタヤ
エネルギー（100g中） 50kcal
糖質量（100g中） 9.9g

ずっしりと
重みがある
ハリがあり、
しなびていない

食品成分表（可食部100gあたり）

たんぱく質		1.4g
脂質		0.3g
炭水化物		11.8g
無機質	カルシウム	6mg
	鉄	0.3mg
ビタミン	B_1	0.08mg
	B_2	0.06mg
	C	7mg

保存法
ポリ袋に入れ、冷蔵庫の野菜室へ。

見た目と名前が個性的

皮が龍のウロコのように見えることからドラゴンフルーツと呼ばれています。白肉種、赤肉種、黄皮白肉種などの種類があり、赤い色素は抗酸化作用があるベタレインという成分です。

トロリとした半透明の果肉にたくさんの黒く小さな種があり、ジューシーでさっぱりとした甘みがあります。生食のほか、ジャムやゼリーなどに加工されています。ビタミンB群やミネラル類が含まれ、栄養豊富な果物です。

アボカド

なめらかで濃厚な味わいのアボカド。果肉に脂肪分が多いため、森のバターと呼ばれています。
　脂質の大半が、オレイン酸、リノール酸、リノレン酸などの不飽和脂肪酸で、悪玉コレステロールを減らして善玉コレステロールを増やす働きがあり、動脈硬化や脳梗塞の予防効果があるといわれています。抗酸化力が高いビタミンEが多く、その含有量は果物の中では群を抜いています。ビタミンやミネラルが多いのも特徴で、ストレスへの抵抗力をつけるパントテン酸や、肌や粘膜を強化するビタミンB_2のほか、造血作用がある葉酸、血圧を下げるカリウム、コレステロールや脂質の吸収を抑制する食物繊維も豊富です。
　栄養価が高いアボカドですが、カロリーも高め。食べ過ぎにはご注意を。切ってから時間が経つと、果肉の色が茶色く変わってしまうので、レモン汁をかけて色止めをしましょう。

食品成分表（可食部100gあたり）

たんぱく質		2.5g
脂質		**18.7g**
炭水化物		6.2g
無機質	カルシウム	9mg
	鉄	0.7mg
ビタミン	A　β-カロテン当量	75 μg
	B_1	0.10mg
	B_2	0.21mg
	C	15mg

ヘタの周りをチェックし、皮と実の間にすき間があったり、上から触ってみて果肉がやわらかすぎるものは熟しすぎている

1個あたり：200g
正味：140g／262kcal

クリーミーな味わいで栄養満点

英名 Avocado
和名・別名 鰐梨
エネルギー（100g中）187kcal
糖質量（100g中）0.9g

甘・酸　五味
涼　五性
肝・脾　帰経

保存法
熟したものはポリ袋に入れて、冷蔵庫の野菜室へ。

パントテン酸
別名「抗ストレスビタミン」
ビタミンB群のひとつ。たんぱく質、糖質、脂質をエネルギーに換えるとともに、ストレスを解消させ、代謝をアップさせる働きがあります。また、動脈硬化予防や、美肌効果も知られています。いろいろな食品に含まれていますが、水溶性で熱に弱いので、生食できるものはできるだけそのままいただきましょう。

オレイン酸
悪玉コレステロールを減らす脂肪酸
一価不飽和脂肪酸のオレイン酸は、アボカド、ヘーゼルナッツ、アーモンド、オリーブ油などに含まれる脂肪酸で、オメガ9に分類されます。悪玉コレステロールだけを減らす作用があり、動脈硬化や心疾患に有効。酸化しにくく、加熱調理にも向いています。

α-リノレン酸とリノール酸を含む

α-リノレン酸はDHAやEPAと同じオメガ3不飽和脂肪酸で、抗アレルギーや抗がん、高血圧予防効果があるといわれ、初期の心臓血管系疾患の予防効果も示唆されている。リノール酸はオメガ6の不飽和脂肪酸で、血中コレステロール値や中性脂肪値を低下させる作用があるが、摂りすぎるとアレルギー症状を発症することも。

ビタミンCと一緒に摂ろう

アボカドはビタミンEの補給源。ビタミンCが多い食材と合わせると相乗効果でより一層抗酸化作用が高まる。果肉の変色防止を兼ねてレモン汁をかけるのはとても有効。さらに、ビタミンCが多いブロッコリーやじゃがいもなどと一緒にサラダにし、オイルドレッシングをかけることで、脂溶性のビタミンEが吸収されやすくなる。

血中コレステロール値の減少

アボカド
ビタミンE

＋

レモン
ビタミンC

流通カレンダー（輸入）

1	2	3	4	5	6	7	8	9	10	11	12

日本に輸入されているものは、9割以上が「ハス（Hass）」という品種でメキシコ産。

ライチ

食品成分表（可食部100gあたり）

たんぱく質		1.0g
脂質		0.1g
炭水化物		16.4g
無機質	カルシウム	2mg
	鉄	0.2mg
ビタミン	B_1	0.02mg
	B_2	0.06mg
	C	36mg

英名 Lychee
和名・別名 茘枝（レイシ）
エネルギー（100g中） 63 kcal
糖質量（100g中） 15.5g

楊貴妃も愛した美容果物

絶世の美女である楊貴妃の好物だったといわれているライチ。かたい皮に覆われた果肉は、美しい乳白色で半透明、芳醇な香りとさっぱりとした甘みが魅力です。

美肌のビタミンCや血圧を下げるカリウム、血管を強くする銅、貧血予防の葉酸などがバランスよく含まれていて、老化予防や美容効果がとても高いといわれています。葉酸は胎児の発育にも欠かせない成分なので、妊娠中の女性にもおすすめの果物です。

皮にハリがあり、
赤みを帯びている

美白成分
ロイコシアニジン

ライチに含まれるポリフェノールのロイコシアニジンには、シミの原因となるメラニンの生成を抑制する作用があるといわれている。楊貴妃の美しさはライチが作っていたのかも……？

流通カレンダー（輸入）
1 2 3 4 5 6 7 8 9 10 11 12

保存法
ポリ袋に入れ、冷蔵庫の野菜室へ。日持ちしないので、早めに食べましょう。

五味 甘・酸
五性 温
帰経 肝・脾・胃・肺

ランブータン

英名 Rambutan
和名・別名 ンゴ

疲れをとり免疫力を高める

もじゃもじゃの毛が生えた皮の中に、ライチに似た白色で半透明の果肉が詰まっているのがランブータン。マレーシア語で「毛のある果物」を意味します。

艶やかな果肉にはカルシウムやビタミンC、鉄分が多く含まれ、疲れやすい人の栄養補給にもおすすめです。コラーゲンの生成に関わり、免疫力を高める効果も。生食だけでなく、シャーベットやゼリーなどでも食べられています。中国ではおかゆに入れたり、炒め物に加えたりすることもあるそうです。

皮の色が明るく
鮮やかなもの

皮のむき方

新鮮なものは皮がかたいので、ナイフで縦に切れ目を入れてからむくとよい。タイには白い果肉の中にある種子をとるための専用ナイフがあるとか。

保存法
ポリ袋に入れ、冷蔵庫の野菜室へ。

ホワイトサポテ

アイスクリームのような濃厚な味が病みつきに

ホワイトサポテは独特の食味がある果物で、バナナ、かき、マンゴーをミックスしたような複雑な味わいです。クリーミーで甘みが大変強く、酸味がないため、レモンの果汁をかけて食べるのがおすすめ。まるでフルーツアイスのような食味です。栄養面では、たっぷりの糖類のほか、カリウムと食物繊維を含み、エネルギー補給にぴったり。やわらかいものなら、そのまま冷凍するとシャーベットとして楽しむこともできます。

日本では沖縄や鹿児島、和歌山などで栽培されています。

英名 White sapote
和名・別名 シロサポテ
エネルギー（100g中） 74 kcal
糖質量（100g中） 15.8g

食品成分表（可食部100gあたり）

たんぱく質		1.5g
脂質		0.1g
炭水化物		18.9g
無機質	カルシウム	13mg
	鉄	0.2mg
ビタミン	A β-カロテン当量	13 μg
	B_1	0.05mg
	B_2	0.05mg
	C	18mg

皮にハリがあるものは未熟。熟すとシワシワに

ミネラルたっぷり

カリウム、カルシウム、リン、葉酸、食物繊維のほか、エネルギーの代謝に関わるビタミンB_1やB_2を含む。体がスムーズに動くよう調整し、代謝を促進する成分が含まれる。

保存法

追熟は常温で。熟したら、食べる直前に冷蔵庫で冷やし、早めに食べ切りましょう。

ノニ

健康飲料としてのジュースで知られる

健康飲料として知られるノニは、アカネ科の小高木ヤエヤマアオキのこと。熱帯アジアの海岸に広く分布しています。東南アジア諸国や太平洋諸島の国々では、古くからスタミナ増進の目的で利用されてきました。

実は熟すと白くなり、独特の香りを放ちます。酸味や渋みが強く、クセがある風味です。ビタミンCやカリウムのほかに、機能性がある成分を多く含み、抗酸化作用があるとされています。

解明されていない部分も多く、ノニジュースを飲んだあとに肝機能の数値や血中カリウム値が上昇したという報告もありました。医薬品との併用によって相互作用が起こることも考えられるので、自身の体調や疾患を考えて利用しましょう。

英名 Indian mulberry
和名・別名 八重山青木（ヤエヤマアオキ）、ウコンノキ、アカダマノキ、ハテルマアオキ

丸みを帯びていて、肉厚
熟すと白っぽくなる

保存法

ビン詰めのジュースは日光が当たらない涼しい場所で保存。開封後は冷蔵庫へ。

若い葉や未熟果も利用

タイやマレーシアでは、苦みがあるノニの葉を野菜のように食べる。また、未熟な果実にはピリリとした刺激的な辛みがあり、これをとうがらしの代用としてソムタム(青パパイヤのサラダ風和え物)に使うことも。

キワノ

食品成分表（可食部100gあたり）

たんぱく質		1.5g
脂質		0.9g
炭水化物		8.0g
無機質	カルシウム	10mg
	鉄	0.4mg
ビタミン	A　β-カロテン当量	36 μg
	B1	0.03mg
	B2	0.01mg
	C	2mg

英名 Horned melon
和名・別名 角苦瓜（ツノニガウリ）、ツノメロン
エネルギー（100g中）41 kcal
糖質量（100g中）5.4 g

果肉の色や食感を楽しむ

突起がある黄橙色の皮に、エメラルドグリーンの果肉という個性的なフルーツです。果肉はゼラチン質で種がぎっしりと詰まっています。甘みはほとんどありませんが、プルンとした食感を楽しむことができます。ミネラル類が多く、神経や筋肉の動きに関与するマグネシウム、高血圧予防のカリウムなどを含みます。また、腸内で善玉菌を増やす働きがある食物繊維もたっぷり。栄養面もバランスが取れています。

少し甘みを足して、生食やサラダやヨーグルト、ジュースなどで楽しみましょう。

傷がないもの
トゲが尖っているもの

別名がたくさん

尖った角がたくさんあるので、ツノニガウリ、ツノメロン、ツノキュウリといった別名がある。断面を見ると、育ちすぎたきゅうりにも似ていて、ウリ科であることがよくわかる。

保存法

常温で数週間保存が可能。直射日光が当たらない涼しい場所がよい。

流通カレンダー（輸入）
1 2 3 4 5 6 7 8 9 10 11 12

スターフルーツ

食品成分表（可食部100gあたり）

たんぱく質		0.7g
脂質		0.1g
炭水化物		7.5g
無機質	カルシウム	5mg
	鉄	0.2mg
ビタミン	A　β-カロテン当量	74 μg
	B1	0.03mg
	B2	0.02mg
	C	12mg

英名 Starfruit
和名・別名 五斂子（ゴレンシ）
エネルギー（100g中）30 kcal
糖質量（100g中）5.7 g

サラダやデザートの彩りにおすすめ

正式名はゴレンシですが、輪切りにした形が星になるため、スターフルーツの名前で知られています。日本には18世紀に渡来し、沖縄で栽培されてきました。

カリウムが多いのが特徴で、むくみの解消や余分なナトリウムの排泄をする働きがあります。

甘味種と酸味種があり、甘味種は生食向き、酸味種はピクルスやジャム、砂糖漬けなどの加工品に向いています。星の形や鮮やかな黄色が、サラダやデザートなどのアクセントになります。

シワやシミがないもの
全体に色づいていて重みがある

腎臓機能障害のある人は食べないで

透析を行っているなど腎臓機能に障害がある人がスターフルーツを食べると、中毒症状を起こす可能性がある。毒性の本体はまだはっきりしていないが、透析医会をはじめ医療関係機関が注意を呼びかけている。また、スターフルーツは微量のシュウ酸（P.51）も含む。

保存法

オレンジ色に熟すまでは常温で。熟したあとは冷蔵庫の野菜室へ。早めに食べきること。

流通カレンダー（輸入）
1 2 3 4 5 6 7 8 9 10 11 12

五味 甘酸
五性 温
帰経 胃・心

ココヤシ

健康を保つミネラル類が豊富

英名 Coconut palm
和名・別名 椰子
カロリー（ココナッツパウダー・100g中）668kcal
糖質量（100g中）9.6g

ココヤシの果実はココナッツのこと。未熟な果実のかたい種子の中にある胚乳部分を利用します。胚乳の中央部分は液状で、これをココナッツジュースとして飲み、周辺の白く固まった部分は生食されます。熟した果実の胚乳は、ココナッツミルクやオイルとして利用されます。胚乳には飽和脂肪酸などの脂質が多く含まれています。また、むくみ解消のカリウム、貧血予防の鉄、骨の成長に関わるマンガン、血圧調整のマグネシウムなど、ミネラル類も豊富です。

外皮を砕いたものが天然繊維のココナッツファイバー。殻は器などの加工品となる無駄のない果物です。

食品成分表
（ココナッツパウダー 100gあたり）

たんぱく質		6.1g
脂質		65.8g
炭水化物		23.7g
無機質	**カリウム**	**820mg**
	カルシウム	15mg
	鉄	2.8mg
ビタミン	B_1	0.03mg
	B_2	0.03mg

新鮮なものは
重みがある

「ナタ・デ・ココ」

ナタ・デ・ココはココナッツジュースにナタ菌を加えて発酵させたもので、上部にゼリー状に固まったものをサイコロ形にカットし、食用にする。その99%は水分で、残りの1%は食物繊維のセルロース。歯ごたえがあるのに、低カロリー。食物繊維を補うための健康食品として「特定保健用食品」に認可されている。

甘 五味
平 五性
心・脾・胃・大腸 帰経

保存法
ポリ袋に入れ、冷蔵庫で1ヶ月ほど保存可能。

流通カレンダー（輸入）
1 2 3 4 5 6 7 8 9 10 11 12

カクタスペア

熱帯各地で育つサボテンの果実

メキシコ原産のカクタスペアは、ウチワサボテンの果実のこと。乾燥したやせた土地でも育つほど、生命力が強い植物です。果肉はゼリー状で多汁、すいかのような甘さがあります。

食物繊維とミネラル類が多く、腸内環境を整えて健康維持に役立ちます。

種子はやや大きめで、果肉全体に多く含まれているので、取り出して食べることは難しいでしょう。気になる場合は、ふきんなどに包んで搾ってジュースにするのがおすすめです。

ウチワサボテンの中でもトゲのないもの、またはトゲの少ない品種の葉は、カクタスリーフとして食用にされています。（P.79）

英名 Cactus pair
和名・別名 団扇仙人掌（ウチワサボテン）

ツヤとハリがあり、
色が鮮やかなもの
かたいものは未熟

保存法
ポリ袋に入れ、冷蔵庫で1ヶ月ほど保存可能。

果汁には抗酸化成分が

カクタスペアの果皮の赤紫色や、果肉のオレンジ色はベタレインという色素成分。高い抗酸化作用があり、古くから、血糖値を下げる効果や血中の脂質を減らす効果があるとして、利用されていたそう。サボテンの花やビートの根の赤い色もベタレイン。

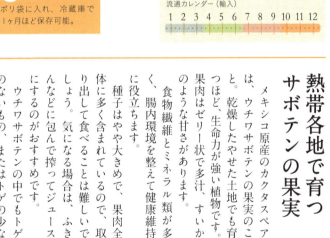

グアバ

食品成分表（可食部100gあたり）

たんぱく質		0.6g
脂質		0.1g
炭水化物		9.9g
無機質	カルシウム	8mg
	鉄	0.1mg
ビタミン	A　β-カロテン当量	600 μg
	B_1	0.03mg
	B_2	0.04mg
	C	220mg

ビタミンCたっぷりのスーパー果物

英名　Guava
和名・別名　バンジロウ、蕃柘榴（バンザクロ）、バンシルー
エネルギー（100g中）　38kcal
糖質量（100g中）　4.8g

沖縄や奄美大島で作られているグアバ。熱帯や亜熱帯地方で160種以上の品種が栽培されていて、果肉の色も赤やピンク、白、黄色があります。

　グアバ最大の魅力は、レモンの倍量以上のビタミンCを含むこと。美肌効果はもちろん、感染症の予防や疲労回復、さらにストレスの軽減作用もあります。赤肉の品種にはβ-カロテンも含まれるので、抗酸化作用の相乗効果が期待できます。むくみ解消のカリウムも含み、美容成分が多い果物です。

　もともとレモンを足したような風味ですが、熟すと香りや甘みが強くなり、食感も濃厚に。ジュースやゼリーとして楽しみましょう。

丸みを帯びていて、ハリがある
よい香りがある

保存法

かたくて未熟なものは常温で追熟。熟したら早めに食べましょう。

葉はグアバ茶として

グアバの葉にはポリフェノールのケルセチンやタンニンが豊富に含まれ、抗アレルギー効果が期待できる。また、体内で糖の分解を抑制する作用があるため、糖尿病や肥満の予防に有効。

パッションフルーツ

食品成分表（可食部100gあたり）

たんぱく質		0.8g
脂質		0.4g
炭水化物		16.2g
無機質	カルシウム	4mg
	鉄	0.6mg
ビタミン	A　β-カロテン当量	1100 μg
	B_1	0.01mg
	B_2	0.09mg
	C	16mg

さわやかな酸味とつぶつぶ感が人気

英名　Passionfruit
和名・別名　果物時計草（クダモノトケイソウ）
エネルギー（100g中）　64kcal
糖質量（100g中）　16.2g

果実の中にはゼリーに包まれた種子と果汁が含まれています。さっぱりとした酸味があり、スプーンで種子ごとすくって、その喉越しを楽しんでいただきます。熟すと表皮にシワが寄り、香りと甘みが強くなります。β-カロテンが豊富で、老化防止や免疫力アップにもつながります。そのほか、高血圧予防のカリウムや健康な皮膚や髪を作るビタミンB_6、造血や発育を促進する葉酸なども多く含まれています。

　熱帯生まれの果物なので、国内では鹿児島県や沖縄県が主な生産地ですが、それに続いて生産量が多いのが東京都の小笠原諸島です。

傷やへこみがない
よい香りがする
シワがあるものは熟している

保存法

香りがない未熟なものは常温で追熟してから。冷蔵庫での保存も可能。

流通カレンダー（輸入）
1 2 3 4 5 6 7 8 9 10 11 12

トケイソウの仲間は多様

トケイソウの仲間は園芸品種にも多く、ユニークな姿の花が人気。また、西洋ハーブのパッションフラワーもトケイソウ科トケイソウ属。こちらは落ち込みや不安を取り除くハーブとして知られている。

ドリアン

強烈な香りを放つフルーツの王様

栄養価が高く、国王が好んで食べたことから、あるいは5kgにもなるその大きさから、「フルーツの王様」と呼ばれているドリアン。トゲで覆われたかたい表皮の中にはねっとりとした甘い果肉が詰まっています。しかし、強烈な香りを放つため、好みの分かれる果物です。

マグネシウムやリン、カリウム、銅など機能調整に役立つミネラル類や、疲労回復効果があるビタミンB_1、健康な皮膚や髪を作るビタミンB_6、免疫力を高めるビタミンCなどをバランスよく含みます。ただし、カロリーが高めなことも認識しておきましょう。

英名　Durian
和名・別名　留連
エネルギー（100g中）　133kcal
糖質量（100g中）　25.0g

食品成分表（可食部100gあたり）

たんぱく質		2.3g
脂質		3.3g
無機質	カルシウム	5mg
	鉄	0.3mg
ビタミン	A　β-カロテン当量	36 μg
	B_1	0.33mg
	B_2	0.20mg
	C	31mg

トゲの大きさが揃っている
香りがある
皮が破れてきたら
熟している

種子はさといも風味

東南アジアの国々では大変人気があり、かつ、貴重な果物。大きな種子も無駄にせず、ゆでて食べる。粘りがあり、あっさりしたさといものような食味と食感だそう。

保存法

においが漏れないよう、密閉容器に入れ冷蔵庫で。一口大にカットして冷凍も可。未熟なものは常温で追熟させる。

流通カレンダー（輸入）
1 2 3 4 5 6 7 8 9 10 11 12

マンゴスチン

とろける甘みの高貴な果物

マンゴスチンは世界三大美果のひとつで、「フルーツの女王」の呼び名もあります。紫色の厚い皮に入っている白色半透明の果肉にはとろけるような甘さがあります。

エネルギーの代謝に必要なビタミンB_1や、骨の形成に関わるマンガンを含みます。

栽培環境が適さないため、国内では栽培されていないマンゴスチン。生果も輸入されていますが、量は少なく、冷凍や缶詰のものが出回っています。

英名　Mangosteen
和名・別名　マンギス
エネルギー（100g中）　67kcal
糖質量（100g中）　16.1g

食品成分表（可食部100gあたり）

たんぱく質		0.6g
脂質		0.2g
無機質	カルシウム	6mg
	鉄	0.1mg
ビタミン	B_1	0.11mg
	B_2	0.03mg
	C	3mg

皮に弾力があり、
パサついていない

皮にはポリフェノールが

皮には下痢止め作用があるとして、ミャンマーやインドネシアの家庭では、皮を針金に刺して、台所に吊るしてあるそう。ポリフェノールの一種であるキサントンが含まれており、抗炎症や抗菌作用があるといわれていて、サプリメントにも活用される。

保存法

湿らせたキッチンペーパーに包み、ポリ袋に入れて冷蔵庫の野菜室へ。

流通カレンダー（輸入）
1 2 3 4 5 6 7 8 9 10 11 12

ポポー

英名 Pawpaw
和名・別名 ポーポー、ポポ
エネルギー（100g中） 80 kcal
糖質量（100g中） 16.2g

香りがある
黄色から褐色

保存法
未熟ならば冷蔵庫の野菜室で1～2週間保存可能。

カスタードのような果肉が美味

マンゴーとバナナを合わせたような味わいから、森のカスタードとも呼ばれています。日本には明治30年頃に観賞用として導入され、昭和初期には珍しい果物としてブームになりました。

果実はあけびに似た楕円形。果肉はねっとりとした甘いクリーム状で、独特の香りがあります。ビタミンやミネラルをバランスよく含み、疲労回復作用があるアミノ酸も豊富。

生食のほか、ジャムや果実酒などで利用されています。

チェリモヤ

英名 Cherimoya
和名・別名 アイスクリームノキ、カスタードアップル
エネルギー（100g中） 78kcal
糖質量（100g中） 17.6g

食品成分表（可食部100gあたり）

たんぱく質		1.3g
脂質		0.3g
炭水化物		19.8g
無機質	カルシウム	9mg
	鉄	0.2mg
ビタミン	A　β－カロテン当量	4 μg
	B1	0.09mg
	B2	0.09mg
	C	34mg

全体がふっくらして、ハリがある
皮に傷がないもの

保存法
紙袋に入れ20°C前後で追熟。皮が変色するので冷蔵庫に入れるなら短時間で。

冷涼な高地で育つ森のアイスクリーム

チェリモヤは、マンゴーやマンゴスチンとともに世界三大美果のひとつ。冷涼な高地で育ち、白いクリーム状の果肉は糖度20以上と高いため、森のアイスクリームとも呼ばれています。

ビタミンCやナイアシンなどのビタミン類や、カリウムなどのミネラル、さらに食物繊維をバランスよく含んでいて、栄養価が高い果物です。

アテモヤ

英名 Atemoya
和名・別名
パイナップルシャカトウ
エネルギー（100g中）
79kcal
糖質量（100g中）
16.1g

食品成分表（可食部100gあたり）

たんぱく質		1.8g
脂質		0.4g
炭水化物		19.4g
無機質	カルシウム	26mg
	鉄	0.3mg
ビタミン	B1	0.08mg
	B2	0.12mg
	C	14mg

果肉は熟すと乳白色に
しっとりとしている

保存法
冷蔵庫では皮が変色するので、常温保存で。

甘み、酸味、香りの三拍子が揃う

アテモヤはチェリモヤとバンレイシの交配種。日本では沖縄県や鹿児島県で栽培されていますが、栽培が容易ではないため、高級果物として扱われています。

味はチェリモヤに近く、甘み、酸味、香りのバランスが取れています。甘みが強いわりに低カロリーで、いろいろな成分が含まれ、まさにいいとこどり。パイナップルのような風味もあり、パイナップルシャカトウ（釈迦頭）とも呼ばれています。ちなみにアテモヤの花にはバニラに似た芳香があり、香料としての利用もあるそうです。

フェイジョア

食品成分表（可食部100gあたり）

たんぱく質		1.0g
脂質		0.6g
炭水化物		12.9g
無機質	カリウム	172mg
	カルシウム	17mg
	鉄	0.14mg
ビタミン	A β－カロテン当量	2 μg
	B1	0.01mg
	B2	0.02mg
	C	32.9mg

実も花も食用になるグアバの仲間

南米原産のフェイジョアは、グアバの仲間。香りや甘みがパイナップルに似ていることからパイナップルグアバとも呼ばれています。熟したものは甘酸っぱく多汁です。

抗酸化作用があるビタミンCや便秘予防の食物繊維などを含んでいます。

生果は横半分に切り、果肉の部分をすくって食べます。そのほか、ジュースやジャム、ゼリー、果実酒などに加工してもよいでしょう。また、美しいフェイジョアの花は、食用としても利用できます。花びらをサラダなどに入れて、楽しみましょう。

やわらかいものは熟している
傷やへこみがないもの
よい香りがある

英名 Feijoa
和名・別名 パイナップルグアバ、アナナスガヤバ
エネルギー（100g中）55kcal
糖質量（100g中）6.5g

保存法
冷暗所で追熟させ、熟したら早めに食べきる。

庭木としても人気

耐寒性や耐暑性があるので、日本の気候でも比較的育ちやすい。花と葉、どちらも美しく、さらに秋には実がなる楽しみもあり、庭木として人気。

ジャックフルーツ

英名 Jack fruit
和名・別名
波羅密（パラミツ）、
木波羅（ボクハラ）、
ナンカ
エネルギー（100g中）
94kcal
糖質量（100g中）
21.5g

野菜としても楽しめる世界最大の果実

ジャックフルーツは、直径30cm、長さ80cm、重さ40kg以上にもなる、世界最大の果物です。果実は熟すと黄色くなり、甘みが濃くなって、独特な香りを放ちます。大きな種子を果肉が包み込んだかたまりが、果皮の中にいくつも詰まっています。

栄養成分は、抗酸化作用があるβ－カロテンやビタミンC、むくみを解消するカリウム、骨や歯を作るカルシウム、エネルギー生成に関わるマグネシウムなどを含み、疲労回復や老化予防効果が期待できます。

まだ熟していない幼果は、野菜として焼いたり、ゆでたり、揚げたりして料理に利用されます。また、種子も炒ったり蒸したりして、栗のように食べることができます。

外見からおいしいものを選ぶのは難しいといわれる

保存法
密閉容器に入れ、冷蔵庫で保存。

木材は染料に

タイやラオスでは、ジャックフルーツの木からとれる染料で僧侶の衣を黄色く染めるそう。木材は寺院の柱に使われる。別名の波羅蜜（パラミツ）には「悟りの彼岸に到達する」という意味があり、仏教との関わりが深い神聖な植物。

ペピーノ

紫の縞模様が
はっきりしているもの
香りが高いもの

保存法
未熟なものは常温で追熟。

英名 Pepino

メロンやきゅうりに似た味わい

ペピーノはエクアドルが原産で、スペイン語で「甘いきゅうり」を意味するペピーノ・ドゥセが名前の由来です。植物としてはなすの仲間です。

未熟な果皮は緑色ですが、熟すと黄色くなり、紫色の縞模様が現れてきます。果肉にはさっぱりとした甘みがあり、メロンに似た香りが特徴。未熟な果実はサラダなどの料理に、熟したものは生食でいただきましょう。甘みは品種によってばらつきがあるようです。

カニステル

やわらかくなり、
オレンジ色を
帯びたものが完熟

保存法
未熟なものは常温で追熟。完熟後は冷蔵庫の野菜室へ。

英名 Canistel
和名・別名 果物卵（クダモノタマゴ）、エッグフルーツ

ホクホクした個性的な食感

先が尖った卵形で10cmほどの大きさの果実です。果肉は水分が少なめで糖度が高く、蒸したいもやかぼちゃのようなホクホクとした食感があります。また、ゆで卵の食感にも似ていることからエッグフルーツとも呼ばれています。

ビタミンやカロテンが豊富で、生食のほか、カスタードやシャーベット、アイスクリームにも加工されています。

タマリンド

食品成分表（可食部100gあたり）

たんぱく質		2.8g
脂質		0.6g
炭水化物		62.5g
無機質	カリウム	628mg
	カルシウム	74mg
	鉄	2.8mg
ビタミン	A β-カロテン当量	18 μg
	B_1	0.43mg
	B_2	0.15mg
	C	3.5mg

灰色がかった茶褐色
熟したものは
ねっとりしている

保存法
熟したものはペーストやシロップに加工して保存。

英名 Tamarind
和名・別名 チョウセンモダマ
エネルギー（100g中） 23.9kcal
糖質量（100g中） 57.4g

独特の甘酸っぱさは東南アジアの梅干し風

マメ科のタマリンドは、褐色のそら豆のような外見で、完熟すると茶褐色になります。黒褐色の果肉には独特の甘酸っぱさがあり、甘い梅干しや干し柿のような風味です。

果肉のペーストやエキスは調味料として、東南アジア地域を中心に広く使われています。日本でもエスニック食材を扱うところで、簡単に入手できるでしょう。

クエン酸などの有機酸を豊富に含み、疲労回復効果があります。また、カリウム、マグネシウム、リンなどのミネラルや、食物繊維を含みます。

調味料のほか、清涼飲料水やジャム、ドライフルーツに加工されます。また、甘みが強い品種は生食もできます。

タマリロ

トマトのような風味と香り

かすかな甘みや酸味があり、その味わいがトマトに似ていることから、ツリートマトとも呼ばれています。ペルー原産で、熱帯地域の高地で栽培される果物です。

ビタミンCや鉄分が多く、美容効果や貧血の予防にも適しています。そのまま生で、あるいはミルクや砂糖を加え、ジュースにしていただくのもよいでしょう。またサラダやカレーなどの料理や、ゼリーやジャムなどの加工品にも利用されています。

英名 Tamarillo
和名・別名 木立蕃茄（キダチトマト）、ツリートマト、トマトノキ

少しシワが寄ったくらいのものが
熟していて甘い
深みがある紅色

保存法
紙袋に入れて冷蔵庫の野菜室で。ただし完熟したものは2～3日が限度。

アセロラ

美肌効果のあるビタミンCが豊富

ビタミンCがたっぷりと含まれた果実として、人気が定着しているアセロラ。シミやシワを防ぐ美肌効果はもちろん、免疫力アップや抗がん作用も期待されています。また、赤い色素成分のアントシアニンやケルセチンなど、抗酸化作用があるポリフェノールも含みます。

少し凹凸のある果実は収穫後2～3時間で傷み始めてしまうため、生のままではなくジュースやジャム、ゼリー、飴などの加工品として出回っています。

英名 Barbados cherry
和名・別名 バルバドスサクラ、バルバドスチェリー、ニシインドチェリー
エネルギー（100g中） 36 kcal
糖質量（100g中） 7.1 g

食品成分表（可食部100gあたり）

たんぱく質		0.7g
脂質		0.1g
炭水化物		9.0g
無機質	カルシウム	11mg
	鉄	0.5mg
ビタミン	A β－カロテン当量	370 μg
	B_1	0.03mg
	B_2	0.04mg
	C	**17000mg**

ツヤと
ハリがあり、
傷がない
真っ赤に熟しているもの

保存法
密閉容器に入れ、冷蔵庫の野菜室へ。冷凍保存も可。

パンノキ

ポリネシアンたちの主食として定着

熱帯原産の果物で、種あり種と種なし種があります。種なし種にはでんぷんが多く、パンよりもじゃがいもに近い風味。ミクロネシアやポリネシアの人々は蒸し焼きや丸焼きにして食します。また、貯蔵用に干したり、発酵させたりするなどして長期保存もできます。

ハワイでも大変ポピュラーな木で、公園でもよく見かけます。切れ込みのある大きな葉はハワイアンキルトの図柄としても知られています。

英名 Bread fruit tree
和名・別名 パンの木

緑色でかたい未熟なもののほうが、
使いみちが多く重宝

保存法
生のものは冷凍保存がおすすめ。

サポジラ

触ってみて、
やわらかくなってきたら
食べ頃

保存法
常温で追熟させ、早めに食べきる。

英名 Sapodilla
和名・別名 ツリーポテト、チューインガムノキ、メキシコガキ

樹液はチューインガムの原料に

サポジラは熱帯地域で栽培されていますが、耐寒性があり、品種も多くあります。樹液からチューインガムの原料となるラテックス（チクル）が採れるため、チューインガムノキと呼ばれたり、じゃがいもに似た色や形からツリーポテトとも呼ばれています。

ビタミンやミネラル、タンニンなどを含む果実は甘みが強く、干し柿に似た味です。甘みを活かして料理に利用されたり、ジャムやシャーベットなどにも加工されています。

サラカヤシ

香りが立ち、
色が濃いもの
かたくしまっている

保存法
早めに食べきる。収穫後は追熟しないので、完熟のものを選ぶこと。

英名 Salak
和名・別名 サラ、サラクヤシ、サラッカヤシ、アマミザラッカ

甘いシロップがたっぷり

サラカヤシはヤシの一種で、赤褐色の果皮にうろこ状の突起があるので、「スネークフルーツ」の別名もあります。白い果肉はやわらかくて甘く、独特の酸味があるのが特徴。乳酸飲料に似た香りがする場合もあります。

生食のほか、砂糖煮、アイスクリームやかき氷などにかけるシロップとして活用されています。シロップは大変香りがよく、子どもに薬を飲ませるときにもよく使われるそうです。

ミラクルフルーツ

ツヤとハリがあり、
色が鮮やかなもの

保存法
キッチンペーパーに包み、ポリ袋に入れて冷蔵庫の野菜室へ。冷凍保存も可。

英名 Miracle fruit
和名・別名 ミラクルベリー、ミラキュラスベリー

酸味を甘く感じるミラクルな果実

ミラクルフルーツは小さな赤い果実で、この実を食べたあとに酸味のあるものを食べると甘く感じます。これは、実に含まれているミラクリンというたんぱく質が味覚を感じる舌の細胞膜にくっつき、酸味が入ると甘みと感じるからです。その効果は約1～2時間持続します。原産地ではこの実を食べてから、発酵した酸っぱいお酒や食べ物を摂るという独特な食習慣があるそうです。

糖分を制限している人などにはおすすめです。

活性酸素を除去し老化にブレーキを

「抗酸化作用」

テレビや雑誌では
空前の健康ブームが起こっています。
誰もが口にするのは
「抗酸化作用がある」というフレーズ。
抗酸化作用とは、
一体どんな働きなのでしょうか?

まずは活性酸素について知りましょう

　私たちが呼吸をして取り入れた酸素は、体内で栄養素を燃やし、私たちが生きるためのエネルギーを作り出しています。このとき、燃焼に使われるのは取り入れた酸素のうちの約98%。残りの2%が、強い酸化作用を持った活性酸素になるといわれています。

　活性酸素には、体内に侵入してくる細菌などの有害物質を退治して病気を予防するという、大切な働きがあります。しかし、必要以上に発生したり、または活性酸素を消去して無害にする力が少ないと、元気な細胞まで攻撃してしまいます。そうして細胞膜や血管を酸化変性させ、錆びつかせてしまった結果、がんや動脈硬化などの生活習慣病のリスクが高くなったり、老化が早まったりするのです。

　また、活性酸素が作り出される原因はほかにもあり、紫外線や化学物質、大気汚染などの環境因子や、喫煙やストレスなどの生活習慣に起因するものも。私たちの日々の暮らしは、常に活性酸素のストレスにさらされているといえるのです。

体内で起こる抗酸化作用

　このような活性酸素から身を守るため、私たちの体には抗酸化物質で活性酸素を消去する機構（スカベンジャーシステム）が備わっています。その代表的なものが抗酸化酵素で、毒性のある活性酸素を無毒化する働きがあります。しかし40歳代になると、この抗酸化酵素は急激に減少し始めるため、体内の酵素だけでは十分な効果を得られなくなってしまいます。そこで、この酵素の働きを助けるために、食べ物から抗酸化成分を取り入れ、抗酸化力を高めることが必要なのです。

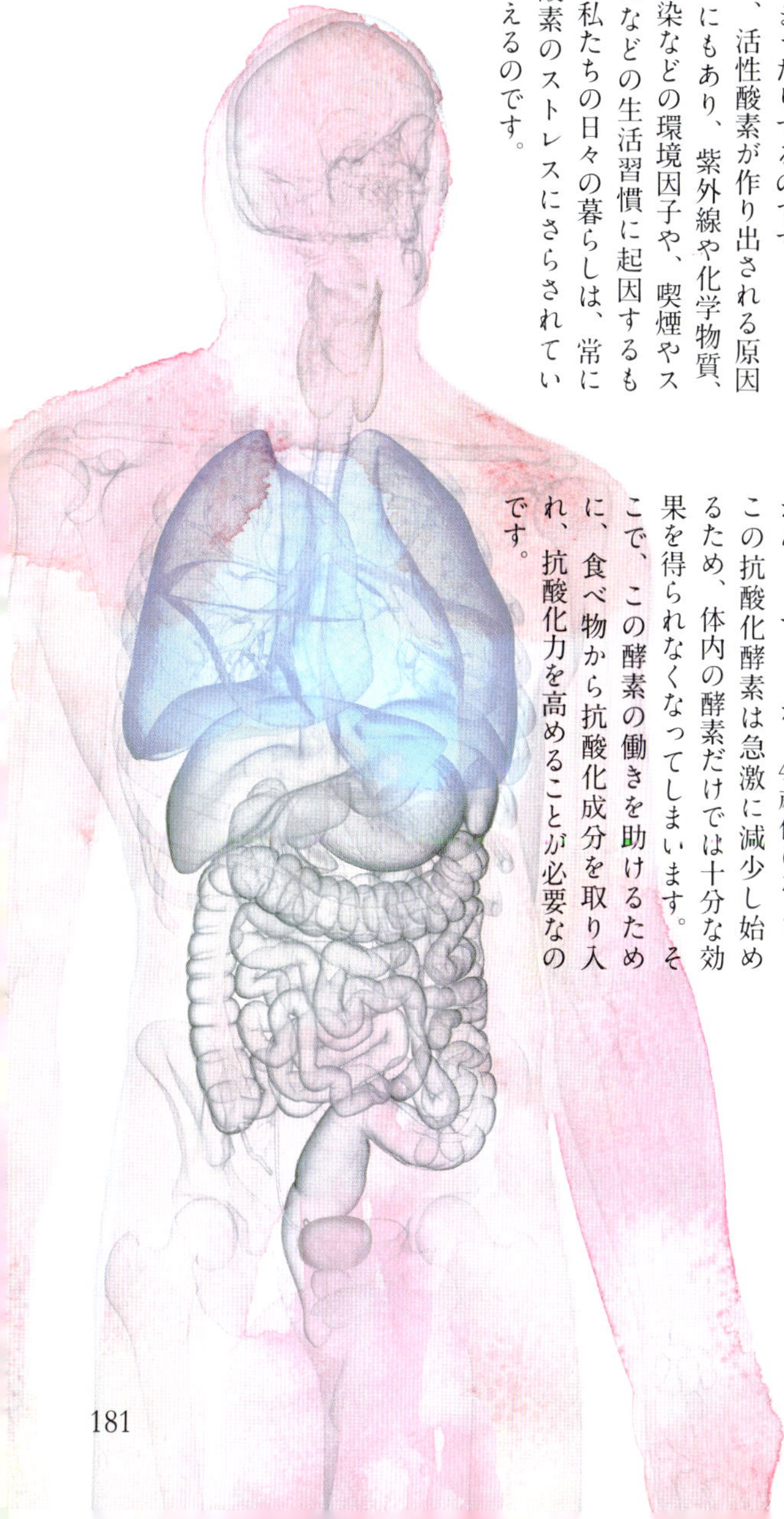

抗酸化作用を持つ成分は

抗酸化作用を持つ栄養成分にはビタミンA（β-カロテン）、ビタミンC、ビタミンEがあり、まとめてビタミンACE（エース）とも呼ばれています。また、亜鉛、銅、マンガン、セレンなどのミネラルは抗酸化酵素を構成する物質であり、良質のたんぱく質と一緒に摂ることで酵素を増やす働きがあります。さらに、植物に含まれる化学成分であるフィトケミカル（ファイトケミカル）の中には、カロテノイドやポリフェノールのように抗酸化作用を持つ機能性成分が多くあります。

作用をより高めるには

❶組み合わせて摂る

体内での抗酸化作用を高めるには、1種類の成分をたくさん摂るよりも、複数の成分を摂るほうが相乗効果が期待できます。さまざまな食品からいろいろな成分をバランスよく摂ることを心がけましょう。

❷生活習慣や環境を見直す

活性酸素を生み出す原因になりうるのは、紫外線、放射線、大気汚染、排気ガス、農薬、添加物、医薬品、過度な運動、ストレス、過剰飲酒、喫煙など。

	種類	特徴	多く含む食品
ビタミン	**ビタミンA**	抗酸化ビタミン	ウナギ、レバー、のり、ギンダラなど
	ビタミンC	抗酸化ビタミン	パプリカ、ブロッコリー、じゃがいもなど
	ビタミンE	抗酸化ビタミン	アーモンド、緑茶、ひまわり油など
カロテノイド	**α-カロテン**	黄色〜橙色の色素	あんず、かぼちゃなど
	β-カロテン	黄色〜橙色の色素	にんじん、かぼちゃ、ケールなど
	リコピン	赤色色素	トマト、すいか、あんずなど
	カプサンチン	赤色色素	とうがらしなど
	β-クリプトキサンチン	黄色色素	みかん、オレンジ、かきなど
	ルテイン	黄色色素	あんず、ラズベリー、ほうれんそうなど
	クロシン	黄色色素	クチナシ、サフランなど
	ゼアキサンチン	赤色色素	くこの実、とうもろこし、とうがらしなど
	アスタキサンチン	赤色色素	エビ、カニ、サケ、イクラなど
ポリフェノール	**アントシアニン**	赤、青、紫の色素	なす、ぶどう、ブルーベリーなど
	イソフラボン	女性ホルモン様作用あり	大豆、豆腐、納豆など
	ゲニステイン	女性ホルモン様作用あり	大豆、クズ、らっかせいなど
	ダイゼイン	女性ホルモン様作用あり	クズ、大豆など
	ルテオリン	フラボノイド	赤じそ、セロリ、ブロッコリーなど
	ヘスペリジン	フラボノイド	みかん、だいだい、夏みかんなど
	ケルセチン	フラボノイド	たまねぎ、りんご、ブロッコリーなど
	ルチン	フラボノイド	そば、アスパラガスなど
	カルコン	フラボノイド	あしたば
	カテキン	フラボノイド	緑茶、紅茶
	サポニン	えぐみや渋み成分	大豆、小豆、いんげん豆、ぶどうなど
	タンニン	渋み成分	かき、茶、ワインなど
	クルクミン	黄色色素	うこん、マスタード
	セサミン	フェノール酸	ごま
	クロロゲン酸	苦味成分	ごぼう、コーヒー、なすなど
	ロスマリン酸	シソ科特有のタンニン	しそ、ローズマリー、レモンバームなど
	ショウガオール	香りと辛味成分	しょうが

穀物・豆

米

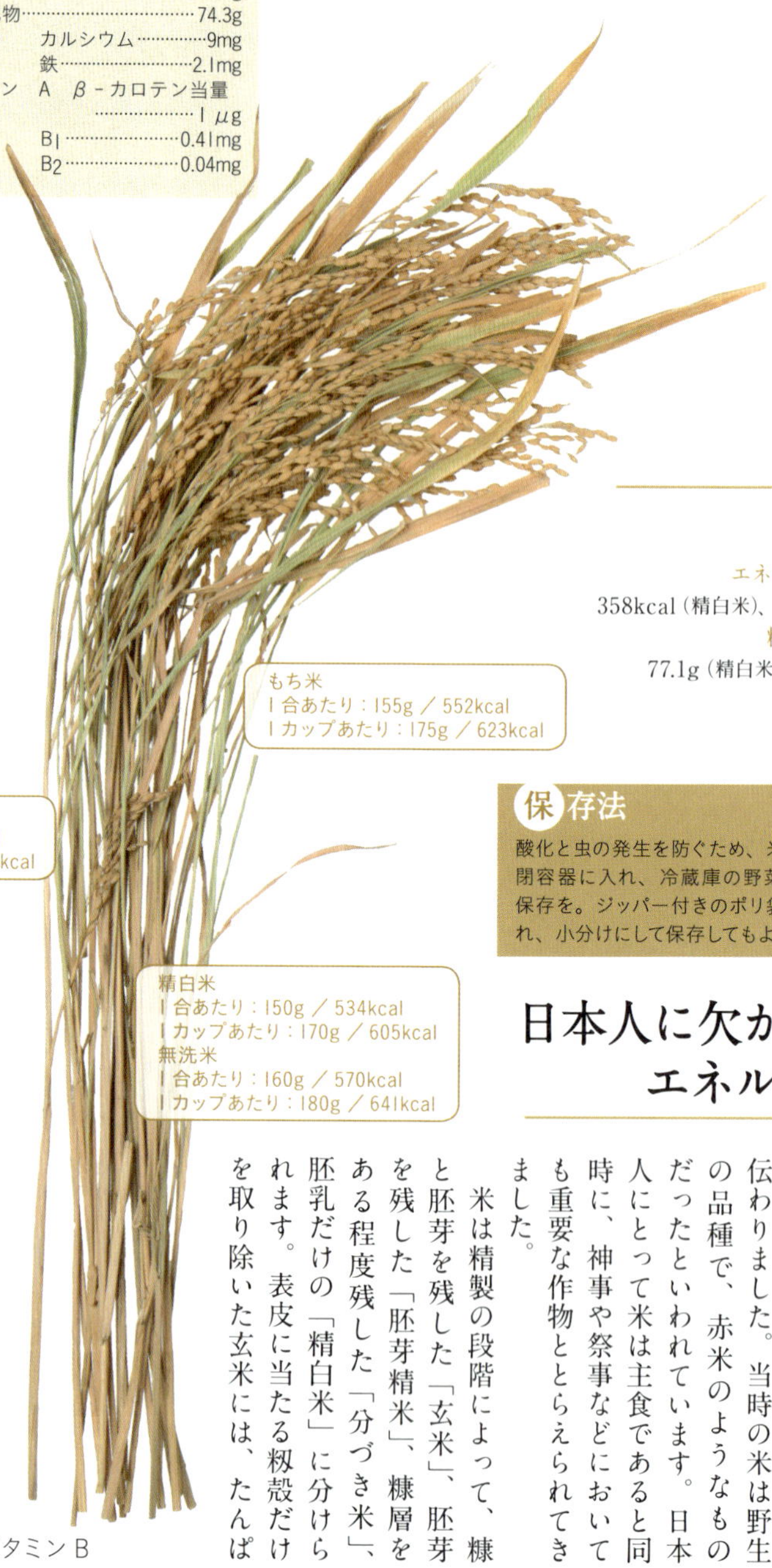

英名 Rice
和名・別名 米
エネルギー（100g中）
358kcal（精白米）、353kcal（玄米）
糖質量（100g中）
77.1g（精白米）、71.3g（玄米）

五味 甘
五性 平
帰経 脾・胃

食品成分表

（精白米 可食部100gあたり）

たんぱく質		6.1g
脂質		0.9g
炭水化物		77.6g
無機質	カルシウム	5mg
	鉄	0.8mg
ビタミン	A β-カロテン当量	0 μg
	B1	0.08mg
	B2	0.02mg

（玄米 可食部100gあたり）

たんぱく質		6.8g
脂質		2.7g
炭水化物		74.3g
無機質	カルシウム	9mg
	鉄	2.1mg
ビタミン	A β-カロテン当量	1 μg
	B1	0.41mg
	B2	0.04mg

もみの図解

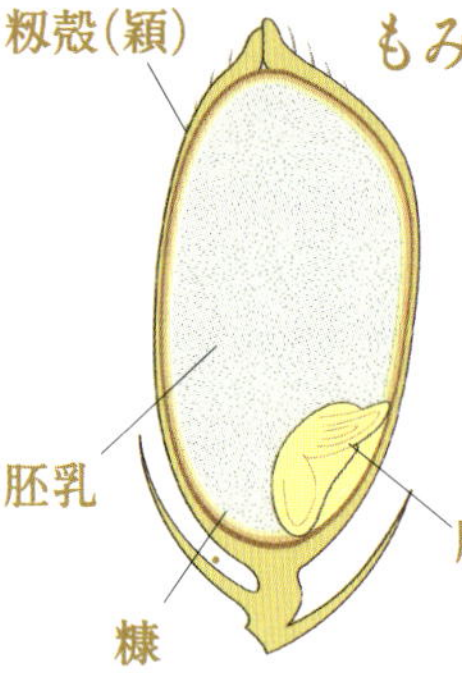

籾殻（穎）
胚乳
胚芽
糠

果皮、種皮、糊粉層《こふんそう》、
胚芽を合わせたもの。

玄米

玄米
1合あたり：150g ／ 525kcal
1カップあたり：170g ／ 595kcal

胚芽精米

七分つき米

精白米

もち米
1合あたり：155g ／ 552kcal
1カップあたり：175g ／ 623kcal

精白米
1合あたり：150g ／ 534kcal
1カップあたり：170g ／ 605kcal
無洗米
1合あたり：160g ／ 570kcal
1カップあたり：180g ／ 641kcal

保存法

酸化と虫の発生を防ぐため、米は密閉容器に入れ、冷蔵庫の野菜室で保存を。ジッパー付きのポリ袋に入れ、小分けにして保存してもよい。

日本人に欠かせない エネルギー源

アジアを中心に、世界中で広く食べられている米。日本には縄文時代後期にアジア大陸から伝わりました。当時の米は野生の品種で、赤米のようなものだったといわれています。日本人にとって米は主食であると同時に、神事や祭事などにおいても重要な作物ととらえられてきました。

米は精製の段階によって、糠と胚芽を残した「玄米」、胚芽を残した「胚芽精米」、糠層をある程度残した「分づき米」、胚乳だけの「精白米」に分けられます。表皮に当たる籾殻だけを取り除いた玄米には、たんぱく質やビタミンB_1、ビタミンE、鉄、食物繊維などが含まれます。胚乳だけの精白米は、消化はよくなりますが、ビタミン類は減少します。このように、精米率によって、米の栄養成分は変わります。

日本人が食べているのは主にジャポニカ米と呼ばれる種類で、粒が短くて丸みがあり、粘り気があるのが特徴。日本以外では、中国、韓国、台湾、アメリカ、オーストラリアでも栽培されています。一方、世界の米の生産量の大半はインディカ米という種類で、粒が細長く、パサパサしています。この米は、インドを中心にその周辺国で多く栽培されています。

玄米と発芽玄米

精白米に比べて玄米は、食物繊維やビタミンB群、ビタミンE、脂質、鉄が豊富。ビタミンEは4倍以上も含む。発芽玄米は玄米を発芽させたもので、玄米の持つ栄養素の他に、γ-オリザノールやGABAも含み、中性脂肪低下作用がある。発芽玄米は発芽が取れやすいので、研がなくてもよい無洗米タイプがおすすめ。1時間ほど水に浸け、浮いているごみだけを取り除いて。

流通カレンダー
1 2 3 4 5 6 7 8 9 10 11 12

日本で一番多く食べられているのは「コシヒカリ」

品種別作付ランキング

1位	コシヒカリ	35.6%
2位	ひとめぼれ	9.4%
3位	ヒノヒカリ	8.9%
4位	あきたこまち	7.0%
5位	ななつぼし	3.5%

「平成 29 年産水稲うるち米の品種別作付動向」
（米穀安定供給確保支援機構）より

米の食味ランキング

（財）日本穀物検定協会が行う米の食味ランキングは、主な産地品種銘柄について、炊飯した白米を専門の食味評価エキスパートパネル 20 名が試食して評価する「食味官能試験」に基づいて決められる。外見、香り、味、粘り、かたさ（歯ごたえ）、総合評価の 6 項目を審査。複数産地のコシヒカリのブレンド米を基準米とし、これと対象産地米を比較する。基準米と同等なものを「A'」、特に良好なものを「特 A」、良好なものを「A」、やや劣るものを「B」、劣るものを「B'」として評価し、結果を公表している。

GABA（γ-アミノ酪酸）

不安やイライラを鎮める

アミノ酸の一種グルタミン酸から生成される神経伝達物質。副交感神経を活発にするため、脳の緊張をほぐし、リラックス効果が得られます。また、腎臓の働きを高めて塩分を排出するので、血圧を下げる働きもあります。発芽玄米のほか、お茶にも多く含まれています。

糖質

すべての生命維持の基本

三大栄養素のひとつであり、生命体には必要不可欠な物質。一般的には、糖質と食物繊維を合わせて炭水化物と呼びます。単糖を構成単位とし、いくつかが組み合わさって存在しています。体内でエネルギー源となりますが、余った分は脂肪になって肝臓や脂肪細胞に蓄積されます。

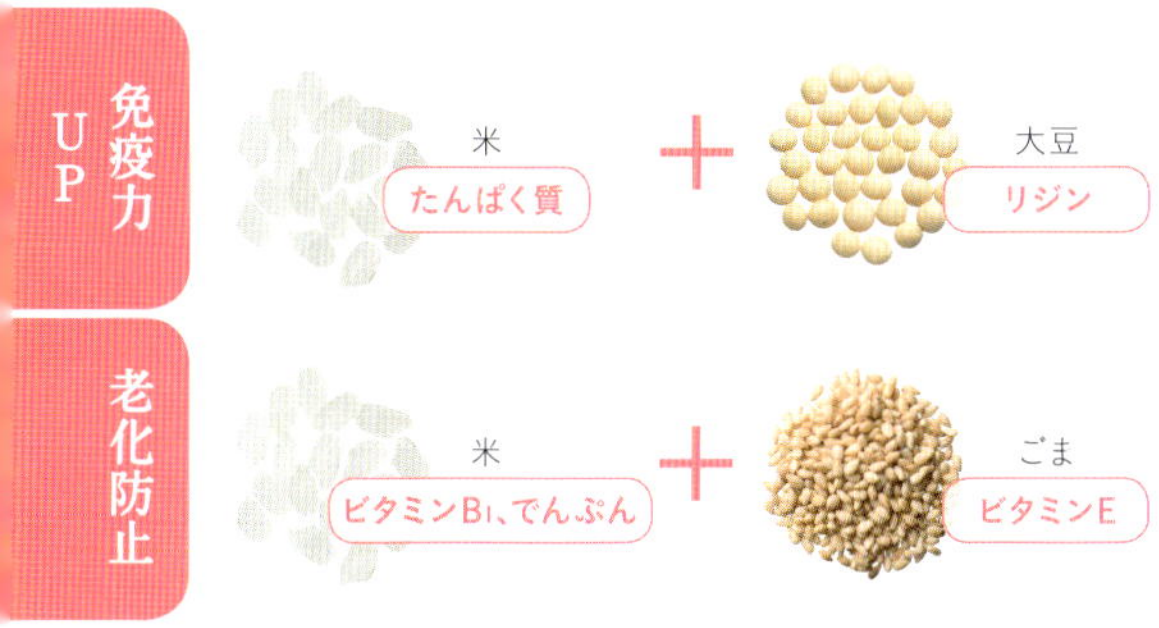
免疫力UP
米
たんぱく質
大豆
リジン
老化防止
米
ビタミンB1、でんぷん
ごま
ビタミンE

アミロースとアミロペクチン うるち米ともち米

米に含まれるでんぷんには、アミロースとアミロペクチンの 2 種類がある。水を加えて加熱すると、アミロースはやわらかくてさらっとし、アミロペクチンは粘りが出る。私たちが普段食べるうるち米は、アミロース 15 ～ 35%、アミロペクチン 65 ～ 85%の割合で構成されているが、もち米は 100%アミロペクチン。

低アミロース米と呼ばれる米は、粘りが強く、冷めてもかたくなりにくいという特徴があるため、弁当に向いている。インド型の米である高アミロース米はパサパサした食感なので、ピラフやパエリアなどの料理や米麺などの加工品向き。

米粉に注目が集まっている

うるち米やもち米を粉にしたものが米粉。小麦粉アレルギー対策として注目され、利用が広がっている。米粉は吸水性が高く、しっとりした食感だが、揚げるとサクッとした食感に。白玉粉、上新粉、もち粉などいくつかの種類がある。

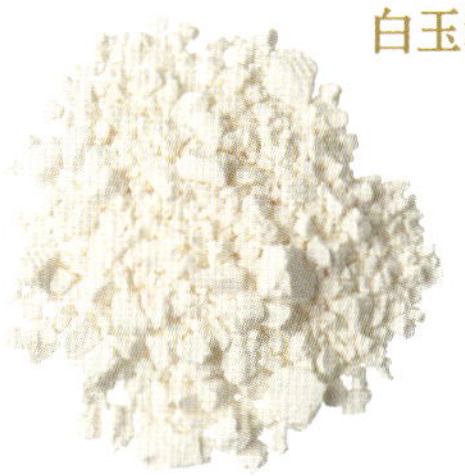
白玉粉

無洗米のメリット

精白米の研ぎ汁に含まれるリンや窒素は浄化しにくく、水質汚染の原因になる可能性が指摘されている。あらかじめ特別な方法で糠を取り除いてある無洗米は、手軽な上、エコにもつながる。

糠にはγ-オリザノール

糠は栄養価が高く、脂質のほかに、ビタミン B_1、B_6、E、鉄、マグネシウム、マンガン、食物繊維などを含む。脂質に含まれるγ-オリザノールという成分には、コレステロールの吸収抑制や、女性の更年期特有の症状緩和に効果があるといわれ、医薬品にも用いられる。また、糠漬けの漬け床にしたり、油を搾ったり（米油）、家具を磨いたり、石鹸代わりにするなど、古くから暮らしの中で利用されてきた。

大麦

日本には縄文時代末期から弥生時代初期頃に伝わったといわれています。主に米の裏作として栽培されてきました。

大麦はでんぷんと食物繊維を多く含む穀物です。食物繊維が特に多く、水溶性と不溶性をバランスよく含んでいるため、生活習慣病の予防食材として注目が集まっています。また、米と比べると、カルシウムが多く、歯や骨を丈夫に保つ働きもあります。

大麦は六条大麦と二条大麦に大別されます。六条大麦は麦飯や麦茶として、二条大麦はビールや焼酎などの原料として利用されています。大麦は表皮と実が外しにくいという特徴がありますが、突然変異で六条大麦から皮が外れやすい品種が生まれました。これは裸麦と呼ばれ、麦みそなどに利用されています。

近年、大麦の生産量は大幅に減り、輸入が増えているのが現状です。

食品成分表
（押麦 可食部100gあたり）

たんぱく質		6.2g
脂質		1.3g
炭水化物		**76.2g**
無機質	カルシウム	17mg
	鉄	1.0mg
ビタミン	B_1	0.06mg
	B_2	0.04mg

二条

六条

腸の調子を整える食物繊維の宝庫

英名 Barley
和名・別名 大麦
エネルギー（100g中）343kcal
糖質量（100g中）67.5g

五味 甘・鹹
五性 涼
帰経 脾・胃・膀胱

はったい粉

煎って焦がした大麦を粉にしたものがはったい粉。これに砂糖を混ぜ、熱湯で練ったものが「はったい」。落雁の原料としても知られる。別名は、麦焦がし、煎り麦、香煎。

もち麦って何？

米におけるうるち米ともち米のように、アミロペクチンが多く、粘り気が強い大麦をもち麦と呼ぶ。もち麦に含まれる水溶性食物繊維のβ-グルカンには、糖質の吸収を抑えて血糖値の急激な上昇を抑制する働きが。また、腸内の有害物質を体外へ排出する作用も。

大麦の若葉の栄養成分

青汁に使われている大麦の若葉には、β-カロテンやビタミン、カリウムやカルシウムなどのミネラル、アミノ酸、β-グルカン（食物繊維）などの有効成分が豊富。活性酸素分解酵素であるSOD（スーパーオキシドディスムターゼ）が多いことも特徴。

麦芽

麦芽とは発芽した大麦のこと。モルトとも呼ぶ。発芽によってアミラーゼ酵素が活性化すると、でんぷんが糖に変わり、麦芽糖が生成される。

大麦
β-グルカン
＋
米
糖質、でんぷん

小麦

人類最初の作物といわれている小麦は、生産量世界一の農作物です。そのほとんどは、製粉されて小麦粉として使用されています。

でんぷんが主成分ですが、たんぱく質のグルテニンやグリアジンを含みます。胚芽部分には脂質のほか、ビタミンB群やビタミンE、カルシウムやマグネシウム、亜鉛などのミネラル、食物繊維を含みます。ブランと呼ばれる表皮は、かつては飼料として利用されていましたが、不溶性の食物繊維が豊富に含まれていることがわかり、シリアルなどで利用されるほか、特定保健用食品としても認可されています。

胚乳を粉にしたものが小麦粉ですが、たんぱく質の割合に準じて、強力粉、中力粉、薄力粉に分類されます。また、全粒粉は表皮や胚芽も丸ごと粉にしたもので、栄養成分が多く含まれています。

小麦はアレルゲンとしても上位にランクインする食材です。小麦粉の代用には米粉が用いられることが多いようです。

世界中で さまざまな料理に使用

英名 Wheat　和名・別名 小麦
エネルギー（100g中）337kcal　糖質量（100g中）61.4g

食品成分表（可食部100gあたり）

たんぱく質		10.6g
脂質		3.1g
炭水化物		**72.2g**
無機質	カルシウム	26mg
	鉄	3.2mg
ビタミン	B_1	**0.41mg**
	B_2	0.09mg

ブラン（ふすま）は食物繊維の宝庫

表皮にはセミロースやリグニンなどの不溶性の食物繊維が多く、便秘の解消とともに、大腸がんの予防にも。

ブラン

薄力粉

全粒粉

甘 五味
涼 五性
心・脾・腎 帰経

グルテンって何？

グルテニンとグリアジンに水と食塩を入れて練ると、粘りと弾性を持つグルテンが形成される。グルテンだけを取り出したものが麩。強力粉でできているパンが膨らむのは、グルテンの働きによるため。

健康食品として注目の小麦胚芽

小麦胚芽はたんぱく質や食物繊維が豊富で、ビタミンやミネラルもたっぷり。胚芽粉やフレーク、クッキーなどが健康食品として注目されている。胚芽油は、リノール酸やオレイン酸が主成分で、ビタミンEも含み、化粧用オイルとしての利用も。

大さじ1あたり：9g／33kcal

薄力粉（たんぱく質6～8％含）
1カップあたり：110g／405kcal
強力粉（たんぱく質12.5～14％含）
1カップあたり：110g／403kcal

小麦アルブミン

血糖値の急上昇を抑制する小麦アルブミン

小麦に含まれる水溶性のたんぱく質で、消化酵素アミラーゼの働きをやわらげ、糖の吸収を穏やかにします。そのため、血糖値の急激な上昇を抑える働きがあります。精製したものは糖尿病の予防効果があるとして特定保健用食品に認可されています。

スペルト小麦とは

小麦の原種で品種改良が行われていない品種。一般的な小麦よりも高栄養で、アレルギーも発症しにくいといわれている。

老化防止

小麦粉
ビタミンB群

＋

肉・魚
たんぱく質

ハトムギ

滋養たっぷりで肌もきれいに

ハトムギはジュズダマの近縁種で、7～8世紀に薬用植物として日本に入ってきたといわれています。種皮を除いて乾燥させたものを薏苡仁《よくいにん》と呼び、粥に混ぜて食べると、滋養強壮作用があるとされていました。

ハトムギの胚乳の主成分はでんぷんで、その性質はもち米に近く、粘りがあります。アミノ酸、脂質、ビタミンB_1、B_2、食物繊維も含みます。

民間療法では、むくみや関節の痛みに用いられるほか、イボ取りや美肌作用もあるとされ、食事に取り入れられることも増えてきました。皮付きのままの種子を煎ってから煮出したものがハトムギ茶で、クセがなく、ほんのりとした甘みもあって飲みやすいため、ブレンド野草茶に利用されています。

英名 Job's tears
和名・別名 鳩麦
エネルギー（100g中）360kcal
糖質量（100g中）71.6g

保存法

よく洗ったハトムギをたっぷりの水に一晩つけてから新しい水とともに鍋に入れる。中火にかけ、沸騰したら火を弱めてやわらかくなるまで煮る。ゆであがったらザルにあけ、さっと水をかけてぬめりを取り、冷めたら小分けにして冷凍庫で保存。

五味 甘・淡
五性 涼
帰経 脾・肺・胃・大腸

食品成分表（可食部100gあたり）

たんぱく質		13.3g
脂質		1.3g
炭水化物		72.2g
無機質	カルシウム	6mg
	鉄	0.4mg
ビタミン	B1	0.02mg
	B2	0.05mg

妊娠中や授乳中は控えよう

子宮収縮の可能性があるので、念のため、妊娠中や授乳中は摂取を控えたほうがよい。

漢方では「水の滞りを取る」

消炎、排膿、利尿、強壮、鎮痛作用があるとされ、腹痛や関節痛、下痢、化膿性疾患などに利用される。

ライ麦

北欧や東欧を象徴する穀物

ライ麦は、寒冷地ややせた土地での栽培が可能なため、小麦の栽培に向いていない東欧や北欧で盛んに作られています。

食物繊維やビタミンB群、ミネラル類をたっぷりと含み、特に、カリウム、リン、亜鉛が多いのが特徴です。ライ麦粉にはグルテンを構成する成分が足りないため、小麦粉のようにふっくらとしたパンが焼けません。そのため、北欧や東欧のパンはかたくて重いですが、ライ麦独特の酸味があり、日持ちがするという特性があります。黒ビールやウイスキー、ウォッカの原料としても利用されます。

日本ではほとんど生産されておらず、カナダやドイツから輸入しています。

英名 Rye
和名・別名 ライムギ
エネルギー（100g中）334kcal
糖質量（100g中）57.4g

食品成分表
（全粒粉 可食部100gあたり）

たんぱく質		12.7g
脂質		2.7g
炭水化物		70.7g
無機質	カルシウム	31mg
	鉄	3.5mg
ビタミン	B1	0.47mg
	B2	0.20mg

北欧風オープンサンド

かたくてしっかりしたライ麦パンはオープンサンド向き。北欧では「スモーブロー」と呼ばれ、国民の日常食。薄切りにしたパンにバターをたっぷり塗り、サーモンやニシン、オイルサーディン、キャビアなどの魚介や、チーズ、ハム、卵などを、野菜とともにのせる。たっぷりの具材と合わせて食べることで血糖値の急上昇も防げる。

きび

黄色の球状でモチモチとした食感

イネ科で乾燥に強く、日本では弥生時代から栽培されている古い雑穀です。

食物繊維、ビタミンB_1、B_2、ナイアシン、カリウム、カルシウムなどを含みます。

卵のような黄色の球状で、コクと甘みがあり、冷めてもモチモチとした食感。おはぎやもちなどによく使用されます。小鳥のエサとしても利用され、葉や茎は飼料として使われます。

食品成分表(可食部100gあたり)

たんぱく質		11.3g
脂質		3.3g
炭水化物		70.9g
無機質	カルシウム	9mg
	鉄	2.1mg
ビタミン	B_1	0.34mg
	B_2	0.09mg

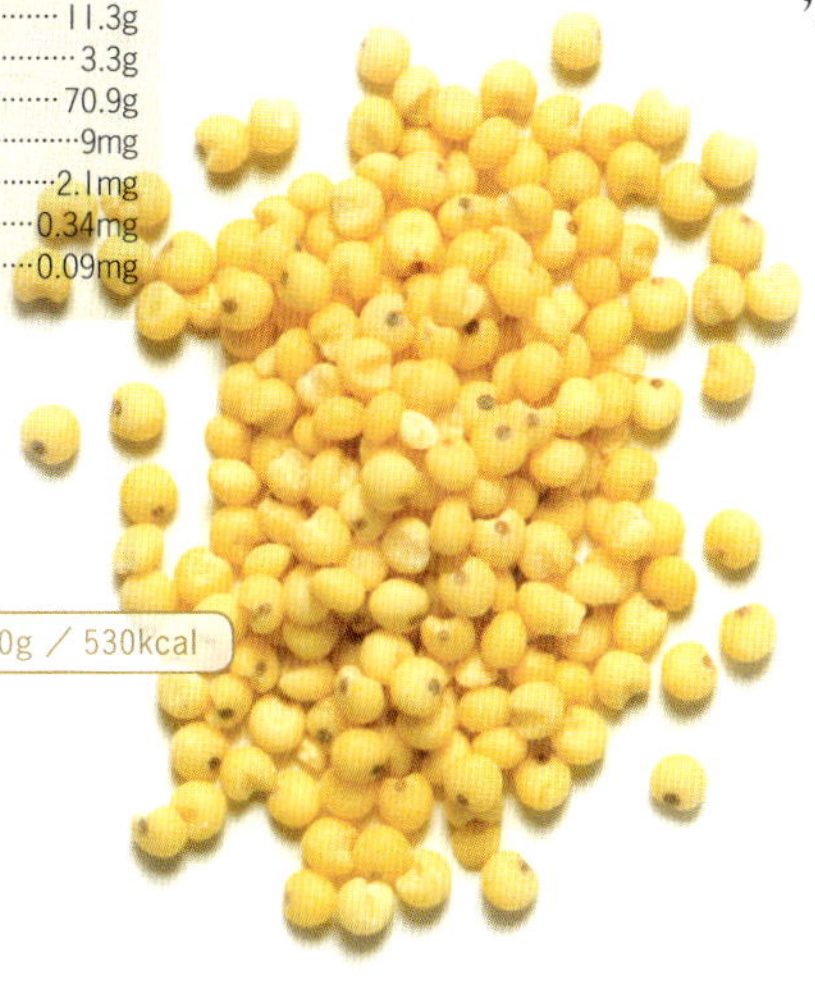

1カップ：160g／530kcal

甘 五味
平 五性
脾・肺 帰経

英名 Common millet
和名・別名 黍、稷
エネルギー(100g中) 363kcal
糖質量(100g中) 69.3g

あわ

世界中で古くから栽培されてきた雑穀

あわはきびと同様に歴史の古い作物で、その野生種の祖先はエノコログサだといわれています。アジアやヨーロッパでは新石器時代から栽培され、日本では水稲米よりも前から作られていました。

ビタミンB_1、B_2、パントテン酸、食物繊維、ミネラル類を含み、特に鉄を多く含んでいます。

でんぷんの性質の違いから、うるち種ともち種の2種類があり、うるち種は米と混ぜて炊いたり、粒粥、団子などに使用されます。もち種は炊飯やもちのほか、粟おこしや飴などお菓子にも使われます。葉や茎は飼料や燃料としても利用されています。

食品成分表(可食部100gあたり)

たんぱく質		11.2g
脂質		4.4g
炭水化物		69.7g
無機質	カルシウム	14mg
	鉄	4.8mg
ビタミン	B_1	0.56mg
	B_2	0.07mg

1カップ：160g／582kcal

甘・鹹 五味
涼 五性
脾・腎・胃・大腸 帰経

英名 Foxtail millet, Italian millet
和名・別名 粟
エネルギー(100g中) 367kcal
糖質量(100g中) 66.4g

押し麦

豊富な食物繊維が糖の吸収を抑制

大麦を精白したあとに、ローラーで圧力をかけて乾燥させたもの。精白米の約10倍の食物繊維が含まれています。適度な香ばしさと風味が特徴で、米と一緒に炊いたり、スープにしたりするなど、手軽に味わうことができます。健康のためには米7：麦3の麦入り飯がよいとされます。水溶性の食物繊維が豊富なため糖代謝の改善が期待でき、麦飯を常食している糖尿病患者の症状が改善したという報告が多く寄せられているそうです。

食品成分表
(押麦 可食部100gあたり)

たんぱく質		6.2g
脂質		1.3g
炭水化物		77.8g
無機質	カルシウム	17mg
	鉄	1.0mg
ビタミン	B_1	0.06mg
	B_2	0.04mg

1カップ：130g／442kcal

英名 Rolled barley
和名・別名 押麦
エネルギー(100g中) 340kcal
糖質量(100g中) 68.2g

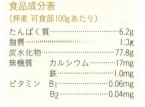

キヌア

南米原産のスーパーフード

古代インカ語で「母なる雑穀」を意味する栄養価の高い雑穀。

ビタミンB群、葉酸、カリウム、マグネシウム、鉄、亜鉛をバランスよく含みます。また、不飽和脂肪酸のリノレン酸やオレイン酸を含んでいるのも特徴。必須アミノ酸も多く含み、キヌアはスーパーフードとして注目されています。

独特の香りと食感があり、米と一緒に炊く以外にもスープやリゾット、サラダなど、さまざまな使い方で楽しまれています。

英名 Quinoa
和名・別名 玄穀
エネルギー（100g中）359kcal
糖質量（100g中）62.8g

アマランサス

食品成分表（可食部100gあたり）

たんぱく質		12.7g
脂質		6.0g
炭水化物		64.9g
無機質	カルシウム	160mg
	鉄	9.4mg
ビタミン	A　β-カロテン当量	2 μg
	B_1	0.04mg
	B_2	0.14mg

驚きの栄養成分を含むスーパー穀物

南米の山岳地帯で古くから栽培され、古代インカ帝国では主食とされていた穀物です。種皮がやわらかく、精白しないで食べられるため、栄養価が驚くほど高いのが特徴です。たんぱく質、ビタミンB_6、葉酸、食物繊維をはじめ、鉄、亜鉛などのミネラルが、雑穀の中で抜きん出て豊富に含まれています。

多くの種類があり、穀物としてだけでなく、葉野菜として食べる地域もあります。日本には江戸時代に入っていましたが、当初は鮮やかな深紅の花を楽しむ観賞用でした。

粒が小さく、プチプチした食感と強い香りが特徴。炊いて食べる以外に、粉状にして麺やお菓子に使用されています。

英名 Amaranth
和名・別名 玄穀
エネルギー（100g中）358kcal
糖質量（100g中）57.5g

ひえ

食品成分表（可食部100gあたり）

たんぱく質		9.4g
脂質		3.3g
炭水化物		73.2g
無機質	カルシウム	7mg
	鉄	1.6mg
ビタミン	B_1	0.25mg
	B_2	0.02mg

1カップあたり：160g／587kcal

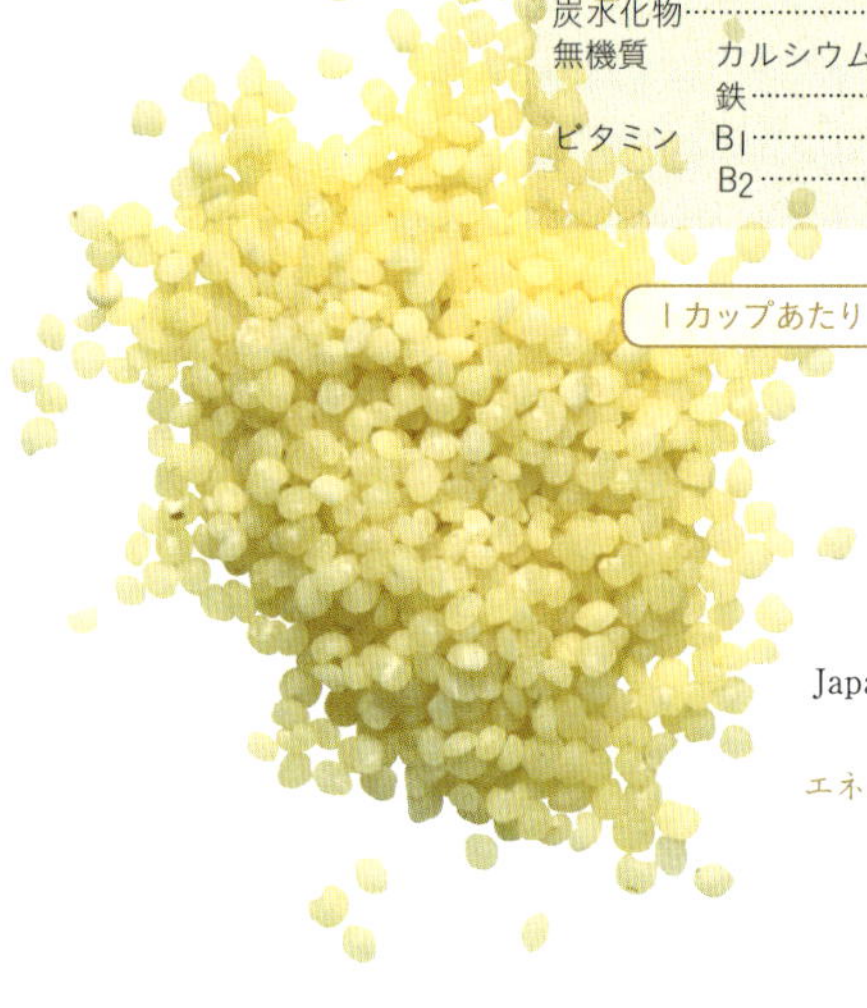

やせた土地でも育つ丈夫な作物

あわと同様に米よりも古い歴史があり、米が作れないやせた土地でも育つ、強い作物です。

カリウム、ナトリウム、亜鉛などのミネラル類、脂質、食物繊維などを含みます。

クセのない味わいで、米と一緒に炊いたり、粥にするほか、粉にして団子にしたり、みそや酒などの麹の材料にもなっています。また、小鳥のエサとしても使われており、そのわらは飼料として利用されています。

英名
Japanese barnyard millet
和名・別名 稗
エネルギー（100g中）366kcal
糖質量（100g中）68.9g

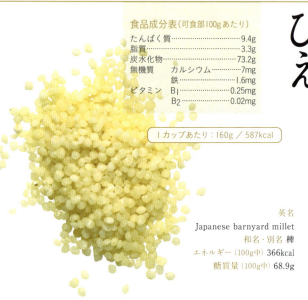

ワイルドライス

英名 Manchurian wild rice
和名・別名 真菰
エネルギー（100g中）
101kcal
糖質量（100g中）
19.5g

アメリカインディアンの大切な穀物

北米大陸に自生しているイネ科の植物で、豊かな水辺で育ちます。アメリカインディアンにとってその種子は、食材であるとともに、儀式や祭事にも使う神聖な穀物でした。

たんぱく質、食物繊維のほか、ビタミンB_1、B_2、E、葉酸を豊富に含みます。

黒く細長い実はナッツに似た風味がありますが、とてもかたいのが特徴。ゆで上がるのに時間がかかります。ゆでたものをピラフやリゾットなどの米料理に混ぜたり、スープやサラダに使用されたりもします。

黒米

英名 Black rice
和名・別名 黒米
エネルギー（100g中）356kcal
糖質量（100g中）70.1g

甘 五味
平 五性
脾 帰経

アントシアニンを含む古代米

古代米と呼ばれ、現在の米の原種といわれています。種皮または果皮に含まれる黒い色は、抗酸化作用があるアントシアニン色素。米と混ぜて炊くと全体が赤黒く炊き上がるため、昔から祝い事に用いられてきました。ビタミンB群、C、Eのほか、鉄、亜鉛、カルシウムなどのミネラル類、アミノ酸類も含みます。

モチモチとした食感が特徴。中国では薬膳料理として親しまれてきました。また、お茶としても利用されています。

赤米

英名 Red rice
和名・別名 赤米
エネルギー（100g中）344kcal
糖質量（100g中）68.9g

抗酸化作用があるタンニンも含む

黒米と同様に古代米と呼ばれ、奈良時代には日常的に食べられていました。種皮や果皮にポリフェノールのアントシアニンが含まれているため、赤茶色をしており、米に混ぜて炊くと全体的に赤く炊き上がります。

米と比べてアミロースが少ないため粘りがなく、パフリとしています。また、タンニンも含まれるため、渋みもあり食べやすい食味ではありませんが、ほかの雑穀と混ぜて炊飯すると、色や栄養成分を存分に楽しむことができます。

また、赤米はお酒の原料としての利用もあります。

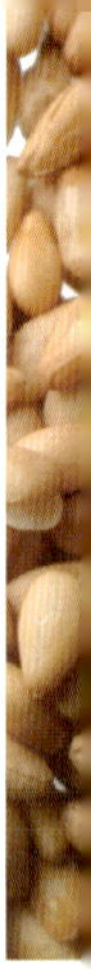

ごま

不飽和脂肪酸で血液サラサラに

英名 Sesame
和名・別名 胡麻
エネルギー（100g中）586kcal
糖質量（100g中）5.7g

白ごま
五味 甘
五性 平
帰経 脾・肺

黒ごま
五味 甘
五性 平
帰経 肝・腎

ゴマリグナンは女性ホルモンに

私たちが普段口にしているごまは、ごまという植物の種子。種子の外皮の色によって、黒ごま、白ごま、金ごまに分類されていて3000種類ほどあるといわれています。日本でも生産されていますがその量はわずかで、99％近くを輸入に頼っています。

成分の半分以上はリノール酸、オレイン酸といった不飽和脂肪酸で、コレステロールや中性脂肪の数値を下げる効果が期待されます。種皮がかたいので、栄養分をしっかり吸収するためには、すったり刻んだりする必要があります。

ビタミン類ではビタミンB_1、B_6が多く、疲労を防ぎ、神経を正常に保つほか、骨や歯の健康に欠かせないカルシウムと貧血予防の鉄が、大変多く含まれているのが特徴です。また、不溶性の食物繊維が多いので、腸のぜん動運動を活発にして便秘を改善します。

食品成分表
（乾燥 可食部100gあたり）

たんぱく質		19.8g
脂質		53.8g
炭水化物		16.5g
無機質	カルシウム	1200mg
	鉄	9.6mg
ビタミン	A β-カロテン当量	9μg
	B_1	0.95mg
	B_2	0.25mg

白ごま

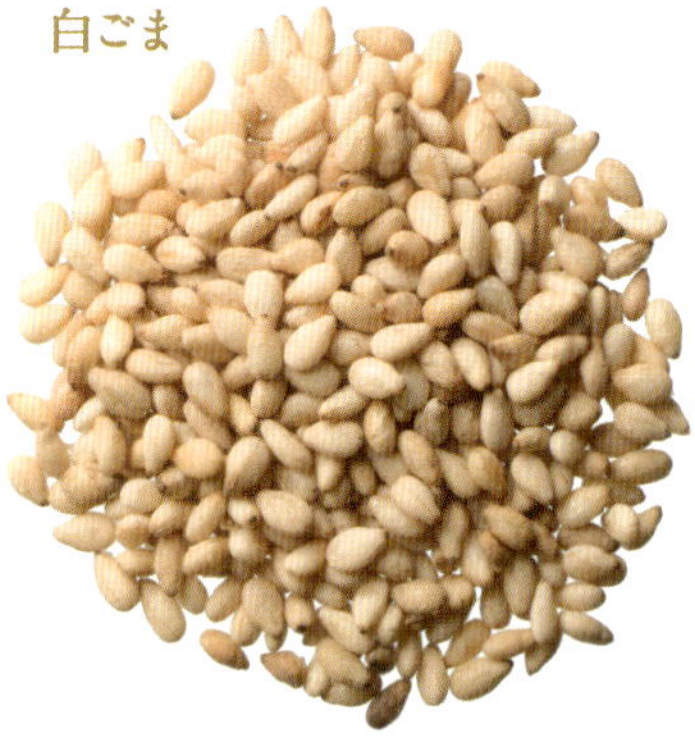

金ごま

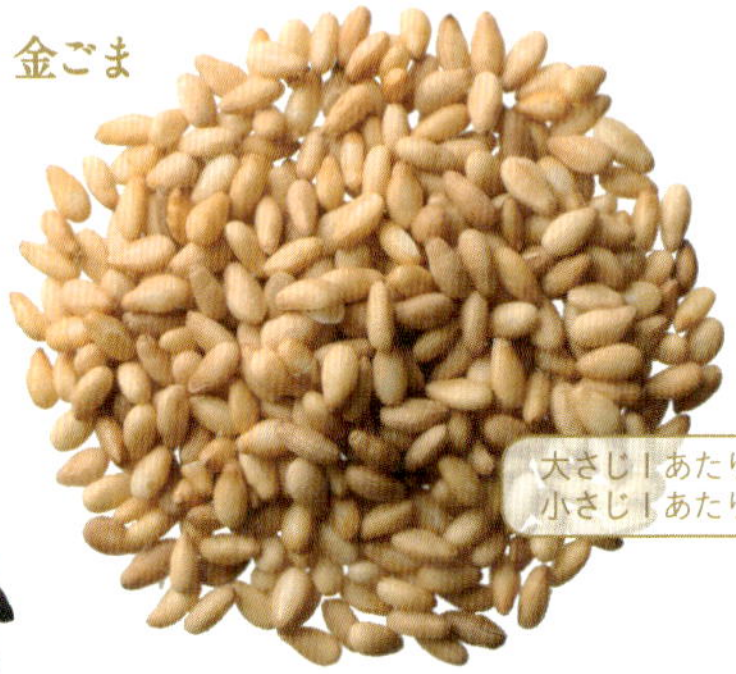

大さじ1あたり：9g ／ 54kcal
小さじ1あたり：3g ／ 18kcal

黒ごま

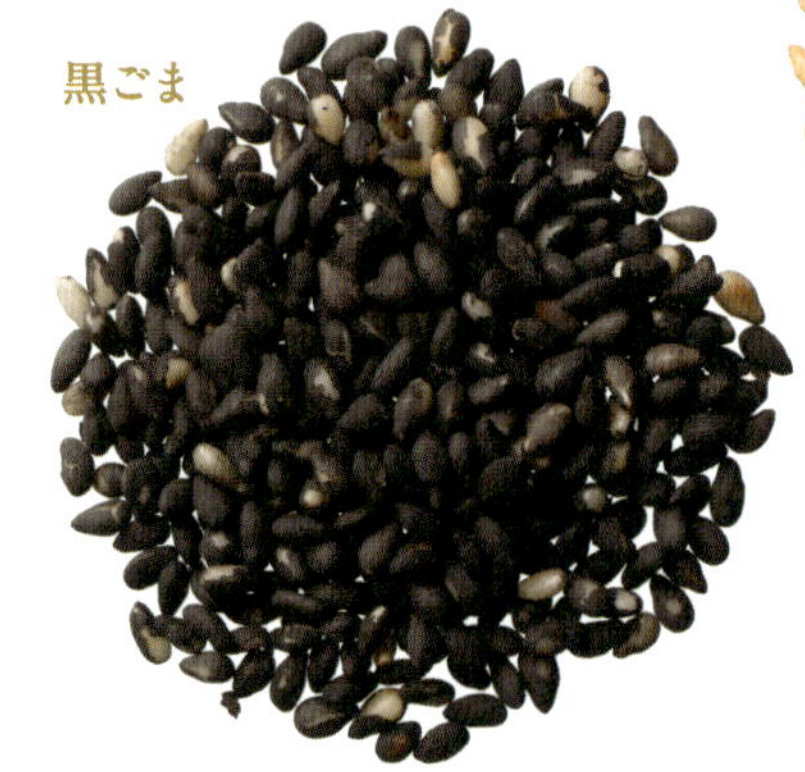

クレオパトラもごま愛好家？

世界三大美女のクレオパトラは美を保つためにアンチエイジング効果がある食材を欠かさず食べていたといわれている。その中にはもちろんごまの存在も。美容のため、ごまをせっせと食べ、体にはごま油を塗って肌の手入れをしていたそう。

すりごまと練りごま

煎りごまをすり鉢で当たったのがすりごまで、さらにそれをすり続けてペースト状になったものが練りごま。ごまの成分の約半分は油。市販の練りごまが分離している場合はよく混ぜてから使って。

小さな傷や白髪予防にも

軽いやけどやすり傷、肌荒れの場合は、患部に薄くごま油を塗るとよい。抜け毛や白髪の予防には、ごま油に塩少々を混ぜたものを頭皮にすり込むとよいといわれている。また、足腰の痛みには、すりごまにしょうが汁を合わせ、湯を注いで飲むとよいとされる。

漢方では黒ごま

漢方で用いられるのは、種皮にアントシアニンを含む黒ごま。痒みが強い慢性の皮膚疾患に用いられる処方薬「消風散」に使われる。また、「紫雲膏」などの軟膏の基剤としてごま油が使われることも。

ゴマリグナン

活性酸素を抑え老化を防ぐ

ごまに含まれるセサミン、セサモリン、セサモールといったポリフェノールをまとめてゴマリグナンと呼びます。脂溶性の抗酸化物質で、体に有害な活性酸素を消去する働きがあり、がんや動脈硬化、心筋梗塞の予防に効果があると考えられています。
ゴマリグナンは女性ホルモンの一種であるエストロゲンに類似した性質があるため、ホルモンバランスを整える働きをします。また、アルコールの分解を促進し肝機能を整える働きもあるため、二日酔いや悪酔いの改善に役立ちます。

ごま
セサミン

＋

かぼちゃ
β-カロテン

老化防止

そば

甘 五味
涼 五性
脾・胃・腎 帰経

日本でのそばの栽培歴は古く、縄文時代後期から弥生時代あたりに遡るといわれています。冷涼でやせた土地での栽培が可能で、種まきから短期間で収穫できることから、救荒作物として作られてきました。意外なことに、麺状の「蕎麦」を食べるようになったのは江戸時代の中期になってから。それ以前は、そばの実の粥や、粉を練って固めた団子をゆでた「そばがき」を食べていました。

穀類の中では最もたんぱく質に富んでいます。また、アミノ酸の一種リジンを含むため、その組織修復効果が期待できます。さらに、疲労回復のビタミンB_1、脂質代謝を促すビタミンB_2、エネルギー代謝に関わるナイアシン、抗ストレスのパントテン酸など、ビタミンB群が豊富という特徴も。食物繊維も多く、腸内環境を整えるとともに、コレステロールの排出を促します。また、ポリフェノールのルチンを多く含み、高血圧予防効果があると話題に。ルチンは水溶性なので、ゆでて流出した分はそば湯で補うとよいでしょう。

一方、そばはアレルゲンとしても知られており、時に生命に関わる重篤な反応も起こりうるため、原材料の表示やその確認など、注意が必要です。

食品成分表
（そば米 可食部100gあたり）

たんぱく質		9.6g
脂質		2.5g
炭水化物		69.6g
無機質	カルシウム	12mg
	鉄	1.6mg
ビタミン	B_1	0.42mg
	B_2	0.10mg

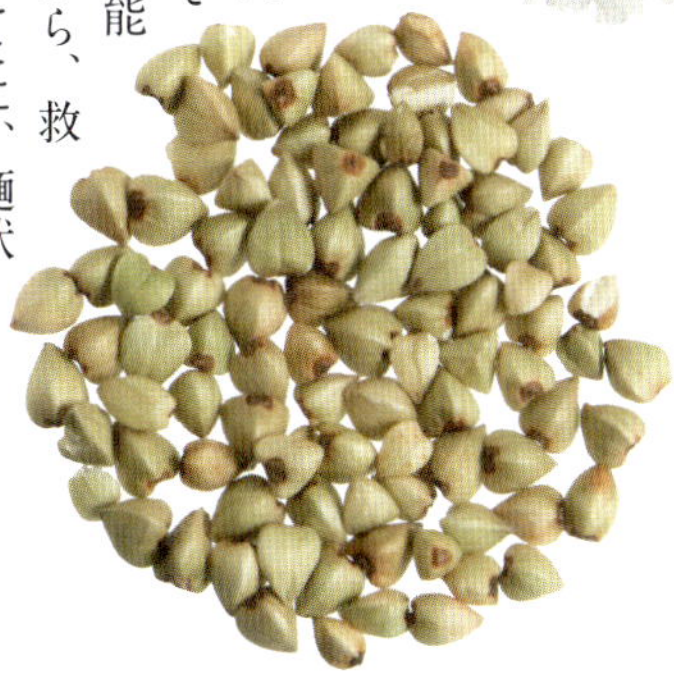

健康成分たっぷりの滋養食材

英名 Buckwheat　和名・別名 蕎麦
エネルギー（そば粉・全層粉 100g中）361kcal　糖質量（100g中）65.3g

そば粉の分類

そば粉は製粉の度合いやふるいの加減で分類される。
一番粉：胚乳の中心部分だけをひいたもの。真っ白で最上級品だが、香りや風味は弱い。
二番粉：胚乳と胚芽の一部をひいたもの。薄黄緑色で香りも風味も豊か。
三番粉：胚乳の一部と胚芽と種皮をひいたもの。暗い青緑色で栄養豊富。香りはよいが風味は弱い。
末粉：胚芽と種皮をひいたもの。黒っぽく多くの破片が混入。栄養価と風味が高いが、もそもそとして食感は劣る。そばがき、菓子、乾麺の色づけなど、加工品に利用される。

ルチン

血管保護のポリフェノール

ルチンはフラボノイドの一種で、毛細血管を強化し、異物が侵入するのを防ぐため、抗アレルギー作用があります。血管が強くなると血流が促進され、血圧降下も期待できます。そばの実に含まれますが、特に韃靼《だったん》そばの実に多く、そのほか、アスパラガスの穂先や柑橘類の果皮、クランベリーにも含まれています。

血圧降下

そば
ルチン
＋

だいこん
カリウム

海外での食べ方

粥：ロシア、東欧（カーシャ）、**クレープ**：フランス（ガレット）、**パスタ**：イタリア（ピッツォッケリ）、**冷麺**：朝鮮、**パン**：インド（ロティ）など、世界各地でさまざまな姿となって食べられている。

そば粉のたんぱく質は水溶性

そば粉は、穀物の中ではたんぱく質を多く含む。そば粉のたんぱく質は水溶性であるため、水を加えて練ると粘りが出るが、小麦粉のようにグルテンを含まないため、水分を保持することができず、まとまりにくかったり、作り置きが難しかったりする。そのため、そば打ちでは水回しの仕方や作業スピードが重要になる。また、水溶性のたんぱく質はそばをゆでるとゆで汁に溶け出すので、そば湯を飲むのは理にかなっているというわけ。

生産地

北海道が大産地だが、現在、国内で消費しているそば粉の約8割が輸入品で、そのうちの8割以上は中国産。輸入品に比べると、国産そば粉の価格はかなり高め。

流通カレンダー
1 2 3 4 5 6 7 8 9 10 11 12

大豆

英名 Soybean
和名・別名 大豆
エネルギー（100g中）422kcal
糖質量（100g中）11.6g

五味 甘
五性 平
帰経 脾・胃

食品成分表
（黄大豆・乾燥 可食部100gあたり）

たんぱく質		**33.8g**
脂質		19.7g
炭水化物		29.5g
無機質	カルシウム	180mg
	鉄	6.8mg
ビタミン	A　β-カロテン当量	7μg
	B1	0.71mg
	B2	0.26mg
	C	3mg

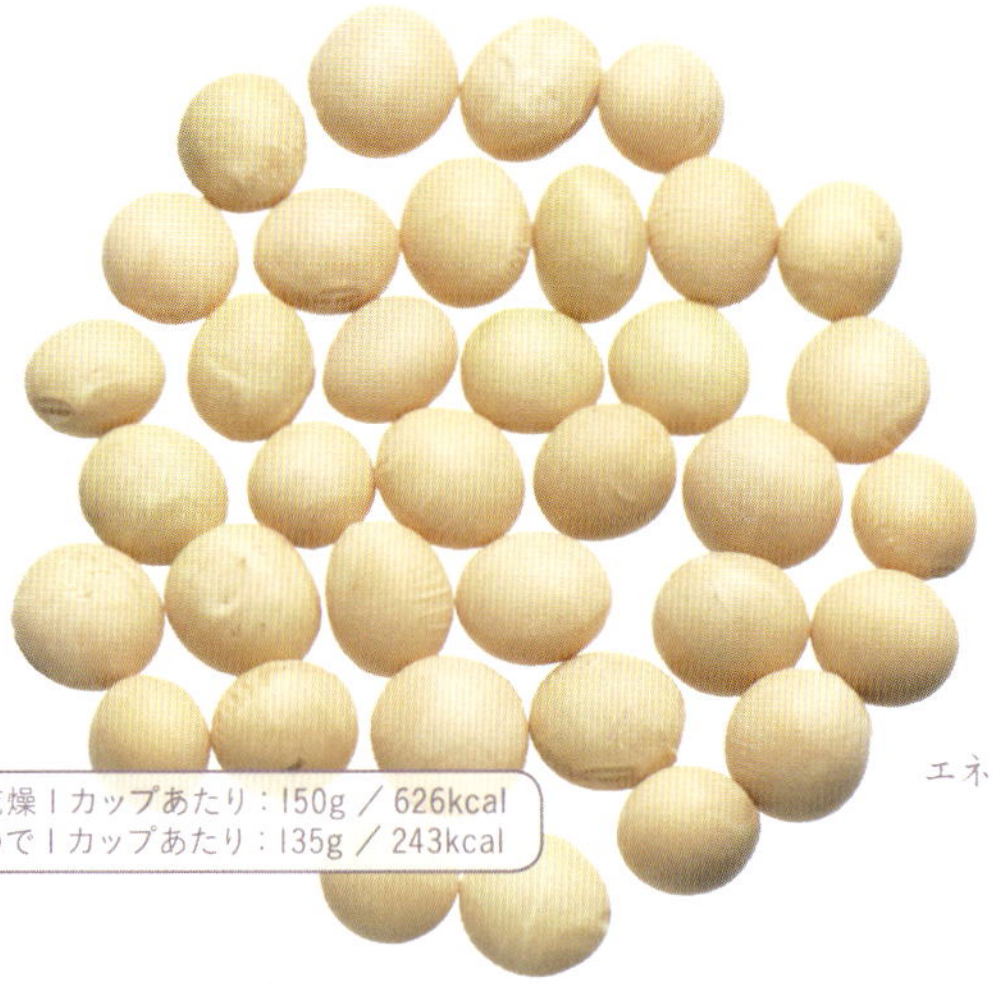

乾燥1カップあたり：150g／626kcal
ゆで1カップあたり：135g／243kcal

黄大豆

皮の色が黄白色～黄色の豆で、普通「大豆」といえばこの黄大豆のこと。大粒のものは料理に、中粒以下は豆腐、みそ、しょうゆなどの加工品に使われる。

青大豆

青緑～緑色をした大豆の種類。熟しても緑色の青大豆は、黄大豆と比べ油分が少なく糖分が多いのが特徴。きなこや煮豆に使われることが多いが、最近では青大豆納豆も増えている。

黒大豆

黒豆とも呼ばれる、見た目が真っ黒な大豆。煮豆に使われるのが一般的だが、黒大豆納豆や黒大豆豆腐も作られている。アントシアニンをはじめとする黒大豆特有のポリフェノールが複数含まれ、漢方の生薬にもなる。

丹波黒

中生光黒

栄養価も機能性も高い食材

「畑の肉」といわれる大豆は、良質なたんぱく質とビタミンB群が豊富なことで知られています。カリウムやカルシウム、マグネシウム、鉄などのミネラル類もたっぷり。さらに、食物繊維も多く含まれている、完全栄養食材です。和食の基本となるしょうゆやみそ、納豆、豆腐などの原料として使用されていて、まさに、日本人の体を作ってきた食材といってもよいでしょう。

栄養以外の機能性成分にも注目が集まっている大豆。コレステロールの上昇を抑制する大豆レシチンや、抗酸化作用がある大豆サポニン、骨粗しょう症予防効果があるイソフラボン、さらに、腸内環境を整える大豆オリゴ糖など、その働きに大きな期待が寄せられている成分を多く含み、生活習慣病予防にもよいと広く認識されるようになりました。

大豆の歴史は古く、4000年以上前から東アジアで栽培され、日本では縄文時代の遺跡から出土しています。昔から祭礼行事にも用いられ、おせち料理の黒豆や節分の豆まきなどは、今でもその風習が続いているものです。室町時代の終わり頃にはしょうゆが誕生し、調味料の原料として欠かせない存在になりました。

現在、国内では北海道や宮城、佐賀、福岡などで生産されていますが、国内生産量だけでは追いつかず、大部分を輸入に頼っています。

国産大豆はわずか

自給率は1割にも満たない状況で、大半は、アメリカ、ブラジル、カナダ、中国から輸入される。特に加工品などは輸入大豆に頼らざるを得ない状況。一方で、国産大豆は納豆用や豆腐用など加工品ごとに適した品種が作られるように。味がよいだけでなく、遺伝子組み換えやポストハーベスト農薬の心配がないことなどから、その需要は高まっている。

大豆加工品

豆腐

良質のたんぱく質が血液中のコレステロールを低下させる

豆乳に凝固剤を加えて固めたものが豆腐。木綿豆腐、絹ごし豆腐のほか、木綿と絹の中間のようなソフト豆腐、保存期間が長い充塡豆腐がある。大豆の栄養を丸ごと摂取できる食品。

豆乳

飲みすぎは逆効果　継続して摂取することが大切

ゆでた大豆をこしたもので、大豆特有の青臭さがある。調理に使うなら無調整豆乳を。調整豆乳は糖分や塩分、果汁などいろいろなものを加えて飲みやすくしてあるので、飲みすぎに注意。

大豆ミート

低脂質で低カロリー 高たんぱくな「畑のお肉」

大豆から取り出したたんぱく質を繊維状にして、肉のように仕立てたもの。ベジタリアン用の食品としてだけでなく、健康食品として注目されている。ミンチタイプやフレークタイプがあり、ハンバーグから唐揚げまで、本物の肉と同じように、さまざまな料理に使える。

納豆

ねばねば成分は食物繊維　ナットウキナーゼで血液サラサラに

蒸して煮た大豆に納豆菌をつけて発酵させたもの。動脈硬化予防効果が知られるようになり、折からの健康志向や発酵食品ブームにより、このところ納豆の消費量が大きく伸びている。

ナットウキナーゼ

動脈硬化を予防する

納豆菌が作る酵素で、血栓を溶かし、血液をサラサラにする働きがある。そのため、動脈硬化や心筋梗塞、脳梗塞を予防する効果が期待できる。さらに血圧の上昇を抑える作用があるとも。ナットウキナーゼは納豆を食べた1時間後から8～12時間後まで血栓を溶解するといわれる。

大豆サポニン

肥満予防の苦み成分

大豆の持つ苦みや渋みはサポニンという抗酸化成分。サポニンは水の中で泡を出す性質があり、ゆでたときのアクや泡に含まれています。脂肪の蓄積を防ぎ、肥満を予防する働きがあります。

大豆オリゴ糖

大腸まで届くスグレもの

大豆に含まれるオリゴ糖（P.97）は砂糖の70～75%の甘み。大腸まで届いて腸内細菌のエサとなり、腸内環境を整えます。

ゲニステイン・ダイゼイン（イソフラボン）

女性ホルモン様作用が知られている

大豆に含まれるゲニステインとダイゼインはフラボノイドの一種のイソフラボン類に分類され、女性ホルモンのエストロゲンに似た働きをすることがわかっています。特に更年期の女性に起こりがちなさまざまな不調や、閉経後に起こりやすい骨粗しょう症や関節痛などの改善効果が期待されます。大豆のほか、葛の根（カッコン）に含まれています。

血圧降下

大豆　大豆イソフラボン　＋

牛乳　カルシウム

忙しいときに重宝

蒸した大豆を平たくつぶして乾燥させたものが「打ち豆」。2～3分水に浸したものをみそ汁や煮物に加えて使う。加熱時間が短いだけでなく、大豆からよいだしが出るのも特徴。

打ち豆

乾燥大豆の戻し方

大豆はやわらかく煮て食べると、さまざまな栄養成分を吸収しやすくなり、その効果を発揮してくれる。

1　豆はさっと水洗いし、たっぷりの水に浸けて一晩置く（夏場は冷蔵庫で）。

2　翌日、豆はザルにあげる。鍋に水を入れ、豆を加えて弱火でゆでる。泡やアクが浮いてきたら、丁寧にすくう。食べてみて、少しポクポクとした歯ごたえが残るくらいになったらゆで上がり。ゆで加減はお好みで。ゆで汁はだしが出ているので、煮物などに利用できる。

3　冷めたら、一度に使う分量ごとに小分けし、冷凍用の保存袋にゆで汁ごと入れて冷凍保存。薄く広げておけば、使うときは常温で自然解凍できて重宝する。

いんげん豆

品種が多く世界中で栽培

原産地は中南米で、紀元前8000年頃にはすでに栽培されていました。世界中に数多くの品種があり、重要なたんぱく源となっています。日本には江戸時代に伝わりました。

主成分はでんぷんで、そのほか、疲労回復効果があるビタミンB_1が豊富で、ミネラル類では高血圧予防のカリウムをはじめ、鉄、亜鉛などをバランスよく含みます。注目すべき点は水溶性の食物繊維が多いことで、コレステロールや糖の吸収を抑制し、生活習慣病予防に有効です。豆類に特有なレクチンを含み、加熱が不十分だと中毒を起こすので、注意しましょう。

日本では明治時代以降に本格的に栽培されるようになり、特に広大な北海道で盛んに栽培されています。品種が多くありますが、主に金時類、白金時類、手亡類、とら豆類、うずら豆類の5種類に分類されます。

食品成分表(可食部100gあたり)

たんぱく質		19.9g
脂質		2.2g
炭水化物		57.8g
無機質	カルシウム	130mg
	鉄	6.0mg
ビタミン	A β-カロテン当量	12 μg
	B_1	0.50mg
	B_2	0.20mg

英名 Kidney bean
和名・別名 隠元豆
エネルギー(100g中) 333kcal
糖質量(100g中) 38.5g

金時

乾燥1カップあたり:160g / 533kcal
ゆで1カップあたり:150g / 215kcal

うずら豆

白金時

手亡

とら豆

レクチン

十分に加熱してから食べる

レクチンは、糖と特異的に結びついて活性を現す性質があるたんぱく質。ほぼ全ての生物や植物に、さまざまな種類のレクチンが含まれていますが、なかには人間の体に悪影響を及ぼすものもあります。いんげん豆や大豆などの豆類、穀物の外皮、未熟な果物などに含まれるレクチンの中には、嘔吐や下痢などを伴う食中毒、自己免疫疾患などを招くものも。レクチンは沸騰状態でやわらかくなるまで煮ると壊れるため、十分に加熱してから食べるようにしましょう。

あずき

縁起のいい豆として古くから重宝

あずきは、江戸時代には脚気の薬として使われていました。

原産地は東アジアとされ、日本では縄文遺跡からの出土があるように、古くから栽培されている作物です。赤い色には邪気を祓う魔除けの力があるとされ、赤飯や小正月のあずき粥など、お祝いの席や行事に用いられてきました。

たんぱく質を多く含みます。また、ビタミンB群、カリウム、鉄、亜鉛などのミネラルも多く、疲労回復や高血圧の予防効果などが期待できます。不溶性の食物繊維も多く、便秘の予防や改善効果もあります。

あずきは、羊羹やお汁粉、ぜんざいなどのあんの原料として利用されています。粒の大きさによって大納言あずきと普通あずきに分けられ、粒を活かした粒あんには大納言あずきが、こしあんには普通あずきが使われています。

食品成分表(可食部100gあたり)

たんぱく質		20.3g
脂質		2.2g
炭水化物		58.7g
無機質	カルシウム	75mg
	鉄	5.4mg
ビタミン	A β-カロテン当量	7 μg
	B_1	0.45mg
	B_2	0.16mg

英名 Red bean
和名・別名 小豆
エネルギー(100g中) 339kcal
糖質量(100g中) 40.9g

乾燥1カップあたり:170g / 576kcal
ゆで1カップあたり:150g / 215kcal

赤い皮色はアントシアニン

赤い皮色はポリフェノールのアントシアニン。また、皮に含まれる苦味はポリフェノールのサポニンで、利尿作用のほか、血中コレステロールを排出する働きが知られている。

珍しい白あずき

普通あずき

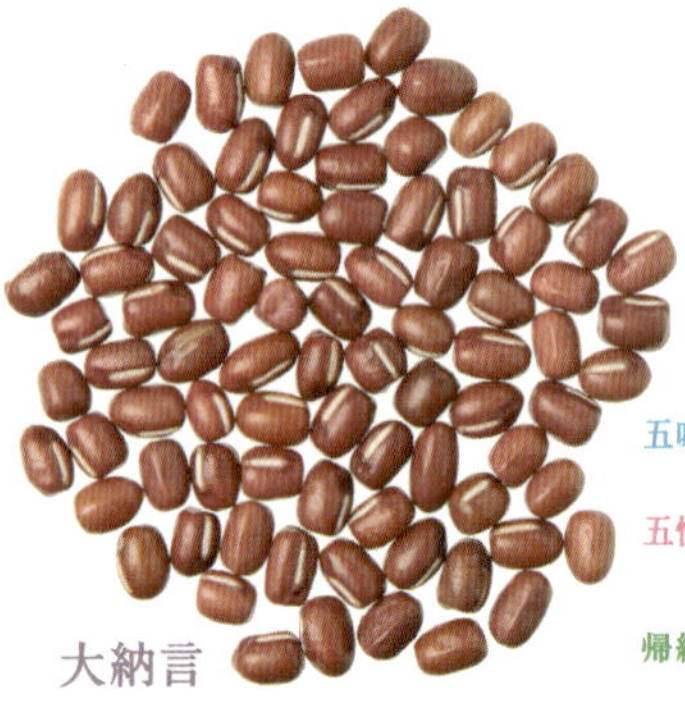

大納言

五味 甘 酸
五性 平
帰経 心 小腸

ささげ

食品成分表（可食部100gあたり）		
たんぱく質		23.9g
脂質		2.0g
炭水化物		55.0g
無機質	カルシウム	75mg
	鉄	5.6mg
ビタミン	A　β-カロテン当量	19 μg
	B_1	0.50mg
	B_2	0.10mg

英名 Cow pea
和名・別名 豇豆
エネルギー（100g中）336kcal
糖質量（100g中）36.6g

赤飯にはささげが定番

アフリカ原産で、日本には平安時代に中国から伝わりました。あずきとよく似ていますが、別種の作物です。一般的なのは赤色種のささげで、あずきよりも大粒で皮がかたく、割れにくいので、縁起担ぎで、赤飯に使われるようになりました。

栄養成分はあずきに近く、主成分はでんぷんで、たんぱく質、ビタミンB群や食物繊維を多く含みます。

ささげの名前はさやの先が上を向いている様子が、捧げ物を持つ手に似ていることからついたという説があります。白、黄、緑など種皮の色が異なる品種や未熟な種子を食べる品種、さやを野菜として食べる品種があります。

ダルマささげ

乾燥1カップあたり：160g／538kcal
ゆで1カップあたり：130g／189kcal

甘 五味
平 五性
脾胃・心・腎 帰経

赤飯の変遷

奈良時代、魔除けのために赤米を炊いたのが赤飯の始まり。食味がよくない赤米に代わって、あずきが使われるようになったのは江戸時代のこと。あずきは煮ると皮が破れてしまい、「切腹」に通じるとして、主に関東では、皮がかたいささげを使うようになったそう。

えんどう豆

食品成分表（可食部100gあたり）		
たんぱく質		21.7g
脂質		2.3g
炭水化物		60.4g
無機質	カルシウム	65mg
	鉄	5.0mg
ビタミン	A　β-カロテン当量	92 μg
	B_1	0.72mg
	B_2	0.15mg

緑はうぐいす 赤はみつまめに

中近東原産のえんどう豆は、奈良時代に中国から入り、明治時代になってから本格的な栽培が始まりました。うぐいす豆に使われる青えんどう、みつまめ用の赤えんどう、落雁の原料になる白えんどうの3種類があります。

でんぷんがとても多く、食物繊維も豊富。特に不溶性の食物繊維が多く、腸のぜん動運動を促進して、便秘の改善をし、腸の調子を整えます。ビタミンB群やカリウムも多く、疲労回復や動脈硬化予防効果も期待できます。

なお、グリーンピース（P.39）は未熟の種子を食用、えんどう豆は完熟した種子を食用としたものです。

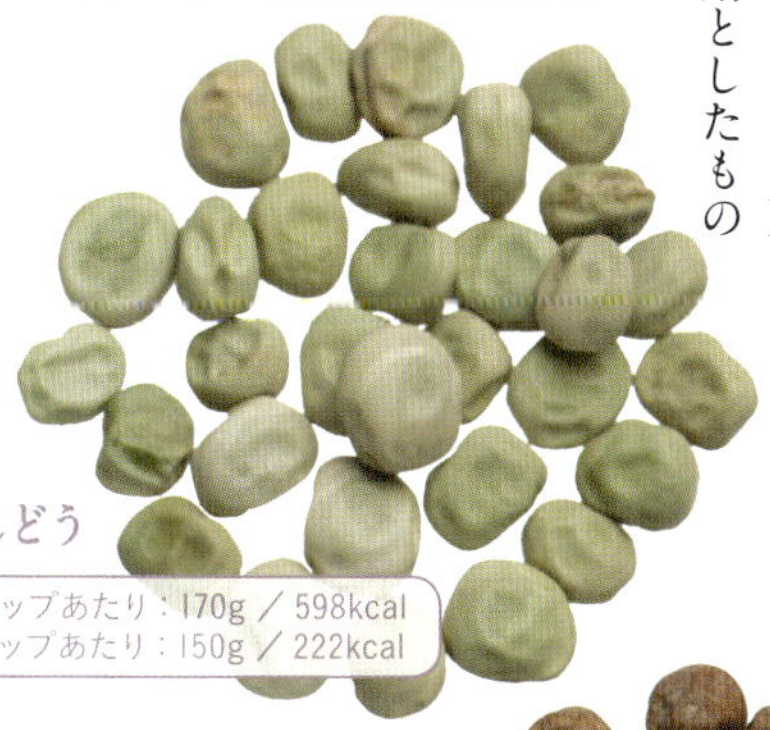

青えんどう

乾燥1カップあたり：170g／598kcal
ゆで1カップあたり：150g／222kcal

英名 Pea
和名・別名 豌豆
エネルギー（100g中）352kcal
糖質量（100g中）43.0g

甘 五味
平 五性
脾 帰経

赤えんどう

調理が簡単「スプリットピー」

えんどう豆を乾燥させて2つに割ったものが、スプリットピー。水に戻さなくても使えるため大変便利。火が通りやすいので、スープやシチューの具に。

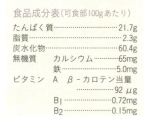

花豆

豆の中では最大サイズ

花豆はベニバナインゲンの種子で、豆の中では最大。真っ赤な美しい花をつけるベニバナインゲンは、冷涼地を好むため、東北や北海道での栽培が盛んです。赤紫色の皮に黒い斑点が入った紫花豆と、白色の白花豆の大きく2種類あり、どちらも煮豆や甘納豆に使用されています。

栄養面では、不溶性の食物繊維を大変多く含むので、便通の改善が期待できます。

なお、乾燥豆の加熱が不十分だと、嘔吐や下痢などの症状を起こすことがあります。これはいんげん豆に含まれるたんぱく質のレクチンによる中毒です。花豆はとても大きな豆ですが、時間をかけてやわらかくなるまでゆでれば、毒性はなくなります。

食品成分表（可食部100gあたり）

たんぱく質		17.2g
脂質		1.7g
炭水化物		61.2g
無機質	カルシウム	78mg
	鉄	5.4mg
ビタミン	A　β－カロテン当量	4 μg
	B1	0.67mg
	B2	0.15mg

乾燥1カップあたり：135g ／ 448kcal
ゆで1カップあたり：130g ／ 157kcal

英名 Runner bean
和名・別名 紅花隠元
エネルギー（100g中）332kcal
糖質量（100g中）34.5g

空豆

日本では稀少な乾燥豆

日本では未熟な空豆を青果として食べる場合がほとんどで、完熟した乾燥豆は稀少です。

乾燥空豆には、たんぱく質が多く、ビタミンB群、カリウム、カルシウムなどが含まれます。

空豆には品種が多く、乾燥用は小粒な品種が適しています。姿のよさを活かして、煮豆やしょうゆ豆、甘納豆などに使われるほか、やわらかくゆでてサラダやスープにも。

英名 Broad bean
和名・別名 天豆
エネルギー（100g中）348kcal
糖質量（100g中）46.6g

食品成分表（可食部100gあたり）

たんぱく質		26.0g
脂質		2.0g
炭水化物		55.9g
無機質	カルシウム	100mg
	鉄	5.7mg
ビタミン	A　β－カロテン当量	5 μg
	B1	0.50mg
	B2	0.20mg

しょうゆ豆

煎った乾燥空豆を甘辛い調味タレに漬け込んだもの。香川県讃岐地方の郷土料理。

ひよこ豆

手軽に使えるヘルシーな豆

スペイン語でガルバンゾ、またエジプト豆とも呼ばれているひよこ豆。主にインドやパキスタンで栽培されています。

でんぷんのほか、たんぱく質、ビタミンB_6、E、カリウム、葉酸などを含みます。

近年、健康志向が高まるなか、日本でも人気が出て、水煮で売られるようになりました。ホクホクとした食感と木の実のような香ばしい風味が特徴で、スープやカレー、煮豆、菓子類などによく利用されています。

英名 Chickpea
和名・別名 エジプト豆
エネルギー（100g中）374kcal
糖質量（100g中）45.2g

食品成分表（可食部100gあたり）

たんぱく質		20.0g
脂質		5.2g
炭水化物		61.5g
無機質	カルシウム	100mg
	鉄	2.6mg
ビタミン	A　β－カロテン当量	19 μg
	B1	0.37mg
	B2	0.15mg

乾燥1カップあたり：170g ／ 636kcal
ゆで1カップあたり：140g ／ 239kcal

ベジタリアンの豆料理

中東では、ひよこ豆を使ったフムス（フンムス）が一般的な家庭料理。高たんぱくのフムスは菜食主義者に好まれる。

厳格な血糖コントロールで合併症を起こさない

「糖尿病」

糖尿病とは？

私たちのエネルギー源となるのはブドウ糖（グルコース）などの糖質です。食物から体に取り込まれたブドウ糖は、血液を通して各細胞に送られます。血液中のブドウ糖の濃度（＝血糖値）の調整をするのがインスリンというホルモン。インスリンは膵臓のランゲルハンス島にあるβ細胞から分泌され、血糖値を下げる働きがある唯一の貴重なホルモンです。このβ細胞は一度減ってしまうと現在の医学では増やすことができませんから、何としてもこのβ細胞を一生大事にする必要があります。

インスリンの働きが悪くなったり、分泌されるインスリンが不足して、血糖値が高くなってしまう状態を糖尿病と呼びます。内臓脂肪型肥満や運動不足などの生活習慣、遺伝的な影響がある場合、または過食でβ細胞を働かせ続けていると健常人でも1g足らずといわれるβ細胞が減っていき、インスリンが出にくくなったり、働きが悪くなったりします。糖尿病には2つのタイプがあり、インスリンそのものが欠乏している1型糖尿病と、インスリンの働きが低下したり不足する2型糖尿病に分けられます。生活習慣に起因して起こるのは2型の糖尿病です。

糖尿病と判定する目安は？

血液中のブドウ糖の濃度を表す「血糖値」と、赤血球の中にあり酸素を運搬する働きをするヘモグロビンが何％ブドウ糖とくっついているかを示す「ＨｂＡ１ｃ」の数値を使って、高血糖かどうかを判断します。

空腹時の血糖値が１２６㎎／dL以上、あるいは随時血糖値が２００㎎／dL以上で、同時にＨｂＡ１ｃが6.5％以上である場合は、糖尿病の疑いが濃厚です。ほかにはブドウ糖75gの溶けた溶液を飲んで血糖を何回か測る検査で診断されることも多々あります。この検査では血液中のインスリン量の変化を医師が判断することがとても大切です。

血糖値の区分

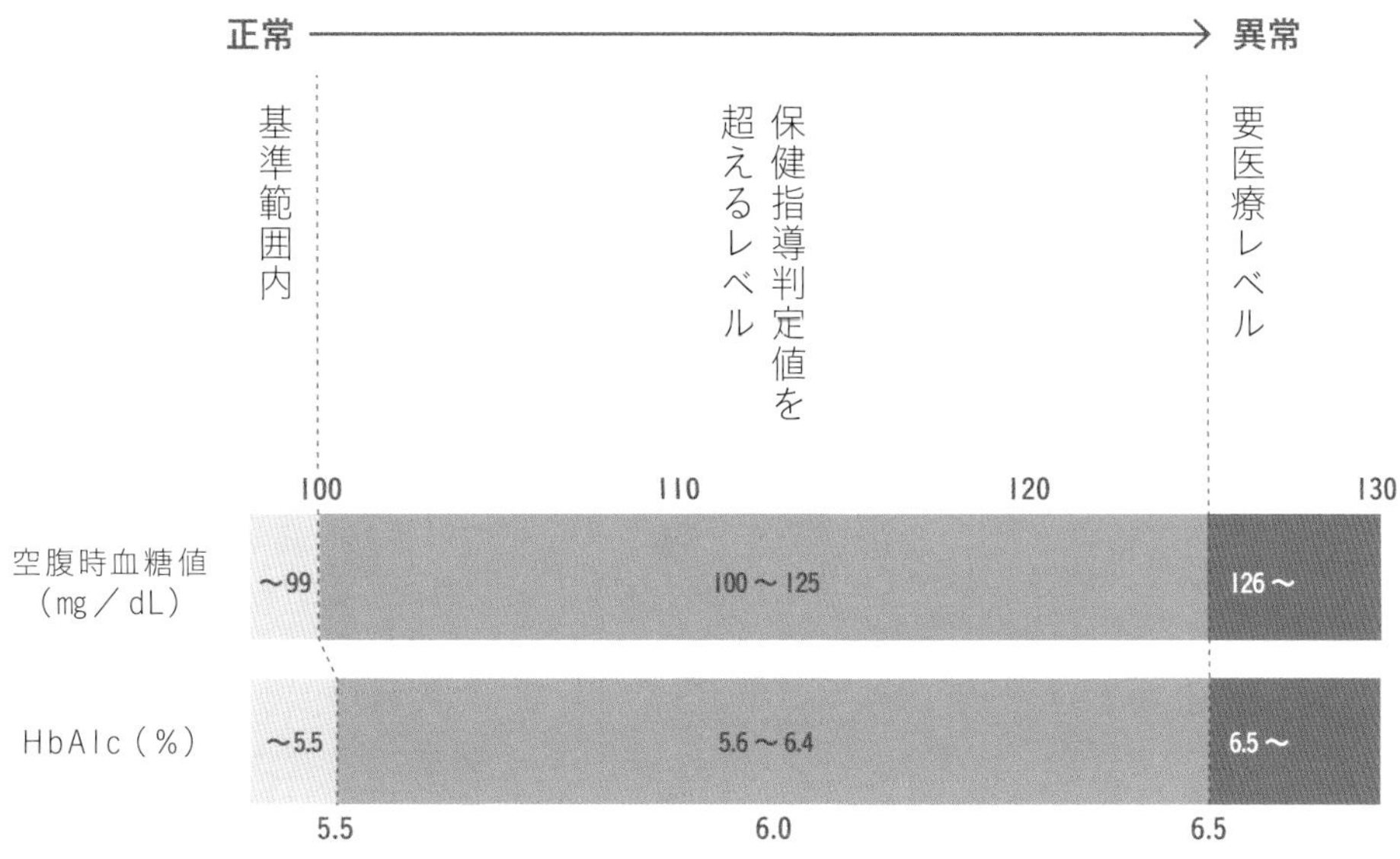
正常
異常
基準範囲内
保健指導判定値を超えるレベル
要医療レベル
100
110
120
130
空腹時血糖値（mg／dL）
～99
100～125
126～
HbAlc（％）
～5.5
5.6～6.4
6.5～
5.5
6.0
6.5

糖尿病に潜む危険

ひどい高血糖になると、喉が渇いて水をよく飲むようになったり、排尿の回数が増えたりします。また、体重が減り、疲れやすくなりますが、血糖値がかなり高くならないとこれらの症状は表れにくく、自分が糖尿病であることになかなか気づきません。

何の自覚もないまま今まで通りの生活を送っていると、全身の血管に障害が表れ、糖尿病の合併症が出てきます。細い「細小血管」が傷むと「糖尿病性末梢神経障害」「糖尿病腎症」「糖尿病網膜症」を、あるいは、脳や心臓の太い「大血管」が傷むと「脳卒中」「心筋梗塞」を、さらに肺炎や歯周病、皮膚炎など、さまざまな病気を引き起こすのです。

予防と改善方法

血糖値を下げるには、食事面と運動面の両方の改善が必要です。

食事療法を行います

まず、自分の体格や運動量から必要なカロリー量を知りましょう。ぜひ専門家のアドバイスを受けてください。そのカロリー内でバランスがとれた食事を摂ることが大切です。

糖尿病の食事療法のヒントは

- 糖質が多い食品を理解して、適度の制限をしましょう。穀類、いも類、果物、種々の加工品。
- 脂質とたんぱく質は適正な量に。
- 不溶性食物繊維を摂りましょう。
- ミネラル（亜鉛やマグネシウム）の多い食材を意識して摂る。

運動習慣を持ちましょう

定期的な運動はブドウ糖を消費したり筋肉にブドウ糖を取り込んだりすることに役立ちます。ウォーキングなどの有酸素運動は内臓脂肪を減らして、インスリンの働きを高めます。

ぜひ禁煙を

喫煙は禁物。喫煙によって交感神経が刺激されると血糖値が上がるとともに、インスリンの働きが悪くなります。それにも増して喫煙習慣がある糖尿病患者は、がん以外にも、脳梗塞や心筋梗塞で短命となるリスクが高くなるというデータが数多くあります。

! 十分な量のインスリンを作ることができず、インスリンが不足している1型糖尿病の場合は、自己注射でインスリンを補充する治療を行います。

肉・卵・乳製品

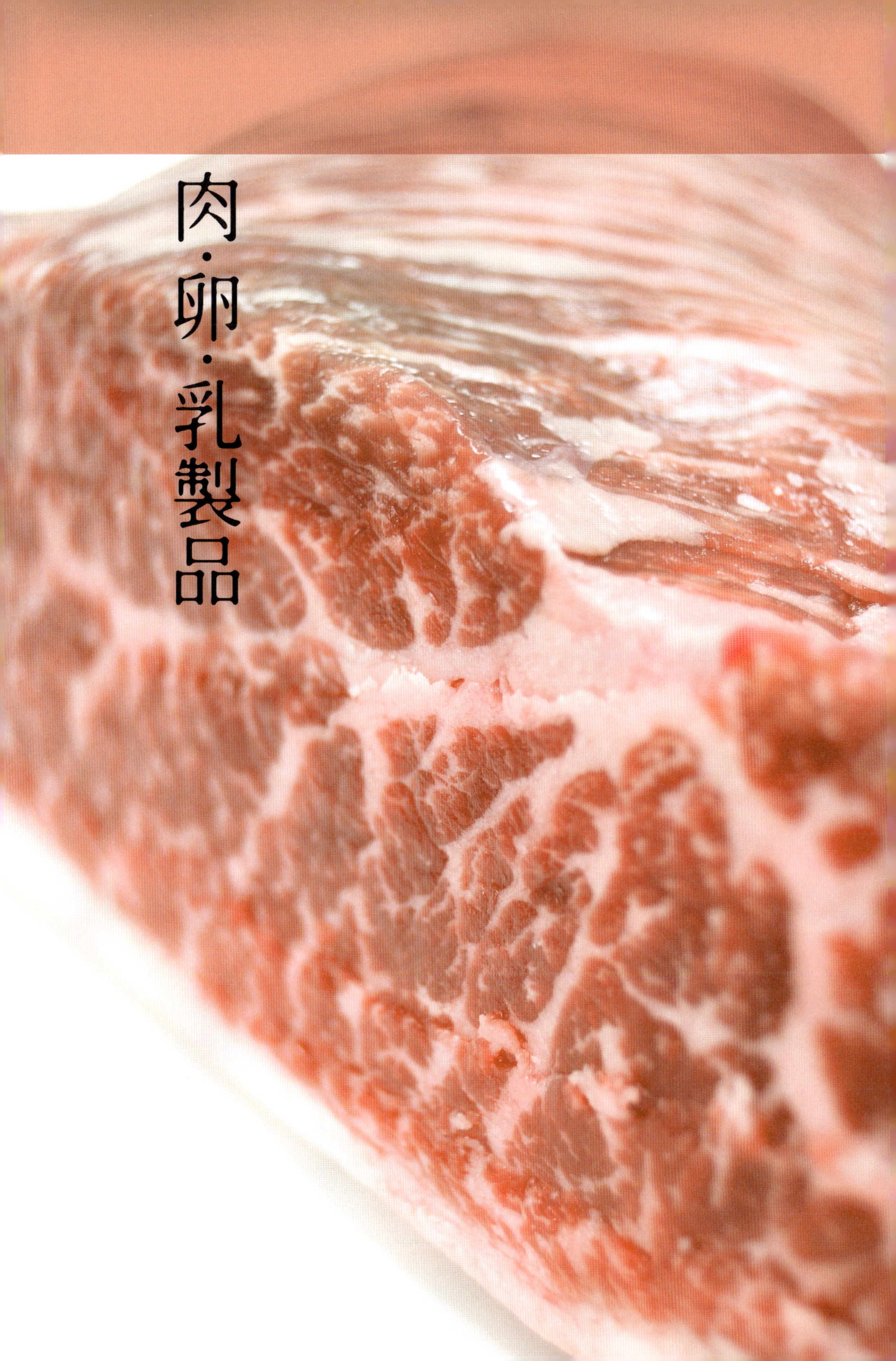

牛肉

近年、牛肉の輸入量は大きく増加し、手軽な食材のひとつとなり、高価な霜降り肉よりも赤身を好む傾向も出てきました。専門店では、熟成肉を扱う店もあり、牛肉への価値観は幅を広げています。

いずれにせよ牛肉は必須アミノ酸のバランスがよく、たんぱく質、コラーゲンをはじめ、ビタミンB群やカリウム、ヘム鉄を豊富に含みます。

日本人は仏教思想の普及と飛鳥時代の肉食禁止の勅令により、公に肉を食べられない時代が長く続きました。江戸時代、養生や病気回復のために「薬食い」としてイノシシやシカなどを食すようになり、肉食が解禁、推奨されるようになったのは明治時代初期のこと。一般家庭に牛肉食が受け入れられるようになったのは、文明開化の頃からです。そして現在、日本で消費されている牛肉の約63%は輸入肉です。外食の場合、輸入牛肉を口にしていることが多いと思って、間違いない状況でしょう。

国産牛、輸入牛、部位によって食感や味わいが異なるのでそれぞれの特徴を知り、ほどよく献立に取り入れましょう。

食品成分表（和牛かたロース脂身付き可食部100gあたり）

たんぱく質		**13.8g**
脂質		37.4g
無機質	カルシウム	3mg
	鉄	0.7mg
ビタミン	A　β-カロテン当量	1μg
	B_1	0.06mg
	B_2	0.17mg
	C	1mg

牛肉の「味」は何で決まる？

これを導き出す方程式は、「(牛の品種×エサ×育て方)×熟成」。( )の中が、牛が生まれて育ち、屠畜される前までの要素。それに熟成が加わって、総合的な肉の味になる。

国産牛に占める和牛の比率

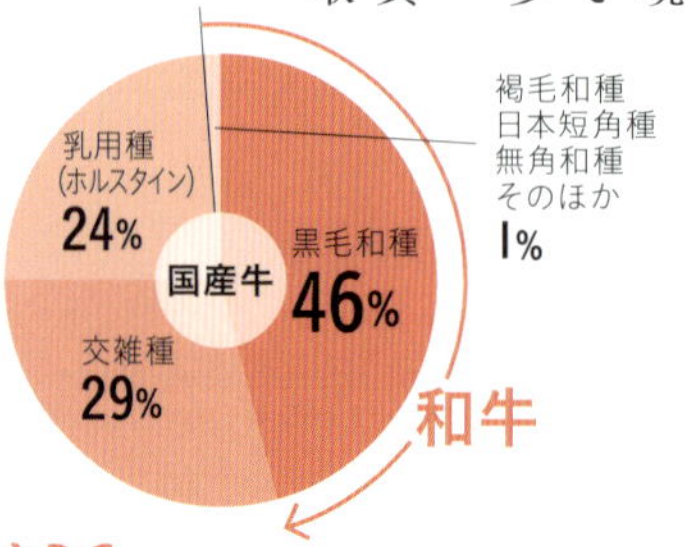
乳用種
(ホルスタイン)
24%
国産牛
黒毛和種
46%
交雑種
29%
褐毛和種
日本短角種
無角和種
そのほか
1%
和牛

出典：(社)中央畜産会「家畜改良関係資料」2009年3月
入手元：農水省生産局

必須アミノ酸のバランスがよい

エネルギー（和牛かたロース100g中）411kcal（脂身付き）、316kcal（赤身）
糖質量（100g中）0.2g（脂身付き・赤身）

五味　甘
五性　温
帰経　脾・胃・心

ブランド牛とは

生産地や育て方などの条件によって、各地の生産組合などで定義され、販売されている優れた品質を持つ肉用牛のこと。日本には、ブランド牛と名のつくものは160種近くあるといわれている。日本三大和牛については、諸説あるが、松阪牛、神戸牛、米沢牛または近江牛とされている。

和牛の種類

黒毛和種（くろげわしゅ）

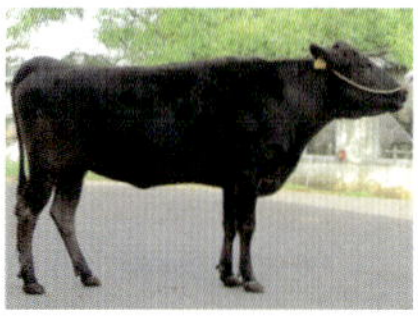

和牛の90%以上を占めている黒毛和牛。在来種に外国種を交配して改良。穀物中心の飼料で「サシ」「霜降り」と呼ばれる脂肪交雑の度合いが高まり、やわらかさやコクが増す。松阪牛（三重県）、神戸牛（兵庫県）など銘柄牛も多種。

日本短角種（にほんたんかくしゅ）

「短角牛」とも呼ばれる。東北地方北部原産の南部牛を交配。岩手、北海道、青森、秋田が主産地。岩手県では「夏山冬里」方式といい春から秋の半ばまでは高原の牧野で放牧され、草がなくなる冬からは牛舎で肥育される。サシが少ない赤身の味わい。銘柄牛に、いわて短角和牛（岩手県）ほか。

褐毛和種（あかげわしゅ）

熊本と高知の両県で独自に改良。熊本系は阿蘇地方の在来種にスイス原産の牛を交配したもので、「くまもとあか牛」とも呼ばれ、高知系は朝鮮系の在来種をベースに改良、「土佐あかうし」とも呼ばれている。黒毛和種に次いでサシが入りやすく、赤身の味わいにも定評がある。

無角和種（むかくわしゅ）

山口県阿武郡でアバディーン・アンガスと在来和種を改良。一時衰退し、絶滅も危惧された。皮下脂肪が厚い赤身肉。現在は短期肥育の赤身の牛として山口県の（社）無角和種振興公社が保存と有効活用に努めている。銘柄牛に無角和牛肉、見島牛（山口県）ほか。

「和牛の種類」写真提供／（独）家畜改良センター

牛肉のランク付けはどう決まる？

一番下の「C1」から一番上の「A5」まで15段階に分けられている。A～Cは肉の食べられる部分がどれだけ多いかという歩留等級。1～5の数字はサシ（脂）の入り方、肉の色、質感などの肉質等級。B5ランクでも肉質等級はA5と変わらないものもあるので、ランクはあくまでも判断基準のひとつととらえたい。

ドリップをしっかり取る

冷凍したものは解凍時には、肉からはドリップと呼ばれる余分な水分が出る。調理前にペーパータオルでしっかりこのドリップを吸収して取り除くことで、臭みが消えて下味がつきやすくなる。

たんぱく質（動物性）

体の材料になる重要な栄養素

三大栄養素のひとつ（ほか2つは脂質と炭水化物／糖質）。人間の体重の約1/5を占め、血液、筋肉、内臓、皮膚などの体の土台となる主要な成分です。生命の維持に欠かせない酵素や、消化器官、脳神経系の機能を調節するホルモン、免疫抗体を作るなど重要な働きをしています。体内で合成できない必須アミノ酸を多く、バランスよく含む良質たんぱく質であるため、毎日食事で補給する必要があります。

コラーゲン

アンチエイジングに欠かせない

たんぱく質の一種で、体内のたんぱく質の約30％がコラーゲンとされています。そのうち40％は皮膚、20％は骨や軟骨、残りが血管や内臓に存在。健康な肌の維持、骨粗しょう症の予防、血管をしなやかにする効果があります。コラーゲンの合成に必要なビタミンCやエラスチン（＝弾力繊維。たんぱく質の一種）と一緒に摂取すると紫外線によるコラーゲンの損傷の予防や美肌効果がアップします。

免疫力UP

牛肉
たんぱく質

＋

ピーマン
ビタミンC

肉の流通と「熟成肉」

精肉は、食肉処理場で処理されてから1週間以上おいて売り場に並ぶ。7日前後で硬直がとけ10日目くらいから食べ頃が始まるからだ。肉は徐々にやわらかくなり、旨み成分が増えていくのだが、流通の過程でも熟成は進んでいる。近年話題になっている「熟成肉」とは、その後も低温管理の中で熟成を進めているもの。

熟成方法は2種類ある

ドライエイジング

熟成肉と呼ばれているものは、牛肉を30～60日間、ドライエイジングさせたもののこと。低温で空気に触れさせながら熟成を進ませる技術（含気熟成）で、温度と湿度、菌叢管理の適切さが重要となる。ナッツのような香りとやわらかさが魅力。ただし、調理前に乾燥した表面を削り取る作業が必要となり、コストがかかる割にロスが多いのが難点で、高価格な牛肉に対して行われている。豚肉では一部行われるが、鮮度の落ちが早い鶏肉ではほとんど行われない。

ウェットエイジング

ドライエイジングに対してウェットエイジングは、一般的な食肉の熟成方法。空気にさらさずに、14～30日ほど真空包装下で熟成させること（湿潤熟成）でロスを減らし、食肉の安全性を保持するために生まれた。コストが低く、流通している熟成肉はこの方法によるものがほとんど。

和牛と国産牛の違いって？

牛肉のパックのラベルに「〇〇和牛」「国産牛」などの表記がある。「国産牛」は「最長肥育地が日本国内である」牛全てを指す。つまり外国で生まれた牛でも、日本で育った期間が最も長くなった場合「国産牛」と表示できる。そして和牛として表示して販売できるのは、肉専用の品種として明治～昭和に品種改良され、優れた資格を持つ4種（P.202）と、この4種同士を掛け合わせたものとなる。

各部位の特徴

A かた

前脚の上部の総称で、ネックと同じくよく運動する部分なので脂肪が少なく、肉質はかたい。ゼラチン質が豊富なので煮込み料理やスープに。

B かたロース

リブロース、サーロインに続くロース全体の頭側部分。ややスジが多いが、適度なサシが入り、風味がよい。ステーキや、薄切りにしてしゃぶしゃぶやすき焼きなどに。

C リブロース

赤身と脂身のバランスがよい。サーロインとともに最上部位とされ、肉質がよく、旨みも濃厚。ローストビーフやステーキなどに。

D サーロイン

あまりのおいしさから「Sir」の称号を持つ。サシが入りやすく、やわらかさと風味は最高。ステーキやローストビーフなどに。

E ネック

スジっぽく、かたいので、ひき肉やこま切れにして使用される。焼き肉、煮込み料理、スープなどに。

F ランプ

脂肪が少ない赤身肉で味に深みがあり、きめ細かい。ローストやたたき、タルタルステーキなどに。

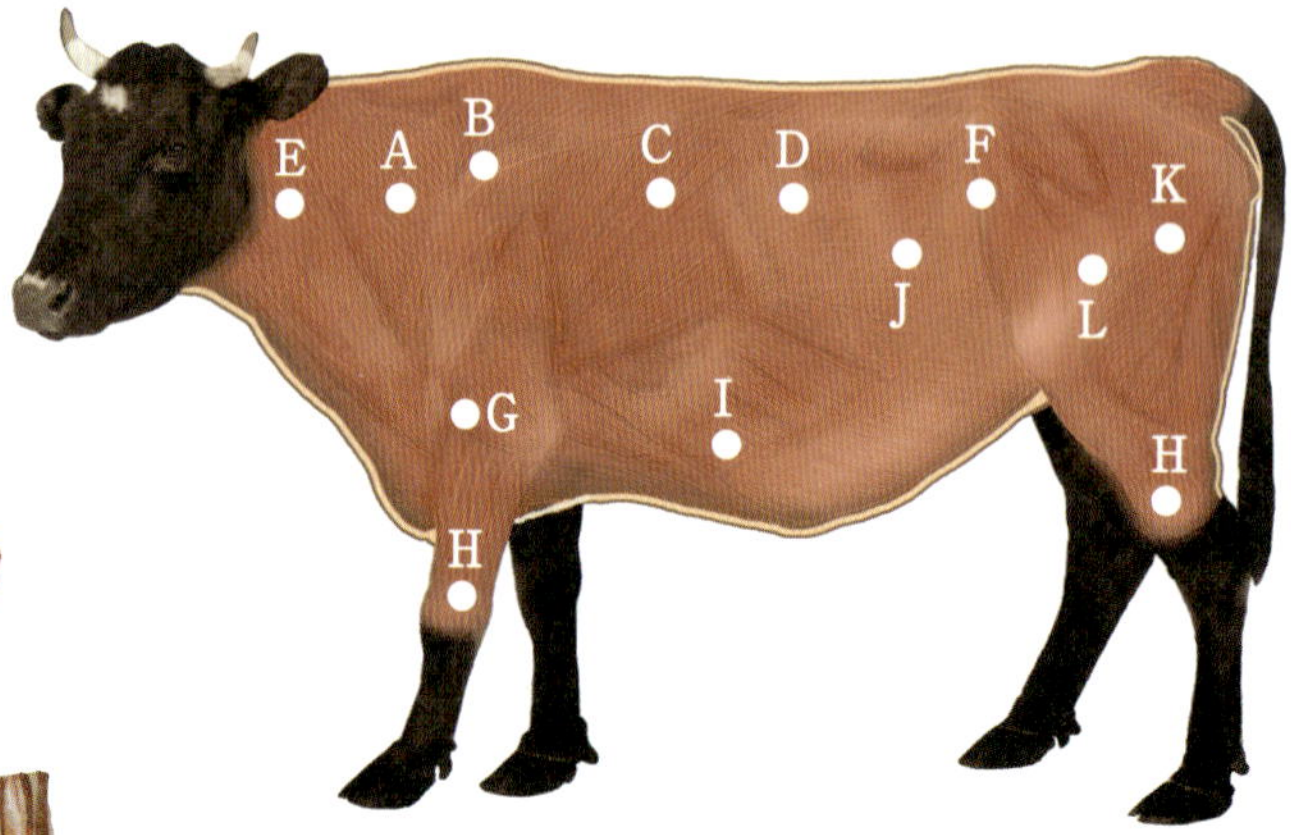

G かたばら

ばら肉は肋骨周辺の肉のこと。かたばらは頭側で、ともばらよりサシが多めだがかため。主にひき肉や角切り、こま切れにして使用される。肉じゃが、煮込みなどに。

I ともばら

焼き肉でよく注文するカルビはこの部位。赤身と脂肪が層になった三枚肉。濃厚な味わい。牛丼、すき焼き、煮込み料理などに。

K そともも

ももの部分で、一番運動する筋肉が集まった部位。キメはやや粗く、肉質はかためな脂肪の少ない赤身肉。コンビーフの原料にも。炒め物、焼き肉などに。

H すね

ふくらはぎでスジが多く、最もかたい部分。コラーゲンが豊富で長く煮込むとやわらかくなり、いいだしが出る。ポトフやシチューなどの煮込み料理に。

J ヒレ

キメが細かく、とてもやわらかい最上級の赤身肉。脂肪がほとんどなく、ヘルシー。1頭につき2本しかとれないため、希少部位とされる。ステーキ、カツなどに。

L もも（うちもも／しんたま）

うちももは最も脂肪が少ない赤身肉。キメが細かく、やわらかい。かたまりで調理する料理、ローストビーフなどに。なかでもしんたまはたんぱく質が豊富で、幅広く活用できる。

ステーキをおいしく食べる

焼く前に常温に戻しておくと内部まで均等に焼ける。塩は早くから振ると肉汁とともに旨みが流れ出るため、焼く直前に。こしょうは焦げると香りが消えるので焼き上がってから振って。厚みのある肉と鉄製のフライパンが理想だが、なければ手持ちのフライパンを中火で熱して調理を。

カルビという肉の部位はない？

部位の特徴（上記）にも記載したとおり、カルビはともばらの部分。ばらは肋骨（＝あばら骨）周辺の部位で、カルビは韓国語で「あばら」の意。部位名ではないので、食肉小売の場では使われない。

ホルモンとは

栄養価が高い内臓物

牛、豚、鶏など鳥獣肉の臓物（＝内臓）を総称してホルモンといいます。畜解体や精肉生産する過程で生ずる副生物。語源は医学用語であるドイツ語の「ホルモン」、関西弁の「放るもの」、など諸説あります。日本では肝臓や心臓を赤もつ、胃や腸を白もつともいい、歯ごたえのある食感が特徴。欧米ではバラエティーミートと呼ばれ、重宝されています。

たんぱく質は肉の部分だけに含まれていると思われがちですが、ホルモンのほとんどはヒレやももと似た筋肉なので、良質なたんぱく質を含んでいます。免疫力がアップし、病気予防に効くとされるビタミン類や、カルシウム、鉄分、カリウムなどのミネラルもバランスよく含みます。焼くときは皮のほうからじっくりと火を通し、脂の旨みを引き出しましょう。

近年は調理しやすいように加熱処理をしたあと、ぶつ切りにしたものが市販されています。

牛ホルモン

主に焼き肉で食べる牛ホルモン

牛は胃袋が4つあり、それぞれ見た目も味わいも異なります。豚ホルモンより価格は高め。新鮮なものはやはり専門店で購入を。

牛スジ肉の下ごしらえ

スジ肉とは食肉のアキレス腱、または腱がついた肉のことで横隔膜の一部もスジ肉として扱われている。値段も安く、じっくり煮込めばやわらかい食感に。水から入れ、沸騰したらアクをとりながら、しばらく煮てゆでこぼす。よく洗い、再び香味野菜とともに1時間ほど煮れば下準備OK。煮込み料理やカレーなどに。

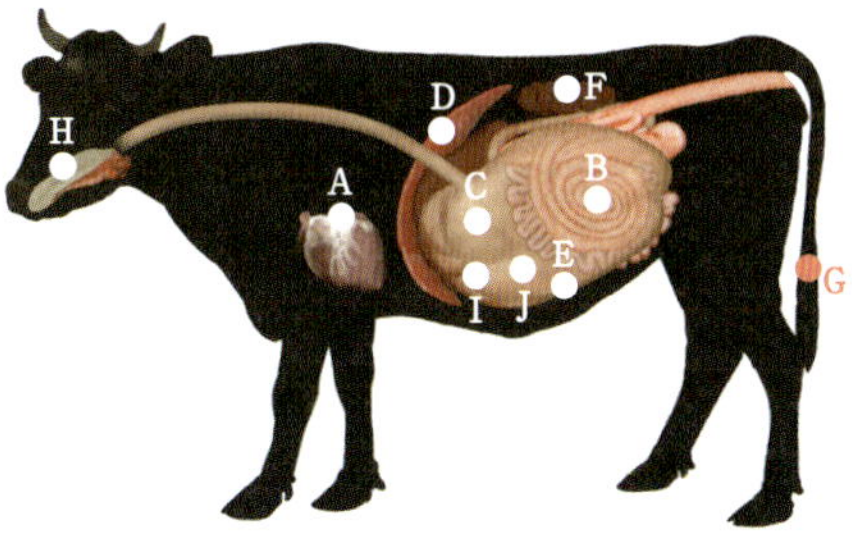

G テール（尾）

特にかたい部位なのでシチューやスープなどの煮込み料理に。煮込むとホロホロとした食感になる。コラーゲンたっぷりで美容にもよい。

B シマチョウ（大腸）

別名テッチャン。煮込みや炒め物などに。ちなみに小腸はマルチョウで別名コテッチャン、ヒモとも呼ばれる。

A ハツ（心臓）

見た目がレバーに似ているが、細かい筋繊維によるコリコリとした食感が特徴。ビタミンB_{12}が豊富。

C ミノ（第一胃）

4つある胃袋のうちの1つ目。上ミノは中央部分。胃の中では最も大きく、絨毛が密生。焼き肉や和え物に。ビタミンB_{12}が豊富。

H タン（舌）

タン先はタン元よりスジっぽく筋肉質なのでかたい。独特の歯ごたえと弾力があり、ビタミンB群が豊富。シチューが有名。

I ハチノス（第二胃）

2つ目の胃袋でミノに続く嚢状部分。蜂の巣のような六角形が並び、名前の由来になっている。コラーゲンが豊富。

J センマイ（第三胃）

3つ目の胃袋。1000枚のヒダのように見える。ホルモンの中で最も低脂質、低カロリー。鉄分が豊富。

D ハラミ（横隔膜）

横隔膜の背中側。肋骨側の厚い部分はサガリ。見た目は赤身肉だが、肺にくっついているので内臓として扱われる。高たんぱく低カロリー。

E ギアラ（第四胃）

4つ目の胃袋。別名赤センマイ。焼くと膨らみ、プリプリした食感で、脂と甘みが適度にある。

F レバー（肝臓）

濃厚で独特な味わい（P.209）。

豚肉

豚肉をよく食べる沖縄が長寿県なのも納得できる、高い栄養価を持つ食材です。ビタミンB_1の含有量が食品の中でもトップクラスで牛肉の8～10倍。油との相性がよく、トンカツ、しょうが焼きなど、揚げる、焼く、炒めるなどの調理法がおすすめ。牛肉ほど部位による味の違いがありません。総じてやわらかく、脂肪もほどよくあります。

豚の起源はイノシシであり、イノシシを家畜化したものが豚です。イノシシは雑食性で群れをなして生活すること、多産であることなど、家畜化しやすい条件が揃っていました。『日本書記』、『万葉集』などにイノシシの記述がありますが、これらは豚を指し、古くから日本で豚が飼育されていたことがわかります。

一般的に豚肉を食すようになったのは19世紀になってからで、江戸や長崎など外国人の出入りが多い地域から始まりました。また、明治維新以降、コレラの流行で魚の生食が制限されたことで、安価であった豚肉に注目が集まり、現在に至ります。

ビタミンB1の宝庫

エネルギー（100g中）
263kcal（大型種ロース脂身付き）、253kcal（大型種かたロース脂身つき）

糖質量（100g中）
0.2g（大型種ロース脂身つき）、0.1g（大型種かたロース脂身つき）

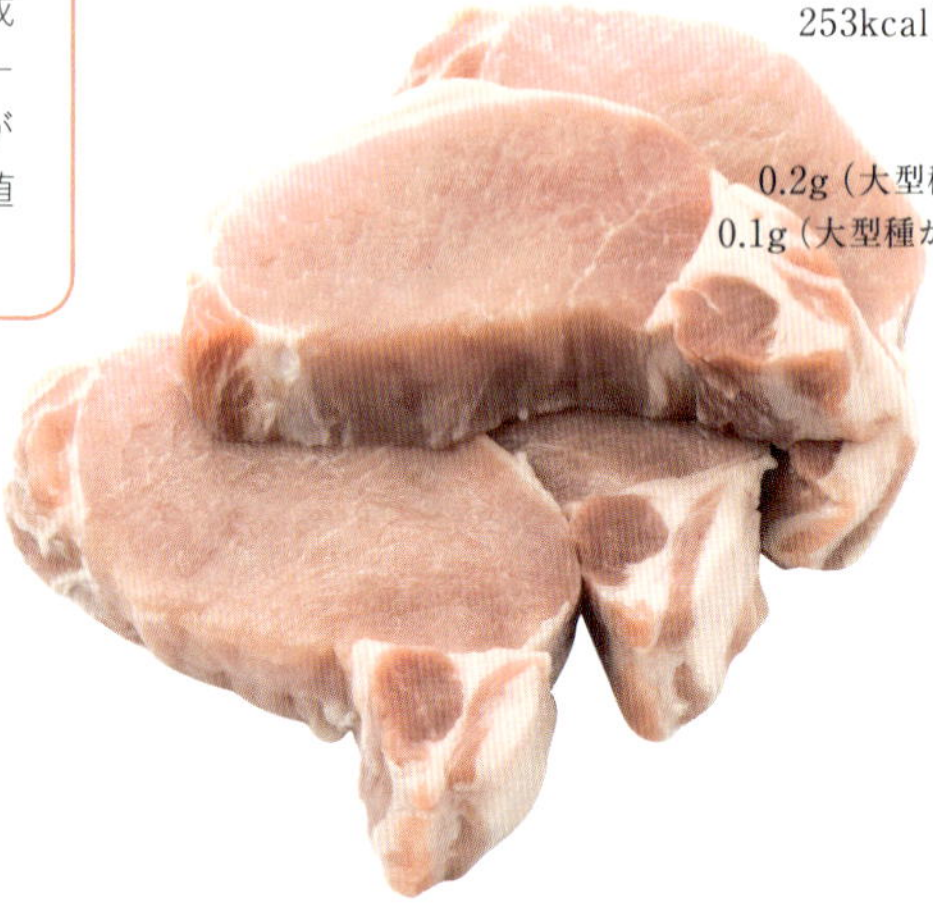

1枚（約7～15cm　厚み1.2cm）あたり：100g

五味　甘・鹹
五性　平
帰経　脾・腎・胃・肺

豚肉の味はどうやって決まる？

これを導き出す方程式は、「豚の品種×エサ×育て方」。牛の方程式にはあって豚にないのが「熟成」。豚も熟成によって味がよくなる場合はあるが、牛ほどポピュラーではない。おいしい肉質になる豚はたいてい肉の量が少なく育てにくい品種なので、おいしさを求めるなら値段が高くなるのはいたし方ないところといえる。

注目の銘柄豚

平田牧場純粋金華豚（山形県）

幻の豚と呼ばれるほどの希少品種。上品な甘みがあり、キメが細かく、しっとりとしていて、旨みも感じられる。

写真提供／株式会社平田牧場

平田牧場三元豚（山形県）

3種類の異なる品種を掛け合わせた三元交配で誕生。キメが細かいながら、しっかりとした食感でジューシー。

写真提供／株式会社平田牧場

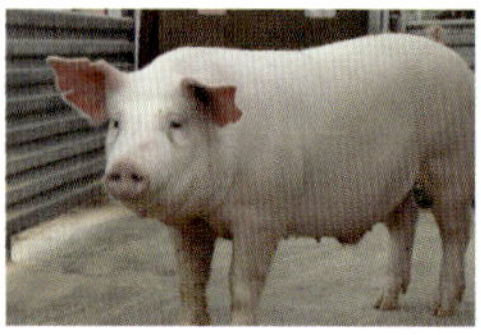

和豚もちぶた（群馬県）

歯ごたえがあるがしっとりとやわらかく、脂も軽くてあと味さっぱり。日持ちがよく、豚肉特有の臭みも少ない。

写真提供／グローバルピッグファーム株式会社

トウキョウX（東京都）

北京黒豚、バークシャー種、デュロック種を基礎豚とし、5世代にわたる改良種。さっぱりとした風味、なめらかな歯ごたえの純血種。

写真提供／株式会社ミート・コンパニオン

アグー（沖縄県）

小型品種。在来種は沖縄県内でごくわずかに消費される。キメが細かく赤身が少なめでサシが入った肉質。低コレステロールで旨みもある。

©Masaru Takada

脂質（脂肪）

血管のトラブルを予防する

三大栄養素のひとつ（ほか二つはたんぱく質と炭水化物／糖質）であり、体にとって大きなエネルギー源となっています。ビタミン吸収のサポート、体の機能を整えるホルモンの材料、細胞膜を構成するなどの働きがあります。摂りすぎると生活習慣病を招く原因となり、逆に不足すると肌カサカサ、髪パサパサになりがちなので適度な摂取を。

ビタミンB_1

炭水化物をエネルギーに換える

ご飯やパンなどの炭水化物を分解し、エネルギーに換えるためになくてはならないビタミン。糖質を分解する酵素の働きを助け、疲労回復にも役立ちます。豚ヒレ肉には牛肉の約10倍含まれており、含有量は全食品の中でもトップクラス。水溶性で排泄されやすいため、アリシンを多く含むにんにく、たまねぎ、ねぎ、にらなどの野菜と一緒に摂ると吸収がよくなります。

食品成分表
(大型種かたロース脂身つき 可食部100gあたり)

たんぱく質		17.1g
脂質		19.2g
無機質	カルシウム	4mg
	鉄	0.6mg
ビタミン	B_1	0.63mg
	B_2	0.23mg
	C	2mg

各部位の特徴

A かたロース

かたの肉でもロースに近い部分。赤身に脂肪が網状に入り、キメがやや粗くかため。スジ切りをしてから調理を。しょうが焼きやカレーなどに。

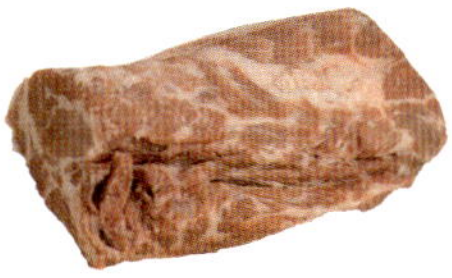

B ロース

ヒレに次ぐキメの細かさ。豚特有の香りがある厚い脂肪に覆われ、そこに旨みが凝縮されている。トンカツで人気の部位。

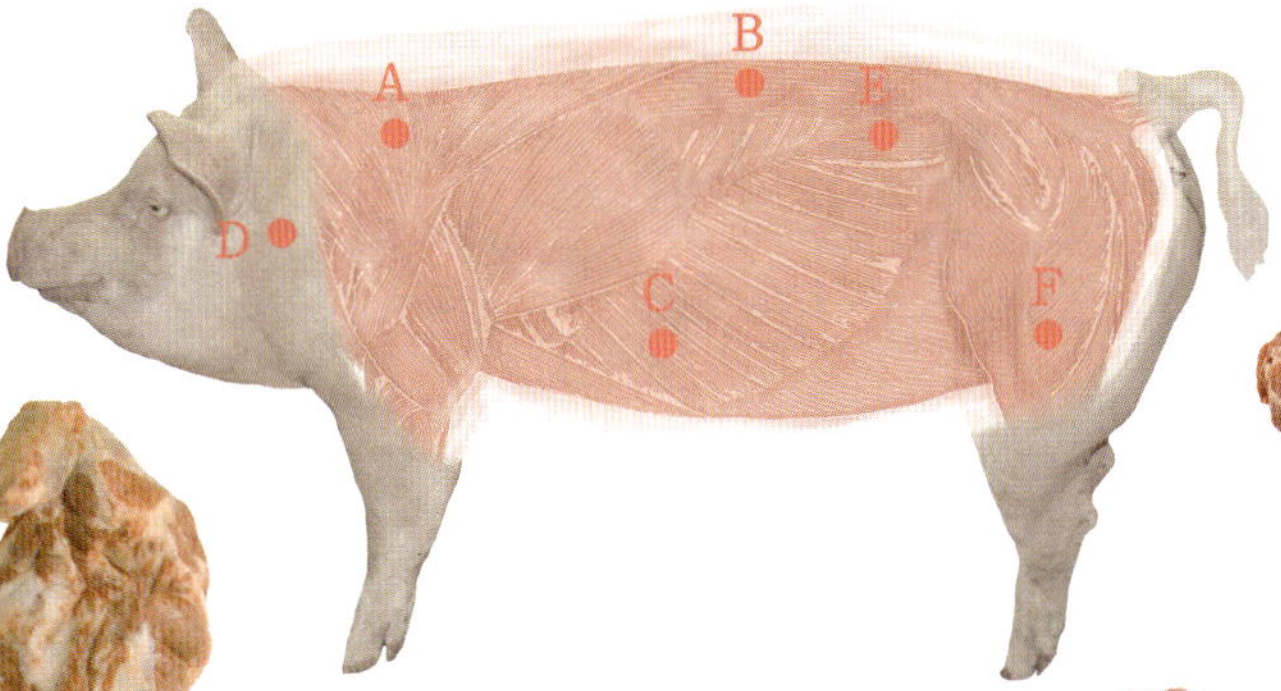

C バラ

肋骨周辺の肉。赤身と脂肪が層をなしている部位で三枚肉とも呼ばれる。骨つきがスペアリブ。ベーコン、リエットなどの加工肉や角煮に。

D かた

かたから上腕にかけての肉で、キメの粗い赤身肉。ややかたく、脂肪は少なめ。煮込むと深い味わいに。塩漬けや焼き肉、加工肉にも用いられる。

E ヒレ

1頭につき2本しかとれない細長い赤身肉。もっともキメが細かくやわらかい最上の部位で、ビタミンB_1も豊富。ソテーやカツなどに。

F もも

牛肉同様(P.204)、そともも、うちもも、しんたまの3つの塊からなる筋肉質な赤身。やわらかく、脂肪が少ない。焼き豚、蒸し豚、煮込みなどに。

スジを切り、おいしく食べる

赤身と脂肪の境目のスジに切れ目を入れる。厚みがある場合は裏面にも入れてから調理を。焼き縮み、反り返りが防げる。

「肉じゃが」の肉は豚肉？牛肉？

“母の味”の代表的な料理である肉じゃが。一般的には関東風は豚肉、関西風は牛肉といわれているが、西のほうでも鹿児島、宮崎、沖縄は豚肉を使う場合が多いようだ。鶏肉でもおいしく作れる。

豚肉の輸入事情

豚肉は日本で消費されている約48%が輸入肉。米国とカナダが多くを占め、ほかにデンマーク、メキシコなど。よく目にするカナダ産は安くておいしいと人気。チルド(冷蔵パッケージ)の技術が飛躍的に進み、冷凍することなく輸送できるようになり、その輸送期間がちょうどよい熟成期間と重なり、やわらかくなるというわけ。安全性、エサの点でも問題のないとされるカナダポークに国産豚は脅かされている状況といえる。

豚肉のランク付け

牛肉のランクはよく耳にするが、豚肉にもランクはある。行っているのは「公益社団法人 日本食肉格付協会」という団体でランクは下から「等外、並、中、上、極上」の5段階。重量及び背脂肪の厚さの範囲 、外観、肉質の3点から総合的に判断されているが、実際に販売されるときには表示されていない。

疲労回復

豚肉
ビタミンB_1

＋

にんにく
硫化アリル

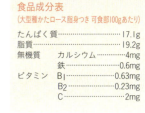

豚ホルモン

煮込みや鍋料理におすすめ

豚は鳴き声以外ぜんぶ食べられるといわれます。ホルモンの種類も豊富。栄養価も高い耳から足まですべてを味わってみましょう。

臭みの元は脂？

独特の臭みの原因は脂。店頭に並んでいる段階で、脂がきれいに取り除かれていることもあるが、白い脂がぎっしりとついていたら、この脂を手で取り除く。冷蔵庫から出してすぐに行えば、脂肪が固まっているので作業は楽。

A ガツ（胃）

弾力のある食感で淡白な味わい。臭みが少ないのでホルモンが苦手な人でも食べやすい。焼き物、炒め物、和え物、酢の物などに。

B ヒモ（小腸）ダイチョウ（大腸）

小腸と大腸を合わせて「もつ」として販売されていることが多い。ダイチョウはシロとも呼ばれる。煮込みなどに。ちなみに直腸部分はテッポウ。

C ミミ（耳）

毛を除去した豚の耳をゆでるか蒸すかして千切りにした沖縄料理「ミミガー」が有名。中国料理でも多用される。スモークしてスライスした市販品も。

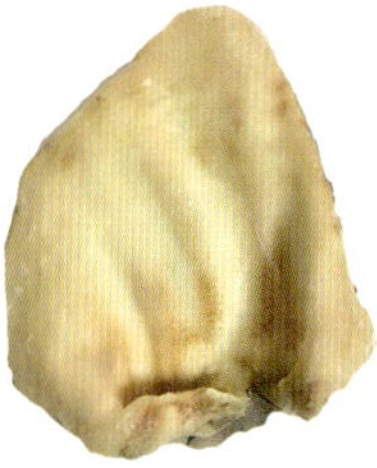

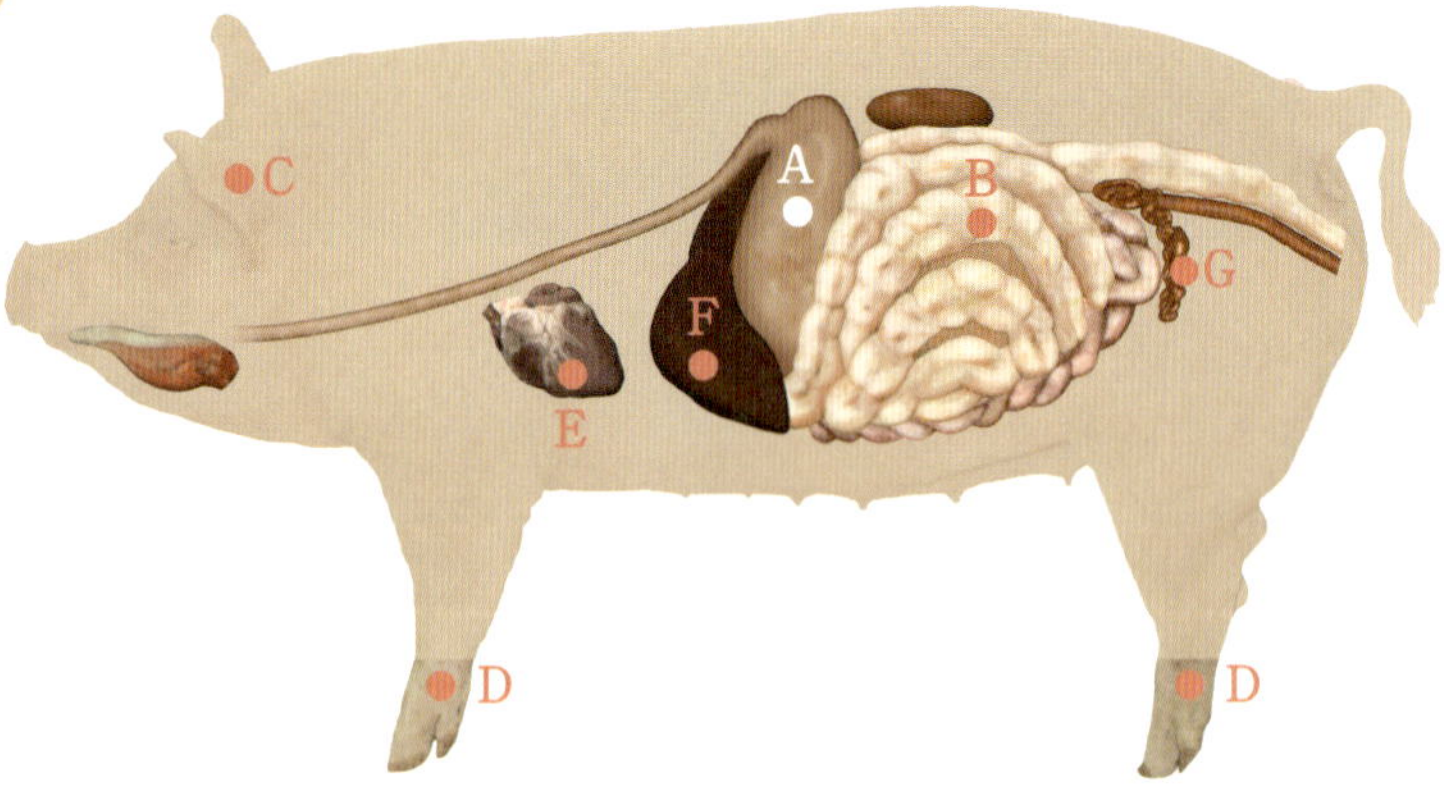

D トンソク（足）

じん帯や腱、結合組織からなり、骨と爪以外は食べられる。コラーゲンが豊富で長く煮込むとやわらかくなる。沖縄県、鹿児島県でよく食されている。

G コブクロ（子宮）

弾力があり、やわらかく、淡白な味わい。低脂肪高たんぱくで、焼くほかに煮込み料理もおすすめ。通常市販されているのは若い雌豚のもの。

E ハツ（心臓）

クセや臭みはほとんどなく、食べやすい。筋繊維が細かく緻密で独特の食感。淡白で脂肪が少なく、ビタミン類、鉄などが豊富。

F レバー（肝臓）

牛同様、傷みやすいので注意（P.209）。

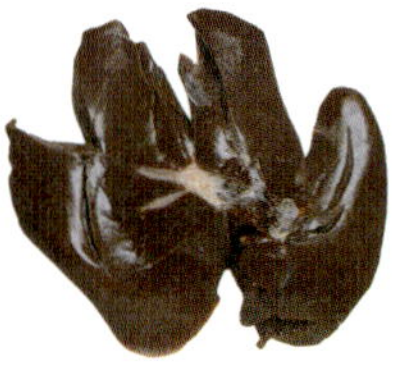

レバー（牛・豚・鶏）

豊富な鉄分で貧血解消

肝（きも）とも呼ばれる肝臓部分。独特の風味と臭み、食感を持つので苦手な人も多いようですが、栄養価が高いので、積極的に摂りたい食材のひとつです。牛、豚、鶏、共通して注目すべき豊富な栄養素は鉄分とビタミンA。レバーの鉄分は体内吸収率が高いヘム鉄です。また、近年注目のパラアミノ安息香酸や、ナイアシンも含まれます。レバニラ炒め、焼き鳥、レバーペーストなどがおすすめです。

レバーの特徴

牛レバー

成牛より子牛のものが上質で美味といわれている。ビタミンB_{12}、ビタミンEが豊富に含まれる。

豚レバー

子豚のレバーのほうが上質で美味。3種の中でたんぱく質の含有量が最も高い。加工品にも使用される。

鶏レバー

ビタミンB_1、葉酸も豊富で低カロリーなため、女性向き。3種の中では最もクセや臭みが少ない。

臭みを取っておいしく食べる

臭みの原因である血のかたまりを包丁の先で丁寧に取り除き、しっかり水洗いをすることがポイント。そのあとの方法はいろいろあるが、牛乳に浸ける方法がよく知られている。ひと口大に切り、ボウルに入れ、ひたひたに牛乳を注いで30分以上置く。取り出し、水分を拭いて調理を。臭みが少ない鶏はひと口大に切って洗い、塩水に浸け置いても OK。

牛レバー

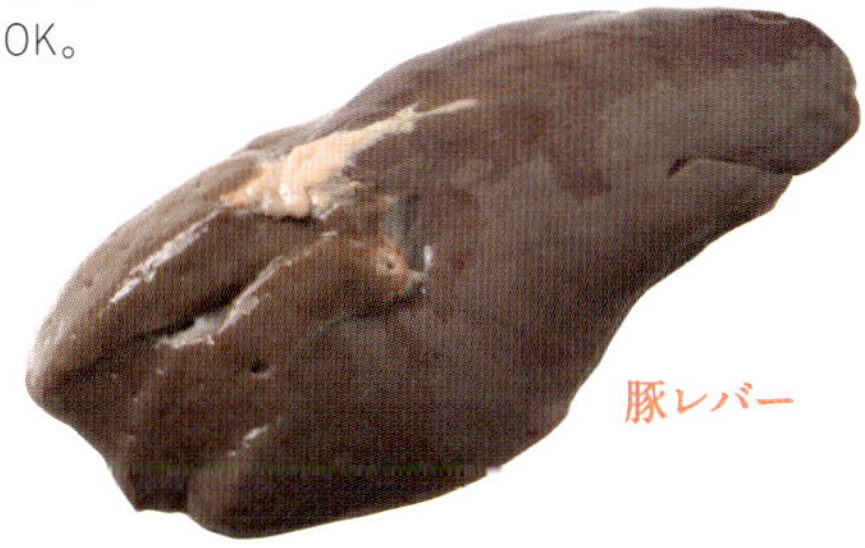

豚レバー

鶏レバー

五味	甘 苦
五性	温
帰経	肝

パラアミノ安息香酸

通称 PABA（パバ）と呼ばれる

ビタミンB群の一種である葉酸が、体内で合成されるときに必要な物質です。近年は乳酸菌の増殖因子として注目されています。同じくビタミンB群のパントテン酸の吸収を高める働きもあり、不足するとビタミンB群全体の不足につながります。代謝アップで肌の老化防止、もの忘れの防止などにも効果が期待できます。

ナイアシン

加熱調理に向く

ビタミンB群の一種で、ニコチン酸とニコチン酸アミドを総称する水溶性ビタミンのひとつ。洗ったりゆでたりすると溶け出す場合がありますが、熱には強く、加熱調理しても成分に変化はありません。酵素の働きを補助する栄養素として多くの代謝に関わり、循環器や神経など大切な器官の働きに影響を与えます。

鶏肉

鶏肉は牛肉、豚肉と比べると脂肪が少ないことから、生活習慣病を抱える現代において比較的使用頻度の高い食肉です。鶏は江戸時代末期までは「時を告げる鳥」として、また闘鶏、愛玩などの娯楽目的で飼育されていました。カステラやボーロなど鶏卵を使用した南蛮菓子が伝わったことで、採卵用に飼育された時期を経て、本格的に食すようになったのは第二次世界大戦後です。ブロイラー（下記）が導入され、上質な鶏肉が安価となり、一般家庭にも鶏肉料理が普及しました。

　栄養的には良質のたんぱく質である必須アミノ酸のメチオニンが豊富です。部位によって栄養は異なり、例えばむね肉はアンチエイジング効果が期待できるカルノシン、アンセリン、抗疲労成分であるイミダゾールジペプチドを多く含み、皮や軟骨は血管や皮膚を健康に保つコラーゲンが豊富です。またトサカには天然のヒアルロン酸が含まれています。

皮付き1枚あたり：280g／571kcal

脂肪が少なくクセのない味

エネルギー（100g中）
204kcal（若鶏もも皮付き）
糖質量（100g中）
0g（若鶏もも皮付き）

五味　甘
五性　温
帰経　脾胃肺

鶏肉の「味」は何で決まる？

これを導き出す方程式は、「鶏の品種×飼育期間×エサ×飼い方」。鶏肉の場合、おいしさのポイントは飼育期間。安価な国産若鶏は47日間程度で出荷されるが、地鶏は旨みが十分に出るといわれる75日間以上育てたもの。長く飼うほどコストがかかるので価格は当然高くなる。

ブロイラー、地鶏、銘柄鶏の違い

- 「ブロイラー」は成長が早く肉づきがよくなるように肉専用種を掛け合わせた一代雑種の「若鶏」のこと。生産効率を高めるために、高カロリー、高たんぱくな飼料を与えて育てる。市場に流通する鶏肉の約90％を占める。
- 日本農林規格（JAS）により決められた「地鶏」の主な4つの条件：在来種由来の血統が50％以上で出生証明ができる素びなを使う・ふ化日から75日間以上の飼育・ふ化後28日目以降の平飼い（鶏舎の中または外で床や地面を自由に動けるようにして飼育すること）・ふ化後28日以降は1㎡あたり10羽以下の環境で飼育。比内鶏（秋田県）、名古屋コーチン（愛知県）など多数。
- 「銘柄鶏」は通常とは異なり、工夫を凝らした育て方をした鶏。大山どり（鳥取県）、赤鶏さつま（鹿児島県）など多数。

鶏肉の輸入事情

日本で消費されている鶏肉の約22％が輸入肉。高い供給力と価格面で優位性のあるブラジル産が全輸入量の約70％、タイ産が約20％を占めている。また、加熱処理された唐揚げ、焼き鳥、近年人気の高いサラダチキン、フライドチキンなどの鶏肉調整品の輸入量が増加傾向にある。

鶏肉にもランクがある？

牛の肥育は約14～20ヶ月、豚の肥育は約6ヶ月。その間の環境や水、飼料、出荷のタイミングなどによって肉質が変わり、見た目やサシ（脂）の入り方、歩留まりなどによってランクがある（P.203、207）。一方、鶏の肥育日数は短く、特にブロイラーでは歴然とした差が出ないのが現実で、ランク付けはされていない。

鶏の種類

白色プリマスロック

アメリカ・マサチューセッツ州原産。現在のブロイラー改良における雌系代表品種。肉質がよい。

コーチン

名古屋コーチンが有名。中国原産で日本には江戸時代に持ち込まれた。脚は毛があり、太い。

白色コーニッシュ

現在のブロイラー改良における雄系代表品種。イギリス原産、アメリカ改良。胸の肉づきがよい。

烏骨鶏（うこっけい）

小柄で全身黒か白がいて、羽毛は絹糸のようといわれる。卵は希少なため、とても高価。

白色レグホン

早熟で早くから産卵を開始し、多産。日本の採卵鶏の約80％がこの品種。体は強健。

軍鶏（しゃも）

タイ原産。「ぐんけい」ともいわれるように闘鶏用。気性が荒い。東京しゃも奥久慈しゃもが有名。

ロードアイランドレッド

産卵性と産肉性を重視して改良された卵肉兼用種。アメリカ原産だが、日本の在来種に指定される。

「鶏の種類」写真提供／（独）家畜改良センター

食品成分表
（若鶏もも皮付き 可食部100gあたり）

たんぱく質		**16.6g**
脂質		14.2g
無機質	カルシウム	5mg
	鉄	0.6mg
ビタミン	B_1	0.10mg
	B_2	0.15mg
	C	3mg

各部位の特徴

A むね肉

肉質はやわらかく、低脂肪であっさりとした味。火を通しすぎるとパサつきやすいので、弱火でじっくりと。

B ささみ

牛や豚のヒレに相当する部分で最もやわらかい。栄養的にも優れている。スジは除き酒蒸しにしてサラダ、和え物などに。

C もも

よく動かす部分なので肉質はややかためで弾力があり、味にコクがある。骨付きはスープやローストなど、骨なしは唐揚げ、煮物に。

D ハツ（心臓）

独特のややかたい歯ごたえがあり、牛や豚より、臭みやクセは少ない。焼き鳥や炒め物などに。

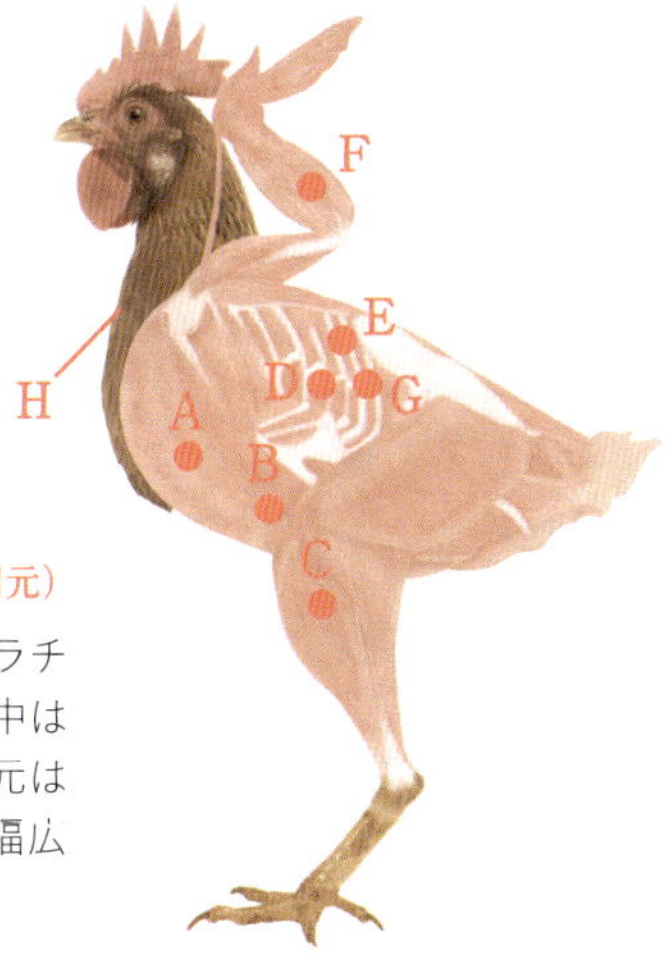

F 手羽
（手羽先 + 手羽中 + 手羽元）

手羽先は肉が少なく、ゼラチン質や脂肪が多い。手羽中はゼラチン質が豊富。手羽元は脂肪が少なめ。いずれも幅広い調理法で楽しめる。

E すなぎも（筋胃）

胃袋の筋肉が発達したもの。脂肪が少なく、コリコリした食感が特徴。炒め物、和え物、煮物に。

H 皮

脂肪とゼラチン質が豊富。フライパンで弱火で熱すると、旨みたっぷりの脂が出るので炒め油にしても。

G レバー（肝臓）

血抜きしてから調理を （P.209）。

イミダゾールジペプチド

鶏むね肉に最も多い

カルノシン、アンセリンという名前のジペプチド。鶏むね肉に1223mg/100gも含まれ、抗酸化作用や抗疲労効果が認められています。1日に50gの鶏むね肉（焼き鳥で2串）を摂れば必要十分な量が補給できます。

ヒアルロン酸

強い保湿成分を持つ

体内でたんぱく質と結合する性質を持つムコ多糖類の一種。皮膚、目の水晶体、関節液、関節軟骨などの細胞と細胞の間に多く存在し、水分の保持やクッションのような役割で細胞を守っています。水と結合してゲル状になり、皮膚の柔軟性を守ることから、保湿成分として化粧品などに利用されています。体内のヒアルロン酸濃度は、加齢とともに減少していきます。

ストレス緩和

鶏肉
たんぱく質

＋

ほうれんそう
ビタミンC

栄養を効果的に取り入れる

骨付き肉を煮る際には酢やレモン汁を加えて。カルシウムは酸で溶け出すので、煮汁もしっかり飲み干したい。また、コラーゲンの吸収率をビタミンCがアップさせてくれるので、唐揚げなどにはレモンをたっぷり搾って。

一番美味なのはむね肉？

日本では料理にもも肉をよく使用するが、フランスのレストランで丸鶏1羽の料理を注文すると、一番にむね肉の部分をマダムまたは主賓に取り分けるのだそう。最高においしい部位という証？ともいえる。

羊肉

カルニチンでダイエット効果

羊が日本に渡米したのは江戸時代末期といわれています。食用のための肉用種ではなく、羊毛を採取するための羊毛種だったようです。明治時代には北海道で大規模な飼育が始まりました。一般に食べられるようになったのは昭和30年代の北海道で、道内のジンギスカン料理は今も変わらず人気です。

各地のスーパーでラム肉、ラムチョップなどがパック詰めで販売されるようになり、家庭でも気軽に調理することができます。

食品成分表

（羊肉ラム 可食部100gあたり）

たんぱく質		**15.6g**
脂質		25.9g
無機質	カルシウム	10mg
	鉄	1.2mg
ビタミン	B_1	0.12mg
	B_2	0.16mg
	C	1mg

（羊肉マトン 可食部100gあたり）

たんぱく質		**19.8g**
脂質		15.0g
無機質	カルシウム	3mg
	鉄	2.7mg
ビタミン	B_1	0.16mg
	B_2	0.21mg
	C	1mg

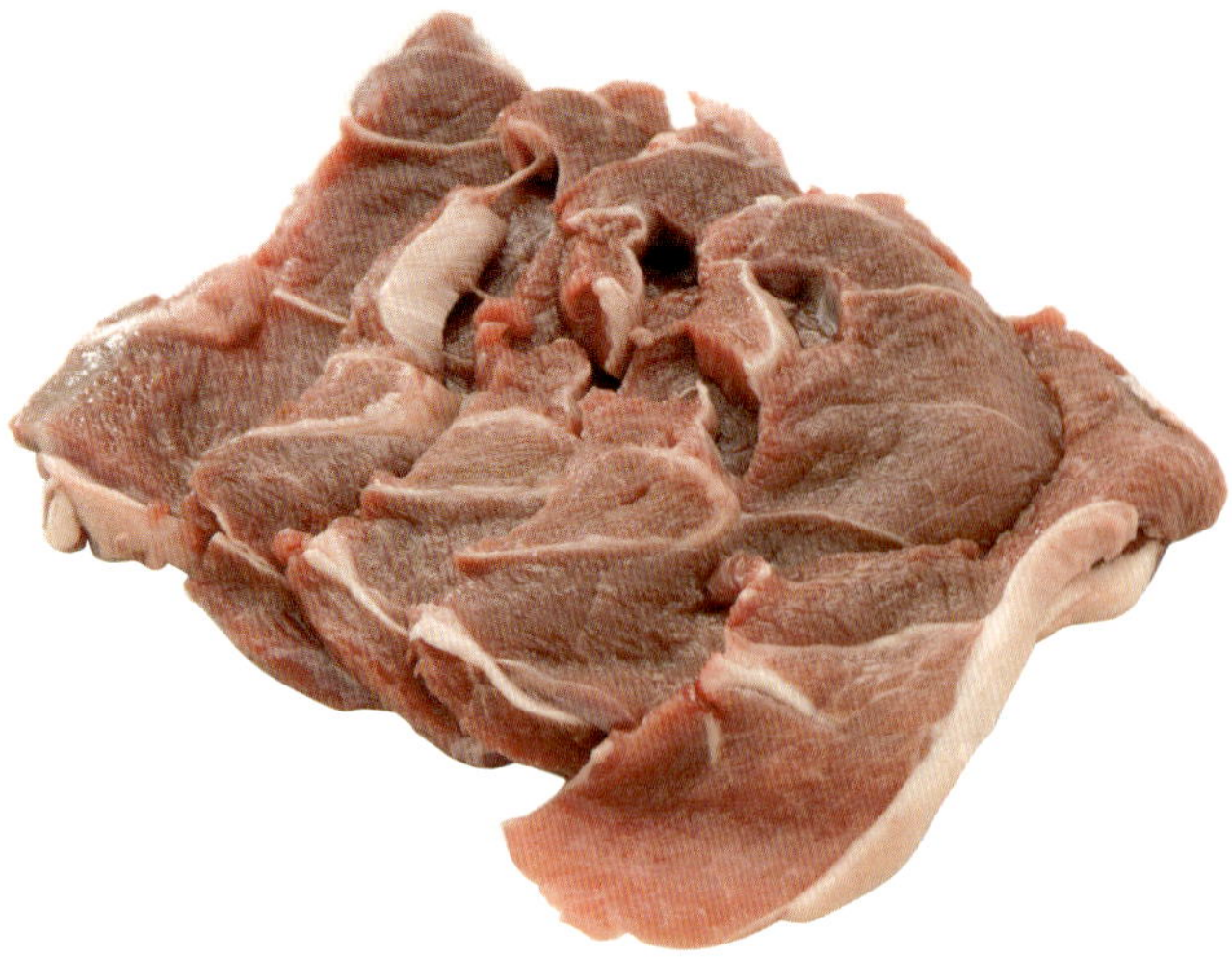

ジンギスカンでおなじみ

エネルギー（100g中）

310kcal（ラムロース 脂身付き）、

225kcal（マトンロース 脂身付き）

糖質量（100g中）

0.2g（ラムロース・マトンロース 脂身付き）

ラムとマトンは違う肉？

ラムは生後1年未満の子羊肉で、これを過ぎたものをマトンと呼ぶ。ラムはキメが細かく、やわらかくてクセがないため需要が高い。生産者側も飼育期間が短く、コスト的に有利なラムを多く流通させている。マトンは肉質がかたくてクセが強く、主にジンギスカン、加工原料に使われる。臭みが強いといわれていたが、冷凍技術の発達にともない、以前ほどではなく、本来のマトンの旨みを味わえるようになっている。カルニチンの含有量はマトンはラムの倍以上。

羊肉の栄養

たんぱく質はもちろん、ビタミンB群、カルニチンを豊富に含み、コレステロールや中性脂肪対策にも有効とされる。牛肉と比べるとカロリーはおよそ半分。また、脂の融点（溶け始める温度）が44℃と高く（牛肉約40℃、豚肉約28℃、鶏肉約30℃）、体に吸収されにくいのでダイエット向きの肉といわれている。

五味　甘

五性　温

帰経　脾腎

こんな料理に

ジンギスカン

羊肉とたっぷりの野菜を焼いて食べる北海道民のソウルフード。畜産の広がりとともに、大正時代から盛んに食べられるようになった。

ラムチョップ

ラムのあばら骨のついた背肉、またはそれを焼いた料理のことをラムチョップと呼ぶ。3、4本のパック入りをよく見かけるようになった。塩、こしょうと好みのハーブで焼くのがおすすめ。手軽で見た目が豪華なのも魅力。

カルニチン

脂肪燃焼に欠かせない

体内の脂肪を燃焼させ、エネルギーに換えることができる成分です。羊肉には、牛肉の約3倍、豚肉の約9倍含まれており、ダイエットにも効果がある。野菜とともに食べるジンギスカンが人気。脳の機能を高める働きもあるので、記憶力の低下防止、思考力アップにも。年齢とともに分泌量が減ってくるので、積極的に摂ることをおすすめします。

貧血予防

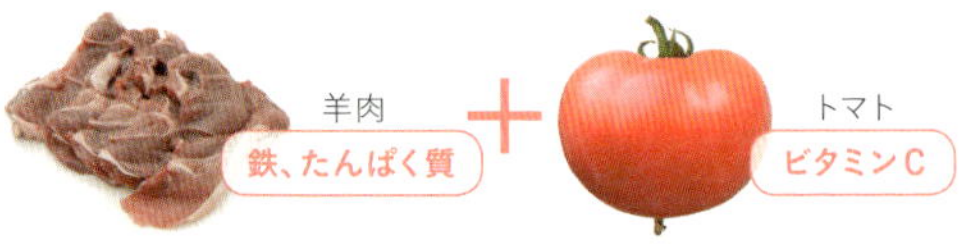

カモ

エネルギー（アイガモ100g中）
333 kcal
糖質量（100g中）
0.1g

食品成分表
（アイガモ可食部100gあたり）

たんぱく質		**14.2g**
脂質		29.0g
無機質	カルシウム	5mg
	鉄	1.9mg
ビタミン	B_1	0.24mg
	B_2	0.35mg
	C	1mg

栄養と旨みたっぷり

カモは日本で古代から食されており、貝塚から発見される鳥の骨で最も多いのはマガモの骨です。食用鳥の中で、一番美味とされる高級食材でもあります。

野生のマガモの旬は寒さが厳しくなってくる12月中旬以降。脂がのっておいしいと、その時期の鴨鍋を楽しみにしている人もいます。ほかに治部煮、鴨南蛮、ローストなどがよく知られています。現在カモ肉の名で流通しているものの大半はアヒル（家禽化したマガモ）の肉です。

カモとアヒルとアイガモは同じ？

生物学上の明確な違いはなく、いずれも英語ではダック（duck）。「カモ」はマガモを指すことが多く、世界中で食用とされてきた鳥。「アヒル」はマガモを原種に家禽化（家禽とは肉、卵、羽毛などを利用するために飼育する鳥の総称）された鳥。「アイガモ」は野生のカモと家禽のアヒルを交配した鳥のこと。日本では食肉用のアヒルをアイガモと呼ぶ場合も多い。

カモの栄養

ビタミンB群、鉄が豊富。エネルギー代謝と細胞の再生に関わり、「発育のビタミン」、「美容のビタミン」といわれるビタミンB_2を特に多く含む。 脂身は不飽和脂肪酸の含有率が高く、なかでも体内でDHAに変わるα-リノレン酸を多く含んでいるため、血中コレステロールを下げ、生活習慣病予防効果があるとされている。臭みが気になる場合はせりやねぎ、しょうがなどを利用して。

甘・鹹　五味
涼　五性
脾・肺・腎・胃　帰経

ウズラ

食品成分表（可食部100gあたり）

たんぱく質		**20.5g**
脂質		12.9g
無機質	カルシウム	15mg
	鉄	2.9mg
ビタミン	B_1	0.12mg
	B_2	0.50mg

ウズラの卵の栄養価

ビタミンB_{12}の含有量は卵類ではトップクラス。葉酸や鉄分、ビタミンB_1、ビタミンA、セレンも豊富。

エネルギー（100g中）
208 kcal
糖質量（100g中）
0.1g

食肉用は主にオス

オスの鳴き声が「ゴキッチョー（＝御吉兆）」と聞こえることから、戦国時代には縁起物でもあった鳥です。

大正時代までウズラ肉は食べられていましたが、明治時代から始まった養鶏にとって代わられたのが実情です。現在流通しているのは養殖もので、主にオスが食肉用、メスが採卵用です。

ハト

食品成分表（可食部100gあたり）

たんぱく質		**21.8g**
脂質		5.1g
無機質	カルシウム	3mg
	鉄	4.4mg
ビタミン	B_1	0.32mg
	B_2	1.89mg
	C	3mg

高たんぱく、低脂肪のヘルシー食材

ビタミンB_1、ビタミンB_2、ビタミンB_6、ナイアシン、パントテン酸、カリウム、鉄が豊富。

エネルギー（100g中）
141 kcal
糖質量（100g中）
0.3g

フランスや中国でよく食べられる

平和の象徴とされるハトですが、ジビエ（P.214）として狩猟の対象とされ、食用にされるのはキジバト（＝ヤマバト）です。サマージビエともいわれるように、旬は夏。脂がのる寒バトも人気です。ビタミンB群、ナイアシン、鉄など栄養も豊富。熱湯で固まりづらい卵は、ほぼ食べられません。

ジビエとは

寒い季節のごちそう

五味 甘・鹹
五性 温
帰経 腎・脾・胃

狩猟で獲った野生鳥獣の食肉のこと。イノシシ、シカ、野ウサギ、ヤマバト、クマなど。山にあるさまざまな自然のエサを食べ、ゆっくりと育つ肉は、普段食べている家畜の肉に比べると野趣あふれ、圧倒的な深い風味があります。運動量が多い分、脂肪が少なく、身は引き締まっています。煮込み、ロースト、燻製、シチューなど、ワインに合う料理に向いています。

日本では北海道を除き11月15日～2月15日が狩猟期間で、ジビエのシーズン。自分で獲るのは無理でも専門店などで味わってみましょう。

＊鹿肉の燻製

猪肉

食品成分表（可食部100gあたり）		
たんぱく質		18.8g
脂質		19.8g
無機質	カルシウム	4mg
	鉄	2.5mg
ビタミン	B_1	0.24mg
	B_2	0.29mg
	C	1mg

エネルギー（100g中）268kcal
糖質量（100g中）0.5g

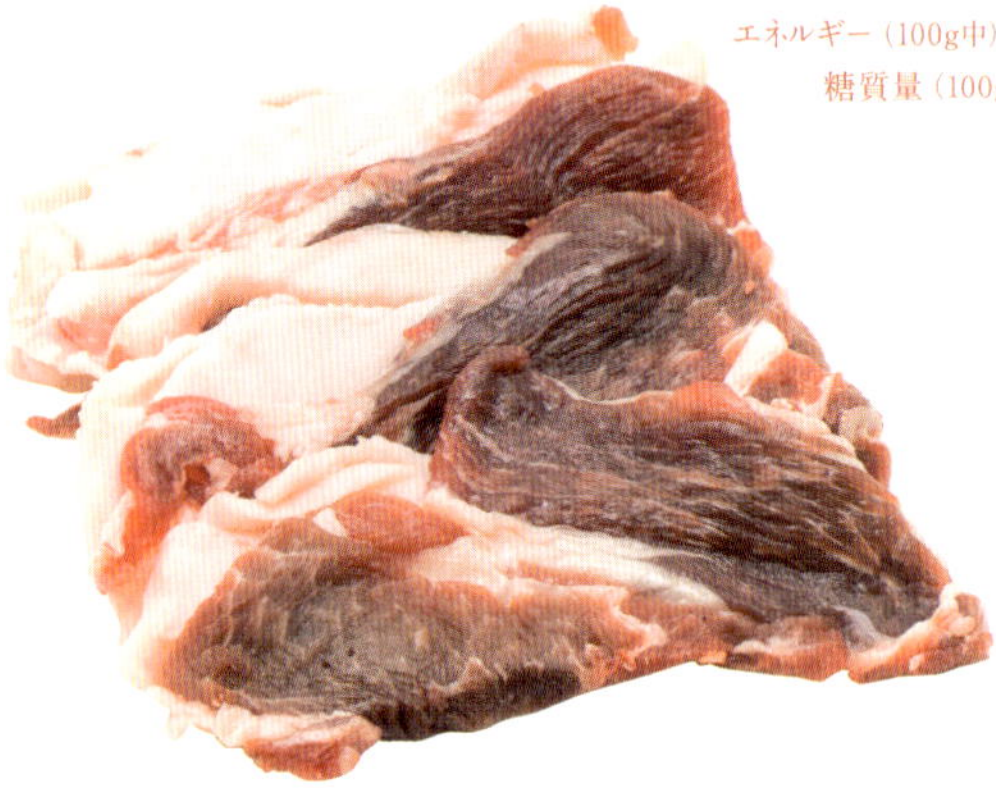

五味 甘・鹹
五性 平
帰経 肺・脾・大腸

見かけによらずとてもヘルシー

イノシシは豚の原種と考えられており、肉食禁止の時代も「薬食い」と称し、食されていました（P.202）。「ぼたん」、「山くじら」とも呼ばれており、江戸時代から食される「ぼたん鍋」は有名。里山の郷土料理で定番はみそ味。煮込めば煮込むほど脂身がとろけ、うま味を堪能することができます。

豚肉に近い味ですが、運動するためややかためで独特の風味があります。6ヶ月未満の肉質はやわらかくてクセもなく美味とされています。

低脂肪、低カロリーの肉

自由に動き回っているイノシシは余計な脂肪がついておらず、高たんぱく質、低脂肪、低カロリーが特徴。さらにビタミンB_2も同じ量の豚肉の2倍含まれている。

馬肉

食品成分表（可食部100gあたり）		
たんぱく質		20.1g
脂質		2.5g
無機質	カルシウム	11mg
	鉄	4.3mg
ビタミン	B_1	0.10mg
	B_2	0.24mg
	C	1mg

エネルギー（100g中）110kcal
糖質量（100g中）0.3g

五味 甘・酸
五性 寒
帰経 肝・脾

古くから重要なたんぱく源

イノシシが「ぼたん」、シカが「もみじ」、そしてウマは「さくら」と呼ばれます。語源は空気に触れると桜色になるからなど諸説あります。高たんぱく質、低脂肪、低カロリーで不飽和脂肪酸のα-リノレン酸も多く含まれています。アミノ酸は約20種類、カルシウムなども豊富でバランスのよさが際立ちます。

日本では古くから重要なたんぱく源として珍重されてきましたが、国や民族によってはタブー食とされています。国産はごくわずかで、プレスハムやソーセージ、大和煮などの加工用としてアルゼンチンやカナダから輸入しています。馬刺しや、みそ味ですき焼き風に食べるのが一般的です。

なぜ生食できる？

牛や豚に比べ、体温が5～6℃高いため、寄生虫や病原菌が繁殖しにくく、遺伝子の違いからほかの家畜よりも感染するウイルスが少ないのが理由。馬刺しを食べる習慣は全国各地にみられるが、熊本県、長野県、山梨県などが特に知られている。

肉のおいしさをキープする冷蔵・冷凍保存法

以前と比べると近年の冷蔵庫は格段に進化しています。メーカー各社が独自機能を開発しているので、どんな特徴があるのかを調べ、自身の生活に合ったものを選びましょう。一般に4℃以上になると雑菌繁殖が早くなるので、食肉保存は0～3℃が適温です。

冷凍 冷蔵 1. 水気を拭き取る

肉の表面に肉汁の水気があると、冷凍する場合は表面に霜がつきやすくなります。また、冷蔵、冷凍ともに嫌なにおいの原因に。ペーパータオルで軽く押さえるようにして吸いとりましょう。

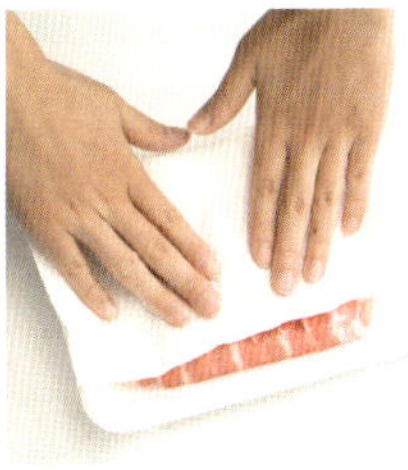

冷凍 冷蔵 2. しっかり密封する

肉は空気に触れることで酸化し、雑菌が繁殖しやすくなります。牛肉なら3～5日、豚肉なら2～3日、鶏肉は翌日まで、ひき肉はすぐに使いきるのが理想です。避けたいのは、買ってきたパックごとの冷凍。細胞組織が破壊されやすく、霜により風味が落ちます。

冷凍 3. 使いやすい分量に分ける

1回に使う分量に分け、重ならないようにしてぴったりとラップし、さらにフリーザーバッグに入れて冷凍します。ひき肉や切り落とし肉はなるべく平らにして冷凍しましょう。ハム、ベーコン、ソーセージも冷凍保存可能。かたまりのハムやベーコンは薄く切ってラップをして密封、冷凍しておくと便利。

冷凍 冷蔵 4. 下ごしらえをする

しょうゆ、みりん、酒などで下味をつけてから冷蔵保存しておくと調理が楽な上、調味料のおかげで雑菌が繁殖しにくくなり、長持ちします。下味をつけてからの冷凍も可能。日持ちしないひき肉は下味をつけて冷凍しておくと重宝します。水分の多い鶏肉も蒸し鶏、ゆで鶏にし、汁も保存すると便利。

冷凍 5. 金属トレイで急速冷凍

冷凍庫は開け閉めによって庫内の温度が上下しやすいもの。素早く凍らせるほうがおいしさをキープできるので、薄く広げてラップで包んだら熱伝導率の高い金属トレーにのせて冷凍庫へ。完全に凍ったら、フリーザーバッグに移し替え、空気を抜いて保存を。

冷凍 6. 冷蔵庫で解凍する

急速に解凍すると、肉汁が流れ出て風味が半減するので、冷蔵庫での解凍がおすすめです。チルド室やパーシャル室など、より低い温度で半解凍することができればベスト。電子レンジを使う場合も全解凍ではなく、半解凍にとどめておきましょう。

冷凍 7. 1ヶ月を限度に使い切る

必ず冷凍保存した日付がわかるようにしておきましょう。おいしさを損なわない冷凍保存期間は、生で保存した場合は2～3週間、加熱したものは3～4週間が目安です。酸化と水分蒸発が進み、味が落ちていくので注意して。

動脈硬化を起こし脳梗塞や心筋梗塞の原因となる「脂質異常症（コレステロールなど）」

脂質異常症とは？

血液中にある脂質が過剰になっている状態を脂質異常症（高脂血症）と呼びます。

脂質＝肥満のイメージがありますが、脂質自体は体内で細胞膜やホルモンの原料となり、人間の体を構成するためには欠くことができない重要な栄養素です。さらに、エネルギー源にもなるなど、体内でさまざまな役割を担っています。

脂質異常症は自覚症状がないため、血液検査で指摘されるまで、全く気がつかない人が多いのが現状です。しかし、そのまま放置しておくと動脈硬化を誘発し、心疾患や脳梗塞の発症へとつながりかねません。

脂質異常症の判定の目安は？

健康診断では、総コレステロール、HDL（善玉）コレステロール LDL（悪玉）コレステロール、中性脂肪といった、血中の脂質の数値が示され、基準内にない場合は脂質異常症と判定されます。

脂質異常症の判定基準値

LDL（悪玉）コレステロール	120～139mg/dL……	境界域高LDLコレステロール血症
	140mg/dL以上………	高LDLコレステロール血症
HDL（善玉）コレステロール	40mg/dL未満…………	低HDLコレステロール血症
中性脂肪（トリグリセライド＝TG）	150mg/dL以上………	高トリグリセライド血症

多くの研究では、日本人はLDLは100㎎/dL未満を目標とすべきとされています。食事や運動で120㎎/dLを切れなかったり、もっと高い方は薬の使用を主治医と検討しましょう。

コレステロールとは？

コレステロールは肝臓で合成され、血液を通して全身へ運ばれて、細胞膜の成分やホルモンの原料になります。しかし、血中のコレステロールが過剰になると動脈の血管壁のところにたまってプラークというこぶのようなものになり、血管を狭めてしまいます。これが動脈硬化です。

一方、肝臓に戻ってくる血液の中にもコレステロールが存在します。このコレステロールは体内で使われなかった余分なコレステロールを回収しているので、動脈硬化を進みにくくしていると考えられます。全身へ運ばれ、血管につきやすいコレステロールをLDL（悪玉）コレステロール、肝臓へ戻るコレステロールをHDL（善玉）コレステロールと呼びます。

LDLコレステロールが多すぎると血管にこぶを作りやすくなりますし、HDLコレステロールが少なすぎると余分なコレステロールを血中に残してくることになります。どちらも動脈硬化発症の原因となるのです。

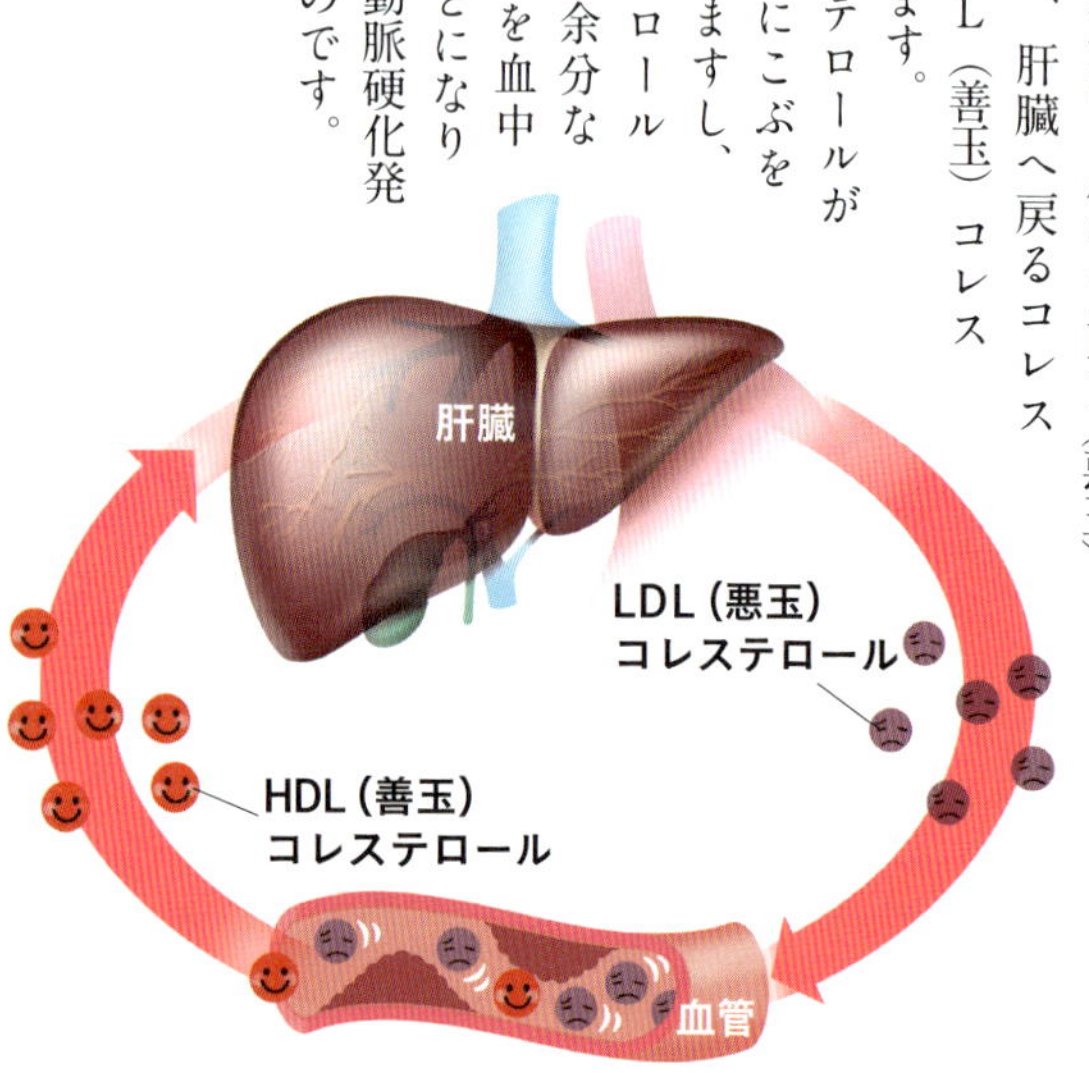

中性脂肪とは？

体を動かすエネルギー源となるのが中性脂肪です。エネルギー源の主体は血糖ですが、中性脂肪は予備燃料的な役割をします。食事から摂る脂肪の大半は中性脂肪になり、その量が多すぎると動脈硬化を促進します。

　食直後に計測すると中性脂肪値は高くなってしまうため、採血は原則として空腹時に行います。

脂質異常症の恐ろしさ

動脈硬化になると血管の柔軟性が失われ、血液の流れがスムーズでなくなります。もろくなった血管壁にコレステロールがたまると、そこがこぶ状になって狭くなったり、詰まったりして、動脈硬化を促進します。

　心臓に血液を送る冠動脈の硬化が進むと、このジュクジュクしたこぶが割れ、集まってきた血小板や赤血球が固まり、血管を詰まらせて心筋梗塞や狭心症を発症します。また、脳の血管が動脈硬化を起こした場合、同様に脳梗塞や脳出血などを引き起こします。いずれも命を落とす可能性が高い、深刻な状態です。

　自覚症状がないまま進行する動脈硬化もまたサイレントキラーとも呼ばれ、脂質異常症はそれを促進する大きな原因のひとつなのです。

予防と改善方法

脂質異常症の予防・改善をするには、食事面と運動面の両方の改善が大切です。

食べ方の工夫

- 揚げ物、菓子、ジュース、炭酸飲料のような高カロリー食品の摂取をなるべく減らす。
- ゆっくり食べる。一口食べるごとに箸を置き、20回以上ゆっくり噛んで食べるのがおすすめ。こうすると満腹中枢が刺激され、少量で満足できる。
- 食事を抜いたり、一度にまとめ食いをするのは禁物。1日3食をきちんと食べ、間食はできるだけ減らす。
- 無意識で食べてしまう「ながら食い」は食べ過ぎのもと。手が届きやすいところにお菓子などを置いておくのもやめる。

食事内容の工夫

- 野菜を多く摂り、果物も適量摂る（抗酸化ビタミンやポリフェノールの摂取）。
- DHAやEPAを多く含む青魚を積極的に摂る。
- きのこ、豆類、海藻類を摂る（食物繊維）。
- 不飽和脂肪酸 n-3系（オメガ3）を多く含む食品を摂る（亜麻仁油、えごま油など）。
- コレステロールを多く含む食品（魚卵、肉類、内臓など）を摂りすぎない。
- 乳製品は大切だが適量に。牛乳は1日コップ2杯まで。
- 酸化した油を含む食品（ポテトチップスなど）は控えめに。

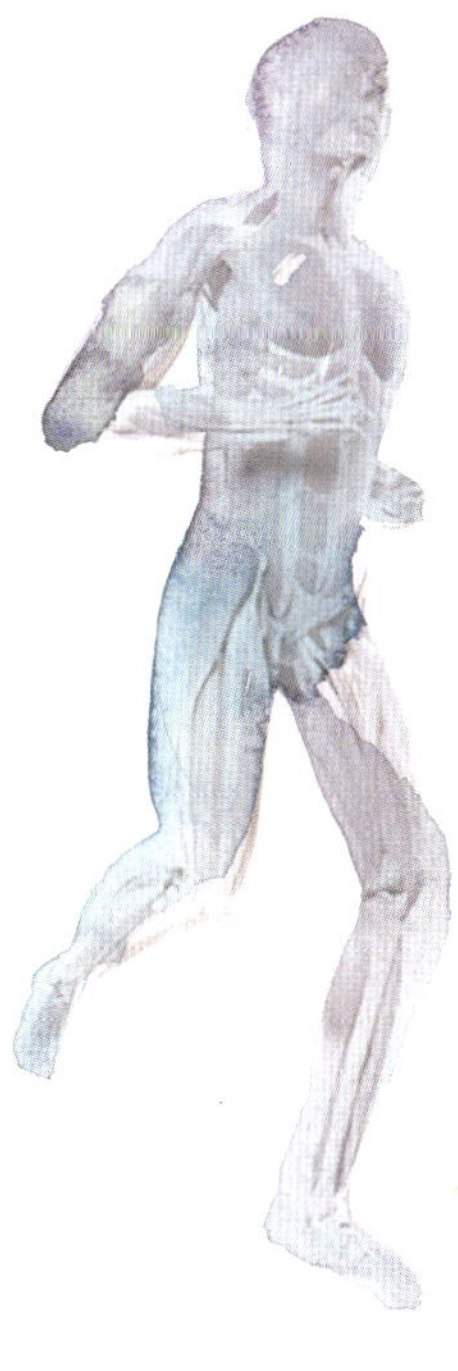

有酸素運動を取り入れる

運動面では、ウォーキング（早歩）などの有酸素運動にを1日20分以上、週2回は行いましょう。次の効果が期待できます。

- 中性脂肪が減る。
- HDL（善玉）コレステロールが増える。
- 骨格筋が増えれば基礎代謝が上がり、脂肪が燃焼しやすい体になる。
- ストレス解消で爽快感《そうかいかん》。

禁煙しましょう

喫煙は動脈硬化を促進する。

飲酒は控えめに

アルコールはもとより、ナッツやチーズなどのつまみも適量に。

ハム

豚肉を原料とする手軽な食材

エネルギー（100g中）196kcal（ロースハム）、118kcal（ボンレスハム）、231kcal（ショルダーハム）、247kcal（生ハム 促成）、268kcal（生ハム 長期熟成）

糖質量（100g中）1.3g（ロースハム）、1.8g（ボンレスハム）、0.6g（ショルダーハム）、0.5g（生ハム 促成）、0g（生ハム 長期熟成）

保存方法 P.215参照

五味 鹹

五性 温

帰経 脾・胃

サンドイッチ、ハムエッグ、サラダなどでおなじみのハムは食肉加工品の一種で、豚肉を塩漬けまたは塩せき（製造工程で肉を食塩、発色剤、砂糖、香辛料など〈＝塩せき剤〉とともに、一定期間漬け込むこと）したあとに燻煙をし、蒸したり、ボイルしたりしたものの総称です。本来、ハム（ｈａｍ）は「豚のもも肉」の意味ですが、現在はもも肉に限ったものではありません。

製造工程で加熱をするタイプとしないタイプがあり、非加熱タイプが一般に生ハムと呼ばれている製品です。加熱ハムは部位によってさまざまな名称で市販されています。

日本で初めてハムが作られたのは明治5年といわれています。大正時代に、ドイツ人によりロースハムが市販され、昭和時代に入ると豚肉のほかに、馬や牛の肉を混ぜた、価格の手頃な通称「寄せハム」が登場。それが現在のプレスハムです。大量生産されるようになり、一般家庭に普及したのは戦後です。

豚肉にはビタミンB群

原料となる豚肉と同じくたんぱく質が豊富で、ほかにビタミンB_1、B_2、ビタミンB群のひとつであるナイアシンなどが含まれます。

近年は世界各国の高級ハムが店頭に並んでいます。

食品成分表
（ロースハム 可食部100gあたり）

たんぱく質		16.5g
脂質		13.9g
無機質	カルシウム	10mg
	鉄	0.5mg
ビタミン	B_1	0.60mg
	B_2	0.12mg
	C	50mg

加熱ハムの種類

ロースハム

豚ロース肉を使用した加熱タイプ。そのまま食べてもおいしい。バーベキューにも。

ショルダーハム

豚かた肉を使用し、ロースハムと同じ製法で加工したもの。赤肉が多い。

ボンレスハム

豚もも肉を使用した加熱タイプ。厚めに切ってハムステーキにすると美味。

プレスハム

豚肉、牛肉、馬肉、羊肉、ヤギ肉を用いた日本独自の製品。サンドイッチなどに。

混合プレスハム

畜肉以外に鶏肉、魚肉なども加えてプレスハムと同じ製法で作ったもの。

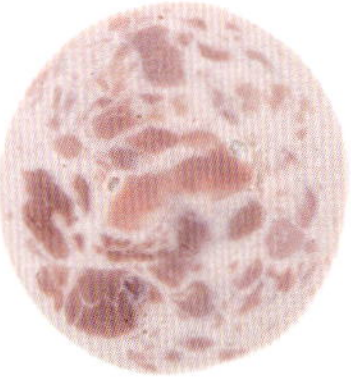

イタリアンでおなじみの生ハム

もも肉をかたまりのまま塩漬けにして加熱せず、乾燥させながら長期熟成させたもの。やわらかく塩辛いのが特徴。同様に加工したあと、低温で燻製したものが、ドイツ系の生ハムでラックスハム。

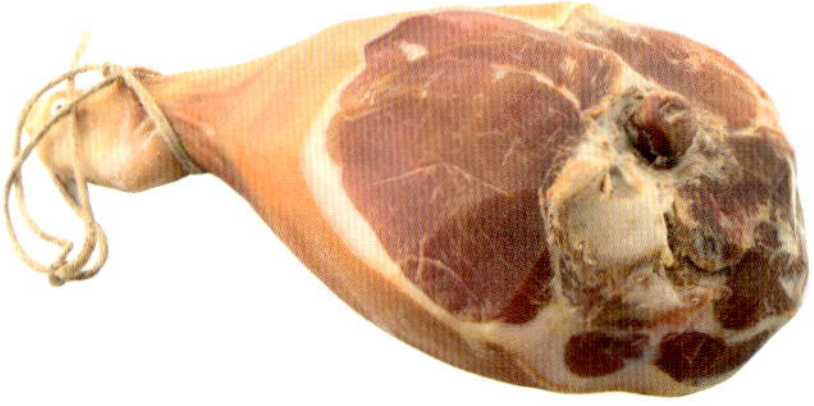

食品添加物って何？

ハムやソーセージ、菓子などの加工食品を作る際、風味や色みをつけたり、品質を長く保てたりするように加える調味料、着色料、保存料を含めた物質のこと。日本では食品衛生法という厳しい法律のもと、成分や種類、使用基準が決められている。食べても害にはならないが、基準がゆるい海外の食品や摂取量には気をつけたい。

保存性の高いたんぱく質

ソーセージ

「腸詰め」ともいわれるソーセージは、肉類を塩漬けまたは塩せきしてからひき肉にし、調味料や香辛料を練り合わせ、ケーシング（ソーセージやハムを包む薄い膜状の袋のこと。動物の腸を用いるほか、コラーゲン製など人工のものもある）に詰めた食肉加工品の総称です。水分含量が多く、保存性の低い「ドメスチックソーセージ」と、乾燥させた水分が少なく、長期保存が可能な「ドライソーセージ」に大別でき、さらに塩せきや燻煙の有無や加熱方法に違いがあります。製法や原材料、ケーシングの種類や太さなどで規格化されています。

製法は基本的にハムと同じですが、ハムがかたまり肉を使うのに対してソーセージはひき肉を使います。また、肝臓や舌などの内臓、血液などを有効に利用していることも特徴的です。腐敗防止と長期保存が目的であった食肉加工で、ソーセージはラテン語で「塩漬け」を意味するサルサス（salsus）が語源という説が有力です。

日本においても現在は皮なしや粗びき、ミニタイプ、味わいも含め種類は豊富。原料肉や材料が使用量の多い順に表示されているので参考にし、食べ比べてみましょう。栄養的には動物性たんぱく質が豊富に含まれています。

食品成分表
（ウインナーソーセージ 可食部100gあたり）

たんぱく質		13.2g
脂質		28.5g
無機質	カルシウム	7mg
	鉄	0.8mg
ビタミン	B_1	0.26mg
	B_2	0.13mg
	C	10mg

赤いウインナーソーセージは日本発！

お弁当の定番といえるあの赤いウインナーは日本独自のもの。発色の悪さを隠すために表面を赤く着色したことが始まりといわれている。タコはもちろん、赤色を活かして、流行のキャラ弁でも大活躍。日本のアニメーションに登場することも多く、海外にも広まっているのだとか。

ジューシーに焼くには？

ソーセージをフライパンに入れ、1/3が浸かる程度の水を加える。中火で加熱し、水分が完全に飛んだら少し火を弱め、こんがりと焼き目をつける。焼くときに皮に切り込みを入れると肉汁が流れ出てハリがなくなる。煮汁を楽しむポトフなどでは切り込みを入れて。

パリッとはじける食感とジューシーさが魅力

エネルギー（100g中） 321kcal（ウインナー）、298kcal（フランクフルト）、495kcal（ドライソーセージ）、251kcal（ボロニアソーセージ）、192kcal（リオナソーセージ）、279kcal（生ソーセージ）
糖質量（100g中） 3.0g（ウインナー）、6.2g（フランクフルト）、2.6g（ドライソーセージ）、2.9g（ボロニアソーセージ）、3.7g（リオナソーセージ）、0.8g（生ソーセージ）
保存法 P.215参照

ソーセージの種類

ウインナーソーセージ

人気が高く、生産量も多い。燻煙をするタイプ（スモークドソーセージ）の代表。ホットドッグなどに。

フランクフルトソーセージ

製法はウインナーソーセージと同じで中くらいの太さ。そのまま焼いたり、ポトフなどの煮込みに。

生ソーセージ

原料肉を調味して、腸に詰めただけのもの。食べる直前にゆでたり、焼いたりして加熱を。

ドライソーセージ

燻煙、乾燥により水分が少ないので保存性が高い。代表はサラミソーセージ。酒のおつまみに人気。

リオナソーセージ

リヨン風。グリンピースなどの種物や、きのこなどが入っていて見栄えもいい。冷菜などに。

ボロニアソーセージ

ウインナーソーセージと同じ製法で太めのもの。そのまま食べる冷菜やオードブル向き。

ベーコン

塩気と香ばしさを料理に活かして

豚のばら肉を成形し、塩漬け、熟成させたあと、燻煙をしたものがベーコン。ハムとの違いはケーシングに詰めるかどうか、仕上げに蒸したり、ボイルするなどの加熱を行うかどうかです。ベーコンは燻製が仕上がりなので、塩分や香ばしさが強めで、やわらかいというより歯ごたえがあります。

豚肉を原料とするのでたんぱく質、ビタミンB_1などが豊富。スープや煮込み料理のだしに、生、またはカリカリに焼いてサラダやパスタに混ぜても。脂が気になる場合はペーパータオルに包んで、ラップしてレンジで加熱すると、余分な脂肪分が落とせます。

食品成分表（可食部100gあたり）

たんぱく質		12.9g
脂質		39.1g
無機質	カルシウム	6mg
	鉄	0.6mg
ビタミン	B_1	0.47mg
	B_2	0.14mg
	C	35mg

パンチェッタって？

豚ばら肉を燻煙をせずに、塩漬けにしたものがパンチェッタ。「生ベーコン」とも呼ばれ、やや塩気が強く、スープやパスタ料理のソースに使用。

エネルギー（100g中）405kcal（ベーコン）、211kcal（ロースベーコン）、186kcal（ショルダーベーコン）

糖質量（100g中）0.3g（ベーコン）、3.2g（ロースベーコン）、2,5g（ショルダーベーコン）

保存方法 P.215参照

ビーフジャーキー

風味のある牛の干し肉

牛の赤身肉を塩漬けにし、ひき肉にしたあと、薄い板状に成形して加熱、乾燥、燻煙をしたものです。食べやすいように細切りにして市販され、酒のつまみとして人気です。海外では非加熱タイプも多いようです。

ビーフジャーキーのようにひき肉にせず、赤身をかたまり肉のまま塩漬けにし、低温で長時間燻煙、乾燥させて作る干し肉はナイフで削って食します。牛肉の加工品は風味を活かしたドライタイプが主流です。

食品成分表（可食部100gあたり）

たんぱく質		54.8g
脂質		7.8g
無機質	カルシウム	13mg
	鉄	6.4mg
ビタミン	B_1	0.13mg
	B_2	0.45mg
	C	1mg

ビーフジャーキーの栄養

高たんぱく、低脂肪食品。ビタミンB_2や亜鉛、鉄分が豊富に含まれ、そのほかナイアシン、葉酸、ビタミンB_{12}も含まれる。よく噛むことで満腹中枢を刺激し、少量でも満足感を得られるので空腹時のおやつやダイエットに。ただし、塩分が多いので注意。

エネルギー（100g中）315kcal

糖質量（100g中）6.4g

保存方法 P.215参照

コンビーフ

長期保存可能な牛肉の加工品

塩せきした牛の赤身肉を高温高圧で加熱し、肉の筋繊維をバラバラにほぐしてから、牛脂や調味料、香辛料を加えて作った缶詰。高圧で加熱することで肉の水分が飛び、旨みが凝縮されます。

国産のコンビーフは当初、コップ型のガラスとブリキ製の蓋でできたアンカービンに入っていましたが、昭和25年に現在とほぼ同じ台形の缶詰が発売されました。長期保存ができるので、防災グッズや登山などでも需要があります。

食品成分表（可食部100gあたり）

たんぱく質		19.8g
脂質		13.0g
無機質	カルシウム	15mg
	鉄	3.5mg
ビタミン	B_1	0.02mg
	B_2	0.14mg

コンミートと違う？

コンビーフは牛肉100%、コンミートは牛肉に限らず馬肉などの畜産肉も材料に入っており、安価。コンビーフもコンミートも密封時に高温高圧で殺菌しているので、そのまま食べてもOK。サラダの具にしたり、オムレツやスープに加えたりしても。

エネルギー（100g中）203kcal

糖質量（100g中）1.7g

牛乳

カゼインで消化力アップ

牛乳は、非常に身近な食材として、また栄養価が高いことで知られることからもわかるように、牛の乳汁のこと。

千葉県南房総市に〝日本酪農発祥之地〟という記念碑があり、その地で徳川八代将軍吉宗が白牛を放牧、搾乳したのが日本の酪農の始まりといわれています。当時は薬のような扱いで、牛乳が一般家庭に普及したのは明治に入ってから。その後、学校給食や洋食ブームの広がりもあって、今では冷蔵庫の必須アイテムとなり、料理にも多用されています。

たんぱく質、脂質、炭水化物、メチルスルフォニルメタンや、カルシウムなどのミネラルがほどよく含まれ、栄養バランスを整えてくれる優れものです。

甘 五味
涼 五性
脾肺 帰経

栄養バランスを整える飲み物

エネルギー（普通牛乳100g中）67kcal　糖質量（100g中）4.8g

食品成分表（可食部100gあたり）

たんぱく質		3.3g
脂質		3.8g
無機質	**カルシウム**	**110mg**
	鉄	0.02mg
ビタミン	A　β-カロテン当量	6μg
	B_1	0.04mg
	B_2	0.15mg
	C	1mg

コップ1杯あたり：150g／101kcal
カップ1杯あたり：210g／141kcal

カルシウム

骨や歯、筋肉や神経に深く関わる

体の中で一番多いミネラルであり、骨と歯の成分として存在する99%を「貯蔵カルシウム」、血液や細胞の中に存在する残りの1%を「機能カルシウム」と呼んでいます。骨や歯を形成するだけでなく、筋肉が正常に収縮するのを保つ、神経を安定させる、血液を固めて止血する、ホルモンを分泌させる、細胞分裂を促す、胃液の分泌を調節する、鉄の代謝を補助するなど、じつに多様な働きをしています。乳製品に多く含まれ、吸収率がよいので毎日少しずつ取り入れましょう。

メチルスルフォニルメタン

関節の健康をサポートする

体内に存在するミネラルのひとつ「有機イオウ」の一種（通称MSM）。軟骨、皮膚、爪、髪などを健やかに保つために必要な栄養素です。近年はイオウの供給源として、関節軟骨の修復を促し、炎症や痛みを抑える効果もあると注目されています。また、糖質や脂質の代謝を促進、免疫力を高める、グルコサミンの働きを助ける、がん細胞の増殖抑制などの作用も示されています。

カゼイン

腸の運動活性に

リンを含むたんぱく質の一種で牛乳やチーズなどに多く含まれます。牛乳の場合、たんぱく質の約80%を占めます。小腸でのカルシウムの吸収を助ける、神経の興奮を鎮める、消化機能の安定、免疫力の強化などの効能が知られています。栄養価の高さから、プロテインパウダーなどの栄養補助食品としても販売されています。

骨粗しょう症予防

牛乳
カルシウム

＋

鶏肉
たんぱく質

保存期間（賞味期限）の目安は？

基本的に10℃以下の冷蔵庫で保存を。LL（ロングライフ）牛乳（135〜150℃で数秒間連続的に滅菌、光と空気を遮断し、無菌的に充填したもの）は、開封前なら常温保存が可能で、賞味期限は60日程度。通常の牛乳の賞味期限は、8日程度。開封したらできるだけ早く飲みきって。

飲用乳の種類

「乳及び乳製品の成分規格等に関する省令」によって7種類が定められている。牛乳と名がつく「牛乳、特別牛乳、成分調整牛乳、低脂肪牛乳、無脂肪牛乳」の5種類と「加工乳、乳飲料」の2種類がある。

成分無調整牛乳

搾った生乳を加熱殺菌し成分は無調整。売られている牛乳の多くはこのタイプ。

特別牛乳

特別牛乳搾取処理業の許可を受けた施設で搾った生乳を、処理して製造したもの。限られた地域で販売される。

加工乳

生乳を主原料とし、ほかの乳製品を加えて成分を調整したもの。「特濃牛乳」や「低脂肪牛乳」など。

成分調整牛乳

生乳から乳成分の一部（乳脂肪分、水、ミネラルなど）を除き、殺菌したもの。

低脂肪牛乳

成分調整牛乳。規格に合うよう乳脂肪分の一部を除き、殺菌したもの。

無脂肪牛乳

成分調整牛乳。規格に合うよう乳脂肪分のほとんどを除き、殺菌したもの。

乳飲料

生乳にカルシウムやビタミン、鉄、コーヒー、ココア、果汁などを加えたもの。

チーズ

1個あたり：18g ／ 61kcal

牛乳の栄養を丸ごと凝縮

エネルギー（100g中）
339kcal（プロセスチーズ）、310kcal（カマンベールチーズ）、276kcal（モッツァレラチーズ）、380kcal（ゴーダチーズ）

糖質量（100g中）
1.3g（プロセスチーズ）、0.9g（カマンベールチーズ）、4.2g（モッツァレラチーズ）、1.4g（ゴーダチーズ）

チーズを使った料理は今でこそ多種ありますが、日本での本格的な製造は大正時代になってからのことです。

チーズは牛乳を原料とした発酵乳製品であり、元の栄養価の高い牛乳（山羊、羊、水牛の乳もあり）と、ほぼ同じ栄養素が含まれます。チーズのカルシウムは牛乳同様、吸収率が高く、たんぱく質の消化吸収率は牛乳よりも優れています。たんぱく質の一種であるラクトフェリンによる抗菌、抗ウイルス作用の効果も期待されています。

種類によってカロリーに差があり、低めなのはカッテージチーズやリコッタ。いずれにしても食物繊維とビタミンCが不足気味なので野菜や果物と一緒に食してください。世界には色、風味、かたさ、食感などが異なる数千種類のチーズがあります。好みのタイプを見つけましょう。

食品成分表

（プロセスチーズ 可食部100gあたり）	
たんぱく質	22.7g
脂質	26.0g
無機質　**カルシウム**	**630mg**
鉄	0.3mg
ビタミン　A　β-カロテン当量	230 μg
B_1	0.03mg
B_2	0.38mg

（カマンベールチーズ 可食部100gあたり）	
たんぱく質	19.1g
脂質	24.7g
無機質　**カルシウム**	**460mg**
鉄	0.2mg
ビタミン　A　β-カロテン当量	140 μg
B_1	0.03mg
B_2	0.48mg

保存法

ナチュラルチーズは日々熟成が進むので特に注意が必要。プロセスチーズは保存性が高いが、いずれにしても保存温度は5℃前後とし、カビの原因となる水分を拭き取る。大敵は乾燥。ラップをして冷蔵庫の野菜室での保存がおすすめ。かたくなったら、すりおろして使って。

チーズの種類

ナチュラルチーズは熟成期間や温度、熟成に使用する微生物の違いなどで、じつにさまざまな種類が出来上がります。

ナチュラルチーズ

主に7種類

フレッシュタイプ（非熟成）：そのまま食べられる。モッツァレラ、リコッタなど。

白カビタイプ（軟質・カビ熟成）：内部はやわらかいクリーム状。カマンベールなど。

青カビタイプ（軟質、半硬質・カビ熟成）：別名ブルーチーズ。特有の風味、塩味が強い。ゴルゴンゾーラなど。

ウォッシュタイプ（軟質・細菌熟成）：表面が茶褐色でややねっとり。強い風味。タレッジョなど。

シェーブルタイプ（軟質・細菌熟成、カビ熟成）：山羊乳から作る。濃厚な風味。ヴァランセなど種類多。

セミハードタイプ（半硬質・細菌熟成）：深いコクと香りでクセがない。ゴーダなど。

ハードタイプ（硬質・細菌熟成）：熟成期間が長く、保存性が高い。パルミジャーノ・レッジャーノなど。

モッツァレラ

カマンベール

パルミジャーノ・レッジャーノ

プロセスチーズ

1種類または数種類のナチュラルチーズを細かく刻んでから加熱溶解し、乳化剤などを加えて再び成形したもの。スライスタイプや三角形のものなどさまざまな形に加工される。加熱殺菌しているため保存性が高いのも利点。

牛乳がチーズになるまで

一般的なナチュラルチーズは原料乳を加熱殺菌し、乳酸菌と酵素を加える→たんぱく質、脂肪、カルシウムなどが豆腐状に凝固→サイコロ状に細かく切って温めながら攪拌→型に入れて圧力をかけ、乳清（ホエイ）と呼ばれる余分な水分を除く→さらに風味をつけ、雑菌の繁殖を抑えるために塩水に浸ける→熟成させる→完成。

五味　甘・酸
五性　温
帰経　肝・脾・肺

ラクトフェリン

抗菌・抗ウイルス作用を持つ

人間の母乳をはじめ、多くの哺乳動物の乳に含まれているたんぱく質の一種で、唾液や涙、汗にも存在します。抗菌・抗ウイルス作用があり、乳児の感染症予防、大人の免疫力の回復や炎症の抑制などに役立ちます。ほかにも半世紀以上にわたる研究で中性脂肪を減少させる、ビフィズス菌を増やして腸内環境を改善する、鉄の吸収調節作用で貧血を改善するなどの機能が発見されています。

バター

エネルギー（100g中）
745 kcal（有塩）、763 kcal（無塩）、752 kcal（発酵）
糖質量（100g中）
0.2g（有塩）、0.2g（無塩）、4.4g（発酵）

食品成分表（可食部100gあたり）

たんぱく質		0.6g
脂質		**81.0g**
無機質	カルシウム	15mg
	鉄	0.1mg
ビタミン	A　β-カロテン当量	190 μg
	B_1	0.01mg
	B_2	0.03mg

料理にコクと香りをプラスする

原料である牛乳の脂肪を集めたものがバター。成分の80％以上が脂肪ですが、バターの脂肪は比較的消化がよく、効率的にエネルギーに換えることができるという長所があります。また、揮発性脂肪酸と微量の芳香成分が含まれていて、それがあの独特の香りと風味を生み出します。脂溶性ビタミンが豊富なのも大きな特徴です。

一般には発酵させていないものが主流ですが、特有の風味を持つ発酵タイプもあります。

保存法

品質の劣化を防ぐため、常温保存は避ける。におい移りと酸化防止のため、密閉容器に入れて冷蔵保存をするのがおすすめ。未開封のものなら1年程度冷凍保存が可能。

バターの種類

成分の違いで有塩（加塩）と無塩（食塩不使用）、クリームの乳酸発酵の有無により、発酵(酸性バター)と非発酵（甘性バター）がある。一般的に利用されているのは有塩で非発酵タイプのバター。微妙な塩加減にこだわる菓子や料理には無塩タイプが使われる。

バターとコレステロール

動物性食品はコレステロールが高いと思われがちだが、コレステロールは体にとって必要不可欠なステロイドの一種。トーストに塗ったり、炒め物にしたりしても1日10g程度。あまり気にしすぎず、毎日の食生活に取り入れて。

甘　五味
温　五性
肝・脾・肺・腎　帰経

ヨーグルト

食品成分表（可食部100gあたり）

たんぱく質		3.6g
脂質		3.0g
無機質	**カルシウム**	**120mg**
ビタミン	A　β-カロテン当量	3 μg
	B_1	0.04mg
	B_2	0.14mg
	C	1mg

エネルギー（100g中）62kcal（プレーン）、67kcal（脱脂加糖）、65kcal（ドリンクタイプ）
糖質量（100g中）4.9g（プレーン）、11.9g（脱脂加糖）、12.2g（ドリンクタイプ）

腸内の善玉菌を増やす

牛乳に乳酸菌を加えて発酵させたものがヨーグルト。各メーカーより多くの種類が市販されており、整腸作用とコレステロール減少などをうたっています。近年はビフィズス菌が生きたまま腸に届くように研究開発されたプロバイオティクス商品に注目が集まっています。

保健効果が証明されたヨーグルトにはトクホ（特定保健用食品）マークがついています。体内での効果は毎日続けて食べることで得られます。

ヨーグルトの種類

プレーンヨーグルト：乳製品のみを調合し発酵させる。後発酵（容器に充填してから発酵）が多いが、前発酵（タンク内で発酵させたのちに容器に充填）もあり。**ハードヨーグルト**：固形のヨーグルト。甘味料や果肉などが加わる。後発酵、前発酵あり。**ソフトヨーグルト**：前発酵させ、攪拌中に果肉などを混合させ、半流動性を持たせる。**フローズンヨーグルト**：前発酵のものをフリージング。**ドリンクヨーグルト**：前発酵のものを均質機などで細かく砕いて液状にしたもの。

ビフィズス菌と乳酸菌の違い

大きな違いは、生息数と作り出すもの。人間の腸内にビフィズス菌は乳酸菌のおよそ数百倍も多く生息している。ビフィズス菌は乳酸菌と同じく乳酸を作り出すが、乳酸と一緒に酢酸やビタミンB群、葉酸も作り出す。

甘・酸　五味
寒　五性
肝・脾・肺　帰経

骨粗しょう症予防

ヨーグルト
カルシウム、たんぱく質
+
果物
ビタミンC

アイスクリーム

食品成分表（可食部100gあたり）

たんぱく質		3.9g
脂質		8.0g
無機質	カルシウム	140mg
	鉄	0.1mg
ビタミン	A β－カロテン当量	30 μg
	B_1	0.06mg
	B_2	0.20mg

おいしさのヒミツ

なめらかな口あたりは、混ぜられた空気の泡や脂肪の粒子のおかげ。乳脂肪の含有量が高いほど、コクのあるまろやかな風味と細やかなキメが作られる。

エネルギー（100g中）
212kcal（アイスクリーム 高脂肪）、180kcal（普通脂肪）、224kcal（ラクトアイス 普通脂肪）、108kcal（低脂肪）、146kcal（ソフトクリーム）

糖質量（100g中）
22.3g（アイスクリーム 高脂肪）、23.1g（普通脂肪）、22.1g（ラクトアイス 普通脂肪）、20.6g（低脂肪）、20.1g（ソフトクリーム）

なめらかでミルキーな冷菓

牛乳、卵黄、砂糖などを混ぜ合わせて凍らせた菓子。数多く市販されていますが、アイスクリームと呼べるのは「乳固形分15%以上、うち乳脂肪が8%以上入っているもの」と定められています。ほかはアイスミルク、ラクトアイス、氷菓があります。食べ過ぎは禁物ですが良質な脂質、たんぱく質などが摂れる、立派な栄養食でもあります。

練乳

食品成分表

（無糖練乳 可食部100gあたり）			（加糖練乳 可食部100gあたり）		
たんぱく質		6.8g	たんぱく質		7.7g
脂質		7.9g	脂質		8.5g
無機質	カルシウム	270mg	無機質	カルシウム	260mg
	鉄	0.2mg		鉄	0.1mg
ビタミン	A β－カロテン当量	18 μg	ビタミン	A β－カロテン当量	20 μg
	B_1	0.06mg		B_1	0.08mg
	B_2	0.35mg		B_2	0.37mg
				C	2mg

ベトナムコーヒー

ベトナムではコーヒーに加糖練乳を入れて飲むのが一般的。濃厚な甘さが特徴で日本でもベトナムコーヒーとして認知され始めている。香港式ミルクティーは紅茶＋無糖練乳。

エネルギー（100g中）
144kcal（無糖練乳）、332kcal（加糖練乳）

糖質量（100g中）
11.2g（無糖練乳）、56.0g（加糖練乳）

とろりと甘い液状の乳製品

牛乳に糖分を加え、約3倍に濃縮させたもので粘度の高い液状の乳製品。別名コンデンスミルク。カロリーが高いのでダイエット向きとはいえません。日本では飲用というより、イチゴやかき氷にかけたり、パンに塗ったり、アイスクリームや菓子の材料にしたりします。砂糖を加えずに牛乳を濃縮した無糖練乳（エバミルク）もあります。

粉乳

食品成分表（可食部100gあたり）

たんぱく質		34.0g
脂質		1.0g
無機質	カルシウム	1100mg
	鉄	0.5mg
ビタミン	B_1	0.30mg
	B_2	1.60mg
	C	5mg

乳脂肪のない粉末牛乳

牛乳から脱水して粉末にしたもので、脱脂粉乳、全脂粉乳、調整粉乳などの種類があります。なかでも脱脂粉乳は乳脂肪分を除去しているので、脂肪は控えたいけれど、たんぱく質やカルシウムは摂りたいという人にぴったり。

乳製品ですが要冷蔵ではなく、インスタントコーヒーなどのコーナーに並んでいることが多いようです。大袋タイプとスティックタイプがあります。

料理にも大活躍

水分がないので手軽に使えて便利な上、栄養価もアップ。ポテトサラダ、肉団子、カレー、シチュー、ハンバーグなどに加えて。冷蔵庫ではなく風通しのよい場所で保存を。

エネルギー（100g中）
500kcal（全粉乳）、359kcal（脱脂粉乳）、514kcal（幼児用調整粉乳）

糖質量（100g中）
39.3g（全粉乳）、53.3g（脱脂粉乳）、55.9g（幼児用調整粉乳）

コレステロールは気にせずに

卵

卵の生食は日本では普通のことですが、それは卵における衛生管理が徹底しているからといわれています。とはいえ、庶民が卵を食べるようになったのは江戸時代の頃。当時は滋養強壮のための薬的扱いで、非常に高価なものでした。低価格で安定した供給が行われるようになったのは昭和に入ってからです。

ビタミンCと食物繊維以外の、体に必要な栄養素を全て含むとされる、小さいけれど大きな力を持った身近な食材。特にビタミンB_2、レシチン、コリンは注目すべき成分です。生、半熟、かたゆで、炒める、生地のつなぎ、菓子など幅広く料理に活用できます。

甘 五味
平 五性
脾·肺 帰経

食品成分表（可食部100gあたり）

たんぱく質		12.3g
脂質		10.3g
無機質	カルシウム	51mg
	鉄	1.8mg
ビタミン	A　β-カロテン当量	17 μg
	B_1	0.06mg
	B_2	0.43mg

殻付き1個あたり：65g
正味：55g ／ 83kcal

料理での使い道も幅広い栄養食品

エネルギー（100g中）151kcal
糖質量（100g中）0.3g

ビタミンB_2

別名「発育のビタミン」。脂質の代謝も助ける

脂質、糖質、たんぱく質を分解し、エネルギーに換える際のサポート役を担います。特に脂質の代謝を助け、皮膚や粘膜を正常に保ちます。また、全身の細胞の再生と成長を促進するため、「発育のビタミン」とも呼ばれています。食品に幅広く含まれており、水溶性ビタミンですが、比較的溶けにくく、熱に強いため、調理損失は少ないといえます。弱点は光に弱く、当たると酸化すること。食材の保管の際は直射日光を避けましょう。

レシチン

コレステロールを排泄し、血流を改善する

リン脂質（リンを含む脂質）の一種で、約13％はコリンが含まれます。細胞膜の主成分であり、細胞膜を活性化させる働きがあるため、不足すると、細胞膜が正常に働かなくなるので注意です。また水と油を混ぜ合わせる乳化作用、酸化防止作用、保水作用などを持ちます。乳化作用によってコレステロールが血液中から排泄され、体全体の血流がよくなります。多く含まれる食品は卵黄や大豆、精白米など。

コリン

脳の健康増進と生活習慣病防止に

体内に入ると、細胞膜や神経組織を構成するレシチンやアセチルコリンの材料となる成分。レシチンは脂質代謝を促して体脂肪の分解を助け、悪玉コレステロール値を減らす働きがあり、アセチルコリンは血管を拡張して血圧を下げる神経伝達物質としての働きがあります。コリンの不足は動脈硬化や肝硬変などの生活習慣病の引き金になるので、豊富に含む卵黄やレバー、大豆、ニシン、ひまわりの種などで補いましょう。

卵の種類

鶏の種類によって、白玉、赤玉があるが、栄養価は同じ。白い殻の卵は白い羽のニワトリ、赤い殻の卵は赤（茶色）の羽のニワトリが産む。ほかに特殊卵として飼料にヨード、ビタミン、ミネラル、α-リノレン酸などを加えて栄養成分を強化したブランド卵がある。

黄身の色の違い

黄身の色が濃いほうがおいしいと思いがちだが、色と卵の味は関係なく、栄養もほぼ同じ。色は鶏のエサに含まれるカロテノイド系色素で決まるといわれている。赤い色素が多いパプリカなどを混ぜたエサを食べると、黄身の色は濃いオレンジ色になる。

風邪予防

卵
たんぱく質

＋

じゃがいも
ビタミンC

保存法

冷蔵庫の卵ポケットに移し替えると雑菌が繁殖しやすいので、パックに入ったまま保存したほうが長持ちする。また、卵は冷凍保存が可能。そのままではなく、容器やフリーザーバッグに入れてから冷凍を。黄身は凍るともっちりとした食感に変わり、ちょっとした珍味に。冷凍した白身や溶き卵は解凍すると元どおりになる。

卵は1日1個までってホント？

卵1個には210mgのコレステロールが含まれている。そのため、摂取量を一日1個に抑えようといわれることが多かったが、最新の研究で、食べ物から摂取したコレステロールが身体全体のコレステロール値に反映されるわけではないことが判明。よって1日1個以上食べても脳卒中や心臓病に影響はない。

風邪のひき始めに“たまご酒”

近年はビン入りの「たまご酒」が市販されているが、家庭でも簡単に作れる。卵の豊富な栄養分と体を温めて血行を促す酒が風邪のひき始めに効く。酒、卵黄、砂糖のほかに、しょうがの搾り汁を加えても。

日本酒を沸かしてから、
卵と砂糖をよく混ぜた
ものを入れるだけ。

賞味期限をすぎたら食べられない？

卵の賞味期限は「安心して生食できる」期間が示されている。賞味期限をすぎても加熱調理をして食べる分には問題はない。ただし、保存状態によって左右されるので、購入後はすぐに冷蔵し、早めに使いきるのが賢明。

卵のサイズで栄養が違う

サイズは卵を産む鶏の成長具合によってSS～LLがある。若い鶏が産む卵は小さいサイズで、成長するにつれて大きい卵を産むようになる。サイズが違っても殻の総重量はほとんど変わらないので、白身部分の割合が大きくなっていると考えられる。黄身はビタミンA、D、Eやミネラルが多く、白身は主にたんぱく質である。

L
64g以上～70g未満

サイズ	ラベル色	基準（鶏卵1個の重量）
LL	●	**70g** 以上 **76g** 未満
L	●	**64g** 以上 **70g** 未満
M	●	**58g** 以上 **64g** 未満
MS	●	**52g** 以上 **58g** 未満
S	●	**46g** 以上 **52g** 未満
SS	●	**40g** 以上 **46g** 未満

ウズラ卵はビタミンB_{12}が豊富

ウズラ（P.213）の卵は水煮が市販されており、何かと便利。小さいが、栄養は豊富で、特にたんぱく質の代謝を促すビタミンB_{12}と、抗酸化作用があるセレンが多く含まれる。中華丼、しょうゆ漬けのほか、コロッケに入れたり、フライにしたり、お弁当にも大活躍。

魚介

青魚

重要な栄養素がぎゅっと詰まった青魚

「青魚は健康にいい」とよく聞きますが、「青魚」という名前の魚は存在しません。青魚とは「背の部分が青く見える魚」のことで「青背の魚」「青物」ともいい、身の色は青ではなく、赤身だったり、白身だったりします。

いずれにせよ、生物学的な分類ではなく、見た目の特徴で分けているだけで、アジ、イワシ、サバのように比較的価格が安い、大衆魚が多いようです。

また、体によいとされる不飽和脂肪酸の「ドコサヘキサエン酸（DHA）」と「エイコサペンタエン酸（EPA）」が魚油に豊富に含まれています。魚離れが止まらないといわれていますが、ぜひ積極的に摂りたいものです。

あなどれない青魚パワー

北極海と北大西洋の間にある島・グリーンランドにはイヌイットと呼ばれる氷雪地帯に住む民族がいる。野菜をほぼ食べないのに心臓病や血液の病気による死亡率が少ない。その研究結果が「不飽和脂肪酸」が豊富な青魚を食べるアザラシの肉や内臓を生食しているから。近年は外来食文化が入り込み、調理法も変化しているといわれ、イヌイットのなかにも心筋梗塞や肥満に悩む人が増えるかもしれない。

缶詰も栄養たっぷり

魚の缶詰は高圧で加熱されることによって骨ごと食べられるため、カルシウムの含有量が生魚よりも圧倒的に多いのが魅力。また、DHAやEPAはもちろん、ビタミンD、E、ナイアシンも豊富。2014年に生産量がツナ缶を抜いてサバ缶が1位に。サンマ缶も人気で、いずれもオイル漬けは高カロリー、みそ煮は塩分多めと考えられ、水煮缶が人気。

下処理と料理ポイント

臭みの元となるのは油や血合い、ぬめり。ポイント：湯通しまたは霜降りをして臭みを逃しておく・煮立たせた煮汁に魚を入れ、再沸騰したら弱火に・臭み消しにしょうがや梅干しを利用・煮込みすぎはNG・手際よく短時間で調理を。

ドコサヘキサエン酸（DHA）

脳を活性化させる

1980年代後半から注目され始めた多価不飽和脂肪酸の一種で、特に魚の油に豊富に含まれています。不飽和脂肪酸の中でもn-3系（オメガ3）脂肪酸といわれるグループに属しており、常温でも固まりにくい性質を持っています。脳を活性化させ、記憶力と知能指数をアップさせます。また、認知症の予防、改善にも効果が期待できるため、普段の食事に積極的に取り入れましょう。

エイコサペンタエン酸（EPA）

血液をサラサラにする

DHAと同じく特に魚の油に豊富に含まれる多価不飽和脂肪酸の一種で、1960年代後半に発見されたといわれます。IPA（イコサペンタエン酸）とも呼ばれます。血管や血液など循環器系の健康維持のために重要な栄養素。血中の中性脂肪値を下げて血栓を防ぐ、いわゆる“血液サラサラ”状態にする効果があります。脂質異常症を予防し、動脈硬化や心筋梗塞から身を守ります。

バランスUP

青魚
DHA、EPA
＋
にんじん
β-カロテン、ビタミンC

アジ

栄養バランスの優れた青魚の代表格

刺身、塩焼き、干物と、調理法も幅広く、小さなアジは唐揚げにして南蛮漬けにすれば骨ごと食べられ、カルシウム補給にもなります。干物は生よりもたんぱく質や質のよい魚油が2倍以上に増えるとされています。天日に干すことで殺菌され、旨み成分が凝縮されます。

「ぜんご(ぜいご)」と呼ばれる、鋭くかたい突起状の稜鱗が体の側線上にあるため、調理の際はそぎ取ります。宮崎県の「冷や汁」や千葉県の「なめろう」など郷土料理にも多く使われています。

食品成分表
（マアジ皮付き 可食部100gあたり）

たんぱく質		19.7g
脂質		4.5g
無機質	**カルシウム**	**66mg**
	鉄	0.6mg
ビタミン	B_1	0.13mg
	B_2	0.13mg

英名 Horse mackerel
和名・別名 鯵
エネルギー（100g中）126kcal
糖質量（100g中）0.1g

1尾あたり（約17cm）：160g
正味：70g ／ 85kcal

マアジ
一般的にアジといえばマアジを指す。なかでも内湾性で季節回遊しないものをキアジ、季節によって回遊するものをクロアジと呼ぶ。鮮度のよいアジは全体的に黄みがかり、オーロラのように輝いている。

関アジ
大分県漁協佐賀関支店の組合員が一本釣りで釣ったマアジのこと。ほかにも各地でブランド化され、熊本県の「あまくさあじ」、静岡県の「倉沢アジ」、宮崎県の「美々鯵」などが知られている。

近年は養殖も進む

「関アジ」など、ブランドアジと呼ばれるものは天然ものだが、養殖ものも多くなっている。「アジのたたき」などの加工品として比較的安価で流通している。

流通カレンダー
1 2 3 4 5 6 7 8 9 10 11 12
日本各地に分布。夏に脂がのっておいしくなる。

甘 五味
温 五性
脾・胃 帰経

イワシ

カルシウムたっぷりの「鰯」は「弱し」が語源

イワシの語源は諸説ありますが、陸にあげるとすぐに死んでしまうので、「弱し」から変化したという説が有力です。日本では主にマイワシ、ウルメイワシ、カタクチイワシの3種。暑くなるにしたがって脂がのってきます。

環境変化などにより、イワシ資源は数十年サイクルで豊漁と不漁の波がありますが、近年は増加傾向で、高級魚化することはないだろうと推察されています。つみれや煮物など、骨ごと食べられる料理がおすすめです。

食品成分表
（マイワシ 可食部100gあたり）

たんぱく質		19.2g
脂質		9.2g
無機質	**カルシウム**	**74mg**
	鉄	2.1mg
ビタミン	B_1	0.03mg
	B_2	0.39mg

英名 Sardine
和名・別名 鰯
エネルギー（100g中）169kcal
糖質量（100g中）0.2g

マイワシ

1尾あたり（約14cm）：120g
正味：60g ／ 101kcal

稚魚はシラス

手軽にカルシウムを摂取できるシラスはカタクチイワシの稚魚。2〜5cmのものをシラス、成長するにつれてジャコ、イワシと呼び名が変わる。また、加工法によっても生シラス、釜揚げシラス、シラス干し、チリメンなどの種類がある。

イワシのさばき方

包丁不要の「手開き」：頭を取ったら中骨と身の間に親指を入れ、骨に沿って指先を滑らせながら、身をはずす。
包丁を使って「大名おろし」：大きいイワシ向き。三枚におろしてから小骨を抜いて。

流通カレンダー
1 2 3 4 5 6 7 8 9 10 11 12
日本近海を中心に広く分布。

甘 五味
温 五性
脾 帰経

サンマ

秋の味覚として食卓を彩る

良質の脂質が栄養補給、動脈硬化などの予防につながるとされるサンマ。

ピンとハリのあるサンマが出回り始めると秋を感じる人も多いはず。手頃な価格で、いろいろな料理で親しまれてきましたが、ここ数年は価格が上昇しています。日本近海の海洋環境の変化による不漁と、中国、台湾など外国漁船による公海での乱獲が原因と見られます。日本はサンマ漁獲量の上限を定める「漁獲枠」の新設を提案するなどして、漁獲量の安定化を図っています。

食品成分表（可食部100gあたり）

たんぱく質		18.1g
脂質		25.6g
無機質	カルシウム	28mg
	鉄	1.4mg
ビタミン	B_1	0.01mg
	B_2	0.28mg

1尾あたり：140g
正味：98g ／ 312kcal

英名 Saury
和名・別名 秋刀魚
エネルギー（100g中） 318kcal
糖質量（100g中） 0.1g

サンマとだいこんおろし

脂質の多いサンマなどの魚はだいこんおろしと合わせると、いっしょに食べるご飯などのでんぷん消化酵素が働いて、消化が促進される。

ほろ苦いハラワタも美味

サンマは胃袋がなく、腸が短いのが特徴。排泄物の残留時間が少ないので、えぐみや臭みのない内臓が食べられる。

流通カレンダー
1 2 3 4 5 6 7 8 9 10 11 12
春～夏に北上、秋に南下する。

ブリ

成長するにつれ呼び名が変わる出世魚

ブリになるまでを、東日本ではワカシ→イナダ→ワラサ、西日本ではツバス→ハマチ→メジロ、北陸地方ではコズクラ→フクラギ→ガンドなどと呼び、地方によっても呼び名が異なります。刺身ならあまり油の多くない、さっぱりめのイナダかワラサがおすすめです。脂がのったブリは照り焼き、あら煮、しゃぶしゃぶなどに。春の産卵に備えて太り、身の締まった12月から1月にかけて漁獲される寒ブリは格別の味です。

食品成分表（可食部100gあたり）

たんぱく質		21.4g
脂質		17.6g
無機質	カルシウム	5mg
	鉄	1.3mg
ビタミン	B_1	0.23mg
	B_2	0.36mg
	C	2mg

英名 Yellowtail
和名・別名 鰤
エネルギー（100g中） 257kcal
糖質量（100g中） 0.3g

1切れあたり：80g ／ 206kcal

養殖もののブリ

戦後養殖が始まり、関西でいうハマチの大きさ（40～60㎝）で出荷されたことから、養殖ものをハマチと呼ぶように。養殖ものは脂がのっていて、日本で流通する約3/4は養殖もの。

ブリだいこん

脂ののったブリと味のしみただいこんが食欲をそそる「ブリだいこん」。ブリには少ないビタミンCをだいこんが補ってくれる。

流通カレンダー
1 2 3 4 5 6 7 8 9 10 11 12
養殖は周年。

サバ

食品成分表
（マサバ 可食部100gあたり）

たんぱく質		20.6g
脂質		16.8g
無機質	カルシウム	6mg
	鉄	1.2mg
ビタミン	B1	0.21mg
	B2	0.31mg
	C	1mg

英名 Mackerel
和名・別名 鯖
エネルギー（100g中）247kcal
糖質量（100g中）0.3g

アジやイワシと並ぶ庶民向きの青魚

一般的にサバと呼ばれているものにはマサバとゴマサバがあります。ゴマサバはマサバよりやや小ぶりで腹部が丸く、体側にある斑点が名前の由来で、サバ節の原料としても使用されています。マサバは秋から冬、ゴマサバは夏が旬。さらに現在ではタイセイヨウサバ（通称ノルウェーサバ）という、体側の模様が直線的ではっきりしている外国産のサバも大量に輸入されています。加工品はほぼタイセイヨウサバです。

マサバ

刺身1切れあたり:80g／198kcal
1尾あたり:500g
正味：300g／741kcal

ゴマサバ

下ごしらえ不要の塩サバ

塩サバは食塩を加えて貯蔵性を高めた加工品。フライパンで焼いて野菜やソースと合わせるだけでメインの一品に。

福岡の郷土料理「ゴマサバ」

サバの品種名ではなく、福岡の郷土料理。サバの刺身をごまとしょうゆで和えたもの。そのまま食べたり、ご飯にのせたり、だし茶漬けにして。

甘 五味
平 五性
胃肺 帰経

流通カレンダー
1 2 3 4 5 6 7 8 9 10 11 12
日本列島近海に広く分布。

サワラ

食品成分表（可食部100gあたり）

たんぱく質		20.1g
脂質		9.7g
無機質	カルシウム	13mg
	鉄	0.8mg
ビタミン	B1	0.09mg
	B2	0.35mg

英名 Spanish mackerel
和名・別名 鰆
エネルギー（100g中）177kcal
糖質量（100g中）0.1g

魚へんに春と書く「鰆」関東では冬が旬

サワラは、産卵のため、晩春から初夏にかけて瀬戸内海に集まるので、関西では春が旬。大きくなると1m以上にもなり、大きいほど値段が高くなります。魚卵や白子とともに食します。一方、関東では脂がのった12～2月の「寒鰆」が好まれるため、冬を旬ととらえています。いずれにせよ、産卵直後の夏以外はおいしい魚です。西日本では冠婚葬祭に使われることも多く、懐石料理に欠かせません。

1切れあたり：80g／142kcal

おいしい調理法

新鮮なサワラは刺身や塩焼きがおすすめ。鍋や吸い物など汁まで食べられる料理にすると栄養成分を逃さず摂取できる。

流通カレンダー
1 2 3 4 5 6 7 8 9 10 11 12

西京漬け

甘みが特徴の西京みそにみりん、酒などを加えて漬け床にし、切り身を漬け込んだもの。銀ダラ、サケなどにも。みそは軽く拭き取って焼く。

シマアジ

食品成分表（可食部100gあたり）

たんぱく質		21.9g
脂質		8.0g
無機質	カルシウム	16mg
	鉄	0.7mg
ビタミン	B_1	0.25mg
	B_2	0.15mg

英名 Striped jack
和名・別名 縞鯵
エネルギー（100g中） 168kcal
糖質量（100g中） 0.1g

ほどよい脂と旨みを持つ「アジの王様」

刺身や寿司ネタとして人気があるシマアジ。アジ類の中では最もおいしいといわれ、かつては一番の高級魚で、手の届かない魚でした。天然ものはいまだに高価ですが、大量放流と養殖の成功により、近年は年中見かけるようになっています。外見は青魚ですが、マダイなどの白身魚とアジの中間的な味わいで、両方のよさを兼ね備えています。体の割に頭が小さく、食べる部分が多いのも特徴。おいしい食べ方はもちろん刺身です。

ハリがあってかたいくらいのものがおいしい。

一般に出回るものの大半が養殖もの

全国各地で養殖が行われているが、多いのは愛媛県、熊本県、大分県。天然ものと比べて脂肪が多い。

流通カレンダー
1 2 3 4 5 6 7 8 9 10 11 12
養殖は周年。

カンパチ

食品成分表（可食部100gあたり）

たんぱく質		21.0g
脂質		4.2g
無機質	カルシウム	15mg
	鉄	0.6mg
ビタミン	B_1	0.15mg
	B_2	0.16mg

英名 Great amberjack
和名・別名 間八
エネルギー（100g中） 129kcal、106kcal（背側）
糖質量（100g中） 0.1g、0.1g（背側）

天然、養殖ともに味に定評のある高級魚

ブリと間違われることも多いようですが、カンパチはブリより脂質が少なく、あっさりとした味わいです。旬は小ぶりのものは秋で大型は秋から冬です。天然、養殖ともに、鮮度の高いカンパチはシコシコとした食感を楽しめ、栄養価も高いのが特徴。刺身はもちろん、塩焼き、照り焼き、西京焼きなど調理法はいろいろ。養殖カンパチの生産量が、国内の約6割を占める鹿児島県では、さまざまな漁協がブランド化を進めています。

刺身1サクあたり：450g／581kcal

日本での地方名は多数

西日本での地方名が多い魚で、東京での呼び名はカンパチ（間八）。正面から見ると目の上に漢字の「八」の字が見える。

流通カレンダー
1 2 3 4 5 6 7 8 9 10 11 12
養殖は周年。

トビウオ

全国に広がった上品な旨みの「アゴだし」

水面を滑空する姿が知られているトビウオ。日本で漁獲量が多いトビウオは、ホソトビウオ、ハマトビウオ、トビウオ（ホントビウオ）など。淡白な味わいで、塩焼きや照り焼きに向いています。九州や山陰地方では「アゴ」と呼び、近年人気なのが「アゴだし」です。さっぱりとして上品な味わいが健康志向の現代にマッチしたのと、流通と通販の発達のたまものといえます。「とびこ」と呼ばれる卵も寿司ネタとして人気。

食品成分表（可食部100gあたり）

たんぱく質		21.0g
脂質		0.7g
無機質	カルシウム	13mg
	鉄	0.5mg
	B_1	0.01mg
	B_2	0.10mg
	C	1mg

英名 Flying fish
和名・別名 飛魚
エネルギー（100g中） 96kcal
糖質量（100g中） 0.1g

トビウオの練り物

トビウオは脂が少ないので練り物に好適。九州や山陰地方では、太いちくわ状に加工したものや、板状のかまぼこ、揚げかまぼこなどがある。

ニシン

おせち料理の定番「春告魚」

別名を「ハルツゲウオ」といい、子孫繁栄の意味も込めて、正月料理や伝統料理に欠かせないニシン。北海道ではかつてニシン漁で財を成した網元による「鰊御殿」が立ち並ぶほどでしたが、乱獲により漁獲量は激減。現在は放流もされ、適度に獲れるようになってきています。スーパーなどで売られている干物は外国産がほとんどで、国産のものは高級品です。ニシンの子が「カズノコ」で、ビタミン類を豊富に含んでいます。

食品成分表（可食部100gあたり）

たんぱく質		17.4g
脂質		15.1g
無機質	カルシウム	27mg
	鉄	1.0mg
	B_1	0.01mg
	B_2	0.23mg

英名 Herring
和名・別名
鰊、春告魚（ハルツゲウオ）
エネルギー（100g中） 216kcal
糖質量（100g中） 0.1g

身欠きニシンの戻し方

身欠きニシンをバットに並べ、米のとぎ汁をたっぷり入れて一晩置く。とぎ汁を捨てて熱湯を回しかけて、そのまま冷ます。よく水洗いして調理する。

サヨリ

高たんぱく、低カロリー体力回復に適した魚

ダツやトビウオに近い種で、食用にはほかにナンヨウサヨリ、ホシザヨリ、クルメサヨリなどがあります。透明感のある銀色の皮が美しいですが、お腹を開くと黒いため、「ハラグロ美人」ともいわれます。細長い魚は総じて脂質が多いのですが、サヨリは良質なたんぱく質を多く含み、低脂肪、低カロリーです。独特の風味と旨みが魅力。皮目もおいしいので一夜干しを皮ごと食べるのもおすすめです。

食品成分表（可食部100gあたり）

たんぱく質		19.6g
脂質		1.3g
無機質	カルシウム	41mg
	鉄	0.3mg
	B_2	0.12mg
	C	2mg

サヨリの料理

香川県には糸造りにしたサヨリと薬味を炊きたてのご飯にのせ、茶漬けにする。関東では日持ちもし、適度に身が締まる酢締めも好まれる。

英名 Halfbeak
和名・別名 鱵、細魚
エネルギー（100g中） 95kcal
糖質量（100g中） 微量

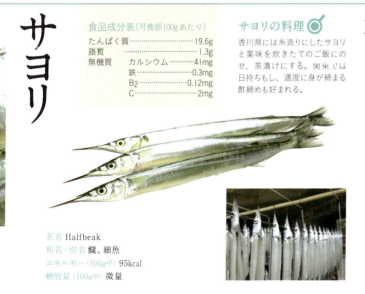

赤身魚

筋肉量の多い回遊魚

　魚は見た目に違いがはっきりとわかる身の色から「赤身魚」と「白身魚」（P.237）に分かれます。それに加え、「青魚」（P.228）があるのでややこしくなりますが「青魚の多くは赤身魚に属する」と考えるのが妥当でしょう。

　赤身魚はアジ、イワシ、サンマ、サバなど群れを作って常に泳ぎ続ける近海性回遊魚（本書では青魚に分類）と、カツオやマグロのようにもっと広い海域を泳ぎ回る遠洋性回遊魚（本書では赤身魚に分類）に分かれます。どちらにしても、休みなく動く回遊魚なので筋肉量が多くなります。しかもその筋肉は「遅筋＝赤筋」であり、また長時間運動するための酸素を運搬する赤い物質へモグロビンやミオグロビンを多く含むことから、赤身となります。

　DHA、EPAが豊富で脂肪分が多く、強い旨みが特徴です。

血合いの角煮

角切りにした血合いを酒を加えた熱湯でさっと下ゆでし、砂糖、しょうゆ、しょうがなどを加え、煮汁が半量になるくらいまで煮詰めて完成。

カツオとマグロも青魚？

青い背を持ち、サバ科に属する魚なので、青魚といっても間違いではない。が、一般的には青魚ではなく、赤身魚の代表とされることが多い。

血合いの栄養素

魚の背身と腹身の間にある、赤黒い部分が血合い。マグロ、カツオ、イワシ、サンマなどに多く見られる。鉄分、ビタミンA、D、B_6、B_{12}、グリコーゲンなどが豊富に含まれ、ダイエット中の鉄分やビタミンの補給におすすめ。

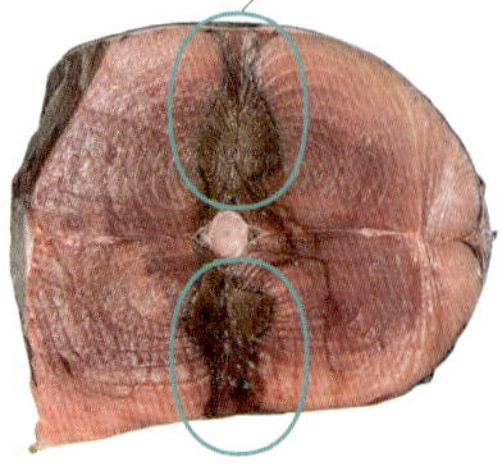
血合い

ヘモグロビンとミオグロビン

どちらも赤色素であるヘムを含むので赤色。ヘモグロビンは全ての脊椎動物の血液に見られる赤血球の中に存在するたんぱく質で、各組織に酸素を運ぶ機能を持っている。ミオグロビンは筋繊維に存在するたんぱく質で、酸素を蓄える働きがある。

「遅筋」と「速筋」

筋肉は大きく「遅筋」と「速筋」に分かれる。遅筋は赤いため赤筋と呼ばれ、動きは遅いがスタミナに優れている。速筋は白っぽいため白筋と呼ばれ、動きは速いが、スタミナがない。これが回遊魚である赤身魚の遅筋（赤筋）の割合が多くなる理由。

ビタミンD

骨を強くする

水に溶けにくく油脂に溶けやすい脂溶性のビタミン。日光を浴びると体内でもある程度作り出せます。小腸や腎臓でカルシウムの吸収を促進する働きと、それによって血液中のカルシウム濃度を保ち、丈夫な骨を作る働きがあります。大量摂取は腎障害などの過剰症をまねくおそれがあるため、サプリメントなどの摂取オーバーには注意。

動脈硬化予防

赤身魚
DHA、EPA
＋
緑黄色野菜
β-カロテン、ビタミンC

たんぱく質と鉄、銅が豊富

カツオ

カツオは世界中の温帯から熱帯海域に分布している回遊魚。日本近海では、初夏に黒潮と親潮がぶつかる三陸海岸沖まで北上し、秋に親潮の勢力が強くなると南下を始めます。北上中のカツオを「初ガツオ」、南下中のカツオを「戻りガツオ」と呼びます。初ガツオは脂がのっていないのでたたきに、戻りガツオは北上する間に産卵に備えてしっかりとエサを食べ、脂がのっているので刺身がおすすめ。DHA、EPAはもちろん、血合いに含まれるビタミンB_{12}は魚肉の中でもトップクラス。赤血球の働きを促進するため、貧血予防に効果があります。ミネラルの一種、セレンも豊富です。

食品成分表
（春獲り可食部100gあたり）

たんぱく質		25.8g
脂質		0.5g
無機質	カルシウム	11mg
	鉄	1.9mg
ビタミン	B_1	0.13mg
	B_2	0.17mg

季節に合わせた食べ方を楽しむ

英名 Skipjack
和名・別名 鰹
エネルギー（100g中）114kcal（春獲り）、165kcal（秋獲り）
糖質量（100g中）0.1g（春獲り）、0.2g（秋獲り）

（秋獲り）1尾あたり：100g／165kcal
（春獲り）刺身1切れあたり：15g／17kcal
背側1サクあたり：250g／285kcal

カツオの背と腹

カツオは三枚におろし、さらに背身と腹身に分けられることが多い。血合いがついている背身は比較的脂肪分が少なく、さっぱりしていて、腹身は脂肪分が多く、脂の旨みを味わえる。背身は煮物や焼き物に、腹身は刺身がおすすめ。

甘 五味
温 五性
脾 帰経

近年人気のトロカツオ

脂がのった新鮮な戻りガツオのことをトロカツオという。マグロのトロに匹敵、あるいは超える味わいが、脂嗜好の日本人に好まれる。

カツオ節って？

カツオ節にはカツオをゆでて（煮熟）、いぶし（焙乾）、乾燥させた「荒節」と、これにカビつけをして、乾かす工程を2回以上した「枯れ節」、3〜4回繰り返した「本枯れ節」がある。荒節は香りがよく、すっきりした味わい。本枯れ節は上品でまろやかな味わい。削って小分けにされたものが市販されている。

荒節

本枯れ節

セレン

アンチエイジングに効く

酵素やたんぱく質の一部を構成し、抗酸化反応（酸化物質により細胞が障害を受けるのを防ぐ反応）において重要な働きをするミネラルです。食品では魚介類、海藻類、豚レバー、卵黄などに多く含まれます。通常の食事をとっていれば不足することはありません。ビタミンCやEと一緒に摂取すると抗酸化作用の効果がアップします。

疲労回復

カツオ
たんぱく質
＋

にんにく
硫化アリル

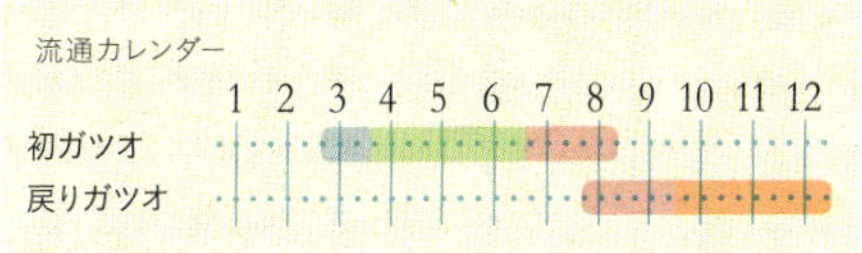

マグロ

味、栄養ともに格別な赤身魚

英名 Tuna　和名・別名 鮪
エネルギー（100g中） 125kcal（赤身）、344kcal（トロ）
糖質量（100g中） 0.1g（赤身）、0.1g（トロ）

刺身｜サクあたり：150g ／ 188kcal
刺身｜切れあたり：14g ／ 18kcal

五味 甘
五性 温
帰経 肝・脾

トロにはDHA・EPAが

刺身や寿司ネタの代表といえるマグロ。日本で消費されるマグロは7種類で、なかでも「ホンマグロ」と呼ばれる太平洋産のタイヘイヨウクロマグロ（単にクロマグロと呼ぶことも多い）は値段が高く、おいしいといわれています。日本近海のものは生で流通され、高級品として取引されます。同じクロマグロと名はつきますが別種に分類されるタイセイヨウクロマグロは地中海を含む太西洋産。地中海での養殖が盛んで、冷凍で日本に輸入されています。また、南半球に分布するミナミマグロも人気です。冷凍技術が発達したため、流通管理の難しい生より冷凍のほうが味の評価が高いこともあります。

マグロは部位により食感、味、栄養価が異なります。赤身はたんぱく質、セレンが豊富、トロ部分にはDHA、EPAが多く、ビタミンA、Dは赤身の3倍以上、ビタミンEは2倍です。ただし、脂質も多いため、トロ1切れには赤身3切れほどのカロリーがあるといわれています。刺身の場合は色で品質を見極めます。赤身なら鮮やかな赤色、トロならくすみのないピンク色、ともに透明感が大事です。

食品成分表
（クロマグロ赤身可食部100gあたり）

たんぱく質		26.4g
脂質		1.4g
無機質	カルシウム	5mg
	鉄	1.1mg
ビタミン	B_1	0.10mg
	B_2	0.05mg
	C	2mg

マグロ缶＝ツナ缶ではない?!

生物学上の分類ではマグロとカツオは異なるが、世界的なツナ缶の原料の主流はマグロではなくカツオ。表示を見て原料を確かめてみて。どちらも良質なたんぱく質、DHA、EPAを含み、栄養面で遜色なし。カロリーは油漬けは水煮の約5倍に。

マグロの王者
タイヘイヨウクロマグロ（ホンマグロ）

体長2.5m前後、重さ500kgにまで成長する。「大間まぐろ」などブランドものも多数。肉質がよく、特に赤身は体に必要な栄養素が豊富。

西日本で消費される
コシナガマグロ

一般的にはあまり知られていない体長1m前後のもの。西日本に回遊してくるため、島根県、山口県、長崎県などで食されている。

ハワイでの呼び名はアヒ
キハダマグロ

脂質が少なく、あっさりとクセのない味わい。ツナ缶の原料としても使われている。

刺身の消費量 No.1
メバチマグロ

名前のとおり、目が大きいのが特徴。外国産も多く、チリ、ペルー、北米からは冷凍ものが、インドネシア、オーストラリアからは生が空輸されている。

海を借りた完全養殖クロマグロが大手水産会社から出荷されている

日本は世界一クロマグロを食べる国。今やクロマグロは新興国でも消費が拡大して、絶滅が危惧されている。資源が枯渇しないように、天然資源に頼らない安定供給体制を目指している。完全養殖とは人工授精させた卵から育てた成魚を親とし、その親同士から生まれた卵をふ化させ生育する方法。完全養殖のクロマグロはおいしいと評判を集めている。冷凍せずに生の状態で店舗に出すが、鮮度の良さも大きな魅力のひとつ。

流通カレンダー
1 2 3 4 5 6 7 8 9 10 11 12
冷凍が周年流通。

白身魚

高たんぱく、低脂肪のヘルシー食材

「赤身魚」（P.234）は海域を泳ぎ回って暮らしている回遊魚であり、遅筋と、赤い色素たんぱく質であるヘモグロビンやミオグロビンが多いことで赤身になります。

一方、「白身魚」はタイ、スズキ、カレイ、ヒラメ、タラ、フグなどの回遊せず、あまり動かない魚です。とはいえ、敵から逃げたり、エサを素早く獲らなくてはならず、瞬発力は必要。そのため、スタミナはないけれど速さのある「速筋＝白筋」（P.234）の比率が高くなります。また、長い運動のためにどんどん酸素を取り込みたい赤身魚より、ヘモグロビン、ミオグロビンも少なくてすむので、白身となるのです。

骨や皮にはフィッシュコラーゲンが豊富に含まれ、総じて脂肪やコレステロールが少なく、高たんぱく、低脂肪で淡白な味わいです。和洋中さまざまな料理に向きます。

いろいろ使える白身魚

種類も多く、あっさりとしてクセがない白身魚は使いやすい食材。調味料やスパイスとの組み合わせで、レパートリーは無限に広がりそう。健康食材である白身魚の料理を毎日の食卓に。

練り物事情

おせち料理やおでんに欠かせない練り物。各地で獲れる魚を原料とするので、地方色豊かである。形や味わい、食感などはさまざま。かまぼこは近年では、価格の低い冷凍スケトウダラを使ったものが多い。必須アミノ酸のバランスもよく、良質なたんぱく質を含み、その上、手軽に調理できるので、利用効率の高い食品といえる。

ハレの日は白

もともと江戸前の握り寿司はマグロやエビなど鮮やかな色のネタが多く、西日本は白身魚が主流だったそう。ハレの色として公家が白を好んだ影響ともいわれている。

フィッシュコラーゲン

肌がぷるぷるになる

たんぱく質であるコラーゲンは肌のシワ予防、血管の健康維持、関節を丈夫にするなどの効果があるといわれ、アンチエイジングには必須の栄養素。魚由来のコラーゲンは動物由来のコラーゲンより吸収効率が約7倍よいといわれているので、同じ量でも魚のほうが効率よく摂取できます。

美肌効果

白身魚
たんぱく質

＋

緑黄色野菜
β-カロテン、ビタミンC

マダイ

食品成分表
（養殖・皮付き 可食部100gあたり）

たんぱく質		20.9g
脂質		9.4g
無機質	カルシウム	12mg
	鉄	0.2mg
ビタミン	B_1	0.32mg
	B_2	0.08mg
	C	3mg

英名 Sea bream
和名・別名 真鯛
エネルギー（100g中）142kcal（天然）、177kcal（養殖）
糖質量（100g中）0.1g（天然）、0.1g（養殖）

祝いの席には欠かせない存在

縁起のいい色、味のよさ、また「めでたい」の語呂に通じることから、日本人の祝い事に欠かせない魚です。七福神の恵比須がタイを持つ姿もよく知られています。体の赤色はアスタキサンチン（P.243）の色素によるものです。頭や骨の部分にはDHAやEPAが豊富で、カブト煮やアラ煮などに適します。「桜鯛」、「紅葉鯛」と呼ばれることからもわかるように、いつの時期もおいしく食すことができます。

タイと名のつく魚

日本には300種以上いるといわれているが、マダイと同じタイ科の魚はキダイ、チダイ、クロダイなど13種にすぎない。

キダイ

小型のものはマダイの代わりに祝宴の折り詰めなどに使われる。

チダイ

体型、色ともにマダイにそっくり。尾びれの後縁が黒くない。

流通カレンダー
1 2 3 4 5 6 7 8 9 10 11 12
養殖は周年。

天然と養殖の脂質

栄養素の違いはさほどないが、脂質は天然ものより、養殖もののほうが2倍ほど多い。

骨から極上のだし

鯛飯や鯛茶漬けは地域により、作り方、盛りつけ、味がかなり違う。タイの骨には旨みがたっぷり含まれている。捨てずにだしを取り、骨の髄まで味わおう。

イシダイ

食品成分表（可食部100gあたり）

たんぱく質		19.5g
脂質		7.8g
無機質	カルシウム	20mg
	鉄	0.3mg
ビタミン	B_1	0.15mg
	B_2	0.15mg

英名 Barred knifejaw
和名・別名 石鯛
エネルギー（100g中）156kcal
糖質量（100g中）微量

磯釣り人のあこがれの的

タイの仲間ではないのにタイを名乗る魚のひとつです。磯釣りをする人にとっては「王者」とされ、釣り魚としてとても人気があります。サザエやウニを殻ごと食べるなど豪快な魚で、良質のたんぱく質、ビタミンD、B_{12}を多く含みます。マダイよりも価格が高いこともしばしばあり、スーパーには並ばず、主に料理店向けとして流通しています。刺身やカルパッチョ、煮つけ、塩焼き、鍋物など幅広い調理法があります。

別名

若いイシダイにはくっきりとした縞模様がついているが、成長すると薄くなり、口の周辺が黒くなることから別名「クチグロ」。

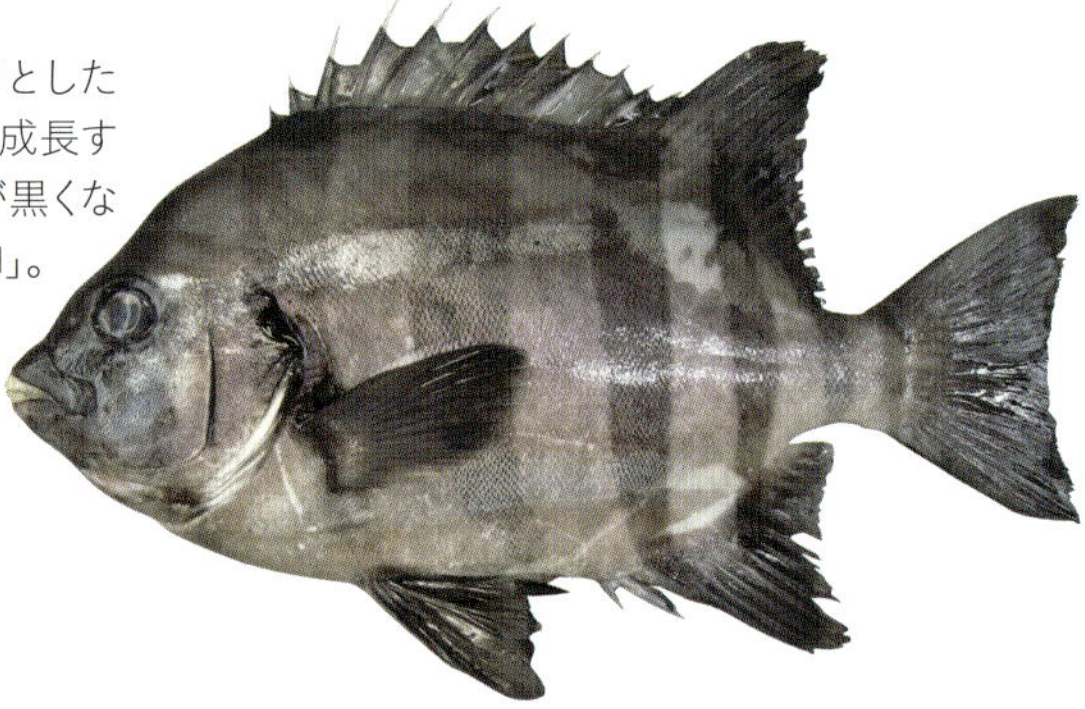

流通カレンダー
1 2 3 4 5 6 7 8 9 10 11 12
冷凍が周年流通。養殖の試みも進行中。

アマダイ

食品成分表(可食部100gあたり)		
たんぱく質		18.8g
脂質		3.6g
無機質	カルシウム	58mg
	鉄	0.3mg
ビタミン	B1	0.04mg
	B2	0.06mg
	C	1mg

アマダイの「冷汁」

一部地域では「サツマ汁」とも呼ばれる。こんがり焼いたアマダイの身と麦みそをすりつぶし、アマダイの頭、骨、皮でとっただし汁でのばし、薬味を加えて完成。ご飯にかけても。

英名 Tilefish
和名・別名 甘鯛、グジ
エネルギー(100g中) 113kcal
糖質量(100g中) 微量
旬 10〜3月

関西では「グジ」として人気を誇る

これもタイとは別のアマダイ科の魚。日本には5種類いますが、シロアマダイ、アカアマダイ、キアマダイの3種類がほとんどを占めています。名前のとおり、甘みがあり、身はやわらかく、脂肪分が少ないので病中病後、中高年層にも適します。関西ではグジと呼ばれ、かぶら蒸し、酒蒸し、昆布締め、西京漬けなど、特に京料理には欠かせない高級魚。寒い時期に福井県若狭湾で獲れる「若狭グジ」は背開きにして塩をし、ウロコを落とさずに焼き上げる「若狭焼き」が有名です。

キンメダイ

食品成分表(可食部100gあたり)		
たんぱく質		17.8g
脂質		9.0g
無機質	カルシウム	31mg
	鉄	0.3mg
ビタミン	B1	0.03mg
	B2	0.05mg
	C	1mg

栄養満点の深海魚

カルシウムの吸収を助けるビタミンDも多く含まれる。ビタミン B_{12} は切り身100gで1日に必要な摂取量の約半分を含み、マグネシウムも豊富。独特の臭みがあるので、にんにく、しょうが、ハーブなどを利かせて調理して。

英名 Splendid alfonsino
和名・別名 金目鯛
エネルギー(100g中) 160kcal
糖質量(100g中) 0.1g
旬 11〜7月

1切れあたり：80g ／ 128kcal

赤い体と大きな金色の目が特徴

目が金色に光るところから名づけられたキンメダイ。タイとは別の仲間に属しますが、地方によってはマダイの代わりに祝い事の魚として使われています。脂がのったやわらかな白身は、なんといっても煮つけに向き、目の周りの身が美味とされ、とりわけ人気の部位です。いまや、マダイよりも価格が高い場合もあります。深海魚のため、手間や経費がかかることも高騰の理由でしょう。

メバル

食品成分表(可食部100gあたり)		
たんぱく質		18.1g
脂質		3.5g
無機質	カルシウム	80mg
	鉄	0.4mg
ビタミン	B1	0.07mg
	B2	0.17mg
	C	2mg

おいしく食べる

小さめなら丸のまま唐揚げに。二度揚げすれば、骨まで食べられる。煮る場合は強火で煮ると身がすぐにくずれるので注意して。

英名 Rockfish
和名・別名 目張
エネルギー(100g中) 109kcal
糖質量(100g中) 微量
旬 2〜6月

ウスメバル

アカメバル

1尾あたり：200g
正味：90g ／ 98kcal

定番料理は煮つけと塩焼き

2008年のDNA解析により、メバルは3種であることがわかり、その総称とされています。3種とはアカメバル、シロメバル、クロメバルの3種で、体の色は異なりますが、いずれも目が大きく、張り出しているところは同じです。日本各地に生息していて、釣り人にも人気の高い魚です。旬のものは身離れがよく、煮つけや塩焼きがおすすめです。種類は違いますが、メバルとして最近よく目にするのはウスメバルです。

ノドグロ（アカムツ）

食品成分表（可食部100gあたり）		
たんぱく質		21.1g
脂質		12.8g
無機質	カルシウム	64mg
	鉄	1.3mg
ビタミン	B_1	0.12mg
	B_2	0.10mg

ノドグロという呼び名

もともとは島根県、鳥取県、富山県など日本海側での地方名。県をあげてブランド化を進めるなどして次第に全国で知られるようになった。

英名 Blackthroat seaperch
和名・別名 赤鯥（アカムツ）、喉黒
エネルギー（100g中）193kcal
糖質量（100g中）0.6g

「白身のトロ」と呼ばれる高級魚

正式な標準和名は「アカムツ」。近年は「ノドグロ」という呼称が一般的になりつつあります。よく似た魚にクロムツ、ムツなどがありますが、別の仲間です。ノドグロはカリウムなどの栄養が豊富で、皮下に旨みや脂があり、口の中でとろけるような食感から「白身のトロ」といわれます。島根県のノドグロの開き干し、みりん干し、煮干し、福井県のノドグロの「ささ漬け」などが名産品として知られています。

イサキ

食品成分表（可食部100gあたり）		
たんぱく質		17.2g
脂質		5.7g
無機質	カルシウム	22mg
	鉄	0.4mg
ビタミン	B_1	0.06mg
	B_2	0.12mg

英名 Chicken grunt
和名・別名 伊佐幾
エネルギー（100g中）127kcal
糖質量（100g中）0.1g
旬 10～3月

イサキの「さんが焼き」

身をぶつ切りにし、みじん切りにした長ねぎ、みそとともに細かくたたく。それを小判形に成形してフライパンで焼けば完成。

初夏の刺身は絶品の味

暖流域の外洋に面した磯や沿岸近くに生息し、成魚は全長約40cm。小さめのほうが美味とされています。脂がのった初夏の刺身はマダイなどの高級魚に匹敵するおいしさ。刺身以外でもさまざまな調理法で楽しめます。初夏から夏を旬とする魚はさっぱり系が多いなか、比較的脂肪が多め。ビタミン類ではD、E、A、B_1、B_{12}などを含みます。鮮度がよくても目が濁って見えるため「イサキの生き腐れ」といわれます。

スズキ

食品成分表（可食部100gあたり）		
たんぱく質		19.8g
脂質		4.2g
無機質	カルシウム	12mg
	鉄	0.2mg
ビタミン	B_1	0.02mg
	B_2	0.20mg
	C	3mg

東京湾が漁獲量日本一

全国に出荷されているスズキの約4割を誇る東京湾。特に千葉県船橋市のスズキはブランド扱いされるほど。

英名 Sea bass　和名・別名 鱸
エネルギー（100g中）123kcal　糖質量（100g中）微量
旬 6～9月

独特の風味がある夏が旬の出世魚

海岸近くや河川に生息する大型の肉食魚。初夏から夏の時期は身に弾力があって風味がよく、京都や大阪では洗い（薄くそぎ切りにして、氷水でさっと締める）が人気です。夏の活魚はいまだに高価ですが、高級魚というイメージは薄れています。秋から初冬の子持ちの腹太スズキも美味。関東ではセイゴ→フッコ→スズキ→オオタロウ（100cm～）、関西ではセイゴ→ハネ→スズキと呼び名が変わる出世魚です。

五味 甘
五性 平
帰経 脾・胃・肝・腎

カレイ

あらゆる料理に合うクセのない味が特徴

カレイは種類が多く、日本で40種、世界で30種ほどが知られています。食すのは30～50cmくらいのものが主流で、夏は身が繊細で脂ののりがよく、冬は子持ちガレイの卵が美味。卵とともに煮つけます。種類により、おいしい時期に幅広い調理法で食せます。低カロリーで消化しやすいので病人食、離乳食にも好適。動脈硬化の予防や血糖値が上がるのを抑制する効果のあるタウリンを豊富に含みます。

食品成分表（可食部100gあたり）

たんぱく質		19.6g
脂質		1.3g
無機質	カルシウム	43mg
	鉄	0.2mg
ビタミン	B1	0.03mg
	B2	0.35mg
	C	1mg

カレイの種類

「マコガレイ」は獲れる場所により、呼び名や味が違い、刺身でも煮魚でもおいしい高級魚。「マガレイ」は目と目の間にウロコがないのが特徴で塩焼きや煮つけに。「イシガレイ」は釣りの対象魚としても人気。

英名 Flounder
和名・別名 鰈
エネルギー（100g中） 95 kcal
糖質量（100g中） 0.1g
旬 4～11月

1尾あたり:200g
正味：100g ／ 95kcal

ヒラメ

養殖も盛んな味のよい白身魚

カレイと似ていますが、ヒラメは右目が体の左側に移動しています。1～2月の「寒ビラメ」は脂がのり、かつ淡泊できめ細かい身で古くから日本人に好まれてきました。身は刺身やフライに、ヒレのつけ根にある縁側は刺身や寿司のネタに活用されています。寿命は数年程度で、その分成長も早いので養殖も盛んです。天然ものとの差はあまりなく、年々味がよくなっています。

食品成分表（天然 可食部100gあたり）

たんぱく質		20.0g
脂質		2.0g
無機質	カルシウム	22mg
	鉄	0.1mg
ビタミン	B1	0.04mg
	B2	0.11mg
	C	3mg

左ヒラメに右カレイ

ヒラメとカレイはふ化後約1ヶ月くらいにはヒラメは右目が左側に、カレイは左目が右側に移動。ヒラメの目は平たくてハート形、カレイは砂に潜っても獲物が確認できるように出目という違いがある。

英名 Olive flounder
和名・別名 平目
エネルギー（100g中） 103kcal
糖質量（100g中） 微量
旬 10～3月 養殖は周年

シタビラメ

フランス料理のムニエルが定番

シタビラメとして食べられているのはアカシタビラメ、クロウシノシタ、イヌノシタの3種類。輸入ものが手頃な値段で手に入ります。魚の切り身に塩、こしょうで味つけをし、小麦粉をまぶしてバターで焼くというフランス料理「ムニエル」が定番です。カリッとした食感とジューシーな身が楽しめます。ムニエル用の切り身が売られているので、洋風魚メニューにしたいときにおすすめです。

食品成分表（可食部100gあたり）

たんぱく質		19.2g
脂質		1.6g
無機質	カルシウム	36mg
	鉄	0.3mg
ビタミン	B1	0.06mg
	B2	0.14mg
	C	1mg

ムニエルに適した魚

カレイ、サケ、タラやアジなど淡白でクセのない魚がおすすめ。下味にカレー粉やスパイスを加えてもおいしい。

ムキ身

英名 Tonguefish
和名・別名 舌平目
エネルギー（100g中） 96kcal
糖質量（100g中） 微量
旬 5～11月

カマス

食品成分表(可食部100gあたり)

たんぱく質		18.9g
脂質		7.2g
無機質	カルシウム	41mg
	鉄	0.3mg
ビタミン	B_1	0.03mg
	B_2	0.14mg

豊富なビタミンD

1尾で1日の必要量が摂取できる。ビタミンDはカルシウムやリンの体内吸収を促し、骨や歯の形成をサポートする。

ヤマトカマス

1尾あたり:160g
正味:95g ／ 141kcal

英名 Barracuda
和名・別名 魳、梭子魚(サシギョ)
エネルギー(100g中) 148kcal
糖質量(100g中) 0.1g
旬 9～6月

スマートなわりに口は大きい

カマスはカマス科カマス属の魚の総称で、日本では10種類ほどいます。一般に市場に出ているのはアカカマスとヤマトカマスの2種。どちらも細長くスマートですが、魚を捕食する魚食性で攻撃的といわれます。アカカマスはホンカマスとも呼ばれ、最も味がよく、人気もあり、値段も高め。鮮度がよければ刺身に。ヤマトカマスは「ミズカマス」と呼ばれるだけあり、水っぽく味的には劣ります。よく見かける背開きの干物はほとんどがヤマトカマスです。

カサゴ

食品成分表(可食部100gあたり)

たんぱく質		19.3g
脂質		1.1g
無機質	カルシウム	57mg
	鉄	0.3mg
ビタミン	B_1	0.03mg
	B_2	0.06mg
	C	1mg

煮つけが一番

鮮度がよいものは刺身がおすすめ。脂肪分が少ないわりに旨みがあり、小さめの魚なのでウロコとワタを除いて丸ごと煮つけにするのが一番。

英名 Marbled rockfish
和名・別名 瘡魚、笠子
エネルギー(100g中) 93kcal
糖質量(100g中) 0.1g
旬 11～4月

見た目は悪いが味がいい魚の代表格

カサゴはメバル科カサゴ属に含まれる魚の総称で、一般にカサゴと呼ばれるものにはいくつか種類があります。沿岸の比較的浅い場所の岩礁域などの物陰に潜み、釣り人にはなじみのある魚です。トゲだらけの武骨な外見とは裏腹に、身は白くて美しく、上品な味わいが特徴。アラからもいいだしが取れるので海外ではブイヤベースなどによく使われています。

キンキ(キチジ)

食品成分表(可食部100gあたり)

たんぱく質		13.6g
脂質		21.7g
無機質	カルシウム	32mg
	鉄	0.3mg
ビタミン	B_1	0.03mg
	B_2	0.07mg
	C	2mg

キンキではない赤魚

「赤魚」と表記され、切り身や西京漬けなどで売られているものはキンキではない。メバル科などの輸入メヌケ類の魚。

1尾あたり:340g
正味:136g ／ 356kcal

英名 Idiot fish
和名・別名 喜知次
エネルギー(100g中) 262kcal
糖質量(100g中) 微量
旬 10～3月

甘辛い煮つけは最上の料理

正式名称は「キチジ」というキチジ科の深海魚。聞き慣れている呼び名「キンキ」は別名です。太平洋側で獲れる魚で、近年は漁獲量が減り、非常に高い値段で取引されています。たっぷりと脂がのった甘辛い煮つけは、見た目にも美しく華やか。料理店でも年々その値段は高くなっているようです。そのほか、刺身、背開きにした干物や、かす漬けも絶品です。

サケ

アスタキサンチンで抗酸化

　塩焼き、寿司ネタ、シチューやムニエルなど料理法も幅広く、朝食、夕食、お弁当にと見事な働きぶりを見せるサケ。マグロと並び、日本人の好きな魚として知られています。強い抗酸化作用を持ち、ビタミン類も豊富。皮にはコラーゲンがたっぷりで、女性にはアンチエイジングの食材として人気を集めています。

　一般に日本でサケといえばシロザケ、ギンザケ、ベニザケの3種類ですが、ほかにマスノスケ（キングサーモン）、サクラマス（ヤマメ）、ニジマス（トラウトサーモン）も学術的には同じサケ科サケ属です。淡水と海水に対応でき、河川で産まれ、海で成長、産卵で河川に戻るという生態的な特徴が有名。生での流通はもちろん、塩蔵品や燻製品も多い状況。缶詰は焼いたサケよりカルシウム含有量（100gあたり）が約10倍で、子どもや骨粗しょう症が心配な中高年層におすすめです。

食品成分表
（しろさけ可食部100gあたり）

たんぱく質		22.3g
脂質		4.1g
無機質	カルシウム	14mg
	鉄	0.5mg
ビタミン	**D**	**32.0mg**
	B_1	0.15mg
	B_2	0.21mg
	C	1mg

年代を問わず 万人に愛される魚

英名 Salmon
和名・別名 鮭
エネルギー（100g中） 133kcal
204kcal（ギンザケ）、138kcal（ベニザケ）、
133kcal（シロサケ）、
237kcal（アトランティックサーモン）、
120kcal（キングサーモン）、
224kcal（トラウトサーモン）
糖質量（100g中） 0.1g
0.3g（ギンザケ）、
0.1g（ベニザケ）、
0.1g（シロサケ）、
0.1g（アトランティックサーモン）、
微量（キングサーモン）、
0.1g（トラウトサーモン）

サケは赤いのに白身魚？

白身魚＝白い身とは限らない。サケやマスの身はピンクや赤なので赤身魚と思われがちだが、白身魚に分類される。エサとしているエビやプランクトンなどの甲殻類から赤い色素のアスタキサンチンが蓄積されて筋肉が赤みを帯びているというわけ。

新巻ザケと塩ザケ

保存日数を延ばすため、サケの内臓を除いて塩漬けにしたものが「新巻ザケ」。用いる塩の量をさらに多くしたものが「塩引きザケ（塩ザケ）」。シロザケ、ベニザケなどで作られている。

一般的にサケと呼ばれるシロザケ

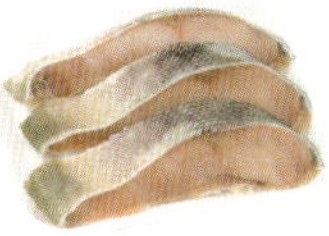

体長70～100㎝。国内で獲れた天然のシロザケは漁獲時期や成熟度によって呼び名がある。秋に遡上するものをアキアジ（秋味）、初夏に水揚げされるものをトキシラズ（時不知）、さらに成熟前の状態で捕獲されたものはケイジ（鮭児）。また卵巣はスジコ、1粒ずつバラバラにしたものがイクラで、寿司ネタとして人気。

甘 五味
温 五性
脾 帰経

養殖生産が盛ん トラウトサーモン

主にチリとノルウェーから輸入されるニジマスのこと。サーモントラウトとも。旨みや脂肪分が高く寿司ネタにも。

きれいな紅色が特徴 ベニザケ

体長50～70㎝。肉質がよく、値段も高め。ロシアやカナダからの輸入が多くなっている。

高級寿司ネタに キングサーモン

正式名はマスノスケ。体長1.5mほどの大型のサケ。サーモンの王様は、脂ののりも一番で脂が好きな日本人には人気。

脂がたっぷり ギンザケ

体長85㎝ほど。日本にはほとんど回遊せず、宮城県やチリの養殖ものが多いのが現状。

寿司ネタに アトランティックサーモン

タイセイヨウサケのこと。ノルウェーサーモンとも呼ばれ、ノルウェー北西海岸の養殖ものを日本も多く輸入している。

流通カレンダー
1 2 3 4 5 6 7 8 9 10 11 12
養殖サーモンなど周年。

アスタキサンチン　美容と炎症予防に

エビ、カニなどの甲殻類、タイ、サケなどの魚類など、赤い海産物に含まれる赤い天然色素のこと。トマトのリコピン、ニンジンのβ-カロテンと同じカロテノイドの一種です。非常に強い抗酸化成分で、抗炎症作用があり、紫外線によるシミ、シワの発生を予防。また、目の中の炎症に対する予防効果の可能性が示されています。

美肌効果

サケ
ビタミンD、たんぱく質

＋

豆腐
カルシウム

ウナギ

英名 Eel
和名・別名 鰻
エネルギー（100g中）
255kcal
糖質量（100g中）
0.3g

食品成分表（可食部100gあたり）

たんぱく質		17.1g
脂質		19.3g
無機質	カルシウム	130mg
	鉄	0.5mg
ビタミン	A　**レチノール**	**2400μg**
	β－カロテン当量	1μg
	B_1	0.37mg
	B_2	0.48mg
	C	2mg

日本人に欠かせない夏のスタミナ源

土用の丑の日に食卓にのぼるなど、古くから日本人にはなじみ深い魚です。豊富なビタミンAをはじめ、EPA、DHA、ビタミンB_1、ビタミンB_2、鉄、カルシウムなど体に必要な栄養素がたっぷり含まれており、疲れたとき、特に夏バテを防ぐために食されます。天然ものは貴重で、その味わいは別格。蒲焼きや白焼き、ひつまぶしなど地域に根づいたさまざまな食べ方があります。

市販品をふっくらさせる方法

・酒を振って電子レンジでラップをせずに加熱する・フライパンに酒とともに入れ、フタをして蒸し焼きにする・アルミ箔に皮を上にして酒を振りかけ、フライパンにのせ加熱・ほうじ茶を脇に置いて温めると炭火焼きのような香りがつく、など。

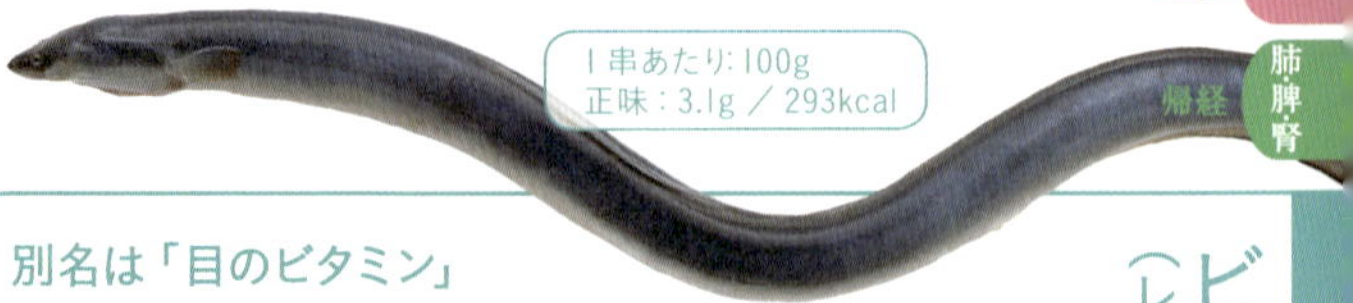

1串あたり：100g
正味：3.1g／293kcal

五味 甘
五性 平
帰経 肺脾腎

ウナギの養殖事情

近年は養殖用の稚魚（シラスウナギ）が獲れなくなり、価格が高騰している。減少の理由は海洋環境の変化、乱獲、親ウナギの住処となる川の環境の悪化などが考えられ、2014年、国際自然保護連合はニホンウナギを絶滅危惧種に指定。今後、ウナギ風味のナマズ（P.246）が救世主になるか興味深いところ。

流通カレンダー
1 2 3 4 5 6 7 8 9 10 11 12
養殖は周年。

ビタミンA（レチノール）

別名は「目のビタミン」

皮膚、髪の毛、爪などの細胞の活性化や、喉や鼻などの粘膜に働いて細菌から体を守る＝免疫力アップ、風邪予防、がん予防が期待できます。また、目の網膜で光や色に反応して視覚情報を伝えるたんぱく質の成分になっています。脂溶性ビタミンのため、炒め物など、油と一緒に摂りましょう。過剰摂取は肝障害などを起こすおそれがあるので注意。

アンコウ

英名 Goosefish
和名・別名 鮟鱇
エネルギー（100g中）
58 kcal、445kcal（肝）
糖質量（100g中）
0.3g、2.2g（肝）

食品成分表（可食部100gあたり）

たんぱく質		13.0g
脂質		0.2g
無機質	カルシウム	8mg
	鉄	0.2mg
ビタミン	B_1	0.04mg
	B_2	0.16mg
	C	1mg

鍋の季節の到来を感じる

水深600mくらいまでの深海で生息する平べったい魚。アンテナのような誘引突起を揺らし、エサと間違えて寄ってきた獲物を捕らえます。身、肝、胃袋、皮、えら、ヒレ、卵巣は「アンコウの七つ道具」と呼ばれ、鍋料理には全て入れるのが本来のレシピといわれています。白子には核酸が含まれています。パック詰めされている場合は、身に透明感があり、ピンク色ののものを選びましょう。

アンコウの価値は肝の大きさで決まる

酒のつまみとしておなじみの「あん肝」。アンコウの肝を蒸したもので、フォアグラと並ぶ珍味とされている。肝にはビタミンA、B_{12}、D、E、セレンなどが豊富に含まれている。

流通カレンダー
1 2 3 4 5 6 7 8 9 10 11 12

核酸

細胞の分裂と再生に必須

体内には数十兆個の細胞があり、それらは毎日生まれ変わっています。その細胞の分裂と再生に必須の物質が核酸です。白子や煮干し、タラなどに豊富に含まれ、遺伝子の修復や細胞の活性化、またビタミンB群が体内で機能するのを助ける働きを持っています。がんや認知症、動脈硬化の予防にも効果があると期待されています。

甘 五味
平 五性
脾・胃 帰経

シラウオ

英名 Icefish
和名・別名 白魚
エネルギー（100g中）77kcal
糖質量（100g中）0.1g
旬 9～12月

食品成分表（可食部100gあたり）

たんぱく質		13.6g
脂質		2.0g
無機質	カルシウム	150mg
	鉄	0.4mg
ビタミン	B_1	0.08mg
	B_2	0.10mg
	C	4mg

透き通った体が特徴の小魚

河口付近の海水と淡水が混在している水域に生息する、体長5～10cmの小魚です。新鮮であればあるほど透明で、時間が経つと白っぽくなります。丸ごと食べるので、骨の形成に必要なミネラルを手軽に摂取できます。新鮮なら生のままわさびじょうゆや酢の物などにして食します。寿司ネタとしてシラウオの軍艦巻きもよく知られています。

シロウオ

英名 Ice goby
和名・別名 素魚
旬 1～4月

踊り食いで有名な春を告げる小魚

シラウオと名前や外見が似ているので混同されやすいですが、別の種類の魚で、ハゼの仲間です。体長3～6cmで茶を帯びた透明ですが、死ぬと白くなります。漁獲量は減少傾向にあり、かつてより高価なイメージ。春の風物詩として旬の時期の「踊り食い」で知られています。そのほかシラウオと同じように、酢の物、天ぷら、卵とじなどに調理されます。

アユ

英名 Ayu
和名・別名 鮎
エネルギー（100g中）100kcal
糖質量（100g中）0.1g
旬 6～10月

食品成分表
（天然・生 可食部100gあたり）

たんぱく質		18.3g
脂質		2.4g
無機質	カルシウム	270mg
	鉄	0.9mg
ビタミン	B_1	0.13mg
	B_2	0.15mg
	C	2mg

1尾あたり：70g
正味：35g

塩焼きは夏の風物詩

串打ちされてこんがり焼き色のついた塩焼きは夏の訪れを知らせてくれます。また、秋に旬をむかえる子持ちのアユも人気。ただ天然ものは少なく、ほとんどが養殖ものですが、天然ものより脂がのっていて、ビタミンB_{12}、各種ミネラル以外は栄養価も高くなっています。

ワカサギ

英名 Pond smelt
和名・別名 公魚
エネルギー（100g中）77kcal
糖質量（100g中）0.1g
旬 1～3月

食品成分表（可食部100gあたり）

たんぱく質		14.4g
脂質		1.7g
無機質	**カルシウム**	**450mg**
	鉄	0.9mg
ビタミン	A β-カロテン当量	2 μg
	B_1	0.01mg
	B_2	0.14mg
	C	1mg

1尾あたり：10g ／ 8kcal

丸ごと食べて骨を丈夫に

小さいながらも栄養価の高いヘルシーな淡水魚です。極寒のなか、氷の張った池や湖に穴をあけ、釣り糸を垂らして釣る「ワカサギ釣り」は冬の風物詩。産卵期の子持ちは格別においしいとされています。定番の天ぷらのほか、塩焼き、唐揚げ、佃煮、甘露煮などに。傷みが早いので、できる限りツヤがあり、銀色に輝く新鮮なものを選びましょう。

フグ

英名 Globefish
和名・別名 河豚
エネルギー（100g中） 85kcal
糖質量（100g中） 0.2g

食品成分表（トラフグ 可食部100gあたり）

たんぱく質		19.3g
脂質		0.3g
無機質	カルシウム	6mg
	鉄	0.2mg
ビタミン	B_1	0.06mg
	B_2	0.21mg

五味 甘
五性 温
帰経 脾・肝・肺

冬のごちそう フグ尽くし

フグの魅力は淡白な中に強い旨みがある点で、熟成させたほうがおいしい魚です。世界でおよそ120種、日本には約45種類が分布し、食用とされるのはトラフグ、マフグ、カラスフグなど。身は刺身や鍋、コラーゲンの多い皮は煮こごり、ヒレはひれ酒で楽しむことができます。刺身は身がかたく繊維が多いので極薄切りにして食します。フグを山口県下関では「フク」、関西では毒にあたると死ぬことから「テッポウ」、刺身を「テッサ」、鍋を「テッチリ」と呼んでいます。

トラフグの養殖事情

水産庁により養殖が推進され、ハマチ、タイなどの養殖業者がトラフグ養殖に転換し、生産量が増加したといわれている。さらに冷凍技術と流通の発展により、以前より気軽に、季節を問わず食べられるようになっている。

カジカ

食品成分表（可食部100gあたり）

たんぱく質		15.0g
脂質		5.0g
無機質	**カルシウム**	**520mg**
	鉄	2.8mg
ビタミン	B_1	0.03mg
	B_2	0.38mg
	C	1mg

カジカの子のしょうゆ漬け

北海道では秋の定番で、粒が大きめのケムシカジカの卵がおすすめ。ご飯にのせて食べると美味！

ケムシカジカ

ニジカジカ

英名 Japanese sculpin
和名・別名 鰍、杜父魚、河鹿
エネルギー（100g中） 111kcal
糖質量（100g中） 0.2g
旬 9～1月

産地で親しまれる「ゴリ料理」

淡水産と海水産があり、淡水産は養殖も行われています。「ゴリ」というのは通称で、カジカやハゼの仲間を指します。新鮮なものはもちろん刺身に、そのほか唐揚げ、鍋物、卵とじ、骨酒などに。ゴリを獲るときに用いられる「ゴリ押し漁」は川底に固定した網に無理やり追い上げる方法のこと。強引に事を進めるときに使う「ゴリ押し」の語源ともいわれています。

ナマズ

食品成分表（可食部100gあたり）

たんぱく質		18.4g
脂質		8.6g
無機質	カルシウム	18mg
	鉄	0.4mg
ビタミン	A β-カロテン当量	7 μg
	B_1	0.33mg
	B_2	0.10mg

近畿大学の「ナマズの蒲焼き」

マグロの完全養殖を成功させた大阪・近畿大学がウナギ風味のナマズを開発。すでに一部大手スーパーではナマズの蒲焼きとして販売、ウナギ高騰の昨今、注目されている。

英名 Freshwater catfish
和名・別名 鯰
エネルギー（100g中） 159kcal
糖質量（100g中） 微量
旬 4～1月

田んぼやエサが減り絶滅が心配される

体長が最大で60㎝。淡水魚ですが、生臭さと小骨の少ない白身で、昔は全国各地で食されていました。現在は食べた経験のない人も多いようですが、人工授精や共食いさせない技術が開発され、養殖も定着しつつあります。タイやベトナムで養殖されているチャーはナマズの仲間のパンガシウス属。日本にも輸入されており、白身魚のフライとして知らぬ間に食べているはずです。

タラ

英名 Cod
和名・別名 鱈
エネルギー（100g中）77kcal
糖質量（100g中）0.1g
旬 10月〜3月

食品成分表
（マダラ 可食部100gあたり）

たんぱく質		17.6g
脂質		0.2g
無機質	カルシウム	32mg
	鉄	0.2mg
ビタミン	B_1	0.10mg
	B_2	0.10mg

さまざまな利用法で活躍する魚

一般にタラといえばマダラを指します。大きいと1m以上にもなり淡白な味が魅力で、鍋物によく使われます。マダラの白子（精巣）は核酸（P.244）が含まれ、非常にコクがあり、高級品として扱われています。スケトウダラ（スケソウダラ）はマダラに比べて小さく、主に塩漬けや干物、練り物などに加工されています。そのスケトウダラの真子（卵巣）を塩漬けにして味つけ、熟成させたものがタラコ、とうがらしを主に使用して辛く味つけしたものが辛子明太子です。

マダラ

鹹 五味
平 五性
肝・腎・脾 帰経

銀ダラはタラの仲間？

タラと名はついているが、仲間ではない。近年の脂嗜好からか、価格は高騰気味。カナダなどの養殖ものがチルドで輸入されている。

アナゴ

英名 Conger eel
和名・別名 穴子
エネルギー（100g中）161kcal
糖質量（100g中）微量
旬 9月

食品成分表（可食部100gあたり）

たんぱく質		17.3g
脂質		9.3g
無機質	**カルシウム**	**75mg**
	鉄	0.8mg
ビタミン	B_1	0.05mg
	B_2	0.14mg
	C	2mg

関東では煮る関西では焼く

海水と淡水が混じり合う沿岸の砂泥底に生息しています。ウナギよりも淡白な味で、江戸前の天ぷらや寿司には欠かせない、栄養バランスのよい白身魚。近年は輸入ものも増えてきています。関東では主に煮アナゴですが、関西では焼きアナゴが一般的。大きいものは干物などにします。早春の限られた時期にだけ獲れる幼魚「ノレソレ」は珍味とされ、生食されます。

アナゴ飯

アナゴのアラ、昆布などで取っただしとしょうゆで炊いたご飯の上に、アナゴの蒲焼きをのせたもの。広島県瀬戸内地域の郷土料理。

甘 五味
温 五性
肝・脾・腎 帰経

タチウオ

食品成分表（可食部100gあたり）

たんぱく質		16.5g
脂質		20.9g
無機質	カルシウム	12mg
	鉄	0.2mg
ビタミン	B_1	0.01mg
	B_2	0.07mg
	C	1mg

皮が化粧品に？

口紅やアイシャドウなどの化粧品に利用されている、キラキラと輝くパールカラーの原料はタチウオの皮。銀白色に輝いている皮のグアニンという核酸を構成する成分を取り出して作られている。

どんな料理にも合う万能な魚

美しい銀色で細長い体が特徴。人気のある魚で国産だけでなく、輸入ものが切り身で出回っています。適度に脂がのった身はやわらかく、骨離れがいいので塩焼き、ムニエル、煮つけなどさまざまな料理に使えます。熱をとおすと淡白な白身の旨みがさらに増します。皮と身の間に旨みが詰まっているので、新鮮なら皮付きのまま刺身にします。

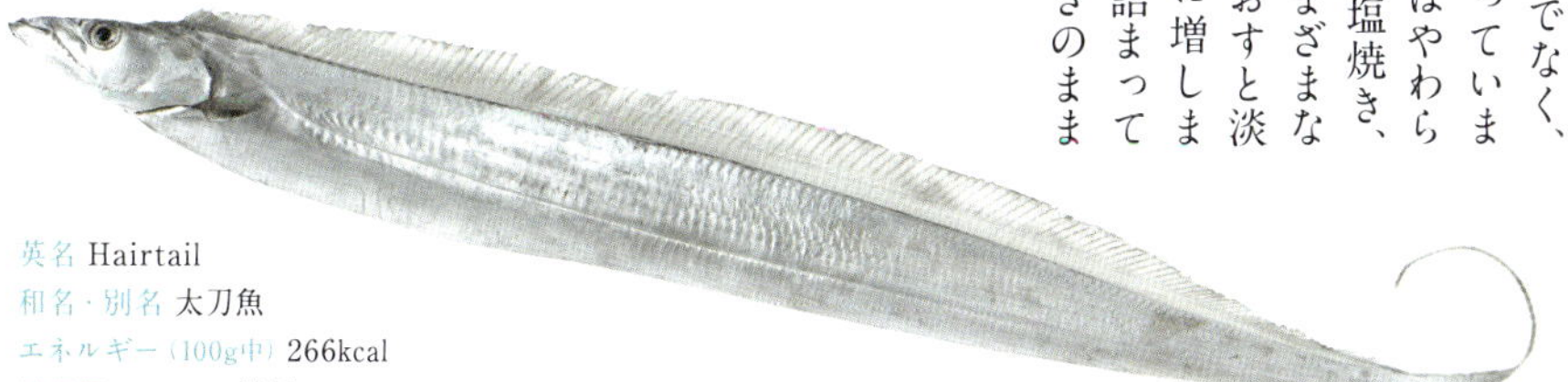

英名 Hairtail
和名・別名 太刀魚
エネルギー（100g中）266kcal
糖質量（100g中）微量
旬 7〜12月

甘・鹹 五味
温 五性
脾・胃・肝 帰経

ハモ

英名 Daggertooth pike conger
和名・別名 鱧、歯魚
エネルギー（100g中）144kcal
糖質量（100g中）微量
旬 5〜10月

関西では日常的に親しまれている魚

沿岸部に生息する大型肉食魚。関東より関西圏全域で日常的に食べられています。京都の祇園祭りは「ハモ祭り」と呼ばれるほどハモを消費します。脂がのった旬の時期は、淡白ながら豊かな旨みと風味が楽しめます。小骨がたくさんあるため、皮一枚を残してミリ単位の幅で包丁を細かく入れる「骨切り」という下処理が必要です。

食品成分表（可食部100gあたり）

たんぱく質		22.3g
脂質		5.3g
無機質	カルシウム	79mg
	鉄	0.2mg
ビタミン	B_1	0.04mg
	B_2	0.18mg
	C	1mg

ハモの湯引き

骨切りしたハモを熱湯にさっとくぐらせ、氷水で締め、梅肉であっさり食す。湯引きのほかしゃぶしゃぶ、すき焼き、天ぷら、吸い物などにも。夏は脂が少なく、秋から冬は脂が多くなるので季節に合わせた食べ方で楽しんで。

五味 甘
五性 寒
帰経 脾・胃・肺・腎

シシャモ

北海道産は高値 輸入ものが主流

北海道の太平洋沿岸でしか獲れない生息域の狭い魚。サケと同じく産卵回遊のために河川に上るときが漁期とされます。現在、水揚げ量が減り、一般に出回っているのはノルウェーなどで獲れるカラフトシシャモです。干物が主流で、丸ごと食べられ、カルシウムなどの栄養を多く摂取できます。流通の発達で鮮魚も出回るようになり、刺身で食すこともできるようになりました。国産の価格は高値安定状態です。

丸干しの上手な焼き方

皮がやわらかいので、フッ素樹脂加工のフライパンにクッキングシートを敷いて並べて焼く、またはオーブントースターにアルミ箔を敷いて並べて焼くとよい。

食品成分表（可食部100gあたり）

たんぱく質		21.0g
脂質		8.1g
無機質	**カルシウム**	**330mg**
	鉄	1.6mg
ビタミン	A β-カロテン当量	6 μg
	B_1	0.02mg
	B_2	0.25mg
	C	1mg

雄（生）

雌（生）

カラフトシシャモ（干物）

英名 Capelin
和名・別名 柳葉魚
エネルギー（100g中）166kcal
糖質量（100g中）0.2g
旬 10〜12月

ハタハタ

秋田の郷土料理「しょっつる鍋」で有名

「雷魚」の別名を持つハタハタは秋田で親しまれており、県魚に認定されています。また、塩漬けにして発酵させてつくる魚醤「しょっつる」を使った「しょっつる鍋」は郷土料理として知られています。ウロコがなく、平たい形が特徴。体長は20㎝ほど。白身ながら旨みがあり、身離れがよく、食べやすいのも魅力。ブリコと呼ばれるコクのある卵とともに、味わい深い魚です。

全面禁漁による資源回復

ハタハタは昭和40年代の2万tをピークに漁獲量が激減し、1992〜1994年の3年間、「漁業者による自主的禁漁」という措置がとられた。解禁後は順調に伸びたもののここ数年はまた減少傾向。秋田県では漁獲枠を設けるなどし、さらなる立て直しを図っている。

食品成分表（可食部100gあたり）

たんぱく質		14.1g
脂質		5.7g
無機質	カルシウム	60mg
	鉄	0.5mg
ビタミン	B_1	0.02mg
	B_2	0.14mg

（生）

（干物）

英名 Sandfish
和名・別名 鰰
エネルギー（100g中）113kcal
糖質量（100g中）微量（生干し）
旬 11〜2月

キス

英名 Japanese whiting
和名・別名 鱚
エネルギー（100g中）80kcal
旬 6～10月

食品成分表（可食部100gあたり）

たんぱく質		18.5g
脂質		0.2g
無機質	カルシウム	27mg
	鉄	0.1mg
ビタミン	B_1	0.09mg
	B_2	0.03mg
	C	1mg

古くから重宝された上品な白身魚

一般的にキスといえばシロギスのことですが、キス属にはほかにもアオギス、モトギスなどが含まれ、キスはその総称です。近年、国内の産地では漁獲量が減少気味で、南半球や東南アジアなどから輸入された近縁種がスーパーに並んでいます。調理法は幅広く、江戸前の天ぷらには定番の食材で、割烹料理のお吸い物にも使用されています。そのほか、刺身や塩焼きにしてもおいしい白身魚です。

カワハギ

英名 Threadsail filefish
和名・別名 皮剝
エネルギー（100g中）83kcal
糖質量（100g中）微量
旬 10～3月

食品成分表（可食部100gあたり）

たんぱく質		18.8g
脂質		0.4g
無機質	カルシウム	13mg
	鉄	0.2mg
ビタミン	B_1	0.02mg
	B_2	0.07mg

おいしく食べる

値ははるが、スーパーなどでも鮮度のよい薄造りの刺身が肝と一緒に売られている。鍋、天ぷら、ムニエル、干物など、どんな料理にも合う。

独特の旨みと苦味のある肝

釣り魚としても人気の高いカワハギはザラザラとしたかたい皮を持っています。その皮に切り込みを入れ、手ではがして調理することが名前の由来とも。淡白で歯ごたえのある身は、フグに匹敵するおいしさ。また肝は独特の旨みと苦味があり、アンコウと同じく、その大きさで値段が決まるといわれるほどです。

アイナメ

英名 Greenling
和名・別名
鮎並、鮎魚女、愛魚女、相嘗
エネルギー（100g中）113kcal
糖質量（100g中）0.1g
旬 4～8月

食品成分表（可食部100gあたり）

たんぱく質		19.1g
脂質		3.4g
無機質	カルシウム	55mg
	鉄	0.4mg
ビタミン	B_1	0.24mg
	B_2	0.26mg
	C	2mg

バランスのよい栄養素

EPAやDHAが多く、血中コレステロールや中性脂肪などを下げる効果が期待できる。

家庭でも手軽に取り入れたい魚

あまり知られていませんが、東京湾でも獲れる魚。旬をはずしてもおいしく、栄養価も優れているのでもっと気軽に家庭料理に取り入れたい魚です。あっさりとした味わいのため、甘めの煮つけや木の芽焼きなど、少し濃いめの味や香りをプラス。夏季の新鮮なものは薄造りがおすすめです。

イカ

必須アミノ酸が充実

日本人は無類のイカ好きといっても過言ではありません。世界中の浅い海から深海まで、大小およそ450種類が生息しており、そのうち、食用とされるのはコウイカ科、ヤリイカ科、アカイカ科に属する約100種。日本ではスルメイカ、ケンサキイカ、ヤリイカなどが刺身、天ぷら、炒め物、フライ、和洋中を問わず、さまざまな料理の食材として重宝されています。必須アミノ酸の数値も高く、たんぱく質が豊富で、消化もよい優れた食材でもあります。

調理法を選ばない優れた食材

英名 Squid
和名・別名 烏賊
エネルギー（100g中） 83kcal（スルメイカ）、84kcal（ホタルイカ）、75kcal（コウイカ）、85kcal（ヤリイカ）、85kcal（ケンサキイカ）
糖質量（100g中） 0.1g（スルメイカ）、0.1g（ホタルイカ）、0.1g（コウイカ）、0.4g（ヤリイカ）、0.1g（ケンサキイカ）
旬 5〜10月（スルメイカ）、1〜6月（ホタルイカ）、9〜3月（コウイカ）、1〜5月（ヤリイカ）、2〜12月（ケンサキイカ）

食品成分表（スルメイカ 可食部100gあたり）

たんぱく質		17.9g
脂質		0.8g
無機質	カルシウム	11mg
	鉄	0.1mg
ビタミン	B_1	0.07mg
	B_2	0.05mg
	C	1mg

名前のとおり発光する ホタルイカ

体長6cmほどのイカ。ボイルして酢みそ和えなどに。富山の名物料理「ホタルイカのしょうゆ漬け」が有名。

スミイカとも呼ばれる コウイカ

胴部分に厚みがあり、強い旨みがある。モンゴウイカはこの仲間。

上品な味わい ヤリイカ

槍の穂先に似た姿からついた名。刺身や寿司ネタのほか、一夜干しに最適。栄養価はスルメイカとほぼ同じ。

甘みの強い ケンサキイカ

ヤリイカの仲間で胴長40cmを超える。身が厚く、美味。これを干した「一番スルメ」は極上品とされている。

歯ごたえのよさが特徴 スルメイカ

春から晩秋にかけ、全国各地で水揚げされる。刺身やイカそうめんなどに。

1パイあたり：200g
正味：150g

切り方で食感が変わる

輪切りにすると、繊維に沿っているので噛みごたえが残り、縦に切ると歯ごたえが弱くなる。

スルメイカの不漁事情

戦後の最盛期は70万t、平均年間約30万tの漁獲量を誇っていたスルメイカだが、2012年には15万t、2015年11万t、2016年は4万tと激減している。産卵地である東シナ海の海水温の変化により、ふ化した稚イカが育たなかったのではないか、中国が建設した巨大ダムにより東シナ海の生態系が変わったのではないかなど、いくつかの原因があげられている。国としても輸入枠を増やしたり、資源保護を目的に漁獲許可量を縮小したりするなど対策を図っている。産卵する親イカ自体が減少しているとも見られ、専門家は当面は楽観視できないと指摘している。

イカの栄養素

成分としてのコレステロールは多めだが、コレステロール値を下げ、血圧を正常に保つタウリンも豊富。亜鉛、ナイアシン、皮にはコラーゲンが含まれている。

イカスミって？

スミ袋に含まれる、粘性の高い黒褐色の液体。水中で危険が及んだときに外敵に対して吐き出す。色素成分はメラニンでアミノ酸の含有率が高く、体にはよいものなので、イカスミパスタなどの料理に利用されている。

五味 鹹甘
五性 平
帰経 肝腎

イカ
タウリン
＋

だいこん
食物繊維

血圧・コレステロール低下

タコ

世界的に見るとタコを食べない国のほうが多い中で、日本では弥生時代から好んで食べていたようです。世界で水揚げされる約6割を日本で消費しているのだとか。血圧を正常に保ち、肝機能を高める効果のあるタウリン、口内炎、肌荒れ、目の充血などをやわらげるビタミンB_2、血行をよくするナイアシンなどが含まれています。

たこ焼き、明石焼き、たこ飯など各地でなじみのある食べ方があり、刺身や寿司ネタ、炒め物などでも大活躍の食材です。

食品成分表
（マダコ 可食部100gあたり）

たんぱく質		16.4g
脂質		0.7g
無機質	カルシウム	16mg
	鉄	0.6mg
ビタミン	B_1	0.03mg
	B_2	0.09mg

脂質を含まない超低カロリー食材

英名 Octopus
和名・別名 蛸
エネルギー（100g中）76kcal（マダコ）、66kcal（ミズダコ）、70kcal（イイダコ）
糖質量（100g中）0.1g（マダコ）、0.1g（ミズダコ）、0.1g（イイダコ）

最も一般的なタコ
マダコ
ほかのタコより漁獲量が少なく、さらに近年マダコ自体の漁獲量が減り、高価に。ゆでた状態で売られている。

アヒージョとタコわさ

「アヒージョ」はスペインで定番の料理。にんにく、鷹の爪を加えたオリーブオイルでぶつ切りにしたタコを煮たもの。簡単でおしゃれなのでワインの肴に。生またはボイルのタコをわさびと和えた「タコわさ」は居酒屋メニューでおなじみ。

イカスミ料理はあるのにタコスミ料理がないのはなぜ？

タコのスミは量が少なく、取り出しにくい上、粘性がないので、加熱すると分離してしまうから。

水揚げの大部分を占めるミズダコ
水っぽいと敬遠されていたが、食べ方の多様化とマダコの減少から需要が増加。酢だこなどにも加工される。

関西以西ではおでんダネ
イイダコ
小ぶりのタコで甘みとほどよい旨みがある。「いい」とは飯のことで飯粒状の卵を持つことが語源。

甘・鹹 五味
平 五性
肝・脾 帰経

タウリン

肝臓の働きをサポートする

硫黄を含んだアミノ酸の総称である含硫アミノ酸のひとつ。生体中のほぼ全ての組織に存在し、人間の体内では肝臓、心筋や筋肉、脳、肺などに多く含まれています。血液中のコレステロールや中性脂肪を減らす、高い血圧を下げる、肝臓の解毒能力を強化する、など多くの作用を持っています。水溶性なので、汁ごと摂れる鍋物やスープなどに利用し、飲み干しましょう。

肝機能改善

タコ
タウリン

＋

コンブ
食物繊維

流通カレンダー
1 2 3 4 5 6 7 8 9 10 11 12

バナジウムで動脈硬化予防

エビ

エビは日本人が好きな魚介類のひとつ。世界には約3000種ものエビが生息していますが、食用とされるのは約150種。日本で食べられているほとんどがクルマエビ科です。需要が多いため、養殖ものや輸入ものが大量に出回っています。高たんぱく、低脂肪で、タウリン、バナジウムなどを含みます。殻と身には発がん抑制にも役立つとされるアスタキサンチンが含まれ、さらに殻に含まれるキチン質には抗がん作用や腸内環境を正常化させる作用があります。

殻にも魅力的な栄養素

英名 Shrimp　和名・別名 海老
エネルギー（100g中）97kcal（クルマエビ）、98kcal（アマエビ）、82kcal（ブラックタイガー）、89kcal（サクラエビ）、83kcal（シバエビ）、92kcal（イセエビ）、91kcal（バナメイエビ）
糖質量（100g中）微量（クルマエビ）、0.1g（アマエビ）、0.3g（ブラックタイガー）、0.1g（サクラエビ）、0.1g（シバエビ）、微量（イセエビ）、0.7g（バナメイエビ）

五味　甘・鹹
五性　温
帰経　肝・腎・脾

食品成分表
（クルマエビ 可食部100gあたり）

たんぱく質		21.6g
脂質		0.6g
無機質	カルシウム	41mg
	鉄	0.7mg
ビタミン	A　β-カロテン当量	49 μg
	B1	0.11mg
	B2	0.06mg

サイズで呼び名が変わるクルマエビ

甘みが強く美味。人気の高い天然ものは高級食材。10cmまでを「サイマキ」、15cmくらいまでを「マキ」、20cm近いと「クルマ」、それ以上は「オオグルマ」と呼ばれている。

縁起のいいイセエビ

古代から現代に至るまで、儀式やお祝いの席に欠かせない縁起のいいエビ。国内の水揚げ量は1200tと少なく、結婚式などで使われている多くは、アフリカミナミイセエビという種類。

とろける甘さアマエビ

正式名はホッコクアカエビ。北大西洋産が冷凍もので多く輸入されている。水にさらして急速解凍を。

1尾あたり:20g
正味：17g ／ 14kcal

輸入ものブラックタイガー

クルマエビ科の一種であるウシエビの通称で、ほぼ全てが輸入もの。世界各地で利用されている。

サイズで料理いろいろシバエビ

クルマエビの仲間。かき揚げや素揚げにして、塩を振るだけでも美味。大きければ天ぷらやフライに。

深海に生息するサクラエビ

干しエビとして出回っていたが、生で流通するようになり、刺身でも食べられる。カルシウムが豊富。

比較的安価で流通バナメイエビ

クルマエビ科。東太平洋原産で食用として広く漁獲、養殖されている。身質がやわらかいのが特徴。生食可能なものも登場。

エビの養殖事情

1990年代以降、日本は東南アジアからブラックタイガーの養殖ものを多く輸入していたが、集約型養殖（狭い池に多くのエビを飼い、人工飼料により短期間に大量生産する方法）であったため、病気にかかり、抗生物質も効かない状況になって激減。養殖業者が生命力の強いバナメイエビに切り替えたことで日本もバナメイエビの輸入量が増加している。近年のエビの養殖法は粗放養殖（地域の自然環境を活かし、密度を低くして養殖する方法）になりつつありる。

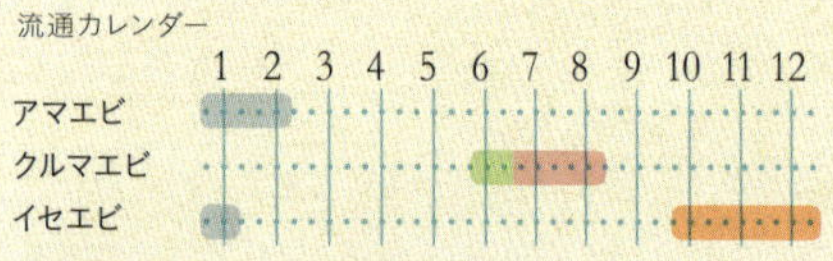

流通カレンダー
1 2 3 4 5 6 7 8 9 10 11 12
アマエビ
クルマエビ
イセエビ

養殖は周年。

バナジウム

コレステロールを下げる

腎臓、肝臓、肺、骨、脊髄などで利用される必須ミネラル。最大のメリットは血中のコレステロールを下げる働きがあることで動脈硬化の予防に効果的です。また、インスリンの分泌や血糖値を安定させる働きもあり、コレステロール値が高めな人、心臓に負担を感じる人などにすすめたい栄養素です。

エビ
タウリン
＋
トマト
β-カロテン

動脈硬化予防

キトサンで免疫力アップ

カニ

カニは国内だけでも800種類ほど生息しており、そのうち主に食用として流通しているのは、ズワイガニ、タラバガニ、ケガニ、ワタリガニなどです。傷みやすいため、生きているものは特に高値で、一般にはゆでたものや冷凍ものが出回っています。生、ゆでる、焼く、揚げるなどしておいしく、みそも楽しめます。エビと同じく、キチン・キトサンが含まれ、たんぱく質、タウリン、ビタミンB群なども豊富です。需要が高く、近年はロシア、アラスカ、カナダなどから大量に輸入されています。

食品成分表
（ズワイガニ 可食部100gあたり）

たんぱく質		13.9g
脂質		0.4g
無機質	カルシウム	90mg
	鉄	0.5mg
ビタミン	B_1	0.24mg
	B_2	0.60mg

冷凍ものの解凍
急いで解凍したい場合はポリ袋に入れ、大きなボウルで流水解凍に。直接流水に当てたり、湯や電子レンジでの加熱は旨みが溶け出し、臭みも出るので避けて。

タウリンが善玉コレステロールに

英名 Crab
和名・別名 蟹
エネルギー（100g中）64kcal（ズワイガニ）、72kcal（ケガニ）、65kcal（ガザミ）
糖質量（100g中）0.1g（ズワイガニ）、0.2g（ケガニ）、0.3g（ガザミ）

濃厚なみそも楽しむ ケガニ
全体が短い毛で覆われていて、脚が短いのが特徴。ぎっしりと詰まった濃厚なみそが人気。

脚1本あたり：30g
正味：17g

カニの王様 ズワイガニ
オスは「松葉ガニ、越前ガニ、加能ガニ」といったブランド名がつけられ、高値で取引されている。オスより小さいメスは「コウバコガニ（＝セイコガニ、セコガニ）」と呼ばれ、水揚げ量が少なく、珍味として人気。

みそ汁やパスタに ワタリガニ
ワタリガニ科のカニ類の総称で、日本ではガザミとも呼ばれる。みそや内子も美味。

鹹 五味
寒 五性
肝・肺 帰経

ズワイガニより安価 ベニズワイガニ
ズワイガニに比べると水っぽかったり、身が細かったりする場合も。ゆでた状態で見比べると、ズワイガニの腹のほうは白っぽいが、ベニズワイガニは赤色。

キチン・キトサン

動物性食物繊維
キチンはエビ、カニなど甲殻類の殻をはじめ、昆虫、貝、キノコなど多くの生物に含まれる天然素材で、多糖類の動物性食物繊維です。キチンを加工し、主としてD-グルコサミン単位からなるものに変換させたのがキトサンです。免疫力を高める、高血圧を予防する、コレステロール値を下げる、便秘の解消などの効果が期待できます。現在も多くの分野で研究が進行中。
キチンを原料にキトサンを精製する際にキチンが残るので、キチン・キトサンとしています。

別名キングクラブ タラバガニ
甲羅が25cmほどの大型甲殻類。生物学上はヤドカリの仲間。みそは脂分、水分が多く分量は少なめ。しゃぶしゃぶ、焼きガニなどに。

高血圧予防

カニ
タウリン

＋

ワカメ
アルギン酸

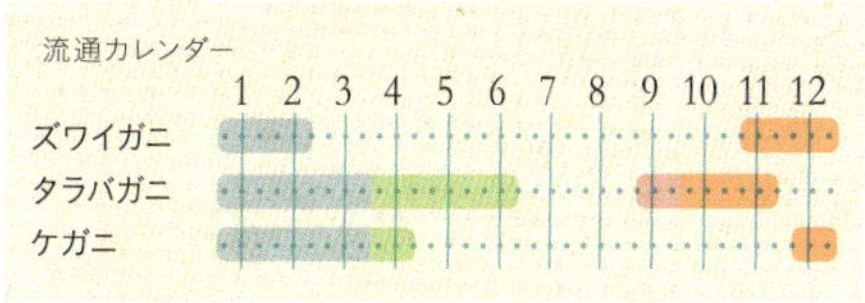

貝類

栄養豊富な食べるサプリメント

貝とは通俗的に貝殻を持つものを指します。古生代カンブリア紀に出現し、世界で約5万種、日本には5500種以上いるといわれています。多くは海に生息していますが、淡水、陸、砂泥底や岩に付着するものや、海流に乗りながら生息しているものもいます。総じて旬は春先です。主成分はたんぱく質で、コラーゲンのほかビタミン類も豊富です。種類により、生食、焼く、鍋の具材、だし、加工品などに用い、非常に身近な食材です。

アサリ

旨みたっぷり代表的な二枚貝

現在は生息する浅瀬や干潟が激減してしまい、輸入ものが増えています。中国、韓国から輸入し、いったん日本の干潟に入れ（蓄養）、順次出荷される場合もあり、この過程で国産と表示されるケースが生じています。国産の天然ものと比べると味は劣ります。総じて貝類に含まれるコハク酸（食品の旨みを構成する物質）により、旨みがあり、よいだしが出ます。ビタミンB12の構成成分であるコバルトも注目されています。

食品成分表（可食部100gあたり）

たんぱく質		6.0g
脂質		0.3g
無機質	カルシウム	66mg
	鉄	3.8mg
ビタミン	A　β-カロテン当量	22 μg
	B1	0.02mg
	B2	0.16mg
	C	1mg

10個（殻付き）あたり：80g
正味：30g ／ 9kcal

英名 Short-neck clam
和名・別名 浅蜊
エネルギー（100g中）30kcal
糖質量（100g中）0.4g

砂抜きの方法

濃度2～3%の塩水をアサリの頭が少し出るくらいまで入れ、3時間ほど置いておく。50℃の湯に入れ、殻をこすりつけるようにしてそのまま15分ほど放置しても砂抜きできる。砂抜き済みのアサリもさっと洗ってから調理を。

アサリに代わるホンビノスガイ

ホンビノスガイは北アメリカの大西洋岸が原産の二枚貝。漁獲量減少のアサリやハマグリに代わる新しい資源として期待されている。見た目から「白ハマグリ」「大アサリ」の名で流通することもあるが、現在はホンビノスガイと表記されている。千葉県市川市や船橋市の漁獲量が多く、東京湾の干潟域では潮干狩りでも採れる。

流通カレンダー

1 2 3 4 5 6 7 8 9 10 11 12

おいしく食べる

風味を楽しむためには水から入れて弱火で加熱し、じっくり旨みを引き出すとよい。口が開いたらすぐに火を止めると身がかたくならない。また、砂抜きをして水気を拭き取り、フリーザーバッグに入れて冷凍保存した場合は解凍せずに凍ったまま調理を。シジミも同様。

五味　鹹
五性　涼
帰経　脾・腎・胃

コバルト

神経や体のリズムを調整

ビタミンB12の構成成分として発見されたミネラル。そのためビタミンB12を含む食品に含まれます。単独での作用はないとされていますが、それ以外の作用についての研究も進行中。骨髄の造血作用に必須で、悪性貧血の予防や、神経や体のリズムを調整する働きを持っています。欠乏すると貧血、食欲不振、消化不良などの症状のほか、集中力や記憶力が低下する、神経過敏になる、ともいわれています。

シジミ

英名 Corbicula
和名・別名 蜆
エネルギー（100g中）
64kcal
糖質量（100g中）
4.5g

食品成分表（可食部100gあたり）

たんぱく質			7.5g
脂質			1.4g
無機質	**カルシウム**		**250mg**
	鉄		14.8mg
ビタミン	A	β－カロテン当量	230 μg
	B_1		0.02mg
	B_2		0.57mg
	C		1mg

10個（殻付き）あたり:50g
正味:12g／6kcal

甘・鹹 五味
寒 五性
肝・腎 帰経

二日酔いに効く シジミ汁が定番

日本で食用として出回っているのは汽水域（海水と淡水が混じり合っている水域）で採れるヤマトシジミ。淡水域で採れるマシジミは漁獲量が少なく、あまり出回っていません。国内では島根県の宍道湖が水揚げ量1位ですが、近年は台湾、中国、韓国、ロシアなどからの輸入ものが多く流通しています。オルニチンをはじめ、栄養たっぷりのシジミ汁がおなじみで、江戸時代より薬効があるとされていたほどです。

冷凍すると栄養価が高くなる？

冷凍すると生のシジミに比べてオルニチン（左記）の量が8倍以上になり、おいしくなるといわれている。1％濃度の塩水で砂抜き（P.254）し、軽く洗って水気を拭き、フリーザーバッグで冷凍に。調理する際は凍ったままで。

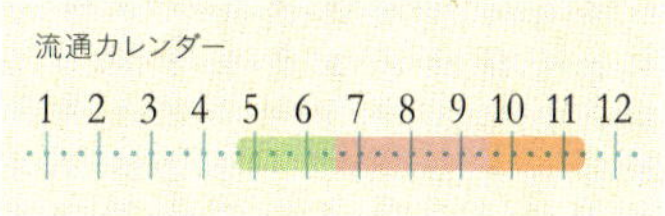

オルニチン

二日酔いの強い味方

生体内で肝臓の働きを助けるアミノ酸の一種。大量にアルコールを摂取したときや、肝機能が低下しているときに、アルコールの解毒や分解をするために欠かせない物質です。また、成長ホルモンの分泌を促す働きもあり、疲労回復、肌のターンオーバーを整えます。「1粒にシジミ1000個分のオルニチン」とうたうサプリメントもありますが頼りすぎず、冷凍して気軽にシジミ汁を作りましょう。

カキ

英名 Oyster
和名・別名 牡蠣
エネルギー（100g中） 70kcal
糖質量（100g中） 4.9g

食品成分表（可食部100gあたり）

たんぱく質			6.9g
脂質			2.2g
無機質	カルシウム		84mg
	鉄		2.1mg
ビタミン	A	β－カロテン当量	6 μg
	B_1		0.07mg
	B_2		0.14mg
	C		3mg

1個（殻剝き）あたり:15g／11kcal

マガキ

甘・鹹 五味
涼 五性
腎 帰経

栄養豊富な「海のミルク」

海のミルクと呼ばれるほど栄養が豊かで、古代から食用とされてきたカキ。日本で出回っているのは甘みたっぷり、クリーミーなマガキとジューシーなイワガキです。産地によって味が違うので食べ比べも一興。流通している大半が養殖で生食と加熱調理ともに、旨みとコクを堪能できます。亜鉛含有量が全食品中でトップクラス。ビタミンCの豊富な食品と一緒に摂ると吸収率がアップします。

生食用と加熱用

カキは鮮度の差で生食用と加熱用に分けられているわけではない。保健所が指定した海域で収穫されたカキを、規定に従って浄化処理したものが「生食用」、それ以外の海域で収穫され、浄化処理されないものが「加熱用」とされている。加熱用は生食は避け、中心温度90℃ 90秒以上の加熱をすること。

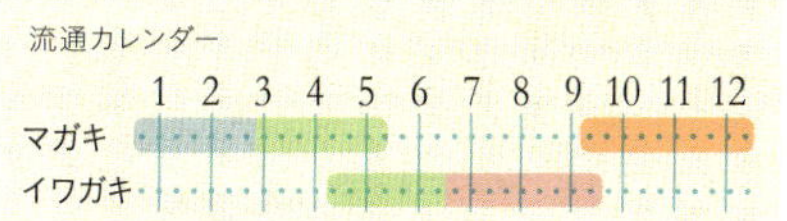

亜鉛

新陳代謝を促し、細胞を作り出す

皮膚や骨、内臓の材料になる栄養素の一種。たんぱく質の合成に関わる酵素の材料でもあるので、十分に摂取していると、新陳代謝がよくなり免疫力も上がります。皮膚や髪、爪のターンオーバーを促したり、味覚を正常に保ちます。たんぱく質やビタミンCと合わせると、骨や腱の原料になるコラーゲンの生成を助けてくれます。

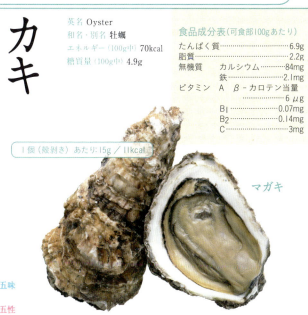

サザエ

磯の香りと歯ごたえが魅力

磯の香りとコリコリした食感を楽しめる巻き貝。特徴的な殻の角は、荒い海で育ったものに見られます。刺身、つぼ焼きがおすすめです。豊漁で手頃な価格になる場合もあるので、酒蒸しやかき揚げ、エスカルゴのようにオーブンで焼くなどして楽しみたい食材です。

英名 Spiny top-shell
和名・別名 栄螺
エネルギー（100g中）89kcal
糖質量（100g中）0.8g
旬 5～8月

食品成分表（可食部100gあたり）

たんぱく質		19.4g
脂質		0.4g
無機質	カルシウム	22mg
	鉄	0.8mg
ビタミン	A　β－カロテン当量	360 μg
	B_1	0.04mg
	B_2	0.09mg
	C	1mg

アワビ

生でも干しても栄養満点

殻の片方がなくなった二枚貝ではなく、ミミガイ科に属する巻き貝です。日本では最高級のクロアワビ、その小型種のトコブシなどを食用とします。生はコリコリとした歯ごたえ、加熱するとやわらかくなります。良質なたんぱく質、ビタミンB群、ミネラルを含みます。韓国ではアワビ粥が有名で、滋養強壮効果が高く、ヘルシーな料理として人気です。

英名 Japanese abalone
和名・別名 鮑
エネルギー（100g中）83kcal
糖質量（100g中）3.6g
旬 7～9月

食品成分表
（くろアワビ 可食部100gあたり）

たんぱく質		14.3g
脂質		0.8g
無機質	カルシウム	25mg
	鉄	2.2mg
ビタミン	A　β－カロテン当量	17 μg
	B_1	0.15mg
	B_2	0.09mg
	C	1mg

五味 甘鹹
五性 平
帰経 肝腎

ホタテ

値段が手頃でどんな料理にも合う

殻長20cmほどになる大きな二枚貝。近年、日本では養殖が盛んになり、天然ものを上回るほどです。旨みのある肉厚な貝柱は刺身や揚げ物、焼き物などさまざまに楽しめます。貝柱は冷凍してもそれほど劣化しないので、冷凍ものを活用するのもおすすめです。

英名 Giant ezo-scallop
和名・別名 帆立貝
エネルギー（100g中）72kcal
糖質量（100g中）1.5g
旬 12～3月

1個（殻付き）あたり：200g
正味：100g

食品成分表（可食部100gあたり）

たんぱく質		13.5g
脂質		0.9g
無機質	カルシウム	22mg
	鉄	2.2mg
ビタミン	A　β－カロテン当量	150 μg
	B_1	0.05mg
	B_2	0.29mg
	C	3mg

五味 鹹
五性 涼
帰経 腎

ハマグリ

日本文化に根づいた縁起のよい貝

殻長8cm前後の二枚貝。殻のかみ合わせが対になっているもの以外は合わないことから、「夫婦和合」の意味で結婚式の祝い膳に使われます。また、ひな祭りに食べると良縁に恵まれるとされるなど縁起のよい貝です。現在は中国や韓国からの輸入ものがメインです。

英名 Japanese hard clam
和名・別名 蛤
エネルギー（100g中）39kcal
糖質量（100g中）1.8g
旬 2～3月

1個（殻付き）あたり：25g
正味：10g／4kcal

食品成分表（可食部100gあたり）

たんぱく質		6.1g
脂質		0.6g
無機質	カルシウム	130mg
	鉄	2.1mg
ビタミン	A　β－カロテン当量	25 μg
	B_1	0.08mg
	B_2	0.15mg
	C	1mg

五味 鹹
五性 寒
帰経 腎

ムールガイ

栄養のバランスが非常によい

五味 鹹
五性 温
帰経 肝·腎

フランスのイガイ類の総称的な呼び名ですが、日本でもイガイやその仲間はムールガイとして流通しています。三大栄養素、ビタミン、ミネラルが豊富。ワイン蒸しや、だしも楽しめる汁物などに。

英名 Mussel
和名·別名 ムラサキイガイ
エネルギー（100g中）72kcal
糖質量（100g中）3.2g
旬 5～8月

ホッキガイ

熱を通すと甘みと旨みが増す

正式名称は「ウバガイ」という、成長の遅い二枚貝。寿司ネタや刺身が定番です。さっとゆでるとほんのりとピンク色になります。「ホッキめし」という炊き込みご飯が有名。ヒモや貝柱はかき揚げに。

英名 Hen clam
和名·別名 ウバガイ
エネルギー（100g中）73kcal
糖質量（100g中）3.8g
旬 1～3月

アオヤギ

正式名称は「バカガイ」

むき身と小柱が別々にされて売られています。旨み成分のグルタミン酸や、疲労回復に効果のあるアスパラギン酸、グリシンなどが含まれています。小柱はかき揚げ、サラダなどに。

英名 Surf clam
和名·別名 バカガイ
エネルギー（100g中）61kcal
糖質量（100g中）2.4g
旬 2～4月

トリガイ

生食で食感と甘みを堪能

むき身を開いて湯引きしたものがパック売りされていることが多いようです。殻長6～10cmの二枚貝。ビタミンB_{12}、免疫力を高めるパントテン酸が豊富。「丹後とり貝」（京都府）は超高級品。

英名 Heart clam
和名·別名 鳥貝
エネルギー（100g中）86kcal
糖質量（100g中）6.9g
旬 4～7月

アカガイ

色合いや貝特有の香りを味わう

五味 甘
五性 温
帰経 脾·胃·肝·腎

殻長10～12cm、厚みも8cmほどある二枚貝で殻の表面に放射状の縦溝があります。宮城県名取市閖上《ゆりあげ》産のものが日本一といわれています。ヘモグロビンにより、身が赤く、鉄分が豊富。貧血気味の人に。

英名 Bloody clam
和名·別名 赤貝
エネルギー（100g中）74kcal
糖質量（100g中）3.5g
旬 12～3月

棘皮動物

ウニ

とろけるような独特の食感が人気

五味 鹹
五性 平
帰経 心·肺

ウニは棘皮動物で食用としているのはその生殖巣部分。ビタミン類が豊富で消化吸収もよいので高齢者にもおすすめしたい食材です。主に市場に出回っているのはエゾバフンウニとキタムラサキウニ。

英名 Sea urchin
和名·別名 海胆
エネルギー（100g中）120kcal
糖質量（100g中）3.3g
旬 6～8月

キタムラサキウニ

コンブ

五味　鹹
五性　寒
帰経　肝・脾・腎

ミネラルたっぷりのコンブだし

英名　Tangle, Kombu
和名・別名　昆布
カロリー（乾燥 100g中）
138kcal（リシリコンブ）、
145kcal（マコンブ）、
138kcal（ラウスコンブ）、
153kcal（ヒダカコンブ）、
142kcal（ガゴメコンブ）
糖質量（乾燥 100g中）
25.1g（リシリコンブ）、
25.1g（マコンブ）、
30.8g（ラウスコンブ）、
29.9g（ヒダカコンブ）、
27.9g（ガゴメコンブ）

整腸には水溶性食物繊維

近年はさまざまなだしが販売されるようになりましたが、やはりだしといえば、コンブだしかカツオだしを思い浮かべるでしょう。コンブ独特の粘り成分は水溶性食物繊維のアルギン酸やフコイダン。ほかにグルタミン酸、ヨウ素、カルシウム、鉄分なども含みます。だしに使用するほか、昆布巻き、煮物などの料理に、酢昆布やとろろ昆布などの加工品も人気です。

10㎝角1枚あたり：10g ／ 14kcal

会席料理に
利尻昆布（リシリコンブ）
北海道利尻、礼文、稚内沿岸で採れる。ややかため。透明で風味のよい高級なだしは会席料理、湯豆腐などに。

日本古来の縁起物

コンブは「よろコンブ（喜ぶ）」として縁起がよいとされている。諸説あるが、幅の広い海藻という意味で「広布（ヒロメ）」と呼ばれていて、結婚披露宴の「おひろめ」の語源とも。戦国時代には必勝祈願の品でもあった。また、コンブの繁殖力の強さから「子生婦（こんぶ）」として結納の席に用いられるようになったといわれている。

食品成分表（可食部100gあたり）

たんぱく質		8.0g
脂質		2.0g
炭水化物		5.6g
無機質	カルシウム	760mg
	鉄	2.4mg
ビタミン	A　β-カロテン当量	850 μg
	B_1	0.80mg
	B_2	0.35mg
	C	15mg

一番の高級品
真昆布
（マコンブ）
北海道函館沿岸で採れる。甘みのある澄んだだしが取れるので、鍋物に向く。肉厚なので佃煮か塩コンブに。

コクのある
羅臼昆布
（ラウスコンブ）
北海道羅臼町近海の茶褐色のコンブ。別名羅臼オニコンブ。黄色味を帯びた、濃厚で香りのよいだしが取れる。

別名三石昆布
日高昆布
（ヒダカコンブ）
北海道日高沿岸で採れる。やわらかく煮えやすいので、おでんや昆布巻きなどに。

粘りが強い
がごめ昆布
（ガゴメコンブ）
道南地区の浜に生息。カゴの編み目のような模様があり、粘りが強い。とろろ昆布、おぼろ昆布、松前漬けに。

水洗いはしない

表面の白い粉状のものはマンニットと呼ばれる旨み成分。洗い流さず、かたく絞ったふきんやペーパータオルなどでさっとふく程度でOK。

ヨウ素

体内の代謝を活発にする

喉仏の下部あたり、甲状腺ホルモンを分泌している臓器が甲状腺です。ヨウ素はその甲状腺ホルモンの主成分で、ヨードとも呼ばれます。海水中に多く存在するため、魚介類や海産物に含まれており、全身の新陳代謝を促し、体温の調節、脳や心臓、腎臓の働きの活性化を助けます。過剰摂取は甲状腺の機能低下につながりますので甲状腺疾患がある場合は要注意。

グルタミン酸

認知症予防に効果

酸性アミノ酸の一種で、体内で生成することのできる非必須アミノ酸。リラックス成分 GABA を生成する栄養素でもあります。アンモニアを解毒して体外への排出を促す利尿効果があります。また、興奮系の神経伝達物質としての働きも知られており、認知症の予防、学習能力や記憶能力が向上することも期待できます。

動脈硬化予防

コンブ
カリウム、アルギン酸
＋

大豆
たんぱく質

ワカメ

ダイエットにも好適な食材

ワカメとコンブは同じコンブ目の海藻です。ワカメはみそ汁の「具」、コンブはみそ汁の「だし」のイメージ。ワカメの流通品のほとんどは生ではなく、養殖栽培された乾燥品か塩蔵品です。食物繊維も豊富で低カロリーな上、満足感も得られ、ダイエット食材としても注目されています。ミネラルの吸収率がアップする酢の物がおすすめです。

食品成分表(可食部100gあたり)

たんぱく質		1.9g
脂質		0.2g
炭水化物		5.6g
無機質	カルシウム	100mg
	鉄	0.7mg
ビタミン	A β-カロテン当量	940 μg
	B_1	0.07mg
	B_2	0.18mg
	C	15mg

茎ワカメ
ワカメの茎の芯の部分。肉厚で、コリコリとした食感が特徴。塩漬けと乾燥がある。

メカブ
根元の部分でヌメリが強く、食物繊維とミネラルが豊富。生と乾燥がある。

鹹 五味
寒 五性
腎 帰経

英名 Wakame, Wakame seaweed
和名・別名 若布
エネルギー(100g中) 16kcal
糖質量(100g中) 2.0g

動脈硬化予防

ワカメ
アルギン酸

＋

たけのこ
食物繊維

流通カレンダー
1 2 3 4 5 6 7 8 9 10 11 12

アカモク(ギバサ)

英名 Sargassum
エネルギー(100g中) 19kcal
糖質量(100g中) 2.1g

栄養成分で注目される海藻

アカモクは、ひじき、コンブ、ワカメなどと同じ海藻の仲間です。味にクセがなく、ネバネバ、シャキシャキ、さまざまな食感を楽しめます。昔から日本海側の、特に東北地方では食用として珍重されていました。フコキサンチン、フコイダンの含有量が高く、低カロリーなことから、近年、花粉症改善効果とダイエット効果が期待できると話題に。乾燥タイプ、冷凍、味付き加工品などがあります。

呼び方いろいろ

食用とされている地域により呼び方もさまざま。秋田では「ギバサ」、山形では「ギンバソウ」、新潟では「ナガモ」、富山では「ナガラモ」、島根では「ハナタレ」など。生のアカモクは収穫地に近い場所に限られるが、徐々に流通範囲は広がりそう。

フコキサンチン・フコイダン

体脂肪を減らす

褐藻類にわずかに含まれるカロテノイドの一種で、赤褐色の天然の色素です。水に溶けにくく、油脂に溶けやすい脂溶性。抗肥満、抗糖尿病、抗がん活性などが見出されています。一方、海藻類には、フコイダンと呼ばれる粘性物質があり、水溶性の食物繊維です。

流通カレンダー
1 2 3 4 5 6 7 8 9 10 11 12

のり

旨みと栄養が詰まった乾物

英名 Nori
和名・別名 海苔
エネルギー（100g中）
173kcal（干しあまのり）、
188kcal（焼きノリ）、
130kcal（ヒトエグサ）、
164kcal（アオノリ）
糖質量（100g中）
7.5g（干しあまのり）、
8.3g（焼きノリ）、
2.1g（ヒトエグサ）、
5.8g（アオノリ）

熱に強いビタミンC

のり（海苔）は紅藻、緑藻、藍藻などを含む、食用とする海藻類の総称です。その歴史は古く、高級食材として珍重されていましたが、江戸時代に庶民の間に広まったといわれています。ビタミンB_{12}、熱に強いビタミンCやミネラルが凝縮されており、カロテン、カルシウム、マグネシウムを多く含んだ栄養食品です。

日本でなじみ深いのりは、ほぼ養殖のスサビノリという海藻から加工されています。のりが板状になったのは江戸時代初期の頃。岩場から摘み取ってバラバラに干したのりを、紙のように漉いたことが始まりです。板のりは21×19cmを基本形とし、これを全型と呼びます。全型の板のり10枚が「1帖（じょう）」で、これが流通単位です。

食品成分表
（干しあまのり 可食部100gあたり）

たんぱく質		39.4g
脂質		3.7g
炭水化物		38.7g
無機質	カルシウム	140mg
	鉄	10.7mg
ビタミン	A β-カロテン当量	43000μg
	B_1	1.21mg
	B_2	2.68mg
	C	160mg

のりの材料

一部の地域のみで養殖 アサクサノリ

本来はのりの種類の名前。「浅草海苔」の由来は、浅草周辺がのりの産地であったため、また江戸時代、浅草は紙漉きが盛んで、それを真似てバラバラののりを板状に加工したためなどといわれている。アサクサノリは汚染や病気に弱く、養殖は衰退、絶滅危惧種に指定されている。現在は有明海など一部の地域でのみ養殖が続いている。

養殖ノリの主流 スサビノリ

おにぎりや巻き寿司に用いられているノリのほとんどがスサビノリを原料としている。アサクサノリにとってかわった状況。製造法：培養した胞子を網に付着させる→海に張って養殖→15cmほどで収穫→ゴミを除き細かく刻む→すだれに流して漉き上げる→水分が10％程度になるまで乾燥させる→板のりに。

子どもも大好き 味付けのり

焼きのりに砂糖、しょうゆなどで味付けをして、乾燥させたもの。湿気を吸収しやすいので開封したらすぐに食べて。

手軽に何にでも使える 焼きのり

乾燥のりを焼き上げたもの。現在販売されているほとんどがこのタイプ。すでに焼いてあるので便利。

お好み焼きや焼そばに アオノリ、アオサ

原料となる海藻を洗浄し、乾燥させたもの。粉状のものはさらにそれを粉砕したもの。

五味 甘・鹹
五性 涼
帰経 肺・肝・腎

そのままでも食べられる 生のり

乾燥のりや焼きのりの原料となる生の状態ののり。佃煮などの加工品にも。冬の収穫時期にしか出回らない。

別名「板のり」 乾燥のり

生のりを洗浄して裁断し、均一な厚さになるように漉いて乾燥させたもの。使用前に焼くとパリッとなり、風味もアップする。

流通カレンダー

	1	2	3	4	5	6	7	8	9	10	11	12
スサビノリ												

ビタミンB_{12}

別名は「赤いビタミン」

水に溶けやすい水溶性ビタミンで、赤い色が特徴。悪性の貧血に有効なビタミンとして知られており、葉酸と協力して赤血球中のヘモグロビン生成を助けています。また、脳からの指令を伝える神経を正常に保つ役割もあり、認知症の人の脳にはビタミンB_{12}が少ないことが報告されています。野菜にはほぼ含まれず、貝類、魚、肉など動物性食品に多く含まれます。過剰摂取の心配はほぼありません。

のり
β-カロテン、葉酸
＋

ご飯
でんぷん

動脈硬化予防

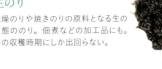

もずく

食品成分表(可食部100gあたり)

たんぱく質		0.3g
脂質		0.2g
炭水化物		1.4g
無機質	カルシウム	22mg
	鉄	0.2mg
ビタミン	A β-カロテン当量	220 μg
	B2	0.09mg

英名 Mozuku
和名・別名 水雲
エネルギー(100g中) 4kcal

ぬめり成分が体に効く

もずくは褐藻類であり、枝分かれのある糸状藻類です。スーパーなどで「もずく酢」として食べきりサイズのパックも販売されています。流通しているのは主に沖縄で多く養殖されている沖縄もずく。若いときはやわらかい食感で、育つとシャキシャキの歯触りになります。ほかに細もずくもありますが、生産に手間がかかり、量的にも少ないため、高級品とされています。

特有の粘質はフコイダンという成分で褐藻類のほとんどに含まれています。含有量が特に多いのがもずくです。

1パックあたり:80g / 3kcal

沖縄の養殖事情

現在、沖縄宮古島にはもずくと海ぶどうの大養殖場があり、海の中にネットで大きないけすを作り、養殖している。

生、塩蔵、乾燥の扱い方

生もずくはさっと洗えばOK。塩蔵もずくは3〜4回もみ洗いをして、塩分が気になるようなら水にしばらく浸けておく。ゴシゴシ洗うのは栄養成分も落とすのでNG。乾燥もずくは使う分量だけを、水または湯に浸けてさっと洗えばOK。

ダイエット効果

もずく 食物繊維 + 酢 クエン酸

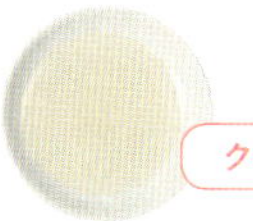

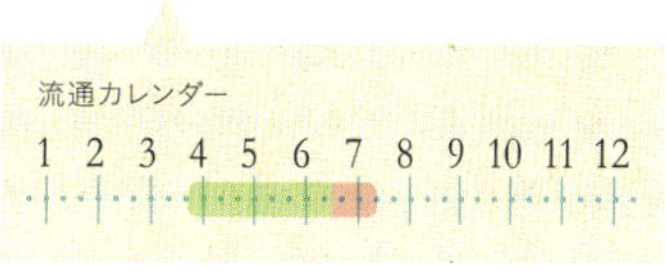

ひじき

食品成分表(鉄釜・乾燥 可食部100gあたり)

たんぱく質		9.2g
脂質		3.2g
炭水化物		56.0g
無機質	カルシウム	1000mg
	鉄	58.2mg
ビタミン	A β-カロテン当量	4400 μg
	B1	0.09mg
	B2	0.42mg

英名 Hijiki seaweed
和名・別名 鹿尾菜
エネルギー(100g中) 145kcal
糖質量(100g中) 4.2g(乾燥)

甘・鹹 五味
寒 五性
肝・腎 帰経

美容食材としても注目

縄文時代から食されている、日本人にとってなじみ深い海藻。低カロリーで食物繊維、クロム、カルシウム、マグネシウムなどが豊富です。市場に出回っているのは茎を集めた「長ひじき」と、芽を集めた「芽ひじき」。採取したものを長時間加熱し、乾燥させたものが製品となります。

国産は1〜2割程度で、中国や韓国から多く輸入されています。たっぷりの水に入れ、膨らんだらザルでこして数回水洗いをし、浸して戻します。戻し率は8〜10倍なので使いたい量の1/8〜1/10でOK。戻しすぎたら冷凍も可能です。

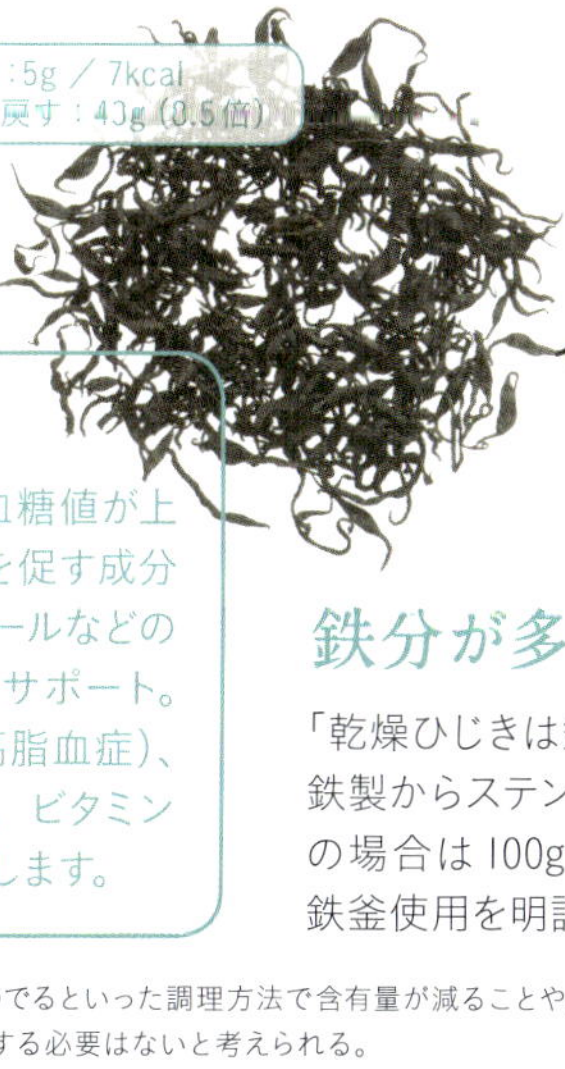

乾燥:5g / 7kcal
水で戻す:43g(8.5倍)

芽ひじき

やわらかく口当たりがよい。ひじきご飯やサラダなどに。

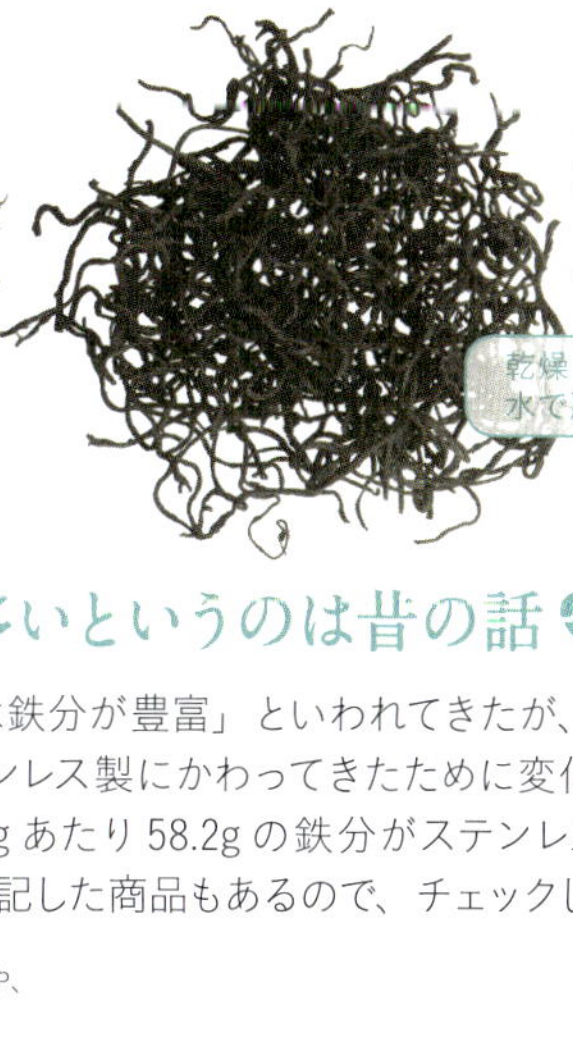

長ひじき

芽ひじきよりしっかりした歯ごたえ。炒め物や煮物に。

乾燥:5g / 7kcal
水で戻す:23g(4.5倍)

クロム

糖と脂質の代謝をサポートする

必須ミネラルの一種。糖質が増え、血糖値が上がったときに必要なインスリンの働きを促す成分の材料です。また、血液にコレステロールなどの脂質が増えすぎた場合もその代謝をサポート。不足すると糖尿病、脂質異常症(=高脂血症)、動脈硬化などにかかりやすくなります。ビタミンCと一緒に摂取すると吸収力がアップします。

鉄分が多いというのは昔の話

「乾燥ひじきは鉄分が豊富」といわれてきたが、乾燥させる釜が鉄製からステンレス製にかわってきたために変化している。鉄製の場合は100gあたり58.2gの鉄分がステンレス製では1/9に。鉄釜使用を明記した商品もあるので、チェックして選んで。

ひじきには有毒物質のヒ素が含まれるが、水戻しやゆでるといった調理方法で含有量が減ることや、通常摂取では微量であることから、健康被害を心配する必要はないと考えられる。

深く静かに進行し
骨折を引き起こす

「骨粗しょう症」

骨粗しょう症とは？

長年の生活習慣が原因で骨の中がスカスカになり、骨折しやすくなる状態や骨折してしまった状態を、骨粗しょう症といいます。特に女性に多く、更年期を過ぎた頃、背中や腰の痛みや、背中が曲がってくるなどの症状が表れて、初めて自覚することが多い病気です。重度になると、軽い転倒でも大腿骨や脊椎などを骨折することも多く、それが引き金となって寝たきりになってしまうことも。健康寿命を延ばすためには、骨粗しょう症の予防に努めることが大変重要です。

原因は加齢だけではない

私たちの骨量は18歳頃にピークに達し、40代後半まではほぼ一定量を保ちますが、その後は加齢とともに減っていきます。骨量の減少は、骨の中のカルシウムが減少することで起こります。女性の場合、閉経後に女性ホルモンの分泌が減ると、骨量が急激に減少。骨量が2～3割減少すると、骨折を起こしやすくなるのです。

カルシウム不足で起こる骨粗しょう症は、加齢だけが原因ではありません。無理なダイエットや運動不足も、骨をもろくする要因です。また、特定の病気や服用している薬、さらに遺伝に起因する場合もあります。

骨は常に新しく改変されている

骨は活発な新陳代謝をしていて、常に劣化した古い骨は壊され、新しい骨に作り替えられています。カルシウムの摂取が不足したり、老化によって骨を作るホルモンが不足すると、作る量よりも壊す量のほうが多くなり、骨量が減ってしまいます。

予防と改善方法

骨粗しょう症の予防のためには、食事面と運動面の両方の改善が大切です。

カルシウムを摂るだけではダメ

カルシウムとカルシウムの吸収を助けるビタミンDを多く含む食品を摂りましょう。ビタミンDは紫外線を浴びることで体内でも作られます。また、ビタミンKにはオステオカルシンというたんぱく質を活性化して骨にカルシウムが沈着するのを助ける働きがあります。ビタミンKは腸内細菌によって体内合成もされます。現代のほとんどの日本人はカルシウムだけは慢性的に不足しているといえます。毎日の食事をバランスよく摂ることを基本にし、さらにカルシウムを意識的に摂るように心がけるとよいでしょう。

適度な運動をする

骨に適度な負荷をかけると、骨を作る細胞が活発になります。自身の体調に合わせ、ウォーキングや階段の上り下り、足踏み、ストレッチなどを積極的に行いましょう。

禁煙と節酒を心がける

禁煙に努め、カフェインやお酒は控えめに。

カルシウムを多く含む食品例

魚介類
丸干しイワシ
ワカサギ
干しエビ
シジミ
大豆製品
木綿豆腐
生揚げ
納豆
凍り豆腐
乳製品
牛乳
ヨーグルト
チーズ
スキムミルク
野菜・海藻類
こまつな
チンゲンサイ
切り干しだいこん
ひじき
干しワカメ

調味料

しょうゆ

世界が注目する万能調味料

英名 Soy sauce
和名・別名 醤油、比之保
エネルギー（100g中）
71kcal（濃口）、54kcal（うす口）、111kcal（たまり）、102kcal（再仕込み）、87kcal（白）
糖質量（100g中）
10.1g（濃口）、7.8g（うす口）、15.9g（たまり）、15.9g（再仕込み）、19.2g（白）

日本を代表する調味料であるしょうゆは〝甘み、酸味、塩味、苦み、旨み〟の全てをバランスよく持ち合わせる万能調味料。平成25年（2013年）に「和食」がユネスコ無形文化遺産に登録され、一層注目が集まっています。

大豆、小麦、塩を原料とする発酵食品であり、体内の水分バランスを正常に保つために必要なナトリウムなどを含んでいます。

日本でのルーツは鎌倉時代、中国から伝わった「径山寺みそ」の液汁といわれ、その後、各地でその土地に根ざしたしょうゆの醸造を経て、江戸時代以降に現代のしょうゆができました。生産量は千葉県がトップで、銚子や野田はその時代から濃口しょうゆの中枢を担う産地です。

種類はJAS（日本農林規格）により、5つに分類されます。国内消費量の大半を占める濃口しょうゆは大豆と小麦を半々の割合で製造しています。

調理効果としては肉や魚の生臭さを消す、加熱すると香りと照りが出る、殺菌効果などです。

大豆と小麦の働き

しょうゆの主原料は大豆、小麦、塩。大豆に含まれるたんぱく質は、麹菌（P.270）のたんぱく質分解酵素プロテアーゼによって分解され、アミノ酸に変化し、これが「旨み」となる。そして小麦＝でんぷんは、麹菌の酵素アミラーゼにより、ブドウ糖に変化して「甘み」に、さらに一部は、酵母によってアルコールに変化して「香り」となる。

濃口大さじ1あたり：18g ／ 13kcal
淡口大さじ1あたり：18g ／ 10kcal

再仕込みしょうゆ
山陰から九州地方の特産。色、味、香りが濃厚。生しょうゆに麹を仕込む。かくし味にも。

たまりじょう油
とろみと濃厚な旨み、独特な香りが特徴。照り焼き、せんべい、刺身などに。主産地は中部地方。

濃口しょうゆ
大豆にほぼ同量の小麦を混ぜて造る。明るい赤褐色で香り高い。調理、卓上と幅広く利用される。

五味 鹹
五性 寒
帰経 脾 腎 胃

うす口しょうゆ
京料理によく使われる。色が淡いので食材の色を活かしたいときに。塩分は濃口よりやや高め。

白しょうゆ
うす口よりさらに色が琥珀色で淡白だが甘みが強い。吸い物や茶碗蒸しなどに。主産地は愛知県。

保存法
酸化が大敵。時間が経つと色が濃くなり、風味も落ちる。開栓後は冷蔵庫へ。

食品成分表
（濃口しょうゆ 100gあたり）

たんぱく質		7.7g
無機質	カルシウム	29mg
	鉄	1.7mg
ビタミン	B_1	0.05mg
	B_2	0.17mg

塩分は海水以上！

しょうゆをほんの少し口にして、塩分が海水よりも濃い！と感じる人は少ないはず。それはしょうゆが、ただしょっぱいだけでなく、発酵によって生まれる旨みや香りを含んでいるから。製造工程のうち、塩は、大豆、小麦、種麹で造られたしょうゆ麹ができあがったあとの「仕込み」と呼ばれる段階で、水に溶かした食塩水の状態で加えられる。塩味のほか、雑菌を抑え、保存性を高める働きも担う。

ラベルをチェック

多種多様なしょうゆ。選ぶときに一度ラベルを見よう。まず「丸大豆」か「脱脂加工大豆」かのチェック。主流は、あらかじめ大豆の脂肪分を抜き取った脱脂加工大豆だが、丸大豆も最近は人気。熟成中に大豆の油脂が溶け込み、深みのある風味が特徴となるからであろう。また、JASが旨み成分の量、色、香りにより、「特級、上級、標準」の3段階に分けているので参考にしたい。ほかに醸造期間や原料の質を補うための食品添加物もチェック。原料や製法などにこだわり抜いたしょうゆは価格も高いが、味わいも格別。

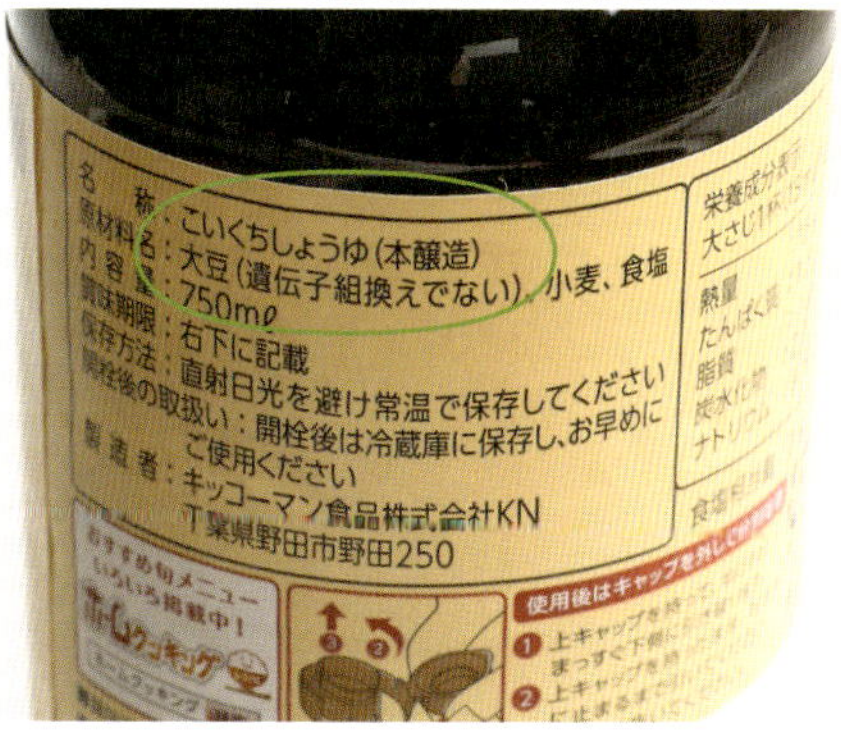

ナトリウム

体内の水分量を調節

カリウムと協力し、体内の水分量を調節するミネラルです。酸塩基平衡（体内での酸と塩基のバランス）、筋肉の収縮、神経の情報伝達、栄養素の吸収や輸送などにも関与。また、水分を保持しながら細胞外液量や循環血液の量を維持し、血圧を調節しています。過剰摂取は血圧が上がったり、むくみを生じたりするので注意。

しょうゆ造りの基本「本醸造方式」

しょうゆの製造法は何通りもあるが、流通量の8割以上を占めるのが「本醸造方式」と呼ばれる方法。江戸時代中期から現在に至るまで受け継がれているしょうゆ造りの基本形で、大豆、小麦、種麹を混ぜてしょうゆ麹を造る→食塩水を加えてタンクに仕込む→もろみの完成→6～8ヶ月間寝かせる（分解、発酵、熟成）→本醸造のしょうゆの完成、となる。ほかにこの方式をアレンジした混合醸造方式、混合方式などがある。

しょうゆベースの調味料

スーパーなどの調味料のスペースは年々拡大しており、しょうゆを使ったつゆ、たれ、ドレッシングなどの種類も数えきれないほどになっている。便利だが、風味は抜けやすいので、消費期限を守り早めに使いきって。

つゆ
みりん、砂糖、だし、うま味調味料をバランスよく配合。

だしじょうゆ
かつお節やコンブのうま味成分をプラス。

特有の香りと旨みを持つ魚醤

魚醤は塩漬けした魚介類を寝かせて造る発酵調味料。中国から伝わった「醤《ひしお》」が原形。独特の香りと濃厚な風味はかくし味に加えるだけでも、旨みと深みが増す。

しょっつる
秋田の県魚であるハタハタから造られる。

いかなごしょうゆ
瀬戸内の魚、いかなごから造られる。

いしり
イワシやイカから造られる富山県名物。

ナンプラー
タイの魚醤。カタクチイワシなどで造る。

ニョクマム
ベトナムの魚醤。カタクチイワシなどが原料。

みそ

酵素で肉や魚をやわらかく

しょうゆとともに日本が誇る代表的な調味料。主原料は大豆と、米または麦で麹菌と塩を加えて発酵、熟成させた発酵食品です。起源は古代中国の塩蔵発酵物「醤《ひしお》」や、大豆や穀類を発酵させた「豉《みそ》」とされ、飛鳥時代に日本に伝わりました。みそ汁として登場したのは室町時代で、戦国時代には栄養源のみそが必需品となり、武田信玄が信州みそ、伊達政宗が仙台みそを奨励したといわれています。

種類は大別すると「米みそ、麦みそ、豆みそ」で、異なるみそや麹を混ぜる「調合みそ」もあります。成分は種類により異なりますが、基本的にはたんぱく質、必須アミノ酸、カルシウム、ビタミンB群などが豊富です。

調理効果としては魚などの臭み消し、まろやかさ、コク、旨みをプラスするためのかくし味のほか、たんぱく質を分解する酵素を含むため、肉や魚をやわらかくする効果もあります。みそ離れが進んでいるといわれますが、みそのよさを見直しましょう。

地域の食文化や風土を色濃く反映

英名 Miso
和名・別名 味噌、未醤、美蘇
エネルギー（100g中）
217kcal（甘）、
192kcal（淡色辛）、186kcal（赤色辛）、
198kcal（麦みそ）、217kcal（豆みそ）
糖質量（100g中）
32.3g（甘）、
17.0g（淡色辛）、17.0g（赤色辛）、
23.7g（麦みそ）、8g（豆みそ）

五味 鹹
五性 塩
帰経 腎

食品成分表
（米みそ・甘みそ 100gあたり）

たんぱく質		9.7g
脂質		3.0g
炭水化物		37.9g
無機質	カルシウム	80mg
	鉄	3.4mg
ビタミン	B_1	0.05mg
	B_2	0.10mg

食品成分表
（米みそ・淡色辛みそ 100gあたり）

たんぱく質		12.5g
脂質		6.0g
炭水化物		21.9g
無機質	カルシウム	100mg
	鉄	4.0mg
ビタミン	B_1	0.03mg
	B_2	0.10mg

米
大豆に米麹、塩を加えて造る。国内生産量の80％を占める。種類が豊富で米麹の比率が高いものは甘みそ、低いものは辛みそ。

豆
蒸し大豆に直接麹菌をつけ、塩と合わせて長期熟成させて造る。濃厚な旨みと豆特有の香り、渋みがある。主産地は愛知、三重、岐阜。

麦
大豆、麦麹、塩で造る。別名「田舎みそ」。甘口の淡色、辛口の赤。麦特有の香りと奥深い味わいが特徴。九州地方でよく使われる。

保存法

基本は冷蔵庫。表面が乾燥するので容器の中でもラップをし、空気に触れるのを防いで。

種類を揃えて

「手前みそ」のことばの通り、以前は各家庭で自家製のみそを造って自慢していたとされている。自家製とまではいかなくても、市販のみそを何種類か揃えておき、自分なりに食材の味や色に合わせて、使い分けたり、組み合わせたりするとよい。カレーを作る際、何種類かのルウを組み合わせるとおいしくなるというのと同じ。最低でも辛口の赤みそ、甘い白みそを用意し、昆布を仕切りにすると旨みが移るのでおすすめ。

ラベルをチェック

高血圧などが気になるなら塩分量をチェック。添加物がなるべく少ないものを選んで。「生みそ」は発酵を止めていないみそのことで加熱処理をしていなければ「生」と表示可能。「天然醸造」はじっくりと添加物を加えずに造られたみそ。価格は高めだが深い味わい。

みそ
ビタミンE
緑黄色野菜
ビタミンA・C

免疫力UP

クエン酸で疲労回復

酢

保存法

殺菌力が高いので常温の冷暗所で保存可能だが、できれば冷蔵庫で。早めに使いきりたい。

食品成分表(米酢 100gあたり)

たんぱく質		0.2g
無機質	カルシウム	2mg
	鉄	0.1mg
ビタミン	B_1	0.01mg
	B_2	0.01mg

米酢

米が原料。酸味、甘み、旨みとコクがある。

ワインビネガー

ぶどう果汁が原料で赤と白がある。洋食全般に。

穀物酢

麦や大麦、とうもろこしなどが原料。クセがない。

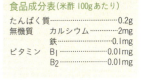

バルサミコ酢

ワインを原料とするイタリア独特の酢。価格高め。

黒酢

原料は玄米(一部麦)。味わいが濃く、中国料理に。

りんご酢

フルーティーで軽い味。マリネやドレッシングに。

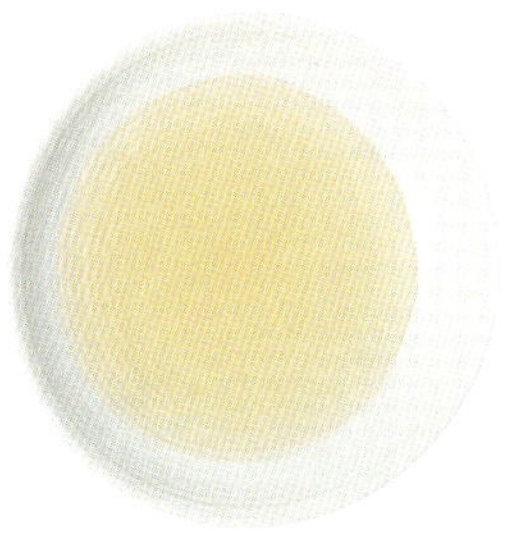

材料によって風味が異なる

英名 Vinegar
和名・別名 酢、須
エネルギー(穀物酢100g中)
25kcal(穀物酢)、46kcal(米酢)、54kcal(黒酢)、
99kcal(バルサミコ酢)、22kcal(ワインビネガー)、26kcal(りんご酢)
糖質量(100g中)
2.4g(穀物酢)、7.4g(米酢)、9.0g(黒酢)、
19.4g(バルサミコ酢)、1.2g(ワインビネガー)、2.4g(りんご酢)

酢は酸性調味料として、塩に次いで古くから使われてきました。日本に酢が伝わったのは酒造りの技術と前後する4～5世紀頃。料理の味つけに使われるようになったのが鎌倉～室町時代で、江戸時代にいよいよ「にぎり寿司」が登場して、合わせ酢も広まりました。

酢を造るにはまずその前に酒を造る必要があります。その酒は穀物、果実、いも類や野菜など、さまざまな原料から造ることができるため、酢の種類も多種に及ぶというわけです。

伝統製法は、原料をアルコール発酵させてもろみを造り、じっくり酢酸発酵させる方法。量産型製法は「酒を造る」工程を省き、原料にアルコールを加える方法で、低価格の製品となります。

種類や製法が違っても酢の風味で料理がさっぱりして疲労回復、食欲増進効果があるという点は共通しています。また、酸味だけでなく、旨みやコクもあり、ほかの調味料や素材の味を引き立てる役割もあります。

ラベルをチェック!

「酸度」は酢に含まれる酢酸などの有機酸の割合で酸っぱさを表すものではない。「アルコール」はアルコール発酵させる手間を省くために添加されるサトウキビやタピオカから造った蒸留酒のこと。アルコールの記載がない酢を試して味の違いを感じてみては。

体にもおいしい酢のパワー

酢が古くから大切にされてきた理由は4つ。1. 強い殺菌力と防腐力。2. 食欲増進作用。3. 調理効果:魚などの生臭さを消す、塩辛さを和らげる、アク抜き、変色防止。4. 健康効果:体をやわらかくし、疲労回復、肩こり、高血圧予防、糖尿病予防、がん予防、動脈硬化予防などの効果。近年は脂肪分解促進の効果も認められ、ダイエットにも人気。

覚えておきたい合わせ酢

二杯酢

材料(作りやすい分量)と作り方:しょうゆ、米酢各大さじ1を混ぜ合わせる。タコ、イカ、貝類など旨みのある食材の和え物に。

三杯酢

材料(作りやすい分量)と作り方:しょうゆ、米酢、みりん各大さじ1を混ぜ合わせる。ほんのり甘い。海藻や野菜の酢の物に。

寿司酢

材料(作りやすい分量)と作り方:米酢1/2カップ、砂糖大さじ5、塩小さじ1強を混ぜ合わせる。しょうゆを加えて酢のものにも。

南蛮酢

材料(作りやすい分量)と作り方:赤とうがらし(小口切り)1本、だし汁、米酢、しょうゆ各大さじ4、みりん、砂糖各大さじ1をひと煮立ち。

骨粗しょう症予防

ブドウ糖はさっぱり

みりん

まろやかな甘みと素材の照りとツヤに

英名 Mirin
和名・別名 味醂
エネルギー（100g中）
241kcal（本みりん）、
226kcal（みりん風調味料）
糖質量（100g中）
43.2g（本みりん）、
55.7g（みりん風調味料）

食品成分表
（本みりん 100gあたり）
たんぱく質……0.3g
無機質　カルシウム……2mg

日本では戦国時代、みりんは調味料としてではなく、甘みのある高級酒として珍重されていました。現在のように調味料として使われるようになったのは江戸時代の中期、そばつゆや蒲焼などの江戸料理、いわゆる、しょうゆ×みりんで作る甘辛味が流行した頃です。そして戦後、酒税法が改正されて価格が下がり、庶民の調味料としてさまざまな家庭料理に使用されるようになりました。

もち米と米麹、アルコールを熟成させて造る「本みりん」は酒の一種。「みりん風調味料」はみりんに似せたもので、原料も製法も異なる甘味調味料です。みりん風調味料と「発酵調味料」は酒類の規定から外れるため、本みりんよりも安価となります。同じ甘い調味料でも、砂糖は甘み成分が主にショ糖なのに対し、みりんはいくつかの糖分とアミノ酸を豊富に含んでいます。砂糖とは違う、料理全体にまろやかさを与える、控えめでやさしい甘みです。

本みりん
もち米、米麹、アルコールから造られる。消臭、風味付けなど、さまざまな調理効果に優れている。アルコール分は12.5～14.5%。

1カップあたり：230g／554kcal
大さじ1あたり：18g／43kcal

発酵調味料
もち米、米麹、アルコールを発酵させたのち、塩を加え、塩分を2%程度にして飲用できなくしたもの。アルコール分は8～15%。

みりん風調味料
ブドウ糖や水あめに、グルタミン酸、香料を加えたもの。みりんに近づけた甘味料なので、アルコール分は1%未満、糖分55%以上。

保存法
アルコール分が含まれるため、常温保存可能。ただし、冷暗所で。みりん風調味料は開栓後は冷蔵庫保存を。

みりんの調理効果

含まれる糖分により、素材に照りやツヤを出す。また、糖分とアルコールにはでんぷんの流出を抑える働きがあるので、煮崩れを防ぐ。ほかに生臭さを消す、コク、旨みを引き出すなどの効果も。

「煮切りみりん」とは

みりんと酒には10%前後のアルコール分が含まれている。「煮切る」はみりんと酒に使われる調理用語で、中に含まれている余分なアルコール分をとばすこと。アルコールの風味を除き、甘みとよい香りを強くする。とばし方としては煮沸させてさらに着火し、揮発しているアルコールもとばす、電子レンジを利用するなど。煮物や、アルコール度数が低いみりん風調味料は煮切る必要はない。

酒

食品成分表
（清酒 普通酒 100gあたり）

たんぱく質		0.4g
無機質	カルシウム	3mg

日本酒をはじめ、ビールやワインなど世界には多種多様の酒があり、それらは各国の料理に調味料としても使われていま す。ここでは和食に使われる「清酒」について述べます。

清酒はさまざまなタイプが存在する日本酒のひとつ。米、米麹、水を用い、製造工程において、もろみを搾って液体を取り出す作業が必須です。アルコール分は22度未満。精米歩合や香りなどにより、いくつかの種類に分けられますが、高価な吟醸酒を使ったからといって料理がおいしくなるとは限りません。料理用には旨み成分でもあるアミノ酸を多く含む米の外側を残して造られた酒から、良質なものを選ぶのがおすすめです。

日本で米を使った酒造りが始まったのは水稲農耕が伝わった弥生時代で、もろみをこして透き通った清酒が造られるようになったのは安土桃山時代といわれています。料理に使う際、アルコール分が気になるなら、煮切り酒（P.268）にして。

コクと旨みを引き出す 飲める調味料

英名 Sake
和名・別名 酒、佐介
エネルギー（100g中）109kcal
糖質量（100g中）4.9g

甘・辛・苦 五味
温 五性
肝・心・肺 帰経

保存法
アルコール分が含まれるため、常温保存可能。ただし、冷暗所で。

清酒
米、米麹、水などを原料とする酒。原料や製造法を変えて、料理に向く味に造った「料理清酒」もある。雑味がない。煮物、吸い物に。

赤ワイン
さまざまな醸造酒があるが、ブドウが原料のワインもそのひとつ。ほかに、もち米が原料の紹興酒など。臭みを抑え、料理に風味をプラス。
エネルギー（100g中）73kcal
糖質量（100g中）1.5g

料理酒
アルコールに塩分などを足して調味したもの。塩分を添加して「飲めない」酒にすることで酒税法の対象外にし、低価格で供給。
エネルギー（100g中）95kcal
糖質量（100g中）4.7g

酒の調理効果

風味や香りを引き立てる・保存性を高める・身がかたくなるのを防ぐ・コクを出す・魚や肉の臭み消し・みりんほどではないが照りを出すなど数々の効果がある。みりんは食材を引き締め、肉や魚などの筋繊維がくずれるのを防ぐ。

酒と酢は兄弟！

酒に酢酸菌が加わると酢酸発酵をして醸造酢になる。そのまま酒を放置していたら、自然に酢が生成されるということ。世界の醸造酢がそこで造られる酒の種類と関係しているのはそのため。日本なら米酢、地中海圏はワインビネガー、イギリスではモルト（麦芽）ビネガーなど。

副産物「酒粕」

酒の製造工程で出る「搾りカス」。もろみを搾ったあとに残るものが酒粕で、発酵の過程で働く酵母菌でアミノ酸が増加。ほかにもビタミン B_2、B_6 などが豊富でカスどころか栄養の宝庫！ 甘酒、魚などの粕漬け、料理のかくし味に。

麹

家庭でも簡単に作れる発酵調味料「塩麹」が大流行したことで、麹ということばも聞き慣れてきました。麹とは蒸した米、麦、豆にカビの一種である麹菌をつけて繁殖させたもの。カビといっても人間にとって悪いものでなく、むしろ役立つカビ。30種以上の酵素が含まれていて、栄養成分を消化吸収しやすくし、胃腸の働きを助けます。たんぱく質を分解して食材をやわらかくする、旨みに変える、でんぷんを分解して甘みを引き出す、と調理効果もさまざま。その上、肌の代謝を促進するビタミン類を生成するため、麹を利用した化粧品も開発されています。

しょうゆ、みそ、清酒などは麹がなければ存在しません。麹を用いた発酵食品は日本固有のもの。麹そのものを調味料として活用するというより、日本古来の調味料を造る際の、発酵を促す働きを担ってきました。現在はその存在が改めて見直されているようです。

日本の調味料の発酵を促す

英名 Rice koji
和名・別名 麹
エネルギー（100g中）286kcal
糖質量（100g中）57.8g

保存法

麹（ドライ）は、基本的には冷蔵保存。自家製の塩麹は冷蔵保存し、2週間ほどで使いきって。

旨みアップのもと「塩麹」

材料（作りやすい分量）と作り方：麹（ドライ）200gをほぐして塩60gと水1カップを混ぜ、常温で1週間前後保存。1日1回かき混ぜること。

食材の下ごしらえでパワー発揮

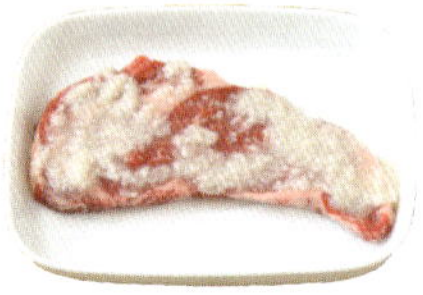

塩麹の酵素は生きたまま体内に取り込まれるとほかの酵素の働きを助けるので加熱しないのがベスト。肉や魚をやわらかくする場合は下ごしらえの段階で使用して。

飲む点滴・甘酒

酒粕がなくても、米麹と炊いたご飯を同量混ぜ、55～60℃で一昼夜置けば甘酒完成。江戸時代からの総合ビタミンドリンク剤で、点滴と近い成分を持っている。

免疫力UP

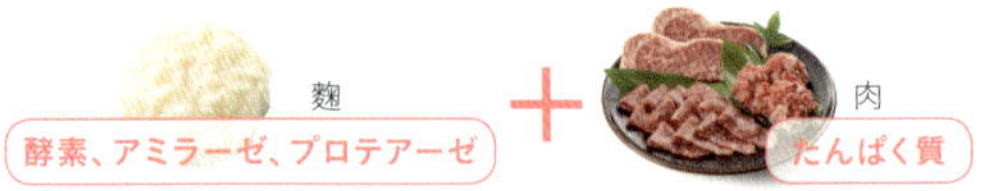
麹
酵素、アミラーゼ、プロテアーゼ
＋
肉
たんぱく質

発酵食品

毎日の食卓に取り入れたい

世界にさまざまある発酵食品の特徴は主に4つ。1 栄養成分が多く、煮豆より納豆、米より麹のほうが栄養価は高くなります。2 納豆や滋賀県の名産「ふなずし」、チーズ、ヨーグルトなどのように独特の味と香りがします。3 牛乳よりチーズ、大豆よりみそや納豆、生野菜より漬物などに発酵させたほうが長期保存できます。4 発酵食品には生きた発酵菌がたくさん存在しています。

ぬか漬けも立派な発酵食品。ぬかを発酵させて作る「ぬか床」には乳酸菌や酵母など多くの発酵微生物が生きており、栄養が豊富。

チーズ

ヨーグルト

納豆

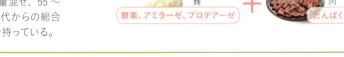

塩

ナトリウムは重要なミネラル

日本で塩を使い始めたのは狩猟から農耕へと生活が移り変わった縄文時代末期といわれています。海に囲まれた日本で塩は簡単に入手できそうですが、海水を汲み上げ、水分を蒸発させて取り出すのは大変な労力でした。考案されたいくつかの製塩法を経て、昭和47年に効率のよい「イオン交換膜法」に全面的に切り替えられ、現在に至ります。

塩は料理の味つけの基本調味料であり、おいしさは塩加減次第。少ないと味はぼやけ、入れすぎると塩辛くなります。塩には素材をおいしくする力もあります。野菜は塩ゆですれば色鮮やかにやわらかくなり、パンやうどんは塩でグルテンの形成を促します。ほかにも変色防止、防腐作用、ぬめりや粘りを除く、などさまざまな調理効果があります。

また、健康な体を保つためにも必要不可欠。主成分であるナトリウムはミネラルのひとつで重要な栄養素です。血液の濃度を正常に維持し、細胞内外の物質交換をスムーズにします。

料理にも体にも塩加減が大事

英名 Salt
和名・別名 之保
エネルギー（100g中）0kcal
糖質量（100g中）0g

湖塩
塩分濃度が高い塩湖（死海、カスピ海、バルハシ湖など）から採取、製塩される塩。塩湖は濃い塩水を作る塩田のような働きをする。

保存法
常温で長期保存可能。湿気が大敵なので密閉容器に入れる。においの強いものを近くに置かないこと。

海塩
海水から採取した塩。天日で水分をとばす、海水を釜で煮詰める、イオン膜で濃縮して煮詰めるなど製塩方法はさまざま。日本で作られる塩のほとんどがこのタイプ。

岩塩
もともと海だった土地に見られる海水の塩分が結晶化した地層。鉱物と同じように採掘されたり、水で溶かしたりして製塩される。

鹹 五味
寒 五性
胃・大腸・腎 帰経

塩を使った下処理調理用語

塩揉み：切った野菜に塩をまぶして揉む。水分を引き出し、風味をアップ。味もなじみやすくなる。
振り塩：魚にあらかじめ塩を振ってしばらくおく。水分とともに生臭さが抜け、身も引き締まる。
塩ゆで：熱湯に適量の塩を入れて野菜などをゆでる。色が鮮やかになり、仕上がりに差がつく。漬物や和え物は味が入りやすくなり、水っぽくならない。

パッケージをチェック

塩は原料、製法、加工、粒の大きさ、純度などで味わいが異なる。日本の塩の多くは海塩で、世界全体では1/3くらい。ほかの大多数は岩塩や湖塩から製塩されたもの。塩のコーナーには数えきれないほどの種類が並ぶ。パッケージの多くは「食用塩の表示に関する公正競争規約」に基づいており、原材料名や「天日」「イオン膜」「溶解」といった製造工程などの情報も入っているので、購入の際は目安にしたい。

合わせ塩って？

塩とハーブやスパイス、身近な食材を合わせたもの。白身魚の天ぷらなどに塩＋抹茶、揚げ物などには塩＋七味とうがらし。ほかにも塩＋粉ざんしょう、塩＋ごま、塩＋粉末ゆず、塩＋ターメリック、塩＋紅茶葉など。

抹茶塩

しょうが塩

香菜塩

さんしょう塩

食品成分表（上白糖 100gあたり）
無機質　カルシウム……………1mg

砂糖

疲れや思考力、集中力の低下は脳のエネルギー源であるブドウ糖の不足が原因。そんなときに甘いものを口にすると、シャキッとするはずです。

脳の栄養源でもある砂糖は、ブドウ糖と果糖が結合してできた、ショ糖が主成分の甘味料。代表的なものはサトウキビを使った「甘蔗糖」と、甜菜（砂糖大根）を使った「甜菜糖」の2種です。また、製法の違いによって純度が高くクセのない味わいの「分蜜糖」と、豊かな風味とまろやかなコクがある「含蜜糖」に分類されます。

日本には奈良時代に伝えられたという説があり、当初は貴重品で薬として扱われていました。茶の湯の流行とともに和菓子が発達、のちに南蛮菓子ももたらされ、江戸時代に入って砂糖の製造が始まりました。

砂糖はただ甘いというだけでなく、ほかの調味料と合わせることで多種多様な味を生み出し、繊細な日本料理では少量をかくし味として利用します。

多方面で活用される甘味調味料

英名 Sugar　和名・別名 砂糖
エネルギー（100g中）356kcal（黒糖）、384kcal（和三盆糖）、384kcal（上白糖）、383kcal（三温糖）、387kcal（グラニュー糖）、387kcal（氷砂糖）、386kcal（粉糖）
糖質量（100g中）90.3g（黒糖）、99.0g（和三盆糖）、99.3g（上白糖）、99.0g（三温糖）、100.0g（グラニュー糖）、100.0g（氷砂糖）、99.7g（粉糖）

保存法
湿気が大敵。密閉容器に入れ、冷暗所で保存。においが強いものを近くに置かないこと。

上白糖
黒糖
グラニュー糖
ザラメ糖
半精製の砂糖
三温糖
和三盆
加工黒糖

上白糖　一般的に使われている砂糖。粒の大きさが0.1～0.2mmと細かく、しっとりしている。黒糖　サトウキビの搾り汁をそのまま煮詰めたもの。独特の風味とコクがある。ミネラルが豊富。グラニュー糖　粒の大きさ0.2～0.7mmのサラサラとした結晶で純度が高くにおいがない。ザラメ糖　透明の白ザラ糖と茶色の中ザラ糖がある。純度が高く、粒の大きさは1～3mm。半精製の砂糖　サトウキビの成分や風味を残して作られる含蜜糖の一種。きび砂糖や洗双糖など。和三盆　伝統的な製法で作る砂糖。すっきりとした上品な甘みで和菓子の原料に多用。三温糖　加熱を繰り返す製法で、カラメルの香ばしい風味が特徴。加工黒糖　黒糖に原料糖、糖蜜などを合わせて煮詰めたもの。使いやすさが利点。

料理の「さ・し・す・せ・そ」

特に和食を作る際の調味料の基本的な加え方順で「砂糖・塩・酢・しょうゆ・みそ」を指す。砂糖は塩よりも粒子が大きく、味の浸透が遅いので最初に、みそは風味と香りが大切なので最後の仕上げに。砂糖の調理効果は肉がやわらかくなる、食品の酸化防止、腐敗防止、泡立ち保持など多数。

サトウキビと甜菜

どちらも砂糖の原料。サトウキビは太い茎を持ち、生長すると3～6mの高さになる。主な産地は南西諸島や沖縄県。甜菜は寒冷なところで育ち、主産地は北海道。世界の砂糖の生産量の約6割がサトウキビ、約4割が甜菜。

甜菜

五味　甘
五性　平
帰経　脾 肺

ごまにはゴマリグナン

ごま油

食品成分表（100gあたり）		
たんぱく質		0g
脂質		100g
無機質	カルシウム	1mg
	鉄	0.1mg

植物油のひとつで、ごまの種子を搾った油です。原料となるごまが食用として日本に広まったのは6世紀の仏教伝来が影響しているといわれています。殺生肉食禁止令により、代用として栄養価の高いごまが普及したのでしょう。当時はごまもごま油も貴重品扱いでしたが、江戸時代に入ってごまの量産が実現し、ようやく庶民に身近な食材となりました。

ごま油は和食をはじめ中国、韓国料理など特にアジア圏で多く使われています。天然の抗酸化成分ビタミンEやセサモール、セサミノールなどを含むため、酸化しにくいのが特徴です。

一番なじみのあるごま油の色は深い褐色ですが、琥珀色、また透明な色のものもあります。香ばしい香りの茶色、やわらかい風味の琥珀色、クセのない透明、用途によって使い分けて、味わいの違いを感じてみるのもおすすめです。

食欲をそそる香りの健康油を上手に使いましょう。

ごまの魅力が詰まった健康油

英名 Sesame oil
和名・別名 胡麻油
エネルギー（100g中）921kcal
糖質量（100g中）0g

保存法
しっかり密封し、冷暗所で保存。揚げものに利用した際は、すぐにこしてカスを除き、密閉容器に入れて保存。

小さじ1あたり：4g ／ 37kcal

焙煎
最もポピュラーなごま油。焙煎してから搾るので、香ばしいのが特徴。和え物や炒め物、中華ドレッシングなどに。

白
白ごまを焙煎せずに搾ったもの。あっさりとしたクセのない油。香りはほとんどないが、コクと旨みがある。パスタや菓子作りにも。

黒
一般的なごま油は白ごまだが、黒ごまを原料とするめずらしい油。黒ごま特有の香りと味わいがある。蒸し魚やスープにまわしかけて。

玉締めしぼり
江戸時代からの伝統製法で、焙煎したごまを玉締め機で搾ったもの。ごま本来の持ち味が存分に活かされた高級品として知られる。

甘 五味
涼 五性
肺・大腸 帰経

健康効果も期待できる

リノール酸とオレイン酸（P.169）が豊富。リノール酸は細胞膜を作る材料で、体内で合成することができない必須脂肪酸。血中の悪玉コレステロールを排出する働きがある。ごまに含まれる抗酸化物質のリグナン類をゴマリグナンといい、健康維持に有効とされる。

いろいろ使える！

油はブレンドしても大丈夫。天ぷらはサラダ油にごま油を足して揚げると香ばしくなる。また、葉野菜をゆでる際に加えると、香りよく、色もきれいに仕上がる。溶き卵に少し加えて焼くとふわふわに、パサパサになった干物に塗って焼けばふっくらする。

油の賞味期限

未開封の食用植物油は、カビや細菌が繁殖することはないので、腐敗しにくいが、未開封でも酸敗はするので注意。未開封のまま保管した場合、一般の食用油は容器にもよるが1〜2年。開封後は、賞味期限や容器にかかわらず、1〜2ヶ月以内を目安に使いきりたい。

生活習慣病改善

ごま油
不飽和脂肪酸

＋

緑黄色野菜
ビタミンC

食品成分表（100gあたり）

脂質……………………………………100g
ビタミン　A　β-カロテン当量
……………180 μg

オリーブオイル

ヘルシーオイルとして、いまやなじみ深いオリーブオイル。ほとんどの食品油が種子から得られるなか、オリーブオイルは果実から得られます。その歴史は古く、人類が最初に手に入れたオイルとされています。

注目は天然の成分が生きたオイルで、主成分がオレイン酸（P.169）であること。悪玉コレステロールだけを減らし、血糖値上昇の抑制、血圧を下げる効果もあるとされ、さらに酸化しにくい性質を持ち合わせています。酸化しやすいリノール酸を多く含むほかの植物油に比べるとその差は明白です。

エキストラバージンオイルもピュアオイルも加熱してよいのですが、価格が高めのエキストラバージンはドレッシングや、ブルスケッタ、バゲットにつける、などそのまま使って香りを楽しみましょう。ピュアは油っぽくならないので、揚げ油としても最適です。

果実から得られる自然の恵み

英名 Olive oil
和名・別名 オリーブオイル
エネルギー（100g中）921kcal
糖質量（100g中）0g

ノンフィルター
ろ過されていないバージンオイル。香りが強く、苦みや辛みがある。澱が多く、長期保存できない。

小さじ1あたり：4g ／ 37kcal

ピュア
精製オリーブオイルにバージンオリーブオイルを配合したもの。香りはマイルド。素材の風味を活かしたいときに。

エキストラバージン
オリーブの実を搾っただけのオイル。酸度が低く、フレッシュな香りと豊かな風味が特徴。

保存法
大敵は光と極端な温度差。密閉し、10℃以上30℃以下の涼しいところで。風味が落ちたら加熱調理に使用して。

「一番搾り」の最高ランク エキストラバージン

オリーブオイルには国際基準があり、風味や酸度（オイルの酸化の度合い。低いほど良質）でランク分けされている。化学的に加工していない、一番目に搾ったオイルが「一番搾り（＝バージンオイル）」と呼ばれて各種検査され、風味、酸度（0.8％以下）が素晴らしいと判定された上質のものだけが、エキストラバージンオリーブオイルと名乗ることができる。

オリーブの話

オリーブは常緑高木。葉は小さくてかたく、スペインやイタリアなどの地中海地域で多く栽培されている。日本の主産地は香川県、なかでも小豆島。アンティパストとしておなじみのオリーブ漬けには未熟果を使った緑のものと、完熟果を使った黒のものがある。

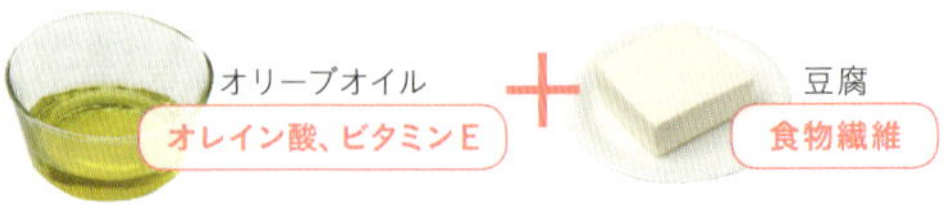
オリーブオイル
オレイン酸、ビタミンE
＋
豆腐
食物繊維

サラダ油は植物油

そのほかの油

食品成分表(100gあたり)

脂質……100g

毎日気づかぬうちに摂っている食用油。料理をする上でも炒めたり、揚げたり、風味をつけたりと用途もさまざまです。

「油」ときくとカロリーが高いからよくないもののように思いがちですが、「油脂」は人間にとって大切な栄養素。糖質、たんぱく質と並ぶ三大エネルギーのひとつで、油は効率よく摂取できる食材です。

食用油はバターやラードのような動物油と植物油に大別されます。植物油にはごま油(P.273)、菜種や大豆などを原料とするサラダ油のほか、一般的ではないですが使いやすいものも多数あります。α-リノレン酸を多く含むことで最近注目のえごま油や亜麻仁油、玄米を精米するときに出る米ぬかと胚芽から作られる米油など、植物油をいくつか紹介します(P.276〜277)。それぞれの油の特徴を知り、実際に使用してみて自分に合う油を探しましょう。

サラダ油

JAS(日本農林規格)による、定められた材料(菜種や大豆など)を使って認定された工場で作る、低温で放置しても固まらないなどの条件をクリアした油。味や香りにクセがなく、ドレッシングやマヨネーズ、炒め物など幅広い料理に向く油です。

原料、色、特性もさまざま

英名 Vegetable oil, Blended oil

和名・別名 サラダ油

エネルギー(100g中) 921kcal

糖質量(100g中) 0g

小さじ1あたり:4g / 37kcal

保存法

しっかり密閉し、冷暗所で保存。揚げ物をしたあとはすぐにこしてカスを除き、保存容器に入れて保存を。

辛 五味

温 五性

肝 帰経

摂りたい油を詳しく知ろう

油を選ぶときに気をつけたいのが「脂肪酸(油の主成分である脂質の主な構成成分)」です。脂肪酸にはさまざまな種類がありますが、「飽和脂肪酸」「不飽和脂肪酸」の2つに大別されます。不飽和脂肪酸はさらに「n-9系(オメガ9)」「n-6系(オメガ6)」「n-3系(オメガ3)」に分類され、植物油は主にこの3つで構成されます。飽和脂肪酸と3つの不飽和脂肪酸をバランスよく摂ることが大切です。

油脂
液体油
不飽和脂肪酸を多く含む
二重結合あり。不安定な構造。
固形脂
飽和脂肪酸を多く含む
二重結合のない、安定した脂肪酸。バター、ラード、パーム油などに多い。
二重結合が一つ
二重結合が2つ以上
オレイン酸
α-9系(オメガ9)
人が体内でも合成できる脂肪酸。悪玉コレステロールを下げるといわれる。
リノール酸
α-6系(オメガ6)
体内で合成できない脂肪酸。摂取しすぎる傾向にある。
α-リノレン酸
α-3系(オメガ3)
体内で合成できない脂肪酸。現代人は不足しがち。

特に摂りたいのが、n-3系(オメガ3)の脂肪酸。

えごま油

シソ科の一年草　えごまの種子から抽出

しそ油と呼ばれることもある。近年注目のα-リノレン酸を豊富に含む。酸化しやすいので加熱調理には向かない。冷蔵庫などで保存。サラダなどにかけて食して。

カロチーノ油

見た目とは違い　クセのない万能オイル

パームフルーツ、アブラヤシの果肉から採れる赤い油。ビタミンEやカロテンが多く含まれる。

グレープシードオイル

ビタミンEとポリフェノールが豊富

ワイン製造で不要となる種から搾られたもの。サラダ油感覚で使えるオールマイティーな油。透明に近いものから緑色のものまである。

米油

コレステロール値を下げる効果大

玄米を精製するときに出る米ぬかから抽出されたもの。γ-オリザノールという成分が豊富で自律神経失調症の緩和に役立つとされる。

落花生油

胃の調子を整えるピーナッツオイル

落花生の種子が原料。オレイン酸が全体の約40%含まれる。消化によく、油による胃もたれを防ぐ。

綿実油

上品な風味を身上とする

コットンシードオイルとも呼ばれる。綿の種子、綿実から搾られたもの。加工食品のほか、サラダ油にも利用される。

ベニバナ油

冷え性におすすめ

キク科の植物である紅花の種子が原料。サフラワーオイルとも呼ばれ、主にサラダ油に利用されている。ビタミンEが豊富。

菜種油

家庭用、業務用として幅広く活用されている

よく見かけるキャノーラ油は菜種油の一種。カナダで菜種を品種改良して作られたキャノーラという植物を原料とした油。風味がよく、加熱にも強い。

大豆油

植物油の中ではビタミンKが豊富

マメ科の大豆の種子が原料。サラダ油のほかマヨネーズやマーガリン、ショートニングなどにも用いられる。

コーン油

コクのある香ばしい風味

原料はとうもろこしの胚芽で、コーンスターチを作るときに分離したものを使う。色は淡黄色。サラダ油、天ぷら油としての需要が高い。

ひまわり油

ビタミンEが豊富アンチエイジングに

ひまわりの種子が原料。クセがなく、菜種油や大豆油と並び、世界的に広く使われている。マヨネーズやマーガリンにも用いられる。

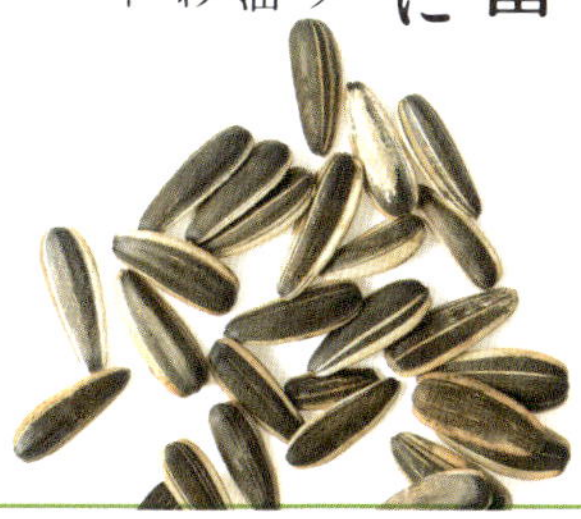

ヘンプシードオイル

アレルギーを抑える効果が期待される

麻の種子が原料。用途が広く、食用のほか、石鹸、シャンプー、塗料などにも。α-リノレン酸とγ-リノレン酸の両方を含む。

ココナッツオイル

ダイエット中の油として注目

ココナッツの種子にある核果の、さらに中の胚乳から抽出、精製されたもの。中鎖脂肪酸が約60％含まれ、脂肪が体内に蓄積されにくい。

亜麻仁《あまに》油

α-リノレン酸が豊富に含まれる

茎の繊維がリネン製品となるアマという一年草の成熟した種子から抽出、精製されたもの。えごま油と成分が似ていて、α-リノレン酸が多い。しっかりとコクのある味。

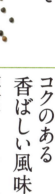

カテキンは抗酸化力

緑茶

茶葉、ティーバッグ、ペットボトルなどさまざまなタイプと種類のお茶が市販されています。特に慣れ親しんでいる緑茶は色が黄緑色で、旨みと清々しい香りが特徴。茶の葉を摘み取ったのち、加熱処理をして揉み、乾燥させた不発酵茶です。発酵させていないため、発酵茶よりもビタミンA、C、Kが多く含まれています。また強い抗酸化作用などを持つカテキンを豊富に含んでいます。

日本で親しまれている不発酵茶

英名 Green tea　和名・別名 緑茶
エネルギー（100g中）329kcal（玉露葉）、324kcal（抹茶）、331kcal（煎茶）
糖質量（100g中）0g（玉露葉）、1.0g（抹茶）、1.2g（煎茶）

食品成分表（煎茶 100gあたり）

たんぱく質		24.5g
脂質		4.7g
炭水化物		47.7g
無機質	カルシウム	450mg
	鉄	20.0mg
ビタミン	A　β-カロテン当量	13000 μg
	B_1	0.36mg
	B_2	1.43mg
	C	260mg

保存法
大敵は湿気、熱、酸素、光、におい。冷暗所に常温で保存し、1ヶ月ほどで飲みきって。未開封なら冷凍保存可。

抹茶
日光を避け、育てた碾茶を蒸して乾燥させ、葉脈を除いて石臼で挽いたもの。

煎茶
日本で最も飲まれている茶といえる。茶葉を蒸して揉み、乾燥させたもの。

ほうじ茶
香ばしい香りが魅力。煎茶や番茶を強火で煎って作られる褐色の茶葉。

番茶
伸びすぎた茶葉や刈り込みでとれた茶葉で作られる。「番茶も出花」の番茶。

龍井茶（ろんじんちゃ）
中国を代表する緑茶で釜炒りによる加熱がほとんど。渋みが少ない。

玉露
高級茶。直射日光を避け、栽培される茶葉で、旨み、甘みが強いとされる。

すっきりおいしい水だし緑茶

苦み成分のカフェインと渋み成分のカテキンの溶け出しを抑え、アミノ酸とビタミンCをたっぷり抽出できる水だし緑茶。時間はかかるが、簡単なので一度お試しを。材料（作りやすい分量と作り方）：水1ℓに茶葉15gを入れ、冷蔵庫で2～6時間冷やす。茶葉は水だし用でなくても大丈夫。

抹茶と粉末緑茶

見た目はほぼ同じだが、抹茶は碾茶（てんちゃ）を粉末にしたもの。主に茶道、また近年の抹茶ブームにより、ケーキ、クッキー、アイスクリームなどに使われています。粉末緑茶は日常よく飲む煎茶を粉末にしたもの。抹茶には旨み成分のテアニン、粉末緑茶にはカテキンが多く含まれている。

五味　甘・苦
五性　涼
帰経　心・肺・胃

カフェイン

眠気覚まし＋脂肪燃焼効果も

茶の葉、コーヒー豆、カカオの実などに含まれるアルカロイドで、苦みのある白色の結晶です。頭痛、特に偏頭痛の痛みを和らげる効果があります。また中枢神経を刺激し、心臓の働きを活発にさせることから眠気を防ぎ、疲労感を解消します。脂肪分解酵素の活性を高めるといわれるので、効率的な脂肪燃焼のため、運動前に摂取するとよいでしょう。利尿作用もあり、体のむくみを取ったり、血圧を下げたりする効果もあります。

カテキン

食事中のコレステロールの吸収を抑える

ポリフェノールの一種で、「タンニン」と呼ばれてきた緑茶の渋みの主成分。食事中のコレステロールの吸収を抑え、脂肪の吸収を穏やかにします。しかも悪玉コレステロールだけを低下させ、善玉コレステロールには影響しないという優れもの。緑茶には活性酸素を消去するビタミンCやビタミンEなどの抗酸化ビタミン類も多く含まれており、“最強の抗酸化飲料”といえます。

殺菌効果

緑茶
カテキン
＋

梅干し
クエン酸

青《チン》茶《チャ》

英名 Oolong tea
和名・別名 烏龍茶、部分発酵茶

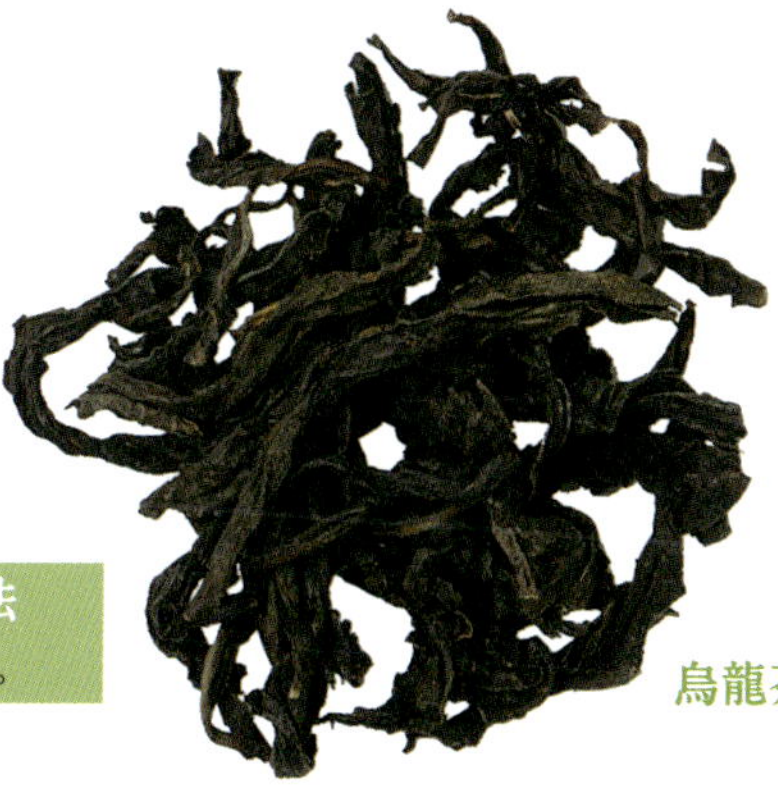

保存法
緑茶と同じ。

烏龍茶

人気の烏龍茶

中国茶のうち青茶に分類される烏龍茶はいまや日本人にもすっかりおなじみ。カテキンの酸化をほどよく利用した部分発酵茶です。その発酵度は15〜70％と幅があるため、香りや味、色が異なり、多くの種類が生産されています。発酵度の低いものは緑茶に、高いものは紅茶に近い味。凍頂烏龍茶、鉄観音、鳳凰単そう、文山包種茶などがあり、中国福建省や広東省東部、台湾が主な生産地です。

女性にうれしい！凍頂烏龍茶

凍頂烏龍茶は台湾を代表する茶の銘柄。黄緑色の緑茶に近い味わい。美肌の大敵である活性酵素を抑制するポリフェノール、コラーゲンの材料となるビタミンC、抗アレルギー作用を持つメチル化カテキンが豊富でアンチエイジング効果も期待できる。

見た目も華やかな加工茶

台湾や中国の土産品としても人気の加工茶は、荒茶状態の茶葉をジャスミンなどで香りづけした茶の総称。茶葉をいろいろな形に加工し、湯を注いだときの茶葉の開いた様子がボタンの花のようになる「緑牡丹」などは工芸茶と呼ばれる。

甘・苦 五味
涼 五性
肝・脾 帰経

紅茶

食品成分表（可食部100gあたり）

たんぱく質		20.3g
脂質		2.5g
炭水化物		51.7g
無機質	カルシウム	470mg
	鉄	17.0mg
ビタミン	A　β-カロテン当量	900 μg
	B_1	0.10mg
	B_2	0.80mg

英名 Black tea
和名・別名 全発酵茶
エネルギー（100g中） 311 kcal
糖質量（100g中） 13.6g

産地で味わいが異なる発酵茶

世界のお茶生産量の約80％を占める紅茶。ルーツは中国で、主な産地はインド、スリランカなど。摘んだ葉を蒸らさずに自然乾燥させて揉み、赤褐色になるまで発酵させます。茶葉をそのまま発酵させるので、産地で味わいの特徴が違います。アッサムやウヴァ、ダージリンなど地名で呼ぶのはそのため。近年はフレーバーティーも人気です。紅茶特有のポリフェノールであるテアフラビンが注目成分です。

保存法
緑茶と同じ。

テアフラビン

風邪やインフルエンザ予防に

茶葉に含まれているカテキンが発酵することによってできる、紅茶特有のポリフェノール。赤や褐色の色素成分でもあり、渋み成分の一種です。抗酸化力が強く、殺菌力もあるため、風邪やインフルエンザなどのウイルス感染の予防、抗アレルギー作用、腸内環境の改善、胃潰瘍の予防と改善、コレステロール値の上昇を抑える、がん予防などへの効果が期待されます。

おいしい紅茶は水道水で！

汲みたての水道水には空気が多く含まれており、沸騰させてポットに注ぐと、茶葉がジャンピングする。ミネラルウォーターは含有成分によって、紅茶の色や味に影響してしまうことも。おいしい紅茶を楽しむには水道水が最適。カルキ臭は2〜3分沸騰させることでとぶのでご安心を。

栄養素別 食材ランキング

それぞれの食材について、それに含まれる栄養素とその特性や量は、各品種のページに紹介ました。

ここでは、それぞれの栄養素ごとに実際に、どのくらいの量を含んでいるのか、栄養素が体の中でどんな働きをするのか、順位ごとに並べることで、わかりやすく、覚えやすくなっています。

糖質

1 スパゲッティ(乾)
71.2g
1皿分 (100g)

2 うどん(ゆで)
52.0g 1玉分 (250g)

3 ショートケーキ
47.3g
1切れ分・果実なし (110g)

4	ベーグル	49.5g	1個分 (95g)
5	カップ麺	38.5g	1カップ分 (65g)
6	そば	38.4g	1玉分 (160g)
7	ご飯	36.8g	茶碗1杯分 (100g)
8	かき	33.8g	1個分 (260g)
9	バナナ	28.2g	1本分 (220g)
10	食パン	26.6g	1枚分 (60g)

脂質

1 牛肉
(サーロイン・脂身付き)
41.9g 厚切り1枚 (150g)

2 豚肉(バラ・脂身付き)
31.9g 厚切り3枚 (90g)

3 鶏皮
31.0g 1枚分 (60g)

4	豚肉 (肩ロース・脂身付き)	28.8g	とんかつ用1枚 (150g)
5	サバ刺身	25.4g	1枚 (70g)
6	サンマ	23.6g	1尾 (100g)
7	クロマグロ (脂身)	19.3g	刺身5切れ (70g)
8	鶏もも肉 (若鶏・皮付き)	14.2g	1/2枚 (100g)
9	ブリ刺身	14.1g	1枚 (80g)
10	合鴨	14.5g	6枚スライス (50g)

たんぱく質

1 牛ヒレステーキ
25.0g 1枚 (120g)

2 クロマグロ(赤身)
23.8g 刺身6切れ (90g)

3 鶏むね肉(若鶏・皮なし)
23.3g 1/2枚 (100g)

4	マカジキ	23.1g	1切れ (100g)
5	カツオ(春獲り)	19.3g	刺身5切れ (75g)
6	凍り豆腐	15.2g	2枚 (30g)
7	卵	6.8g	1個 (65g/正味55g)
8	普通牛乳	5.0g	コップ1杯 (150g)
9	プロセスチーズ	4.1g	1枚 (18g)
10	パルメザンチーズ	2.6g	大さじ1 (6g)

食物繊維

1 ひじき（乾）
5.2g （10g）

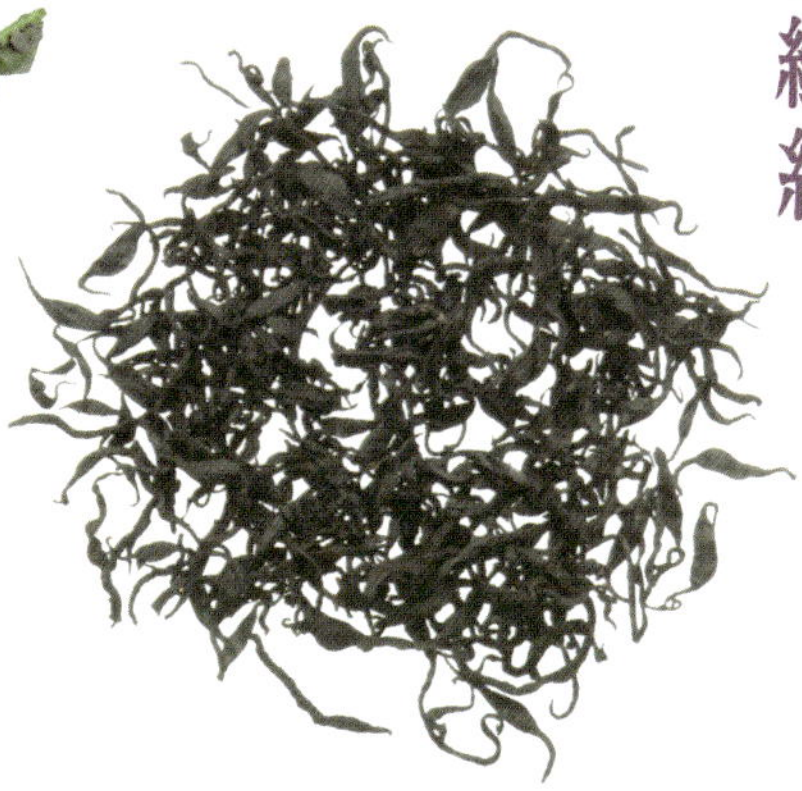

2 ブロッコリー
4.0g 3〜4房（90g）

3 アボカド
3.7g 1/2個（70g）

4	ライ麦パン	3.4g 6枚切り1枚（60g）
4	納豆	3.4g 1パック（50g）
6	たけのこ（ゆで）	3.3g 1/2本（100g）
7	そば	3.2g 1杯（160g）
8	くり	2.9g 5個（70g）
9	さつまいも	2.1g 1/2本（95g）
10	りんご	1.7g 1/2個（100g）

ビタミンA

1 豚レバー
10400μg
（80g）

2 鶏レバー
8400μg
焼き鳥2本（60g）

3 アンコウの肝
4150μg（50g）

4	ギンダラ	1500μg 1切れ（100g）
4	ウナギの蒲焼き	1500μg 1串（100g）
6	にんじん	621μg 1/2本（90g）
7	モロヘイヤ	462μg 1/2束（55g）

ビタミンD

1 アンコウの肝
33.3μg （30g）

2 サケ
25.6μg（80g）

3 マイワシ（丸干し）
25.0μg
2尾（50g）

4	ウナギの蒲焼き	19.0μg 1串（100g）
5	サンマ	15.7μg 1尾正味（100g）
6	タチウオ	14.0μg 1切れ（100g）
7	マカジキ	12.0μg 1切れ（100g）

ビタミンE

1 ウナギの蒲焼き
4.9mg
1串（100g）

2 かぼちゃ
7.35mg 1/8個（150g）

3 アーモンド
（フライ味付け）
4.2mg
10粒（14g）

4	パプリカ（赤）	2.6mg 1/2個（60g）
5	アボカド	2.3mg 1/2個（70g）
6	ヒマワリ油	1.5mg 小さじ1（4g）
7	マーガリン（ソフトタイプ）	1.8mg 大さじ1（12g）

ビタミンK

1 モロヘイヤ
352μg
1/2袋（55g）

2 納豆
300μg
1パック（50g）

3 とうみょう
140μg
1/2パック（50g）

4	生わかめ	30μg （30g）
5	青のり	28μg 小さじ1（1g）
6	干しひじき	16μg（5g）
7	海苔（焼）	12μg 1枚（3g）

ビタミンB_1

1 豚肉（ヒレ） 1.06mg 1切れ（80g）

2 ウナギの蒲焼き 0.75mg 1串（100g）

3 豚肉（ロース赤身） 0.64mg 1切れ（80g）

4	ボンレスハム	0.54mg 3枚（60g）
5	絹ごし豆腐	0.30mg 一丁（300g）
6	ご飯（玄米）	0.24mg 150g
7	タラコ	0.21mg 1/2腹（30g）

ビタミンB_2

1 豚レバー 2.88mg（80g）

2 ウナギの蒲焼き 0.74mg 1串（100g）

3 マガレイ 0.35mg 1切れ（100g）

4	牛ヒレステーキ肉	0.31mg 1枚（120g）
5	納豆	0.28mg 1パック（50g）
5	低脂肪乳	0.28mg コップ1杯（150ml）
7	鶏卵	0.22mg 1個（50g）

ナイアシン

1 カツオ（春獲り） 19.0mg 刺身5切れ（100g）
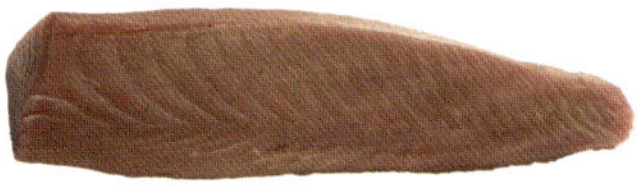

2 タラコ 14.9mg 1/2腹（30g）
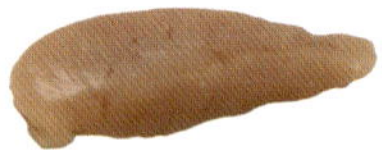

3 鶏むね肉（若鶏・皮なし） 12.1mg 1/2枚（100g）

4	豚レバー	11.2mg（80g）
5	クロマグロ（赤身）	9.9mg 刺身5切れ（70g）
6	まいたけ	8.19mg 1パック（90g）
7	マサバ	7.3mg 1切れ（70g）

ビタミンB_6

1 クロマグロ（赤身） 0.77mg 刺身6切れ（90g）
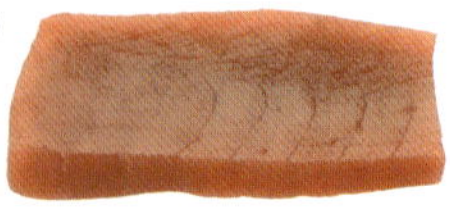

2 カツオ（春獲り） 0.76mg 刺身5切れ（100g）

3 牛レバー 0.71mg（80g）

4	サンマ	0.51mg 1尾正味（100g）
5	ブリ切身	0.29mg 1切れ（80g）
6	ブロッコリー	0.14mg 1/4個（70g）
7	スキムミルク	0.10mg 大さじ1（6g）

ビタミンB_{12}

1 牛レバー 42.2μg（80g）

2 アサリ 21.0μg 10個正味（40g）

3 サンマ 16.2μg 1尾正味（100g）
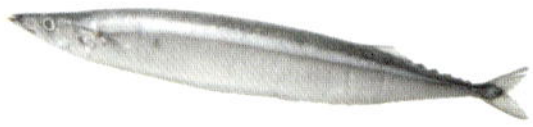

4	シジミ	15.0μg 20個正味（22g）
5	ハマグリ	13.6μg 3個正味（48g）
6	アンコウの肝	11.7μg（30g）
7	カキ	10.4μg 殻付き3粒（45g）

パントテン酸

1 鶏レバー 6.06mg 焼き鳥2本（60g）
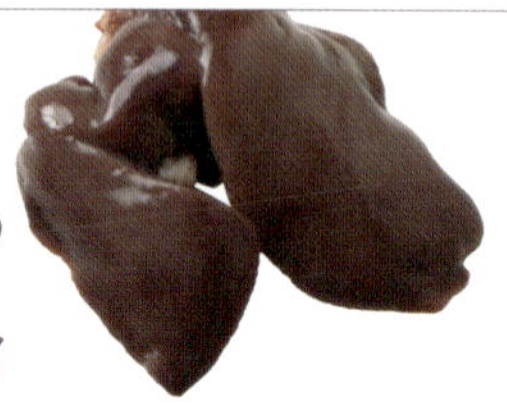

2 子持ちガレイ 4.3mg 1切れ（100g）

3 鶏ササミ 2.77mg 3本（90g）

4	納豆	1.80mg 1パック（50g）
5	アボカド	1.16mg 1/2個（70g）
6	たらこ	1.10mg 1/2腹（30g）
7	ご飯（玄米）	0.98mg 1膳（150g）

葉酸

1 鶏レバー
780μg
焼き鳥2本（60g）

2 なばな
170μg
1/4束（50g）

3 ブロッコリー
147μg
1/4個（70g）

4	とうもろこし	143μg	1本（正味150g）
5	モロヘイヤ	138μg	1/2束（55g）
6	海苔（焼）	57μg	1枚（3g）
7	えだまめ	48μg	さや10個（正味15g）

ビオチン

1 鶏レバー
139.4μg
焼き鳥2本（60g）

2 豚レバー
63.7μg（80g）

3 マガレイ
23.9μg 1切れ（100g）

4	バターピーナッツ	15.2μg	20粒（16g）
5	まいたけ	10.8μg	1/2パック（45g）
6	納豆	9.1μg	1パック（50g）
7	スキムミルク	1.1μg	大さじ1（6g）

ビタミンC

1 パプリカ（赤）
102mg
1/2個（60g）

2 ブロッコリー
84mg 1/4個（70g）

3 甘がき
63mg
1/2個正味（90g）

4	カボチャ	65mg	1/8個（150g）
5	キウイフルーツ	48mg	1個（70g）
6	ジャガイモ	47mg	1個正味（135g）
7	キャベツ	33mg	葉1枚（80g）
8	レモン果汁	30mg	1個分（30g）
9	いちご	28mg	3粒（45g）
10	かいわれ大根	24mg	1パック（50g）

マグネシウム

1 木綿豆腐
130mg 1/3丁（100g）

2 ご飯
74mg 1膳（150g）

3 キンメダイ
73mg 1切れ（100g）

4	ひじき（乾）	64mg	（10g）
5	ほうれんそう	62mg	1/4束（90g）
6	とうもろこし	56mg	1本（正味150g）
7	カボチャ	38mg	1/8個（150g）

カルシウム

1 干しエビ（加工品）
710mg（10g）

2 プロセスチーズ
252mg（40g）

3 生揚げ
240mg
1/2枚（100g）

4	マイワシ（丸干し）	220mg	2尾（50g）
5	普通牛乳	165mg	コップ1杯（150ml）
6	カマンベールチーズ	78g	1/6切れ（17g）
6	パルメザンチーズ	78g	大さじ1（6g）

ナトリウム

1 即席中華めん（ノンフライ）
2295mg（85g）

2 中華スタイル即席カップめん（フライ）
2160mg（80g）

3 濃口しょうゆ
1026mg 大さじ1（18g）

4	食塩	1170mg 小さじ1/2（3g）
5	生ハム	990mg 3枚（45g）
6	梅干し（塩漬）	870mg 1個正味（10g）
7	マイワシ（丸干し）	750mg 2尾（50g）

鉄

1 アサリ缶詰水煮
19.3mg 1/2缶（65g）

2 豚レバー
10.4mg（80g）

3 牛ヒレステーキ肉
2.9mg 1枚（120g）

4	レンズ豆（乾）	2.7mg 30g
5	生揚げ	2.6mg 1/2枚（100g）
6	マイワシ（丸干し）	2.2mg 2尾（50g）
6	こまつな	2.2mg 2株（80g）

リン

1 スルメ（加工品）
550mg（50g）

2 キンメダイ
490mg
1切れ（100g）

3 プロセスチーズ
340mg （40g）

4	マイワシ	285mg 2尾（50g）
5	牛レバー	264mg（80g）
6	スパゲッティ	130mg 1皿分（100g）
7	まいたけ	117mg 1パック（90g）

カリウム

1 ほうれんそう
621mg
1/4束（90g）

2 さといも
512mg
2個正味（80g）

3 たけのこ（ゆで）
376mg（80g）

4	バナナ	360mg（100g）
5	納豆	330mg 1パック（50g）
6	モロヘイヤ	292mg 1/2袋（55g）
7	ニラ	255mg 1/2袋（50g）

銅

1 牛レバー
4.24mg（80g）

2 シャコ
2.08mg
2尾（60g）

3 イイダコ
1.33mg 1杯（45g）

4	ホタルイカ	1.03mg 3杯（30g）
5	干しエビ	0.52g （10g）
6	納豆	0.31g 1パック（50g）
7	マカロニ	0.28g 1皿分（100g）

亜鉛

1 豚レバー
5.5mg（80g）

2 牛ひき肉
4.2mg（80g）

3 カキ
4.0mg
2個正味（30g）

4	ズワイガニ水煮	3.3mg 1缶（70g）
5	プロセスチーズ	1.3mg （40g）
6	たらこ	1.1mg 1/2腹（30g）

セレン

1 マガレイ
110μg
1切れ（100g）

2 クロマグロ（赤身）
99μg 刺身6切れ（90g）

3 スパゲッティ（乾）
63μg（100g）

4	豚レバー	54μg （80g）
5	ブリ	46μg 1切れ（80g）
6	卵	16μg 1個（50g）
7	カシューナッツ	3μg 味付き（10g）

ヨウ素

1 ひじき（乾）
4500μg（10g）

2 マコンブ
（素干し）
2000μg
10cm角1枚（10g）

3 マダラ
280μg 1切れ（80g）

4	カットワカメ	255μg 大さじ1（3g）
5	生芋こんにゃく	116μg 1/2枚（125g）
6	海苔（焼）	63μg 1枚（3g）
7	シシャモ	44μg 3尾（60g）

モリブデン

1 糸引き納豆
145μg
1パック（50g）

2 豆乳
113μg 1カップ（210g）

3 豚レバー
96μg
（80g）

4	がんもどき	60μg 1枚（100g）
5	ご飯（玄米）	51μg 1膳（150g）
6	木綿豆腐	41μg 1/3丁（100g）
7	バターピーナッツ	11μg 20粒（16g）

マンガン

1 くり（国産・生）
2.29mg
5個（70g）

2 ご飯（玄米）
1.56mg（150g）

3 アマランサス
1.47mg 大さじ2（24g）

4	凍り豆腐	1.30mg 2枚（30g）
5	しょうが	1.00mg 1かけ（20g）
6	納豆	0.50mg 1パック（50g）
7	油揚げ	0.28mg 1枚（20g）

コバルト

牛レバー

アンコウの肝

タラコ（生）

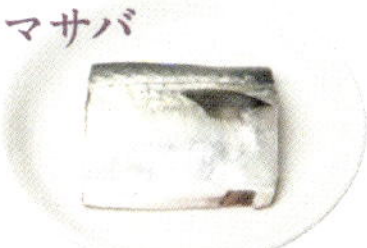

マサバ

サンマ

鶏レバー

シジミ

アサリ

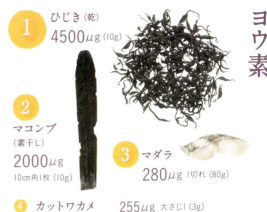

焼きのり・
味付けのり

クロム

1 ミルクチョコレート
12μg（50g）

2 がんもどき
8μg 1枚（100g）

3 じゃがいも
7μg（135g）

4	ゆでそば	4μg 1玉（200g）
4	ひじき（乾）	4μg （15g）
6	きざみコンブ（素干し）	3μg （10g）

効能別 食べ合わせ

食材
栄養素
おすすめレシピ

高血圧予防

食材	栄養素	食材	栄養素	食材	栄養素	おすすめレシピ
トマト	リコピン	にんじん	β-カロテン	じゃがいも	カリウム	ミネストローネ
もやし、にら	カリウム	豆腐	たんぱく質			もやしと豆腐の炒め物
れんこん	カリウム、ビタミンC	エビ	たんぱく質			れんこんとエビのがんもどき
じゃがいも	カリウム	レモン	ビタミンC	ヨーグルト	たんぱく質	じゃがいものヨーグルトサラダ
りんご	ペクチン	さつまいも	カリウム	豚肉	たんぱく質	ポークソテーりんご添え
サンマ	たんぱく質、DHA、EPA	ワカメ	カリウム、ビタミンC、アルギン酸			サンマの香り煮
サケ	たんぱく質	ワカメ	カリウム、アルギン酸			サケとワカメの混ぜご飯
ハタハタ	たんぱく質	しゅんぎく、にんじん	カリウム			ハタハタのピリ辛野菜チゲ

骨粗しょう症予防

食材	栄養素	食材	栄養素	食材	栄養素	おすすめレシピ
こまつな	カルシウム	干ししいたけ	ビタミンD			こまつなのホタテあんかけ
みずな	カルシウム、ビタミンC	ジャコ	カルシウム			みずなとジャコの焼うどん
牛乳	カルシウム	豚肉	たんぱく質			ポークシチュー
ヨーグルト	カルシウム、たんぱく質	かぼちゃ	カルシウム			かぼちゃとヨーグルトのサラダ
卵	たんぱく質	ピーマン、トマト	ビタミンC	ねぎ、きくらげ	カルシウム	卵と野菜の炒め物
ワカサギ	カルシウム、ビタミンD	みずな	カルシウム、ビタミンC			ワカサギの南蛮漬け

利尿作用

食材	栄養素	食材	栄養素	おすすめレシピ
きゅうり	カリウム	豚肉	ビタミンB_6	きゅうりと豚肉のマリネ

胃腸の働き強化

食材	栄養素	食材	栄養素	おすすめレシピ
キャベツ	ビタミンC・U	にんじん	β-カロテン	野菜炒め

かぜ予防

食材	栄養素	食材	栄養素	食材	栄養素	おすすめレシピ
かぼちゃ	β-カロテン、ビタミンC	豚ひき肉	たんぱく質			かぼちゃの肉詰め
ねぎ	ビタミンC	にんじん	ビタミンA	牛肉	たんぱく質	ねぎと牛肉の煮物
ブロッコリー	β-カロテン、ビタミンC	ホタテ貝柱	たんぱく質			ブロッコリーと貝柱の炒め物
アスパラガス	β-カロテン	長ねぎ	ビタミンC	鶏肉	たんぱく質	アスパラガスと鶏肉の炒め物
しょうが	ショウガオール	ほうれんそう	β-カロテン、ビタミンC			おひたし
ウナギ	レチノール	卵	たんぱく質	こまつな	β-カロテン、ビタミンC	ウナたま煮

がん予防

食材	栄養素	食材	栄養素	食材	栄養素	おすすめレシピ
ほうれんそう	β-カロテン、ビタミンC、食物繊維	ピーナッツ	ビタミンE			ほうれんそうのピーナッツ和え
カリフラワー	ビタミンC	たまねぎ	アリシン	ブロッコリー	β-カロテン、ビタミンE・C	カリフラワーとブロッコリーのグラタン
モロヘイヤ	β-カロテン、ビタミンC、食物繊維	たまねぎ、にんにく	アリシン			モロヘイヤのスープ
タラ	たんぱく質	ピーマン、トマト	β-カロテン、ビタミンC	たまねぎ	アリシン	たらのホイル焼き
イカスミ	リゾチーム	イカのワタ、トマト	β-カロテン			イカのトマト煮

便秘解消

食材	栄養素	食材	栄養素	食材	栄養素	おすすめレシピ
こんにゃく	食物繊維	にんじん	β-カロテン、ビタミンC			筑前煮
まいたけ	食物繊維	にんじん、こまつな	β-カロテン	豆腐	たんぱく質	まいたけのスープ
しめじ	食物繊維	オリーブオイル	オレイン酸	レモン、パセリ	ビタミンC	きのこのワイン蒸し

体力増強

にがうり ビタミンC	+	豚肉 たんぱく質			ゴーヤー チャンプルー

動脈硬化予防

なす アントシアニン	+	オリーブオイル ビタミンE、オレイン酸			揚げなすのマリネ
とうもろこし ビタミンE・C	+	牛乳 カルシウム、たんぱく質	+	チーズ ビタミンD、たんぱく質	とうもろこしの グラタン
らっかせい ビタミンE	+	豚肉 ビタミンE			豚肉とらっかせいの 炒め物
くるみ リノール酸	+	アジ EPA、たんぱく質			アジのくるみ揚げ
チンゲンサイ カリウム、カルシウム、β-カロテン	+	鶏肉 たんぱく質			チンゲンサイと鶏肉の クリーム煮込み
かぶ ビタミンC、β-カロテン、カリウム	+	鶏肉 たんぱく質			手羽先とかぶの 煮物
さつまいも 食物繊維、ビタミンC	+	りんご 食物繊維、ビタミンC			さつまいもとりんごの 重ね焼き
さといも ガラクタン	+	豚肉 たんぱく質、ビタミンB_1			さといもと豚肉の 南部煮
しいたけ エリタデニン	+	アジ DHA、EPA	+	アーモンド ビタミンE	アジと野菜の アーモンド炒め
納豆 たんぱく質、ナットウキナーゼ	+	オクラ 食物繊維			納豆オクラ和え
鶏肉、豆腐 たんぱく質	+	しゅんぎく、にんじん ビタミンC、β-カロテン	+	はくさい ビタミンC、食物繊維	鶏肉の水炊き
イワシ DHA、EPA	+	トマト、レタス ビタミンC	+	たまねぎ、にんにく アリシン	イワシとトマトの 重ね焼き
ブリ DHA、EPA、たんぱく質	+	ねぎ、たまねぎ ビタミンC、アリシン			ブリの刺身 中華風ダレ
サバ ビタミンE	+	ブロッコリー ビタミンC、β-カロテン	+	にんにく アリシン	サバとブロッコリーの カレー煮
ヒラメ たんぱく質	+	にんじん、さやいんげん β-カロテン、ビタミンC			ヒラメと野菜の 蒸し物
ホタテ ビタミンB_2、たんぱく質	+	にんにく アリシン	+	トマト、レモン ビタミンC	ホタテ貝柱の バターソース
コンブ カリウム、食物繊維	+	だいこん、にんじん ビタミンC	+	豚肉 たんぱく質	コンブと だいこんの煮物
ワカメ アルギン酸	+	トマト、レモン ビタミンC	+	スモークサーモン たんぱく質	ワカメと サーモンのサラダ

コレステロール低減

サワラ DHA、EPA	+	さやいんげん 食物繊維	サワラとさやいんげんの チーズ焼き
メバル たんぱく質	+	エビ タウリン	メバルとエビの から揚げ
カレイ DHA、EPA	+	しいたけ エリタデニン	カレイの きのこあんかけ
アユ DHA、EPA	+	コンブ アルギン酸	アユとコンブの 炊き込みご飯
タコ タウリン	+	トマト ビタミンC	タコとトマトの サラダ
エビ タウリン	+	豆腐 たんぱく質	エビのがんもどき
カニ タウリン	+	まいたけ エリタデニン	カニとまいたけの クリームコロッケ
サザエ タウリン	+	マッシュルーム 食物繊維	つぼ焼き

ストレス緩和

みょうが αピネン	+	豚肉 ビタミンB_1	+	にんにく アリシン	豚肉のしょうが焼き みょうが添え
みつば、にんじん、だいこん β-カロテン、ビタミンC	+	しめじ、こんにゃく 食物繊維			みつばの 精進炒め
チーズ、ベーコン カルシウム、たんぱく質	+	ベーコン ビタミンB_1			グラタン
トビウオ たんぱく質	+	トマト リコピン			トビウオの トマト煮
ニシン たんぱく質	+	パプリカ ビタミンC			ニシンと野菜の オーブングリル
タイ たんぱく質	+	パプリカ β-カロテン、ビタミンC			タイと野菜の マリネサラダ
キス たんぱく質	+	トマト ビタミンC			キスのムニエル トマトソース
ホッケ たんぱく質	+	ししとうがらし ビタミンC			ホッケと ししとうがらしの焼き物
グチ たんぱく質	+	キャベツ ビタミンC			グチと野菜の 蒸し物

大腸がん予防

だいこん ビタミンC、食物繊維	+	しそ、あさつき β-カロテン	+	豆腐 ビタミンE	豆腐ステーキ だいこんおろし和え

疲労回復

ズッキーニ カリウム	豚肉 ビタミン B_1		ズッキーニと豚肉のチヂミ
そらまめ ビタミン B_1	米 糖質		そらまめご飯
はくさい カリウム、カルシウム、ビタミンC	豚肉 ビタミン B_1		はくさいと豚肉の重ね蒸し
たまねぎ ビタミン B_1	レバー ビタミン B_1		レバーの煮物
にら、もやし、にんじん ビタミン B_1	レバー たんぱく質		レバにら炒め
セロリ ビタミンC	豚肉 たんぱく質	にんにく ビタミンB_1	セロリと豚肉の炒め物
にんにく アリシン、ビタミンB_1	イカ たんぱく質		イカのスパゲッティ
梅干し、しそ クエン酸	イカ たんぱく質	米 糖質	イカと梅肉のチャーハン
バナナ でんぷん	豚肉 ビタミン B_1		バナナの豚肉巻き
玄米 でんぷん、ビタミンB_1	白いりごま ビタミン B_1		チャーハン
カツオ たんぱく質	にんにく アリシン	カツオ、にんにく ビタミンB_1	カツオのたたき

貧血予防

せり 鉄、亜鉛、ビタミンB_{12}	カキ、豆腐 たんぱく質	ねぎ ビタミンC	土手鍋
牛肉 鉄	だいこん ビタミンC		和風おろし牛肉ステーキ
アサリ 鉄、ビタミンB_{12}	ミニトマト、ブロッコリー ビタミンC		アクアパッツァ
シジミ 鉄、銅、たんぱく質	豆腐 たんぱく質		シジミと豆腐のみそ汁
カキ 鉄、銅、ビタミンB_{12}	レモン ビタミンC	パセリ 鉄	カキの酒蒸し
ハマグリ 鉄、ビタミンB_{12}	鶏肉 たんぱく質	トマト ビタミンC	パエリア

夏バテ予防

オクラ ビタミンB_1、β-カロテン	にんじん β-カロテン	牛肉 たんぱく質	オクラの牛肉巻き
えだまめ ビタミン B_1・C	鶏肉 たんぱく質		えだまめと鶏肉の炒め物
やまいも ビタミン B_1	だいこん ビタミンC		やまいもとだいこんのサラダ
豆腐、豚肉 たんぱく質	にら ビタミンB_1	ねぎ アリシン	豆腐とにらの炒め物

脳の活性化

マグロ DHA、たんぱく質	ご飯 糖質		まぐろ丼

肌荒れ解消

ピーマン β-カロテン	たまねぎ ビタミンB_2、食物繊維	レモン、にんにく ビタミンC	ピーマンのギリシャ風マリネ
レタス ビタミンC、食物繊維	豚肉 たんぱく質、ビタミンB_1		レタスと豚肉のスープ
しゅんぎく ビタミンC、β-カロテン	豆腐 たんぱく質	ひじき、こんにゃく 食物繊維	しゅんぎくとひじきの白和え
にんじん β-カロテン、食物繊維	パセリ ビタミンC、β-カロテン	たまねぎ ビタミンC、食物繊維	にんじんスープ
みつば、だいこん、にんじん ビタミンC、β-カロテン	しめじ、こんにゃく 食物繊維		みつばの炒め物

肥満予防

とうがん、干ししいたけ、きくらげ 食物繊維	たまねぎ アリシン		とうがんのスープ

免疫力増強

さやいんげん β-カロテン	豚肉 たんぱく質		さやいんげんと豚肉のトマト煮込み
からしな ビタミンC、β-カロテン	卵 たんぱく質		からしなのソテー温泉卵添え
くうしんさい 食物繊維、β-カロテン	牛肉 たんぱく質		チンジャオロース
しそ β-カロテン	牛肉 たんぱく質		しそと牛肉の炒め物
アジ たんぱく質、ビタミンB_2	ピーマン ビタミンC		アジのトマト煮

「食品表示」について

安全で健康的な食生活を守る「食品表示法」

食品表示とは、名称、内容量、原材料名、産地、消費期限など、市販される食品に表示される全ての事項のことです。食品表示が正しく、十分に表示されることは、安全かつ公正、健康的な食生活にとって非常に重要です。消費者が確認できる唯一の情報であるこの表示が正しく表示されないと、食の安全が根底から崩れることになってしまうのです。

そのため、その表示のしかたや表示すべき情報などについては、「食品表示法」のもと、細かくルールが設定されています（このルールを「食品表示基準」といいます）。「食品表示法」は、2015年、JAS法、食品衛生法、健康増進法の表示に関わる部分を統合し、食品の表示に特化して策定された法律です。法律の目的が統一されたことにより、食品表示はよりわかりやすく、役立つものになりました。しかし、範囲が非常に広い上、事業者にとっても実現可能な内容でなくてはならないため、そのルールはやや複雑です。

消費者としては、この法律を全て理解している必要はありませんが、ルールについて知ることで、より適した食品を選ぶことができるようになるはずです。また、万が一食品による事故が生じた場合にも、その後の原因究明や解決に一層早く近づくことができるでしょう。

生鮮食品

加工品

食品の分類について

食品表示法において、販売される食品は「生鮮食品」「加工品」という大きな2つに分類されます。「生鮮食品」は、さらに「農産物」「水産物」「畜産物」「玄米および精米」の4項目に分けられ、それぞれに応じたルールがあります。また、個々の品目の特性に応じて表示が定められているものもあります。

生鮮食品

生鮮食品には、共通して産地と名称の表示が義務付けられていますが、消費者として最も気になるのは産地でしょう。原産地の定義は、「農産物」「水産物」「畜産物」で違いますが、「その食べ物が育つまでに一番長くいたところ」というのが基本ルールです。しかし、例えば、回遊魚はどこで育ったかの判断が難しいなど品目によって生産状況が大きく異なるため、生産地の定義はそれぞれに適したものになっています。

農産物

「収穫場所」が産地

農産物の原産地について、国産品には都道府県名を、輸入品には原産国名を表示することになっています（国産品は市町村名やそのほか一般に知られている地名、輸入品は一般的に知られている地名でも可）。そして、その原産地になるのは「収穫した場所」です。

普通、植物の場合は種まきから収穫までに場所が変わることはないので、「収穫地＝一番長く育った場所」となります。ただし、しいたけなどは、菌を植えた原木や菌床を移動することがあるので、育った場所と収穫場所が異なる場合があります。例えば中国で3ヶ月栽培したしいたけを日本で1ヶ月だけ栽培して収穫した場合でも、産地は日本になるわけです。

まだ実現はされていませんが、消費者庁では、農産物の産地の定義を「収穫地」から「一番長く育った場所」に変える案が検討されているそうです。今後、栽培中に移動可能な工場での水耕栽培など、「収穫地≠一番長く育った場所」という農産物が増えていけば、食品表示基準のルールが変わるかもしれません。

農産物表記項目

① 名称	
② 原産地	
③ 栽培方法	しいたけのみ

水産物

基本的に「船籍」が産地

水産物の原産地の定義に関しては、日本の法律以前にWCO（世界税関機構）の協定に基づき、「漁ろう活動が行われた国や、漁獲を行った船舶が属する国が原産国」と定められています。例えば同じ場所で同じ種類の水産物を漁獲したとしても、船籍が日本であれば国産、外国なら外国産となるわけです。

表示に関しては、国産品は「水域名または地域名（主たる養殖場が属する都道府県）」を、輸入品は「原産国名」を記すことになっています（水域名の表示が困難な場合は水揚げした港名または水揚げした港が属する都道府県名でも可）。複数の原産地が混合している場合は、全重量に占める割合の高いものから順番に表示されます。

養殖される水産物の産地は、「一番長く育った場所」が原産地になります。例えば、ウナギの稚魚を輸入して国内で養殖した場合は国産となりますが、ウナギの成魚を輸入して最後の短期間だけ日本で養殖した場合は外国産です。

水産物表記項目

① 名称	
② 原産地	
③「解凍」の表記	冷凍したものを解凍して販売する場合
④「養殖」の表記	養殖されたものを販売する場合

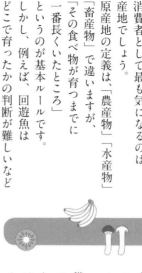

畜産物

「飼養期間が最も長い場所」が産地

畜産物の原産地は、生まれやと畜された場所は関係なく、飼養期間が最も長い場所になります。2ヶ国で飼養された場合は長いほう、3ヶ国以上の場合は、そのうち一番飼養期間が長かった国が原産国です。例えば、カナダ、アメリカ、日本の3ヶ国で、それぞれ7ヶ月、7ヶ月、8ヶ月飼養された場合は、トータルで14ヶ月と日本よりも海外で飼養された期間のほうが長いですが、表示は国産となります。

また畜産物は、生鮮食品の中で唯一、都道府県や地域名ではなく「国産」のみの表示が認められています。ただし「和牛」と書いてあるからといって、産地が日本であるとはいえません。和牛は単に品種を表しているだけなので、松阪牛、飛騨牛のように、原産の地域を示す言葉が必要です。

逆に、産地を冠したブランド牛であっても、品種が和牛であるとは限りません。また、品種は任意表示なので、和牛以外の「肉専用種」、「ホルスタイン種」、「ジャージー種」、「乳用種」、「交雑種」に関してはほとんど表示されていないのが実情です。

畜産物表記項目

① **名称**

② **原産地**

③ **内容量、販売業者の氏名または名称および住所**
容器または包装して販売する場合

④ **アレルゲン、保存方法、賞味期限、添加物、採卵施設や販売業者の氏名または名称および住所**
殻付きの鶏卵の場合

米類

特別な表示基準がある

米は日本人の主食ということもあり、食品表示法では特別に基準が定められていて、表示様式、文字の大きさなどについても、ほかの食品よりも細かいルールがあります。

産地の定義は農産物と同様ですが、単一原料米として表示するには、産地、品種、産年の3点について証明されている必要があります。産地、品種、産年が同一でない場合は、「複数原料米」と表示し、その割合も表示しなければいけません。証明を受けていないものは、「未検査米」という表示になります。

また、パッケージなどに商品名を表示する場合は、消費者に誤解を与えないよう「ブレンド」や「使用割合」などの表記は、ほかの文字と同程度の大きさで表示しなければいけないなどの決まりもあります。

米類表記項目

① **名称** 「玄米」、「もち精米」、「胚芽精米」、「うるち精米」または「精米」のいずれか

② **原料玄米、産地、品種、産年、使用割合**
検査証明を受けた原料玄米を使用している場合

③ **産地、産年、使用割合** ブレンド米の場合

④ **内容量**

⑤ **精米年月日**

⑥ **販売者の氏名または名称、住所および電話番号**

加工品

複数の原材料を使用したり、調理などの工程があったりする加工品には、当然ながら生鮮食品よりも多くの情報を表示する必要があります。商品そのものを見て得られる情報が少ないぶん、パッケージの表示から正しく情報を読み取ることは特に重要といえるでしょう。項目が多いため、表示のルールも生鮮食品に比べてより複雑になっています。本書でその全てを網羅して解説することはできませんが、健康かつ安全な食品選びのために押さえておきたい、基本的なポイントを紹介します。

加工品表記項目

① 名称
② 原材料名
③「遺伝子組み換え原料使用」の旨の表記
遺伝子組み換え農産物や分別していない農産物を使用する場合
④ 内容量
⑤ 消費期限または賞味期限
⑥ 保存方法
⑦ 製造者などの氏名または名称および住所
⑧ 原産国名、輸入業者名
⑨ 原料原産地

産地と製造地

一番多い原材料の産地がわかる

２０１７年の食品表示法改正によって、新たに加工食品の原材料にも産地を表示することが義務付けられました（２０２２年３月末までは、食品メーカーが準備をする猶予期間）。原則の表示方法は「国別重量順表示」です。その名の通り、複数国の原材料を使った場合に使用量の多い国から順番に表記する方法ですが、３ヶ国以上の場合は、３ヶ国目以降を「その他」で表示してもよいとされています。実際の表示は次の表のようになります。

1ヶ国の場合	豚肉（アメリカ産）
2ヶ国の場合（※1）	豚肉（アメリカ産、国産）
3ヶ国以上の場合	豚肉（アメリカ産、国産、カナダ産）
3ヶ国以上でその他を使う場合（※2）	豚肉（アメリカ産、国産、その他）

（※1）アメリカ産と国産の2種類が使われていて、アメリカ産のほうが使用量が多いことがわかる。
（※2）その他には何ヶ国含まれるかわからないので、「アメリカ産＋国産」よりも、表記されていない国の豚肉のほうが多く使われている可能性もある。

「国別重量順表示」が原則ではありますが、時期によって原材料の重量順位に変動がある、産地を切り替えることがあるなど、国別重量順表示が難しいケースに限り、「又は」や「輸入」などの大括り表示も認められています。しかし、これらの表記方法は消費者にとってはわかりにくいものとなるため、あくまで例外的に認められているのみです。

原材料が加工品のときは産地不明？

原材料のうち一番多い材料が加工食品の場合は、原則、産地ではなく加工食品を製造した国を表示することになっています。つまり、その加工食品を製造した国はわかっても、その材料となった生鮮食品の産地まではわからないということです。一番多い原材料が加工品の場合でも、それに使われた生鮮食品の産地がわかっている場合は、製造国の代わりにその産地を表示してもよいとされます。

名称	チョコレートケーキ
原材料名	チョコレート（ベルギー製造）、小麦粉、……

ベルギーで製造されたチョコレートが使われていることはわかるが、カカオ豆の産地はわからない。

栄養成分表示　1食（00g）当たり	
熱量	00kcal
たんぱく質	00g
脂質	00g
炭水化物	00g
食塩相当量	00g

健康のカギとなる5つの表示

2017年の食品表示法改正によって、熱量、たんぱく質、脂質、炭水化物、食塩相当量の5つの項目について、表示が義務化されました。

これらの成分は、生活習慣病予防や健康の維持・増進に深く関わる成分です。熱量と、三大栄養素であるたんぱく質、脂質、炭水化物は、過不足なく摂取することが重要となります。食塩は、塩分過多になりがちな日本人の食生活において、摂取を抑えることで高血圧予防の効果が期待できます。

また、脂質のうち「飽和脂肪酸」と、炭水化物のうち「食物繊維量」も、生活習慣病予防の観点から表示が推奨される成分です。食物繊維量が表示される場合は、糖質量も併せて表示されます。

このほかに、ミネラル類（カルシウム、鉄など）、ビタミン類（A、C、Eなど）、n-3系（オメガ3）脂肪酸、n-6系（オメガ6）脂肪酸、コレステロール、糖類および糖質も任意で表示できます。これまでに挙がったもの以外の成分については、枠の外に表示するなど、義務表示、推奨表示、任意表示とは区別して表示されます。

「トクホ」？「機能性表示食品」？機能性を表示できる食品

その食べ物が健康に役立つ旨を表示できるのは、「特定保健用食品（トクホ）」「栄養機能食品」「機能性表示食品」の3つのみ。それ以外の一般的な食品に関しては、表示で機能性を謳うことはできません。

「特定保健用食品（トクホ）」は、3つの制度ので唯一、疾病リスクを低減させる旨を表示することができます。ただし、国からの認可までに莫大な費用と時間がかかるため、大手メーカー以外は取得が難しいというデメリットがあります。

それに対して、2015年から新たに導入されたのが「機能性表示食品」制度です。科学的根拠に基づいて機能性が証明されていて、国に届け出を行えば、事業者の責任のもと、健康の維持や増進に役立つ機能性を表示することができます。これにより、中小規模メーカーの商品にも機能性表示がされ、消費者としては、より多くの選択肢から健康機能を持つ食品を選べるようになりました。

「栄養機能食品」は、1日の摂取目安量に含まれる栄養成分が基準値に適合している場合に、その栄養成分の機能を表示することができるというものです。

いずれも、あくまで食品であって、摂取すればするほどより多くの効果が期待できるというものではありません。ひとつの食材や栄養に偏らず、バランスのとれた食事を適量摂ることが大切です。
機能性が表示されている食品について

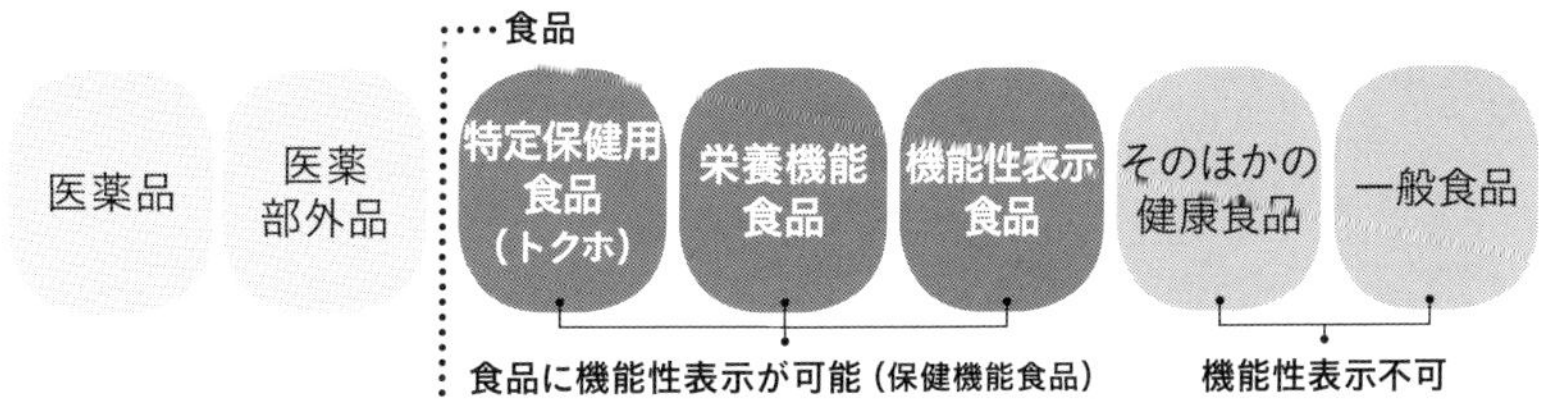
食品
医薬品
医薬部外品
特定保健用食品（トクホ）
栄養機能食品
機能性表示食品
そのほかの健康食品
一般食品
食品に機能性表示が可能（保健機能食品）
機能性表示不可

添加物は「／」のうしろに

原材料は、使用した重量の多い順に表示されています。かつては原材料も添加物も並列に表示されていて、消費者に知識がなければ、どの材料が添加物なのかはわからない状態でした。しかし、2015年の法改正で「原材料と添加物の区分を明確に表示すること」が義務化され、添加物がひと目でわかるようになりました。

一般的に、添加物は「／（スラッシュ）」のうしろに、使用重量順で表示されています。原材料と添加物の項目を分けて表記してもよいのですが、あえて添加物を強調するメリットがないことから、多くの業者がこの方式を採用しています。

名称	○○○○●○○○○◎
原材料名	いちご、砂糖／ゲル化剤（ペクチン）、酸化防止剤（ビタミンC）

部分が添加物

アレルゲンの表示について

特定の食物にアレルギーを持つ人は、年々増加傾向にあるといわれています。食品による健康被害を防止するためにも、アレルゲンとなる食品を正しく、わかりやすく表示することは、食品表示の非常に重要な役割のひとつです。

原材料の中でも、特に発症数の多い7つの品目（特定原材料）（※1）については、必ず表示することが義務付けられています。また、それに準ずる20品目（※2）についても、表示が勧められています。

アレルゲンは、最後にまとめて表示する方法（一括表示）か、一つひとつの材料に表示する方法（個別表示）か、どちらかで表示されます。また個別表示では、文字数がかなり多くなることがあることから、「同一のアレルゲンが含まれている場合は、どれかの原材料又は添加物に表示すればよい」という省略規定があります。

（※1）卵、乳、小麦、落花生、エビ、そば、カニ
（※2）イクラ、キウイフルーツ、くるみ、大豆、バナナ、やまいも、カシューナッツ、もも、ごま、サバ、サケ、イカ、鶏肉、りんご、まつたけ、アワビ、オレンジ、牛肉、ゼラチン、豚肉

個別表示の場合

名称	肉だんご
原材料名	豚肉、ゼラチン、食塩 、砂糖、しょうゆ(大豆・小麦を含む)、香辛料(小麦を含む)、酵母エキス
添加物	調味料（アミノ酸等）

どの原材料に何のアレルゲンが含まれているかがわかる。

個別表示の場合

名称	肉だんご
原材料名	豚肉、ゼラチン、食塩 、砂糖、しょうゆ（大豆・小麦を含む）、香辛料、酵母エキス
添加物	調味料（アミノ酸等）

しょうゆに「小麦」と表示しているので、香辛料に含まれる小麦は省略される。この表示だけでは、香辛料にアレルゲンが含まれるかどうか判別できない。

一括で表示される場合

名称	洋菓子
原材料名	小麦粉、砂糖、植物油脂、鶏卵、アーモンド、バター、異性化液糖、脱脂粉乳、洋酒、でん粉（一部に小麦・大豆・卵・乳成分を含む）
添加物	ソルビトール、膨張剤、香料、乳化剤着色料（カラメル、カロテン）、酸化防止剤（ビタミンE、ビタミンC）、（一部に大豆を含む）

どの原材料に何のアレルゲンが含まれているかはわからない。

部分がアレルゲン

「賞味期限」と「消費期限」の違いは？

食品の品質保持期限の表示には、「賞味期限」と書かれているものと「消費期限」と書かれているものがあります。どちらも、未開封の状態で表示された保存方法に従った場合に、品質が保証される期間ですが、その定義は異なります。

まず「賞味期限」は、スナック菓子や缶詰、カップ麺など、比較的品質が長く保持される食品に表示されます。表示された年月日は、「期待される全ての品質の保存が十分に可能な期限」を示すので、この期限を過ぎたからといってすぐに食べられなくなるわけではありません。

一方「消費期限」は、弁当や惣菜、サンドイッチなど、急速に品質が劣化する食品に表示され、表示された年月日は、「衛生上の安全性が保証される期限」を示します。この期限を過ぎると、品質の劣化や腐敗などによって衛生上の危害が生ずる可能性が高くなるため、食べるのは避けたほうが無難です。

食品のロスは、余計な支出につながるだけでなく、社会的・環境的にも大きな問題となっています。無駄な廃棄を減らすためにも、「賞味期限」と「消費期限」の意味を正しく理解して、買い物や保存を行うことが大切です。

賞味期限……おいしく食べることができる期限。期限を過ぎても食べられる。

消費期限……安全性が保証される期限。期限を過ぎたら食べないほうがよい。

期限の設定は誰がどんな基準でしているの？

品質保持期限は、製造業者が原材料や殺菌・包装方法などを考慮し、科学的な根拠を持って適正に設定しています。

また、食品期限表示の設定については、厚生労働省と農林水産省でもガイドラインが設けられていて、消費者から求められた場合は期限設定に関する資料などの情報を提供すること、科学的に導き出された期限に1未満の安全係数をかけた期限を表記するのが基本であること、などが記載されています。

食材索引

は

索引

栄養素索引

池上文雄（いけがみ・ふみお）

薬学博士、薬剤師。千葉大学名誉教授・グランドフェロー・特任研究員、昭和大学薬学部客員教授。千葉大学大学院薬学研究科修士課程修了。東京大学で薬学博士号取得。専門は薬用植物・生薬学や漢方医薬学。薬学と農学の融合を目指し、健康科学を研究。著書に『食卓の薬効事典』、『山の幸・海の幸 薬効・薬膳事典』（いずれも農文協）がある。

加藤光敏（かとう・みつとし）

医学博士。加藤内科クリニック（葛飾）院長。東京慈恵会医科大学卒業、および同大学院修了。カナダ·オタワ大学留学。東京都糖尿病協会副会長、日本糖尿病学会認定専門医·. 指導医、日本循環器学会認定専門医ほか。専門は糖尿病、高血圧症、脂質異常症などの生活習慣病、糖尿病薬物療法。

河野 博（こうの・ひろし）

東京海洋大学教授、農学博士。東京水産大学水産学部卒業、東京大学大学院農学系研究科博士課程修了。日本魚類学会、日本水産学会等の会員。東南アジアでの 7 年間の研究生活を活かし、わかりやすい語り口で魚類学の楽しさを広めている。ここ 20 数年は東京湾の魚類研究をすすめている。研究テーマは仔稚魚形態・生態学、魚類相など。『東南アジア市場図鑑〔魚貝篇〕』（弘文堂）、『東京湾　魚の自然誌』『東京湾の魚類』（平凡社）、『江戸前の環境学ー海を楽しむ・考える・学びあう 12 章』（東京大学出版会）、『マグロの大研究　生態のふしぎから食文化まで』（PHP 研究所）などを編著あるいは監修。

三浦理代（みうら・まさよ）

女子栄養大学名誉教授。農学博士、管理栄養士。女子栄養大学栄養学部卒業。東京大学で農学博士号取得。食材・食品の研究によって、2009 年栄養関係功労者（栄養士養成功労者）厚生労働大臣表彰を受ける。著書に『からだに効く 食べあわせの処方箋』（宝島社）、『スタンダード食品学』（アイ・ケイコーポレーション）など多数ある。

山本謙治（やまもと・けんじ）

農畜産物流通コンサルタント、農と食のジャーナリスト。慶応義塾大学環境情報学部卒業および同大学院政策·メディア研究科修士課程修了。農業·畜産分野での商品開発やマーケティングに従事するかたわら、日本全国の「佳い食」を取材し、地域の郷土料理や特産物を一般に伝える活動も行っている。『炎の牛肉教室！』（講談社現代新書）、『激安食品の落とし穴』（KADOKAWA）、『日本の「食」は安すぎる』（講談社プラスα新書）など著書多数。

ブログ「やまけんの出張食い倒れ日記」https://www.yamaken.org

参考文献

『新・野菜の便利帳　おいしい編』 高橋書店
『新・野菜の便利帳　健康編』 高橋書店
『からだにおいしい　魚の便利帳』 高橋書店
『からだにおいしい　フルーツの便利帳』 高橋書店
『素材よろこぶ調味料の便利帳』 高橋書店
『からだにおいしい　あたらしい栄養学』 高橋書店
『なるほど、かんたん、あたらしい！　定番料理のおいしいしくみ』 高橋書店
『乾物と保存食材事典』 誠文堂新光社
『科学データでわかる　果物の新常識』 誠文堂新光社
『ココロとカラダに効く　ハーブ便利帳』 NHK 出版
『見て楽しい！　読んでおいしい！　日本の食材図鑑』 新星出版社
『世界一やさしい！　栄養素図鑑』 新星出版社
『食卓の薬効事典』 農文協
『野菜のビタミンとミネラル』 女子栄養大学出版部
『薬膳　素材辞典』 源草社
『薬膳・漢方の食材帳』 実業之日本社
『新しい実践栄養学』 主婦の友社
『冷凍・保存使いこなし事典』 主婦の友社
『春夏秋冬おいしいクスリ　旬の野菜の栄養事典改訂版』 エクスナレッジムック
『メディカルハーブの事典』 東京堂出版
『精油の化学』 フレグランスジャーナル社
『完全理解　熟成肉バイブル』 柴田書店
『別冊専門料理　プロのための牛肉＆豚肉料理百科』 柴田書店
『発酵食品学』 講談社
『日本の食材帖』 主婦と生活社
『もっとキレイに、ずーっと健康　栄養素図鑑と食べ方テク』 朝日新聞出版
『からだによく効く　食材&食べあわせ手帖』 池田書店
『プロ仕込み　包丁テクニック図解』 大泉書店
『面白いほどよくわかる「食品表示」』 商業界
『肉・乳・卵』 真珠書院
『ナマズ』 農山漁村文化協会

参考サイト

農林水産省 HP
カゴメ HP
ぼうずコンニャクの市場魚貝類図鑑
旬の食材百科　フーズリンク
日本ハム・ソーセージ工業協同組合 HP
全国飲用牛乳公正取引協議会 HP
食用植物油サイト
消費者庁：食品表示企画
「健康食品」の安全性・有効性情報 HP
スマート・ライフ・プロジェクト HP
骨粗鬆症財団 HP

画像提供

独立行政法人　家畜改良センター
（株）平田牧場
（株）ミート・コンパニオン
グローバルピッグファーム（株）

staff
企画制作／株式会社レジア
アートディレクション／石倉ヒロユキ
編集／真木文絵、清水和子
テキスト／真木文絵、清水和子、富田純子、日髙良美、羽鳥明弓
イラスト／石倉ヒロユキ
デザイン／ regia（若月恭子、和田美沙季、安藤寿寿）
写真／ regia
協力／澤坂明美、岩﨑由美、横山園芸
校正／円水社

NHK出版

からだのための食材大全

2018年11月20日　第1刷発行
2025年 4 月10日　第13刷発行

監修者　池上文雄、加藤光敏、河野 博、三浦理代、山本謙治
編　者　NHK出版
発行者　江口貴之
発行所　NHK出版
〒150-0042 東京都渋谷区宇田川町10-3
[電話] 0570-009-321（問い合わせ）0570-000-321（注文）
[ホームページ] https://www.nhk-book.co.jp
印刷・製本　広済堂ネクスト

　ISBN 978-4-14-011360-8 C2077